Vade mecum
DU PELERIN ERRANT

Un manuel à l'intention des extraterrestres
et autres outsiders spirituels

Version abrégée

Auteure: Carla Lisbeth Rueckert

Condensé par Jim McCarty

Traduit de l'américain par Micheline Deschreider

Publié par

Maison d'édition *La Loi Une* /
Das Gesetz des Einen-Verlag (Allemagn)

en coopération avec

L/L Research (Louisville, Kentucky)

Vade mecum du pèlerin errant
Un manuel à l'intention des extraterrestres et autres outsiders spirituels

ISBN 978-3-945871-65-2

Auteure: Carla Lisbeth Rueckert
Condensé par Jim McCarty

Traduction: Micheline Deschreider

Titre original: *A Wanderer's Handbook - An Owner's Manual For ETs And Other Spiritual Outsiders* (Copyright © 2001 L/L Research, ISBN 978-0945007-16-6)

Auteure: Carla Lisbeth Rueckert

Condensé par Jim McCarty

Publié par Maison d'édition *La Loi Une* (Allemagne)
Jochen Blumenthal, Bessemerstr 82, 10. OG Süd, 121ß3 Berlin (Allemagne)

Courriel: contact@laloiune.eu
Web: http://laloiune.eu

En coopération avec L/L Research (Louisville, Kentucky (US))

Tous droits réservés. Aucun passage du présent ouvrage ne peut être reproduit, archivé dans un système d'extraction de données, ni transmis sous aucune forme ni par aucun support électronique, mécanique ou généralement quelconque sans l'accord écrit préalable de l'auteur ou de ses ayants droit ou ayants cause. Une telle représentation ou reproduction, par quelque procédé que ce soit, constituerait donc une contrefaçon, sanctionnée par les articles L-335-2 et suivants du Code de la propriété intellectuelle.

Note de la traductrice à propos du titre : Il est difficile de traduire 'wanderer' (vagabond) tout en lui donnant la dimension spirituelle impliquée ici. Dans le présent ouvrage, ce mot est parfois traduit par 'pèlerin(e)', parfois par 'missionné', selon le contexte: lorsqu'il est 'éveillé', lorsqu'il a pris conscience de sa mission, le pèlerin devient le missionné qu'il était déjà sans le savoir.[1]

---

[1] Littré donne l'étymologie suivante du mot 'pèlerin': [...] du latin 'peregrinus', étranger, de 'pereger': parti pour un pays lointain, de 'per': outre, au-delà, et 'ager': champ. Voir aussi la définition du cnrtl: http://www.cnrtl.fr/etymologie/pèlerin

Le présent manuel est dédié à la mémoire de:

Don Elkins, bien-aimé compagnon, grande âme, visionnaire, scientifique, philosophe, interrogateur, et toujours et encore mon instructeur dans les plans intérieurs

et

Jim McCarty, le pèlerin le plus éveillé, mari merveilleux, chamane, artiste, jardinier, gentleman, galant chevalier et l'être le meilleur que j'aie jamais rencontré.

SOLI DEO GLORIA

REMERCIEMENTS

Saint-Jacques-des-Jardins: Jim McCarty, pour tous les mois d'infatigable collecte de données, de correction et de synthétisation, pour avoir cru en ce travail au cours de six années d'essais et d'erreurs, pour être le mari le plus positif de l'univers.

Ian Jaffray: pour son incroyable patience dans la vérification et la mise en page de cet ouvrage, pour avoir mis nos archives de channeling en forme numérique pour que nous puissions y faire des recherches sur les sujets abordés dans le présent vade mecum, pour avoir mis en place notre site internet et l'avoir géré pendant de nombreuses années. Je n'aurais jamais pu rassembler tous ces récits sans son aide précieuse.

Roman Vodacek: pour avoir configuré nos ordinateurs et les avoir maintenus en bon état de fonctionnement, ainsi que pour avoir créé les formats des bases de données que nous avons utilisées pour le présent ouvrage, et pour avoir été la troisième personne lors de nombreuses méditations.

Dana Redfield: pour ses suggestions, ses notes, et son soutien personnel tout au long des trois remaniements.

Nancy Prussia-Merritt, Steve et Cindy Ferguson ainsi que tous ceux qui ont apporté leur soutien lorsqu'il était très nécessaire.

Jody Boyne et Ron Sheek, qui nous ont adressé tant de pèlerins errants et outsiders spirituels pour qu'ils puissent nous raconter leur histoire, nous donner leurs avis et nous poser leurs questions.

Toutes les personnes qui nous ont écrit ces six dernières années. Vos questions, commentaires et avis aux autres ont donné forme à ce manuel.

Don Elkins, l'ange qui s'est tenu derrière mon épaule tout au long de l'écriture de ce manuel, ainsi que Pickwick et Mauve, des anges-chats qui se sont postés au-dessus et en-dessous de mon ordinateur pendant que je travaillais à ce projet, et qui ont assuré ma sécurité.

Leo Sprinkle et Steve Tyman, deux gentilshommes érudits, premiers lecteurs du manuscrit, qui m'ont tant aidée par leurs commentaires.

Martha Ellen Johnson, ma tante, qui a renoncé à nos petits soupers ensemble pour que je puisse travailler toutes les journées et la moitié des nuits!

Remerciements

La Confédération des Planètes au Service du Créateur infini unique, dont les pensées ont constitué les ressources que je voulais tant partager, et dont la présence a été une telle bénédiction pour moi, pour ce manuel, et pour ma vie en général.

À PROPOS DE L'AUTEURE:

Carla Lisbeth Rueckert est née le 16 juillet 1943 à Lake Forest, dans l'Illinois. Elle a grandi à Louisville, dans le Kentucky, et a terminé ses études à l'Université de Louisville en 1966, année où elle a obtenu une licence ès arts en littérature anglaise. En 1971, elle a terminé avec succès au Spalding College sa maîtrise en bibliothéconomie. Carla a ensuite travaillé en tant que bibliothécaire dans une école de 13e niveau jusqu'au moment où elle a été engagée par Don Elkins pour procéder à des recherches dans le domaine du paranormal. Ensemble ils ont officiellement créé L/L Research en 1970. C'est depuis 1974 qu'elle sert de canal vocal et d'instrument (voir série *La loi Une, livres I à V*). Carla vit à Anchorage, Kentucky, en compagnie de son mari Jim et de leurs nombreux chats.

TABLE DES MATIERES

REMERCIEMENTS V
À PROPOS DE L'AUTEURE: VII
AVANT-PROPOS: SUIS-JE UNE PÈLERINE ERRANTE? 14
CHAPITRE I: QU'EST-CE QU'UN PÈLERIN ERRANT? 23
    Récits 23
    Expériences de phénomènes paranormaux 28
    Contacts avec des OVNI en état de veille ou de rêve 31
    Un peu d'aide de mes amis 39
    Pas à sa place 43
    Pas de ce monde! 48
CHAPITRE II: ANATOMIE DE LA SÉPARATION 53
    Séparation d'avec la famille 53
    Questions de contrôle 56
    Maladies physiques 59
    Le but 65
    Jeux de l'esprit 68
CHAPITRE III: LE REMORDS DE CONSCIENCE: PERSISTANCE DE LA DOULEUR 76
    Le doute de soi 76
    Orgueil et lâcher-prise 80
    Élitisme 82
    Salutations psychiques 86
    Le désespoir 93
    Sous la cloche de verre 95
    L'épuisement spirituel 98
CHAPITRE IV: L'EFFERVESCENCE NEW AGE 101
    Le christianisme et les pèlerins errants/les missionnés 101
    Le mythe 108
    La culpabilité New age 112
    Les leitmotivs de fin du monde 113
    La moisson sur la planète Terre 118
    La transformation 129
    La pensée globale 134
CHAPITRE V: NOTRE 'SOI' ÉNERGÉTIQUE ET NOTRE MANIÈRE D'ÉVOLUER 138

Le système énergétique du corps 138
Les transferts d'énergie sexuelle 151
La réincarnation 160
Le voile de l'oubli 165
Le karma 167
Les catalyseurs et les expériences 171

CHAPITRE VI: UN PEU DE COSMOLOGIE 180
Les densités d'expérience 180
Troisième densité: la densité du choix 197
La polarité 204
La volonté et la foi (en tant que nécessité de polarisation) 217
La polarité de la planète 228
Orgueil, peur, jugement et gravité spirituelle 229
La polarité sexuelle 230
La vie au delà de la polarité 232

CHAPITRE VII – LE TRAVAIL MÉTAPHYSIQUE 233
La discipline de la personnalité 233
Le pardon 237
Reconsidérer le 'soi' 244
La purification des émotions 250
Travailler avec des instructeurs 259

CHAPITRE VIII: LA GUÉRISON DE L'INCARNATION 264
Les leçons incarnationnelles 264
Le travail sur les désirs 269
Équilibrer le 'soi' 277
Méditations d'équilibrage 283
Entrer complètement dans le moment présent 286
Ne pas négliger la légèreté 294

CHAPITRE IX: LE SEXE ET LES RELATIONS 298
La sexualité 298
Les relations 316
Le mariage 331

CHAPITRE X: LES ASPECTS SOCIÉTAUX 347
L'argent 347
Le travail 354
Le foyer 363
Les enfants 372

TABLE DES MATIERES

L'avortement 382
Les drogues et les dépendances 385
Le suicide 391

CHAPITRE XI: LES OUTILS MYSTIQUES DE LA CROISSANCE 400
La méditation 400
La contemplation 412
La dévotion 418
La prière 423
L'harmonisation 432
Le vécu dans le moment 438
Les synchronicités 442

CHAPITRE XII: LES SCIENCES APPLIQUÉES DE L'ESPRIT 446
La foi 446
La visualisation 457
La visualisation magique 461
La visualisation religieuse 464
La visualisation du cadre blanc 467
La visualisation de l'évacuation des déchets 468
La visualisation des chakras 469
La visualisation planétaire 470
La visualisation de guérison 472
La visualisation de pardon 473
Le travail avec les rêves 474
La tenue d'un journal 486
Le travail en réseau 489
L'utilisation des arts dans la pratique spirituelle 492
Voir son prochain comme un instructeur 496
La lecture vue comme une pratique spirituelle 498

CHAPITRE XIII: LES MISSIONS SECONDAIRES – DES CADEAUX INDIRECTS 502
Comment être 502
Comment être un radiateur passif d'amour et de lumière 505
Voir autrui au niveau de l'âme 510
Être là pour autrui 515
L'écoute 518
La communication 522
Enseigner – un cadeau indirect 529
Soigner 535

    Le travail global 542
    Le channeling 546
    Le channeling vocal 549
CHAPITRE XIV: LA MISSION PRINCIPALE 559
    Alléger le 'soi' c'est alléger la planète 559
    Transformer le 'soi' c'est transformer la planète 576
CHAPITRE XV: LA VIE DE DÉVOTION 588
    Vivre avec dévotion 588
    Dédier le 'soi' 593
    Établir une règle de vie 595
    Gérer la souffrance 603
    Essais et erreurs 611
    Cheminer dans la foi 614
    Coopérer avec la destinée 619
    Faire partie d'une communauté spirituelle 626
CHAPITRE XVI: L'ENVOI 631
GLOSSAIRE 642
LIVRES ET ENREGISTREMENT PROPOSES PAR L/L RESEARCH 648

Avant-propos :
Suis-je une pelerine errante ?

Le 3 septembre 1994 j'écrivais dans mon journal :

> *Nous devons parler ensemble, nous les pèlerins de la Terre. Nous devons nous raconter mutuellement notre histoire, frères et sœurs de l'affliction, nous qui nous efforçons de partager l'amour le plus profond que nous avons dans notre cœur avec la conscience existant sur cette chère planète. Voici mon histoire, au moment où j'appelle tous les pèlerins errants au service le plus digne. Nous sommes ici pour aider à la moisson à l'aube de ce millénaire.*

Six ans plus tard j'ai créé ce *vade mecum*, espérant pouvoir ainsi combler le désir de mon cœur de partager mon histoire et d'encourager tous les pèlerins errants à faire de même. Suis-je une missionnée ? Oui, je dis oui dans le sens où je viens vraiment d'ailleurs, où je ne tire pas mon origine de cette planète. Au cours de séances d'hypnose régressive j'ai revécu des épisodes de vie sur une autre planète, et j'ai même pu voir un groupe d'entre nous venir sur Terre en tant que missionnés. Le compte rendu de cette régression a été publié en 1976, au chapitre VIII de *Secrets Of The UFO*[2]. Des années plus tard, pendant les contacts que notre groupe a eus avec ceux de Ra, nous leur avons demandé de confirmer si Don Elkins, Jim McCarty et moi-même étions bien des missionnés, et ils l'ont fait en disant :

> En scannant chacun des complexes mental/ corps/esprit ici présents, nous trouvons déjà la complète certitude de cette occurrence et dès lors nous ne voyons pas de mal à récapituler cette occurrence. Chacun de ceux présents ici est un missionné poursuivant une mission, si vous voulez[3].

Cette information m'a-t-elle convaincue que j'étais une extraterrestre venue ici pour servir en tant que missionnée ? Non. C'est-à-dire, pas seulement. Une série de choses s'étaient accumulées avant que j'arrive à la ferme opinion qu'à un certain niveau, cette information me concernant était correcte. Un des ensembles de données était l'amour et ma participation constante au cercle de méditation qui avait commencé à retransmettre des messages supposés de provenance extraterrestre, et

---

[2] Elkins, Donald T., en collaboration avec Carla L. Rueckert, *Secrets Of The UFO*, Louisville, KY, L/L Research, [1977]

[3] McCarty, Jim et Carla L. Rueckert, *The Law Of One, Book V: The Personal Material* (La loi Une, livre V: apport personnel), Atglen, PA, Schiffer Publications, [c1998], p. 27

reçus en channeling à Louisville en 1962. Ma réaction à ces messages extraterrestres a toujours été très positive: ils éveillent en moi un écho. Un autre ensemble d'informations émanait de deux hommes: Don Elkins et Jim McCarty qui dès la première rencontre, m'ont fascinée et attirée. J'ai toujours eu le sentiment que me focaliser sur, et suivre mes relations, faisait partie de ma voie personnelle. Dès le départ il y a eu une impression de confort, une mystérieuse impression de parenté et de proximité. Tous deux s'intéressaient de très près à la recherche spirituelle et aux OVNI, et au cours de mon travail avec eux la collaboration a longtemps tourné autour de messages extraterrestres à propos du pèlerin ou missionné. Les informations transmises par ceux de Ra m'ont seulement apporté une confirmation; pas une conviction. J'étais déjà convaincue. Alors en tant que missionnée, à tous les pèlerins et «walk-ins»[4] qui se perçoivent comme venant d'ailleurs, bienvenue chez vous! C'est-à-dire que je vous souhaite la bienvenue dans l'atmosphère familière où vous savez ce que vous êtes et où vous avez conscience d'être en nombreuse compagnie. Je vous souhaite la bienvenue à votre mission sur Terre.

Il y a sur Terre un autre grand groupe de personnes qui sont tout autant missionnées que celles du contingent extraterrestre. Il s'agit des autochtones de la Terre qui ont commencé à s'éveiller à leur identité métaphysique en tant que citoyens de l'éternité et créatures de nature et d'existence infinies. Lorsque le chercheur s'éveille, qu'il (ou elle) soit ou non un natif (-ve) de la Terre, il/elle devient un(e) missionné(e) parmi les peuples de la Terre, à jamais un(e) outsider spirituel(le). Les pèlerins venus d'ailleurs, extraterrestres et terrestres, ont une nature, une mission, des défis à relever, identiques. Les deux groupes ont pris des corps et incarnations terrestres. Ils ont tous deux accepté les règles de la vie terrestre. Ils ne quitteront cette vie pour des densités plus élevées qu'en gravissant les degrés comme cela se fait sur Terre. Et ils partagent une mission très puissante et essentielle auprès des habitants de la Terre et de la Terre elle-même. Je suis également une missionnée dans ce sens large, et j'ai le sentiment que quiconque est attiré par le présent livre est un tel missionné.

À partir de 1962, année où j'ai eu personnellement connaissance des contacts extraterrestres, j'ai beaucoup réfléchi à ce qu'est réellement un pèlerin venu d'ailleurs. Ma conclusion est que les symptômes qui

---

[4] *Walk-ins:* «Un Walk-In est un être qui entre à l'intérieur d'un autre corps, d'un corps qui ne lui appartient pas, après un pacte d'alliance passé entre l'âme de ce corps et celle qui s'y incarne. Les walk-ins sont des âmes qui souhaitent revêtir la forme humaine sans avoir à passer par la naissance, la fréquentation de l'école primaire et autres nécessités de la petite enfance [...] ». (forum WingMaker 30.9.2008) (NdT)

indiquent que l'on est un pèlerin venu d'ailleurs sont les mêmes que ceux qui se manifestent lorsqu'une personne de n'importe quelle autre densité ou planète s'éveille du rêve de réalité physique extérieure propre à cette culture ou cette planète, à la conscience de son identité métaphysique de citoyenne de l'éternité et de l'infini. Je crois qu'il existe des millions et des millions de natifs de la Terre ayant atteint la maturité spirituelle, qui sont potentiellement dans leurs incarnations finales et qui travaillent à la moisson avec le même degré de sérieux que n'importe quel pèlerin éveillé. Fondamentalement, à ce degré d'évolution de notre planète, tous les chercheurs en spiritualité qui sont éveillés ou activés sont des pèlerins venus d'ailleurs. Presque tous les adolescents pubères de notre époque sont des pèlerins venus d'ailleurs. La situation d'un pèlerin venu d'ailleurs d'orientation chrétienne, juive, bouddhiste, taoiste ou adepte de n'importe quel autre système de pensée religieux ou métaphysique, est la même que celle de quelqu'un qui s'identifie comme un pèlerin dans le sens OVNI, c'est-à-dire comme originaire d'une certaine planète et arrivant sur cette planète-ci. Qu'il soit natif de la Terre ou extraterrestre, le pèlerin errant a laissé derrière lui le monde physique et tout ce qui est matériel, et il n'est plus adapté au modèle ou au profil d'un être humain normal selon nos critères culturels. Lorsque j'utilise le terme de «missionné» dans ce manuel, je fais référence à tous les êtres spirituellement éveillés qui savent pertinemment qu'ils sont des citoyens de l'éternité et que leurs idéaux sont plus élevés que ceux qui ont cours sur notre Terre et dans notre culture, qui savent qu'ils sont des êtres dont l'éthique les pousse à poursuivre l'évolution de leur esprit dans un sens métaphysique, qui savent qu'ils sont en mission pour servir pendant leur vie et le moment présents.

La définition la plus claire du missionné est celle qui est donnée au Livre I de *La Loi Une* :

> **INTERVIEWEUR:** [...] Qui sont les missionnés? D'où viennent-ils?
>
> **RA:** Je suis Ra. Imaginez, si vous voulez, les sables de vos rivages. Aussi innombrables que les grains de sable sont les sources de l'infini intelligent. Quand un complexe mémoriel sociétal est parvenu à la complète compréhension de son désir, il peut conclure que son désir est le Service d'autrui avec distorsion vers la main tendue, figurativement, à toutes les entités qui appellent à l'aide. Ces entités que vous pouvez nommer les frères et sœurs de l'affliction, se penchent vers cet appel de détresse. Ces entités proviennent de tous les lieux de la Création infinie et sont liées entre elles par le désir de servir dans cette distorsion.

> **INTERVIEWEUR :** Combien d'entre elles sont incarnées sur Terre actuellement ?
>
> **RA :** Je suis Ra. Le nombre est approximatif dû à un fort influx de celles qui naissent actuellement à cause d'un besoin intense d'éclairer la vibration planétaire et aider ainsi à la moisson. Le nombre est proche de soixante-cinq millions.
>
> **INTERVIEWEUR :** Est-ce que la plupart d'entre elles viennent de la quatrième densité ? Ou bien de quelle densité proviennent-elles ?
>
> **RA :** Je suis Ra. Peu sont de quatrième densité. Le plus grand nombre de missionnés, comme vous les appelez, sont de sixième densité. Le désir de servir doit être distordu dans la perspective d'une grande pureté de mental et de ce que vous pouvez appeler témérité ou bravoure, selon le jugement de votre complexe de distorsion. Le défi/danger pour le pèlerin errant est qu'il oublie sa mission, devienne karmiquement impliqué, et donc précipité dans le maelström à partir duquel il s'était incarné pour éviter la destruction[5].

La Confédération des Planètes au service du Créateur infini est un intitulé que les entités qui contactent notre groupe de recherche utilisent depuis longtemps pour s'identifier et se décrire. Ceux de Ra disent provenir de la sixième densité de notre Création. Dans la période actuelle, la Terre est en train de passer de la troisième à la quatrième densité ; ces sources de la Confédération sont donc en avance sur nous de deux ou trois cycles de croissance par rapport à notre stade actuel d'évolution. Ceux de Q'uo sont un principe composé de plusieurs groupes d'entités à l'intérieur de cette Confédération, tout comme ceux de Ra qui sont de sixième densité, ceux de Latwii qui sont de cinquième densité, et des sources de quatrième densité telles que Oxal et Hatonn. Le principe de Q'uo a été établi par les sources impliquées pour pouvoir parler avec notre groupe après le décès de Don Elkins, lorsque le contact avec ceux de Ra est devenu impraticable et dangereux pour nous. Cette source Q'uo décrit la situation que nous vivons actuellement sur la planète Terre :

> Actuellement, en cette période particulière, beaucoup de ceux qui peuvent se dire des pèlerins sont, en train de s'éveiller à leur identité spirituelle. Au cours de cet éveil apparaît chez celui qui cherche une grande faim d'en savoir davantage, de trouver des moyens de servir, de se sentir confortable dans cet état de conscience qui est si complètement différent du travail et du jeu qui ne sont pas réfléchis. Les routines peuvent être exactement les

---

[5] *La Loi Une, Livre I*, [1984], p. 127

mêmes, mais le point de vue est différent. Et une fois éveillé, le chercheur ne peut plus replonger dans le sommeil: il doit vivre éveillé dans l'incarnation[6].

Notez que le groupe Q'uo ne définit pas les pèlerins errants et missionnés comme des extraterrestres sur Terre mais comme des entités qui s'éveillent à leur identité véritable d'êtres spirituels. Le sommeil auquel Q'uo fait allusion est simplement l'état dans lequel vit une personne au sein d'une culture, et dont le comportement correspond aux normes de la "réalité de consensus". Dans ce sommeil il semble que le monde physique est tout ce qu'il y a de réel et que les objectifs de la personnalité matérialiste comme les ambitions en matière de carrière et de mariage, de bonheur, d'argent, de pouvoir et d'influence, ainsi que le fait d'être bien apprécié et adapté, sont des objectifs dignes d'être poursuivis. Que nous nous soyons éveillés de cette réalité de consensus d'une manière qui nous donne le sentiment d'être de nouveaux-venus sur cette planète, ou bien qui calque notre situation sur les modèles de pèlerins d'une religion, d'un mythe ou d'une philosophie, le fait est que nous nous sommes éveillés, et que nous ne parviendrons plus à retourner dans le nid douillet qui était peut-être le nôtre avant notre éveil. Nous sommes à présent embarqués dans un voyage qui durera toute notre incarnation présente. Ce voyage ne se déroule pas d'abord dans le monde physique, mais dans le monde métaphysique. Il se produit un profond glissement d'univers. Ceux de Ra l'ont décrit comme un glissement vers le temps/espace (ou coordonnées métaphysiques) à partir de l'espace/temps (ou coordonnées physiques). Peu importe notre voyage physique: c'est le voyage métaphysique qui compte, car les inconforts de ce voyage ne peuvent prendre tout leur sens, ne peuvent se prêter à un travail et faire l'objet d'amélioration que si l'on se place dans la réalité métaphysique que notre éveil place devant nous. Voici comment Q'uo décrit cela:

> Lorsque le terme de «pèlerin errant» est utilisé, la signification première de ce mot définit quelqu'un qui voyage sans référence à un objectif ou à une destination précis. Ce terme contient implicitement une nuance de sentiment ou d'émotion de solitude, ou de solitude partagée, d'agitation peu importe l'environnement. Les vents soufflent froidement et avec âpreté pour ceux qui errent. Le soleil les brûle sans merci. Ils sont bien peu ceux qui utilisent ce terme dans une connotation d'état désirable pour un esprit aventureux. Tout l'instinct de troisième densité se porte vers l'enracinement, l'établissement du foyer, et la protection de celui-

---

[6] Q'uo, (extrait d'une transcription non publiée d'une méditation L/L Research datée du 13 avril 1997, p. 3 et 4)

ci et de la famille. Le pèlerin errant est un déraciné lorsqu'on le regarde dans le contexte culturel dont vous jouissez dans votre environnement. Il est dès lors naturel que ce terme soit choisi pour décrire ceux qui sont arrivés dans la zone d'influence de la Terre et se sont incarnés pour faire un avec tous les citoyens de votre Terre[7].

Mais si le voyage est si difficile, pourquoi l'avons-nous entrepris? Ceux de Q'uo expliquent:

> Vous êtes ici pour apporter de la lumière à un monde obscur. C'est aussi simple que cela. L'unique raison pour laquelle des pèlerins errants s'incarnent est celle-ci: aimer, aimer, et aimer encore. Vous serez blessés, brisés, humiliés et défaits au cours d'une vie dans la foi. Elle va directement à l'encontre de la culture dans laquelle vous vivez lorsque vous vivez pour un idéal, pour vous focaliser sur le Créateur invisible plutôt que sur tous les phénomènes, tous les accessoires inutiles, toutes les attractions qui sont si plaisants à la surface de la vie dans votre densité. Sachez bien que, même dans ces situations, vous pouvez choisir de servir en étant constamment conscients de l'amour et de la lumière du Créateur infini unique. Mais aussi et surtout sachez, nous le disons à tous, que le service non spectaculaire est aussi essentiel que le service spectaculaire, tout comme la bouche d'une entité dit beaucoup de choses mais ne pourrait pas fonctionner sans absolument tous les autres organes du véhicule physique, qui doivent être gardés dans un certain équilibre pour qu'un quelconque talent puisse se manifester[8].

Dans ce *vade mecum* je vais partager ma propre histoire et des parties de récits de bien d'autres que moi qui ont écrit au sujet de leur voyage de pèlerins errants, et je vais faire part du point de vue de ce qu'on appelle des sources de groupes extraterrestres appartenant à ce qu'ils appellent la "Confédération de planètes au service du Créateur infini", que je désignerai simplement par "la Confédération" dans le présent ouvrage lorsque nous examinerons d'abord la situation en elle-même, puis les embûches sur le chemin, et la manière dont nous pouvons nous servir de cette situation. Pour parcourir le chemin nous emploierons des outils tels que la méditation, la prière, la dévotion et l'instruction, et nous explorerons notre mission principale ici sur Terre ainsi que les autres présents que nous sommes ici pour offrir. Cet ouvrage apprendra également comment mener une vie de dévotion tout en étant actif dans le

---

[7] Q'uo, transcription du 22 mai 1994, p. 1-2
[8] *Idem*, transcription du 22 octobre 1989, p. 6-7

monde. Il existe des livres magnifiques qui traitent de la vie en réclusion. Celui-ci n'en fait pas partie. Ceci est un manuel et un livre de réflexion pour gens actifs, pour ceux qui n'ont pas le luxe de l'oisiveté mais doivent, pour la plupart, accomplir des corvées et des devoirs pour pouvoir payer les factures de la vie courante, pour assurer le gîte et le couvert, ou rendre des services même si l'on est financièrement indépendant. Ceci est un livre de lien et de partage proposé au grand nombre d'esprits déjà éveillés ou qui s'éveillent et qui ont le sentiment de devenir des "étrangers en terre étrangère"[9]. Nous espérons que vous trouverez ici des ressources qui pourront être utilisées dans la vie et les dévotions quotidiennes.

Un mot encore au sujet des sources que je cite: elles sont de deux ordres: premièrement des citations extraites de lettres qui m'ont été adressées. Depuis 1976, L/L Research et Schiffer Publications ont publié plusieurs ouvrages écrits ou reçus en channeling par moi ou par des groupes dont j'ai fait partie, sur les OVNI, les pèlerins/missionnés, le channeling et autres aspects de ce domaine général de recherches métaphysiques. Ces sources, ce sont près de 200 correspondants dont j'ai cité des réflexions. Chacun des auteurs qui ont accepté d'être des sources dans ce manuel a choisi le degré de confidentialité qu'il souhaitait, de sorte que certaines sources sont citées sous leur nom réel et mentionnent même leur URL ou leur adresse courriel; d'autres sont citées sous un pseudonyme choisi par elles, et bon nombre d'entre elles sont citées sous un code de trois caractères que j'ai moi-même attribué et qu'elles préfèrent. Chacune de ces sources a choisi d'être citée; il s'agit de personnes réelles, qui racontent leur histoire authentique.

Deuxièmement, les sources qui se sont exprimées en channeling. J'ai été un canal pour la Confédération pendant vingt-six ans. Presque tout ce qui m'a été transmis et qui est cité dans ce *vade mecum* provient de mon propre travail de channeling, conscient (ou en transe pour le channeling en provenance de Ra). Tout ce qui en est cité est extrait des archives de L/L Research concernant les rencontres en méditation. J'utilise ces citations en plus de mes propres commentaires parce que j'ai énormément appris de ces voix, et j'ai le fort sentiment que ces sources de la Confédération m'ont substantiellement aidée dans mon pèlerinage. J'apprécie particulièrement leur choix de mots impassibles et dépourvus d'une quelconque émotion, et j'ai pu apprécier et utiliser quelques autres sources. Pouvoir partager ces voix obligeantes est une vraie bénédiction pour moi. Que vous lisiez ce manuel de bout en bout, que vous l'utilisiez comme un *I Ching* ou que vous y recherchiez les sujets qui vous

---

[9] *Bible*, Exode 2:22

intéressent particulièrement, j'espère que vous trouverez que les mots qu'il contient vous seront d'un réconfort unique et solide, qui vous apportera force et aide.

Si quelques uns de ces mots vous paraissent un peu difficiles à saisir, je vous invite à utiliser le glossaire qui se trouve à la fin de ce *vade mecum*. Il comprend les mots que la plupart des lecteurs trouvent difficiles ou de signification équivoque dans le contexte. J'estime que la terminologie quelque peu inhabituelle est très utile lorsqu'il s'agit de tenter de parler de sujets se rapportant à des mystères, et qu'elle mérite bien un léger détour par un peu d'apprentissage.

Bien sûr, mon histoire et nombre de mes propres opinions font aussi partie de ce manuel. J'ai mes propres convictions concernant la manière de mener la vie sur Terre de façon à maximaliser les potentialités positives dans ce domaine. Je les partage tout en sachant bien que ce ne sont que des opinions et que je ne dois pas prendre mes réflexions pour des dogmes, mais seulement comme d'utiles possibilités à prendre en considération. J'ai le sentiment que lorsque nous, pèlerins errants sommes éveillés, nous nous trouvons dans une situation difficile aussi longtemps que nous nous efforçons de faire les choses comme on les fait dans ce monde. Mais dès que nous nous réalignons sur l'univers métaphysique auquel nous nous sommes éveillés, où les pensées sont des choses et où les intentions sont beaucoup plus importantes que les manifestations, nous sommes capables de manifester un certain humour, une certaine légèreté et une certaine paix dans notre monde personnel. Nous profitons alors plus facilement du temps que nous avons à passer sur la Terre. Et nous parvenons bien mieux à nous mettre à travailler consciemment sur ce que nous avons à faire ici, car nous tous, en tant que pèlerins errants, nous avons une tâche et une mission qui nous attendent.

Il neige pendant que je termine cette introduction et que je me prépare à entamer le premier chapitre. La Terre est endormie, les plantes stabilisent leurs racines et se préparent au printemps. Le temps de la floraison est une promesse qui doit encore se réaliser. Le temps de la floraison de notre planète est proche lui aussi. Métaphysiquement parlant nous attendons une moisson de la planète Terre et de ses habitants. Quelle est notre principale mission ici en tant que pèlerins errants? Nous sommes ici pour respirer l'air, pour rencontrer le moment avec un cœur ouvert et généreux. Nous sommes ici pour laisser l'amour infini nous traverser et se déverser sur les plans terrestres. Si nous venons à ce moment le cœur heureux, nous accomplissons déjà notre tâche principale parmi celles que nous sommes venus accomplir ici. Elle paraît simple, mais c'est ce que nous aurons de plus difficile à accomplir: être notre 'soi' le plus profond, le plus vrai, le 'soi' qui vient à ce moment vraiment avec un cœur ouvert et aimant.

Bénédictions, Amour et Lumière,

Carla Lisbeth Rueckert

Le Royaume magique
Louisville, Kentucky

Chapitre I :
Qu'est-ce qu'un pelerin errant ?

Récits

Lorsque des personnes m'écrivent, me racontent leur histoire, et me demandent si elles sont des pèlerines errantes, je réponds toujours d'abord dans l'idée que si elles ont parcouru des mondes où cette question a une certaine pertinence, alors elles sont certainement des pèlerines errantes. Selon ce qu'elles ont à dire, bien des questions peuvent faire surface, mais cette question-là est essentielle pour la plupart. Voici deux exemples:

> Parfois je me demande si je ne suis pas en train de perdre la tête. Mon monde est bouleversé. Je ne me préoccupe plus du tout des choses matérielles. Mes convictions au sujet de la vie spirituelle, de la réincarnation, etc. sont bien loin de ce que je croyais ou ne croyais pas auparavant! Souvent je ne fais pas confiance à ce que je lis ni à ce que je 'reçois' pendant que je médite. Et vraiment, je ne sais pas si je suis ou non un pèlerin qui s'ignore, ni si cela fait une quelconque différence. Ce que je sais c'est que j'éprouve énormément de compassion, de pardon et de tolérance, et parfois un étrange sentiment de chagrin et de joie mêlés à l'égard du monde et de ses habitants[10].

1

> Il ne me semble pas être télépathe, je n'ai jamais rien reçu en channeling, je me sens profondément dans la spiritualité et j'aime la musique, la nature et les animaux, j'ai le sentiment de venir d'une autre planète mais je n'ai jamais fait une expérience d'enlèvement, de visite, etc. qui me dirait sans aucun doute possible que je suis un pèlerin qui s'ignore. Est-ce dû encore à cette loi de confusion? Est-ce que je dors[11]?

Comme je l'ai dit dans mon avant-propos, si nous avons l'impression d'être pèlerin errant, c'est que nous le sommes, au moins dans le sens général d'être un outsider en spiritualité qui se trouve dans une certaine mesure exclu et isolé de la culture environnante du fait d'un décalage par rapport aux intérêts et motivations contenus dans cette culture. Le

---

[10] 082, lettre du 28 septembre 1998
[11] Joseph Ciba, lettre du 22 septembre 1998

matérialiste est à la recherche de choses. La personne orientée vers la métaphysique est à la recherche de l'essence. Voici quelques exemples de pèlerins errants qui se sentent certains de leur statut de missionné:

> Je dois vous dire que je suis très, très certain d'être un missionné ou de venir d'une autre densité. Depuis que j'ai entamé ma renaissance mentale/spirituelle/émotionnelle, j'ai le sentiment que je fais partie de quelque chose. Je ne suis pas encore parvenu à reconnaître si je suis d'une autre densité mais je m'y prépare, et je m'offre en tant que véhicule à ceux qui souhaitent s'élever[12].

1

> Je voulais aussi vous dire que j'ai atteint un point où j'ai commencé à réaliser (pour moi cela signifie plus que savoir) que je suis une pèlerine qui s'ignorait. Le savoir c'est seulement dans le mental, le réaliser c'est dans le cœur que ça se passe[13].

1

> Je ne découvre pas uniquement que je ne suis pas seul, mais aussi que je corresponds assez nettement au profil du pèlerin errant[14].

Ah oui, le profil! Il y en a pas mal. Et il est amusant d'en jouer le jeu. J'ai choisi celui créé par Scott Mandelker, l'auteur de *From Elsewhere: Being E.T. In America*[15] et, plus récemment, de *Universal Vision: Soul Evolution And The Cosmic Plan*[16], dont est extraite cette version mise à jour:

Le nouveau questionnaire E.T.

Votre enfance

1. Est-ce que vous pensiez ou rêvassiez ou fantasmiez souvent à propos d'extraterrestres, OVNI et d'autres mondes?
2. Est-ce que vous aviez parfois le sentiment que des choses ordinaires dans votre entourage étaient étranges, comme le

---

[12] Ami, A., lettre du 9 août 1998
[13] Mary, lettre du 14 mai 1997
[14] 093, lettre du 16 avril 1997
[15] Mandelker, Scott, *From Elsewhere: Being E.T. In America*. New York, NY: Birch Lane Press, [c1995]. (Venu d'ailleurs: un extraterrestre en Amérique - NdT)
[16] Mandelker,Scott, *Universal Vision: Soul Evolution And The Cosmic Plan*. Blue Hill, ME: Medicine Bear Publishing, [c2000] (Vision universelle: l'évolution de l'âme et le plan cosmique – NdT)

corps humain, la couleur du ciel et des arbres, la nature, l'architecture humaine et les adultes?
3. Est-ce qu'il vous est arrivé d'avoir l'impression que vos parents n'étaient pas vos parents réels, qu'un frère ou une sœur vous manquait? Ou bien un foyer très loin du vôtre?
4. Faisiez vous des rêves magiques où vous preniez votre envol, où vous aviez d'invisibles amis-esprits ou bien sentiez-vous spécialement guidé et protégé?
5. Regardiez-vous parfois le ciel avec nostalgie, la nuit, en pensant «Emmenez-moi chez moi… pourquoi suis-je ici?» ou bien en vous demandant «pourquoi suis-je si seul(e)?».

Votre personnalité

6. Êtes-vous une personne aimable, douce, paisible et non agressive, pas seulement de temps en temps mais presque toujours?
7. Êtes-vous heurté, triste et en affliction devant toute la méchanceté et la cruauté humaines dans le monde?
8. Pensez-vous que l'argent, les biens, et la réussite professionnelle ne sont pas réellement importants?
9. Avez-vous parfois le sentiment de vous sentir plus à l'aise avec les végétaux et les animaux qu'avec les gens?
10. De manière générale, êtes-vous sensible, attentionné, généreux et soucieux de ceux qui vous entourent?

Vos expériences

11. Est-ce que depuis toujours vous vous sentez différent, pas à votre place, ou étranger à la société humaine?
12. Avez-vous eu des songes, des visions, ou fait des observations d'OVNI qui vous ont inspiré une réelle croissance spirituelle?
13. Avez-vous eu des songes spectaculaires de changements survenus sur Terre, de bouleversements géologiques et sociaux, de la fin du monde ou d'une civilisation future?
14. Avez-vous l'esprit logique, scientifique, dépourvu d'émotion et quelque peu dérouté par la passion et le désir violents?
15. Avez-vous eu des contacts clairs et édifiants avec des extraterrestres bienveillants, aimables et hautement évolués?

Vos intérêts

16. Vous intéressez-vous à la science-fiction, aux récits épiques, aux anges, aux hautes technologies et aux prophéties concernant le monde?
17. Vous intéressez-vous à l'Atlantide, à la Lémurie, au channeling, aux pyramides, aux idées *New age* et aux OVNI?
18. Vous intéressez-vous à la méditation, aux méthodes thérapeutiques alternatives, ou à l'amour et à la lumière apportés au monde?
19. Estimez-vous que la société humaine ignore les vérités spirituelles dont vous êtes convaincu qu'elles sont indubitablement des vérités?
20. Éprouvez-vous un fort sentiment d'être désigné pour remplir une mission d'aide à la Terre et à l'humanité?

Résultats de votre identité E.T.

Pour chaque OUI répondu aux questions, attribuez-vous 5 points et faites le total de ceux-ci.

Pour chaque DANS UNE CERTAINE MESURE, attribuez-vous 3 points.

100-75 points:

Pour moi, vous êtes sans aucun doute une âme venue d'ailleurs, mais peut-être n'en êtes-vous pas surpris!

75-25 points:

Il se peut que vous soyez une personne venue des étoiles, mais vous devez approfondir votre réflexion pour en être certain.

25-00 points:

Il est probable que vous ne soyez pas une âme venue d'ailleurs, mais pourquoi vous intéressez-vous à ces choses[17]?

---

[17] *ibid*, p. 283-285

Chapitre I: Qu'est-ce qu'un pelerin errant?

Sommes-nous des pèlerins qui s'ignorent? Une jeune âme répond par l'affirmative:

> Égaré je suis.
> Un inadapté, perpétuel étranger dans ce monde
> qui ne me concerne pas.
> Ils savent que je ne suis pas des leurs,
> même si je semble l'être,
> Non, je ne suis pas des leurs,
> Mes frères le savent, que
> Par les yeux de leurs convictions
> Celui qu'ils voient ce n'est pas moi.
> Comme dans un miroir
> On sait que l'image n'est pas ce qui est.
> Car l'image n'a pas un cœur qui bat,
> qui passe comme l'âme à travers le temps.
> Non, je ne suis pas un des leurs,
> L'image que cherchent et croient mes frères
> Dans le miroir astral du temps/image.
> Alors j'erre, chaque jour surpris
> De ma persistance à exister ici
> Où j'erre cherchant, observant,
> Espérant devenir
> Cette partie de moi que nul ne connaît,
> Et moi non plus.
> Errer a ses avantages,
> Certains instants sont pure félicité
> Dans des contacts bien trop rares.
> Où donc sont les autres parties du moi
> Que je suis
> Que je rencontre peut-être
> Dans des moments de douce souvenance
> Qui qui évoquent des fêtes,
> Flammes jaillissant des errances,
> Qui vacillent dans ce lieu de mouvement,
> Ce carrousel trop rapide
> pour se rappeler les visages qui passent
> dans la nuit nostalgique[18].

Nous sommes des pèlerins errants qui aspirent à une chose que nous ne parvenons pas à trouver mais dont nous sentons qu'elle existe. Que nous

---

[18] John J. Falone, lettre du 15 août 1999

nous qualifiions d'extraterrestres ou de natifs de la Terre, nous nous sommes éveillés spirituellement pour courir par monts et par vaux à la recherche de notre source et de notre fin. Nous nous sommes éveillés à la beauté et aux principes élevés de l'unité, du service et de l'amour, et nous sommes à la recherche de moyens d'amener ces éléments dans notre vie quotidienne. Pour nous il n'est pas vain de tenter d'améliorer la qualité de notre vie. C'est essentiel. Si nous essayons de suivre les voies du monde, il nous est bien difficile de faire l'expérience d'une vie décente, et parfois il nous est même difficile de survivre.

Expériences de phénomènes paranormaux

Il semblerait qu'un certain nombre de pèlerins errants sont amenés à l'éveil après avoir vécu des expériences paranormales et de rencontres avec des OVNI. Jung pensait que les OVNI pouvaient être soit des images projetées par notre mental archétypal de groupe (une théorie qui s'harmonise bien avec celle d'un ensemble d'événements fonctionnant comme un déclencheur et activateur d'une identité plus profonde), soit des projections de ces archétypes sur des objets réels. Dans ce cas, dont je crois qu'il est aussi valable que le premier, je pense que parfois les OVNI sont des objets physiques réels. Toutefois, la majorité des expériences avec des OVNI, et la totalité des expériences OVNI paranormales ou en rêve impliquent des extraterrestres polarisés positivement et ayant l'intention d'aider métaphysiquement la Terre. Pour une raison inconnue, de nombreux pèlerins errants vivent ce genre d'expériences au cours de leur processus d'éveil. Ceux de Latwii, la source de cinquième densité de la Confédération et porte-parole du principe de Q'uo, disent pourquoi autant de pèlerins errants vivent ces expériences:

> D'après ce que nous percevons, la vibration de changement de la structure atomique de votre illusion a vraiment transité vers ce qui est appelé le *New age*, l'âge du Verseau, ou encore la densité de l'amour. Du fait de cette transfiguration de la nature de votre illusion, ces expériences généralement qualifiées de paranormales sont à présent bien plus fréquentes sur votre planète, car c'est dans la densité de l'amour et de la compréhension que vous résidez à présent, et il est dans la nature de cette densité de s'exprimer au travers d'entités telles que celles qui, sur votre planète, utilisent les

pouvoirs de l'esprit pour créer, communiquer et devenir unes avec leur environnement[19].

Les sources de la Confédération ont souvent dit que nous sommes déjà en train de bénéficier des premières lueurs de la quatrième densité. Cette communication, et d'autres de contenu similaire, me donnent le sentiment que le passage en quatrième densité ne va pas se faire sous forme d'enlèvement, d'ascension ou d'une quelconque catastrophe apocryphe, mais que c'est un processus qui a déjà commencé et qui se poursuivra pendant de nombreuses années et même peut-être des siècles. Mon opinion personnelle est que les événements paranormaux et concernant des OVNI ont parfois la fonction intentionnelle d'éveiller les pèlerins errants et d'activer les âmes sur Terre. Je donnerai des détails plus loin dans ce chapitre, mais je voudrais d'abord faire part de quelques récits de personnes qui ont partagé avec moi des expériences de paranormal en général :

> J'étais pleinement conscient, et j'étais bien moi-même, toujours unique d'une certaine manière, mais je n'avais ni corps ni forme et je pouvais voir dans toutes les directions simultanément. Je faisais partie de tout et tout faisait partie de moi. Lorsque je me remémore le regard que j'ai porté sur l'immensité de l'espace, c'était comme si je voyais tout et rien à la fois. Bien que je fusse laissé à moi-même pour contempler ma nouvelle vie (c'était plutôt comme un dilemme) j'étais très conscient de la puissance, de l'unité et de la connaissance dont je faisais partie, j'étais conscient que tout ce qui manifestait de la vie ou de l'énergie faisait partie du tout unique, que bien que je n'eusse pas connaissance de tout il me suffisait de formuler une question pour que la connaissance qui avait été apprise ou vécue soit partagée avec moi. Mais je devais d'abord évoluer suffisamment pour poser les bonnes questions[20].

1

In y a près de quatre ans, en septembre 1995, une voix s'est mise à émerger de moi alors que j'étais en train de peindre dans mon studio. Environ une semaine après elle a commencé à se manifester pendant la méditation également. Cette voix ne s'exprime pas en anglais, et j'ai pensé qu'elle avait des accents asiatiques. Quelques mois plus tard j'ai décidé de l'enregistrer et j'ai emmené l'enregistrement à l'université dans l'espoir d'y trouver quelqu'un

---

[19] Latwii, transcription du 29 mai 1983, p. 12
[20] 093 – lettre du 16 avril 1997

qui pourrait me dire de quelle langue il s'agissait. J'ai parlé avec un professeur de chinois et avec un professeur de japonais. Aucun des deux n'a pu identifier cette langue et n'avait aucune idée à ce sujet. Cette voix a continué à se manifester et le fait encore, toujours pendant la méditation et pendant que je peins[21].

1

Mon histoire a commencé à la fin des années 1960. Je donnais des conférences sur les enseignements *New age* et d'autres choses profondes qui, soit m'étaient enseignées, soit se manifestaient à moi. Il y avait une lumière ronde de 10 à 13 cm de diamètre qui jouait tout autour de la pièce, et elle allait du sol au plafond et sur les quatre murs. J'ai pensé alors que quelqu'un faisait ces signaux avec une lampe-torche à l'extérieur, et je suis allée regarder. Il n'y avait personne et n'ai trouvé aucune source lumineuse. Je suis donc rentrée et me suis rassise. J'ai vu la lumière voyager autour de la pièce et sous une chaise, derrière des photos et derrière ma chaise. J'ai pensé que c'était étrange. Je n'avais jamais vu aucune lumière se comporter de la sorte auparavant. Et puis elle est venue s'installer sur mon épaule, et en un instant elle était à l'intérieur de moi, et j'ai vu une créature dont l'apparence était proche de celle des petits être dans le film *Rencontres du troisième type*[22]. Ce qui s'est passé ensuite est un événement étrange et qui passe l'entendement. J'ai été emportée en un lieu de l'espace et me suis trouvée au centre d'une bulle transparente. Je pouvais voir dans toutes les directions à la fois. J'ai vu la naissance de systèmes solaires et de la vie, et tout le processus d'une création solaire. J'ai vu la force de la vie, Elle m'a vue et m'a souri[23].

Pour terminer cette section, voici deux récits d'événements étranges qui ont trait au corps physique:

Vous m'avez interrogée sur l'histoire à propos des coupures triangulaires sur mes mains et du corps étranger sous ma peau. Je faisais référence au 22 août 1986, date à laquelle je me suis éveillée en observant ces marques chirurgicales sur mes mains et une petite bille dure sous la peau du dessus de ma main gauche. Cette bille bougeait lorsque je pliais les doigts. En quelques jours, je crois, elle a disparu dans mon système, et les coupures et

---

[21] 131 - lettre du 11 octobre 1997
[22] Un film de Stephen Spielberg sur des phénomènes OVNI
[23] CB, lettre du 1er novembre 1999

égratignures (au même endroit sur les deux mains: près des pouces) ont rapidement cicatrisé[24].

1

À l'âge de 25 ans j'ai découvert une petite bosse douloureuse à la racine de mon nez, entre les yeux. Pensant qu'il s'agissait d'un gros bouton j'ai regardé dans le miroir et été choquée de découvrir sa forme: c'était une sorte de croissant et il ne s'agissait pas du tout d'un bouton. Cela me paraissait être quelque chose qui se trouvait sous ma peau. J'ai levé la main pour tâter, et juste avant que je ne touche, il y a eu comme un éclair qui a jailli dans ma tête. Cette chose était très étrange et bougeait comme si elle vivait[25].

Une âme merveilleuse manifestée sous la forme d'une femme âgée pleine d'énergie, m'a fait parvenir cette citation extraite de *Road In The Sky* (une route dans le ciel) de George Hunt Williamson car elle avait le sentiment qu'elle faisait référence à ses marques:

> Comment pouvons-nous identifier ou reconnaître un pèlerin errant? Ce n'est pas facile. Toutefois, les amis de l'espace qui vivent et travaillent parmi nous quotidiennement sont identifiés par leurs frères dans le ciel grâce à certaines marques sur le corps. Ces marques peuvent prendre l'aspect de tissus cicatriciels présents sur le corps depuis la naissance et donc non acquis par des moyens naturels, et elles peuvent avoir la forme de types inhabituels de stigmates, c'est-à-dire des stigmates qui ne sont pas de type religieux. Ces marques servent de clés de rappel aux individus qui les portent. Lorsqu'on pense à ces étranges cicatrices, on est directement mis dans le bon état d'esprit et de vibration pour lever un voile mémoriel[26].

Contacts avec des OVNI en état de veille ou de rêve

J'espère que maintenant nous pouvons commencer à penser que nos propres expériences ne sont pas si inhabituelles que cela! Il est logique de supposer que des pèlerins errants peuvent avoir des contacts avec des OVNI et en faire le récit. Certes, nombreux sont les pèlerins errants dont

---

[24] 484, lettre du 29 octobre 1996
[25] 149, lettre du 18 juillet 1999

les expériences n'incluent pas des visites de la part d'OVNI, mais on me rapporte souvent des récits à propos d'OVNI physiques ou métaphysiques, ou des rêves impliquant des OVNI. Les récits qui suivent sont représentatifs de rêves et visions impliquant des OVNI, des contacts que j'appellerais métaphysiques, puisqu'aucun OVNI physique n'a été vu en état de conscience :

> J'ai 23 ans. J'étudie la musique. Dans mon enfance j'ai fait des rêves de vaisseaux extraterrestres qui atterrissaient sur la Terre ou qui restaient dans le ciel. Je leur parlais[27].

1

> Je me trouvais dans un état de transe légère ou moyenne et je me suis trouvé en train d' "observer" une énorme formation de nuages qui tourbillonnaient. Elle était massive et très impressionnante. Pendant que je regardais, deux formes pyramidales identiques ont émergé de la masse de nuages et se sont mises à planer côte à côte au-dessus de moi. Elles étaient légèrement inclinées, de sorte que je pouvais apercevoir la base en même temps que les côtés des structures ou vaisseaux. J'ai ressenti une augmentation d'énergie, et les pyramides se sont mises à briller d'une lumière intense. La source principale de lumière paraissait se situer dans la base de chacune, mais en quelques instants, la lumière s'est répandue vers l'extérieur en provenance de tous les angles. Avant cet événement j'avais éprouvé une dépression dont je ne trouvais pas l'origine et que je ne pouvais pas expliquer. Immédiatement après, les sentiments de dépression et d'une certaine anxiété ont disparu et ne sont pas revenus. Également après cet événement j'ai eu l'impression que j'avais été initié, que quelque chose était passé sur ou en moi, et qui serait transmis à d'autres plus tard[28].

1

> J'avais près de 30 ans lorsque je me suis "éveillée" un jour très soudainement et brutalement. J'étais en train de pratiquer de la méditation transcendantale lorsque j'ai vu un objet en train de tournoyer. Tout d'abord je n'ai pas compris ce que c'était, mais quand je suis sortie de mon état de méditation j'ai réalisé qu'il s'agissait d'une sorte d'OVNI. J'en ai été confondue, car les OVNI ne faisaient pas partie de mon monde à l'époque. Ensuite, une

---

[27] 021, lettre du 1er novembre 1987
[28] Orann, lettre du 13 juillet 1998

> connaissance profonde m'a envahie et j'ai pensé: "Oh, mon Dieu, ce n'est pas chez moi ici!". Dans ma vision intérieure je pouvais apercevoir un endroit chaud, sec et très sablonneux. Je pense qu'il y avait deux soleils dans le ciel. Cela m'a apporté un grand sentiment de paix et de réconfort[29].

Un important pourcentage des phénomènes OVNI qui m'ont été rapportés sont métaphysiques. Il semblerait que les entités des phénomènes OVNI d'orientation positive ou 'Service d'autrui', par exemple celles de la Confédération, préfèrent apparaître sous forme métaphysique ou en formes pensées plutôt que sous forme physique à cause du libre arbitre. À mon avis, la majorité (mais probablement pas toutes) des observations physiques qui ont lieu à courte distance sont soit des contacts de vibrations confuses et mélangées, soit des contacts négatifs, c'est-à-dire des contacts de l'espèce 'Service de soi' impliquant les fameux 'gris'. Voici quelques récits de contacts positifs avec des OVNI:

> Lorsque j'avais 12 ans, j'avais prié pour apercevoir des soucoupes volantes, et quelques semaines plus tard, alors que j'étais appuyé contre un poteau dans la cour de récréation de mon école, j'ai jeté un regard derrière moi et j'ai vu 20 vaisseaux métalliques à la base concave et portant une tache sombre au centre, qui m'ont dépassé en volant en formation comme pour une revue militaire[30].

1

> Lorsque j'étais une jeune adolescente j'ai commencé à voir des gens qui entraient dans ma chambre en traversant les murs. Lorsque j'en ai parlé à mes parents ils m'ont placée au Norton's Hospital pendant tout une année. C'est là que j'ai vu un vaisseau planer au-dessus du dernier étage; il semblait couvrir tout un quartier de la ville. Je pouvais voir les gens à l'intérieur qui nous dévisageaient! Nous avons tous dû regagner précipitamment nos chambres et y avons été enfermés. Les médecins sont venus nous voir pour s'informer de ce qui s'était passé. Personne ne semblait se rappeler exactement les événements, sauf moi, mais ensuite j'ai oublié jusqu'à l'an dernier environ. C'est lorsque j'ai regardé une émission télévisée sur les OVNI que je me suis souvenue de tous les détails[31].

---

[29] 277, lettre du 16 janvier 1997
[30] Kent R. Meyer, letter datted October 6, 1998
[31] 149, lettre du 18 juillet 1999

1

Avant la rencontre rapprochée que je relate ici, j'avais déjà fait deux rencontres à distance avec des OVNI, et j'en avais été profondément affecté. Ces deux rencontres sont devenues des catalyseurs qui m'ont poussé à étudier toute la documentation que je pouvais trouver concernant les OVNI et les phénomènes paranormaux qui s'y rapportent. J'ai étudié les phénomènes OVNI pendant près de 30 ans. Avant l'expérience de 1975 dont je viens de parler je ne crois pas avoir jamais lu quelque chose en particulier au sujet de globes rouges lumineux. Si j'avais eu un désir profond d'apercevoir un OVNI j'aurais eu dans ma tête l'image classique de l'OVNI en forme de disque et constitué de métal mat, et non pas d'un vaisseau en forme de globe. Le type de vaisseau de forme lenticulaire m'a toujours fasciné. Je crois qu'il y a une sorte de connexion mentale associée à ces phénomènes[32].

De nos jours, si nous posons des questions autour de nous à propos des extraterrestres, nous pouvons constater que le sentiment général, culturellement établi, est qu'ils sont réels, qu'ils sont ici. Naturellement, l'histoire est confuse. Il n'existe pas d'expériences communes d'extraterrestres se baladant parmi nous. Ils ne montent pas dans nos bus, ils ne soulèvent pas leur chapeau pour nous saluer. Mais les scripts pour la télé et le cinéma font état de la réalité d'une certaine présence d'extraterrestres, et de petits êtres verts agitent des bouteilles de bière dans des films publicitaires. Notre culture comprend donc un facteur important d'acceptation des extraterrestres, tout en adoptant une attitude plutôt moqueuse et de dérision envers les personnes qui ont fait l'expérience ou affirment la vérité d'une présence d'E.T. et de phénomènes OVNI, en temps réel, ici et maintenant. Je pense que ce sera toujours le cas. Les entités d'orientation positive de la Confédération affirment qu'elles ne peuvent atterrir parmi nous sans enfreindre notre libre arbitre, ce qu'elles évitent soigneusement de faire, dans le plus pur style *Star Trek*. Les entités OVNI d'orientation négative ne s'encombrent pas autant de considérations éthiques, et enfreignent à tout bout de champ le libre arbitre des observateurs d'OVNI. Toutefois, elles ne peuvent être présentes que dans la mesure où elles sont appelées par des humains d'orientation négative, tout comme les présences extérieures d'orientation positive sont limitées dans les plans intérieurs de la Terre en fonction de l'appel de chercheurs terrestres polarisés positivement. Elles ne peuvent pas atterrir en masse. En outre, quand de nouvelles preuves sont forcées

---

[32] Michael Estes, lettre du 23 octobre 1998

de voir le jour elles suggèrent généralement une collusion permanente entre les structures terrestres de pouvoir et des races d'extraterrestres dont les plans sont jalousement gardés loin du public, et des apocalypses incroyablement dramatiques pour l'homme et la nature par-dessus le marché. Les théories varient. Celle que je préfère est celle qui est parfois appelée les Tables d'émeraude. Elle a le pompon en élégance et en style. Il est vrai que, par nature, les conspirations exigent le secret. Ce facteur pourrait lui aussi réduire drastiquement la reconnaissance de l'acceptabilité de la présence d'OVNI et d'E.T. parmi nous. Quelle conspiration décente pourrait-elle s'épanouir, quel trafic quelconque pourrait-il prospérer dans une atmosphère de totale connaissance? Sans vouloir, arrivée à cet âge de ma vie, savoir quelle version parmi les myriades de sous-espèces de théories de conspiration est la plus exacte, je pense qu'une des versions pourrait être véridique. Est-ce qu'il n'y a pas toujours eu, dans notre société, des forces qui tentaient de s'approprier le contrôle de l'argent et du pouvoir? Est-ce que, lorsqu'elles ont le dessus, ces forces ne mettent pas la main sur l'argent et l'information? Est-ce que les plus talentueuses d'entre elles ne parviennent pas à perdurer? Et en des temps perçus comme apocalyptiques, est-ce que ces forces ne risqueraient pas gros si elles voulaient défendre des intérêts privés ou perçus comme charitables, ou publics pour leur intérêt et le nôtre? En outre, sans vouloir prouver quelles sont les races qui se trouvent ici et quelles sont leurs intentions, je reconnais qu'il y a ici des présences extraterrestres. Je précise seulement que je pense que ces forces, quels que soient leurs accords avec notre Terre, sont polarisées négativement, et qu'elles viennent de planètes dont le chemin de recherche est de polarité négative. Je ne poursuis pas dans ce domaine de cas physiques avec l'ardeur qui a été mienne par le passé parce que je n'ai trouvé aucun intérêt métaphysique personnel dans ce que ces E.T. auraient exprimé. Les OVNI physiques qui laissent des empreintes dans le sol lorsqu'ils atterrissent ne sont en général pas polarisés positivement en ce qui concerne l'orientation des E.T. qui sont à bord. Par ailleurs, la majeure partie de ces E.T. dont le public a conscience sont de ce que les sources qui font partie de la Confédération ont appelé ceux d'Orion, ou de l'empire d'Orion. Alors, de quoi s'agit-il, et en quoi sont-ils différents de la Confédération de l'amour et de la lumière (*Love and Light Confederation*)? Voici la question que Don Elkins a posée à propos des contacts OVNI positifs:

> **Intervieweur**: Pouvez-vous me dire quelles sont les diverses techniques utilisées par les contacts 'Service d'autrui', positivement

orientés, de la Confédération avec les habitants de cette planète, quelles sont les diverses formes et techniques de contact[33]?

Ceux de Ra ont répondu:

> **Ra**: Je suis Ra. Le mode de contact le plus efficient est celui dont vous faites l'expérience en cet espace/temps-ci. La violation du libre arbitre est grandement indésirée. Dès lors, les entités qui sont des missionnés sur votre plan d'illusion seront les seules à faire l'objet de projections mentales constituant ce qui est appelé des "contacts rapprochés" et rencontres entre des complexes mémoriels sociétaux d'orientation positive et des missionnés[34].

Le 'mode' dont nous faisions l'expérience était un contact télépathique en channeling au travers d'un instrument, en l'occurrence moi-même. Cette méthode de contact n'enfreint pas du tout le libre arbitre, puisqu'il n'y a aucune possibilité de prouver qu'il y a un tel contact. Cependant, le contact en channeling n'est pas la seule possibilité de contact positif avec des OVNI. Le groupe Ra a expliqué que parfois, une expérience OVNI perçue comme physique implique quelqu'un qui s'attend à être emmené à bord et examiné:

> **Intervieweur**: Je réalise qu'il existe une très grande diversité dans les contacts entre individus. Pourriez-vous me donner des exemples généraux des méthodes utilisées par les entités de la Confédération pour éveiller complètement ou partiellement les pèlerins errants qu'elles contactent?
>
> **Ra**: Je suis Ra. Les méthodes utilisées pour éveiller des pèlerins sont variées. Le centre de chaque approche est l'entrée dans le conscient et le subconscient de manière à éviter de susciter de la crainte et de maximiser le potentiel d'une expérience compréhensible et subjective qui ait du sens pour l'entité. Beaucoup de ces contacts se produisent pendant le sommeil, d'autres pendant bon nombre d'activités pendant les heures de veille. L'approche est flexible et ne provoque pas nécessairement le syndrome de la rencontre rapprochée, ainsi que vous le savez.
>
> **Intervieweur**: Qu'en est-il du syndrome de l'examen physique? Qu'a-t-il à voir avec les missionnés et les contacts avec la Confédération et Orion?

---

[33] Elkins, Donald T., Carla L. Rueckert et Jim McCarty, *La Loi Une,* Livre III, Atglen, PA, Schiffer Publications, [c1982], p. 18.

[34] *ibid.*, p. 19

CHAPITRE I: QU'EST-CE QU'UN PELERIN ERRANT?

> **Ra**: Je suis Ra. Les attentes subconscientes des entités sont à l'origine de la nature et du détail de l'expérience de forme pensée offerte par des entités en formes pensées de la Confédération. Dès lors, si un pèlerin s'attend à un examen physique, il en fera forcément l'expérience avec aussi peu de distorsion vers l'alarme ou l'inconfort que le permet la nature des attentes des distorsions subconscientes de ce pèlerin… Le groupe d'Orion utilise l'examen physique comme un moyen de terrifier l'individu et de lui faire éprouver ce que ressent un être avancé de deuxième densité, comme par exemple un animal de laboratoire. L'intention est de démontrer que les entités d'Orion ont le contrôle sur les Terriens. Les expériences de formes pensées (positives) sont subjectives et ne se produisent pas en général dans cette densité-ci[35].

Ceux de Ra parlent spécifiquement du point ou de la fonction d'un contact OVNI orienté positivement:

> Le sentiment d'être éveillé ou activé est le but de ce type de contact. La durée et l'imagerie utilisées varient en fonction des attentes subconscientes du missionné qui fait l'expérience de cette possibilité d'activation[36].

Et ici ils parlent de la mécanique d'un contact mixte:

> **Intervieweur**: Est-ce que la plupart des OVNI que nous apercevons dans nos cieux sont du groupe d'Orion?
>
> **Ra**: Je suis Ra. Bon nombre de ceux qui sont aperçus dans vos cieux sont du groupe d'Orion. Ils envoient des messages. Certains sont reçus par des entités orientées vers le Service d'autrui. Ces messages sont alors modifiés de manière à ce qu'ils soient acceptables pour ces personnes, tout en les avertissant de difficultés futures. C'est le maximum de ce que peuvent faire des entités du Service de soi lorsqu'elles sont confrontées à des personnes qui souhaitent servir autrui. Les contacts que ce groupe trouve les plus utiles à sa cause sont ceux avec des entités d'orientation Service de soi. Dans vos cieux il y a de nombreuses entités de formes pensées qui sont de nature positive et qui sont des projections de la Confédération[37].

Dans le ciel nocturne, Orion est une constellation qui contient les étoiles de première magnitude Rigel et Bételgeuse. Il se peut qu'il y ait des

---

[35] *La Loi Une*, Livre III, séance 53 §3
[36] *La Loi Une*, Livre III, séance 53 §8
[37] *La Loi Une*, Livre I, séance 12 §9

efforts de contact positif de la part des populations de ces systèmes stellaires, mais le contact avec Orion est devenu un contact de sens négatif, et nous le considérerons de cette manière. Des informations sur les contacts avec Orion ont été reçues en channeling par Laura Knight-Jadzyk, auteure de *The Cassiopæans (les Cassiopéens),* qui m'a écrit ceci:

> Il y a, de la part de l'Union 'Service de soi (SDS)' d'Orion et de leurs disciples humains, ceux du Consortium, une intention déterminée de créer une nouvelle race et de la contrôler elle et le reste de l'humanité. Ils mettent également au point pour eux-mêmes de nouveaux corps qu'ils pourront occupe lors de la transition en quatrième densité parce que leurs corps actuels ne sont plus satisfaisants. Le clonage et le vol d'embryons humains font l'objet d'une étude pour déterminer quel est, pour eux, le meilleur réceptacle d'âme. Leur intention est de commuter les réalités physiques[38].

C'est une des théories! Il y en a d'autres! Mon propre sentiment est que nous allons continuer à recevoir autant d'information que de désinformation, et je salue l'inéluctabilité de l'ignorance! Dans notre propre recherche nous avons souvent rencontré des récits qui suggèrent la théorie que les 'gris' sont à la recherche de matériel génétique. Tout, depuis les mutilations de bétail jusqu'à des femmes qui font état de leur conception et de la naissance 'illusoire' de bébés extraterrestres, où les signes de grossesse sont présents, où l'on peut entendre battre le cœur du fœtus, et ensuite, après trois mois environ, tous les symptômes disparaissent, semblent contredire cette théorie. Ce sont des hypothèses et non des faits, n'en déplaise à Whitley Strieber et à d'autres auteurs de livres. Voici deux de ces récits:

> Je me suis soudain éveillée dans leur vaisseau, environnée de 'gris'. J'ai invoqué le nom de Jésus, et ils ont été réellement surpris! Alors je me suis calmée et l'un d'entre eux s'est approché de moi. Je lui ai dit que je savais qu'il y avait 'L'Unique'. C'est tout ce dont je me souviens[39].

1

Après avoir parcouru la checklist de la victime d'enlèvement, je crois que mon fils et mon partenaire ont eux aussi été contactés. Des taches de sang inexpliquées sur les couvertures du lit, mon intermittente paralysie du sommeil, leur sommeil agité à tous les

---

[38] Laura Knight-Jadzyk, www.cassiopaea.org, lettre du 1er janvier 1998
[39] 162, lettre du 9 novembre 1998

deux, des hématomes inexpliqués sur nous trois. Quelque chose de profond à l'intérieur de moi m'empêche de me rappeler bon nombre de ces choses[40].

Le but de cette première section est de transmettre suffisamment de récits pour que les lecteurs voient qu'ils ne sont pas les seuls à qui arrivent des choses bizarres autant qu'étranges. Si nous n'avons pas encore mentionné votre type particulier d'expérience, poursuivez votre lecture! Il y a plus!

Un peu d'aide de mes amis

Pour presque tous les pèlerins errants, l'expérience de la vie quotidienne donne souvent le sentiment d'être isolé. La disparité entre le soi et les membres plus 'normaux' de notre culture est souvent éminemment évidente. Peut-être est-ce la raison pour laquelle tant d'efforts sont faits par des amis invisibles pour établir et maintenir un contact. Q'uo en parle ici:

> Nous assurons à chacun que nous faisons ce voyage avec vous, et qu'aucune entité ne le fait seule, car chacune a des amis, des instructeurs et des guides qui marchent avec elle, tout comme, dans votre propre illusion, des frères et des sœurs accompagnent chacun en esprit[41].

Voici deux récits de pèlerins en errance, pris en amitié par des êtres à l'apparence humaine:

> Cela a commencé il y a cinq ou six ans. Tous mes rêves normaux ont cessé et j'ai vu cette forme d'homme. Chaque nuit il m'a montré des choses. J'ai vu toutes mes vies. Qui je suis. Il m'a appris à me mettre en équilibre avec la plupart des choses. J'aime beaucoup plus les gens à présent. Presque tout ce qu'ils font me fait sourire. C'est comme si je détenais un secret[42].

1

> J'ai toujours été étrange. Pour moi, née dans le sud, avec des antécédents indiens américains, l'inhabituel est devenu un mode de vie. À l'âge de trois ou quatre ans j'ai eu des expériences de ce qu'on appelle des 'enlèvements'. Je ne les ai pas vues comme

---

[40] 191, lettre du 29 octobre 1998
[41] Q'uo, transcription du 18 septembre 1994, p. 7
[42] Beverly Creamer, lettre du 1er octobre 1994

négatives. C'étaient mes amis, mes compagnons de jeux. Les contacts se sont poursuivis sous une forme ou une autre au fil des ans. Parfois ils sont encore très intenses[43].

J'imagine que l'inhabituel est un mode de vie pour beaucoup d'entre vous, au moins de temps en temps. Ces voix de l'esprit n'ont pas toujours le timbre ni le son d'une communication parlée. Voici ce que dit Q'uo de ces voix:

> La voix de l'esprit semble parler de bien des manières à celui qui écoute, et plus on se met à faire attention aux coïncidences et synchronicités, plus on a le sentiment que cet esprit nous répond, que ce compagnon invisible veut placer dans la conscience des modes alternatifs d'être. Ce travail est pour les persévérants, car c'est en fait le travail de l'incarnation, non pas un travail accompli en un jour, ni en une année, ni en une décennie, mais bien l'objectif de la conscience de soi et du libre choix qui est l'étoile que suit chacun[44].

D'autres voix:

> Lorsque j'étais enfant je voyais des esprits, je parlais avec eux. Mes amis c'étaient les arbres, les animaux, le ciel, les étoiles et la terre. Aussi loin que je me souvienne, j'ai toujours été en contact avec le monde des esprits. Dans mon enfance je pouvais voir des apparitions et communiquer avec elles, des extraterrestres, des animaux, etc. Je le peux encore, bien que parfois les esprits apparaissent seulement sous forme de couleurs. J'en reçois des messages. Et du réconfort[45].

1

J'avais près de douze ans, et je lisais *There Is A River*, un livre qui parle d'Edgar Cayce. Des voix dans ma tête m'ont donné des informations d'une nature semblable à celles qui étaient transmises en channeling à Cayce. Je connaissais les réponses dès la lecture des questions que des gens avaient posées à Cayce, selon le livre. Depuis, j'ai réalisé que la plupart des enfants de douze ans ne se passionnent pas pour la métaphysique comme je l'ai fait à cette époque. Je me sens privilégié parce que je peux 'prouver' le contact métaphysique. Je veux dire par là que jusqu'à l'âge de 12-13 ans j'ai

---

[43] Astria, lettre du 19 août 1999
[44] Q'uo, transcription du 15 novembre 1998, p. 4
[45] CristeL Rose, lettre du 27 juillet 1994

obtenu des notes moyennes à l'école. Puis, en classe de 7ᵉ, mon cerveau a explosé parce que le travail scolaire est devenu beaucoup plus facile. Je parle des cours les plus compliqués, surtout les mathématiques. Aujourd'hui je suis statisticien par vocation[46].

Ah, si plus d'enfants en âge scolaire pouvaient obtenir cette sorte d'aide bien nécessaire, et en temps aussi opportun! De plus en plus d'enfants naissent avec un mental conscient inhabituel! Il y a aussi les visites angéliques. Je réalise que le mot 'ange' a un contenu émotionnel: positif pour ceux qui n'ont rien contre cette image culturellement chargée, négatif pour ceux qui y sont opposés. En tout cas, quel que soit le nom donné à ces êtres, il s'agit d'un important sous-type de voix, dont il est souvent fait état étant donné l'influence de la culture équipée de cet ensemble d'images. Dans ma propre expérience de channeling cette image apparaît fréquemment. Appelons-les comme nous voulons, mais en tout cas ce sont des forces puissantes. Voici ce qu'en disent ceux de Q'uo:

> Il existe énormément de soutien invisible au travail en conscience, aux prières, et à une vie vécue dans la foi. Nous vous demandons de vous appuyer sur ce soutien. Cet instrument l'appellerait 'soutien angélique', et dirait qu'il y a des anges partout. D'autres entités donneraient une tout autre description, mais le concept reste le même. Il y a de la guidance. Il y a de l'aide, car le Créateur est en communication constante avec vous par l'intermédiaire de tout: la nature, l'environnement, d'autres personnes, des coïncidences. Soyez attentifs. Intéressez-vous aux coïncidences spirituellement intéressantes et vous y trouverez beaucoup d'encouragement[47].

J'aime cette phrase: «des coïncidences spirituellement intéressantes». Dès que nous nous mettons à les rechercher, on les trouve littéralement partout. Nous en reparlerons dans des chapitres ultérieurs.

Deux récits de pèlerins errants à propos d'anges:

> À l'âge de deux ans … j'ai entendu mon ange gardien pour la première fois. J'avais presque atteint le sommet des marches de la cave avec mon chiot dans les bras, lorsqu'une voix masculine profonde a dit de manière très audible dans mon oreille droite: «dépose ton chiot; tu vas tomber». Je me rappelle m'être tournée et m'être demandé d'où cette voix pouvait bien venir. Je ne l'ai pas écoutée et, oui, j'ai atterri au bas des escaliers. J'ai entendu cette voix me mettre en garde à plusieurs reprises dans ma vie, mais

---

[46] Kevin Sutton, letter dated October 21, 1996
[47] Q'uo, transcription du 24 mai 1998, p. 7

j'avais 16 ans lorsque j'ai réalisé qu'il était temps que je commence à l'écouter, et elle ne s'est jamais trompée[48].

1

Alors que j'étais âgée de 18 mois environ, j'ai vu cet 'ange' venu me rendre visite, je suppose, et bien que je ne l'aie pas reconnu comme quelqu'un du village, je l'avais déjà rencontré quelque part. Le Ciel me préserve, il ressemblait à Michæl Jackson, avec ses longs cheveux noirs bouclés et il me fixait de ses grands yeux d'un bleu profond ou violet, avec de beaux grands iris, et il paraissait être choqué. Je l'ai entendu penser: "Mon Dieu qu'as-tu fait!" Et il pensait à des vagues de tristesse qui attendaient (qui m'attendaient moi, mais cela l'attristait). Je ne peux pas dire que j'ai vraiment compris ce qui se passait. Il s'est ensuite agenouillé et m'a caressé une joue tout en me regardant, et moi je le regardais, essayant de tout saisir, puis il s'est relevé et est parti. Je l'ai suivi, et une fois dans le jardin, une brume tourbillonnante s'est établie au-dessus du carré de citrouilles, verte, comme un arc qui descendait vers la terre; il y est entré, et l'instant d'après il avait disparu en même temps que la brume[49]!

Peut-être que le meilleur récit que j'aie jamais entendu à propos d'anges est celui que m'a fait une jeune femme, il y a tellement longtemps que j'ai oublié son nom. Je me souviens qu'elle avait cinq enfants très proches l'un de l'autre en âge, et que l'aîné avait sept ans. Ils lui avaient parlé d'un homme gentil qui venait lorsqu'ils étaient au lit et qui leur racontait des histoires pour les endormir. Un samedi matin, elle s'est éveillée en réalisant que la matinée était déjà bien avancée et que les enfants devaient être levés et avoir faim. Tout en se demandant pourquoi ils ne l'avaient pas réveillée comme ils le faisaient normalement, elle s'était rendue dans la cuisine, où elle avait trouvé sur la table les restes d'un petit déjeuner aux œufs et au bacon, et cinq enfants satisfaits. Tout excités, ils lui avaient raconté que leur ami leur avait demandé de laisser leur maman dormir pendant qu'il préparerait leur petit déjeuner. Elle a expliqué qu'elle aurait eu des doutes ou qu'elle aurait même complètement rejeté ce récit si elle n'avait pas vu la poêle à frire utilisée et les restes de nourriture dans les assiettes des enfants.

Pour terminer, voici l'histoire d'une voix extraterrestre:

---

[48] 093, lettre du 16 avril 1997
[49] 235, lettre du 28 septembre 1999

> Parfois j'ai eu besoin d'être assuré que je n'étais pas devenu fou. J'ai demandé aux 'amis' de se matérialiser. Ils ont accepté. C'est quelque chose que je ne redemanderai jamais. L'expérience de les voir a été à la fois incroyablement belle et traumatisante. Demander à des êtres de quatrième densité de se matérialiser est quelque chose à ne pas recommander, sauf si l'idée que votre réalité vous sera arrachée ne vous dérange pas[50].

Ceux de Q'uo terminent cette section sur ces mots:

> L'affliction est essentielle à l'expérience que vous appelez la vie de troisième densité. Mais votre attitude envers ce processus déroutant, attristant et changeant peut créer pour vous une paix qui dépasse tout entendement. Nous encourageons chacun de vous à voir ce ciel, même si c'est de loin, pour savoir que les anges et ministres qui vous ont toujours aimés vous aiment encore et sont ici pour vous aider. Bien qu'invisibles, ils planent, attendant le moment de réconforter, cherchant des moyens de confirmer toute lueur intérieure. Vous n'êtes jamais seuls dans ce processus. C'est un processus gardé et protégé, que le ciel respecte. Puissiez-vous vous aider les uns les autres sur le chemin du retour chez vous[51].

Pas à sa place

En tant que missionnée je suis moins médium que la plupart, sauf en ce qui concerne ma faculté de transmettre en channeling, qui n'est pas apparue spontanément mais est apparue en réponse à une demande de Don Elkins que je développe ce don. En ce qui concerne les visions d'OVNI ou de choses paranormales, ou les différentes voix dont nous avons entendu parler, Je n'ai aucune expérience. Je suis aussi douée qu'une bûche. Mais je corresponds bien au profil de pèlerine errante dans la mesure où je ne corresponds pas au monde. Mais alors là, pas du tout! On m'a dit que j'ai été un bébé heureux, une petite fille pétillante, et toujours une enfant gaie et légère. Ça c'est la personne que ma famille connaissait. En fait, pendant les deux premières années de ma vie je n'ai connu que ma mère: mon père étant parti pour le Pacifique sud deux mois après ma conception, et n'étant revenu que trois ans après. Pendant la première année, ma mère et moi avons vécu auprès de ses parents, et mes premiers souvenirs sont ceux que j'ai de Nana, la mère de ma mère,

---

[50] Ed Wiegel, lettre du 27 novembre 1996

[51] Q'uo, transcript dated March 15, 1998, p. 5

Chapitre I: Qu'est-ce qu'un pelerin errant?

enseignant le piano à des élèves dans la pièce d'à côté pendant que je restais assise dans ma chaise haute. J'ai été une enfant précoce, capable de lire la musique à deux ans et les mots à trois, chantant avec la chorale de l'église à quatre ans, galopant au sommet de l'échelle du QI avec un niveau de 200 lorsque j'ai passé des tests à l'âge de cinq ans, et une nouvelle fois à l'âge de huit ans. Notez que cette précocité ou ce QI de 'génie' ne reflète pas, à mon avis, la compétence adulte ou la véritable intelligence. Il prouve seulement que j'ai un mental très actif qui traite un tas de données. Ce n'est pas un trait particulièrement pratique, mais je le partage avec de très nombreux chercheurs en spiritualité éveillés. Les pèlerins errants sont en général très intelligents.

Pour accentuer le sentiment de différence, j'avais une apparence étrange: maigre, avec un œil qui louchait très fort depuis ma naissance et ce jusqu'à ce que mon corps soit devenu assez fort pour que les muscles des yeux supportent une opération, à l'âge 11 ans. J'ai porté des lunettes dès l'âge de 14 mois. Les autres enfants ne se liaient pas avec moi en tant qu'une des leurs. À l'école, mon sobriquet était "la prof". Je souhaitais vivement être intégrée. Je faisais des efforts. Mon problème était que les activités dites normales n'avaient pas de sens pour moi. Pourquoi aurais-je dû avoir envie de jouer à la poupée puisque j'avais un petit frère? J'ai tenté de nombreuses fois de jouer avec d'autres enfants, mais j'étais toujours repoussée. La plupart du temps je lisais d'innombrables livres, passais du temps en solitaire dans la nature, et j'ai passé en état de rêve au travers d'une enfance inconfortable. Je me comprenais, et dans une certaine mesure les membres de ma famille m'acceptaient, mais ils savaient que j'étais différente, et le monde le savait aussi.

Les choses ont changé pour moi quand j'ai eu 17 ans. C'est comme si, soudainement, les jeunes gens de mon âge pouvaient me trouver du sens. À partir de là, ma vie dans le monde des humains est devenue beaucoup, beaucoup moins déconcertante, mais il est resté une distance que je ne sais comment réduire entre moi et les jeux culturels qui déterminent pour les gens leur place dans la hiérarchie sociale et la défense de leur territoire. J'ai appris à reconnaître quand ces jeux ont lieu car je perçois un malaise dans l'atmosphère, mais jamais je n'ai été capable d'y entrer. Je n'ai pas l'ombre d'une notion de ce que c'est qu'être normal. Cela a certains avantages et j'en suis arrivée à célébrer le fait d'être moi-même. Mais apprendre à m'accepter a été un long chemin semé d'embûches constituées d'autodénigrement et de peines. Je sais que je ne suis pas seule dans ce cas parce que beaucoup m'ont écrit au sujet de leur sentiment de non-appartenance. Hatonn dit:

> Nous sommes très satisfaits de constater que bon nombre de ceux qui sont venus sur la sphère Terre en cette période-ci se sont rappelé ou commencent à réaliser subconsciemment pourquoi ils sont venus, car très souvent –au moins neuf sur dix des extra-dimensionnels qui s'incarnent– ces gens oublient tout au long de leur incarnation pourquoi ils ont ce sentiment de non-appartenance, pourquoi ils ne s'intègrent pas, pourquoi leur nature paraît être en décalage avec celle de la société[52].

Je vous promets que nous allons revenir sur ces 'pourquoi'. Pour le moment mon but est de faire connaissance avec les nombreux autres pèlerins errants qui, comme nous, semblent mal adaptés. Voici deux pèlerins errants dont le sentiment de non-appartenance remonte à l'enfance:

> Il semble que j'ai toujours su ce que j'étais. Dès ma petite enfance j'ai su que quelque chose était différent. En grandissant j'ai eu peu d'amis, et je me suis toujours associée à du 'trop': trop grande, trop maligne, trop grosse, trop bruyante; et pas dans le cadre des paramètres sociaux: trop souvent à l'extérieur et regardant vers l'intérieur d'un regard qui était de loin plus mûr que mon âge, comme beaucoup l'ont affirmé. Et vous pouvez imaginer ce que c'est que d'être aussi différent aussi jeune, car les enfants sont souvent cruels avec ceux qui sont différents. Par la suite j'ai appris à le cacher et à avoir l'air 'normale'[53].

1

> Ma mère m'a dit que j'ai toujours été très différente. Je n'étais ni rebelle ni impolie, mais j'agissais et me comportais différemment. Mon entourage et mes amis m'ont toujours trouvée étrange ou bizarre à cause de ce que je disais. Je n'ai jamais aimé les groupes ni me trouver au milieu d'une foule, comme lors d'une fête[54].

Je peux comprendre: j'évite encore toujours les grands rassemblements ou les fêtes officielles.

Fréquenter l'école m'a toujours été difficile parce que j'étais plus rapide que la plupart des élèves, ce que les professeurs trouvaient dérangeant. Ils considéraient aussi comme de la mauvaise conduite ma tendance à corriger leurs fautes et à vouloir aider les élèves plus lents assis auprès de

---

[52] Hatonn, transcription du 2 août 1979, p. 5
[53] Barbara, lettre du 9 novembre 1996
[54] Frances, lettre du 20 novembre 1996

moi. J'ai passé la moitié de ma classe de troisième et toute ma quatrième à la bibliothèque de l'école parce que le professeur que j'avais pendant ces années n'a plus pu me supporter dans sa classe. J'ai dévoré la plupart des livres de cette bibliothèque et, soit dit en passant, j'ai profondément aimé cette période de ma vie. Voici une autre âme qui a considéré l'école comme son premier centre de non-appartenance:

> Lorsque j'étais enfant, je pleurais tous les jours. Je veux dire que si quelqu'un me regardait de travers je fondais en larmes. Cela mettait mes parents dans tous leurs états. Nous avons emménagé dans le New Hampshire en 1979, alors que je n'avais que neuf ans, et j'ai quitté une grande école pour atterrir dans une petite. J'ai tout de suite été considérée comme marginale et alors là, qu'est-ce que j'ai été attaquée et harcelée. Je ne me suis jamais adaptée. C'est comme chez les animaux; lorsqu'ils perçoivent une faiblesse ou une différence ils attaquent et tuent. C'est comme cela que ça a été pour moi, pendant toute ma période scolaire. Aujourd'hui, 20 ans plus tard, je me sens à l'aise avec le fait que non, je ne suis pas intégrée[55].

Certains pèlerins errants ont depuis l'adolescence le net sentiment d'être des marginaux:

> Comme je trouvais la socialisation en groupe inconfortable et souvent dépourvue de sens, dès le début de mon adolescence j'ai en partie recherché et en partie reçu le rôle de marginal. Je m'évadais dans le fantastique et la science-fiction[56].

C'est à l'âge de 14 ans que j'ai eu un avant-goût de la science-fiction et du fantastique, et j'aime toujours ces genres. Voici deux récits concernant la différence vécue en tant qu'adulte:

> Jusque là j'avais pensé que les difficultés que j'avais dans ma vie n'étaient que des reflets de la vie de tout un chacun. C'est-à-dire que tous les humains, à un moment ou à un autre ont des difficultés dans la vie; mais j'ai ensuite réalisé que mes difficultés avaient pour origine une différence fondamentale dans la manière de penser. Je n'ai encore rencontré personne qui a les mêmes idéaux ou convictions fondamentales à propos de la vie, que moi. La plupart du temps j'ai l'impression d'être à l'extérieur d'une bulle d'où je regarde le reste des humains à l'intérieur, incapable de les comprendre ou de communier avec eux; et il n'est pas possible de

---

[55] Gypsee, lettre du 10 octobre 1997
[56] Bjorn de Copenhague, Danemark, lettre du 5 mars 1999

CHAPITRE I: QU'EST-CE QU'UN PELERIN ERRANT?

faire éclater cette bulle ou d'y entrer. Généralement je ne me sens même pas humaine, même si je ne peux renier ma physiologie humaine[57].

1

Je me suis souvent demandé si je suis une pèlerine errante puisque je ne me suis jamais réellement sentie chez moi ou à l'aise ici, là-bas, n'importe où. Est-ce que c'est cela être un pèlerin errant??? Une vie bien difficile. J'ai 67 ans, un doctorat en philosophie, suis éditrice, professeur de collège, etc. Mais il y a un vide, un sentiment d'avoir été abandonnée. Pas connectée à la vie comme les autres le sont. Mais par qui? Pourquoi? Ce sont de grandes et importantes questions pour moi. Y a-t-il des réponses? Non. Y a-t-il des solutions?? Qui sait?[58]

Et ces voix me parlent aussi avec un certain accent:

Je ne suis pas certaine de savoir qui je suis. Une chose est sûre: je n'ai jamais eu un sentiment d'appartenance. Bon nombre de ceux de mon entourage disent derrière mon dos que je suis étrange, que je suis différente. Eh bien, la seule chose dont je suis certaine est que je suis très différente, et que j'ai perçu cette différence pendant toute ma vie. Je me suis toujours sentie isolée sur cette planète parmi les multitudes. Souvent j'ai demandé à l'univers: "pourquoi suis-je si différente?"[59].

1

Même si je me suis toujours senti différente des autres, je me suis toujours acceptée telle que je suis. Je me suis parfois demandé pourquoi je suis comme je suis. Pas de réponse, naturellement. Je n'étais pas éveillée à l'époque. Maintenant que je suis éveillée, je ne me soucie plus de ce sentiment de différence. Je le vois comme un rappel du fait que mon esprit évolue et j'ai hâte d'atteindre le prochain niveau spirituel[60].

---

[57] Brisis, lettre du 13 février 1998
[58] Silver Sullivan, lettre du 20 août 1998
[59] Zub, lettre du 8 mars 1999
[60] Mary, lettre du 5 mai 1997

Pas de ce monde!

Bien des pèlerins errants ont bien plus qu'un vague soupçon qu'ils ne sont pas d'ici. Q'uo en parle:

> Nous avons conscience du sentiment d'être loin de chez soi qu'éprouvent de nombreuses entités qui font l'expérience de l'influence de cette planète, et nous pouvons suggérer que beaucoup, beaucoup d'entités sur cette planète ont fait le voyage jusqu'ici en venant d'ailleurs, c'est-à-dire d'une autre influence planétaire. Vous n'êtes pas tous d'une seule source ou origine en ce qui concerne la progression de l'influence de deuxième densité vers la troisième densité, et c'est ce qui est en grande partie responsable de la difficulté des relations entre sociétés, nationalités, races, religions, etc. dans votre influence planétaire[61].

Ce ne sont donc pas uniquement des entités de densités supérieures qui sont arrivées sur la planète Terre en provenance d'ailleurs. Bien des entités de la Confédération parlent souvent des différentes populations de troisième densité non achevée, par exemple de Mars et de Maldek, qui sont entrées dans des cycles de réincarnation sur la Terre pour achever les leçons d'amour de troisième densité qu'elles n'ont pas pu compléter sur leurs planètes natives devenues inhospitalières pour la vie de troisième densité. Ce sentiment est partagé par Norma Talvik:

> Comme je vois les choses, nous venons tous d'ailleurs, ou bien je pourrais dire que nous sommes tous des êtres cosmiques[62].

Mais nous qui sommes des pèlerins errants de densités supérieures, nous avons des plusieurs types de mal du pays: Q'uo explique:

> Toutefois, ces entités ont en elles la mémoire lointaine et atténuée de leur origine, d'être venues d'ailleurs, et dans de nombreux cas ce sentiment prend la forme de ce vous pourriez appeler une sorte de mal du pays ou de sentiment d'exclusion des influences planétaires, et de vibrations qui sont plutôt en inharmonie par rapport à cette influence de troisième densité. Cependant, chaque entité a conscience, au cœur de son être, du fait que même si son foyer peut être situé ailleurs, le véritable foyer de tous les chercheurs de lumière et serviteurs du Créateur unique, se trouve dans le service et dans la lumière qui provient d'une seule source: le Créateur unique, et chacun peut tirer du réconfort de la certitude que le

---

[61] Q'uo, transcription du 4 mai 1992, p. 6
[62] Norma Talvik, lettre du 11 août 1998

Créateur réside dans chaque entité et répand la lumière de l'amour et du service sur toutes également[63].

Je me souviens bien du moment où j'ai rencontré Don Elkins, et du sentiment qu'il savait tout ce que je pensais. C'était merveilleux, le sentiment d'une sorte de retour chez moi. Pas besoin d'explications! Certains missionnés sont très éveillés et peuvent donc lire clairement en nous, et ce sentiment est magnifique. Toutefois, pour contrebalancer cela, beaucoup craignent que certains de ceux qui sont venus ici en tant que missionnés ne s'éveilleront pas à leur identité profonde:

> Selon mes guides, beaucoup plus d'entre nous ont été 'semés' ici qu'il n'était finalement nécessaire, parce qu'il était connu que tous n'arriveraient pas au bout. La parabole au sujet des graines semées le dit bien. Mon sentiment est que j'y suis à peine parvenue moi-même, vraiment tout juste[64].

Alors, à ceux d'entre nous qui se sont souvenus suffisamment pour lire le présent ouvrage, le groupe Q'uo dit:

> En tant que missionnés vous êtes venus pour deux raisons: pour servir et pour passer des épreuves. S'il y a du réconfort à savoir que le chemin qui attend chacun est le chemin approprié, qui vous était destiné et qui a été tracé par vous-mêmes, alors puisez-y. Dans l'illusion il y a toujours le sentiment qu'il est très désirable de se trouver sans le lourd corps ni la lourde expérience de troisième densité. Toutefois, dès que l'incarnation se termine naturellement, l'esprit en recherche regarde derrière lui et pense: "pourquoi n'ai-je pas appris davantage? Quelle grande opportunité!"[65].

Écoutons quelques pèlerins en errance qui se rappellent d'autres foyers planétaires:

> J'avais huit ans lorsque j'ai dit à tout le monde que je venais de la planète Vénus, et je le croyais. Je ne parvenais à l'expliquer de manière satisfaisante ni à moi-même, ni aux autres, mais j'en étais sûre[66].

1

---

[63] Q'uo, transcript dated May 4, 1992, p. 7
[64] Lyara, lettre du 29 janvier 1998
[65] Q'uo, transcription du 14 octobre 1992, p. 3
[66] Catt Foy, cattfoy@mcleodusa.net, lettre du 18 août 1997

CHAPITRE I: QU'EST-CE QU'UN PELERIN ERRANT?

> J'aime Sirius, l'étoile bleue. C'est mon foyer, je le sens. Et mon esprit s'emballe, oui, oui, oui en un mot![67].

1

> Je sais que je ne suis pas de la planète Terre et que je suis venue ici par l'intermédiaire de Sirius, mais d'où? Je ne le sais pas. Je suis maître en Reiki et j'apprécie mon travail dans les arts de la guérison, mais je ne fais jamais payer mes services[68].

Pour beaucoup de pèlerins errants, comme ceux dont il est question ci-dessous, ce sont les astres eux-mêmes qui sont à l'origine du mal du pays:

> Je pense que j'ai toujours su que j'étais une "personne des étoiles" même avant avoir entendu ces mots ou compris les concepts. Je me rappelle qu'allongée dans l'herbe pendant des nuits d'été, je regardais les étoiles et j'éprouvais un profond et déchirant mal du pays[69].

1

> J'ai toujours voulu quitter cette planète, cette vie. Toujours pensé à la vie sur d'autres planètes, toujours désiré voler parmi les étoiles[70].

De nombreux pèlerins errants réagissent à ces mots merveilleux: "chez soi":

> Il fut un temps où moi aussi j'éprouvais un ardent désir de retourner "chez moi". Je l'ai reconnu et je l'ai dit à un ami. Mais je ne comprenais pas vraiment ce que cela signifiait parce qu'aucun des foyers que j'avais connus dans cette vie-ci ne paraissait être un endroit où je désirais aller[71].

1

> Les thèmes de mes rêves étaient des pays et réalités lointains, je contemplais par exemple depuis un sommet une vallée couverte de bois sauvages dans un pays qui n'avait pas encore connu la civilisation; et je pleurais en pensant: "je veux retourner chez moi".

---

[67] Mira Ellison, lettre du 31 mai 1999
[68] Norma Talvik, lettre du 12 juin 1998
[69] Catt Foy, cattfoy@mcleodusa.net, lettre du 18 août, 1997
[70] Martin Leduc, martinleduc@videotron.ca, lettre du 21 mai 1997
[71] Lance, lettre du 8 novembre 1999

L'intensité du chagrin et du mal du pays que j'éprouvais dans le rêve était extrême[72].

1

Lorsque j'étais un très jeune enfant je regardais le ciel et me demandais pourquoi j'étais ici, pourquoi je ne pouvais pas retourner chez moi. Mais je savais que j'avais une leçon à apprendre et un travail à faire. Je ne me suis jamais senti chez moi ici, mais j'apprécie la beauté qui existe sur cette planète[73].

Ces souvenirs d'ailleurs sont parfois vagues, mais ils sont significatifs:

Ce que je ne lui ai pas dit à elle, c'est quelque chose d'autre dont je n'ai jamais parlé: le fait que depuis l'enfance j'ai le souvenir d'un autre lieu/temps/vie qui est toujours juste hors d'atteinte pour être net; mais aussi pâle et captivant qu'il puisse être, les émotions qui y sont liées sont bien plus fortes et significatives que toutes celles que j'ai pu éprouver dans cette vie. Au cours de ces derniers mois, ces images sont devenues plus fortes et plus claires, bien que je ne parvienne toujours pas à les amener à la pleine lumière de la conscience[74].

1

Je vais essayer d'être bref et de trouver des mots qui décrivent quelque chose qui est réellement indescriptible dans le langage humain actuel. Ce "souvenir/expérience" est encore à ce jour aussi vivace que lorsqu'il s'est produit. Il forme et moule ce que je suis et tout ce en quoi je crois. Il continue toujours à être pour moi plus réel que le monde physique actuel qui m'entoure[75].

Thomas Wright termine cette section par une pensée ironique et déstabilisante:

Je pense que nous nous demandons tous de quel foyer nous sommes réellement originaires. Mais peut-être plus important encore: si nous pouvions retourner en arrière, est-ce que nous retrouverions le confort familier, ou bien sentirions-nous étrangers du fait de nos nouvelles expériences? Serait-il possible d'éprouver alors les mêmes sentiments à propos du foyer?

---

[72] 292, lettre du 29 décembre 1996
[73] 264, lettre du 21 octobre 1996
[74] 001, lettre du 15 juillet 1997
[75] 093, lettre du 16 avril 1997

CHAPITRE I: QU'EST-CE QU'UN PELERIN ERRANT?

Pourrions-nous être heureux et en paix dans ce "foyer"? Pensez-y. Peut-être que le chemin du pèlerin errant doit toujours s'écarter et non pas s'approcher du foyer. La satisfaction peut être le prix à payer pour l'aventure et l'étonnement[76].

---

[76] Thomas Wright, lettre du 21 juillet 1994

CHAPITRE II: ANATOMIE DE LA SEPARATION

Séparation d'avec la famille

Dans une certaine mesure, chaque individu se sent, au moins de temps en temps, séparé de sa famille ou de ses amis. Mais pour les pèlerins errants la séparation est ressentie en permanence, intensément, et pendant toute la vie. Ce n'est pas une séparation du monde de la nature mais d'avec d'autres êtres humains. Pour de nombreux pèlerins errants elle commence dès les premières années suivant la naissance au sein de la famille. Q'uo en dit ce qui suit:

> Ainsi, au cœur du fait d'être un pèlerin errant se trouve ce sentiment de dislocation, d'être dans le monde mais non pas de ce monde dans lequel vous vous trouvez. Parce que cette situation provoque semble-t-il bien de l'inconfort, beaucoup de ceux qui ont échoué ici se sentent misérables et ne trouvent aucun réconfort. Pour réagir à ce besoin, certains de ceux qui ont réagi se sont, dans leurs discussions, fortement appuyés sur l'encouragement aux pèlerins errants de se séparer des humains natifs de la Terre. Nous n'encourageons pas cette ligne de pensée parce que chaque missionné qui s'ignore, qui arrive dans la sphère d'influence de votre Terre a pris la responsabilité de la citoyenneté de cette Terre. Tout autant que n'importe quel autre habitant natif, il est attendu des missionnés de monter les marches de lumière lorsque cette expérience incarnationnelle est terminée, et tout comme pour les autres habitants natifs de la Terre, si les marches sont montées jusqu'à un certain point de confort en troisième densité, le missionné ne retournera pas dans son réseau vibratoire d'origine, mais poursuivra en troisième densité jusqu'à la réussite complète[77].

Je crois que c'est là un point important. Il se peut que nous n'ayons pas toujours été sur la Terre, mais nous nous sommes incarnés en tant que natifs de la Terre, des gens de sang et de poussière de cette sphère native, soumis à ses exigences concernant le départ. Nous ne retournerons pas à notre densité originelle avant d'avoir réalisé cela et d'avoir travaillé à nous polariser suffisamment pour pouvoir dépasser notre présente expérience de troisième densité. Être des natifs d'ici semble nous séparer de notre

---

[77] Q'uo, transcription du 22 mai 1994, p. 2

éternel esprit de vagabondage, mais ce n'est pas le cas. Ceux de Latwii disent:

> La séparation paraît être très profonde et l'on oublie que les pierres chantent, que la Terre crie de joie et que les arbres sautillent au printemps. Comme il est facile de se sentir séparé de la vie qui habite toutes choses. Comme il est facile de se sentir séparé de soi, de sentir qu'il y a en soi des factions à réconcilier, d'analyser et réanalyser en vain[78].

Norma Talvik décrit la situation à la base:

> Je n'ai jamais été très sociable et j'ai passé la majeure partie de ma vie auprès de moi-même; il est certain que je ne me sens jamais aussi seule et isolée que lorsque je côtoie un grand nombre de gens. Cependant, j'aime les gens pris individuellement et j'ai de nombreux amis merveilleux, mais ils ne sont pas mon peuple ni mon foyer. Je peux me sentir très proche d'un animal: chien, loup, cheval ou autre, mais pas d'humains[79].

Lorsqu'elle s'applique à la famille de naissance, la dislocation mentionnée peut être éprouvée comme un rejet du pèlerin errant par la famille:

> Au cours de ma vie j'ai fait beaucoup d'expériences qui, je commence à le réaliser seulement maintenant, étaient différentes; et les autres enfants me trouvaient "différente" et ma "famille" aurait voulu me balayer sous le tapis[80].

Il arrive cependant que certains pèlerins errants soient faits d'un bois plus dur, et qu'ils rejettent la famille plutôt que d'attendre que ce soit la famille qui les rejette:

> Lorsque j'étais jeune, j'ai toujours pensé que j'avais été adopté, même si je savais que ce n'était pas le cas. J'ai passé des moments difficiles parce que je ne me sentais pas accepté par mes parents, même s'ils m'aimaient à leur manière[81].

1

> Je me rappelle avoir pensé dans ma jeunesse que mes parents n'étaient pas mes parents, que ma famille n'était pas ma famille,

---

[78] Latwii, transcription du 16 mars 1986, p. 5
[79] Norma Talvik, lettre du 11 août 1998
[80] 046, lettre du 6 mai 1994, p. 2
[80] Latwii, transcription du 16 mars 1997
[81] Charlie 036, lettre du 6 octobre 1997

que ma 'vraie' famille viendrait me chercher pour m'emmener à la maison. Même ma mère disait que si je ne lui avais pas tant ressemblé elle n'aurait pas pu croire que j'étais son enfant[82].

Voilà un public dur! Et voici comment ceux de Q'uo suggèrent de considérer ces sentiments:

> Les seuls catalyseurs traités en troisième densité sont la crainte et l'amour. L'entité commence sa vie enveloppée dans de l'amour, de l'amour reconnu par tout son système, et elle apprend à se renfermer sur elle-même pour se séparer et pour devenir défendue parce qu'il semble qu'il y a manifestement des choses à craindre. Il y a là des entités et des objets qui peuvent faire du mal et blesser. Dès lors, la vie spirituelle en troisième densité peut être décrite soit comme un apprentissage de la manière d'aimer, soit comme un apprentissage de la manière dont on se libère de la peur, car la peur est la distorsion de l'amour qui suppose une séparation entre les êtres, suscitant ainsi la nécessité de disposer d'une sorte de réaction aux personnes ou aux choses, qui tend à augmenter la sécurité et le confort[83].

A ceux qui se sentent coupables d'éprouver un sentiment de dislocation par rapport à leur famille, Q'uo dit:

> Ces sentiments de séparation parmi ceux qui cherchent à être 'un' ne peuvent pas être vus en termes d'échecs. Il faut simplement considérer qu'il faut énormément de courage spirituel pour tenter d'offrir une vie au Créateur, et spécialement une vie dans le contexte d'autres entités[84].

Dans la situation de ma famille de naissance, j'étais ou du moins j'avais l'impression que j'étais plus une nourricière qu'une enfant à élever. Vu rétrospectivement, c'était un excellent catalyseur, mais il m'était très douloureux à l'époque de ne pas me sentir soutenue. Même rétrospectivement, ces souvenirs ne sont pas précisément dorés, bien que l'état adulte apporte l'indépendance et l'occasion permanente de devenir pour nous-mêmes des 'parents' qui soutiennent et encouragent. Nous devons surveiller avec soin la manière dont nous nous parlons à nous-même. Commençons notre Service d'autrui par le service à notre soi intérieur de soutien, de confiance en soi, et d'acceptation de soi. Ce que notre famille de naissance n'a pas été en mesure de faire, nous pouvons

---

[82] 254, lettre du 26 février 1997
[83] Q'uo, transcription du 2 mars 1998, p. 3
[84] Q'uo, transcription du 22 septembre 1991, p. 5-6

parvenir à l'englober en nous-même. Nous pouvons parvenir à nous affirmer, et à mon avis c'est un merveilleux point de départ pour arriver à affirmer autrui.

Questions de contrôle

Pourquoi avons-nous choisi notre famille? Q'uo en dit ceci:

> Au sein de ce petit groupe [la famille], les entités ont les opportunités les plus constantes, les plus profondes et les plus durables d'éprouver du bonheur et du malheur. Chacune a la possibilité de faire partie de ce qui est considéré comme bon dans l'expérience de quelqu'un d'autre ou de devenir un instrument de vengeance et un vengeur qui peut détruire quelqu'un. Cette famille fait tellement profondément partie de l'expérience de troisième densité et est tellement fertile en occasions de Service de soi et de Service d'autrui que nous ne pouvons assez insister sur les opportunités de polarisation qui existent dans les difficultés et circonstances du soi qui fréquente des groupes. La communauté, c'est quelque chose que les missionnés comprennent instinctivement. Tout cela traverse presque toujours le voile d'oubli qui marque le début d'une incarnation sur votre planète, dans votre densité[85].

Les entités de la Confédération parlent d'une famille au sens large. Peut-être veulent-elles inclure la famille que nous assemblons autour de nous au cours de la vie. Mes propres souvenirs extraterrestres revenus à la surface sont riches de vie en 'clan', où chaque enfant peut poser des questions à de nombreux adultes, et se trouver en compagnie de nombreux autres enfants. Je crois que cette sorte de famille au sens large, de membres qui ont des intérêts spirituels similaires, est un mode de vie courant dans les densités supérieures.

> Chacun d'entre vous fait partie d'une famille au sens large qui existe à l'intérieur de l'illusion en ce moment-même, et qui assiste ceux qui ont besoin d'aide, qui inspire ceux qui sont blasés, et qui prête assistance à ceux qui éprouvent des difficultés à avancer. Vous pouvez toujours y trouver le réconfort de la certitude que le Créateur unique réside pleinement en chacun, et que tout ce qu'Il

---

[85] Q'uo, transcription du 28 avril 1996, p. 6

demande c'est que la plus petite étincelle de nécessité ou d'inspiration devienne une flamme[86].

Théoriquement, cette suggestion paraît plutôt simple. Selon celle-ci, nous nous fondons dans des manières de coopérer et de nous harmoniser avec notre famille, aussi bien au sens littéral qu'au sens large. Mais lorsque des humains s'assemblent, des jeux de contrôle se mettent en place. Certaines personnes s'efforcent de se changer pour s'adapter aux autres:

> Hier au soir, au cours d'une discussion, sont sortis des mots expliquant que j'ai passé toute ma vie à me changer moi-même pour m'adapter aux autres, juste pour pouvoir m'entendre avec eux. Mais maintenant il est temps de mettre fin à ces changements et de devenir moi-même[87].

Encore une fois, cela semble simple. Mais être nous-même c'est tout sauf simple, en ce sens que nous avons une connaissance *a priori* de nous-même. L'instruction donnée par Hermès: «Connais-toi toi-même» ouvre le chercheur au moi intérieur profond, énorme et dissimulé, où la lumière permettant la recherche est toujours faible et son faisceau mince, alors que les recoins du soi sont nombreux et profonds.

De très nombreuses personnes répondent au besoin de s'entendre avec la famille en s'efforçant de contrôler de diverses manières le comportement des autres. Ceux de Q'uo en disent ceci:

> Souvent, le désir de contrôler est fondé sur le souhait d'aider les autres d'une manière déterminée par le soi. Toutefois, le désir de servir d'une manière prédéterminée par vous-mêmes est souvent un désir mal dirigé et un désir qui, s'il est trop fort, peut vous faire manquer une opportunité de servir qui serait plus harmonieuse et efficiente, offerte sans conditions préalables[88].

Alors que je cherchais un bon exemple du travail spécifique recommandé par ceux de Q'uo dans certaines situations, j'ai retrouvé l'histoire de Pupak Haghighi. En 1996, elle était une participante régulière aux réunions de notre groupe, et s'était indignée à bon droit du comportement inapproprié d'un homme de sa connaissance. Elle avait dû repousser les avances de cet homme marié qui lui avait faussement juré qu'il souhaitait seulement une amitié avec elle. De façon bien compréhensible, elle s'était sentie

---

[86] Q'uo, transcription du 20 octobre 1994, p. 3
[87] Mary, lettre du 20 janvier 1998
[88] Q'uo, transcription du 30 mars 1993, p. 7

injuriée et était furieuse. Voici une partie de ce que ceux Q'uo lui ont dit lorsqu'elle les a interrogés au sujet de cette expérience:

> La plupart des sentiments de colère génèrent un blocage du rayon orange, puisque c'est dans ce rayon que vous travaillez sur vous-même et autrui. C'est le rayon de la relation, le chakra de l'abdomen, le chakra à partir duquel de nombreuses entités tentent d'exercer un contrôle. La personne qui éprouve une tension dans le bas de l'abdomen exprime souvent par là une réaction à un autre être qui tente d'exercer un contrôle, ou bien elle réagit parce que son 'soi' tente de contrôler quelqu'un d'autre. Dans les deux cas, ce n'est pas seulement le centre du rayon rouge qui se bloque, mais aussi le centre énergétique de rayon orange, et lorsque la colère est une colère contre la société ou la culture ou des groupes, elle génère aussi un blocage du rayon jaune. Cela signifie que vous, en tant qu'utilisateur d'énergie, êtes soudainement réduite à une portion très, très congrue de sorte que, bien que l'énergie qui vient vers vous soit infinie, la quantité qui atteint le chakra du cœur où elle peut ouvrir le cœur, est considérablement diminuée. Dès lors, lorsque vous avez accepté ce côté sombre de vous-même vous avez la base d'un long programme de travail que nous pourrions appeler "sortie d'un endroit caché". Nous avons donné à cet instrument la vision d'un placard. C'est comme si votre peur, votre blocage pendant que vous faites l'expérience du catalyseur qui crée de la colère, vous contracte dans un petit espace encombré; cependant, le moyen habile de travailler sur cette colère une fois qu'elle est identifiée, acceptée et pardonnée à l'intérieur du soi, c'est de voir qu'il existe un réel problème, qui ne peut être résolu que par l'amour[89].

Toujours, quel que soit le souci, la Confédération offre aux entités des pensées de foi, d'espérance et de vérité: les idéaux éternels. Quel défi que celui d'aimer suffisamment un goujat pour parvenir à lui pardonner et passer à autre chose. J'ajouterai qu'en plus de l'amour, Pupak lui a administré une impressionnante tirade, violente et élégante, lorsque le malheureux homme a tenté de répandre des faussetés au sein du groupe de méditation. Pour moi qui crie très rarement, c'était un moment délicieux et effrayant à la fois! Mais pour revenir au concept de contrôle exercé ou non sur autrui, renoncer au contrôle est très effrayant. Toutefois, c'est exactement cela que préconise Q'uo:

---

[89] Q'uo, transcription du 6 octobre 1996, p. 2-3

La décision de ne pas tenter d'exercer un pouvoir sur autrui est prise lorsque l'entité comprend qu'il n'est pas nécessaire d'avoir du pouvoir sur autrui, car toute la Création exprime son pouvoir à l'intérieur du 'soi'. Toute travail magique est dès lors accompli sur le 'soi'. Il n'est pas besoin de manipuler, instruire, contrôler, bouleverser ou conseiller d'autres entités. Il n'est besoin de faire tout cela qu'à l'égard du 'soi' en disciplinant le 'soi' à une acceptation de mieux en mieux équilibrée et claire de la nature universelle de l'individualité, et de ce fait en choisissant lucidement et clairement de servir autrui, de s'abstenir de juger et contrôler autrui, et de pratiquer l'amour de soi en acceptant ce 'soi' et en permettant que les erreurs perçues à l'intérieur du 'soi' soient pardonnées par le 'soi'[90].

Maladies physiques

J'étais une enfant maladive, née avec un œil tourné vers la glande pinéale ou 'troisième œil' au milieu du front, si complètement que le médecin craignait un dommage au cerveau ou une mort précoce, et avec de nombreuses autres malformations ophtalmiques congénitales: focalisation lente, défaut de vision nocturne et des couleurs, absence de perception du relief. À l'âge de deux ans j'ai contracté une fièvre rhumatismale tellement aigüe qu'une fois encore les médecins ont craint pour ma vie. Quand je m'en suis sortie, ils ont pronostiqué encore cinq ans de vie. Mes reins m'ont lâchée quand j'avais 13 ans, en 1956, et puis une nouvelle fois quand j'avais 15 ans. En ce temps-là, il n'existait pas d'alternative pour une personne atteinte de glomérulonéphrite, pas de possibilité de transplantation, pas de dialyse. Ou bien on vivait, ou bien on mourait. À nouveau je suis restée vivante après toutes ces expériences, bien qu'après cette période je me sois retrouvée avec l'arthrite rhumatoïde qui ne m'a plus quittée depuis. Les médecins répétaient sans cesse à mes parents que ma vie ne serait pas longue, qu'ils devaient se préparer à me perdre avant l'âge de l'école secondaire, puis avant l'âge des études supérieures, puis avant l'âge de 25 ans, puis avant l'âge de 30 ans. J'ai toujours démenti leurs prédictions et j'ai maintenant 58 ans. Je vis dans un inconfort chronique depuis des dizaines d'années, de sorte que, quand des missionnés m'écrivent pour me raconter le récit de leurs propres luttes, je compatis. Ceux de Ra font allusion à cet aspect du parcours du missionné:

---

[90] Q'uo, transcription du 14 juin 1992, p. 2-3

> Étant donné l'extrême variation entre les distorsions vibratoires de troisième densité et celles des densités plus denses, si vous voulez, les missionnés ont en règle générale une certaine forme de handicap, des difficultés ou un sentiment d'aliénation très marqué. Les plus communes de ces difficultés sont l'aliénation (la réaction à la vibration planétaire traduite par des troubles de la personnalité, ainsi que vous les nommeriez), et des maux du complexe corps indiquant une difficulté d'ajustement aux vibrations planétaires[91].

C'est sans plaisir que nous apprenons qu'en tant que pèlerins errants nous devons nous rendre à l'évidence: nous sommes plus prédisposés aux maladies que la plupart des natifs de la Terre. Laura Knight-Jadczyk explique:

> Toute ma vie j'ai souffert physiquement. Je ne peux ni manger ni dormir, ni même respirer comme le font d'autres personnes. Je souffre en permanence d'allergies, d'inflammations des oreilles et des yeux, j'ai des problèmes féminins, des problèmes de nerfs, et pour couronner le tout, en 1994 je me suis brisé la nuque. J'ai subi sept interventions chirurgicales majeures, et lors d'un de mes accouchements mon pelvis s'est disloqué, de sorte que pendant près d'un an j'ai été incapable de marcher. Ce sont toutes des leçons. Mais cela est une autre histoire. Je me contenterai de dire que Dieu m'a sans aucun doute permis de Le connaître[92]!

Cette souffrance peut apparaître sous la forme de maux divers de nature chronique. Mes propres maladies rhumatismales sont très répandues parmi les pèlerins errants, et un monsieur très angélique m'a écrit ceci:

> À mon avis, la fibromyalgie est soit causée, soit influencée par les énergies qui affectent à présent la planète, à mesure de l'augmentation/la prise de conscience. Je crois que la fibro, le syndrome de fatigue chronique, le virus Epstein-Barr, et le lupus érythémateux sont intimement connectés, et peut-être des variantes d'une même maladie. Il y a même au Canada un homme qui l'appelle le Syndrome du Chercheur en Spiritualité. Il ne prétend pas qu'il s'agit de la même maladie que les autres, mais pour moi, les symptômes sont presque exactement ceux de la fibro. Il ne dit pas qu'elle se répand à un degré épidémique[93].

---

[91] *La Loi Une*, Livre I, séance 12, §30.
[92] Laura Knight-Jadczyk, lettre du 5 janvier 1998
[93] 155, lettre du 20 août 1998

CHAPITRE II: ANATOMIE DE LA SEPARATION

Le taux de croissance de ce groupe de maladies devrait naturellement s'élever brusquement, puisque de nombreux missionnés arrivent sur ce plan terrestre et réagissent à ses vibrations. Maintenant, que faut-il faire? Existe-t-il une solution? Dans un sens terrestre, non. C'est-à-dire que nous devons peut-être plus habiles à traiter les maladies physiques, mais notre tendance à en contracter est liée à notre nature profonde et à son décalage vibratoire par rapport au plan de la troisième densité terrestre. D'abord, je pense que ce décalage épuise l'énergie de notre corps naturel de deuxième densité, ainsi que l'explique Heikki Malaska:

> Une de mes amies, qui pratique la médecine chinoise traditionnelle, m'a examinée et m'a dit avoir été surprise de trouver très peu d'énergie fondamentale, et donc presque rien pour soutenir le système immunitaire, ce qui me rend très vulnérable aux influences extérieures comme le régime alimentaire, la météo, le stress, etc.[94]

L'affaiblissement du système immunitaire paraît crucial, et il peut être très utile de réfléchir au travail à accomplir sur ce manque d'énergie fondamentale. Quant à Heikki, elle est parvenue à guérir un de ses maux:

> C'est par moi-même qu'a été guéri un de mes nerfs sciatiques, qui me faisait souffrir tellement à une époque que je ne pouvais sortir de mon lit qu'en rampant: pendant que je marchais j'ai scanné les mouvements des muscles/du squelette du côté sain, et j'en ai transféré la conscience au côté malade, qui a donc appris de cette manière comment se mouvoir de façon saine. Depuis lors je n'ai plus eu d'ennuis de ce côté, et je ne me soucie pas de débattre avec des professionnels de la médecine pour savoir si cela est possible ou non[95].

Je m'émerveille quand un pèlerin errant parvient à manifester de la guérison. C'est quelque chose que je n'ai jamais été capable de faire. Bien que je m'en sorte plutôt bien et que je puisse me tenir sur mes pieds après avoir passé deux années en chaise roulante, obligée de rester à la maison, les diverses maladies rhumatismales, l'arthrite, le lupus et la fibro ne m'ont pas quittée. Les entités de la Confédération donnent un bon conseil à cet égard:

> Un catalyseur est présenté à l'entité. S'il n'est pas utilisé par le complexe mental, il filtre alors au travers du complexe corps et se manifeste sous une forme de distorsion physique. Plus est efficient

---

[94] Heikki Malaska, lettre du 25 février 1999

[95] Heikki Malaska, lettre du 22 janvier 1999

l'usage du catalyseur, moins grande est la distorsion physique. Il y a, dans le cas de ceux que vous appelez des missionnés, non seulement une difficulté congénitale à s'adapter aux modèles vibratoires de troisième densité, mais aussi un souvenir, bien que faible, que ces distorsions ne sont ni nécessaires ni habituelles dans la vibration du lieu d'origine[96].

Voilà un bon conseil. Nous voyons qu'il nous faut traiter un catalyseur soit en travaillant sur l'équilibre mental et émotionnel, soit en aidant notre corps à se débarrasser des distorsions que notre processus d'équilibrage n'a pas corrigées. Nous reviendrons plus tard en détail sur le concept des centres énergétiques et de leur équilibrage, car j'ai trouvé utile pour moi cette manière de considérer les énergies du corps, du mental et de l'esprit, et je voudrais la partager. Le principe de base est le suivant:

> Dans une situation où il y a maladie et où le cœur lance un appel à des soins, la guérison est le processus intangible par lequel le mental prend conscience d'un champ d'énergie plus puissant que celui exprimé par la maladie[97].

C'est la plus grande vérité qui apporte les changements à la plus petite vérité. Du moins en théorie. Je pense à un certain nombre de drames corporels dans lesquels je n'ai pas encore été capable de faire se manifester de la santé physique, bien que j'aie été tout à fait capable de soutenir mon moral défaillant. Ceux de Q'uo disent:

> Lorsqu'un choix préincarnationnel vous a donné une difficulté, que votre foi vous convainque que vous êtes un esprit suffisamment avancé pour participer à votre propre destinée, que les événements ne surviennent pas simplement par hasard: que l'apparente pauvreté, l'apparente limitation, l'apparente difficulté, l'apparente maladie, sont aussi des aides directes qui contribuent à mettre en place des circonstances où des leçons d'amour peuvent être apprises dans des conditions défavorables. Votre densité est la dernière qui comporte des conditions véritablement difficiles pour les personnes orientées positivement ou du Service d'autrui. C'est dans cette densité-ci seulement, la densité des choix, que cela se passe. Sachez dès lors que ce qui est placé devant vous n'est pas plus que ce que vous êtes capable d'affronter, cela n'entraînera pas votre défaite: vous ne programmeriez pas quelque chose de tel pour vous-même. Mais vous repoussez vos limites parce que vous souhaitez changer, vous souhaitez devenir encore plus polarisé vers

---

[96] *La Loi Une*, Livre III, séance 66
[97] Q'uo, transcription du 3 mars 1994, p. 3

l'amour et le service du Créateur et de ceux qui sont autres que vous pour le moment[98].

Les allergies sont parmi les maux les plus répandus chez les pèlerins errants. J'ai été accablée par de sévères allergies en 1968, c'est-à-dire au moment où j'ai rejoint Don Elkins à plein temps, et c'est à ce moment-là également que mon arthrite rhumatoïde chronique mais dormante est devenue aigüe et pratiquement ingérable. Ma théorie concernant le moment où sont apparues ces limitations qui devaient garder mon regard tourné vers l'intérieur, est qu'il correspond à ma décision de faire équipe avec Don. Autrement dit, en termes de métaphysique le changement a été positif, marquant le début d'un pèlerinage qui est toujours en cours, et j'en suis extrêmement reconnaissante. J'ai à l'époque consulté un allergologue qui a testé sur moi 48 substances. J'étais allergique à toutes. Les pèlerins errants sont fondamentalement allergiques à la Terre. Souvent j'entends dire des choses comme:

> Je sais une chose: je suis allergique à tout ce qui est sur Terre: les moisissures, les pollens, les substances chimiques, les parfums, les produits pétrochimiques; la liste est sans fin. Cette planète me rend malade. Même si j'aime la beauté de la planète, même si je vis dans un environnement sylvestre, je n'ai jamais perçu la Terre comme mon foyer[99].

1

On a diagnostiqué de l'asthme chez moi lorsque j'avais cinq ans, et le médecin a dit que je l'avais probablement depuis ma naissance. Cela signifie que j'étais allergique à des tas de choses dans mon environnement: poussières, plumes, chats, chiens, fraises, et tout me faisait éternuer, ou provoquait des démangeaisons ou des rougeurs. L'ironie de la situation est que tout cela m'a empêché d'être envoyé combattre au Vietnam et donc m'a écarté de la possibilité de tuer quelqu'un[100].

Ceux de Ra voyaient l'allergie de la manière suivante:

> L'allergie peut être vue comme un rejet par le complexe mental, à un niveau profond, de l'environnement du complexe

---

[98] Q'uo, transcription du 23 septembre 1990, p. 9
[99] CJ, lettre du 27 juillet 1994
[100] Jim McCarty, lettre du 8 mars 1999

mental/corps/esprit. L'allergie peut donc être vue dans sa forme pure comme la distorsion mentale/émotionnelle du soi profond[101].

Outre la maladie et l'allergie, la qualité de la sensibilité fait aussi partie du tableau du physique.

> Je me souviens m'être sentie différente lorsque j'étais enfant. Je pensais que les autres gens ne ressentaient pas avec la même intensité que moi. Il m'était difficile de regarder, lire ou entendre quelque chose de violent, cruel ou très triste. Il me semblait que la plupart des gens pouvaient assister à ce genre de choses avec une sorte d'attitude fataliste. Certaines images, certains mots, pouvaient me hanter pendant des mois. Certains me hantent encore à ce jour. Vers l'âge de huit ans j'ai mis un petit pois sous mon oreiller. Je pensais que ma différence était que j'étais une princesse égarée. Je suis sûre que vous connaissez l'histoire. Je me suis réveillée avec un mal de tête[102].

1

> Parfois le sommet de ma tête vibre avec une intensité telle que j'ai du mal à me diriger. J'ai essayé d'améliorer les choses en me distrayant activement, en m'occupant de choses et d'autres. Il y a toutefois un appel intérieur que je ne peux pas expliquer[103].

Chaque pèlerin errant perçoit la sensibilité d'une manière qui lui est unique, mais nous pouvons observer une tendance au travers de ces récits. Ici, Brisis et Heikki parlent de cette sensibilité lorsqu'ils tentent de s'adapter à d'autres personnes:

> Je voudrais pouvoir dire que je trouve les choses un peu plus faciles, ou du moins que je parviens à mieux me comprendre, à mieux comprendre ma place dans l'univers, mais ce n'est pas nécessairement le cas. Chaque jour je me trouve bloquant toutes sortes d'énergies, et souvent il m'est difficile d'attirer les énergies dont j'ai besoin. Parce que je suis devenue très empathique, ou plutôt parce que mes capacités d'empathie se sont éveillées, au lieu d'essayer de m'ancrer moi-même et de tenter de faire une distinction entre les énergies d'autrui et les miennes, j'agis

---

[101] *La Loi Une*, Livre V
[102] 173, lettre du 29 avril 1999
[103] Sue Nuhn, lettre du 28 avril 1998

seulement de manière à me fermer aux autres, à me protéger en quelque sorte[104].

1

Il m'est arrivé d'avoir des crises soudaines de dépression légère, jusqu'à ce que j'apprenne à reconnaître que dans mon entourage immédiat pouvait se trouver quelqu'un qui était effectivement déprimé et que je le captais[105].

D'après mon expérience, à mesure qu'ils s'éveillent, les hommes tout autant que les femmes auront cette sensibilité. Ceux de Hatonn en parlent avec éloquence:

> Sur le chemin spirituel il n'y a pas de promesse de certitude, il n'y a qu'une promesse de grand risque permanent d'énorme vulnérabilité, d'une sensibilité qui vous accompagnera toujours pendant que vous cherchez à apprendre. Nous sommes avec vous sur ce chemin, vulnérables, fous, et en même temps parfaits, rendus parfaits dans l'amour et ne faisant qu'un avec le Créateur[106].

Le but

Pour les pèlerins errants, 'but' est un mot essentiel. Il existe habituellement une certaine impression que nous sommes nés avec un certain dessein, pour une certaine mission. Cela n'est en général pas ressenti comme une charge, mais comme un honneur et un devoir. La recherche de ce que peut être ce dessein prend parfois toute la vie. Je vois ici deux niveaux de discussion. Q'uo parle de la manière dont sont vus en général les desseins d'une vie par les entités de la Confédération.

> Nous avons souvent dit que votre incarnation de troisième densité peut être vue comme une école dans laquelle le dessein de l'illusion est de faire passer le chercheur de troisième densité de la tête au cœur. Alors que les pensées intellectuelles ont de l'énergie superficielle, dirons-nous, on peut dire que les émotions ont de l'énergie du cœur, et à cause de cela les émotions contiennent des

---

[104] Brisis, lettre du 22 avril 1999
[105] Heikki Malaska, lettre du 7 février 1999
[106] Hatonn, transcription du 15 juillet 1984, p. 7-8

informations plus profondes que toute la sagesse que le cerveau peut englober et la parole concerner[107].

Ce parcours de 35 centimètres de la tête au cœur est vu comme très nécessaire, et l'angoisse qui nous oblige à émettre des considérations intellectuelles et logiques est vue comme une bonne chose. Cela me rappelle la "règles des 180 degrés" de Don : si nous pensons que quelque chose est bon pour nous, ce quelque chose est en fait mauvais pour nous, et vice versa.

> Mes amis, la détresse et les soupirs sont profonds dans chaque entité, tout comme le rire et la jubilation sont profonds dans votre composition. Le but de l'incarnation n'est pas d'éviter les larmes ou le rire, ni la détresse ou la joie; ce but englobe au contraire le respect et la compassion que l'on peut offrir à chaque émotion ressentie sans préférer l'une à l'autre, sans renier aucune émotion pure. Nous vous demandons de vous aimer et de vous accepter, de vous pardonner à vous-mêmes, et d'être assez braves et hardis pour vous ouvrir et permettre la guérison du soi, la guérison des souvenirs, la guérison de l'incarnation. C'est dans de telles préoccupations que se meut la lumière de l'esprit d'amour[108].

Il y a donc un but d'éducation dans toutes les vies, en ce sens que nous sommes tous venus ici pour apprendre les leçons d'amour, prendre ce que le monde a à nous offrir, et acquérir de plus en plus d'équilibre et d'habileté dans notre rapport à ce monde.

> C'est ce sentiment de justesse et de rythme qu'obtiendra celui ou celle qui fait un usage judicieux de ses dons. Nous recommandons d'inclure ce sentiment dans vos processus de pensée qui vous permet de savoir quand vous êtes dans le rayon et quand vous ne l'êtes pas. Car chacun a l'intuition ainsi que la certitude intérieure dont il peut s'inspirer et sur laquelle il peut s'appuyer[109].

Nous reviendrons sur ce but d'information générale. Examinons à présent un autre sens de ce mot qui est significatif pour certains pèlerins errants. Les pèlerins errants ont souvent le sentiment qu'il y a un but spirituel à leur incarnation:

> Il m'a fallu 25 années pour trouver un espace de paix et comprendre pourquoi je suis ici. J'ai reçu beaucoup d'aide en provenance de l'autre côté du voile, et j'en serai éternellement

---

[107] Q'uo, transcription du 15 décembre 1996, p. 2
[108] Quo, transcription du 28 mars 1993, pp. 7-8
[109] Q'uo, transcription du 19 novembre 1997, p. 2

Chapitre II: Anatomie de la séparation

reconnaissant. Je n'aurais pas pu y arriver sans elle; du moins jusqu'à ce point-ci[110].

1

Périodiquement, dans ma vie de jeune adulte, j'ai un net sentiment d'être venu ici pour faire quelque chose de vraiment grand. Je remarque ce sentiment et je me dis: «ah! Voilà de nouveau ce sentiment». Mais qu'est-ce que je vais faire exactement[111]?

1

Je pense que sur cette planète IL Y A un travail à faire, mais je ne sais pas encore en quoi il consiste, à part que nous devons prendre conscience, accroître notre lumière/amour/savoir, et nous tenir prêts pour tout ce qui nous attend, dans les meilleures conditions psychiques, mentales et physiques possibles!!!![112]

Ce niveau de prise de conscience d'un but n'est toutefois pas aussi troublant que le niveau d'urgence ressenti pas de nombreux missionnés à propos de ce but et de leur mission:

Depuis un an je sens que je dois me hâter. Ce sentiment je l'ai eu après que l'on m'ait montré "l'horloge". Les aiguilles étaient à trois ou quatre minutes avant minuit. Pourquoi vous dis-je cela? Je l'ai gardé pour moi, et je ne l'ai dit qu'à ma fille, avec qui je vis. Bon. De toute façon cela fait seulement partie de l'illusion[113].

Et plus loin à propos d'une horloge:

Ce qui est important c'est que nous accomplissions ce que nous avons projeté. Ah! Comme je voudrais pouvoir me rappeler ce que j'ai projeté. Je crains d'avoir laissé quelque chose en plan. J'espère que Dieu trouvera bon de me le faire savoir si c'est le cas. C'est par deux fois que j'ai vu une horloge. Je vous ai peut-être écrit à ce sujet, mais je ne m'en souviens pas maintenant. Après l'horloge, je me suis réveillée un matin en ayant ces mots en tête: «je dois me dépêcher». Puis, il y a environ six semaines, je me suis réveillée en entendant une voix qui me disait: «le temps presse». Cela pourrait signifier plusieurs choses, et je ne suis pas certaine qu'il s'agisse

---

[110] 132, lettre du 28 octobre 1998
[111] 285, lettre du 27 août 1996
[112] Laura Knight-Jadczyk, lettre du 23 juillet 1998
[113] Mary, lettre du 6 mai 1997

d'événements censés se produire dans les prochains mois, août 1999, ou si mon temps physique est bientôt écoulé[114].

J'ai le sentiment que ma mission ici est très simple, mais c'est une mission presque toujours oubliée des missionnés à cause de l'éthique de travail de notre culture et notre supposition que la mission doit être quelque chose de spécifique. Mais j'ai l'impression que ce n'est pas le cas. Je crois plutôt que notre but est d'être présents sur les plans terrestres, de vivre notre vie, de respirer l'air, et d'apprécier l'expérience de l'école de la Terre. Notre mission principale est une mission d'essence. Nous sommes venus ici pour être nous-mêmes car quand c'est ce que nous faisons, notre fréquence vibratoire reflète les vibrations des densités supérieures de nos lieux d'origine ou de nos cœurs éveillés, et cela contribue à alléger la fréquence vibratoire des plans terrestres. Ceux des mondes de l'esprit, des plans intérieurs, ne sont pas à même d'exécuter cette tâche car ils ne sont pas incarnés. Ils ne respirent pas d'air, et ils ne sont pas non plus des mortels. Nous sommes venus ici pour offrir nos vies à la Terre et à ses habitants, moment après moment. Ce n'est pas une 'grande' mission, en ce sens qu'il ne s'agit pas du tout de *faire*, mais *d'être*.

> Une perception très répandue mais erronée de la part de ceux qui parcourent le chemin de la spiritualité est qu'il y aurait quelque chose de spécifique, une sorte de carrière professionnelle, à accomplir. Il y a un sentiment d'urgence qu'il est temps de servir, qu'il est temps d'avancer dans la mission pour laquelle on est venu en ce lieu et, ainsi que nous l'avons déjà dit par l'intermédiaire de cet instrument, nous avons le sentiment que l'idée d'une carrière est une chimère, à moins que cette carrière ne soit vue comme une vocation à être. Il y a de la perfection en chacun de vous. Chacun d'entre vous est un hologramme de la grande Pensée unique originelle, et cela est transporté sans distorsion dans chacune des cellules de votre corps physique et de tous les corps plus subtils qui composent votre mental, votre corps et votre esprit dans leur complexité[115].

Jeux de l'esprit

Pour le moment mettons de côté les idées de but: il reste de nombreuses autres choses difficiles à comprendre dans la situation mentale typique du

---

[114] Mary, lettre de 1999 (mois manquant - NdT)
[115] Q'uo, transcription du 30 mars 1997, p. 1

pèlerin errant, parce que nous avons une interprétation souvent différente de la réalité de consensus:

> Il semble que mon mental marche à l'envers la plupart du temps, et j'ai l'impression que mon chemin devient de plus en plus difficile[116].

1

> J'ai toujours eu une façon différente de penser, trouvant de l'humour dans de nombreuses situations différentes, et devant souvent expliquer ce que je trouve drôle[117].

1

> Je me suis toujours senti différent de la plupart des gens de mon entourage, y compris les membres de ma famille. Je ne me sens pas meilleur que qui que ce soit, juste différent. Mes intérêts me mettent toujours dans une position extrême, tout comme mes convictions et mon style de vie[118].

C'est tellement décourageant de vivre ainsi! Et tous les jours je parle avec des gens qui font l'expérience de ces sentiments et ont du mal. Pas plus tard qu'aujourd'hui, Pharaoh m'a écrit à propos de ses préoccupations dues à des sentiments d'urgence concernant des sujets considérés par la plupart des gens comme trop loin de l'ordinaire. Il essaie de toutes ses forces de se connecter, mais il reste bloqué parce que son mental fonctionne autrement et que les gens s'y sentent étrangers. Comme la majorité des pèlerins errants il a des idéaux et des espoirs très élevés. Mais comme il est décourageant de rencontrer rejet après rejet. D'autres pèlerins errants expriment les mêmes sentiments:

> La vibration d'ici paraît si négative que je me retire souvent du monde: me tenir en retrait et me soigner. Mes actions dans le monde paraissent souvent, aux autres et à moi-même, inefficaces et irréfléchies. Agir et apprendre, c'est douloureux[119].

1

> Dans mon enfance, j'ai toujours cru que l'amour était le plus grand pouvoir qui soit. En grandissant, l'expérience s'est révélée traumatisante. Il y avait tellement de haine dans le monde. Souvent

---

[116] Gypsee, lettre du 14 octobre 1997
[117] Charlie 036, lettre du 31 juillet 1999
[118] 109, letter dated May 13, 1997
[119] Don Cushing, lettre du 7 août 1994

j'ai réalisé que je ne comprenais pas ce que l'on attendait de moi dans diverses situations, et j'ai passé beaucoup de temps à étudier la culture, l'étiquette et la psychologie. Comme à de nombreux autres pèlerins errants, il m'a fallu beaucoup de temps pour réaliser que l'on ne peut faire confiance à personne[120].

C'est si triste! Mais je ne peux pas dire que ce soit inexact, car toute ma vie j'ai moi aussi ressenti la brutalité des vibrations de la Terre. Je pense que les missionnés voient le jeu à l'œuvre dans les relations humaines:

Très tôt dans ma vie j'ai su que je n'étais pas d'ici. Je ne parvenais pas à m'identifier à tous les jeux auxquels jouent sans cesse les gens. Mais je n'avais pas non plus la capacité d'entrer en relation avec la plupart des gens car je ressentais beaucoup de choses comme des scènes d'un rêve différent, comme si je regardais ce qui se passait de derrière un écran transparent[121].

Je suis certainement d'accord pour dire que toute la Création infinie peut facilement être qualifiée de rêve ou de jeu, de processus divin de jeu et de danse qui révèle le 'soi' au 'soi'. Mais cette pensée n'aidera peut-être pas énormément le pèlerin errant qui chancelle sous le poids du rejet du monde. Voici un point de vue différent à propos des jeux d'esprit:

Il est tellement facile de dire: «Je m'en fiche». La vérité, c'est que les autres ne comprennent pas. Ils ne le peuvent pas et ils ne le doivent pas. S'ils le pouvaient, ils le feraient. Il faut faire attention. Lorsqu'on est capable de percevoir des choses qui dépassent le spectre du 'normal' pour la perception humaine, on ressent plus intensément. C'est bien. Si on s'en fiche, on ne ressent pas. Si on ne ressent pas, on n'apprend jamais la différence entre 'soi', ce qui est propre au soi, et 'eux' et ce qui leur est propre. Il faut se connaître. La plupart des gens ne se connaissent pas! Ce n'est pas possible si vous ne vous souciez pas[122].

Bons conseils pour le pèlerin errant: être attentif, être vulnérable, porter le cœur en écharpe même si l'on sait qu'il sera bafoué et incompris. Il n'est pas facile d'être attentif en permanence. Parfois le découragement paraît total. Comme je l'ai suggéré à Pharaoh aujourd'hui, je recommande vivement d'accueillir le moment avec le cœur ouvert, puis de chercher où est l'amour dans ce moment, puis de suivre cet amour. Cela peut signifier

---

[120] Moria, lettre du 6 février 1997

[121] Heikki Malaska, lettre du 28 janvier 1999

[122] 245, lettre du 7 octobre 1999

ne pas partager votre vérité personnelle car, si elle est proposée sans qu'il y ait eu demande, si votre système personnel de croyance est très éloigné de la réalité de consensus, comme c'est le cas pour la majorité des pèlerins errants, la proposition est souvent reçue avec désintérêt ou même avec une franche hostilité. Cela peut signifier se concentrer sur la façon dont nous pouvons faire en sorte que cette personne se sente plus à l'aise et spéciale, et permettre à cette personne d'être en relation avec nous plutôt qu'avec notre système de croyances. Il n'est pas malhonnête de s'abstenir de partager quelque chose qui n'a pas été demandé. Soyez quelqu'un qui cherche tout au plus à semer une graine de pensée, puis passez à autre chose, plutôt que d'offrir spontanément le cœur de ses propres convictions. Refusez de rester découragé. Il peut sembler que nous soyons seuls et que la situation soit sans solution, mais en réalité beaucoup de gens ont beaucoup en commun avec nous, et nous entrerons en contact à mesure que passera le temps et que se déroulera la destinée. Voici quelques mots d'encouragement:

> Je sens vraiment que je suis sur la bonne voie car, bien que je me sente parfois fatiguée, et que je souffre énormément, que je m'emporte quand je parle des phénomènes, que je jure beaucoup etc., je suis cependant toujours méga-persévérante pour maintenir la vibration d'amour[123].

1

> En moi a grandi le sentiment que la direction que je prenais était de nature intérieure et concernait un tas de gens qui souhaitaient apporter des changements importants dans ce monde, et que ce que nous voulions faire concernait l'amour et le fait de s'aimer les uns les autres, de créer une sorte de famille de cœur. Je me suis senti très solide dans cette direction intérieure, et cela m'a aussi apporté beaucoup de réconfort[124].

Je trouve que c'est une façon merveilleuse de regarder nos différences par rapport à la norme supposée. Nous sommes des gens qui faisons un travail intérieur. Le monde qui fonctionne à l'extérieur ne comprend pas cela le plus souvent. Mais nous sommes ici pour aider, nous sommes capables d'aider. Et nous avons de formidables compagnons sur le chemin.

Parmi les problèmes de nature mentale que rencontrent les missionnés il y a la soif de justice. La très profonde indignation devant l'iniquité et la

---

[123] Mira Ellison, lettre du 11 juin 1999
[124] Jim McCarty, lettre du 8 mars 1999

cruauté parmi les personnes et les sociétés est très répandue parmi les âmes éveillées. Ceux de Q'uo commentent:

> La troisième densité n'est pas une densité où la sagesse joue un grand rôle. C'est la folie des hommes qui leur fait croire qu'il y a de la sagesse en troisième densité, et c'est ainsi que l'on peut voir un idéal de justice, un idéal éthique, philosophique, qui ne tient compte ni de la nature de l'illusion, ni du but de l'illusion, ni des entités qui sont arrivées à la conscience de soi dans l'illusion de troisième densité. Dans toute réalité, il y a peu de justice observable, car le plan que chacun a créé avant sa vie contient souvent délibérément des circonstances difficiles, inéquitables et pénibles, et plus une entité est spirituellement ambitieuse, plus difficiles seront les leçons que cette entité est venue manifester[125].

Certains pèlerins errants expliquent leur détresse par rapport à la justice:

> Un jour que, alors que j'étais en classe de primaire, un instituteur a expliqué la signification du mot 'préjugé'. J'en ai été très bouleversée, parce que j'ai trouvé ce concept très illogique et injuste. J'ai même commencé à composer dans ma tête un livre à ce sujet: quelque chose qui exprimait que, peu importe la couleur de la peau, qu'elle soit noire ou blanche ou rouge ou dorée ou verte, nous sommes tous faits de chair, d'os et de sang, nous avons tous des émotions et des sentiments qui peuvent être heurtés[126].

1

> Je suis outré quand je vois l'injustice dans le monde et l'apathie des gens face à de tels actes. J'ai une vision de quoi nous, en tant qu'espèce, sommes capables, et du paradis qui pourrait en résulter[127].

N'est-il pas facile de voir que ces tensions mentales peuvent parfois devenir ingérables et que certains pèlerins errants peuvent finir par avoir des problèmes mentaux, des maladies mentales, ou devenir suicidaires? Ainsi que le dit le n°245:

> En tant que pèlerin errant, vous avez dans votre tête un espace où vous savez que vous avez raison. Ce n'est pas cela le plus important: souvent vous ne savez même pas pourquoi vous pensez que les autres ont tort. Peu importe ce que disent certains et que

---

[125] Q'uo, transcription du 22 octobre 1989, p. 1
[126] 202, lettre du 6 mars 1999
[127] Charlie 036, lettre du 31 juillet 1999

CHAPITRE II: ANATOMIE DE LA SEPARATION

personne n'éprouve le besoin d'écouter votre opinion. Douter de cet espace c'est flirter avec la dépression et la démence[128].

J'ai suivi une thérapie psychiatrique pendant plusieurs années au cours de la maladie de Don et après sa mort en 1984. À cette époque nous passions par ce que je pourrais qualifier sommairement de dépressions nerveuses. Les différends entre nous concernaient alors le niveau de confiance que nous avions en autrui et notre volonté d'écouter les gens qui essayaient de nous aider. J'ai survécu. Don a sombré dans la démence et s'est suicidé. Je sais qu'il sentait que c'était pour lui la chose 'à faire', qui s'imposait. Mon opinion intime est que le suicide n'est jamais une bonne chose. Bien que je comprenne très bien le désespoir et le sentiment d'intolérable pression qui pousse les gens à vouloir en finir, je sais que le suicide ne met fin à rien sauf à la vie actuelle et aux opportunités d'apprentissage de cette incarnation. Dans *Illusions*, Richard Bach dit en substance que quand nous sommes vivants nous avons toujours une mission à achever, et ce n'est pas le temps de quitter. Je suis d'accord. Quand il est temps pour nous de partir, le Créateur nous emmène vers une vie plus riche. J'ai bien conscience de la rationalisation du suicide pour les personnes qui souhaitent mourir dans la dignité. Dans ce sens, ce n'est pas à moi de m'occuper de ce que font les autres. Je ne jugerai pas avec sévérité une personne qui choisirait de mettre fin à sa vie. J'aurais cependant le sentiment qu'elle a pris une décision dépourvue de sagesse. Je sais ce que c'est de survivre au suicide d'un être cher. Dans mon cas, il y a eu six pénibles années pendant lesquelles j'ai moi-même vraiment voulu mourir à cause d'omissions et implications de choses dites et de choses non dites qui ont contribué au désespoir de Don. Vers 1990 j'ai commencé à être moins sévère dans mon auto-jugement, et en 1992 ce processus de mort intérieure s'est terminé de lui-même lorsque j'ai été emmenée à l'hôpital pour une hémorragie interne et que j'ai été quitte de la moitié de mon côlon descendant sous le bistouri du chirurgien.

Une fois cet énorme problème résolu, j'ai choisi d'entrer en thérapie et en travail de réhabilitation pour pouvoir quitter ma chaise roulante et revenir à une vie verticale. Dans les grandes lignes, de 1984 à 1992 mon plan a été de survivre à mon propre parcours désespéré dans le désert de l'auto-jugement. Ne pensez pas que nous ne nous ferons du mal qu'à nous-mêmes si nous nous suicidons. Tous ceux qui survivent au suicide d'un être cher, ou même de simples connaissances, se sentent effroyablement mal. À ce jour, je suis encore hantée par la vision du visage de Don lorsqu'il était si malade mentalement. Sa souffrance était semblable à

---

[128] 245, lettre du 7 octobre 1999

celle du Christ et terrible. Cependant, le temps a passé et j'en suis guérie, et à présent je le vois aussi comme une partie merveilleuse de ma guidance. Mais cela ne fait pas disparaître les images obsédantes ni ma détresse.

Voici quelques commentaires de pèlerins errants à propos de leur santé mentale:

> Je pense parfois que je l'ai perdue et je me protège de manière à ne pas attirer trop l'attention. Certaines personnes pourraient me traiter de cinglée parce qu'elles ne comprennent pas, et ne seraient probablement pas capables de comprendre de l'intérieur les idées qu'elles proclament comme des vérités, alors je reste prudente[129].

1

> J'étais dans les griffes du système de santé mentale. Je suis "paranoïaque, schizophrène chronique, maniaco-dépressive, schizo-affective, hypersexuelle, excentrique". J'ai été enfermée deux fois et je peux dire que j'ai rencontré plus de gens éveillés en institution qu'à l'extérieur[130].

Lorsque j'étais en séjour psychiatrique en 1990, j'ai reçu beaucoup d'amour et de sentiment de camaraderie des patients autour de moi, alors que pratiquement aucun des soignants professionnels ne voulaient même pas croire ce que je disais. J'ai été très reconnaissante du bon sens des autres patients! Voici un pèlerin errant qui a eu plus de chance avec le système de santé mentale:

> À l'âge de 24 ans j'ai été admis pendant trois semaines dans l'aile psychiatrique (je n'ai pas voulu y rester plus longtemps), pour une sorte de ras-le-bol existentiel. En mars, même dans le sud de la Norvège tout est nu, rien ne pousse encore, seules les feuilles mortes de l'an précédent apparaissent sous la couche de neige fondante. Alors que je traversais la cour pour aller d'un bâtiment à l'autre, mon attention a été attirée par un mouvement: une seule petite feuille sèche qui m'a dépassé en tournoyant. Le mouvement de cette feuille, même avant que j'aie pu réfléchir, et je pense vite, au fait que cette feuille était une chose morte poussée par une brise légère, était devenu une danse de vie: elle bougeait! Et ce mouvement s'est étendu, s'est réverbéré au plus profond de mon être, me disant qu'il y a de la vie, que la vie est vivante, que j'étais

---

[129] 149, lettre du 20 juillet 1999
[130] Gypsee, lettre du 6 octobre 1997

vivant, oui, même après avoir eu cette pensée qu'il y avait une chose morte dans le vent, j'ai pu conserver ce joyau intérieur pour continuer à m'aider[131].

Au prochain chapitre nous achèverons ce processus d'examen des raisons pour lesquelles nous différons de la norme, en passant en revue les problèmes émotionnels et les pièges qui s'ouvrent sous les pas du pèlerin errant. J'espère que, puisque nous avons rencontré des gens comme nous dans ces trois premiers chapitres, nous commencerons à réaliser qu'à un niveau profond, central, nous ne sommes vraiment pas seuls sur cette Terre; qu'au contraire, nous faisons partie d'un grand nombre d'esprits venus sur cette Terre et dans cette incarnation pour des raisons semblables aux nôtres, et que nous entrerons en contact avec ces merveilleux compagnons à mesure que se déroule notre histoire.

---

[131] Otto, lettre dy 25 avril 1999

Chapitre III : Le remords de conscience[132] : persistance de la douleur

Un mot à propos du titre original de ce chapitre: Il s'agit d'une partie de phrase extraite d'un ouvrage de James Joyce, et qui signifie en substance la "revisitation de la souffrance du soi telle qu'elle est perçue par le soi". Il y a dans cette observation intérieure un effet itératif qui augmente en puissance, qui peut affaiblir les énergies déjà vulnérables et augmenter considérablement le doute de soi. Cette observation intérieure est, je pense, très typique des pèlerins errants.

Le doute de soi

Dans ce chapitre nous examinerons de manière plus approfondie les énergies purement émotionnelles et souvent largement subconscientes de notre être. L'expérience fondamentale de l'état de pèlerin errant comprend plusieurs strates. Il y a les rejets, qui nous affectent plus profondément que ceux de l'enfance ou de la famille: la mauvaise opinion de notre propre'soi'. Il y a le sombre mais puissamment fertile afflux émotionnel subconscient: le plus profond, le plus sombre à faire surface dans la vie émotionnelle. À ce niveau, nous sommes tous concernés. Nous sommes les acteurs principaux sur cette scène où nous jouons les mythes personnels que nous créons dans notre vie. C'est la zone où la fierté s'épanouit totalement comme l'antithèse et la dernière défense avant l'humilité et la vérité du 'soi'. C'est aussi le lieu du doute de soi et de l'insécurité, le gouffre qui reste béant pendant que nous mettons au point notre comportement de surface qui doit s'adapter aux préférences culturelles que nous choisissons d'honorer.

Le doute de soi peut avoir un effet dévastateur. Les pèlerins errants sont facilement soumis aux contraintes émotionnelles du doute de soi et de l'insécurité, puisque la majorité des réactions que nous suscitons chez des gens plus 'normaux' sont désobligeantes ou hostiles. Les gens qui éprouvent des sentiments d'insécurité peuvent les exprimer soit en faisant part directement de leurs incertitudes à propos de leur 'soi', soit en assumant une confiance en soi de façade qui peut devenir de l'arrogance. Dans les deux cas, la névrose impliquée est de l'insécurité concernant la valeur de soi. On peut affirmer, bien sûr, que cela n'est pas vrai seulement

---

[132] "Ulysse" de James Joyce: *"Ayenbite of Inwyt"* (= the 'again-biting of inner wit') (NdT)

Chapitre III : Le remords de conscience : persistance de la douleur

pour les pèlerins errants mais pour toutes sortes de gens. Néanmoins, la sensibilité du pèlerin errant est telle que tous les problèmes semblent le heurter plus fort et provoquer plus de dommages chez lui. Comme ce niveau de douleur émotionnelle n'est pas immédiatement déductible du comportement de surface, les choses peuvent tourner très mal (et ce très profondément), et avoir pour résultat des problèmes comme les salutations psychiques. Les gens 'normaux' de ce monde, qui ne sont en général pas perturbés par des points de vue métaphysiques, n'éprouvent tout simplement pas la souffrance du doute de soi avec la même intensité, la même résonance. Voici les commentaires de quelques pèlerins errants qui doutent d'eux-mêmes :

> Pourquoi y a-t-il en moi un tel combat permanent? Comment se fait-il que je parviens à dire aux autres les choses qui conviennent alors que moi-même je reste dans un tel état de confusion?[133]

1

> L'une des choses les plus dures et les plus déplaisantes pour moi ces dernières années c'est me rappeler qui je suis réellement. Parfois cela est extrêmement déplaisant et un travail très ardu. Mon mari en a été effrayé, mes enfants en ont été effrayés, et même notre chien en a été effrayé. Je peux voir pourquoi. Apprendre à se faire confiance, à faire confiance à son âme, est une étape très difficile à franchir lorsqu'on a été éduqué pendant toute sa vie à essayer d'avaler ce concept : faire confiance à et croire en n'importe qui sauf soi-même[134].

Les pèlerins errants se sentent très exposés et vulnérables dans le monde extérieur :

> Mentalement, je me suis dit : «je suis en sécurité, tout va bien» mais mon 'moi' émotionnel me crie : «non, tue ne l'es pas, tu ne l'es pas!». Cela confirme seulement ce que je n'ai pas arrêté de dire ces dernières années : que la logique et le savoir ne suffisent pas. C'est le cœur qui donne aux choses leur substance. Si l'on se repose sur la logique et le savoir uniquement, on se repose sur une enveloppe vide, rien d'autre. La seule issue que j'entrevois est de travailler à partir de mon cœur pour retrouver de la substance et pouvoir dire à mon corps émotionnel : «là, tu vois? Tu es vraiment en sécurité»[135].

---

[133] Linda Klecha, lettre du 21 août 1998
[134] Heikki Malaska, lettre du 25 février 1999
[135] Elle, lettre du 22 avril 1999

Chapitre III: Le remords de conscience: persistance de la douleur

Il est facile de se sentir en échec dans un monde où la beauté intérieure et l'amour de la vérité que nous possédons sont méprisés:

> Je pense que quelque chose dans la recette de cette vie manque ou est surdosé, je ne sais pas. Il me semble que ma vie est devenue trop salée à cause des larmes de la détresse. Oh, comme je voudrais créer de l'amour et de la paix. Où donc est la paix que je souhaitais si sincèrement pour la vie[136]?

Nous croyons facilement que nous ne pouvons pas rendre service, parce que nous avons parfois les idées très confuses:

> Je crois que pour moi l'idée que je suis ici pour aider autrui est un peu idiote. Si vous pouviez voir pendant une journée seulement ce qui se passe dans ma tête! Je me sens tellement embrouillé, effrayé, fâché, etc. Pour moi, cette idée de servir autrui est stupide. Vous savez? Comme un aveugle qui guide un autre aveugle. Cela m'effraie même. Être ouvert aux autres signifie qu'on leur est vulnérable. Cela me fait peur. Et puis il y a la peur de commettre une erreur. Cependant, avec tout ça, tout ce que l'un a à dire c'est: «j'ai besoin de parler», et toute cette peur s'évanouit. Je désire tellement aller de l'avant et sauter à bord si je suis nécessaire. Une partie de moi ne veut pas que je reste assis à regarder quelqu'un qui souffre comme cela. C'est seulement par après que tout cela commence à se produire[137].

Et le doute de soi peut se manifester comme une peur du soi profond.

> Je crois que j'ai peur de mon propre pouvoir. Dans la plupart des cas je vais seulement jusqu'à un certain point, et ce n'est pas conscient. Je prends de plus en plus conscience de cela et je sens une énergie qui monte, et je mange pour m'empêcher de la ressentir ou de la stimuler. Je me suis laissé tomber dans un schéma où je serais heureux de faire n'importe quoi pour n'importe qui, à condition de ne pas devoir faire face à mon pouvoir personnel[138].

Les sources de la Confédération répondent fréquemment à des questions posées par des membres de notre groupe concernant cette sensibilité émotionnelle et ce doute de soi, et suggèrent comment faire:

> Il est approprié que chaque chercheur ressente un certain doute lorsqu'il s'approche d'une nouvelle expérience sur le chemin

---

[136] Pupak Haghighi, lettre du 12 juin 1998
[137] Mike Korinko, lettre du 21 février 1995
[138] Marc Morgan, lettre du 7 septembre 1999

CHAPITRE III: LE REMORDS DE CONSCIENCE: PERSISTANCE DE LA DOULEUR

> spirituel, car cette sorte de doute ou de questionnement est ce qui prépare intérieurement le chercheur à entreprendre l'ascension de la falaise sans savoir si le pied qu'il lève reposera ensuite sur du sol ferme ou non. Dès lors, s'il y a de l'intérêt dans votre cœur et du doute en votre capacité, nous recommandons de vous reposer sur le désir que vous ressentez, et de laisser le doute de côté pour le moment, pour que votre voyage puisse se poursuivre le long de ce chemin dessiné par la passion et le désir en vous[139].

1

> La voie positive est parsemée d'ombres, de questions et de doutes, d'apprentissages et d'équilibrages permanents. Le choix de la positivité n'est pas le choix de la simplicité des premières leçons[140].

Le Ciel nous préserve de vouloir que les choses soient simples et faciles! Ce n'est habituellement pas comme cela qu'est décrit le chemin du pèlerin errant:

> Il y aura de la souffrance et de la confusion tout au long de cette illusion car c'est par une telle mise à l'épreuve que ces principes fondamentaux sont forgés au feu de l'expérience dans le cœur de chaque entité. Soyez indulgent envers vous-mêmes, n'exigez pas trop de vous mais placez devant vous chaque jour l'objectif de renouveler votre foi qu'il n'existe véritablement aucune erreur au sein de la présente illusion. Il y a de grandes énigmes et charades, ainsi que des expériences de confusion et de doute que chaque chercheur de vérité trouvera placés sur son chemin et aura à affronter[141].

Il y a une chose que les pèlerins errants, qui comme moi ont une piètre estime d'eux-mêmes, ont en commun et c'est, du moins apparemment, l'attitude d'humilité. J'ai longtemps considéré quatre qualités comme les plus essentielles au travail en conscience: l'humilité, la patience, la persévérance, et l'humour. L'humilité est une qualité de caractère immensément salvateur et réconfortant, et je ne peux qu'encourager les pèlerins errants à la cultiver avec assiduité. Aussi loin que je me souvienne, je l'ai toujours eue. Malheureusement, c'est pour moi le cadeau le plus difficile à recevoir, car l'orgueil est mon défaut le plus enraciné. J'y travaille jour après jour, année après année, et juste quand il me

---

[139] Q'uo, transcription du 16 août 1992, p. 6

[140] Q'uo, transcription du 14 juin 1992, p. 3

[141] Q'uo, transcription du 14 octobre 1992, p. 6

semble que j'ai fait quelque progrès; je remarque que j'en suis fière. La Confédération parle ainsi de l'humilité:

> Il est très important qu'il y ait de la négativité et des expériences difficiles, afin que l'on puisse apprendre l'humilité de celui qui laisse se produire, observe et puis agit plutôt que de réagir. Prendre sa vie dans ses propres mains ce n'est pas prendre le contrôle de ce que l'on souhaite par d'incessantes prières et affirmations. C'est au contraire réaliser que le plan a déjà été établi, que le modèle a été fixé. C'est le meilleur modèle que vous et votre 'soi' supérieur pouviez créer pour vous, et tout ce que vous avez à faire maintenant c'est vous permettre de poursuivre la voie sur laquelle vous êtes, en gardant vos yeux ouverts, en observant ce que vous ressentez, en trouvant des moyens de manifester de l'amour, de sourire dans la rue, de trouver un mot aimable pour un étranger[142].

L'humilité ne doit pas indiquer une faible estime de soi, mais bien une nature reposante et paisible attentive à l'amour dans le moment.

Orgueil et lâcher-prise

131 est une artiste exubérante et talentueuse, et quand elle est immergée dans son travail créatif elle ressent de nombreuses énergies, dont certaines hautement spirituelles. Elle m'écrit:

> J'essaie de comprendre la différence entre la volonté du Créateur et la mienne. Parfois, je pense qu'il n'y a pas de différence du tout, qu'en fait quelle que soit ma volonté c'est aussi celle du Créateur. Mais en réalité, je ne pense pas que cela soit vrai, du moins pas tout le temps. Que pensez-vous de cela? Faut-il tirer une ligne dans notre perception de ces choses et aussi dans la réalité de tout cela? Quelle est la bonne manière de penser à ces choses? Je pense que cette question est très liée au concept d'humilité, mais je ne sais vraiment pas comment la traiter intelligemment[143].

Remarquez qu'il n'y a pas du tout d'orgueil dans sa question. Elle fait simplement des expériences, elle y pense et elle les évalue. Lorsque nous sommes dans le sens du courant, nous avons l'impression que notre volonté fait un avec celle du Créateur. Je passe des moments, des heures, parfois des jours, dans des états en quelque sorte altérés de joie et de

---
[142] Q'uo, transcription du 22 octobre 1989, p. 8
[143] 131, lettre du 14 février 1998

CHAPITRE III: LE REMORDS DE CONSCIENCE: PERSISTANCE DE LA DOULEUR

lumière. Ce sont des expériences. Elles surviennent. Je ne peux pas les prévoir; je peux seulement dire que l'adversité paraît les favoriser. Comment les évaluer? De même pour ce qui concerne les différences entre missionnés et personnes plus 'terrestres' et non éveillées: ce n'est pas que nous sommes plus intelligents ou meilleurs ou même plus sages, mais nous nous sentons non seulement différents, mais aussi contents de l'être. Il est très facile d'être vaniteux, de se sentir "meilleur que". C'est l'attitude si admirablement décrite par Oscar Wilde lorsqu'il a dit en substance que nous sommes tous des ivrognes écroulés dans le caniveau, mais que certains tournent leur regard vers les étoiles. Q'uo en dit ce qui suit:

> Aussi longtemps que vous penserez que vous avez un 'soi' qu'il vous faut défendre vous agirez dans l'orgueil spirituel; ainsi la plupart des entités travaillent de cette manière, même si leur travail année après année a été persévérant, pur et dévoué, il y a toujours ce «je» recherche, «je» cherche, «je» veux devenir le meilleur possible[144].

Parfois nous tenons l'orgueil devant nous comme un bouclier:

> Regarder l'orgueil qui se trouve chez une entité c'est regarder la partie de soi qui a été créée par le 'soi' dans un but d'auto-défense. C'est-à-dire que celui qui a de l'orgueil a tenté de découvrir une manière bonne, juste ou noble de penser, de se comporter ou de parler. Et puis il a adopté le masque le plus utile, celui qui correspond le mieux à l'impression que l'on cherche à donner à autrui. C'est comme lorsqu'un homme qui possède un modeste jardin s'attache à élever une clôture de six mètres de haut, certainement plus que nécessaire pour que le jardin devienne un endroit protégé[145].

Ce mur est notre propre création, peu importe comment nous le voyons à l'intérieur de nous. La question est: comment pouvons-nous devenir assez courageux pour abattre ce mur?:

> Les objectifs finaux de ces véritables chemins spirituels sont l'humilité et la volonté de renoncer à cette argile, à cet orgueil, à cette arrogance, à ce sentiment d'indignité et à cette peur, de renoncer totalement à toutes ces émotions au bénéfice de la puissance et de la paix de savoir que l'on est amour[146].

---

[144] Q'uo, transcription du 1er mars 1998, p. 4

[145] Q'uo, transcription du 16 octobre 1994, pp. 1-2

[146] Q'uo, transcription du 25 mars 1990, p. 8

Élitisme

C'est arrivé très souvent. Je suis en train de penser, pour mon propre bénéfice, que je suis contente d'être spirituellement éveillée et non pas endormie à la surface du monde, en train de flotter vers l'égout sans aucune profondeur d'esprit, aucune pensée métaphysique. Je me ressaisis, passe par tout le processus d'abandon de cet orgueil d'auto-louange, et me libère de l'auto-jugement qui s'ensuit puis je recommence, encore et encore. Et encore, encore et encore. Nous les pèlerins errants, nous sommes dans la situation du citadin raffiné qui s'en va à la ferme et doit passer à travers de hautes herbes folles parsemées de bouses de vache. Dans la nature émotionnelle que nous amenons avec nous ou que nous découvrons lorsque nous nous éveillons spirituellement, nous sommes trop sensibles pour la violence, l'inanité frénétique de la Terre, du moins dans nos perspective faussées. Don disait que sur Terre nous vivons dans un asile de fous, et qu'il s'estimait heureux d'y bénéficier d'une chambre privée. Pour lui, la pensée sur Terre était vraiment atteinte de folie. Il est parfois difficile de ne pas être d'accord avec lui. Mais voici ce que disent ceux de Latwii:

> Le principe de négativité est un principe qui intensifie l'illusion de séparation qui est implicite dans toute création. L'illusion de séparation est aussi utilisée par ceux qui ont acquis une certaine connaissance de la polarité négative pour dominer ceux qui ne sont pas ce qu'ils appellent de l'élite. Quelles que soient les caractéristiques déterminées par l'élite, et qui déterminent celle-ci, ces caractéristiques servent à séparer l'élite de la non-élite. C'est pourquoi vous pouvez observer de la distorsion en direction de la négativité dans de très, très nombreuses parties de votre environnement et, en fait, dans le 'soi', car toutes les entités n'en forment-elles pas qu'une seule, et ne contiennent-elles pas toutes choses[147]?

Certains pèlerins errants refusent de se considérer comme meilleurs que n'importe qui d'autre:

> Je déteste que les gens me considèrent comme plus sage qu'eux ou me voient comme un instructeur. Je pense que l'instructeur/étudiant est à l'intérieur de nous tous, et j'apprends autant de tous ceux avec qui j'entre en contact. Je ne m'intéresse pas aux jeux de pouvoir ni aux complexes de supériorité. J'ai le chic pour fâcher certaines

---

[147] Latwii, transcription du 20 février 1983, p. 7

CHAPITRE III: LE REMORDS DE CONSCIENCE: PERSISTANCE DE LA DOULEUR

personnes parce que j'ai tendance à dire que toute cette 'méta-chose' est facile et que tout le monde peut l'apprendre[148].

Remarquez ici que même lorsqu'on refuse l'élitisme il y a un jeu d'orgueil. Les pèlerins errants sont souvent méga-malins, mais comme je l'ai dit, une grande intelligence ce n'est pas une grande sagesse. Elle nous donne seulement une bonne console/un bon intellect pour jouer, peut-être sans réaliser que c'est cette console, cet intellect qui joue avec nous. Ceux de Q'uo disent:

> Nous ne nous voyons pas nous-mêmes comme étant plus sages que ceux qui sont dans la troisième densité, mais seulement comme étant dans une illusion quelque peu différente et, de ce fait, dans des circonstances quelque peu différentes. Mais tout comme vous, nous cherchons à savoir mais ne savons pas encore. Nous sommes simplement venus pour soutenir des opinions plutôt établies et, comme c'est le cas pour les choses spirituelles, nos vérités circulent constamment dans l'inconnu, tout comme les vôtres. C'est pourquoi il y a toujours une contradiction, un emmêlement, un nœud quand on essaie de comprendre ce qui ne peut être que concret[149].

D'autres pèlerins errants en ont fini avec l'orgueil et travaillent à l'humilité:

> Je réalise que je dois travailler sur l'humilité. Il n'est pas facile de vouloir vivre une bonne vie spirituelle tout en ayant un bon bulletin terrestre[150].

1

Je dois faire attention à ce méchant égo! Je dois parfois rire de moi[151].

Nous sommes tous des zozos dans ce bus! Ceci est important! Gardons-le gravé dans notre esprit. Comme le disent ceux de Latwii:

> De manière générale, les entités appelées des Missionnés entrent dans la densité sans être mieux préparées, pour la plupart, que celles qui sont originaires de cette densité, en ce sens qu'en faisant l'expérience de l'oubli, le Missionné n'a pas la possibilité de profiter de toutes les ressources de l'expérience. En essence, il mise sur la probabilité, dirons-nous, que se manifestera sa tendance

---

[148] Gypsee, lettre du 6 octobre 1997
[149] Q'uo, transcription du 3 mars 1996, p. 1
[150] Pupak Haghighi, lettre du 28 juin 1998
[151] Mike Korinko, lettre du 20 août 1993

naturelle à la polarisation positive et qu'il réussira à la fois à contribuer au bien-être de ceux qui l'entourent et à avoir atteint, au moment de sa mort, une polarité suffisante pour que lui soit présentée l'option de retourner vers sa densité originelle ou de progresser vers un autre acte de service[152].

Il se peut que nous soyons venus d'un 'lieu' merveilleusement différent du temps et de l'espace. Si nous sommes des natifs de la Terre qui ne se sont pas éveillés, il se peut que nous répondions aux énergies métaphysiques de tels 'autres' lieux et que nous ne nous identifiions plus avec les modes de pensée terrestres. Il se peut que nous ayons des présents à offrir à ceux de la Terre et à la Terre elle-même, de par la nature de notre être central, mais en tant que personnalités de surface et en tant qu'âmes incarnées nous sommes exactement égaux à tous les autres humains de troisième densité, en ce sens que nous sommes passés par les mêmes épreuves qui nous permettront de devenir des diplômés de l'école de la Terre. Il peut être facile de penser que nous 'condescendons' à offrir nos services à la Terre. En réalité, j'ai le sentiment que nous avons travaillé dur pour obtenir une incarnation ici, et que nous avons été ravis d'être acceptés car en servant ceux de la Terre nous avons une chance que personne d'autre n'a dans des densités supérieures: celle de vivre une incarnation de troisième densité en fonction de la foi seulement, et de pouvoir ainsi travailler sur notre polarité et la pureté de nos désirs. Si nous pensons que nous sommes ici pour offrir nos richesses aux natifs attardés, nous nous mettons dans de regrettables états d'esprit, comme celui qui suit:

> J'étais de plus en plus déconnecté de mon essence. Je devenais cynique, coléreux, pessimiste, et davantage orienté vers le Service de soi. Je me suis mis à croire que les gens avaient besoin d'être contrôlés pour leur propre bien[153].

Le monde aime se concentrer sur le contrôle d'autrui. D'autre part, les chercheurs en spiritualité de tous ordres et missionnés font bien d'avoir en commun l'état d'esprit peu répandu qui se focalise sur les échos et ombres de complexes de concepts issus de notre propre 'soi' profond plutôt que sur les étincelantes préoccupations de surface de notre monde joliment emballé. Lorsque nous travaillons en conscience, nos objectifs impliquent de travailler sur nous-mêmes exclusivement, de retirer la peur de nos raisons d'agir, et de la remplacer par de l'amour honnête. Je suis d'accord pour reconnaître qu'il est bien de ne pas parler librement de la vie de l'esprit qui nous fascine tant, si notre interlocuteur n'a pas amené ce sujet

---

[152] Latwii, transcription du 16 mai 1982, p. 13
[153] Charlie 036, lettre du 31 juillet 1999

Chapitre III: Le remords de conscience: persistance de la douleur

dans la conversation. Mais j'encourage la contemplation réfléchie de notre propre enveloppe de personnalité ou égo, et de ses préoccupations. L'équilibrage des énergies du 'soi' dépend de ce type de travail subtil: se diriger vers des concepts véridiques et en retirer les nuances fausses. Si nous sommes tous tentés par l'orgueil et l'élitisme, il ne se sera pas surprenant que des groupes spirituels le soient également. Latwii dit:

> De nombreux groupes de conscience favorisent sans le vouloir l'élitisme en se basant sur une vérité qui est observée mais non comprise logiquement: c'est-à-dire que chaque personne qui croit en les idéaux d'amour et de service est sélectionnée, spéciale, ointe, ou émet des vœux spéciaux, et que cette particularité est une particularité métaphysique et durable, qui se prolonge bien au-delà de ce que vous considérez superficiellement comme étant la vie. Vous pouvez voir ceux qui n'ont apparemment presque pas de conscience, et ceux dont la conscience, bien qu'il y ait compétence, n'admet pas la métaphysique. Toutefois, ceux-là ne sont pas perdus à jamais; ceux-là sont de ceux qui apprennent une leçon différente, qui prennent une route différente, qui avancent plus lentement. Il y a suffisamment de temps pour que toute la conscience qui a été créée puisse exploiter pleinement le droit inaliénable à cet état de conscience. Il n'y a pas d'élite, mes amis. En vérité c'est seulement dans le temps relatif tel que vous le connaissez qu'il y a ceux qu'on appelle le reste. Il n'y a pas de geignards et grinceurs de dents permanents, comme dirait cet instrument. Et tout sera fait un. Pour certains cela peut prendre plus de cycles d'expérience que pour d'autres. Ceux qui accélèrent leur expérience accélèrent tout autant les souffrances que les joies de cette expérience car lorsqu'on fait pleinement usage des catalyseurs, ces effets secondaires se produisent. Nous vous souhaitons la plénitude et la richesse de cette joie et la compréhension de la souffrance qu'elle contient[154].

Dans notre travail personnel et dans celui que nous accomplissons avec des groupes, nous nous efforçons de chercher le cœur de notre vérité et de notre valeur, mais jamais l'enveloppe creuse de l'élitisme. Ceux de Q'uo terminent la présente section par ces mots éloquents de bon conseil:

> Nous voudrions encourager chacun à ne pas se sentir meilleur que l'entité qui n'est pas consciente de l'évolution spirituelle. Dans une certaine mesure vous avez pris conscience du processus d'évolution, de la sorte de chose qu'est l'évolution spirituelle; vous êtes cependant toujours confrontés physiquement, mentalement,

---

[154] Latwii, transcription du 19 mai 1985, pp. 2-3

émotionnellement et spirituellement à la gamme complète des difficultés, et tous ces éléments de la condition d'être contiennent leur propre éclat et leur propre force. Une tellement grande partie de la tapisserie de la vie est créée à partir des difficultés, du côté sombre des choses, que nous ne pouvons insister assez sur la valeur de ces énergies inférieures et du travail sur elles comme s'il était aussi passionnant de travailler sur elles que sur les centres supérieurs[155].

Salutations psychiques

Lorsque les pèlerins errants prennent conscience de leur mission et entreprennent un 'travail de lumière' au nom de la planète, à condition qu'ils soient suffisamment en harmonie avec la lumière, ils deviennent des canaux transmettant une grande partie de la lumière qui entre dans les plans terrestres, et attirent ainsi l'attention de la 'loyale opposition' comme je nomme souvent les entités désincarnées dont la voie est le Service de soi. Ces entités sont attirées vers le flot de lumière que l'artisan en lumière offre par l'intermédiaire de son instrument, et souhaitent capter cette lumière pour leur propre profit. Si l'artisan en lumière est fier de ce qu'il fait, ou s'il y a une quelconque distorsion de la vérité dans son offre de lui-même en tant que canal, les chances d'attirer une 'attaque psychique' augmentent. Ceux qui se tiennent près de la lumière dans leur travail en conscience peuvent toujours s'attendre à des salutations psychiques occasionnelles, car nous sommes tous humains et tous enclins à commettre des erreurs. L'espoir d'éviter toute erreur et de mener une 'vie parfaite' est fallacieux. On peut augmenter son désir, on peut s'abandonner à ses guides, mais on ne peut pas éviter la confusion. Dès lors, lorsque se produit une attaque ou salutation psychique, ne pensons pas que nous avons échoué. Affrontons cette salutation. L'humain ordinaire n'est pas susceptible d'attirer ce genre de salutation. Comme disent ceux de Q'uo:

> Nous suggérons qu'il ne peut y avoir d'élément de salutation psychique sans le choix de votre libre arbitre dans un domaine qui concerne votre sujet d'étude, dirons-nous. Il ne peut y avoir d'obstacles placés sur votre chemin par ceux de la loyale opposition, comme nous l'avons décrite, mais ces entités peuvent intensifier les expériences que vous utilisez, encore que nous devions ici suggérer que ce phénomène est de loin plus inhabituel

---
[155] Q'uo, transcription du 11 janvier 1998, p. 3

Chapitre III: Le remords de conscience: persistance de la douleur

que ne l'imaginent la plupart des entités, car dans votre illusion, la plupart des entités se trouvent naviguer entre le choix du Service d'autrui et celui du Service de soi, et ne sont allées assez loin dans aucune de ces deux directions pour attirer l'attention de ceux qui choisiraient de manipuler ce mouvement[156].

Notre groupe, à L/L Research, a reçu des salutations psychiques en abondance pendant le travail avec ceux de Ra, et depuis lors nous y avons été relativement exposés parce que nous travaillons constamment comme un 'phare', offrant de la vénération quotidiennement et réglant notre vie ordinaire et tous ses détails en les considérant comme sacrés. Au fil des années, de nombreuses personnes en provenance du monde entier sont venues nous rendre visite, et un nombre plus grand encore comptent sur la présence de L/L. Dans le sens intérieur, nous constituons une communauté spirituelle assez grande. Alors, naturellement, nous continuons à attirer l'attention de la loyale opposition: Jim McCarty écrit au *Livre V* de *La Loi Une*:

> Nos choix peuvent être utilisés soit dans le sens positif, soit dans le sens négatif, même lorsqu'il y a une apparente interférence d'entités négatives dans ce que de nombreux artisans en lumière nomment des attaques psychiques et que nous appelons des salutations psychiques. Nous avons choisi le terme de 'salutation' pour souligner le fait qu'il ne doit pas y avoir d'expérience négative de la part de celui qui est salué, et que l'expérience que vit celui qui est salué est directement proportionnelle à la façon dont le bénéficiaire regarde la situation. Si l'on veut voir une telle salutation comme une pénible attaque, alors c'est ainsi que devient l'expérience. On peut aussi choisir de voir le Créateur dans toutes les entités et tous les événements, et on peut louer et rechercher la lumière dans toutes les situations, et alors c'est cela qui devient l'expérience[157].

Ici il parle de nos expériences pendant les contacts avec ceux de Ra:

> La plupart des gens n'auraient probablement pas décrit comme de la véritable disharmonie la sensation de ne pas se sentir tout à fait complets et en harmonie autant que ceux de notre groupe l'ont vécue à l'automne 1982. Cependant, à mesure que l'on avance sur le chemin de la recherche de lumière, et que l'on commence à s'en approcher, ainsi que nous en avons eu le privilège pendant les contacts avec Ra, même les plus petits problèmes d'harmonie, si on ne les résout pas, peuvent devenir des cibles d'opportunité que

---

[156] Quo, transcription du 16 juillet 1989, p. 7
[157] Jim McCarty, dans *La Loi Une*, Livre V

certains intensifient, comme l'a fait notre ami de polarité négative. Ces salutations psychiques peuvent devenir de belles opportunités de résolution de ces défauts d'harmonie et avancer même plus vite et plus loin dans le voyage d'évolution parce que ce que fait en réalité l'entité négative lorsqu'elle intensifie des choix disharmonieux c'est montrer les points faibles qui peuvent nous avoir échappé dans notre propre recherche consciente. Mais il faut agir vite et en profondeur pour redresser ces distorsions de l'être, sans quoi peuvent s'ensuivre plus de confusion et plus de difficulté, premièrement à cause de notre libre arbitre originel, deuxièmement à cause de l'intensification de ce choix par l'entité négative, et troisièmement par un manque d'attention de notre part dans le redressement de la distorsion et le rééquilibrage par rapport à celle-ci. Heureusement, la plupart des gens n'ont pas affaire aux pouvoirs magiques d'une entité de cinquième densité, mais à des pouvoirs moindres de sbires de quatrième densité qui sont en général déjà eux-mêmes très efficaces[158].

Lorsque j'ai commencé à travailler au présent manuel, j'ai généré des efforts suffisants pour attirer des salutations. Deux d'entre elles se sont manifestées, l'une immédiatement après l'autre, dans mon abdomen, et j'ai réalisé qu'il y avait à résoudre certains problèmes liés au contrôle personnel de l'écriture de ce livre. La douleur était localisée au niveau des chakras de rayon orange et de rayon jaune: l'abdomen et le plexus solaire. J'ai cherché dans le livre où des problèmes pourraient exister entre moi-même et d'autres, entre moi-même et des groupes, et j'ai trouvé que j'étais plutôt laxiste concernant l'obtention en temps opportun de la permission formelle de chaque source dont je voulais transmettre les expériences dans cet ouvrage. Cela c'était le souci du rayon orange, le souci entre moi et des personnes. Mais quel était le groupe dont j'essayais de traiter? J'ai réalisé que je me voyais moi-même comme un groupe, comme L/L Research, comme une personne dotée de sagesse et connaissant toutes choses. Ou plutôt, comme si les archives de L/L Research rassemblant les messages transmis en channeling l'étaient. OUPS! J'étais à nouveau confrontée à mon orgueil et constatais que par moi-même je ne pouvais rien faire à part jouer avec des mots. J'aime beaucoup ces messages reçus en channeling que nous avons rassemblés dans notre groupe, mais il me fallait faire le constat qu'il n'y avait là rien de neuf que je puisse offrir, peu ou rien que le lecteur, à défaut de le trouver ici, ne puisse trouver

---

[158] Jim McCarty, dans *La Loi Une*, Livre V

CHAPITRE III: LE REMORDS DE CONSCIENCE: PERSISTANCE DE LA DOULEUR

ailleurs. À mesure que j'ai absorbé cette vérité fondamentale, j'ai constaté que la difficulté disparaissait graduellement.

Entretemps, alors que je me plonge dans les beautés foisonnantes et les bienfaits des travaux de maçonnerie et de jardinage de Jim, Je vois que les salutations psychiques se transforment encore et toujours en opportunités de coopérer avec la destinée. J'ai véritablement trouvé des raisons de louanges et d'actions de grâce en travaillant sur les salutations psychiques. Voilà la clef. Les salutations psychiques apportent des souffrances mentales, émotionnelles ou physiques. Elles apportent aussi des bienfaits.

Je ne veux pas dire qu'une salutation psychique n'est pas alarmante. Elle l'est sans aucun doute. Une salutation peut provoquer des douleurs immenses et des quantités astronomiques de souffrances, qui peuvent prendre de nombreuses formes. Ce que je veux dire, c'est qu'il ne faut pas en avoir peur. La pensée *new age* nie parfois l'existence des salutations psychiques et affirme que la négativité n'existe pas. Voici ce qu'Yvonne dit à ce sujet:

> Je sais que le sujet des attaques psychiques ou, comme vous les nommez, des 'salutations psychiques', est quelque chose que beaucoup, y compris des gens éclairés, évitent. C'est en tout cas la situation dans mon pays, la Suède. La peur a planté ses griffes dans ce pays, et comme il y règne aussi de la sécheresse spirituelle, le mouvement dit du 'nouvel âge' y prospère. Le problème avec le mouvement *new age* de ce pays, outre ses nombreux faux prophètes, est qu'il enseigne l'amour et la lumière mais refuse d'aborder le côté sombre. En fait, j'ai rencontré de nombreux adeptes du *new age* qui sont convaincus que le sombre et le mal n'existent pas, que c'est seulement dans votre tête, et si c'est dans votre tête, qui êtes-vous donc? Comme vous le savez, il y a plusieurs niveaux, beaucoup de manières différentes de considérer ces choses. En un sens, oui, on peut dire que le mal n'existe pas parce que si on s'élève au-dessus des plans astraux on n'a pas à se soucier de la peur et du mal, mais combien d'entre nous sur Terre sont arrivés à ce point[159]?

Pas moi en tout cas. La manière de voir la loyale opposition doit être équilibrée: il faut savoir que les entités du Service de soi sont d'un certain genre, et que les entités du Service d'autrui font certains choix, et que ces choix ont leurs rimes et raisons. Le Service de soi s'efforce de contrôler et de manipuler. Le Service d'autrui libère, s'abandonne, permet et coopère. Là où nous observons une salutation psychique, efforçons-nous de ne pas

---
[159] Yvonne, lettre du 21 février 1997

nous contracter dans la crainte mais de gérer cette salutation avec l'esprit qui analyse, avec l'intuition qui établit des connexions cachées, avec l'esprit qui prie, et avec le regard tourné vers le sacré. Tout ce qui nous paraît nous agresser est en fait une partie de nous-mêmes. Dans un sens profond et utile nous pouvons faire d'une salutation psychique une attaque du soi par une partie du soi. Cette partie appartient à notre côté obscur ou ombre, pour utiliser un terme jungien, et elle a besoin d'être aimée, acceptée et réintégrée dans le soi de la lumière pour créer le soi universel et entier. Certains pèlerins errants font part de leurs expériences:

> Il est arrivé que des entités négatives m'attaquent. Je suis isolée du Créateur. Je ne sais que faire. Je vais essayer de me convaincre que c'est bien et sans danger d'aimer le monde, mais cela ne va pas se produire du jour au lendemain. Cela va prendre du temps. Mais entretemps aucun lieu n'est vraiment sûr[160].

1

> J'étais assis là comme d'habitude, prenant des notes et écoutant la voix monotone du professeur quand, soudain, un énorme cylindre est descendu vers moi. Quand cet objet est passé au-dessus de moi, le ronronnement et l'exposé du professeur sont devenus confus, comme si quelque chose avait placé un vide au-dessus de moi. J'ai regardé autour de moi pour voir si quelqu'un d'autre pouvait voir ce tube ou ce cylindre de vide, si personne ne faisait quelque chose de différent, etc. Je me suis presque senti alors comme on se sent quand on va s'évanouir. J'ai l'impression que l'air a aussi pu devenir différent autour de moi. Alors je me suis mis à prier en envoyant de la lumière et de l'énergie. Ça a marché. Cela a brisé le cylindre ou peu importe ce que c'était, et les choses sont redevenue normales. Des forces négatives ou une conscience collective obscure existent bien autour de notre Terre, et elles font tout ce qu'elles peuvent pour mettre fin au travail de lumière si elles le peuvent[161].

Une salutation psychique peut se produire en rêve tout aussi bien que lorsqu'on est éveillé. Le moment typique pour cette sorte de cauchemar c'est au plus profond de la nuit, vers trois ou quatre heures du matin. Une initiation peut provoquer une situation quasiment semblable: celle d'un réveil en pleine nuit en se sentant attaqué ou aux mains d'une méchante fée. La plupart du temps, des expériences nocturnes de ce genre sont le signe d'une initiation et non pas d'une salutation psychique. Lorsque nous

---

[160] Elle, lettre du 12 mars 1999
[161] 129, lettre du 19 mai 1997

CHAPITRE III: LE REMORDS DE CONSCIENCE: PERSISTANCE DE LA DOULEUR

vivons une telle expérience, nous pouvons agir de la même manière qu'il s'agisse d'une salutation psychique ou d'une partie d'initiation: des prières et des affirmations de gratitude ainsi que des louanges pour tous les bienfaits reçus, calmer et recentrer le mental. Si vous souhaitez plus d'informations sur les manières de traiter les salutations psychiques, je recommande l'ouvrage de Dion Fortune[162], *Psychic Self Defense*. Voici une attaque psychique en rêve que décrit Mary:

> Le rêve le plus effrayant que j'aie jamais fait et le plus pénible à me remémorer et à commenter, encore à présent, concerne la bataille la plus dure que j'aie dû livrer, et je ne veux plus jamais en avoir de semblable. Dans ce rêve je roulais à bicyclette vers mon domicile, après m'être rendue dans une maison située dans la zone nord-ouest de la ville. Je m'étais rendu compte que deux hommes, eux aussi à vélo, paraissaient me suivre. L'un était d'une intelligence moyenne et l'autre semblait souffrir de troubles mentaux. Je me suis arrêtée devant un magasin, et quand j'en suis sortie mon vélo avait disparu. Je me suis mise à marcher et suis arrivée à un endroit qui était une combinaison de laverie et de cafétéria. Je suis entrée et y ai mangé. Lorsque je suis ressortie, mon vélo était là, donc je l'ai enfourché et ai repris le chemin de ma maison. Les hommes avaient disparu. Soudain j'ai senti que je changeais. Puis une voix méchante a commencé à parler d'aller quelque part ailleurs. J'ai alors compris que cette voix était à l'intérieur de moi. J'ai demandé qui était cette voix, en murmurant parce que je ne voulais pas que les gens autour de moi m'entendent parler vraisemblablement à moi-même. Cette voix à continué à bredouiller qu'il fallait aller ailleurs. Je savais que je devais m'en débarrasser et je lui ai dit de sortir de moi. Elle a refusé. Alors que je me disputais avec elle, je me suis trouvée aux feux de signalisation du coin de Third street et de Eighth avenue. Le vélo avait à nouveau disparu, et je me suis mise à crier à la voix de sortir de moi. Elle a commencé à s'affaiblir et à partir. Le feu est devenu vert, les voitures se sont arrêtées et alors que je commençais à traverser la rue je me suis retrouvée écroulée sur le pavé. Une femme est accourue pour m'aider. La voix avait heureusement disparu. J'ai l'impression que dans ce rêve il m'a été donné de faire un choix spirituel. Si j'avais fait un choix différent je ne serais probablement pas en train d'écrire ceci maintenant[163]!

---

[162] Psychic Self-Defence: The Classic Instruction Manual for Protecting Yourself Against Paranormal Attack by Dion Fortune (2011) Paperback (apparemment disponible seulement en anglais – NdT)

[163] Mary, lettre du 29 mai 1997

CHAPITRE III: LE REMORDS DE CONSCIENCE: PERSISTANCE DE LA DOULEUR

Remarquez la profondeur des émotions de Mary lorsqu'elle s'efforce de rendre l'horreur de son rêve. Ces expériences sont souvent très subjectives. Elles ne paraissent pas nécessairement effrayantes lorsqu'on en parle rationnellement. C'est la profondeur de la terreur et des autres émotions sombres qui marque ce genre de rêves. Quoi qu'il en soit, le moyen de traiter les salutations psychiques c'est de se focaliser sur l'unité du 'soi' avec tout ce qui est, y compris l'entité qui tente une 'attaque", et de s'immerger dans l'amour et la compassion. Q'uo en dit ceci:

> Lorsqu'on est attaqué il est naturel de se défendre, et cependant dans le cas d'une salutation psychique la défense crée la prolongation de l'attaque[164].

Ce conseil est, je crois, de la même veine que la recommandation que donne Jésus de «ne pas résister au mal» :

> Il est important que l'entité qui se trouve sur le chemin du Service d'autrui essaie de voir le Créateur en tous les êtres et en tous temps, d'adresser des louanges et des remerciements pour la lumière du Créateur qui existe dans tout, de rechercher et de connaître ce Créateur en chacun, d'offrir en état de méditation l'amour ressenti du fond du cœur pour tous ceux qui envoient des salutations ou des attaques, et d'entourer alors le' soi' de cet amour et de cette lumière du Créateur infini[165].

Un mot à propos d'initiation: comme bon nombre de termes relatifs à la vie intérieure et à la recherche en spiritualité, 'initiation' est un mot flou. Je préfère laisser ce flou plutôt que d'essayer de définir plus précisément les moments de mise à l'épreuve et en difficulté que nous recevons comme des présents de l'esprit. L'initiation se produit lorsqu'on a déjà beaucoup appris. Des catalyseurs ont été reçus et les réactions ont été de celles qui permettent de se polariser, de faire quelque progrès en tant que chercheur/chercheuse qui se connaît. L'apprentissage veut poursuivre sa progression en spirale et on se sent prêt. À ce moment survient souvent une période de réelles difficultés intérieures, comportant toutes sortes de cauchemars effrayants, visions étranges, nuits de sommeil interrompues, et de malaise spirituel général. Je crois que ce sont là des moments où la partie spirituelle du 'soi' veut s'assurer que les apprentissages précédents ont été bien assimilés. Par conséquent, la manière de procéder est de traiter ces expériences de manière directe et de continuer à mener la vie

---

[164] Q'uo, transcription du 16 mars 1997, p. 5
[165] Q'uo, transcription du 21 avril 1995, p. 6

en laquelle nous croyons. La tranquillité de la nature et un cœur empli de foi pourront aider.

Le désespoir

La désaffection peut devenir du désespoir lorsque de longues périodes de cycle ne semblent apporter que de la douleur:

> Je me suis regardée
> M'observant,
> dans un antique miroir terni
> Ai jeté un coup d'œil furtif vers la gauche
> Me suis vue du coin de l'œil
> Vieille dame aux cheveux roux
> Contemplant léthargiquement la ligne suivante
> De trucs et machins
> dans l'après-midi grise de Seattle
> Pas tout à fait dans l'espérance, pas tout à fait dans l'ennui
> Juste morte à l'intérieur
> Ce lieu où jadis vivaient des rêves[166] .

Ceux de Q'uo tentent de parler à ces désespérés:

> Que chaque missionné trouve du réconfort dans la certitude qu'il ne peut faire autrement que contribuer positivement à la vibration de la planète. Même dans les cas de ce qui est pris pour de la flagrante mauvaise gestion du temps et de l'énergie, il y a toujours dans ce très basique état d'esprit de désaffection, de la vibration qui est plus pleine de lumière. Cette désaffection est simplement un symptôme superficiel d'un don profond et spirituel. Lorsque le cœur est lourd et les sentiments froissés, réconfortez-vous dans la certitude que vous êtes en train de rendre service. Vous êtes en train de faire ce pourquoi vous êtes venu ici. Vous pourrez peut-être trouver des moyens de le faire mieux, mais vous n'êtes pas en défaut, malgré les apparences[167].

001, un monsieur d'une sensibilité extrême, avec un long passé de sentiment de se trouver à l'extérieur et en train d'observer l'intérieur, en dépit d'impressionnantes réussites professionnelles, tente d'exprimer comment il transforme le désespoir en sacrifice d'amour:

---

[166] Melissa, extrait de son poème *The Stillness Of Change,* dans sa lettre du 10 juin 1999
[167] Q'uo, transcription du 22 mai 1994, p. 3

CHAPITRE III: LE REMORDS DE CONSCIENCE: PERSISTANCE DE LA DOULEUR

> Je pense que nous sommes tous plus ou moins conscients des aspects sacrificiels de notre vie, et de notre désir de concilier ce qui est offert et ce qui est reçu avec nos idéaux les plus élevés[168].

Si nous éliminons toute pensée d'élitisme, nous pouvons en effet faire du chemin du pèlerin errant un chemin sacrificiel. Car nous les missionnés, lorsque nous sommes éveillés, sommes ici pour faire don de tout le reste de notre incarnation. Nous apprenons énormément à mesure que nous la traversons et nous espérons gagner en polarité si nous vivons notre vie dans la foi, mais le *beau geste*[169] tout entier de la vie sur Terre est une offrande de soi. Toutefois, de nombreux pèlerins errants ont été tellement maltraités par les vibrations de la Terre qu'ils adoptent une attitude distante pour alléger la souffrance de se trouver ici:

> Je m'efforce sans cesse de trouver une sorte d'homéostasie, d'acceptation ou de paix de l'esprit loin de l'incessante agitation, mais je n'y suis pas parvenu pendant très longtemps, les périodes de conscience cosmique de 1943 et de 1967 étant les seules exceptions. Ces périodes ont duré plusieurs semaines. Elles étaient caractérisées par des sentiments d'immensité, de joie, de fusion avec l'univers, prégnants d'unité et d'unicité, que j'ai sans cesse tenté de retrouver, mais sans beaucoup de succès[170].

1

En ce point du temps/espace je suis un individu plutôt solitaire et 'perdu', bien que par le passé j'aie eu d'autres expériences. Je ne me sens pas étranger à cette planète; en fait j'apprécie beaucoup la beauté de cette Terre, et j'éprouve un amour infini pour toutes les créatures de la nature, mais je me sens éloigné des gens de cette Terre[171].

Ce qu'en disent ceux de Q'uo:

> Ces [pèlerins errants] ont en eux un souvenir lointain et confus de leur origine: ils se sentent venus d'ailleurs, et dans de nombreux cas ce sentiment prend la forme de ce cous pourriez appeler une sorte de mal du pays ou aliénation des influences planétaires et vibrations de nature disharmonieuse qui règnent dans cette influence de troisième densité. Cependant, dans le cœur de son être, chaque entité sait que, même s'il y a un chez-soi qui se trouve

---

[168] 001, lettre du 26 juin 1997
[169] En français dans le texte original
[170] 282, lettre du 24 juillet 1994
[171] 202, lettre du 6 mars 1999

CHAPITRE III: LE REMORDS DE CONSCIENCE: PERSISTANCE DE LA DOULEUR

ailleurs, le véritable foyer de tout chercheur de lumière et serviteur du Créateur unique se trouve dans le service et dans la lumière venus d'une seule source: le Créateur unique, et chacun peut se consoler en sachant que le Créateur réside à l'intérieur de chaque entité et fait briller pour tous de manière égale la lumière de l'amour et du service[172].

Sous la cloche de verre

L'isolement du pèlerin errant n'est pas exactement celui d'une personne perdue dans le désert. C'est plutôt comme si nous nous trouvions à l'intérieur d'une cloche de verre que les gens normaux ne voient même pas, et qui brouille en effet les communications et parfois les étouffe complètement. C'est du moins l'impression que nous avons:

> Découvrir que l'on est une âme étrangère en provenance d'une autre planète ne rend réellement pas les choses plus faciles. C'est vrai que cela résout certains problèmes. Mais cela cause plus de problèmes que cela n'en paraît valoir la peine. Je sais que quand j'ai découvert que je corresponds parfaitement aux signes qui distinguent un pèlerin errant je me suis sentie plus que jamais laissée pour compte et isolée, et cela pendant longtemps. J'ai passé des nuits très tristes, pleurant jusqu'à ce que mes larmes m'endorment en pensant que je n'étais de nulle part. Mais c'est la mort si on se laisse sans cesse aller. Être un pèlerin errant signifie qu'il faut espérer et avoir confiance en soi[173].

Ceux de Q'uo parlent de cet isolement:

> Quel est ce nœud qui indique que la navette de l'esprit n'est pas en bon ordre de fonctionnement? Le mot le plus simple est: 'la peur'. Une entité spirituellement malade s'est isolée, s'est placée dans un lieu où elle est seule, et dans lequel elle reste sans pardon et à l'abandon. Cet isolement est écrasant et lorsqu'on y est entré il est très difficile de le voir et encore plus de le travailler[174].

La peur se nourrit d'elle-même dans un isolement non traité. Voici ce qu'en dit Bleu:

---

[172] Q'uo, transcription du 4 mai 1992, p. 7
[173] Terri A., lettre du 27 octobre, 1997
[174] Q'uo, transcription du 29 mai 1994, p. 3

> Ce que je découvre, c'est que mes pensées ont tendance à vagabonder pendant les périodes d'extrême solitude, mais pour les maîtriser je répète la prière de sérénité, spécialement lorsqu'elles se mettent à devenir négatives. Et si on regarde réellement autour de soi, on voit qu'on n'est pas seul. Il y a des gens partout, et on peut en trouver avec qui on peut établir un contact. Pendant certaines périodes de tristesse j'ai aussi pu escalader un arbre et lui parler. La plupart du temps l'arbre écoute vraiment et la nature se nourrit de toute façon de nos énergies négatives de sorte que, agir de la sorte quand on n'est pas très chaud c'est un présent que nous faisons à la nature, et la nature le rendra si nous nous permettons de le ressentir[175].

J'aime l'attitude de Bleu, et j'aime moi aussi les arbres. Depuis très longtemps je les perçois comme des êtres intelligents et aimants: les 'ents' de Tolkien dans *Le seigneur des anneaux*. Lorsque j'étais enfant j'avais pour habitude de courir autour du jardin pour aller embrasser les arbres et leur parler; en tout cas, telle est la légende familiale. Ceux de Q'uo parlent de ce sentiment d'isolement:

> Chaque entité marche seule, et ce sentiment d'isolement est une énorme source de souffrances parmi vos peuples. Toutefois, lorsqu'une entité arrête de regarder ses propres pieds et avance simplement, pas après pas, quelque chose d'inhabituel et d'imprévu se produit, c'est-à-dire que les pas de quelqu'un qui ne s'efforce plus d'apercevoir des connexions sont plus assurés et plus dynamiques que les pas de ceux qui se pressent contre l'enveloppe d'aveuglement qui entoure le 'soi' métaphysique[176].

Ceux qui ne sont pas encore éveillés utiliseront leurs catalyseurs, les sensations qui leur viennent, de la manière dont le monde extérieur évalue et hiérarchise les choses. Le missionné passera par les mêmes expériences en utilisant des clefs métaphysiques. Ceux de Hatonn décrivent cela d'une autre façon encore:

> On pourrait dire que chaque individu vit dans un vide, que chacun s'isole des autres 'soi' qui l'entourent, et la peur et l'incompréhension de l'isolement crée le fait de se contracter comme dans un vide, se contracter sur soi-même, comme s'il était incapable d'entrer en contact avec l'énergie qui permet de se dilater vers l'extérieur et d'établir une union avec ceux parmi lesquels il vit. Mes amis, nous avons connaissance de l'épuisement

---

[175] Bleu, lettre du 25 juin 1997
[176] Q'uo, transcription du 3 novembre 1996, p. 2

CHAPITRE III: LE REMORDS DE CONSCIENCE: PERSISTANCE DE LA DOULEUR

caractéristique de ceux qui luttent pour sortir de ce vide spirituel. C'est une grande lutte constante que de vouloir se dilater, se maintenir ouvert et dilaté, disons, pour tenter d'établir et d'entretenir le contact avec les autres 'soi' qui composent l'unité unique que votre race a le potentiel de devenir[177].

Certains pèlerins errants préfèrent en fait la solitude:

> Pendant toute ma vie, le fort sentiment d'aliénation a été accompagné d'un puissant besoin intérieur de recherche de solitude. J'ai passé une grande partie de ma vie seul. J'ai été l'enfant qui s'asseyait au fond, rêvassant, lisant, ne participant pas, se cachant, craignant d'être appelé peu importe pourquoi. Même pendant les années de vie en famille j'ai passé beaucoup de temps dans la solitude, travaillant à des articles de post-doctorat, faisant du jogging en solitaire, parcourant d'innombrables kilomètres. Dès lors pour moi deux thèmes dominants paraissent s'être développés à l'intérieur de moi malgré les activités et les intérêts d'extérieur: un sentiment fortement ancré d'aliénation et un besoin de solitude, un besoin de me connecter avec l'univers loin de l'habitat humain[178].

En dépit de cette pensée étrangement réconfortante, de nombreux pèlerins errants se sentent très souvent très seuls. Cependant, certains d'entre eux écrivent qu'ils réalisent qu'ils ne sont plus véritablement seuls:

> On peut commencer par se sentir isolé et seul parce qu'on n'a personne avec qui communiquer au niveau de sa nouvelle réalité. Pour cette raison, je vous encourage à trouver un forum, un groupe ou une personne qui partage les mêmes points de vue, avec qui vous pouvez vous associer et communiquer pour éviter cette situation qui n'est ni nécessaire ni confortable. Si vous disposez d'un accès à l'internet, il vous sera relativement facile de trouver un tel groupe. Sinon, trouver un groupe ou une personne avec qui communiquer régulièrement peut être plus difficile, mais à mon avis c'est nécessaire[179].

1

Faire partie de réseaux et avoir des contacts avec d'autres est très important. En vous rencontrant je sens enfin que je ne suis pas seule, car je suis entourée quotidiennement de gens qui ne

---

[177] Hatonn, transcription du 7 mai 1982, p. 1
[178] 282, lettre du 24 juillet 1994
[179] William D. Klug, extrait d'un ouvrage en ligne relatant des expériences et du channeling: www.simi.qnet.com/~bklug/knowing/welcome.htm

comprendraient rien à tout cela. J'ai beaucoup de chance d'avoir l'internet et des contacts par courriel. Beaucoup de gens n'ont pas la chance d'être connectés à l'internet. Je sais bien comment je me suis sentie pendant toutes ces années. Ç'aurait été merveilleux de trouver un bulletin d'information ou quelque chose du genre et de réaliser cela in y a des années[180]!

Il y a, parmi les pèlerins errants, un très grand désir de rencontrer des gens qui partagent un même état d'esprit. Je parle avec eux journellement. De nos jours, rencontrer des gens qui partagent les mêmes intérêts est plus facile grâce aux ressources de l'internet. J'ai promis aux sources citées dans le présent manuel que si je reçois pour elles des messages de la part de lecteurs qui répondent à ce qu'elles ont exprimé je les leur ferais assurément parvenir. C'est bien sûr à elles de décider si elles veulent répondre. Si vous souhaitez répondre à quelqu'un qui est cité ici, envoyez-moi une lettre. Mon adresse courriel est carla@llresearch.org. Notre adresse postale est: L/L Research, Box 195, Louisville, Kentucky, 40255-0195, USA. J'ai vu de belles amitiés se nouer sur l'internet, et il est certain que j'ai rencontré des centaines de personnes fascinantes au fil des ans. Si vous vous sentez seul(e) et mélancolique, n'hésitez pas : entreprenez une recherche sur la Toile pour trouver un site comme le nôtre (www.llresearch.org), et suivez les liens. Vous trouverez de la compagnie intéressante et variée!

L'épuisement spirituel

Le dernier point de cette liste de misères qui affectent les pèlerins errants est l'épuisement de l'esprit. C'est ce qui se produit lorsque le pèlerin errant arrive au bout de son rouleau. Habituellement, c'est l'énergie physique qui fait défaut en premier lieu, pour autant qu'elle ait existé auparavant. L'énergie vitale peut subsister longtemps, même réduite à la portion congrue, mais elle finit par disparaître elle aussi. Alors le pèlerin errant est vraiment épuisé au-delà de ce qu'il est possible de décrire. Ceux de Q'uo disent:

> Lorsque le genre d'épuisement ressenti par un chercheur est perçu comme étant de nature spirituelle, cela signifie souvent une période pendant laquelle l'expérience de la vie en incarnation va sembler très difficile. Des choses insignifiantes prennent de l'importance, de sorte que tout petit changement ou imprévu va déclencher des

---

[180] Gypsee, lettre du 10 octobre 1997

CHAPITRE III: LE REMORDS DE CONSCIENCE: PERSISTANCE DE LA DOULEUR

> catalyseurs bien plus importants que ce à quoi le chercheur s'attendait en général. C'est un état de vulnérabilité parce l'épuisement rend sensible le réseau de perceptions, ce qui modifie le niveau des informations transmises au mental physique et à la conscience qui y réside. De petits efforts sont perçus comme gigantesques. Le mental se détourne de tâches qui sont accomplies avec facilité en temps normal, car il les voit de l'œil torve et du cœur mécontent du chercheur épuisé. Le sens du 'soi' est perturbé et le niveau de confort du mental chute[181].

Des pèlerins errants qui se sentent dans l'inconfort confirment:

> J'ai le sentiment que j'ai un grand trou dans mon corps. Je lutte beaucoup contre la tristesse, l'épuisement, la panique et la colère[182].

1

> Je voudrais savoir comment supporter d'être une flamme de bougie parmi les lumières de si nombreuses étoiles tout en restant intact et moi-même[183].

1

> J'ai cet étrange épuisement qui ne ressemble pas à de la fatigue ordinaire: j'ai l'impression que c'est une sorte d'énergie vitale qui s'en va[184].

Ceux de Q'uo suggèrent:

> Il est bon de ne rien faire jusqu'à ce qu'une certaine clairvoyance concernant les peurs et autres émotions concernant ce choix soit devenue partie intégrante de la connaissance de soi qui peut d'abord être examinée soigneusement et ensuite relâchée. Aussi longtemps qu'une partie du chercheur est empêchée de se joindre au lâcher-prise intérieur, une partie des choses se produiront avec des heurts et par à-coups. Dès lors, à condition d'en être capable, on pourrait dire que la meilleure manière de prendre des décisions est d'attendre en continuant à faire ce que vous faites, tout en ouvrant le 'soi' régulièrement et de manière répétée en simple offrande de gratitude et de louanges, et avec le désir de pouvoir aller de l'avant, de permettre à la lumière de briller à travers vous.

---

[181] Q'uo, transcription du 12 novembre 1995, pp. 1-2
[182] 169, lettre du 23 septembre 1997
[183] Marq ii, lettre du 18 octobre 1999
[184] Otto, lettre du 1er mai 1999

Chapitre III: Le remords de conscience: persistance de la douleur

> Lorsque vous demanderez à cette lumière de briller à travers vous, vous commencerez à avoir le sentiment que n'importe quel chemin est bon si cette lumière peut briller à travers vous, car il n'y a pas d'épuisement de l'esprit aussi longtemps que le cœur reste ouvert, et la lumière non distordue qui entre a alors la possibilité de traverser la personnalité transparente et d'arriver dans le monde assoiffé qui est dans l'attente. Vous êtes vous-mêmes assoiffés de lumière, mais cette même soif est le début du plus profond des services[185].

Se rappeler qui nous sommes et pourquoi nous sommes ici, aide également. Voici ce que disent ceux de Q'uo:

> C'est là que se trouve votre force: dans la décision instantanée de chercher l'amour dans le moment. Ainsi que l'ont dit ceux connus sous le nom de Ra: «où se trouve l'amour en ce moment?», c'est une question utile à poser en toute circonstance, mais spécialement quand l'esprit est épuisé ou surmené[186].

Et Pupak est d'accord:

> Oh Dieu, s'il vous plaît accordez-moi la non-distraction et la sagesse, c'est ma prière continuelle[187].

Ceux de Q'uo soulignent un autre moyen de traiter l'épuisement d'origine spirituelle:

> Si vous êtes trop épuisé pour bouger, si c'est cela votre impression du moment, alors nous vous disons: éclairez la route. Renoncez à attendre quelque chose de vous-même et permettez-vous de jouer, d'être comme des pâquerettes qui dansent dans le vent, insouciantes et sans reproche. Aujourd'hui vous ne devez pas étudier. Aujourd'hui vous ne devez pas travailler. Faites seulement ce que votre cœur vous dit de faire[188].

---

[185] Q'uo, transcription du 7 février 1993, p. 6
[186] Q'uo, transcription du 17 janvier 1999, p. 4
[187] Pupak Haghighi, lettre du 12 juin 1998
[188] Q'uo, transcription du 9 septembre 1999, p. 3

Chapitre IV : L'effervescence *New Age*

Le christianisme et les pèlerins errants/les missionnés

Ceux qui vivent dans un certain nombre de pays du monde occidental ont en commun un mythe culturel. Des récits et personnages judéo-chrétiens imprègnent nos arts et notre littérature, et ont été à l'origine d'un immense et incroyablement beau corpus de musique sacrée. Des compositeurs de la stature de Jean-Sébastien Bach on y voué leur vie et ont dépensé une énergie considérable à créer un répertoire sacré qui leur a survécu, et d'autres compositeurs qui n'étaient pas nécessairement orientés vers la musique religieuse se sont sentis appelés à contribuer à produire de grands chefs d'œuvre, comme par exemple la *Missa solemnis* de Beethoven et le *Requiem* de Mozart. Les symboles et les structures des concepts de ce système mythologique ou religieux, nous les rencontrons fréquemment dans notre vie quotidienne. Ils font partie des meubles de notre mental conscient et, dans une certaine mesure, de notre mental inconscient profond. S'il existe encore ou non une religion viable, c'est à chacun de trouver sa réponse. La plupart des pèlerins errants ont beaucoup réfléchi à l'histoire et au ministère de Jésus. Les conclusions qui en ont été tirées varient considérablement, comme on peut s'y attendre. Voici ce que disent ceux de Q'uo :

> La vision chrétienne du christianisme ne constitue pas une vision unique, pas plus que ne n'est unifiée la vision bouddhiste, la vision shintoïste, etc. Bien que chacune des entités qui se disent chrétiennes se sente faire partie d'un grand groupe, ce que fait véritablement chaque individu c'est ni plus ni moins chercher la clé du grand mystère du Créateur infini, tout comme chacune des entités qui ne fréquentent pas d'église le fait ou non. Combien de chrétiens ne sont pas du tout intéressés à chercher la vérité mais répondent à un stimulus comme un animal de deuxième densité en meute suit le chef de cette meute, et se comportent comme se comporte leur groupe ! Il y a, dans ce grand corpus d'entités appelé chrétienté, les plus extravagants extrêmes : depuis ce que les chrétiens nomment 'sainteté' jusqu'à ce que les chrétiens nomment 'grand mal' Celui connu sous le nom de Jésus savait que l'expérience de troisième densité tirait à sa fin, et il espérait non seulement que quelques uns apprendraient le pardon et la

rédemption, mais encore que tous connaîtraient l'amour et la lumière du Créateur infini unique. La créature qui émerge du corpus d'instructions de cet instructeur ne ressemble pratiquement pas (et certainement pas du point de vue idéologique), à la nature de la communauté de gens s'aimant les uns les autres que voulait former l'instructeur connu comme Jésus le Christ[189].

La simple vie en communauté, où les membres mettaient toutes choses en commun, était le style de vue basique que Jésus recommandait. Ceux qui possédaient donnaient, ceux qui n'avaient rien recevaient. Cela ressemble plus à du communisme qu'à aucune structure gouvernementale envisagée dans les sociétés jusqu'ici, bien que ce style de vie ne véhicule pas la colère du Marxisme vis-à-vis de la richesse. Son problème est qu'il n'approuve pas des caractéristiques humaines telles que la territorialité et la convoitise. Regardez le monde occidental qui nous entoure aujourd'hui, et voyez comme les familles nucléaires défendent leur territoire et assurent la sécurité de leur vie. De nos jours, le style de vie le plus proche du système communautaire que nous trouvions normal dans notre société est celui des 'sans abri' qui partagent le peu qu'ils ont. La société actuelle est chrétienne culturellement, mais elle n'est pas à l'image du Christ.

Il y a de nombreuses sortes de chrétiens: des plus vaguement mystiques jusqu'aux ultra-fondamentalistes. En tant que chrétienne pratiquante, je me placerais dans la catégorie des mystiques et je suis loin de me considérer comme non égarée. Ma pratique est axée sur la dévotion à Jésus et sur l'imitation de Jésus. Je ne peux me souvenir d'aucune époque où je ne l'ai pas connu. Dans le pays imaginaire de mon enfance il était là et je pouvais toujours tenir sa main lorsque je me sentais lasse ou découragée. Je suis née dans une famille qui fréquentait l'Église épiscopalienne, une secte qui s'accommode très confortablement des mystiques. Mes conseillers spirituels au fil des ans n'ont pas trouvé problématique le fait que je recevais des messages en channeling. Bien d'autres dans des sectes moins sophistiquées intellectuellement, ont eu beaucoup moins de chance que moi.

Je voudrais commenter un point important pour ceux qui sont des pèlerins errants chrétiens: l'aspect du culte en groupe. Lorsque les fidèles d'une église s'assemblent pour des offices religieux, ainsi que ceux de Q'uo l'ont fait remarquer cette congrégation comprend des gens très dévôts et des gens qui ne se soucient absolument pas de Jésus ou de la religion, mais qui vont à l'église soit parce que c'est ce qu'on doit faire, soit pour des raisons professionnelles ou sociales. J'ai longtemps accepté le fait que je

---

[189] Q'uo, transcription du 29 mars 1987, pp. 6-7

n'avais pas besoin de savoir qui est qui. Il suffisait que j'entre moi-même de tout cœur en dévotion, confiante dans les quelques fidèles qui se recueillaient en même temps que moi. Ce concept a été la principale raison pour laquelle je suis restée dans les limites de la religion chrétienne telle que pratiquée par ma paroisse. Dans mon entreprise, cela m'aide de savoir que le service épiscopal reste le même, année après année, décennie après décennie. Les mots sacrés, la liturgie, coulent à travers moi comme une essence familière et bienvenue, réconfortante et revigorante. Je peux rester assise sur mon petit siège et savourer, avec les chères paroles de l'Eucharistie, le cœur de l'amour de Jésus-Christ, mon amour pour Lui, ma proximité avec Lui, et un fort lien avec tout ce qui concerne le Saint Esprit. Je trouve beaucoup d'aide dans le sermon, la musique et la discipline de l'année liturgique avec ses périodes de jeûne et de fête. C'est donc juste un endroit où j'ai besoin de me trouver. Je ne fais jamais de prosélytisme. Je suis totalement convaincue que chacun des chercheurs qui lisent ceci travaille sur sa propre expression spirituelle quand il le veut et comme il le veut.

Lynn B., une femme sage et avisée dit ceci:

> Je ne me fais pas l'apologiste des religions. J'ai été élevée dans un environnement chrétien du type fondamentaliste, et je l'ai haï et contesté du début à la fin. J'ai grandi avec une aversion pour toutes les églises et religions organisées. J'avais une peur bleue des histoires de feux de l'enfer, de damnation et de diable. J'étais convaincue que si je ne restais pas dans le rang je serais damnée. J'aurais pu juste accepter cette forme de contrôle. Tous mes amis étaient heureux qu'on leur dise que faire et quand le faire, alors pourquoi pas moi? Je me suis rebellée contre et ai rejeté tous les enseignements de l'Église lorsque cela m'était possible. J'ai étudié des ouvrages concernant d'autres religions, je ne permettais à personne de me contrôler. Je voulais trouver par moi-même ce que je considérerais comme bon pour moi et je l'ai fait. Maintenant, si je n'avais pas été élevée dans cette religion casse-pieds mais dans une autre, plus accommodante, qui m'aurait permis de dormir un peu plus longtemps, ou peut-être dans aucune, il se peut que je ne serais pas arrivée où je suis à présent. Peut-être serais-je toujours en train de dormir. L'Église, même si je l'ai détestée, m'a inculqué des valeurs que je n'ai pas rejetées. J'ai gardé celles que je sentais nécessaires à ma croissance, mais quand j'y repense, celles que je détestais ont été, elles aussi nécessaires à ma croissance! Tout a eu un sens. Oui, nous pouvons percevoir certaines formes de religion négatives juste comme cela: du contrôle par la crainte, mais dans

cet univers parfaitement ordonné il y a une certaine méthode dans la folie. Si quelqu'un m'avait dit cela il y a 20 ans j'aurais été certaine d'avoir en face de moi un idiot ou un fou. Je me suis sentie trop comme une victime de la religion pour pouvoir observer le tableau dans son ensemble. Maintenant que je suis plus âgée, lorsque je regarde en arrière je vois combien ma vie a été parfaite: le bon, le mauvais, et spécialement l'affreux. Je remercie ces instructeurs inflexibles et à l'esprit étroit d'il y a si longtemps parce qu'ils m'ont enseigné quelque chose que je n'oublierai jamais. Nous n'avons pas tous besoin de ce genre d'enseignement, de sorte que je ne vous le recommande pas, ni à personne d'autre d'ailleurs. C'est quelque chose de personnel. J'essaie simplement de dire que l'univers est déjà parfait. Il y a une raison à tout. Ne jugez pas selon les apparences[190]!

J'ai des contacts avec beaucoup de gens qui aiment Jésus:

Bien que je me considère comme chrétien, je pense que ce n'est pas la seule religion à révéler le message de l'amour. Je veux me conduire comme Jésus, mais je ne peux pas avoir l'esprit assez étroit pour penser que cette voie est la seule[191].

1

J'aime Jésus mais je ne me considère pas comme chrétienne. Je ne peux m'intégrer à 100% à aucun groupe religieux. Je prends un peu ici et là[192].

Beaucoup d'autres pèlerins errants ont éprouvé le besoin de quitter l'Église lorsque l'enfance est terminée. 175, Un homme philosophe très intéressé par les principes métaphysiques écrit:

Je viens de quitter l'église de l'Unité à Bozeman parce que la congrégation a dit que nous ne n'avons besoin que de ce qui renforce notre irresponsabilité, notre manque de relations, notre déconnexion. Alors j'ai trouvé qu'il valait mieux partir, non sans tristesse car je connais la vérité. Je suis certain de la réalité de Dieu. Et je suis triste aux larmes que si peu veulent savoir[193].

Laura Knight-Jadczyk ajoute:

---

[190] Lynn B., lettre du 19 mars 1999
[191] 252, lettre du 8 mars 1999
[192] Gypsee, lettre du 6 octobre 1997
[193] 175, lettre du 1er février 1999

Chapitre IV: L'effervescence *New Age*

> J'ai passé bon nombre d'années dans des environnements ecclésiastiques charismatiques, dans une tentative très sincère de trouver ce je-ne-ne-sais-quoi insaisissable qui, je le sentais, était absent de ma vie. J'ai fait l'expérience du 'baptême de l'Esprit Saint' ainsi que d'un certain nombre de surprenantes anomalies audio-visuelles comme je les qualifierai faute de termes plus adéquats et, chose intéressante, ce sont celles-là qui m'ont conduite hors de l'église. Cela et quelques connaissances[194].

Il y a aussi ceux qui sentent qu'ils doivent rejeter toute religion:

> Aussi loin que remontent mes souvenirs, je crois avoir toujours mis en question la religion organisée, et j'ai toujours cherché quelque chose qui aurait plus de sens pour moi. J'ai étudié de nombreuses croyances, les rejetant l'une après l'autre, car quelque chose ne m'y paraissait pas juste, ou bien j'étais d'accord avec de nombreux concepts mais j'étais très choqué par quelques uns d'entre eux[195].

1

> Je suis née en sachant que je n'étais pas compatible avec mon éducation catholique : comme les vies antérieures, la conscience unique qui réside en toutes choses, la vie sur d'autres planètes. Lorsque j'ai été capable d'accepter ce savoir et moi-même, ma vie a rapidement changé et elle le fait toujours[196].

Je dirais que la grande majorité des pèlerins errants finissent par renoncer à toute religion organisée. Je pense que la raison principale pourrait en être le contrôle. Les âmes indépendantes ont souvent l'impression que l'Église veut les contrôler ou est un agent de contrôle au nom de figures d'autorité:

> Je suis une personne très orientée vers la spiritualité mais non religieuse (il y a une énorme différence!) et j'ai une relation profonde, personnelle, intime avec Dieu/Jésus et la Mère bénie. La religion organisée n'a rien à voir avec cela. Les religions organisées me déplaisent parce qu'elles restreignent la liberté, y compris la libre pensée. Leur but est de contrôler les gens, c'est donc juste une autre forme de gouvernement[197].

---

[194] Laura Knight-Jadczyk, lettre du 5 janvier 1998
[195] Roger, lettre du 27 juillet 1999
[196] 264, lettre du 21 octobre 1996
[197] Mary 2, lettre du 27 mars 1997

CHAPITRE IV: L'EFFERVESCENCE *NEW AGE*

1

Je ne suis pas chrétien, je ne veux pas être chrétien, je n'aime pas de nombreuses facettes de la religion et ce n'est pas mon salut. Bon, je ne suis pas anti-chrétien, mais ce n'est pas comme cela que j'ai envie de vivre. C'est pour ceux qui sincèrement ne veulent contrôler aucun des aspects de leur vie et c'est parfaitement acceptable, mais ce n'est juste pas mon style. Je n'ai pas envie de donner tout ce que je fais à quelqu'un d'autre, et je ne sens ni ne pense que le fait que je sois ici ait quelque chose à voir avec les caprices de quelqu'un d'autre, je suis pour moi. Je suis moi[198].

Un mot des non-égaréistes/fondamentalistes avant de quitter le sujet du christianisme et les pèlerins errants. Dans l'ancien Testament il y a une demi-douzaine de citations qui expliquent pourquoi si on ne croit pas ceci ou cela, ou si on croit ceci ou cela, ou si on agit comme canal on est satanique. Les mots ne sont certes rien d'autre que des mots, mais lorsqu'ils condamnent ils font mal, spécialement s'ils émanent d'un membre de la famille ou d'un ami. Je nous encourage tous à n'imposer nos systèmes de croyance à aucune personne dont nous savons qu'elle est chrétienne fondamentaliste. À une époque j'ai été exposée à du prosélytisme pendant des heures et je peux attester que ce type de conversation critique blesse. Évitons d'essayer d'imposer nos croyances à autrui. Lorsque je suis piégée par des inégaréistes préoccupés, mon approche habituelle est de leur demander de prier pour moi et de les remercier de se préoccuper de moi. Cela ne nous permet pas de nous en débarrasser dans l'immédiat, mais cela nous procure au moins le moyen de dire quelque chose lorsqu'ils attendent une réponse. Pourquoi éprouvent-ils le besoin de changer notre façon de penser? Ceux de Q'uo en parlent:

> Nous trouvons que, comme il en va des religions (ainsi que vous appelez ces philosophies) bon nombre de doctrines sont de l'extrapolation de suppositions ou des sortes de constructions dont le but est de rassembler tous les éléments observés dans la Bible dans le mental des entités qui ont besoin que toutes les parties des Écritures s'intègrent dans un cadre bien défini, comme des briques dans un mur. Dans cette attitude à l'égard des Écritures il y a un besoin de stabilité et de certitude que toutes les questions concernant un croyant reçoivent une certaine réponse. Il y a peu de place pour le mystère car il y a, au niveau du subconscient, la reconnaissance du mystère partout, ce qui est déstabilisant pour les

---
[198] A. Friend, lettre du 10 décembre 1998

entités qui ont récemment entrepris le voyage spirituel conscient[199].

On dirait que les fondamentalistes et les inégaréistes veulent tout fixer une fois pour toutes: ce qu'il faut faire, ce qu'il ne faut pas faire, ce qu'il faut dire, ce qu'il ne faut pas dire. Il y a là une sorte de réconfort, mais pas du genre qui pourra jamais séduire le marginal spirituel, qui est généralement allergique à des vêtements spirituels aussi étroits. On a toujours besoin d'espace pour apprendre et grandir. Dale Chorley ajoute:

> Je ne m'aligne pas sur une quelconque religion organisée. Je choisis de baser ma foi sur une simple loi universelle suivie, ai-je appris, par les Atlantes et les Égyptiens pendant un certain temps, et qu'ils nommaient la loi de l'unicité. Nous faisons tous partie d'une chose, une seule entité, et éternelle. Nous avons reçu le libre arbitre et devons respecter le libre arbitre de tous les autres; c'est l'unique code ou principe fondamental qui régit nos actes. Chacun de nous existe en tant qu'égal et co-créateur au sein de la Création tout entière, qui, je crois, comporte de très, très nombreuses civilisations dans l'immensité de l'univers[200].

Cette "Loi de l'unicité" est une allusion à un travail reçu en channeling: "La Loi Une", qui a été transmise à notre groupe par l'entité de la Confédération connue sous le nom de Ra. Q'uo, une autre entité de la Confédération qui comprend ceux de Ra, et avec laquelle je travaille à présent presqu'exclusivement, dit des messages qu'ils ont transmis en channeling:

> Nous ne venons pas pour que les gens quittent les voies de recherche qui sont satisfaisantes pour l'entité. Nous ne voulons placer d'obstacles devant personne. Toutefois, dans de nombreux cas parmi vos peuples, ceux qui cherchent avec le plus de ferveur sont eux-mêmes exclus des systèmes culturels et religieux traditionnels. À ces entités-là nous présentons un moyen général et non dogmatique de regarder la Création, le Créateur, et la place de chaque chercheur au sein de cette Création. En faisant cela, nous espérons rendre service, permettant ainsi à ceux qui en ont besoin de trouver un foyer, spirituellement parlant. Nous n'aspirons à aucune Église, et nous n'aspirons à aucun pouvoir dans votre monde; nous nous rendons simplement disponibles au travers de

---

[199] Q'uo, transcription du 31 mars 1991, pp. 5-6
[200] Dale Chorley, lettre du 2 février 1999

canaux tel que celui-ci pour présenter cette alternative à ceux qui peuvent la trouver utile[201].

Ces entités partagent des idées, et ne font en aucun cas du prosélytisme. Si vous voulez partager la Loi Une avec d'autres, je vous demande de garder cela en mémoire. Partagez mais n'insistez jamais.

Le mythe

En tant qu'ancienne bibliothécaire, j'ai remarqué il y a bien longtemps que les 'religions', dans le système de classification décimale Dewey, sont classées à part des 'mythes', qui eux sont relégués à une dizaine dans la section 'études sociales' et n'ont donc pas leurs propres centaines comme c'est le cas des religions. Cependant, pour moi ils sont une seule et même chose, les mythes étant des religions en lesquelles les cultures et populations actuelles ne croient plus. Dans les langues qui ont été concoctées pour englober les besoins temporels, les bons termes métaphysiques clairs font cruellement défaut. Ce que nous avons ce sont les histoires de mythes, de traditions et de religions, de nombreux récits évocateurs et mystérieux qui, au fil de l'Histoire, ont aidé les gens à réfléchir au métaphysique et au divin. Naturellement, les missionnés ont généralement de l'intérêt ou même une passion pour les mythes. Ceux de Q'uo disent:

> Posons quelques bases: Tout d'abord les mots 'mythologie' et 'religion' devraient être bien plus interchangeables qu'ils ne le sont. La difficulté c'est que dans les mythes il n'y a pas de jugement entre un mythe et un autre, tandis que dans les religions ceux d'une religion regardent avec hostilité ceux des autres religions qui les contredisent d'une quelconque manière. Nous préférons donc considérer tous les chemins de spiritualité comme des mythes personnels. Réalisez que l'essence d'un mythe est de faire avancer dans la ligne de sa propre foi et de son propre désir l'entité qui cherche pour connaître la vérité par delà une sorte de pont d'arc-en-ciel, une magique travée d'alliance qui relie le temps et l'éternité, le connu et le mystérieux[202].

L'édification d'un mythe personnel pour nous-même est donc un processus qui nous permet de voir notre vie à la lumière de l'éternité et nos incarnations comme de brefs mais importants efforts de foi, de don et

---

[201] Q'uo, transcription du 27 mars, 1994, p. 2
[202] Q'uo, transcription du 30 avril 1989, p. 2

de service, notre propre *beau geste*[203]. C'est une bonne façon de penser à notre vie et à notre voyage de recherche: la double essence du mythe et de l'aventure, plus le sacrifice personnel. Au centre de ce qui est probablement le mythe principal du monde occidental sans prépondérance chrétienne, l'objectif du voyage d'aventure est le Saint-Graal.

> Jetons un regard sur le mythe convaincant du Saint-Graal. Il a probablement saisi l'imagination des mystiques d'une manière plus directe que n'importe quel autre système de spiritualité. Le héros doit avancer seul. Il doit réussir des épreuves impossibles. Il doit rapporter quelque chose d'inaccessible, semble-t-il, et il doit le faire pour l'amour du Créateur infini. C'est bien sûr dans le voyage en lui-même que se produit la transformation du héros. Lorsque ce héros revient, il devient alors l'instructeur, capable de parler en paraboles, récits, et anecdotes qui peuvent avoir du sens pour ceux qui l'entourent[204].

En l'absence d'une pratique religieuse acceptable dans le cadre d'une religion conventionnelle, le pèlerin errant fait alors ce voyage de recherche de graals de vérité, de beauté et de divinité, sans qu'il y ait de vecteur clairement perceptible:

> Lorsqu'une culture ne s'identifie pas de façon déterminante à un système mythique, le chercheur est alors forcé d'explorer les possibilités pour lui-même. Nous observons qu'en ce moment votre culture est en état de changement constant. L'intérêt de pure forme pour les systèmes mythiques du christianisme et du judaïsme reste actuel et répandu, alors que l'engagement émotionnel de la culture dans son ensemble dans ce système mythique est à un niveau bas. Dans cette atmosphère, chaque chercheur va trouver des moyens de se créer un chemin unique à partir de la synthèse de divers systèmes ou à l'intérieur de lui-même. Et au sein de votre culture, c'est de plus en plus le moyen choisi par ceux qui avancent[205].

Ici, ceux de Q'uo donnent quelques suggestions. L'une d'elles est de choisir une histoire et de s'y tenir:

> Persévérez dans l'expérience de l'étude d'un système, qu'il s'agissse d'un mythe, d'une science, d'une philosophie, d'une éthique, ou de

---

[203] En français dans le texte (NdT)
[204] Q'uo, transcription du 30 avril 1989, p. 9
[205] Q'uo, transcription du 23 mars 1997, p. 7

n'importe quel système vers lequel le chercheur se sent personnellement et individuellement attiré[206].

Une autre est d'en parcourir beaucoup, en en cherchant un qui mette le feu à notre cœur et à notre âme. Une autre tactique est d'entrer dans nos propres mythes personnels, d'en saisir les principes qui s'y trouvent, et de créer alors nos propres mythes ou voies de pratique.

> Chaque race, chaque culture, chaque religion propose aux entités qui y sont groupées une identification qui font d'elles qui elles sont et ce qu'elles sont. Il y a cependant dans chaque culture, chaque religion, chaque philosophie, des individus clairvoyants qui sont semblables au héros de n'importe quelle aventure, de n'importe quelle histoire, et qui peuvent ouvrir aux gens de nouvelles possibilités grâce à leur vision large[207].

Une chose doit absolument être incluse dans un mythe personnel:

> Observons la manière dont nous nous encourageons à nous détacher d'habitudes anciennes, indubitablement inutiles, et certainement négatives. La plus grande partie de ce que nous avons à vous offrir est un outil appelé le 'pardon'. Nous n'avons pas de préférence en ce qui concerne la méthode de rédemption adoptée. Tous les mythes ont en eux de la rédemption et du pardon, quelle que soit l'ampleur des erreurs. Vous pouvez choisir votre chemin de foi, ou bien vous pouvez créer votre propre mythe personnel, mais veillez alors à ce qu'il repose sur des fondements de rédemption et de pardon de soi solides comme le roc[208].

Voyons ce qu'ont à dire certains pèlerins errants de la recherche de leur mythe personnel:

> Quelqu'un m'a demandé quelles étaient mes convictions religieuses et quand je l'ai dit on m'a dit que c'était un mélange de toutes les religions existant sur cette planète. Je suppose que c'est vrai. Je sais seulement que je crois en le Créateur (rien ne m'en détournera), et que n'en déplaise à certains, je peux comprendre l'infini[209].

1

---

[206] Q'uo, transcription du 17 novembre 1991, p. 4
[207] Q'uo, transcription du 22 décembre 1995, p. 8
[208] Q'uo, transcription du 15 juillet 1990, p. 9
[209] 279, lettre du 5 janvier 1997

CHAPITRE IV: L'EFFERVESCENCE *NEW AGE*

> En cherchant la vérité et en essayant de me rattacher, je me suis trouvé en train de progresser au travers des religions[210].

1

> J'ai commencé à me plonger obsessivement dans la lecture d'ouvrages traitant de religions, d'expériences psychiques, de philosophies, et de tout ce qui me tombait sous la main concernant la nature de la réalité. J'ai réalisé qu'au cœur de toute religion il paraissait y avoir une sorte de vérité universelle qui avait été exprimée différemment par d'autres cultures. Au cœur de toutes il y avait quelque chose qui était appelé Dieu[211].

Ceux de Latwii nous parlent des règles de la route au-delà de toute étude de mythe: le style et l'attitude à adopter pour voyager et chercher le plus habilement:

> D'après ce que vous pensez, il est bon de laisser s'évaporer de votre mémoire les divers mythes et légendes relatifs au parcours du chercheur, et de cesser d'attendre et d'anticiper ceux de votre voyage du lendemain, de votre expérience de l'heure suivante, car vous êtes des créatures du moment et le voyage est intérieur. Alors, mes amis, nous vous suggérons de jeter au vent vos préoccupations au sujet de votre propre sincérité, et que vous chantiez les chants de joie qui sont dans votre cœur en cet instant, ou que vous tourniez votre visage vers le vent pour vous lamenter et pleurer si c'est là votre partage. Acceptez la joie et le souci comme s'ils étaient une seule et même chose. Acceptez l'endroit rocailleux et l'oasis comme des présents de même valeur, car ils sont votre chez-vous. Vous apprendrez le réconfort en souffrant, et vous trouverez des accents de tristesse dans les moments les plus joyeux, car ce qui est à l'intérieur de vous est complet et entier. Vous ne faites pas l'expérience d'événements isolés ou d'une série d'histoires fragmentaires, mais vous êtes des témoins d'un moment présent au sujet duquel cette illusion vous suggérera souvent qu'il est plus qu'une seule chose, plus long qu'un instant, fragmenté et interrompu. Mais si la route continue toujours, comment peut-elle être fragmentée[212]?

---

[210] Moria, lettre du 6 février 1997
[211] Pharaoh, lettre du 13 janvier 1998
[212] Latwii, transcription du 20 avril 1986, p. 4

Quelle que soit notre manière de chercher nos mythes personnels, il est important de le faire quotidiennement:

> Nous suggérons très fortement qu'il est bon qu'il y ait un autel ou un endroit sacré, si petit soit-il, à l'intérieur de l'habitation ou proche de l'habitation, qui puisse être au sec à l'abri des intempéries et accessible quelle que soit la température, de telle sorte que l'on puisse s'y rendre et y méditer chaque jour, pour trouver l'espace intérieur qui a faim de nourriture céleste[213].

La culpabilité *New age*

Avant que nous fassions glisser notre regard du 'soi' du *New age* vers le *New age* en soi, je voudrais dire quelques mots d'une très mauvaise habitude des guérisseurs *new age* et des adeptes du *new age* en général dans une certaine mesure: leur tendance à juger eux-mêmes et autrui comme s'ils étaient soumis à des sortes de maladies ou limitations. Comme je suis atteinte de certaines malformations congénitales et que j'ai une longue histoire de problèmes de santé, cela m'est très familier. De complets étrangers m'ont écrit ou téléphoné à de nombreuses reprises en me faisant la leçon au sujet de ce que je devrais changer dans ma façon de penser et dans ma pratique afin de me sentir bien. En 1992 j'ai suivi un traitement de réadaptation pour pouvoir me passer de la chaise roulante et du lit d'hôpital (dans lesquels j'avais passé le plus clair de mon existence de 1989 à 1991) et retrouver une position plus verticale. Le traitement de réadaptation comprenait un cours de trois semaines sur la gestion de la douleur. Apprendre l'extraordinaire savoir-faire permettant d'évaluer ses propres douleurs et souffrances chroniques est quelque chose que je recommande à tous ceux qui ont de grosses difficultés à fonctionner normalement, que ce soit à cause d'une maladie ou simplement à cause de l'âge. J'ai également senti alors et encore maintenant que les prières à Jésus le Christ et les prières de nombreux autres humains contribuaient à ma guérison. Aujourd'hui, je sais très bien que ma situation reste fragile, car les plus petites causes m'occasionnent des blessures. Toutefois, même si je finis par devoir rester une nouvelle fois longuement alitée je refuserai toujours de m'en sentir coupable! En bonne ou en mauvaise santé, nous sommes ce que nous sommes, et nous faisons de notre mieux. C'est toujours suffisant du point de vue métaphysique. Alors je dis à tous: faisons de notre mieux, considérons que c'est suffisant, et ne nous laissons plus envahir par un sentiment de culpabilité *new age*! Dans le contexte du

---

[213] Q'uo, transcription du 30 avril 1989, pp. 4-5

travail sur les mythes personnels rejetez-en les aspects qui font de l'autodiscipline un auto-jugement et un jugement d'autrui. Le n°254, une femme qui se rappelle qu'elle est originaire d'une planète nommée 'Marka', dit ceci:

> Récemment (il y a six mois) j'ai consulté une médium pour la première fois. Je ne la consultais pas pour quelque chose de précis. En fait elle m'a grondée. Je me suis sentie comme un enfant fautif[214].

Voilà, c'est exactement cette impression-là. Et bon nombre d'entre nous n'ont même pas besoin de voix extérieures pour endosser la culpabilité *new age*: le 'soi' s'en charge facilement. Ceux de Q'uo disent:

> Ne vous laissez pas abattre par vos propres sentiments de culpabilité. Voyez-les plutôt comme des occasions de faire du travail en conscience, de pardonner au 'soi' d'être humain, d'analyser la situation afin de voir si la culpabilité est productive ou non, de travailler à lâcher cette culpabilité si elle n'a pas été productive, de travailler à utiliser cette culpabilité de la façon la plus élevée et la meilleure si l'on constate que quelque chose reste à faire. Au-delà de toutes ces considérations, au-delà de toutes les manifestations et illusions, autant que nous le sachions la réalité est une parfaite application de la perfection: l'amour reflété dans l'amour, passant par chaque instrument qui est l'âme d'une personne, et se répandant dans le monde. Lorsque vous recevez vos catalyseurs, accueillez-les avec reconnaissance, et ouvrez-vous à eux pour les recevoir avec tout l'amour dont vous êtes capables de manière stable. Ne dépassez pas vos limites, ne vous faites pas de mal. N'exigez pas de vous quelque chose à quoi vous n'êtes pas préparé, mais soyez sensibles aux opportunités que font naître ces sentiments dits négatifs[215].

Les leitmotivs de fin du monde

Catastrophes, Armageddon, conspirations OVNI et scénarios d'apocalypse ont jonché la littérature et la pensée *new age*, et à ma connaissance, cela a duré des décennies. Lorsque j'ai commencé les méditations sur les OVNI avec le groupe de Don Elkins en 1962, plusieurs prédictions de catastrophes apocalyptiques circulaient, et elles

---

[214] 254, lettre du 26 février 1997
[215] Q'uo, transcription du 3 janvier 1999, p. 5

devaient se réaliser dans un délai de deux ou trois ans. Cela a encore été le cas plus tard. Voici ce qu'en disent ceux de Q'uo:

> Lorsqu'on passe le seuil de l'inconscient et qu'on s'enfonce dans la mémoire, l'on passe par un niveau auquel les changements terrestres, comme ils sont souvent appelés, évoquent la crainte que la race humaine ne continue pas. Lorsqu'il y a fascination pour le jour du Jugement, l'Armageddon, ou au contraire le nouvel âge, le retour du Messie, et ainsi de suite, nous voudrions suggérer que, dans le contexte des archétypes c'est en fait le 'soi', la mort, la mort du soi personnel que l'on regarde, car chacun sait qu'il est physiquement une créature de poussière, qu'il est fait de terre, et que les os et tendons qui font bouger ce véhicule redeviendront un jour poussière[216].

La peur de la mortalité est normale. Il est certain que la mort est à la fois inévitable et toujours indésirable. Mon sentiment est que cette peur fondamentale est la racine de la plupart des craintes de catastrophes dans le monde extérieur. En voici quelques expressions:

> J'ai vraiment du mal avec cela. Je pense que, tout comme moi, vous savez que les choses vont empirer. Mes sens deviennent de plus en plus aiguisés, et j'ai beau m'efforcer de garder les pieds sur terre et de me protéger, de la crainte s'infiltre toujours[217].

1

> Mon conseil aux autres missionnés c'est: pas de conseil. Je leur souhaite beaucoup de bien, mais je sens que c'est trop tard. Comme je serais heureux d'avoir tort[218].

Ces prédictions de catastrophes ont de solides antécédents historiques: Nostradamus, par exemple. En 1986, un cercle de méditation a questionné ceux de Q'uo à propos de Nostradamus, et ils ont répondu:

> L'entité dont vous parlez était une entité à qui des informations avaient été transmises sous la forme de visions que cette entité a ensuite tenté de transmettre ou de capter en mots qui pourraient alors être conservés pour être utilisés par les générations futures, comme vous les appelez. Ces informations qui ont été transmises et perçues comme une série de visions étaient une manière de voir une potentialité dans la conscience de cette influence planétaire

---

[216] Q'uo, transcription du 29 décembre 1997, p. 2
[217] Elle, lettre du 3 juin 1998
[218] Frank Kliiger, lettre du 9 mars 1998

CHAPITRE IV: L'EFFERVESCENCE *NEW AGE*

particulière. Ce n'est en aucun cas la seule potentialité. Ce n'était pas alors et ce n'est toujours pas la seule possibilité d'occurrence; et en fait, elle constamment formée et reformée par les choix des populations sur votre planète, ceci dans le sens métaphysique[219].

Cela a du sens pour moi. Ce que je comprends à propos des catastrophes (et elles sont nombreuses à se produire tout le temps dans le monde), c'est que les nombreuses catastrophes auxquelles il est possible de survivre sont une bonne nouvelle. Les scientifiques savent depuis longtemps que la croûte terrestre est fortement coincée le long de certaines lignes de chevauchement des plaques tectoniques. La planète doit se libérer de ces écrasements et doit pouvoir se détendre dessous sa croûte. Cela se produit à relativement petits pas, et la plupart d'entre nous y survivent. Je crois que c'est le résultat du fait qu'il y a en ce moment en incarnation sur notre planète, une masse critique de missionnés E.T. et natifs de la Terre qui envoient consciemment de la lumière et de l'amour vers la vibration planétaire et qui l'illuminent. Ceux de Q'uo disent:

> Nous sentons qu'il y a du potentiel pour des difficultés telles que vos inondations, vos tremblements de terre, ces façons qu'a la planète de se mettre à l'aise dans sa peau, car elle aussi est un être vivant. Ce niveau de préoccupation est approprié. Il est bon de prendre conscience que le sol en dessous de vous est vivant et que cette vie est compromise par les actes des humains. Nous avons également conscience, toutefois, que chaque difficulté a une solution et, à mesure que tournent les roues de la destinée, arriveront équilibre et renouveau[220].

Comment expliquer la croyance très répandue des pèlerins errants dans des catastrophes, cataclysmes et ascensions? Peut-être que la théorie des futurs alternatifs à laquelle ceux de Q'uo ont fait allusion en parlant des prédictions de Nostradamus peut le faire. Étant donné que j'ai vu défiler au fil des ans de très nombreuses dates d'assomptions et d'ascensions annoncées, je ne considère plus ces prédictions comme probables. Ce n'est pas que de telles catastrophes sont impossibles. Les dinosaures devenus du pétrole, les preuves du déluge de Noé et d'autres signes encore nous prouvent que des désastres se produisent à l'échelle planétaire. Il y en aura peut-être encore demain. Et s'il y avait des assomptions et des ascensions, ne serait-ce pas là une grande aventure? Je ne crois pas que tous ces gens se fourvoient. Ils se trompent peut-être en partie puisque les événements ne se produisent pas sur le plan physique

---

[219] Q'uo, transcription du 5 octobre 1986, p. 11
[220] Q'uo, transcription du 29 décembre 1997, p. 1-2

mais d'une manière qui ne fait que démontrer leur courage et leur volonté de servir. J'aime bien ce qu'avait à en dire Aluna Joy:

> Rappelez-vous que ce n'est pas tant ce que nous faisons qui importe, mais pourquoi nous le faisons. Parcourir le chemin de l'amour c'est ajouter notre énergie à la lumière. Combattre les ténèbres c'est gaspiller de l'énergie[221].

Il est à souligner qu'en écrivant un manuel d'instruction à l'intention des âmes E.T. et des étrangers sur Terre, je n'ai pratiquement rien dit des OVNI physiques et de leur présence dans nos cieux et parmi nous. Il y a un quart de siècle, Don Elkins et moi-même avons proposé de jeter un regard sur les OVNI dans notre livre *Secrets Of The UFO*[222], et nous avons conclu qu'il y avait ici des OVNI physiques, mais que les messages métaphysiques transmis par des sources E.T. étaient le plus important. Mon opinion n'a pas changé. Honnêtement, je ne pense pas que les gris, les insectoïdes, et le reste ont nécessairement beaucoup à voir avec les messages ou leur transmission aux humains par l'intermédiaire de canaux tels que moi-même par exemple. Beaucoup de chercheurs et d'expérienceurs ne sont pas d'accord avec moi, je respecte leurs points de vue et je suis leurs recherches. Voici ce que ceux de Q'uo ont à en dire:

> Puisque tant des entités négatives que des entités positives s'efforcent d'arriver consciemment à la moissonnabilité pour la quatrième densité négative ou la quatrième densité positive, nombreux sont les récits de contacts et arrangements entre gouvernements ou individus au sein de gouvernements et entités qui ne sont pas de votre monde. Comme il n'est pas possible pour nous de parler de ces choses sans interférer avec le libre arbitre de ceux qui entendent ces mots ou les lisent, nous dirons simplement que si ces choses étaient possibles elles feraient partie d'une illusion qui fait partie d'un jeu. Vous pouvez en faire une comédie ou une tragédie. Ce n'est pas le choix de n'importe qui mais le vôtre. Il y a eu en effet de nombreux atterrissages et enlèvements, et ce qui semble être des enlèvements est en réalité un travail sur l'ordinateur qui est en vous et que vous nommez votre cerveau: des programmes y sont installés et pour celui qui en fait l'expérience, au réveil ils ressemblent autant à la vérité que n'importe quel autre souvenir. L'intention de base ici est de créer de la peur. Il y a encore d'autres intentions, dont nous ne pouvons pas parler à cause de cette même loi concernant le libre arbitre, mais nous pouvons

---

[221] Aluna Joy Yaxk, lettre du 1er novembre 1998
[222] Les secrets des OVNI (NdT)

CHAPITRE IV: L'EFFERVESCENCE *NEW AGE*

dire qu'elles n'affectent pas ceux qui choisissent de vivre une vie de foi. Oui, ces choses se produisent, et oui, de très nombreux contacts positifs ont lieu également avec certains de ceux qui cherchent dans l'amour et la lumière[223].

Comme Dana R. me l'a fait remarquer récemment, tous ceux qui font l'expérience de contacts avec des OVNI physiques ne sont pas effrayés. Elle, qui a reçu des visites de nombreuses entités et symboles, ne l'est pas. Et il y a, à ces contacts, des aspects clairement métaphysiques tout autant que physiques. La question de la distinction entre une présence OVNI physique et une présence OVNI métaphysique n'a pas encore reçu de réponse très nette. La détermination de la polarité d'un OVNI (ou d'une entité dans l'OVNI) doit se faire contact par contact. Si certains contacts positifs ou Service d'autrui et négatifs ou Service de soi ont lieu, comment pouvons-nous dire de quelle sorte est notre expérience? Voici un dialogue entre Don Elkins et ceux de Ra:

> **INTERVIEWEUR**: Alors, en général nous pourrions dire que si un individu a une "rencontre rapprochée" avec un OVNI ou une quelconque expérience de type "OVNI", il doit voir le cœur de la rencontre et l'effet qu'elle a sur lui-même pour déterminer si le contact vient d'Orion ou de la Confédération. Est-ce correct?
>
> **RA**: Je suis Ra. Cela est correct. S'il y a de la frayeur et du négatif, le contact a très vraisemblablement été de nature négative. Si le résultat est de l'espoir, des sentiments amicaux, et l'éveil d'un sentiment positif résolument Service d'autrui, les marques d'un contact de la Confédération sont évidentes[224].

Une autre fois, Don a questionné ceux de Ra après une conférence qu'il avait donnée dans un collège local, et où le public avait été très peu nombreux: peut-être six ou sept personnes. Il avait donné une excellente présentation, mais était découragé de n'avoir pu partager qu'avec si peu de personnes. Le groupe de Ra a souligné:

> Le public rassemblé par la publicité de type Orion n'est pas mis en place dans une grande mesure par prédominance de vibration. Les publics qui reçoivent des enseignements/apprentissages sans le stimulus de la publicité seront davantage orientés vers l'illumination. C'est pourquoi, oubliez le compte[225].

---

[223] Q'uo, transcription du 1er juillet 1990, pp. 10-11
[224] *La Loi Une*, Livre III, séance 53, §17
[225] Elkins, Donald T., Carla L. Rueckert et Jim McCarty, *La Loi Une,* Livre II, séance 48 §5

Autrement dit, il avait parlé devant quelques réellement bonnes personnes qui avaient été naturellement et organiquement attirées vers cette conférence qui avait fait l'objet de peu de publicité, par opposition aux foules de gens qui suivent les derniers vols ou vagues d'observations d'OVNI quelques minutes avant de s'intéresser à quelque chose d'autre qui se présente à leurs yeux. Ironiquement, après la mort de Don nous avons tenté de rassembler ses conférences enregistrées, et nous avons été tristes de constater que, ne pensant pas qu'il nous quitterait si promptement, nous n'avions pas enregistré grand-chose de lui. La conférence enregistrée que nous proposons maintenant contient de larges extraits de cette conférence, et des milliers de personnes ont maintenant pu écouter cet exposé que nous diffusons[226].

La moisson sur la planète Terre

"Moissons", voilà un mot typique de nombreuses personnalités *new age* de tous bords. Selon moi, il y a deux moissons en cours de nos jours dans le monde terrestre: une moisson parmi ses populations et une moisson qui concerne la planète elle-même. Cette impression de vivre une période d'apogée ou d'achèvement est très répandue parmi les pèlerins errants. Des entités de la Confédération ont parlé de cycles chronologiques au cours desquels la population planétaire a l'occasion d'apprendre les leçons d'amour qui composent le programme de la dure école de la vie sur Terre. Selon ces entités, nous sommes à la fin d'un cycle mineur d'environ 25 000 ans, et simultanément, à la fin d'un cycle majeur de 75 000 ans. À la fin de chacun des cycles mineurs au sein d'un cycle majeur, une moisson d'âmes est rendue possible. Mais lors des deux cycles mineurs précédents il n'y a quasiment pas eu de moisson: seules quelques âmes ont réussi à passer en quatrième densité. En conséquence, toutes les personnes incarnées en ce moment vivent en un temps où se produira obligatoirement une moisson majeure. Certaines réussiront et passeront à de nouvelles leçons, d'autres auront à "redoubler cette classe" (ou densité) car elles n'auront pas encore assimilé les leçons qu'elles avaient à apprendre. Deux pèlerins font part de leurs impressions à l'approche de cette moisson:

> Je sais que les temps auxquels je me suis préparée sont proches. Je sais que tous deux nous subissons une transformation profonde et graduelle, guidée par et en provenance des plus hauts niveaux de

---

[226] *The Spiritual Significance Of UFOs*,(La signification spirituelle des OVNI) p1986, 75 minutes, edited and published by L/L Research, Louisville, KY

CHAPITRE IV: L'EFFERVESCENCE *NEW AGE*

réalité. Il est évident pour moi que la seule chose qui reste à faire c'est perfectionner mon aptitude à m'abandonner à l'Esprit et de faire de tout mon cœur tout ce qu'il m'est demandé de faire[227].

1

Je trouve très passionnant de me trouver ici à ce moment de l'histoire de la Terre. Je ne sais pas du tout ce qu'apporte chaque jour, mais j'ai l'impression d'être ici pour une certaine raison, un besoin d'aider et de guider, et il me semble que tout ce que j'ai fait et vécu m'a conduite à cet endroit-ci, maintenant, prête pour je ne sais pas trop quoi[228].

Il est rafraîchissant de lire que le "très passionnant" n°109: une femme charmante qui se décrit comme une enfant des étoiles, fascinée par autrui, ne sait pas trop à quoi s'attendre! Tant de gens ont des idées très arrêtées, et mon impression est que les calendriers se trompent probablement tous! Il est difficile de réaliser, vu de la Terre, combien le temps est bref lorsqu'il est vu depuis l'univers métaphysique. En fait il est dit que: «Car mille ans sont à tes yeux comme le jour d'hier» [229]. Je suis tout à fait certaine que des processus métaphysiques sont en cours, mais qu'ils sont bien plus subtils et bien plus longs que ne le pensent généralement ceux qui sont pressés de faire advenir ce nouvel âge. Ma version des événements de cette présente moisson commence avec le concept de la prédominance des vibrations. Je pense que chaque personne présente sur Terre aujourd'hui est parvenue à s'incarner en cette période parce que chacune d'elle a la capacité de réussir son passage en quatrième densité. Ceux de Q'uo disent:

> Il y a eu une reprise radicale, dirons-nous, de l'éveil des âmes. C'est pour cette raison que certains membres de ce groupe ont choisi une incarnation sur cette sphère-ci en ces temps-ci. C'est en fait une saison de moisson pour les entités qui dansent en ce moment la danse de la troisième densité. C'est un temps où chacun de ceux à qui il a été permis de s'incarner a la possibilité de passer dans la densité suivante à la fin de cette incarnation. La file d'attente pour

---

[227] Lyara, www.operationterra.com, lettre du 28 mai 1999
[228] 109, lettre du 13 mai 1997
[229] Isaac Watts, *"O God, Our Help In Ages Past"* paraphrase du psaume 90, quatrième verset: Car mille ans sont, à tes yeux, Comme le jour d'hier, […] (http://www.info-bible.org/lsg/19.Psaumes.html#90) (NdT)

entrer dans l'atmosphère de la troisième densité terrestre physique est longue car le besoin est très grand ici actuellement[230].

Comment juger de la prédominance de vibration? Don a posé la question à ceux de Ra:

> **INTERVIEWEUR:** Est-ce que le rayon rouge, un rayon rouge intense, peut alors être utilisé comme un indice de priorité, le système de priorité d'incarnation, tout comme un intense rayon violet?
>
> **RA:** Je suis Ra. Ceci est en partie exact. Dans le passage ou la moisson vers la quatrième densité positive, le rayon rouge est vu seulement comme celui qui, lorsqu'il est activé, est la base de tout ce qui survient aux niveaux vibratoires, la somme de ceci étant l'énergie de rayon violet.
>
> Ce rayon violet est la seule considération pour la quatrième densité positive. Quand on évalue la quatrième densité négative moissonnable, l'intensité des rayons rouge, ainsi que orange et jaune, est regardée très soigneusement, étant donné qu'une grande endurance et une grande quantité d'énergie de ce type sont nécessaires à la progression négative, étant donné qu'il est extrêmement difficile d'ouvrir le passage vers l'infini intelligent à partir du centre du plexus solaire. Ceci est nécessaire pour la moisson en quatrième densité négative[231].

Cette intervention contient un enchevêtrement d'informations sur les systèmes énergétiques et la polarité. Nous aborderons le concept des chakras et des centres énergétiques au chapitre suivant, et le concept de la polarité métaphysique au chapitre six. Il y a aussi des informations sur ces thèmes dans le glossaire. Le concept d'une moisson mixte est essentiel car c'est en effet ce qui se passe en ce moment, avec quelques rares âmes maintenant capables de passer le cap de cette densité dans le sens positif ou Service d'autrui, et quelques âmes moins nombreuses encore passant ce cap dans le sens négatif. Il reste encore du temps pour que les gens insuffisamment polarisés puissent atteindre une polarisation leur permettant de passer de densité: actuellement, la Terre est peuplée d'entités qui ont acquis le droit à une vie en ce moment parce que c'est à leur portée:

> Beaucoup de ceux qui sont en recherche en ce moment sont des gens qui, du fait d'une prédominance vibratoire, ont eu la

---

[230] Q'uo, transcription du 29 décembre 1997, p. 2

[231] *La Loi Une*, Livre II, séance 34 §16

possibilité de s'incarner en une période où tant la polarité positive que la polarité négative s'efforcent d'augmenter l'intensité de leurs distorsions vers le Service d'autrui en ce qui concerne les entités positives, et vers le Service de soi en ce qui concerne les entités se polarisant négativement[232].

Comme nous le disons, nous Terriens: «Katie, verrouille la porte!». Il est certain que nous avons des catalyseurs intéressants ces jours-ci. Et tout cela pour nous préparer à une chose appelée moisson. Il me semble qu'il est plus clair de parler de "passage de niveau". Nous sommes en troisième densité, disons de troisième "niveau". Il se peut que nous ayons atterri ici après avoir été en fin de troisième, en quatrième, cinquième ou sixième niveau, mais lorsque nous nous incarnons ici nous redevenons des élèves de troisième niveau, et nous devrons nous joindre à tous les natifs de la Terre qui doivent passer par ce niveau de troisième densité pour pouvoir le quitter à la fin de la présente incarnation. Encore une fois, soyez patients car nous parlerons en détail des densités au chapitre suivant. Maintenant quels sont les critères pour ce passage de niveau des âmes moissonnées sur la planète Terre? Les premiers critères sont simples: nous avons à penser au Service d'autrui pendant plus de la moitié de notre temps:

> Il est nécessaire que l'étudiant ait le désir persistant d'être au service des autres au-delà du cinquante et unième percentile pour que cet étudiant puisse être capable de résister aux émanations plus intenses de lumière qui sont les limites ou données normales, dirons-nous, de l'expérience de quatrième densité[233].

Cette règle des 51 %, comme nous pouvons l'appeler, s'applique à ceux qui sont sur la voie du Service d'autrui ou voie positive. À ceux qui ont un penchant moins strictement littéral et scientifique, nous pourrions dire que la règle est de penser aux autres plus qu'à nous-mêmes. Pour ceux qui sont sur la voie du Service de soi ou voie négative, les critères sont différents:

> **RA:** Je suis Ra. L'entité qui souhaite suivre la voie du Service de soi doit atteindre un degré de cinq, c'est-à-dire cinq pourcent de Service d'autrui, quatre-vingt-quinze pourcent Service de soi. Cela doit approcher la totalité. Dans la voie négative il est très difficile d'atteindre la moissonnabilité et cela requiert un engagement profond.

---

[232] Q'uo, transcription du 18 septembre 1994, p. 1
[233] Latwii, transcription du 25 mars 1989, p. 22

> **INTERVIEWEUR:** Pourquoi la voie négative atteint-elle tellement plus difficilement la moissonnabilité que la voie positive?
>
> **RA:** Je suis Ra. Cela est dû à une distorsion de la Loi Une qui indique que le passage vers l'infini intelligent doit être un passage à la fin d'un chemin direct et étroit comme vous pourriez l'appeler. Arriver à un engagement de cinquante et un pourcent pour le bien-être d'autrui est aussi difficile que d'atteindre un taux de cinq pourcent d'engagement envers le soi. Le, dirons-nous, puits d'indifférence se trouve entre les deux[234].

Les gens polarisés positivement doivent donc atteindre 51 % de Service d'autrui, tandis que les gens polarisés négativement doivent atteindre un niveau de 95 % de Service de soi. Nous pouvons voir ici l'action de la polarité, où la volonté personnelle est très importante pour garder le 'soi' focalisé sur ses objectifs dans la vie courante. C'est dans cette focalisation que tellement de gens restent distraits ou endormis à cette époque cruciale. Même les plus motivés d'entre nous se laissent parfois sombrer dans ce que Ra nomme "le puits d'indifférence", où nous posons un acte bon, puis un égoïste, puis à nouveau un bon, et ainsi de suite, et nous ne quittons jamais le point mort pour faire bouger notre intention et nous focaliser sur l'un ou l'autre pôle d'amour et de Service d'autrui, ou de soi. Pour nous polariser nous devons choisir encore et toujours pour servir les autres plutôt que le 'soi' sur la voie du Service d'autrui ou de la radiance, ou bien pour manipuler et contrôler autrui au bénéfice du 'soi', sur la voie du Service de soi ou du magnétisme. Ensuite, le critère habituel est que le passage de niveau ou la moisson ait lieu après la mort du corps physique:

> La fin des temps n'est pas proche: la fin des temps a déjà bien commencé et elle se poursuivra pendant de nombreuses de vos années à venir. Il nous est impossible de vous dire, même si nous le pouvions, quand la transition sera achevée. Nous pouvons vous dire qu'elle sera non-dramatique, que ceux qui seront moissonnés le seront au moment où leur durée naturelle de vie de leçons incarnationnelles tirera à sa fin[235].

Bien que le cas soit extrêmement rare, à l'occasion se manifeste une âme spéciale qui monte de densité pendant son incarnation, mais la chance de quitter le plan terrestre pour avancer seule n'est quasiment jamais saisie:

> **INTERVIEWEUR:** [...] Vous avez dit précédemment que la pénétration du huitième niveau ou niveau infini intelligent permet à

---

[234] *La Loi Une*, Livre I, séance 17 §33
[235] Q'uo, transcription du 11 mars 1990, pp. 4-5

un complexe mental/corps/esprit d'être moissonné, s'il le souhaite, à n'importe quel temps/espace du cycle. Quand cette pénétration du huitième niveau se produit, quelle est l'expérience que fait l'entité qui y pénètre? Pouvez vous me dire cela?

RA: Je suis Ra. L'expérience de chaque entité est unique dans sa perception de l'infini intelligent. Les perceptions vont d'une joie sans limites à un très fort dévouement au Service d'autrui pendant l'état d'incarnation. L'entité qui atteint l'infini intelligent perçoit le plus souvent cette expérience comme étant d'une profondeur indicible. Cependant, il n'est pas habituel que l'entité désire immédiatement la cessation de l'incarnation. Ou plutôt, le désir de communiquer ou d'utiliser cette expérience pour aider le prochain est extrêmement fort[236].

Le dernier et peut-être surprenant critère pour assurer la moisson ou le passage de densité est, le fait de savoir que nous ne savons rien:

INTERVIEWEUR: Je présume qu'il n'est pas nécessaire qu'un individu comprenne la Loi Une pour passer de la troisième à la quatrième densité. Ai-je raison?

RA: Je suis Ra. Il est absolument nécessaire qu'une entité réalise consciemment qu'elle ne comprend pas, pour être moissonnable. Comprendre n'est pas de cette densité[237].

Don a également demandé quelle est la fréquence de mixité d'une moisson:

INTERVIEWEUR: Quelle est la fréquence, dans l'univers, d'une moisson mixte, pour une planète comprenant à la fois des complexes mental/corps/esprit orientés positivement et négativement?

RA: Je suis Ra. Parmi les moissons planétaires qui donnent une récolte de complexes mental/corps/esprit, approximativement 10% sont négatives, approximativement 60% sont positives, et approximativement 30% sont mixtes avec presque toute la moisson étant positive. Dans le cas d'une moisson mixte, il est quasiment inconnu que la majorité de la moisson soit négative. Quand une planète se dirige fortement vers le négatif, il n'y a presque pas d'opportunités de polarisation positive moissonnable[238].

---

[236] *Le Loi Une*, Livre II, séance 34 §2
[237] *La Loi Une*, Livre I, séance 16 §39
[238] *La Loi Une*, Livre III, séance 65 §13

Chapitre IV : L'effervescence *New Age*

Nous y sommes! Près d'un tiers des moissons sont mixtes, comme l'est la nôtre en ce moment. Nous ne somme pas aussi bizarres que certains pourraient le penser!

Pour autant que j'aie pu le déterminer, la moisson a lieu après la mort physique. Comment cela fonctionne-t-il? Ceux de Ra expliquent:

> Ceux qui, terminant un cycle d'expériences, font montre de certains degrés de distorsion de cette compréhension de pensée et d'action seront séparés, de leur propre choix, vers la distorsion vibratoire la plus confortable à leurs complexes mental/corps/esprit. Ce processus est gardé ou surveillé par les êtres en formation qui, étant très proches de la Loi Une dans leurs distorsions, se dirigent néanmoins vers le service actif.
>
> Ainsi, l'illusion est créée de lumière ou —plus adéquat mais moins facile à comprendre— de lumière/amour. Ceci est en degrés variables d'intensité. Le complexe esprit de chaque entité moissonnée se déplace le long de la ligne de lumière jusqu'à ce que cette lumière soit trop éblouissante, auquel point l'entité s'arrête. Cette entité peut juste avoir atteint la troisième densité, ou bien peut être très, très près de la fin du complexe vibratoire de distorsion lumière/amour de troisième densité. Néanmoins, ceux qui tombent dans cette octave d'intensification de lumière/amour font ensuite l'expérience d'un grand cycle au cours duquel il y a des opportunités de découverte des distorsions qui sont inhérentes à chaque entité et, dès lors, de réduction de ces distorsions[239].

Cette "ligne de lumière" ou "lieu approprié d'amour/lumière" est quelque chose que j'ai appelé "les marches de lumière". Il m'est plus facile de visualiser le processus de cette façon. Je peux me voir avancer dans la lumière qui devient de plus en plus dense et pleine, jusqu'à ce que l'éclat m'arrête. J'espère seulement que cette lumière très intense que je suis capable de supporter lorsque je monte les marches de lumière, est celle de la densité qui me correspond!

Et maintenant, cette autre moisson, celle de la planète, de la Terre, de Gaïa, comment fonctionne-t-elle? La question posée par Don:

> **INTERVIEWEUR:** Comment une planète de troisième densité devient-elle une planète de quatrième densité?
>
> **RA:** Je suis Ra. Ceci sera la dernière question complète.

---

[239] *La Loi Une*, Livre I, séance 6 §14

CHAPITRE IV: L'EFFERVESCENCE *NEW AGE*

La quatrième densité est, comme nous l'avons dit, aussi régulière dans son approche que le marteau de l'horloge qui frappe l'heure. L'espace/temps de votre système solaire a permis à cette sphère planétaire de spiraler vers l'espace/temps d'une configuration vibrationnelle différente. Ceci a pour effet que la sphère planétaire est à même d'être moulée par ces nouvelles distorsions. Cependant, les formes pensées de vos peuples pendant cette période de transition sont telles que les complexes mental/corps/esprit, tant des individus que des sociétés, sont éparpillés dans tout le spectre au lieu d'être devenus capables de saisir l'aiguille, dirons-nous, et de pointer la boussole dans une direction.

Ainsi, l'entrée dans la vibration de l'amour, parfois appelée par vos peuples la vibration de la compréhension, n'est pas effective pour votre complexe sociétal présent. Dès lors, la moisson sera telle que beaucoup répéteront le cycle de troisième densité. Les énergies de vos Missionnés, de vos instructeurs, et de vos adeptes en ce moment, sont toutes orientées vers une augmentation de la moisson. Cependant, il y en a peu à moissonner[240].

Manifestement, notre planète éprouve des difficultés à naître au temps/espace et à l'espace/temps de quatrième densité, d'où les nombreuses catastrophes pendant que la planète tente de s'équilibrer. La Confédération a le sentiment que nous nous trouvons déjà fondamentalement dans l'espace/temps de quatrième densité, et que nous y entrons depuis un certain temps en tant que système solaire. Nous sommes incapables de percevoir cela avec nos sens de troisième densité. Lorsque ce processus sera achevé, dans un ou plusieurs siècles, que sera-t-il advenu de la Terre?

> **INTERVIEWEUR:** En quatrième densité sur cette planète, lorsque nous aurons complètement transité et que la moisson sera achevée, est-ce que des êtres de quatrième densité s'incarneront à la surface de cette planète telle que nous connaissons maintenant cette surface particulière. C'est ainsi que cela se passera?
>
> **RA:** Je suis Ra. Les vortex de probabilité/possibilité indiquent que cela est très probable[241].

Quelques âmes s'incarnent déjà dans des corps de quatrième densité:

---

[240] *La Loi Une*, Livre I, séance 13 §23
[241] *La Loi Une*, Livre II, séance 43 §25

INTERVIEWEUR: Est-ce que le but du fait de transiter par la Terre avant la commutation complète est l'expérience à obtenir du cours du processus de la moisson?

RA: Je suis Ra. C'est exact. Ces entités ne sont pas des Missionnés dans le sens où cette sphère planétaire-ci serait leur planète de domicile de quatrième densité. Cependant, l'expérience de ce service n'est obtenue que par les entités moissonnées de troisième densité qui ont fait la preuve d'une grande orientation vers le Service d'autrui. C'est un privilège de pouvoir obtenir si tôt une incarnation car il y a, en cette période de moisson, abondance de catalyseurs expérientiels du Service d'autrui [242].

Il y a donc des âmes pionnières en quatrième densité. Mais la quatrième densité va-t-elle prendre le relais de la troisième densité? Pas sur ce plan terrestre-ci. Ceux de Ra clarifient:

INTERVIEWEUR: Pour le moment nous avons en incarnation de troisième densité, sur ce plan-ci, les entités de troisième densité de la planète Terre qui sont ici depuis un certain nombre d'incarnations et qui vont passer de degré en se divisant en trois: d'une part la polarité positive demeurant sur cette planète pour l'expérience de quatrième densité sur ce plan, d'autre part la polarité négative moissonnable qui ira sur une autre planète, et enfin tous les autres, non moissonnables, de troisième densité qui iront sur une autre planète de troisième densité. En plus de ces entités, je présume que nous avons ici certaines entités déjà moissonnables en provenance d'autres planètes de troisième densité, qui sont arrivées ici et se sont incarnées en forme de troisième densité pour opérer la transition vers la quatrième densité, avec cette planète, plus les Missionnés. Est-ce exact?

RA: Je suis Ra. C'est exact, excepté que nous notons un petit point. Les entités positivement orientées moissonnées resteront sous cette influence planétaire-ci, mais non pas sur ce plan-ci[243].

Quel est notre but à nous, gens de troisième densité qui travaillons à la moisson? L'objectif premier et essentiel c'est ÊTRE. Ceux de la Confédération parlent de ce concept difficile:

Pendant l'incarnation, il est bon d'essayer d'être soi-même, d'être ce schéma, d'être ce choix, d'être loyal envers le 'soi', car le 'soi' envers lequel vous êtes loyal est le plus grand 'soi', le soi supérieur

---

[242] *La Loi Une*, Livre III, séance 63§15
[243] *La Loi Une*, Livre III, 63 §9

qui vous a préparé la voie d'une manière qui permet au libre arbitre d'interpréter de très, très nombreux détails et qui assure encore à chaque entité que la voie a bien été préparée et l'a été clairement[244].

Deux missionnés parlent du fait d'être :

> Pour moi, c'est une question d'équilibre. Oui, le potentiel de n'importe quel nombre de catastrophes ou événements désastreux est bien là. Et très probable. Et oui encore, notre temps sur cette planète diminue. De bonnes raisons pour être et non pas pour réagir[245].

1

> Suivez votre propre cœur. Si vous êtes amené à aider à la moisson, aidez à la moisson. Si vous croyez que vous serez ici après la moisson, soyez ici après la moisson. Si vous croyez que Jésus le Christ va revenir, attendez Sa venue. Si vous êtes convaincu que des extraterrestres essayent de nous contacter, écoutez le message. Soyez seulement qui vous êtes et sachez que peu importe que vous vous sentiez unique ou aliéné, vous n'êtes pas seul. Contentez-vous d'ÊTRE, et le reste s'arrangera tout seul[246].

Il nous est difficile de penser à être, à cause de notre mentalité tournée vers le 'faire', l'éthique de travail de notre culture. Mais lorsque nous sommes capables de voir la tâche clairement, le chemin s'ouvre à nos efforts. Un autre objectif de valeur pour ceux qui travaillent à la transition est l'unité avec le cœur du 'soi' et avec le Créateur :

> Puisque vous entrez dans cette saison de moisson vous savez qu'il y a du service à accomplir et vous souhaitez y arriver, et nous vous disons que la façon de servir le Créateur en ce moment c'est l'ouverture du cœur au moment présent et la pratique de la précieuse unité avec le Créateur[247].

Un des buts essentiels de ceux qui approchent de la moisson est la polarisation :

> Chacun de vous est capable, au cours de cette vie-ci, d'arriver, envers l'amour, à une attitude qui soit moissonnable. C'est-à-dire que chacun d'entre vous est capable de se préoccuper davantage d'autrui, d'aimer autrui, de réconforter autrui, de consoler autrui, de

---

[244] Q'uo, transcription du 14 avril 1996, p. 5
[245] Romi Borel, lettre du 8 mars 1999
[246] Marty Upson, lettre du 31 mars 1999
[247] Q'uo, transcription du 29 décembre 1997, p. 3

pardonner à autrui, plus que chacun d'entre vous ne se préoccupe d'être compris, d'être aimé, d'être consolé ou d'être pardonné. Cette nature sacrificielle de l'amour, dans laquelle on passe plus de temps à aider les autres qu'on n'en passe à s'aider soi-même, constitue une manière extrêmement utile de progresser de plus en plus dans la polarisation, au point que, lorsque vous entrerez dans la vie plus ample après la mort de l'animal qui vous a transporté, vous serez à même d'utiliser la quantité requise de lumière du Créateur infini[248].

Ceux de Ra suggèrent que l'équilibre est un but à atteindre pour ceux qui travaillent à leur moissonnabilité:

[…] Chaque complexe mental/corps/esprit a ses propres modèles d'activation et ses propres rythmes d'éveil. La chose importante pour la moisson c'est l'équilibre harmonieux entre les divers centres énergétiques du complexe mental/corps/esprit. Ceci est à noter comme étant d'une importance relative. Nous saisissons la portée de votre demande et allons faire une réponse très générale, en soulignant le peu d'importance de ce genre de généralisations arbitraires[249].

Le travail dans la volonté et l'intensité de désir complètent ce bref aperçu des buts de ceux qui approchent de la moisson:

À mesure que votre planète approche de ce qui est appelé la moisson, les expériences de nombreux [d'entre vous] seront intensifiées, car puisque le temps qui reste pour la moisson diminue, le travail permettant de la réaliser doit être accompli dans un temps qui raccourcit. Lorsque le temps est court l'intensité doit remplacer le temps qui n'est plus disponible. Un grand travail en conscience peut être accompli dans le court laps de temps qui reste avant la moisson des âmes sur votre planète. Le risque est naturellement que le travail sera plus difficile, mais il y a une opportunité telle d'avancer dans le processus d'évolution qu'il n'y en a jamais eu d'aussi grande auparavant sur cette planète-ci[250].

Notez que les 'missionnés' sont aussi désignés sous le nom de 'Moissonneurs'. Ici, notre être a tout à voir avec la moisson:

La raison dominante pour laquelle ces Frères et Soeurs de l'Affliction s'offrent à l'incarnation est la possibilité d'aider d'autres 'soi' par l'allègement des distorsions de la conscience

---

[248] Latwii, transcription du 25 mars 1989, p. 4
[249] *La Loi Une*, Livre II, séance 48 §7
[250] Hatonn, transcription du 11 novembre 1984, p. 21

planétaire et la probabilité d'offrir un catalyseur à d'autres 'soi', ce qui accroît la moisson.

Il y a deux autres raisons au choix de ce service, et elles ont à voir avec le 'soi'.

Le Missionné, s'il se souvient et se consacre au service, se polarise bien plus rapidement que cela n'est possible dans les mondes de loin plus étiolés en catalyseurs d'une densité supérieure.

La raison finale se trouve à l'intérieur de la totalité du mental/corps/esprit ou de la totalité du complexe mémoriel sociétal qui peut juger qu'une entité ou des membres d'une entité sociétale peut/peuvent faire usage d'un catalyseur de troisième densité pour récapituler un apprentissage/enseignement jugé moins que parfaitement équilibré. Cela s'applique spécialement à ceux qui entrent et traversent la sixième densité, où l'équilibre entre compassion et sagesse est perfectionné[251].

Les entités de la Confédération sont ici en pensée pour nous aider en ce moment:

> Nous sommes ceux qui viennent à vous en ce moment dans l'espoir de rendre service en fournissant des informations et des opinions concernant l'évolution spirituelle. D'après ce que nous comprenons, la période actuelle dont vous jouissez maintenant fait partie d'une saison de moisson ou achèvement sur votre Terre. En ce temps de transition vers une illusion illuminée plus densément nous sentons qu'il y a, pour les entités qui cherchent, une grande opportunité d'accélérer leur processus d'évolution spirituelle pour y arriver. Nous sommes ceux qui souhaitent aider comme nous le pouvons ceux qui demandent notre avis et notre présence[252].

La transformation

'Transformation' est un autre mot souvent utilisé dans la littérature *new age*. Tout comme le mot 'initiation', ' transformation' a une signification floue et variée, selon ceux qui l'utilisent et l'usage qu'ils en font. En fin de compte, mon sentiment est que c'est un mot qui est quasiment synonyme de réalisation, révélation, épiphanie, ou satori[253]. Contrairement à

---

[251] *La Loi Une*, Livre III, séance 52 §9
[252] Q'uo, transcript dated March 27, 1994, p. 1
[253] Illumination (NdT)

l'initiation, qui fait partie d'un cycle d'apprentissage, la transformation ne peut être acquise directement. Il s'agit plutôt d'un processus que nous pouvons encourager ou inviter à l'intérieur de nous-mêmes par différents moyens, que nous allons explorer. Ceux de Latwii en parlent:

> Puis l'entité commence à chercher d'une manière consciente les clés qui déverrouilleront les portes les unes après les autres dans le 'soi' intérieur pour révéler les trésors de l'être qui attendent ce chercheur. À un moment de ce processus il y a la transformation grâce à laquelle le chercheur sait non seulement intellectuellement avec le mental conscient que cela et tout ce qu'il observe est le Créateur unique, mais qui lui fait aussi expérimenter de plus en plus l'être du Créateur unique à l'intérieur de son propre être. Le Créateur unique se trouve à l'intérieur et l'entité se trouve partout à l'intérieur du Créateur unique. À mesure que ce processus devient plus apparent et devient quelque chose qui est de plus en plus vécu au sein de l'incarnation, le chercheur découvre que c'est là ce qu'il cherche[254].

Voici un exemple d'expérience transformationnelle typique, racontée par un étudiant très intrigué par tout cela:

> Mais voici la récente expérience que j'ai faite, et m'a réellement fait me poser des questions. Il y a deux semaines, avant un examen (je suis au collège) je me sentais incroyablement frustré et n'avais personne vers qui me tourner. Je me suis demandé s'il y avait réellement un Dieu et si j'étais tout seul. À ce moment, un sentiment dont je n'avais jamais fait l'expérience de près ou de loin, a empli mon corps. C'était un sentiment de pur amour, de l'amour le plus pur que j'avais jamais éprouvé, et j'en suffoque encore au moment où j'écris ceci. J'ai aussi senti une présence dans la pièce, comme si elle était assise tout à côté de moi pour me consoler. Depuis lors, toute ma frustration et tout mon stress ont disparu et je me sens mieux que jamais auparavant dans ma vie[255].

Ceux de Hatonn se focalisent sur cette qualité d'expérience:

> Nous voudrions encourager tous ceux de votre race à être plus attentifs aux signes qui vous entourent car, tout comme la lumière émerge à l'est et couvre tout le pays dans une graduelle

---

[254] Latwii, transcription du 18 septembre 1983, p. 6
[255] Chris, lettre du 19 mai 1997

CHAPITRE IV: L'EFFERVESCENCE *NEW AGE*

transformation des ténèbres en lumière, ainsi arrive la transformation, mes frères[256].

Qu'est-ce qui est nécessaire pour stimuler ce processus à l'intérieur de soi? Un des atouts est une généreuse dose de patience:

> Bien sûr, les chercheurs souhaitent aider au processus de transformation. Mais si un chercheur peut reculer son point de vue suffisamment pour pouvoir observer le 'soi' conscient passant par la confusion du changement qui a été déclenché par un désir purifié, alors ce chercheur peut constater qu'une fois le désir aiguisé puis atténué, vient ensuite le temps de la fidèle patience[257].

Autre aide: l'aptitude à abandonner notre résistance au changement:

> Dans cette transformation se trouve un énorme degré de renoncement, et parce que ce renoncement donne l'impression de mourir, la voie du chercheur est souvent perçue par le 'soi' comme difficile, pénible et contraignante. Cependant, nous encourageons chacun à considérer qu'il y a une tendance naturelle à résister au changement. Dans chaque cellule du corps et du cerveau il y a une tendance à se cramponner au *statu quo*. La vie orientée vers la spiritualité ne manque pas de joie, toutefois elle augmente la souffrance à mesure qu'elle augmente le taux de changement à l'intérieur de l'entité[258].

Étant donné que ce processus de travail intérieur est nécessaire, la méditation paraît être une aide concomitante naturelle:

> Nous ne pourrons jamais assez insister sur une méditation quotidienne. Nous ne suggérons pas de juger l'excellence des méditations individuelles, et nous n'attachons pas grande importance au temps qui est consacré. Lorsque le désir est mûr chez quelqu'un, l'attention est là et des progrès sont accomplis. Mais sans les disciplines des méditations quotidiennes, ne serait-ce que pendant quelques minutes, le cycle de transformation de chaque pèlerin pourra passer inaperçu: perdu dans la hâte et la précipitation des activités du jour[259].

Comment ce processus peut-il influer sur le mental profond, ou comment le mental profond entre-t-il dans ce processus?

---

[256] Hatonn, transcription du 12 avril 1981, p. 3
[257] Q'uo, transcription du 12 juillet 1992, p. 2
[258] Q'uo, transcription du 27 novembre 1994, p. 5
[259] Laitos, transcription du 22 avril 1987, p. 2

> Beaucoup utilisent le tronc et les racines du mental comme si cette partie du mental était une entité mal utilisée, prostituée. Alors cette entité retire de ce grand entrepôt des choses qui sont brutes, prostituées et sans grande vertu. Ceux qui se tournent vers le mental profond, le voyant sous la forme d'une vierge, s'avancent pour la courtiser. Cette cour qui lui est faite n'a rien de commun avec du pillage, peut être prolongée, et le trésor conquis par cette cour délicate est grand. Les transformations de droite et de gauche du mental peuvent être vues comme différentes selon l'attitude du mental conscient envers ses propres ressources ainsi qu'envers celles d'autrui[260].

Dans ce travail nous devons renoncer à tout le problème de l'auto-condemnation:

> Pour commencer à pouvoir entreprendre la transformation il faut d'abord commencer à permettre que le jugement du 'soi' à propos du 'soi' puisse s'adoucir et devenir sans importance, car il n'y a pas de possibilité d'un jugement correct du 'soi' par le 'soi'. Il est bon d'examiner la vie autant que possible, mais seulement pour autant que cet examen permette de pénétrer les couches superficielles de l'individualité. Cela est certes valable, mais ne fait pas de vous un juge. Lorsqu'on parvient à mettre de côté l'auto-condamnation et à s'engager sur la voie spirituelle solitaire et poussiéreuse choisie dans la foi, alors on commence à fréquenter et à demeurer avec autrui d'une manière créative et vivante[261].

Ce processus de transformation peut être très dur lorsque surviennent les temps de changement et de perte.

> Dans la mesure où vous coopérez avec ces énergies de transformation, c'est dans cette mesure que l'inconfort ne peut pas engendrer de la crainte. Vous pouvez regarder la souffrance et dire: « je dois être en train de fameusement changer », mais si la crainte vous est nécessaire tolérez-la. Il n'est pas répréhensible de protéger votre 'soi' intérieur délicat et sensible. Il est possible d'admettre cette peur puis d'essayer qu'il y en ait juste un tout petit peu moins, puis encore un peu moins, puis encore un peu moins, et d'avancer lentement, en soutenant le 'soi', en ne le décourageant pas, en ne

---

[260] Elkins, Donald T., Carla L. Rueckert et Jim McCarty, *La Loi Une*, Livre IV, p. 200
[261] Q'uo, transcription du 1er mai 1994, p. 2

CHAPITRE IV: L'EFFERVESCENCE *NEW AGE*

s'insurgeant pas contre le manque de courage, ou contre la destinée à cause de l'inconfort qu'apporte le changement[262].

Bien qu'il nous plaise à nous pèlerins errants de rester dans les ombres subtiles, l'expérience quotidienne nous apporte tout ce qui nous est nécessaire pour alimenter ce processus de transformation.

[...] Tout ce qui est manifesté peut être vu d'une façon ou d'une autre comme s'offrant lui-même afin que des transformations puissent avoir lieu au niveau approprié à l'action[263].

Il existe un processus très spécial de transformation. Il concerne la prise de conscience graduelle par chacun de nous, de chacun vu comme un membre d'une famille spirituelle. Habituellement, ces processus transformateurs débutent par la détection de ceux qui nous ressemblent le plus au plan spirituel. La promesse de ce processus de transformation est le début de la formation du complexe mémoriel sociétal positif de quatrième densité de la Terre.

Celui qui perçoit ces réseaux de parenté a réussi à commencer à relier toutes les espèces. En fait, peut-être est-ce le moment où il est approprié que nous suggérions que la famille spirituelle qui vient le plus fréquemment au début et à la racine de toutes les autres préoccupations liées à la famille, est la famille de l'humanité qui, dans la quatrième densité sur cette sphère, va tenter de former un complexe mémoriel sociétal positif de quatrième densité. Chaque connexion établie avec amour et librement, étant manifestée, rapproche de l'entité les réalisations d'honnête parenté qui ne peuvent être éprouvées qu'en étendant d'abord cette parenté. L'acte de foi tel que l'instrument l'a dans son mental, est toujours nécessaire, car toute transformation de pensée est précédée d'un désir de savoir, qui précipite l'utilisation de la volonté à un certain point. Le changement est pénible, et celui qui cherche à connaître sa famille spirituelle devra endurer la douleur des misères de chacun des membres de cette famille, car c'est ainsi que souffrent tous ceux qui sont conscients du 'soi'[264].

Les groupes de la Confédération espèrent pouvoir nous aider à accomplir ce travail graduel.

La transformation est ce qui exige que celui qui subit la transformation cherche par ses propres moyens aussi complètement

---

[262] Q'uo, transcription du 13 décembre 1992, p. 6
[263] *La Loi Une*, Livre IV, séance 94 §26
[264] Q'uo, transcription du 15 mars 1987, p. 3

que possible. Ainsi l'obscurité paraît bien plus noire et pleine de difficultés que n'importe quelle autre expérience antérieure. Cependant, nous vous assurons que de l'aide est disponible, et que, même si vous avez l'impression qu'il n'y a pas de réponse à votre appel à l'aide, il y a l'amour et la lumière envoyés par tous ceux qui ont l'honneur de vous accompagner au cours de ce voyage[265].

La pensée globale

Dans ce passage en revue des mots "*new age*" à la mode nous terminons par une analyse du mental global. Une signification que je refuse catégoriquement de suivre est le mental global vu comme un "mental de ruche", c'est-à-dire que tous les Terriens seraient enrôlés par quelque race extraterrestre comme bourdons ou esclaves. Si quelque chose nous oriente dans cette direction de nos jours, ce sont les médias: nos propres agents d'information de masse, de désinformation de masse, et de propagande de masse, ainsi que la mode du jour. Non, le fil que je veux suivre est le concept qu'ont tant de missionnés de se rassembler: celui de rendre le monde meilleur:

> Cette affaire de Service de soi et Service d'autrui est réellement révolutionnaire pour nos perspectives sociétales ou plutôt pour le rêve utopique/fantasme cher à nos cœurs. Je sais que le résultat final de tout notre travail est de nous fondre dans le Créateur infini unique, mais en attendant nous avons le potentiel d'exister maintenant, dans la société utopique dont nous rêvons tous, juste en créant les choses qui nous sont chères, ici et maintenant[266].

Si nous voyons notre quatrième densité positive comme une sorte d'Eden, où nous ferons tous un, ces espoirs sont parfaitement sensés. Nous nous efforçons d'accomplir notre "destinée manifeste".

> Vous pensez réellement créer une entité qui n'a jamais existé jusqu'à ce que vous entriez dans les rythmes et les intentions d'un style de vie qui vous amènera de plus en plus près d'un but que vous ne pouvez percevoir que faiblement, et ce but a trait à la façon dont vous interagissez avec d'autres 'soi'. L'entité que vous vous

---

[265] Q'uo, transcription du 21 juin 1993, pp. 7-8
[266] Joseph R. Koehm, lettre du 9 août 1998

CHAPITRE IV: L'EFFERVESCENCE *NEW AGE*

efforcez de construire est l'âme du monde ou le complexe mémoriel sociétal, comme dirait cet instrument[267].

Je crois pouvoir dire sans me tromper qu'il nous faudra un certain temps pour y arriver. Mais il est bon de voir vers quoi nous nous dirigeons. De nombreux pèlerins réalisent que nous devons mieux traiter la planète. Russell Louie écrit:

> En tant que pèlerin, je pense globalement alors que d'autres cherchent toujours ce qu'il y a d'intéressant pour eux. Quand on parle de recyclage ou d'utilisation de sources d'énergies renouvelables, je me demande toujours pourquoi tout le monde ne le fait pas[268].

La Confédération confirme:

> Il y a aussi un karma planétaire car les états-nations ainsi que les grands groupes économiques, sociétaux et ceux que vous qualifiez de religieux ont offert des actions non équilibrées à d'autres groupes d'entités. C'est ainsi que le karma individuel et le karma sociétal montent jusqu'au niveau des cieux. En ce moment, la planète dans son ensemble n'a pas de karma. Il y a dès lors de l'opportunité pour les entités qui souhaitent apporter de l'aide concernant le karma sociétal, et nombreux sont ceux parmi vos peuples qui se sont incarnés pour accomplir un travail personnel en conscience, pour faire des choix qui affinent des choix, pour travailler pour le Créateur infini unique, et pour servir en soignant au niveau de la conscience qui se trouve assez profondément enracinée dans le mental, pour être la conscience qui est partagée par tous à tous les niveaux autochtones à l'intérieur, sur et autour de votre sphère planétaire[269].

Ceux de Q'uo nous assurent que notre travail a porté certains fruits:

> La conscience planétaire boit votre essence. Elle allège la vibration planétaire et agit comme un allégeur des douleurs d'enfantement au sein de la planète. Des temps incommodes et difficiles s'annoncent. En ces temps de confusion, le témoin silencieux de l'être sera de plus en plus nécessaire pendant que la planète cherche un nouveau point d'équilibre[270].

---

[267] Q'uo, transcription du 2 mai 1999, p. 5
[268] Russell Louie, lettre du 4 novembre 1998
[269] Q'uo, transcription du 4 mai 1992, p. 2
[270] Q'uo, transcription du 22 mai 1994, p. 2

Nous sommes sans aucun doute sur la Terre au bon moment! Brisis et d'autres correspondants se sentent attirés par la connexion:

> Il y a des moments où je sens que je fais partie de tout, partie du grand tout, partie de l'univers, et c'est à ces moments que je me sens le mieux dans ma peau, dans mon monde et avec ceux qui m'entourent. Ce sont aussi ces moments-là qui me tiennent le plus à cœur. Je me sens enfin acceptée par une certaine partie de moi-même et du monde. Toutefois, la plupart du temps je me contente de suivre mon propre chemin et d'inviter à m'accompagner ceux qui le veulent, en réalisant qu'in jour tout se mettra en place et je ne serai plus la personne qui regarde de l'extérieur, mais un membre du grand tout, dansant ma propre danse de vie et d'unité[271].

Brisis exprime un sentiment plus culturel que personnel au sujet du même objectif:

> Je travaille en vue de faire carrière dans la réalisation de films documentaires où j'espère pouvoir communiquer au monde un message d'amour et de compréhension concernant autrui. Non, vraiment, c'est un but de carrière pour moi à l'âge de 23 ans, et je ne peux m'empêcher de penser que c'est un peu bizarre pour une fille de 23 ans dans cette société de vouloir faire cela plutôt que de me focaliser sur d'autres choses[272].

1

> Plus que tout je voudrais pouvoir faire/dire quelque chose pour promouvoir l'idée de la connexion. C'est une grande idée qui est très répandue en ce moment. Mais j'ai le sentiment que la réalité de cette idée doit encore faire du chemin. Alors il y a toujours ce sentiment que nous sommes en train de travailler à introduire certaines idées qui prennent du temps pour se fixer. L'ironie ne m'échappe pas: je me sens poussée à parler de connexion alors que je me suis sentie tellement déconnectée[273].

Ceux de Q'uo applaudissent:

> En ces temps de fin de votre actuel cycle de troisième densité, il est tout à fait approprié que chacun s'assigne la tâche de trouver de nouveaux moyens d'entrer en harmonie avec d'autres cultures, d'autres races et d'autres structures de pensée, de logique et d'être.

---

[271] Brisis, lettre du 22 avril 1999
[272] Brisis, lettre du 24 juin 1997
[273] Dana R., lettre du 24 octobre 1996

CHAPITRE IV: L'EFFERVESCENCE *NEW AGE*

> Le résultat final de cet effort planétaire de convergence spirituelle sera ce complexe mémoriel sociétal qui est une structure fondamentale pour le travail de quatrième densité. Vous vous efforcez d'apprendre comment être un seul peuple, partageant les pensées, les espoirs et les peurs, les uns des autres, portant les fardeaux les uns des autres aussi naturellement que vous respirez, partageant les joies les uns des autres comme si c'étaient les vôtres propres[274].

Pour revenir au point de départ de cette discussion sur le mental global, voici une dernière citation de ceux de Q'uo à propos de nos mass media:

> Ce que nous voyons se produire est une dynamique à double sens dans laquelle les entités reçoivent constamment des stimulations, qui peuvent mener à l'éveil. Le désir des entités d'être conformes et d'être distraites circule comme une influence négative qui a tendance à contrarier le processus de se diriger vers l'extérieur et d'établir sans crainte des connexions avec ceux qui nous entourent. Dans la mesure où les médias de masse de votre culture se focalisent sur la partie des activités humaines qui portent, dirons-nous, une lourde charge émotionnelle négative, comme la guerre, le meurtre, le viol, et ainsi de suite, il y a ce qui construit la peur et élève des murs entre les entités. Cependant, les mêmes médias de masse contiennent également de nombreux des éléments qui portent le ferment de l'espérance pour ceux qui espèrent trouver un endroit où ils se sentent chez eux, un endroit où ils ne sentent pas étrangers. Et c'est avec les capacités fortement augmentées des entités d'entrer en contact les unes avec les autres qu'apporte cet âge de l'information, comme l'appelle cet instrument, que ces mêmes mass média sont des précurseurs applaudis avec reconnaissance de la capacité des entités à établir ces connexions, à renforcer ce réseau doré de l'amour manifesté dans la lumière qui s'intériorisera avec le temps. C'est pourquoi ils sont d'une manière réelle les parents du complexe mémoriel sociétal[275].

J'en suis venue à penser que les mass média sont très prometteurs et que l'internet et le courrier électronique sont des roues motrices qui nous tirent vers la quatrième densité. Et en parlant de densités, jetons un coup d'œil, au chapitre suivant, sur le plan global que nous proposent les êtres de la Confédération.

---

[274] Q'uo, transcription du 22 octobre 1995, p. 3
[275] Q'uo, transcription du 26 février 1995, p. 6

CHAPITRE V: NOTRE 'SOI' ENERGETIQUE ET NOTRE MANIERE D'EVOLUER

Le système énergétique du corps

Dans ce manuel nous avons commencé par examiner notre vie intérieure depuis la surface ou de l'extérieur, pour constater qu'en tant que pèlerins errants nous semblons nous écarter de la norme, et nous avons examiné aussi la nature de notre inconfort et de notre insatisfaction. Nous nous sommes orientés vers le *new age*. Dans ce chapitre-ci nous allons voir comment nous-mêmes et notre création fonctionnent sur le plan métaphysique, de sorte que nous découvrirons peu à peu les raisons pour lesquelles nous semblons si peu en accord avec les choses superficielles de la vie 'normale' ou la réalité de consensus. Ce faisant, je proposerai non pas un dogme mais une perspective qui m'a été utile et dont j'espère qu'elle pourra vous aider aussi. Nous verrons comment opère le système énergétique de notre corps puis celui de la Création au sein de laquelle fonctionnent ces corps vivants.

L'énergie du corps physique est générée par ce que nous pourrions appeler le corps électrique ou le corps énergétique, que l'on peut voir comme un corps de lumière qui interpénètre et vivifie notre corps physique. Pour parler du système énergétique de ce corps électrique, nous pouvons commencer par le concept des chakras qui nous vient de religions orientales, notamment l'hindouisme et le bouddhisme. Il ressemble tellement aux centres ou rayons énergétiques que les termes sont interchangeables. Que sont les centres énergétiques? Ils se trouvent le long de la colonne vertébrale depuis la racine de cette colonne jusqu'au sommet de la tête, en suivant la séquence des couleurs de l'arc en ciel, du rouge au violet: rouge, orange, jaune, vert, bleu, indigo, violet. Chacun de ces centres est un filtre et un propulseur qui accueille l'énergie entrante et soit la laisse passer inchangée par le centre traversé, soit l'intensifie, la dynamise, la cristallise, l'équilibre ou la bloque à des degrés divers. Ce concept des centres énergétiques est intimement lié au concept de l'univers vu comme un groupe de champs d'énergie. Par exemple, les étoiles sont des centres énergétiques du même type que celui de nos chakras:

> [...] Dans le cas des systèmes galactiques, la première manifestation du Logos est un amas de systèmes centraux qui génèrent des énergies tourbillonnantes qui produisent à leur tour de

CHAPITRE V: NOTRE 'SOI' ENERGETIQUE ET NOTRE MANIERE D'EVOLUER

> nouveaux centres d'énergie pour le Logos ou ce que vous appelez des astres [276].

Les étoiles sont des centres d'énergie vraiment énormes. Sur un modèle semblable, nous sommes de beaucoup plus petits complexes de centres d'énergie, mais nous sommes des résumés de la Création tout entière et de ses énergies, tout comme le sont les étoiles. Ce qui alimente les étoiles et nous c'est cet amour-lumière infini du Créateur unique. Cet amour-lumière atteint le plan terrestre depuis notre étoile et d'autres influences cosmiques, et entre sans jamais se tarir dans le corps par les pieds, puis monte en une ligne de lumière spiralante. Il pénètre d'abord le chakra racine ou chakra de rayon rouge, puis successivement les autres chakras. Ensuite, soit nous le projetons vers l'extérieur au travers de nos centres énergétiques inférieurs, soit nous le laissons sortir par le sommet de la tête après l'avoir utilisé et changé.

Quelle est la sorte d'énergie qu'utilisent les centres énergétiques? Ceux de Ra expliquent:

> [...] L'action de la lumière spiralant vers le haut et attirée par la volonté pour rencontrer la lumière intérieure du Créateur infini unique peut être comparée au battement du coeur et au mouvement des muscles qui entourent les poumons, ainsi que toutes les autres fonctions du système nerveux parasympathique. L'appel lancé par l'adepte peut être comparé aux actions des nerfs et des muscles sur lesquels le complexe mental/corps/esprit exerce un contrôle conscient [277].

Autrement dit, de l'énergie afflue dans notre corps en traversant les pieds et le bas de la colonne vertébrale sans que nous ne fassions rien pour la stimuler. Nous recevons tous cette même énergie illimitée. Cependant, lorsqu'elle entre dans notre champ énergétique, ce que nous faisons pour modifier ou distordre cette énergie de lumière ne concerne que nous seuls et nos modes de pensée et de vie. Dans son parcours de l'épine dorsale vers le haut, la lumière doit s'alimenter en fonction des modèles de ces centres. La référence à la "lumière intérieure" fait allusion à la sorte d'énergie apportée par la méditation (ou tout autre travail en conscience), dans le champ énergétique du corps depuis le sommet de la tête et vers le bas. Si la force est suffisante, elle peut considérablement faciliter et accélérer la vitesse à laquelle la lumière spiralant vers le haut passe au travers des centres énergétiques. Ce jeu entre la lumière spiralant vers le haut et la lumière attirée d'en haut peut être vu comme ce que les études

---

[276] *La Loi Une*, Livre IV, 83 §8

[277] *La Loi Une*, Livre III, Séance 73

sur la mystique orientale nomment la montée de la kundalini, au cours de laquelle les énergies inférieures sont transformées en énergies supérieures :

> Le chercheur recherche l'Un. Ce Un doit être cherché, ainsi que nous l'avons dit, par le 'soi' équilibré et qui s'est accepté, conscient tant de ses apparentes distorsions que de sa totale perfection. Reposant dans cette prise de conscience équilibrée, l'entité ouvre ensuite le 'soi' à l'univers qu'elle est. L'énergie de lumière de toutes choses peut alors être attirée par cette recherche intense et, où que la recherche intérieure rencontre le prana cosmique attiré, la réalisation du Un a lieu [278].

Ces centres peuvent être vus comme des formes géométriques de flux d'énergie. Le but est d'ouvrir, équilibrer, et cristalliser chacun de ces centres d'énergie de manière à ce qu'il ne bloque pas l'avance de l'énergie de lumière vers le haut de la colonne vertébrale, et spécialement au niveau du premier trio de rayons (rouge/orange/jaune), vers le centre du cœur. Ceux de Ra précisent :

> **INTERVIEWEUR :** Comment un individu s'équilibre-t-il lui-même ? Quelle est la première étape ?
>
> **RA :** Je suis Ra. Quant aux étapes il n'y en a qu'une, c'est-à-dire une compréhension des centres d'énergie qui composent le complexe mental/corps/esprit […].[279]

Nous allons examiner séparément chaque explication au sujet de chaque centre. Suivez l'image de l'arc-en-ciel en visualisant :

> […] le premier équilibrage est celui du complexe d'énergie vibratoire de Malkouth, ou la Terre, appelé le complexe du rayon rouge. Une compréhension, acceptation, de cette énergie est fondamentale [280].

Dans ce centre énergétique de rayon rouge, localisé entre les jambes à la base de la colonne, se trouvent nos préoccupations liées à la survie et à la sexualité. Lorsque ce centre est bloqué ou distordu, toute l'énergie entrante est immédiatement réduite ou arrêtée par cette résistance. Notre capacité à gérer toutes nos autres préoccupations est alors diminuée. Malkouth se réfère à un système magique et cérémoniel cabalistique des énergies, nommé l'Arbre de vie. Malkouth y est le numéro dix, la position

---

[278] *La Loi Une*, Livre III, séance 57 §33

[279] *La Loi Une*, Livre I, séance 15 §12

[280] *La Loi Une*, Livre I, séance 15 §12

CHAPITRE V: NOTRE 'SOI' ENERGETIQUE ET NOTRE MANIERE D'EVOLUER

la plus basse ou le nexus énergétique le plus terrestre. Ceux de Q'uo expliquent:

> Alors, si quelqu'un qui cherche souhaite commencer quelque part, il est bon de commencer au chakra de rayon rouge de la génération, de la survie. Quelle bénédiction! Comme nous devons tous nous sentir reconnaissants de respirer, de vivre cette journée! Si cette joie est perdue ou enlevée, il peut encore y avoir de la joie pour quelqu'un qui a la foi, tout comme ceux qui vivent pendant la nuit ont la foi que le matin viendra. Dans la culture dans laquelle vous vivez, la femme est programmée pour bloquer en grande partie le chakra de rayon rouge parce que les conséquences de porter des enfants sont beaucoup plus dévastatrices pour une entité qui s'est trouvée enceinte accidentellement. Par conséquent, nous ne voulons pas dire que pour bénéficier de l'énergie de rayon rouge et la dégager il faut être sexuellement actif. Certainement pas. Toutefois, il faut se sentir à l'aise dans son corps, dans sa sexualité[281].

1

Le complexe énergétique suivant qui peut être bloqué est le complexe émotionnel ou personnel, aussi connu comme le complexe du rayon orange. Ce blocage se manifeste souvent par des excentricités ou distorsions personnelles par rapport à la compréhension auto-consciente ou acceptation de soi [282].

Ceux de Q'uo ajoutent:

> Cette deuxième énergie, qui est souvent associée au ventre, est le chakra de rayon orange ou deuxième chakra, et dans cette énergie sont contenues les difficultés et la dynamique du parcours du 'soi' avec le 'soi' et les interactions avec les autres 'soi', à tour de rôle. Pour le pèlerin dont les expériences avec les autres 'soi' sont souvent difficiles, le rayon orange présente la difficulté de rester ouvert dans un environnement hostile de coups du sort, comme dirait cet instrument, tout en continuant à souhaiter des contacts avec les gens. Il est souvent vrai que le pèlerin errant n'est pas complètement conscient des difficultés de l'acceptation de soi, c'est pourquoi le pèlerin projette cette difficulté vers l'extérieur et a alors l'impression qu'il est incapable de communiquer avec d'autres personnes. Cependant, les autres sont des miroirs qui réfléchissent

---

[281] Q'uo, transcription du 17 octobre 1991, pp. 7-8
[282] *La Loi Une*, Livre I, séance 15 §12

> le 'soi' vers le 'soi'. Il serait possible de travailler sans d'autres entités les leçons concernant l'amour, mais ce ne serait pas probant. Ce sont les miroirs qui ont trait à votre vie qui vous donnent les informations à diriger vers l'intérieur pour trouver peu à peu des moyens d'approfondir l'amour que vous avez pour vous-même[283].

Remarquez que la description donnée par Ra de ce centre concerne la manière dont cette énergie peut être bloquée. Nous ne nous préoccupons pas de l'énergie qui entre dans le corps. Elle est intarissable. Ce qui nous intéresse c'est comment laisser l'énergie traverser chaque centre sans qu'elle perde de sa puissance. Le centre de rayon orange est celui qui a trait principalement aux relations entre nous-mêmes et autrui, ainsi qu'à nos luttes intérieures lorsque nous tentons de devenir l'image que nous souhaitons donner au monde. Il est localisé dans le bas de l'abdomen. C'est un centre extraordinairement important en termes d'avantages lors qu'il est maintenu bien dégagé, et en termes de difficultés pour y arriver. Le travail accompli pour faciliter la conscience de soi et éliminer ce qui gêne dans ce centre fait écho à, et soutient, tous les centres supérieurs, et en particulier le très précieux rayon de l'adepte: le centre de rayon indigo. Voici ce que ceux de Q'uo ont à dire à propos des centres énergétiques de rayon jaune et de rayon orange:

> En montant vers le plexus solaire nous trouvons le rayon jaune, qui est le premier rayon de cette densité-ci, c'est-à-dire le rayon dans lequel peut être offert le plus grand travail d'apprentissage et de service. C'est dans ce rayon-là que les pèlerins doivent apprendre à travailler au sein des divers groupes et institutions de vos peuples. Les difficultés de rayon jaune font écho à, et poursuivent les difficultés de rayon orange. Toutefois, avoir à faire à une dynamique de groupe est en un certain sens plus simple mais normalement bien plus complexe que d'avoir une personne en face d'une autre. C'est dans cette énergie que des nations sont construites et détruites; que des religions sont fondées et abandonnées; que des peuples traversent des continents et que des cultures évoluent, mûrissent et meurent. Et au sein de chaque groupe se trouve la voie la plus équilibrée, aimante et compatissante. C'est dans cet important assortiment de groupes que chaque entité rencontre au cours d'une vie les accouplements, les mariages, les appartenances, les révolutions qui donnent forme au présent et à l'avenir. C'est dans cette énergie que chacun entre en contact profond avec le mental-groupe, le mental national, le

---

[283] Q'uo, transcription du 28 avril 1996, p. 4

CHAPITRE V: NOTRE 'SOI' ENERGETIQUE ET NOTRE MANIERE D'EVOLUER

mental racial et le mental archétypal. Elle est le siège de la puissance à l'intérieur de l'entité. C'est là que résident les instincts de contrôle et d'influence. C'est là que l'araignée tisse sa toile ou décide de devenir une autre entité. C'est là que se trouve le creuset de vos leçons d'amour[284].

Ainsi donc, dans cette troisième densité dont nous faisons l'expérience en ce moment, nos leçons d'amour sont formulées en termes de travail sociétal de rayon jaune. Ceux de Ra ajoutent:

> [...] Le troisième blocage ressemble plus étroitement à ce que vous avez appelé *ego*. C'est le centre du rayon jaune ou plexus solaire. Les blocages dans ce centre se manifestent souvent comme des distorsions tendant à la manipulation du pouvoir et autres comportements sociétaux concernant ceux qui sont proches et ceux qui sont associés au complexe mental/corps/esprit. Ceux qui ont des blocages dans ces trois premiers centres ou *nexi* d'énergie auront constamment des difficultés dans la capacité à poursuivre leur recherche de la Loi de L'unicité[285].

Cette "Loi de l'unicité" est devenue une expression à la mode. Edgar Cayce et notre propre groupe ont reçu des informations à propos de cette Loi Une: un corpus d'enseignements ésotériques dont ceux de Ra parlent abondamment dans les cinq ouvrages éponymes que notre groupe a reçus et publiés, et qui sont référencés à de nombreuses reprises dans le présent ouvrage. Je me sens honorée de faire partie du groupe qui a fait connaître ces informations. Je ne pourrai jamais le dire assez. La majeure partie des sujets que nous abordons dans cette section-ci du chapitre cinq font partie de ce travail, et ce manuel est plein de suggestions et pensées du groupe Ra. Cependant, je n'ai aucun désir que des personnes tentent de former une quelconque sorte d'Église ou de groupe dogmatique qui prendrait modèle sur ces sujets ou notre groupe. Cela me paraîtrait la chose la plus éloignée des idées et espoirs de ceux de Ra par rapport à ces matériaux. Qu'est-ce que la Loi Une? Nous pouvons lire les ouvrages et y trouver beaucoup, mais de manière générale le Loi de l'unicité dit que nous sommes tous Un. La réalité c'est l'unité. Toutes les autres perceptions sont illusoires. Je m'abstiens de ce terme la plupart du temps à cause de sa nature d'expression à la mode, et préfère me focaliser sur un point à la fois.

Le centre de rayon jaune se trouve au niveau supérieur de l'abdomen et à celui de l'estomac; il peut faire l'objet d'un tas de blocages du fait de nos

---

[284] Q'uo, transcription du 28 avril 1996, p. 5-6
[285] *La Loi Une*, Livre I, séance 15 §12

réactions à des situations dans la famille et au travail, et à d'autres situations dans lesquelles sont impliqués des groupes sociétaux et la société en général. Ce sont les mêmes stimuli ou catalyseurs qui provoquent facilement des blocages dans le jaune et l'orange: ceux provoqués par une relation perturbée avec un(e) ami(e) proche qui peut aussi être un membre de la famille. Je passe un certain temps, pas beaucoup mais régulièrement, à localiser et dénouer les nœuds qui s'y nouent. Je pense que la plupart d'entre nous le font, puisqu'une très grande partie de notre apprentissage dépend de nos relations.

> [...] Le centre du cœur, ou du rayon vert, est le centre à partir duquel les êtres de troisième densité peuvent rebondir, dirons-nous, vers l'intelligence infinie. Les blocages dans cette région se manifestent comme des difficultés à exprimer ce que vous pourriez appeler l'amour universel ou la compassion[286].

Nous pouvons considérer que 'intelligence infinie' signifie 'amour' dans le sens où 'amour infini' du Créateur et 'énergie infinie' peuvent signifier 'lumière' dans le même sens créatif. Tant l'Amour que la Lumière peuvent être magiquement appelés à opérer en traversant le rayon indigo pour se diriger vers le rayon violet. Le centre du cœur qui agit comme un tremplin est comparable aux "cinq anneaux d'or" dans le chant de Noël intitulé "Les douze jours de Noël"[287]: Je chante ce chant de Noël depuis mon enfance. Chaque année je trouve difficile de retrouver dans quel ordre chanter et danser les couplets, mais je me souviens toujours des "cinq anneaux d'or". Dans le système corporel des centres d'énergie, le centre du cœur est la "grande gare centrale" pour les chercheurs orientés vers le positif, parce que lorsque l'énergie a atteint le cœur les centres énergétiques supérieurs sont potentialisés et l'énergie qui les traverse est disponible pour un travail supérieur ou pour des transferts d'énergie. C'est pourquoi je dis souvent qu'il faut vivre le cœur ouvert. Si nous parvenons à acquérir de la puissance par l'intermédiaire de ce centre de rayon vert du cœur, nous aurons fait un grand progrès. Ceux de Q'uo ajoutent:

> Sur notre chemin vers le cœur –le chakra de rayon vert, le centre énergétique du cœur–, nous nous arrêtons et demandons à chacun de réfléchir à la manière dont fonctionne l'énergie. Maintenant, s'il y a un serrement, une constriction, ou un blocage dans le rouge,

---

[286] *La Loi Une*, Livre I, séance 15 §12

[287] Les douze jours de Noël sont les 12 jours entre Noël et l'Épiphanie (6 janvier). L'Épiphanie est le jour où les Rois Mages sont venus voir Jésus. Cette chanson a été publiée pour la première fois en Angleterre en 1780. Elle a plusieurs airs. L'air le plus connu provient d'un arrangement d'un air populaire par le compositeur anglais Frédéric Austin en 1909 (voir le site http://www.mamalisa.com/?t=fs&p=2499&c=116) (NdT)

CHAPITRE V: NOTRE 'SOI' ENERGETIQUE ET NOTRE MANIERE D'EVOLUER

l'orange ou le jaune au point qu'il y a perte d'énergie, l'énergie allant vers le cœur ne sera pas abondante car il y aura une fuite d'énergie avant que l'énergie du Créateur n'atteigne le centre du cœur. L'énergie qui atteint ce centre est, en pratique, celle dont le 'soi' dispose pour entamer son travail sur la conscience. Les disciplines de la personnalité (apprendre à communiquer, apprendre à découvrir le sacré dans chaque chose) –ces leçons d'amour– ne sont pas adéquatement entreprises par ceux qui ne sont pas arrivés à un certain degré d'équilibre dans les centres énergétiques inférieurs, et pour le pèlerin errant cette situation est probablement la plus typiquement dévastatrice de toutes les situations que nous pourrions explorer, car les pèlerins errants aspirent tellement aux vibrations, aux sentiments et aux associations du 'chez soi', qu'ils n'ont ni l'esprit ni l'énergie d'éliminer ces blocages pour permettre à la confusion de régner comme elle le veut sans qu'ils ne soient piégés dans cet océan de confusion[288].

Le centre de rayon bleu est localisé dans la gorge. Nous sommes-nous déjà demandé pourquoi une communication claire nous semble parfois si difficile? Essayons de parler à un membre de la famille alors que tous deux nous empêchons l'énergie de passer par les centres de rayon orange et de rayon jaune, et nous ne trouverons plus d'énergie disponible pour cette claire communication de rayon bleu. En fait, nous *n'avons même pas envie* de parler! Mais comme c'est merveilleux quand ces centres sont dégagés: l'envie est revenue et nous pouvons nous exprimer avec cœur et humour. Voici ce qu'en disent ceux de Ra:

> Le centre bleu de ruissellement d'énergie est le centre qui, pour la première fois, est aussi bien récepteur qu'émetteur. Ceux qui sont bloqués dans cette zone peuvent avoir des difficultés à saisir les complexes esprit/mental de leur propre entité, et plus de difficulté encore à exprimer ces compréhensions du soi. Les entités bloquées dans cette zone peuvent avoir des difficultés à accepter la communication en provenance d'autres complexes mental/corps/esprit [289].

Le rayon indigo, qui contient le portail ouvrant sur l'infini intelligent, est localisé an centre du front, et est le rayon du travail en conscience. Lorsque nous parvenons à dégager les rayons jusqu'à celui du cœur, nous pouvons parvenir à y entrer et commencer un solide travail de

---
[288] Q'uo, transcription du 28 avril 1996, p. 7-8
[289] *La Loi Une*, Livre I, séance 15 §12

CHAPITRE V: NOTRE 'SOI' ENERGETIQUE ET NOTRE MANIERE D'EVOLUER

dégagement dans le bleu et l'indigo. Il n'est ni commode ni simple d'amener le mental à une prise de conscience de l'univers métaphysique. Et cependant, pour nous pèlerins c'est celui-là qui est notre univers d'origine, et non pas l'univers de l'espace/temps ni celui d'une réalité de consensus. C'est à partir de là que nous sommes vus comme anormaux et bizarres. Le reste du monde fonctionne à la surface de la vie sans en voir les profondeurs auxquelles nous sommes éveillés. Lorsque nous travaillons à partir des profondeurs en allant vers le haut, le monde et ses problèmes trouvent leur place relativement facilement. Lorsque nous analysons les situations en termes de blocage de centres énergétiques, nous pouvons voir ce qui s'y passe et comment nous les utilisons.

> Le centre suivant est le centre pinéal ou de rayon indigo. Ceux qui sont bloqués au niveau de ce centre peuvent éprouver une diminution de l'influx d'énergie intelligente due à des manifestations qui apparaissent comme de l'indignité. L'équilibrage du rayon indigo est essentiel au type de travail qui concerne le complexe esprit dont l'influx contribue alors à la transformation ou transmutation de la troisième densité en quatrième densité, puisque c'est le centre énergétique qui reçoit les épanchements d'amour/lumière les moins distordus en provenance de l'énergie intelligente, et aussi le potentiel d'une clé ouvrant le portail de l'infini intelligent[290].

Ce centre énergétique de rayon violet, situé au sommet de la tête, est comme une fleur spectrographique déployant l'arc-en-ciel des énergies que nous sommes en train de recevoir, de changer et d'exprimer. Nous ne pouvons pas le travailler. Il est, tout simplement. Il contient notre signature en matière d'énergies, notre nom métaphysique, notre essence. Même si on enlevait tout le reste, cette expression de nous-même constituerait encore une identification cosmique complète. Enlevez le nom et la parenté, les conditions et la position, la carrière et le pouvoir, l'argent et la société, les idées et les plans, cette expression de rayon violet sera toujours nous-même, un distillat de pure représentation du soi. Lorsque des entités de la Confédération disent apprécier la beauté de nos vibrations, elles parlent de cette lecture ou signature de notre réseau énergétique.

> Le dernier influx de centre énergétique constitue simplement l'expression totale du complexe vibratoire de mental, de corps et d'esprit de l'entité. Il est comme il sera. L'équilibre ou le déséquilibre ne signifie rien à ce niveau d'énergie, car il donne et

---

[290] *La Loi Une*, Livre I, séance 15 §12

prend dans son propre équilibre. Quelle que soit la distorsion, ce centre ne peut pas être manipulé comme les autres, et de ce fait il n'a aucune importance particulière dans la représentation de l'équilibre d'une entité[291].

Regardons à présent de plus près ce "portail ouvrant sur l'infini intelligent" auquel ceux de Ra font allusion lorsqu'ils parlent du centre de rayon indigo:

> Le rayon indigo, bien que précieux, est le rayon sur lequel seul travaille l'adepte, comme vous l'appelez. C'est le passage vers l'infini intelligent qui apporte l'énergie intelligente. C'est le centre énergétique sur lequel il est travaillé dans les enseignements considérés comme intérieurs, et occultes, car ce rayon est celui qui est infini dans ses possibilités[292].

Il y a ici deux termes: "infini intelligent" et "énergie intelligente". Nous les avons identifiés comme l'amour et la lumière du Créateur: l'idée créatrice et la lumière, littéralement, utilisées pour manifester une idée. Voici une autre définition:

> Il y a l'unité. Cette unité est tout ce qui est. Cette unité a un potentiel et une cinétique. Le potentiel est l'infini intelligent. Capter ce potentiel produit un travail. Ce travail, nous l'avons appelé "énergie intelligente"[293].

De plus, l'infini intelligent peut être vu comme un équivalent de la foi:

> Vous avez précisément raison dans votre compréhension de la congruence de la foi et de l'infini intelligent; cependant, l'un est un terme spirituel, l'autre est peut-être plus acceptable aux distorsions du cadre conceptuel de ceux qui cherchent avec le mètre et le crayon [294].

Ici entre en jeu le septième rayon: le centre énergétique de rayon violet:

> Ici aussi, l'émanation violette est, dans ce contexte, une ressource à partir de laquelle l'infini intelligent peut être contacté, au travers de l'indigo. Le rayonnement n'en est pas le rayon violet mais bien le vert, le bleu ou l'indigo, selon la nature du type d'intelligence que l'infini a transformé en énergie discernable.

---

[291] *La Loi Une*, Livre I, séance 15 §12
[292] *La Loi Une*, Livre II, séance 39§10
[293] *La Loi Une*, Livre II, séance 39§10
[294] *La Loi Une*, Livre I, séance 3§9

Chapitre V: Notre 'soi' energetique et notre maniere d'evoluer

> Le type de rayonnement du rayon vert, dans ce cas, est celui de la guérison, celui du rayon bleu concerne la communication et l'inspiration, celui de l'indigo concerne l'énergie de l'adepte, qui est placée dans la foi [295].

L'énergie intelligente est donc l'infini intelligent amené à se manifester à partir d'un système d'énergie qui se trouve hors de notre corps:

> Nous avons discuté des possibilités de contact avec l'énergie intelligente, car cette énergie est l'énergie du Logos et donc l'énergie qui guérit, construit, retranche, détruit, et transforme tous les autres 'soi' ainsi que le 'soi'[296].

La huitième densité, l'octave, ou centre énergétique du corps devrait logiquement correspondre au huitième chakra du système oriental qui le place juste au sommet de la tête, à la couronne, et de couleur blanche. Ceux de Ra n'en parlent pas. Cependant, logiquement le portail devrait en premier lieu être issu du chakra de l'octave et ouvrir sur le rayon violet et ensuite sur le rayon indigo. Ce portail qui ouvre sur l'infini intelligent lorsqu'il est contacté, peut apporter de nombreux fruits, selon l'intensité et la nature du désir de celui ou celle qui le contacte pendant son travail sur la conscience. Le résultat peut être merveilleux, mais peut également tourner très mal comme par exemple pour les Atlantes quand ils ont pris certains mauvais virages:

> La race atlante constituait un complexe sociétal très aggloméré qui a commencé à se former il y a environ 31 000 ans dans le passé de votre illusion de continuum espace/temps. Elle s'est développée lentement et est restée très agraire jusqu'à il y a approximativement 15.000 de vos années. Elle a très vite atteint une haute compréhension technologique qui l'a rendue capable d'utiliser l'infini intelligent d'une manière instructive. Nous pouvons ajouter qu'ils ont également fait usage de l'énergie intelligente, manipulant fortement les influx naturels du rayon indigo ou pinéal de l'énergie divine ou infinie. C'est ainsi qu'ils ont été capables de créer des formes de vie. C'est ce qu'ils ont commencé à faire au lieu de guérir et perfectionner leurs propres complexes mental/corps/esprit, et en tournant leurs distorsions vers ce que vous pouvez nommer le négatif[297].

---

[295] *La Loi Une*, Livre III, séance 54 §31
[296] *La Loi Une*, Livre IV, séance 80 §22
[297] *La Loi Une*, Livre I, séance 10§15

CHAPITRE V: NOTRE 'SOI' ENERGETIQUE ET NOTRE MANIERE D'EVOLUER

Le bon usage de la force n'a jamais été une préoccupation majeure! Faites attention lorsque vous vous travaillez avec des lignes de force! Les énergies du vert, du bleu et de l'indigo sont appelées les centres énergétiques supérieurs pour de bonnes raisons. Avoir le cœur ouvert et les énergies circulant librement et sans entraves vers le trio supérieur de rayons énergétiques c'est être libre de faire ce que j'appelle le travail en conscience. Nous en parlerons bien davantage plus tard, car il s'agit d'un travail vers lequel les pèlerins errants se sentent tout naturellement attirés mais qu'il n'est pas sage d'entreprendre avant que le trio inférieur de centres énergétiques soit dégagé et équilibré, et que l'énergie afflue bien dans le centre du cœur. Et il y a encore une autre raison pour ne pas entreprendre de travail sur les centres supérieurs avant que les centres inférieurs soient dégagés et équilibrés: notre santé physique. Notez dans ce qui suit que 'plan' et 'niveau' sont utilisés dans le sens de 'centre énergétique':

> **INTERVIEWEUR:** Est-il nécessaire de pénétrer dans un niveau à la fois lorsque nous traversons ces plans?
>
> **RA:** Je suis Ra. Notre expérience a été que certains pénètrent dans plusieurs plans à la fois. D'autres y pénètrent lentement. Certains, dans leur ardeur, essaient de pénétrer dans les plans supérieurs avant d'avoir pénétré dans les énergies de ce qui est qualifié de plans fondamentaux, ce qui provoque un déséquilibre énergétique. Vous trouverez de la mauvaise santé, comme vous appelez cette distorsion, à être fréquemment le résultat d'un décalage subtil d'énergies, dans lequel certains des niveaux supérieurs d'énergies sont activés par les tentatives conscientes de l'entité alors que cette entité n'a pas pénétré dans les centres énergétiques inférieurs ou sous-densités de cette densité-ci[298].

Lorsque les énergies sont bloquées et que nous voulons travailler avec une autre personne, l'expérience varie:

> Si les deux entités sont bloquées, toutes deux ont un appétit accru pour la même activité cherchant à débloquer le flux d'énergie empêché. Si une entité est bloquée et que l'autre vibre dans l'amour, l'entité bloquée aura toujours faim mais aura tendance à continuer la procédure de rassasiement de la faim croissante avec l'entité qui vibre dans le rayon vert, à cause d'une impression que cette entité peut être utile dans cet effort. L'individu actif dans le

---

[298] *La Loi Une*, Livre II, p 168-169

rayon vert se polarisera légèrement dans la direction du Service d'autrui mais n'aura que l'énergie avec laquelle il a commencé[299].

À quoi ressemblent les couleurs de l'aura d'un pèlerin typique? Ceux de Ra ont répondu à la question de Don concernant l'aura d'un être parfait de troisième densité en décrivant celle d'un pèlerin errant. Dans cet exemple particulier, le rayon indigo est moins vif que le rayon vert, et entre les deux se trouve le plus brillant des rayons de cette aura: le rayon bleu. Puis ils ont ajouté:

> Cette description peut être vue à la fois comme non équilibrée et parfaitement équilibrée. Cette dernière compréhension est extrêmement utile pour traiter avec les autres 'soi'. La capacité à ressentir les blocages n'est utile qu'au guérisseur. Il n'y a pas à proprement parler une petite fraction de jugement quand on voit un équilibre en couleurs. Bien sûr, quand nous voyons un grand nombre de plexi d'énergie affaiblis et bloqués, nous pouvons comprendre que l'entité n'a pas encore saisi le bâton du relais et entamé la course. Cependant, les potentiels sont toujours là. Tous les rayons pleinement équilibrés sont là, attendant d'être activés. Peut-être qu'une façon de répondre à votre demande peut être celle-ci: dans une entité complètement potentialisée les rayons montent l'un sur l'autre avec une égale brillance vibratoire accompagnée de reflets scintillants jusqu'à ce que la couleur qui entoure le tout soit blanche. Ceci est ce que vous pouvez appeler un équilibre potentialisé en troisième densité[300].

Je présume qu'il nous faudra un certain temps pour y arriver! Mais nous pouvons sans aucun doute déjà travailler à équilibrer ces énergies. Maintenant que nous avons clairement à l'esprit cette image du système des centres énergétiques, nous pouvons commencer à réaliser pourquoi ceux de Ra parlent si souvent de transferts d'énergie. Si nous utilisons les centres énergétiques inférieurs du rouge, de l'orange et du jaune, il n'y a pas de transfert possible. Nous pouvons forcer notre énergie à passer d'un de ces niveaux-là à un autre, mais nous ne pouvons pas échanger d'énergies dans le sens positif, car le cœur n'y est pas encore impliqué. Dès que le centre du cœur est ouvert et acquiert la pleine puissance montant des centres inférieurs, les échanges d'énergies deviennent possibles. Et comme cela est bon! Voici l'avis de ceux de Q'uo:

> Le travail sur la conscience se fait à partir du cœur. Toutefois, l'énergie du cœur est pour ainsi dire entièrement la créature de la

---

[299] *La Loi Une*, Livre IV, séance 84 §18
[300] *La Loi Une*, Livre II, séance 38 §5.

puissance qui est amenée au cœur. Il se peut que ceux qui veulent éviter de travailler sur le 'soi' dans les relations, en ce qui concerne des questions comme la sexualité, la survie et ainsi de suite, souhaitent pouvoir utiliser tout leur temps à travailler sur la communication et la conscience même, mais s'il n'y a pas eu un travail dans le respect sur les centres énergétiques du rouge de l'orange et du jaune de la survie, de l'identification du 'soi' et de l'association avec d'autres 'soi', il y aura un affaiblissement de l'afflux d'énergie vers le cœur. Or, on ne peut travailler à partir du cœur et vers le haut qu'avec cette énergie qui est passée par le cœur. Ceux qui ont fait l'expérience de la montée de la kundalini, ce flux d'énergie qui monte le long de la colonne vertébrale, savent qu'elle prend source dans le chakra-racine: celui des organes de la génération, de la reproduction et de l'élimination qui ensemble forment le grand tabou, le grand sujet dont on ne parle pas dans votre culture. Cependant, il y a ici une grande nécessité d'équilibrage par rapport à la question fondamentale de la vie. Ceci est strictement le domaine du rayon rouge. Et énormément dépend de la manière dont vous faites usage de cette opportunité de vie[301].

Échanger à partir du cœur c'est déjà soigner. La communication claire est comme un baume. Et partager au niveau du rayon indigo est un cadeau très spécial. Selon ceux de Ra:

> Les transferts d'énergie spirituelle sont au coeur de tous les transferts d'énergie, étant donné que la connaissance de soi et de l'autre 'soi' en tant que Créateur est essentielle, et cela est du travail spirituel[302].

Oui, c'est à cela que nous aspirons arriver. Mais nous serons sages de ne pas le faire avant d'avoir accompli notre travail sur les énergies inférieures. Ce n'est pas un travail que l'on fait une fois et puis qu'on laisse, mais bien un travail à faire moment après moment, jour après jour, recentrant nos énergies, retrouvant nos centres, nous rééquilibrant de nombreuses fois tout au long du processus de notre vie quotidienne.

Les transferts d'énergie sexuelle

Nous espérons pouvoir faire face à tous les moments avec un cœur ouvert et en étant prêts à accueillir tous les transferts d'énergie que nous

---
[301] Q'uo, transcription du 11 janvier 1998, pp. 4-5
[302] *La Loi Une*, Livre III, séance 73 §23

rencontrons, quels qu'ils soient. Le transfert d'énergie c'est l'échange d'énergie avec une entité, ou le don d'énergie à une entité. Les transferts positifs sont perçus comme des dons d'amour. Les transferts négatifs sont perçus comme des dons d'émotions et états négatifs de l'être, comme de la colère, de la haine et du parti pris. Don a interrogé ceux de Ra:

> **INTERVIEWEUR:** Merci. Pouvez-vous me dire le nombre de transferts d'énergie possibles entre deux ou plus complexes mental/corps/esprit? Est-il très grand ou bien y a-t-il peu [inaudible]?
>
> **RA:** Je suis Ra. Le nombre est infini, car chaque complexe mental/corps/esprit n'est-il pas unique[303]?

Deux choses qui valent la peine d'être examinées à propos des transferts d'énergie: combien difficiles sont-ils à effectuer lorsque nous débutons et pourquoi? Et quelles sont les différences dans les échanges d'énergie aux chakras supérieurs? Ceux de Ra expliquent:

> Après la mise en place du voile[304] il est devenu infiniment plus difficile d'arriver à un transfert d'énergie de rayon vert, à cause des larges zones de mystère et d'inconnu concernant le complexe corps et ses manifestations. Cependant, dû aussi au grand obscurcissement des manifestations du corps pour le complexe mental conscient, quand un tel transfert d'énergie était expérimenté il était plus susceptible de fournir un catalyseur qui provoquerait un lien entre le 'soi' et l'autre 'soi', dans une configuration polarisée de manière appropriée.
>
> A partir de ce point il est devenu de loin plus probable que les transferts d'énergies supérieures seraient recherchés par cette paire accouplée de complexes mental/corps/esprit, permettant ainsi au Créateur de Se connaître Lui-même avec grande beauté, solennité, et émerveillement. L'infini intelligent ayant été atteint par l'utilisation sacramentelle de cette fonction du corps, chaque mental/corps/esprit de la paire accouplée a grandement gagné en polarisation et en capacité de servir[305].

1

INTERVIEWEUR: Par rapport aux transferts d'énergie du vert, du bleu et de l'indigo, en quoi le mécanisme de ces transferts diffère-t-

---

[303] *La Loi Une*, Livre III, séance 73 §21

[304] Après être nés dans cette vie-ci

[305] *La Loi Une*, Livre IV, séance 86 §20.

il du mécanisme du rayon orange pour les rendre possibles ou leur préparer le terrain?

RA: [...] Pour répondre à votre question, nous souhaitons d'abord exprimer un accord concernant votre supposition que le sujet sur lequel vous questionnez est vaste, car en lui repose tout un système d'ouverture du passage vers l'infini intelligent. Vous pouvez voir que certaines informations sont nécessairement enveloppées de mystère par notre désir de préserver le libre arbitre de l'adepte. La grande clé qui ouvre le bleu, l'indigo, enfin le grand chapiteau de la colonne du transfert d'énergie sexuelle: les transferts d'énergie violette, est le lien ou distorsion métaphysique qui parmi vos peuples a pour nom l'amour inconditionnel. Dans le transfert d'énergie de rayon bleu, la qualité de cet amour est affinée dans le feu de la communication honnête et de la clarté. Normalement et en général, cela prend, dirons-nous, une portion substantielle de votre espace/temps pour s'accomplir, bien qu'il y ait des cas d'accouplements si bien affinés dans des incarnations précédentes et si bien remémorés, que le rayon bleu peut-être atteint immédiatement. Ce transfert d'énergies est d'un grand bénéfice pour le chercheur en ce sens que toute communication issue de ce chercheur est de ce fait affinée, et les yeux de l'honnêteté et de la clarté voient un nouveau monde. Telle est la nature de l'énergie de rayon bleu et tel est le mécanisme de sa potentialisation et de sa cristallisation.

A mesure que nous approchons du transfert de rayon indigo nous nous trouvons dans un univers de l'ombre. Nous ne pouvons pas vous en donner d'informations directes ou claires, car ceci est vu par nous comme étant de la transgression. Nous ne pouvons pas parler du tout des transferts du rayon violet car, à nouveau, nous ne désirons pas enfreindre la Loi de Confusion[306].

Le rayon vert du cœur étant ouvert il y a, pour le rayon bleu, de la puissance pour affiner cet amour avec de la sagesse, et pour le rayon indigo si le bleu reste ouvert, de la puissance pour le sacré et les dons adorables de l'esprit. Don a demandé à ceux de Ra:

INTERVIEWEUR: Pouvez-vous définir cette expression: 'transfert d'énergie entre deux complexes mental/corps/esprit'?

RA: [...] Nous allons donner deux exemples. Chacun commence par un certain sens du 'soi' en tant que Créateur ou, d'une manière

---

[306] *La Loi Une*, Livre IV, séance 84 §20

quelconque, de la personnalité magique invoquée. Cela peut être fait consciemment ou inconsciemment. Premièrement, l'exercice dont nous avons parlé et qui est appelé 'exercice du feu': ceci, par un transfert d'énergie physique, n'est pas ce qui est profondément impliqué dans des combinaisons du complexe corps. Ainsi, le transfert est subtil et chaque transfert est unique dans ce qui est offert et dans ce qui est accepté. A ce point nous pouvons noter que ceci est la cause d'une gamme infinie de transferts possibles d'énergie. Le second transfert d'énergie donc nous voudrions parler est le transfert d'énergie sexuelle. Ceci se passe à un niveau non magique pour toutes les entités qui vibrent dans le rayon vert activé. Il est possible, comme dans le cas de cet instrument qui se dédie au service du Créateur infini Unique, d'affiner davantage ce transfert d'énergie. Lorsque l'autre 'soi' se consacre lui aussi au service du Créateur infini unique, le transfert est doublé. Alors la quantité d'énergie transférée ne dépend que de la quantité d'énergie sexuelle polarisée créée et libérée. Il y a des raffinements à partir de ce point, qui mènent à l'univers de la haute magie sexuelle[307].

Ils parlent de magie sexuelle également ici:

RA: Je suis Ra. Le transfert d'énergies se produit dans une libération de la différence de potentiel. Ceci ne saute pas de centre énergétique vert à centre énergétique vert, mais est le partage des énergies de chacune à partir du rayon vert, vers le haut. Dans ce contexte il peut être vu comme étant le plus efficace quand deux entités ont simultanément un orgasme. Cependant, cela fonctionne comme un transfert si l'une des deux arrive à l'orgasme et, en fait, dans le cas de l'amour physiquement exprimé dans un couple accouplé et qui n'arrive pas à la conclusion que vous appelez orgasme, il y a néanmoins une quantité considérable d'énergie transférée, cela étant dû à la différence de potentiel qui a été suscitée, pourvu que les deux entités aient conscience de ce potentiel et libèrent mutuellement sa force pour chacune par un désir de la volonté, dans un engagement mental ou du complexe mental. Vous pouvez voir cette pratique comme étant utilisée pour générer des transferts d'énergie dans certaines de vos pratiques de ce que vous pouvez appeler d'autres systèmes de distorsion religieuse que le système chrétien, de la Loi Une[308].

---

[307] *La Loi Une*, Livre III, séance 73 §22
[308] *La Loi Une*, Livre IV, séance 84 §13

Il est important de noter que le transfert d'énergie sexuelle peut se passer en toute sécurité dans un état mental non magique de conscience stable en état de veille. Ici nous avons un important point de pénétration dans l'énergie magique et la personnalité magique, qui peut en toute sécurité faire partie de la vie quotidienne, à condition de choisir soigneusement un bon partenaire. C'est un atout puissant à avoir. Les discussions à propos de transfert d'énergie finissent souvent en discussions à propos de transfert d'énergie sexuelle, peut-être à cause de notre délectation humaine pour le sexe mais aussi, j'ai l'impression, parce que le rayon rouge est le rayon fondateur et que tout ce qui nous attend aux niveaux supérieurs est toujours alimenté en énergie et vitalisé par de la bonne énergie passant par le rayon rouge. Rien ne fait étinceler le rayon rouge davantage qu'une vie sexuelle satisfaisante ou même qu'une vie moyennement sexuelle ennoblie par la confiance, l'amitié et l'amour d'un partenaire estimé. Au premier abord on pourrait penser que c'est la vie agitée du ou de la célibataire ayant de nombreux partenaires sexuels, ou bien celle du conjoint infidèle, qui a le plus grand effet renforçateur du rayon rouge, mais en réalité le résultat en est alors un épuisement de la personne qui se livre à cette sorte d'activité sexuelle parce que la plupart du temps il n'y a pas de transfert d'énergie au-dessus des trois chakras inférieurs. Si l'énergie du cœur n'est pas impliquée il n'y a vraisemblablement pas, de la part de l'amant, la sorte de don qui renforce le système des chakras, même si l'un peut offrir de l'énergie de rayon vert. Quelques éclaircissements concernant la nature métaphysique du sexe peuvent aider:

> Les énergies transférées pendant l'activité sexuelle ne sont pas, à proprement parler de l'espace/temps. Il y a une grande composante de ce que vous pouvez appeler de l'énergie métaphysique, qui est transférée. En fait, le complexe corps dans son ensemble est largement incompris, à cause de la supposition post-voile que la manifestation physique appelée 'le corps' n'est sujette qu'à des stimuli physiques. Emphatiquement, il n'en est pas ainsi[309].

Cela explique pas mal le pouvoir fugace du désir, non? Une personne qui a une série de partenaires échangeables ne reçoit très vraisemblablement rien du point de vue énergétique. En fait, elle distribue son énergie sans lui trouver de destination, et sans y trouver d'avantage pour elle-même. Cela n'empêche pas les relations sexuelles occasionnelles d'être agréables, mais explique la disparition rapide du souvenir que l'on en a. Comparons cela à la sorte d'expérience d'attachement dans des relations romantiques

---

[309] *La Loi Une*, Livre IV, séance 84 §17

et aux liens de celles-ci avec notre vie qui en garde en permanence le souvenir. Lorsque des énergies supérieures sont échangées nous le savons, même si le vocabulaire courant est pauvre pour le définir ou l'exprimer. Dans des Créations plus anciennes que la nôtre, où les soleils centraux ont été plus nombreux que les nôtres à faire l'expérience de la création de mondes dans lesquels les âmes pouvaient faire l'expérience de la vie, certaines n'ont pas subi le processus, cité plus haut, de mise en place du voile. Lorsque des âmes arrivaient en incarnation de troisième densité elles conservaient intact le souvenir des informations dont elles disposaient avant de pénétrer dans les plans terrestres. Elles savaient que toutes étaient en fait une. Elles voyaient autrui comme une partie d'elles-mêmes. Tout cela nous est voilé dans notre Création. Pourquoi?

> Dans l'exemple de l'activité sexuelle de ceux qui ne demeuraient pas derrière le voile, chaque activité était un transfert. Il y avait certains transferts de forces. La plupart étaient plutôt atténuées en force de transfert, à cause de l'absence de voile. En troisième densité, les entités tentent d'apprendre les voies de l'amour. S'il peut être vu que tous font un seul être, il devient bien plus difficile pour la personnalité non disciplinée de choisir un partenaire et, dès lors, de s'inclure dans un programme de service. Il est bien plus probable que l'énergie sexuelle sera dissipée plus aléatoirement, soit sans grande joie soit sans grande peine, selon les expériences.
>
> C'est pourquoi, le transfert d'énergies de rayon vert, ce qui était pratiquement sans exception le cas pour le transfert d'énergies sexuelles avant le voile, restait faible et sans cristallisation significative[310].

Alors notre Créateur a planifié cette Création-ci de manière à ce que la connaissance du fait que nous sommes tous un et que nous sommes tous, naturellement, autant aimés par le 'soi' que l'est le 'soi', serait entièrement effacée de notre mental conscient. Cela a spécifiquement éliminé la probabilité de transferts d'énergies de nature sexuelle au niveau du rayon vert ou au-dessus dans les rencontres sexuelles de passage. Pourquoi?

> La moisson de la Création précédente a été une moisson qui a inclus le mental/corps/esprit mâle et femelle. Il était dans l'intention des Logoï originels que les entités s'accouplent les unes avec les autres de toute manière, provoquant une plus grande polarisation. Il avait été constaté, après l'observation du processus par de nombreux Logoï, que la polarisation augmentait considérablement quand les accouplements n'étaient pas

---

[310] *La Loi Une*, Livre IV séance 83 §3

CHAPITRE V: NOTRE 'SOI' ENERGETIQUE ET NOTRE MANIERE D'EVOLUER

indiscriminés. Les Logoï suivants ont dès lors conservé une inclination à la relation en couple, qui est plus caractéristique des personnalités disciplinées et de ce que vous pouvez appeler des densités supérieures. Le libre arbitre de chaque entité a cependant toujours prédominé, et les inclinations n'ont pu être que proposées[311].

Autrement dit, le Créateur a inclus dans notre système énergétique une préférence pour les relations d'union. Une relation d'union exige du travail, c'est garanti! Mais à l'école de la vie, qui est une école de l'amour, j'ai l'impression que le compagnon est une énorme récompense, qui nous procure facilement les catalyseurs dont nous avons besoin pour grandir plus efficacement, et nous-même plus que n'importe qui d'autre. La relation d'union est une voie rapide métaphysique. Traditionnellement, les hommes plus que les femmes se sont toujours plaints de l'état de mariage, qu'ils considèrent comme un plan qui les oblige à travailler toute leur vie pour pouvoir payer le logement, les enfants et assurer le quotidien de leur nouvelle famille. Mais ce n'est plus nécessairement l'homme à lui seul qui gagne le pain de la famille, comme ce n'est plus nécessairement la femme qui se charge seule des tâches domestiques, ce qui peut contribuer à faire apparaître clairement qu'en réalité toute relation ajoute aux responsabilités des deux personnes. Les couples qui réussissent le mieux sont ceux qu'on peut qualifier de tandem, de partenaires, de compagnons, qui s'attellent à la tâche. Et la base de départ est une prise de conscience mutuelle de la justesse corporelle de cet état d'union qui fait honneur à la grande chance de trouver un conjoint et fait réaliser qu'il y a beaucoup à gagner en étant loyal envers ce lien d'union, non seulement par une indispensable confiance, mais aussi par le plaisir, l'union et le dévouement:

> **INTERVIEWEUR:** [...] J'essaie de retracer le circuit physique de l'énergie pour avoir une idée des blocages d'après le voile. Je suis peut-être sur une fausse piste ici, mais si je me trompe, laissez simplement tomber. Pouvez-vous me dire quelque chose à ce sujet?
>
> **RA:** Je suis Ra. Dans un tel dessin ou représentation schématique du circuit de deux mentaux/corps/esprits ou complexes mental/corps/esprit en transfert d'énergies sexuelles ou autres, le circuit s'ouvre toujours au centre rouge ou de base, et passe comme il le peut au travers des centres énergétiques intermédiaires. S'il est gêné dans sa course il s'arrête à l'orange. Sinon il se dirige vers le jaune. S'il n'est toujours pas empêché il progresse vers le vert. Il

---

[311] *La Loi Une*, Livre IV, séance 84 §22

est bon de se rappeler, dans le cas du mental/corps/esprit, que les chakras ou centres énergétiques pourraient fonctionner tout aussi bien sans cristallisation.

INTERVIEWEUR : Autrement dit, ils fonctionneraient mais seraient comme un circuit électrique dans lequel il y a une forte résistance, dirons-nous, et bien que le circuit soit complet, du rouge au vert, la quantité totale d'énergie transférée serait moindre. Est-ce exact ?

RA : Je suis Ra. Nous pourrions très étroitement associer votre question au concept du voltage. Les centres inférieurs, non cristallisés, ne peuvent donner un voltage élevé. Les centres cristallisés peuvent devenir très remarquables dans les caractéristiques de haut voltage du transfert d'énergie quand il atteint le rayon vert et en fait, quand le rayon vert est cristallisé, cela s'applique aussi aux centres énergétiques supérieurs, jusqu'au point où ces transferts d'énergie deviennent un acte de grâce à l'adresse du Créateur[312].

Il semblerait donc que l'intention du Créateur est que nous soyons attirés l'un vers l'autre, liés l'un à l'autre dans un transfert d'énergies de rayon vert et plus haut, pour créer ainsi notre plus grande opportunité de service et d'apprentissage pour équilibrer notre incarnation. Les récompenses énergétiques et métaphysiques sont claires. Nous avons pour lors élaboré une image de nous-mêmes en tant qu'êtres énergétiques. Lorsque parlerons des densités d'expérience, nous découvrirons qu'il existe des plans intérieurs ou densités intérieures, et que nous possédons des corps plus subtils qui correspondent à ces sous-densités intérieures.

[...] Le complexe mental a une relation avec les complexes esprit et corps, qui n'est pas fixe. Des blocages peuvent donc survenir entre esprit et mental ou corps et mental, à de nombreux niveaux différents. Nous répétons que chaque centre énergétique a sept sous-couleurs pour, disons, la commodité. Ainsi, des blocages spirituels/mentaux combinés avec des blocages mentaux/corporels, peuvent affecter chacun des centres énergétiques de plusieurs façons différentes. Vous pouvez voir ainsi la nature subtile du processus d'équilibrage et d'évolution[313].

Pour ceux d'entre vous qui sont tentés d'explorer : les bouddhistes, mages et théosophes parmi de nombreux autres, se plaisent à approfondir ces thèmes, et je vous encourage à tirer parti de leurs abondantes ressources

---

[312] *La Loi Une*, Livre IV, séance 84 §10-11
[313] *La Loi Une*, Livre III, séance 51 §5

CHAPITRE V: NOTRE 'SOI' ENERGETIQUE ET NOTRE MANIERE D'EVOLUER

en matière de lecture. La recherche concernant les plans intérieurs a de nombreuses implications tant au niveau métaphysique qu'au niveau de la santé des corps de nature subtile. Ces centres et sous-centres énergétiques sont au cœur de notre système d'existence et de manifestation d'énergies au cours de l'incarnation sur la planète Terre et tout au long de notre expérience d'âmes et de citoyens de l'éternité. Ceux de Ra ont encore une autre façon de nous observer en tant que créatures. Ils nous appellent des complexes mental/corps/esprit.

INTERVIEWEUR: Voulez-vous définir séparément le mental, le corps et l'esprit?

RA: Je suis Ra. Ces termes sont tous des mots descriptifs simplistes qui équivalent à des complexes de foyers d'énergies. Le corps, comme vous l'appelez, est le matériau de la densité dont vous faites l'expérience en un espace/temps or temps/espace donné; ces complexes de matériaux sont disponibles pour des distorsions de ce que vous appelleriez des manifestations physiques.

Le mental est un complexe qui reflète les influx de l'esprit et les transvasements du complexe corps. Il contient ce que vous connaissez comme des sentiments, émotions et pensées intellectuelles dans ses complexités conscientes. En descendant le long de l'arbre du mental nous voyons l'intuition, qui est la nature du mental la plus proche de, ou la mieux accordée avec, le complexe total de l'essence. En descendant vers les racines du mental nous trouvons la progression de la conscience qui passe graduellement de la mémoire personnelle à la mémoire raciale, aux influx cosmiques, et devient alors un moyen direct de contact avec la navette que nous appelons le complexe esprit:

[...] Ce complexe 'esprit' est le canal par lequel ce qui entre en provenance de tous les divers afflux universels, planétaires et personnels peut être dirigé vers les racines de la conscience, et par lequel la conscience peut être dirigée vers le passage de l'infini intelligent au travers de l'énergie intelligente équilibrée du corps et du mental. Vous verrez par cette série d'affirmations définitives que le mental, le corps et l'esprit sont inextricablement mêlés et ne peuvent aller l'un sans l'autre. C'est ainsi que nous nous référons au "complexe mental/corps/esprit" plutôt que de tenter de les traiter séparément car le travail, dirons-nous, que vous faites pendant vos expériences se fait par l'interaction de ces trois composantes, et non pas par une seule d'entre elles[314].

Le complexe corps reçoit du rayon rouge la majeure partie de sa force, qui peut toutefois être très facilement bloquée dans le rayon orange et peut être affectée par tous les chakras excepté le violet. Le complexe mental reçoit l'énergie et les blocages d'énergie de tous les six centres inférieurs, et l'esprit travaille d'abord avec les rayons indigo et violet, et de là retourne vers le vert, le bleu et l'indigo. Tous ces chemins d'énergie se trouvent dans notre corps physique et ses corps subtils. Nous sommes des êtres d'énergie, des paquets ou des champs d'énergie vivant dans un univers énergétique. Nous ne sommes pas de simples créatures mais des êtres d'énergie vivant dans un univers énergétique. Lorsque les centres d'énergie contenus dans notre complexe mental/corps/esprit sont en équilibre, nous sommes des êtres qui reçoivent, transmutent et transmettent de l'énergie.

> À mesure que le chercheur parvient à réguler les pensées, désirs, actions et mots émanant de son être, et de focaliser ces énergies d'une manière qui participe du Service d'autrui vers une polarité positive, l'entité fait d'elle-même, et plus spécifiquement des centres énergétiques ou chakras du 'soi' métaphysique, une sorte de cristal qui accepte la lumière blanche du Créateur unique et la diffracte d'une manière équilibrée de manière à ce que chaque centre énergétique lui confère sa coloration distinctive de vibration et émette à nouveau la lumière blanche[315].

Métaphysiquement parlant, tout est énergie, et c'est notre nature. J'ai constaté de nombreuses fois combien cette prise de conscience aide à résoudre les problèmes du moment. C'est un domaine où le mental intellectuel peut trouver à faire un travail fructueux. Analysons nos préoccupations en termes d'énergie: Où est-elle? Où est-elle bloquée? Où espérons-nous l'emmener? Et nous pourrons trouver une aide substantielle.

La réincarnation

Nous sommes des champs d'énergie, des êtres d'énergie. Voilà comment nous fonctionnons. Et quel est notre environnement? Sur la Terre, c'est cette vie, ce corps, cette incarnation. Sous la réalité de surface, cette

---

[314] *La Loi Une*, Livre II, séance 30 §2
[315] Q'uo, transcription du 10 mai 1987, p. 5

réalité de consensus qui nous semble si réelle, nous pouvons nous voir, du point de vue métaphysique, comme des entités plongées dans une illusion constituée d'espace et de temps, une illusion physique dans laquelle nous faisons l'expérience de la vie en ce moment-ci. Le traditionnel postulat occidental veut que ce soit notre seule et unique vie, et que nous serons jugés par notre Dieu lorsque nous l'aurons quittée. En fait, il est prouvé que tel n'a pas toujours été le dogme judéo-chrétien: la réincarnation était acceptée comme faisant partie de l'hagiocosmologie avant que les premiers Pères de l'Église ne décident que la croyance en la réincarnation nuisait à l'effort spirituel maximal nécessaire dans cette vie-ci. Je ne défends pas leurs mensonges, et je ne suis pas du tout d'accord avec l'idée que puisque nous serons réincarnés nous ne devons pas être très attentifs à la vie actuelle. Mais ces Pères de l'Église avaient raison sur un point: faire de solides efforts dans la vie présente et dans le présent moment d'opportunité, c'est important à mon avis.

Cependant, après de longues décennies d'expérience avec de très, très nombreuses personnes et après avoir lu de très, très nombreux rapports de régressions sous hypnose, j'en suis arrivée à penser que la réincarnation est réellement la manière dont fonctionne notre univers en ce qui concerne l'évolution des âmes. À la fin d'une vie nous avons toute une moisson de leçons apprises et non apprises. Entre les incarnations nous examinons cette moisson et planifions notre vie suivante dans ses grandes lignes. Nous nous inspirons de ce que nous pensons avoir appris, et plaçons sur notre chemin les relations et circonstances sur lesquelles nous souhaitons encore travailler. Lorsque nous entrons dans le processus de la naissance, nous oublions tout ce que nous avions planifié, et l'obscurité de la conscience terrestre descend sur nous. C'est dans une lumière affaiblie que nous travaillons toute notre vie, essayant d'apprendre une nouvelle fois nos leçons d'amour, travaillant une nouvelle fois sur des relations difficiles et des problèmes épineux qui se poursuivent sur plusieurs incarnations. Nous créons des désirs, et au fil du temps nous satisfaisons chacun d'eux jusqu'à ce que nous nous sentions rassasiés à la table de la vie en troisième densité. Nous n'allons pas plus loin avant d'être complètement prêts à poursuivre notre chemin. Si un ensemble de trois cycles mineurs (les 75 000 années du cycle majeur de la troisième densité) ne nous suffit pas, nous répétons simplement un, deux ou les trois cycles. Et si nécessaire, nous le ferons encore, de sorte que, aussi longtemps que nous souhaiterons poursuivre l'expérience de troisième densité, elle sera là pour nous. Pour certains pèlerins, se rappeler d'autres vies c'est déjà leur expérience:

CHAPITRE V: NOTRE 'SOI' ENERGETIQUE ET NOTRE MANIERE D'EVOLUER

J'ai 49 ans et je poursuis cette recherche depuis mes 13 ans. Je me souviens de ma première impression de *déjà-vu* à quatre ans. C'était si simple. Je me suis rappelé que ce que je faisais je l'avais déjà fait auparavant[316].

1

Lorsque nous avons quitté Halifax en février 1941 sur le Warwick Castle, un navire de transport de troupes, j'ai regardé depuis le pont de dunette et été enthousiasmé de voir les puissantes hélices baratter l'eau. Cela m'a donné un profond sens d'identification et de renouveau qui ne m'a jamais quitté pendant la traversée, particulièrement pendant les jours de la grande tempête atlantique qui a brisé le convoi et nous a laissés seuls, ballottés parmi les vagues de 18 mètres de haut d'une mer verte et glissante, avec 30 cm d'eau sur chacun des cinq ponts. Des années plus tard, lorsque j'ai entendu parler de la réincarnation j'ai eu l'impression que j'avais probablement été un marin au moins une fois pour avoir eu une telle résonance[317].

1

Une ou deux fois, alors que je regardais mon reflet, ce reflet s'est changé en un visage que je n'ai pas reconnu pour humain. Le reflet était faible, de sorte que je n'ai pas vu beaucoup de détails, mais il n'était vraiment pas humain[318].

Cela peut paraître spécialement tiré par les cheveux, mais j'ai assisté à des séances de régression où un homme disait être un grand oiseau blanc avec une conscience humaine. Au fil des séances il a découvert qu'il était un Atlante qui avait été impliqué dans la création d'espèces hybrides en faisant un mauvais usage d'une technologie basée sur des cristaux. Je pense qu'il existe dans la vie de nombreuses personnes, des cauchemars qui sont probablement des rappels affaiblis d'expériences dans d'autres incarnations; des choses si terribles qu'elles se sont infiltrées dans la vie présente. Une autre expérience répandue est une prédisposition à la faiblesse dans une zone du corps qui a été traumatisée au cours d'une vie précédente. Lorsque vous avez affaire à de telles difficultés, rappelez-vous toujours que pardonner au passé c'est guérir le présent. Ceux de Ra parlent de la réincarnation:

---

[316] 268, lettre du 19 novembre 1996
[317] 282, lettre du 9 mars 1995
[318] Lance, lettre du 9 novembre 1999

CHAPITRE V: NOTRE 'SOI' ENERGETIQUE ET NOTRE MANIERE D'EVOLUER

INTERVIEWEUR: [...] Dès que la troisième densité a débuté, il y a 75 000 ans et que nous avons eu des entités de troisième densité, quelle était la durée moyenne de vie en ce temps-là?

RA: Je suis Ra. Au début de cette portion particulière de votre *continuum* espace/temps, la durée de vie moyenne était d'approximativement neuf cents de vos années.

INTERVIEWEUR: Est-ce que la durée moyenne de vie s'est allongée ou raccourcie à mesure que nous nous avons progressé dans l'expérience de troisième densité?

RA: Je suis Ra. Il y a une utilité particulière à la durée de vie dans cette densité, et étant donné le développement harmonieux des apprentissages/enseignements de cette densité, la durée de vie du complexe physique devait rester la même tout au long du cycle. Cependant, pour le deuxième cycle majeur, votre sphère planétaire particulière avait développé des vibrations qui ont spectaculairement raccourci la durée de vie.

INTERVIEWEUR: A supposer qu'un cycle majeur est de 25 000 ans, à la fin de ce cycle majeur quelle était la durée de vie?

RA: Je suis Ra. La durée de vie à la fin du premier cycle que vous appelez majeur était d'approximativement sept cents de vos années.

INTERVIEWEUR: Donc en 25 000 ans nous avons perdu deux cents années de durée de vie. Est-ce exact?

RA: Je suis Ra. C'est exact[319].

Donc, lorsque nous débutons en tant qu'êtres de troisième densité, nous sommes encore reliés aux autres 'soi' soit en tant que membres de la famille et de la tribu, soit en tant qu'étrangers à la tribu et devant être défendus contre elle. Toutes les leçons d'amour nous attendent. Lentement vie après vie, nous découvrons de plus en plus qui nous sommes en tant qu'êtres spirituels, en tant que créatures éthiques capables de choisir le bien plutôt que le mal, et le pardon plutôt que la vengeance. Peu à peu, nous devenons capables de nous voir nous-mêmes dans les gens que nous rencontrons, et les gens que nous rencontrons deviennent capables de se voir en nous. Nous commençons à voir plus loin que la défense de soi-même et de la famille, et nous créons des occasions d'apprentissage et de service en fonction de la manière dont nous nous traitons nous-mêmes et les autres, et dont nous choisissons de partager

---

[319] *La Loi Une*, Livre I, séance 20 § 12-15

nos talents. Et nous faisons tout cela sur un arrière-plan de "sommeil et oubli", en parfaite ignorance, pour que notre choix de vivre une vie dans la foi soit un choix pur. C'est un énorme challenge, et à cet égard nous pouvons voir la Terre comme une distillerie ou comme une raffinerie d'âmes. Nous arrivons à la vie comme des morceaux de roche pleins de filons, et notre vie se passe dans le feu qui trempe et sous le ciseau habile des catalyseurs et expériences, découvrant, lissant et polissant les facettes de nos joyaux intérieurs et débarrassant ceux-ci de leurs impuretés. Nous espérons apprendre beaucoup au cours de chaque vie, bien que nos succès aient indubitablement été mitigés dans nos précédentes expériences d'incarnation. Ceux de Q'uo parlent de ces leçons d'incarnation:

> Avant le début de l'incarnation, chaque chercheur a regardé la vie à venir comme si elle était un joyau, un rubis, une opale, un diamant, dont chaque facette était fascinante et pure dans sa puissante clarté. Chacun de vous a figurativement tenu ce joyau d'incarnation dans sa main et l'a au début regardé avec joie et impatience. Avant l'incarnation vous avez pu voir le modèle dans tous ses détails[320].

Quel luxe ce serait si dans l'incarnation nous pouvions voir le joyau intérieur plutôt que de devoir accepter la valeur du 'soi' sur base de la foi. Mais c'est justement cet état d'ignorance que nous avons recherché, afin de pouvoir mieux faire nos choix dans la vie présente. Ce système de réincarnation est une des facettes de l'enseignement de ceux de Ra qui a été d'un grand réconfort pour certains pèlerins errants qui m'ont écrit:

> Ma croyance en la réincarnation m'a toujours soutenu lors des expériences de mort qui sont souvent source de burnout ou de détachement émotionnel/spirituel de la part du personnel à l'égard des résidents du home. Les résidents sont pour moi d'incroyables instructeurs/catalyseurs lorsqu'ils me parlent de leur vie, de leur mort, de leur famille, de leurs convictions, etc. pendant qu'ils passent par le lâcher-prise de la vie, par le processus du passage en revue de la vie, certains avec le soutien de leur famille et leurs amis, certains seulement avec celui du personnel, la plupart d'entre eux ayant à gérer de la souffrance ou du chagrin de l'une ou l'autre sorte[321].

---

[320] Q'uo, transcription du 9 septembre 1999, p. 2
[321] Andrew Laine, lettre du 2 décembre 1996

Le voile de l'oubli

Sensitive 131 se bat contre "le sommeil et l'oubli" procurés par ce voile :

> Je pense que surmonter cet oubli est une tâche immense, probablement impossible à accomplir. Je sais que je suis entrée dans cette incarnation avec un plan, promptement oublié. Existe-t-il un moyen de récupérer ces souvenirs perdus et de ne plus les perdre? Par ailleurs, si je savais déjà tout, la vie perdrait son mystère et ses énigmes. La moitié du plaisir est l'effort fait pour les démêler en cherchant des indices dans des rêves et synchronicités, et en état de méditation[322].

Et même si le pèlerin errant réussit à pénétrer le voile, il reste un problème insurmontable que nous partageons tous: celui du corps physique:

> Dans le cas des Missionnés qui cherchent à recouvrer le degré d'adeptat que chacun avait acquis avant la présente expérience de vie, nous pouvons noter que, même quand le processus d'oubli a été pénétré, il y a encore le corps activé de rayon jaune qui ne réagit pas comme le fait l'adepte dont le corps de rayon vert ou bleu est activé. Vous pouvez voir ainsi l'inéluctabilité des frustrations et de la confusion dues aux difficultés inhérentes à la manipulation des forces les plus fines de la conscience au travers de l'appareil chimique du corps activé dans le rayon jaune[323].

Voyons ce qu'est le voile:

> Le voile d'oubli est un phénomène qui se produit et est utilisé seulement dans la troisième densité, de manière à ce qu'un choix de voies puisse être fait à ce point du chemin d'évolution. Dès lors, l'existence d'un mental divisé: celui qui est conscient et celui qui est en-dessous ou subconscient, n'est possible qu'avec la mise en place du voile d'oubli, qui se produit, ainsi que nous l'avons mentionné, seulement en troisième densité[324].

Une discussion complète à propos des densités est retranscrite au chapitre suivant. Cette question a été posée par Don Elkins:

> **INTERVIEWEUR:** Est-ce que le voile est supposé être ce que j'appellerais semi-perméable?

---

[322] 131, lettre du 15 novembre 1997
[323] *La Loi Une*, Livre III, séance 75 §24
[324] Q'uo, transcription du 2 avril 1995 p. 7

Chapitre V : Notre 'soi' energetique et notre maniere d'evoluer

RA : Je suis Ra. Le voile est en effet comme cela[325].

Si le voile est semi-perméable, qu'est-ce qui passe au travers? Ce sont les rêves qui pénètrent le plus communément l'opacité du subconscient:

> Le but du chercheur n'est pas spécifiquement de retirer le voile, mais bien, au travers d'une série d'expériences, de former une navette soigneusement protégée, dirons-nous, passant à travers ce voile et pouvant être utilisée par la foi et la volonté afin que le 'soi' le plus profond puisse parler un langage plus clair que ne l'est habituellement celui des rêves car, en vérité, le voile est, sans aucun effort de la part du chercheur, rendu quelque peu transparent grâce au processus onirique. Ce voile est plutôt diaphane que complètement opaque. Il faut donc le voir comme un allié du chercheur qui, avec ou sans joie, va de leçon en leçon et, ainsi que le dirait cet instrument, passe par les coins et recoins d'une expérience incarnationnelle[326].

La méditation et l'amour inconditionnel généré par l'adepte ou le chercheur en spiritualité expérimenté sont également des moyens de percer le voile:

> En vous parlant de réincarnation, nous ne souhaitons pas minimiser les expériences du passé, mais rassurer chaque entité en affirmant que lorsque le souvenir d'expériences passées devient une nécessité, il flotte vers le mental conscient au travers des rêves, ou plus spécifiquement au travers de la méditation. Nous pouvons dire de manière générale que connaître les expériences des vies passées n'est pas utile à un niveau très profond, mais est utile si vous souhaitez accélérer le processus de votre évolution spirituelle, pour devenir de plus en plus sensibles à ce que vous disent votre intuition, vos sentiments et votre cœur, devenant ainsi de plus en plus sensibles aux énergies qui passent entre vous et ceux qui vous entourent. Dès lors, si vous êtes en désaccord avec un collègue, un compagnon ou un être aimé, il est bon d'entrer en méditation en posant et en laissant aller la question de savoir où les équilibres d'amour et de service ont dérapé dans cette circonstance particulière, et de surcroît comment faire se remanifester l'amour dans cette circonstance, comment l'équilibre peut être restauré, comment l'amour peut fleurir[327].

---

[325] *La Loi Une*, Livre IV, séance 83 §15
[326] Latwii, transcription du 14 février 1988, p. 3
[327] Q'uo, transcription du 17 janvier 1988, pp. 4-5

Et enfin, pour ceux qui veulent forcer le portail, il y a l'outil plutôt agressif de la régression sous hypnose. Les informations récoltées lors de séances de régression sont très intéressantes, du moins elles l'ont été pour moi. Mais cela soulève un certain nombre de questions auxquelles il est impossible de répondre, sur la nature des expériences 'remémorées'. Je me demande encore si ce que je pense être des souvenirs de vies passées poussés à la surface sous hypnose sont linéaires, littéraux ou bien créés par quelque narrateur intérieur. Quelles que soient nos conclusions à propos de l'hypnose, ce que nous avons incontestablement c'est le précieux temps de cette incarnation-ci, dans laquelle nous pouvons trouver notre 'soi' le plus profond en cherchant à soulever le voile:

> Pour l'individu, un moyen de sortir de ce cycle sans fin est peut-être de se dire d'abord: «Peut-être y a-t-il quelque chose dans cette affaire d'incarnation». Et puis de se poser chaque jour ces deux questions: 1) Qui suis-je? Et 2) Que fais-je ici? Les deux aussi sincèrement que possible, pour pouvoir comprendre la réponse et le comportement adéquat[328].

Un moyen de sortir du cycle sans fin des incarnations? Éventuellement! Ce qui nous amène à nous intéresser au karma.

Le karma

Le concept qui accompagne celui de la réincarnation est le concept du karma. Don a demandé une définition:

> [...] Notre compréhension du karma est celle qui peut être appelée l'inertie. Ces actes qui sont mis en mouvement continuent à utiliser les moyens de l'équilibrage jusqu'au moment où le contrôle ou le principe supérieur que vous pouvez comparer à votre freinage ou arrêt est invoqué. Ce blocage d''inertie d'action peut être appelé le pardon. Ces deux concepts sont inséparables[329].

Fiona Forsythe, une dame dotée de beaucoup de force et d'humour, propose cette définition anonyme de:

La Loi de la vie:

Tout ce que tu donneras, penseras, diras ou feras aujourd'hui
Sera multiplié sûrement par dix puis renvoyé vers toi.
Tout ne reviendra pas immédiatement, ni d'une source évidente,

---

[328] H. Lynn Herrmann, lettre du 9 juillet 1997
[329] *La Loi Une*, Livre II, séance 34 §4

> Mais cette Loi est appliquée infailliblement par une force invisible.
> Tout ce que tu ressens pour quelqu'un: amour, haine ou passion,
> Te reviendra clairement ou non.
> Quand tu loues quelqu'un en un mot ou en deux
> Bientôt une foule accourt pour te dire mille mots aimables[330].

Qu'est-ce qui arrête la dynamique du karma? Le pardon.

> **INTERVIEWEUR:** Si une entité développe ce qui est appelé un karma dans une incarnation, est-ce qu'il y a parfois alors une programmation de sorte qu'elle fera l'expérience de catalyseurs qui lui permettront d'atteindre un point de pardon, allégeant ainsi le karma?
>
> **RA:** Je suis Ra. Cela est en général exact. Cependant tant le 'soi' que tout 'autre soi' impliqués, en n'importe quel moment dans le processus de compréhension, d'acceptation, et de pardon, améliorent ces schémas. Cela est vrai à n'importe quel point d'un plan d'incarnation. Ainsi, celui qui a déclenché une action peut se pardonner et ne plus jamais refaire cette erreur-là. Ceci freine ou arrête aussi ce que vous appelez le karma[331].

Il est très important de garder ses centres énergétiques dégagés et en équilibre! Nous ne pouvons malheureusement pas dégager le karma de quelqu'un d'autre. Nous ne pouvons pardonner qu'à nous-mêmes:

> Il y a de très, très nombreuses années, vous avez mis en route, par choix, des modèles de comportement et de pensée qui ne vous étaient d'aucune aide, et que vous voyez maintenant non seulement comme non nécessaires ou improductifs, mais comme nuisibles et néfastes, et vous souhaitez en guérir. Le pardon est ce qui arrête ce que cet instrument appelle la roue du karma. Dans ce sens, le karma peut être défini comme de l'inertie, un acte posé et jamais pardonné. Maintenant, pouvez-vous pardonner à quelqu'un d'autre et avez-vous le pouvoir de faire cesser l'inertie du karma pour quelqu'un d'autre? Pas du tout. Lorsque vous pardonnez à quelqu'un d'autre vous n'avez pas d'effet sur lui à moins qu'il ne choisisse d'observer la différence dans votre attitude. Vous travaillez sur la seule chose, dans cet univers, que vous pouvez travailler: vous-mêmes. Une partie du pardon est le pardon à autrui. Le reste c'est pardonner toutes les situations qui ont créé ce modèle. Certains d'entre vous ont davantage conscience que

---

[330] Fiona Forsythe, lettre du 4 octobre 1998
[331] *La Loi Une*, Livre II, séance 34 §5

CHAPITRE V: NOTRE 'SOI' ENERGETIQUE ET NOTRE MANIERE D'EVOLUER

> d'autres des vies passées, et pour ceux d'entre vous qui qui retracent le modèle qui est inutile à ce que vous appelleriez le karma d'une vie antérieure, sachez qu'il n'existe pas de karma ou inertie qui n'est pas complètement freiné ou arrêté à tout jamais par le pardon inconditionnel à autrui, aux situations, et à vous-mêmes[332].

En plus du pardon, qui est surtout un travail de rayon indigo, le don d'énergie de rayon bleu: la communication claire, aide lui aussi à arrêter la roue du karma:

> Lorsque chacun est en communion avec d'autres d'un mental similaire, l'expérience de l'un devient une ressource pour tous. C'est le début d'un complexe mémoriel sociétal. Chacun peut alors être l'instructeur de son prochain en reflétant fidèlement, honnêtement et clairement, sans idée préconçue d'aucune sorte, l'image de chacun. C'est ce qui doit être attendu de la camaraderie. L'ami qui est fidèle et souhaite servir au mieux dira l'exacte vérité telle qu'il la connaît, encouragera, exhortera et avertira lorsque ces sentiments surviendront spontanément chez quelqu'un, et sera en fait un miroir vivant pour ceux qui font partie de la communauté. Cela est une manière excellente, organique et, en ce qui nous concerne, très normale et saine d'arriver à une accélération de la croissance spirituelle, spécialement pour ceux qui sont des pèlerins qui souhaitent se débarrasser de tout karma avant la mort physique de cette vie-ci[333].

Il est bon de terminer cette incarnation-ci avec un karma équilibré si nous voulons éviter d'être acceptés dans un autre cycle majeur de 75 000 pour répéter cette expérience de troisième densité:

> […] Le défi/danger pour le Missionné est qu'il oublie sa mission, devienne karmiquement impliqué, et donc précipité dans le maelström à partir duquel il s'était incarné pour éviter la destruction[334].

Nous sommes arrivés dans cette densité avec un karma en équilibre:

> Et nous sommes tous arrivés avec un karma en équilibre mais nous ne partirons pas tant que le karma reste déséquilibré. Par conséquent, nous incitons chacun à toujours se rappeler qu'il est ici pour aimer et accepter de l'amour, pour être sage et accepter de la

---

[332] Q'uo, transcription du 15 juillet 1990, pp. 11-12
[333] Oxal, transcription du 24 septembre 1989, p. 8
[334] *La Loi Une*, séane 12 §28

CHAPITRE V: NOTRE 'SOI' ENERGETIQUE ET NOTRE MANIERE D'EVOLUER

> sagesse, pour sentir le temps, sentir l'espace qui est approprié à chaque chose[335].

Et qu'est-ce qui construit du karma plus vite que le désir?

> Quant à la visualisation de ce que vous désirez, nous vous exhortons à être extrêmement prudents lorsque vous créez ce que vous désirez et vous focalisez dessus, car vous le recevrez. Mais il y a toujours, comme dans bon nombre de vos mythes et contes de fée, la difficulté de pouvoir contrôler ce qui se passe. La difficulté est la suivante: à chaque désir correspondent des effets secondaires insatisfaisants qui se produiront lorsque le désir aura été comblé. Vous êtes alors impliqués d'une manière déséquilibrée (certains appellent cela du karma), dans ce que vous avez créé comme vie et désiré au sein du modèle de vie[336].

Gravons profondément ce mot dans notre conscience: Pardonner! Nous développons forcément des désirs, et utilisons notre volonté à chercher à les satisfaire, qu'il s'agisse d'objets terrestres ou sacrés, de possessions, d'attributs ou d'un manque de ceux-ci, et lorsque nous comblons nos désirs nous découvrons les effets secondaires de chacun d'eux. Nous faisons du tort à autrui, souvent sans en avoir l'intention, mais nous commettons cependant des fautes et d'autres nous font du tort, qu'ils en aient l'intention ou non. En général nous agissons trop promptement et jugeons les gens et les situations trop hâtivement:

> Il n'est pas habituel que les entités qui se précipitent à travers la vie aient consciemment l'intention de se conduire ou de fournir des catalyseurs d'une manière 'Service de soi' ou orientée négativement. En fait, la raison pour laquelle on agit sans rythme mais simplement aussi vite que possible est le Service d'autrui: qu'un maximum soit fait et que tout ce qui est fait le soit dans l'intention d'être au Service d'autrui[337].

Nous faisons des erreurs. C'est un processus inévitable et utile. C'est le mécanisme de notre apprentissage en tant qu'âmes. La clé du progrès est le pardon des erreurs. Le 292, un scientifique et thérapeute très sérieux, réfléchit au karma de l'activisme:

> Une des questions que je me pose est: comment pouvons-nous mieux accepter et agir avec amour et sagesse sur la douleur, la souffrance et la peur (qui sont souvent associés à de la douleur,

---

[335] Q'uo, transcription du 12 avril 1989, p. 7
[336] Q'uo, transcription du 26 novembre 1989, pp. 7-8
[337] Q'uo, transcription du 12 avril 1992, p. 2

souffrance et peur d'autrui), de façon à ce que le Créateur soit servi et le libre arbitre des individus respecté? Lorsque nous nous faisons l'expérience de la peur ou de la crainte, spécialement lorsqu'elle est causée par quelque chose que nous percevons comme le résultat de l'action ou du choix de quelqu'un d'autre, il est parfois difficile de savoir si l'on sert mieux en restaurant l'équilibre dans la foi silencieuse et en acceptant totalement la façon de faire d'autrui, ou bien en essayant d'exercer une certaine influence. Dans ce même ordre d'idées la politique est un sujet très troublant et déroutant, et le même dilemme se pose entre essayer d'établir un équilibre sans enfreindre le libre arbitre des gens et ne pas accepter passivement une pratique ou activité destructrice[338].

Certes, il s'agit là d'une préoccupation légitime. Mais selon ceux de Q'uo, si notre travail dans l'activisme ou les affaires privées est accompli dans l'intention de réparer, nous sommes dans le bon:

> Aucun karma n'est impliqué dans le travail thérapeutique, *per se*, car celui qui veut réparer travaille sur lui-même en essayant d'équilibrer et responsabiliser sa propre personnalité, si vous voulez, dans des conditions tellement stables et ouvertes que l'opportunité de guérir peut être offerte au patient[339].

Celui qui soigne travaille sur lui-même! C'est confirmé. Notre travail se fait encore et toujours sur nous-mêmes. Lorsque nous espérons soigner ou exercer une influence apaisante dans le monde extérieur, que ce soit en tant qu'âme individuelle ou âme tribale, nationale ou globale, le patient c'est nous-même.

Les catalyseurs et les expériences

Nous commençons à compléter cette esquisse de nous-mêmes et de notre place dans l'univers en évolution. Nous nous sommes localisés dans cette incarnation-ci: notre opportunité actuelle de travailler à accélérer le rythme de notre évolution spirituelle. Nous pouvons voir comment fonctionne le karma dans les difficultés que nous rencontrons dans la vie. Ces difficultés ont toujours des thèmes. Pour chacun d'entre nous ils varient dans une certaine mesure. Souvent il y a une leçon incarnationnelle, celle d'apprendre à offrir inconditionnellement de l'amour, à donner sans attente d'un retour. C'est une leçon incarnationnelle

---

[338] 292, lettre du 29 décembre 1996
[339] Q'uo, transcription du 6 février 1994, p. 4

CHAPITRE V: NOTRE 'SOI' ENERGETIQUE ET NOTRE MANIERE D'EVOLUER

que j'ai moi-même vue se répéter cycliquement dans les relations tout au long de ma vie, d'abord avec mes parents, puis avec des compagnons et avec des membres plus éloignés de la famille. Mes parents et ceux qui m'ont sous-estimée sont partis, et mon compagnon actuel ne fait aucune erreur décelable, mais il y a encore certaines de mes relations qui me sous-estiment. Le challenge est beaucoup plus facile à gérer pour moi à présent car je l'ai identifié il y a des dizaines d'années, et je parviens de mieux en mieux à consciemment le voir venir. Je ne le combats plus. J'en accuse réception, et accorde mon instrument, tout comme je le fais pour retransmettre en channeling quand je suis sur le point de me mettre dans cette situation. De temps en temps je suis encore prise au dépourvu, mais plus aussi souvent ni aussi douloureusement. Ceux de Q'uo disent que les difficultés et irritations proviennent d'émotions, de désirs ou de tendances:

> Plus forte est la tendance à l'émotion, plus forte est l'intensité constatée dans l'occasion d'apprendre. C'est-à-dire que, plus grande est l'émotion, plus évidente est la tendance, et plus évidente sera la leçon présentée au chercheur, car à tout catalyseur qui se présente dans votre illusion, il n'y a qu'une seule réaction qui puisse refléter un point de vue équilibré. Cette réaction, vous le savez bien, est l'amour ou compassion. Si n'importe quelle autre émotion est remarquée dans le complexe mental/corps/esprit du 'soi', alors le chercheur peut supposer qu'il y a là un catalyseur à gérer de manière à ce qu'un équilibre puisse se produire[340].

Nous pouvons quasiment compter sur le fait que nous avons choisi plus de leçons incarnationnelles que le minimum requis pour une durée de vie. Tout paraît tellement plus facile hors du voile!

> Maintenant, nous savons tous comment les yeux peuvent être plus grands que le ventre, comment l'assiette incarnationnelle peut avoir été garnie généreusement. Mais il faut se rappeler qu'il n'y a rien d'intrinsèquement perfide ni méchant dans les leçons qui volent vers vous dans l'ouragan de l'expérience telle que vous la vivez. Les vents et tempêtes peuvent vous paraître féroces, mais ils sont tels que vous les avez-vous-mêmes souhaités en ce qui concerne les choses inévitables que vous alliez avoir à gérer pendant votre vie dans cette incarnation[341].

Cela ne s'arrête jamais parce que, par nature c'est étonnamment persistant:

---

[340] Q'uo, transcription du 14 mai 1989, pp. 19-20

[341] Q'uo, transcription du 3 janvier 1993, pp. 1-2

Car chaque catalyseur, chaque expérience, chaque événement dans votre illusion, a la possibilité de tremper le cœur du chercheur, dirons-nous, la volonté du chercheur, la foi du chercheur. Dans la frustration il y a un renouvellement de l'engagement du 'soi' à la recherche, car la tentation est d'arrêter, de quitter, de se reposer, d'en finir[342].

Donc, le conseil est d'y aller doucement, à son aise:

> Lorsque vous recevez votre catalyseur, bénissez-le et forcez-vous à vous ouvrir pour le recevoir avec tout l'amour dont vous êtes capable, d'une manière stable. Ne vous forcez pas à aller au-delà de ce que vous pouvez faire sans vous faire de mal. Ne demandez pas quelque chose pour lequel vous n'êtes pas prêt, mais soyez sensible aux opportunités que suscitent ces sentiments négatifs (ou considérés comme tels) de culpabilité[343].

Il semble incroyable que l'expérience quotidienne que nous avons suffise à nous fournir les catalyseurs dont nous avons besoin pour l'apprentissage et la réalisation les plus spirituellement avancés, mais c'est bien le cas:

> L'utilisation de catalyseurs est quelque chose que le chercheur ne peut éviter. Votre illusion a été créée de manière à ce qu'il soit impossible de fuir les catalyseurs, et improbable de les utiliser complètement. Cette illusion repose sur l'imperfection et force le mental et les émotions à voir quelque chose qui en apparence n'est pas parfait. Cette fausse vision du monde sert à constituer l'arrière-plan devant lequel la vie ordinaire avec ses souffrances peut devenir une vie incandescente avec la joyeuse acceptation du chercheur et son empressement à poursuivre les processus de changement[344].

Depuis nos débuts dans l'incarnation, en tant qu'enfants, nous avons graduellement pris conscience de la nature cyclique de ces 'thèmes' de catalyseurs qui se répètent tout au long de la vie:

> Vous ne pouvez vraiment pas faire d'erreurs, car quel que soit le chemin vers lequel vous vous tournez, vous y rencontrez à nouveau vos catalyseurs, encore et encore, jusqu'à ce que vous les reconnaissiez, les aimiez et les dépassiez. Vous êtes des rois et des reines, des gouvernants de vous-mêmes, tous royaux. Rappelez-vous qui vous êtes; rappelez-vous les droits que vous avez à la

---

[342] Q'uo, transcription du 9 septembre 1999, p. 5

[343] Q'uo, transcription du 3 janvier 1999, p. 5

[344] Q'uo, transcription du 5 février 1995, p. 3

naissance, et rappelez-vous que vous vivez dans une démocratie spirituelle où toutes les entités sont précisément, mathématiquement, égales. Les différences à l'intérieur de l'illusion sont issues de l'utilisation de votre volonté au travers de la foi[345].

Malheureusement, très souvent les catalyseurs nous prennent encore par surprise:

> Tout ce que vous percevez semble être perçu consciemment. Ce n'est pas une supposition correcte. Tout ce que vous percevez est perçu inconsciemment comme catalyseur. Au moment, disons, où le mental entame son appréciation du catalyseur, ce catalyseur a été filtré par le voile, et dans certains cas beaucoup est voilé dans la perception apparemment la plus claire[346].

Nous pouvons donc planifier de nous trouver dans un catalyseur, le reconnaître et désirer travailler dessus. Ceux de Q'uo suggèrent que nous nous souvenions de la manière dont fonctionne un catalyseur lorsque nous sommes en plein dedans:

> Lorsque dans une situation confuse vous parvenez à un rappel, à un souvenir de la manière dont fonctionnent les catalyseurs, du processus dont vous faites partie, vous réussissez mieux à accomplir sans heurts, avec grâce et coopération le travail qui vous attend, sans vous condamner vous-même ni autrui, et pardonnant complètement ce que cette densité d'expérience confère à chaque citoyen sensible de l'éternité[347].

Ils nous suggèrent de ne pas essayer de les éviter:

> Celui qui croit qu'en changeant la situation il va changer son expérience fait erreur car les leçons que chacun est venu apprendre sont pour chacun, disons, une liste de priorités. Lorsqu'un catalyseur se présente à un chercheur, il est certain qu'il y a là une leçon liée à l'apprentissage de la nature de l'amour, et ce travail qui sera effectué par l'intermédiaire du catalyseur sera bénéfique et vous rendra plus riche en expérience et plus proche de la conscience de l'amour[348].

Je pense que 'souffrance' peut être considéré comme un synonyme de 'catalyseur':

---

[345] Q'uo, transcription du 14 mai 1989, p. 10

[346] *La Loi Une*, Livre IV, séance 93 §20

[347] Q'uo, transcription du 21 mars 1999, p. 4

[348] Q'uo, transcription du 16 novembre 1986, p. 6

CHAPITRE V: NOTRE 'SOI' ENERGETIQUE ET NOTRE MANIERE D'EVOLUER

> La souffrance, le questionnement, le doute, la douleur et l'angoisse dont vous faites tous l'expérience, sont là pour une seule raison: vous vider et vous faire focaliser sur cette vacuité afin qu'elle soit prête à recevoir[349].

Toutefois, ces souffrances constituent une voie qui indique sa propre sortie:

> La voie de la douleur est une voie dont pratiquement tous font l'expérience, quasiment tout le temps, dans une incarnation. La détresse, la colère, le chagrin, tous les états émotionnels et mentaux inconfortables créent une nécessité de chercher des moyens de soulagement. Les limitations sont là parce que la nature du choix est telle que l'illusion de surface peut être vue par le chercheur comme une illusion. Et c'est par l'inconfort croissant des catalyseurs, des pertes et des limitations que l'esprit contrarié est finalement alerté au besoin de discipline[350].

La discipline dont il est question est décrite en détail au chapitre sept, dans la section traitant du travail métaphysique.

Le partenaire des catalyseurs est l'expérience. Si les catalyseurs sont quelque chose que nous rencontrons sans en être conscients, l'expérience est ce que nous obtenons de la récolte de ces catalyseurs, plus le travail que nous accomplissons en élaborant nos réactions à ces catalyseurs. À mesure que nous poursuivons notre route nous constatons que la règle des 180 degrés formulée par Don est bien utile: «ce qui semble être mauvais est bon»:

> À mesure que le chercheur acquiert de l'expérience, il découvre que la vue du monde matériel, excellente pour les choses de l'univers physique, peut mentir si la vue physique est considérée comme égale à celle de l'esprit. Le 'soi' spirituel évalue une situation où toutes les choses matérielles sont obtenues en abondance, et est capable d'y voir les déséquilibres, les manques et les faims qui se trouvent juste en dessous de la surface de l'illusion et qui changent fortement la vérité qui est vue. Le 'soi' spirituel voit les richesses du monde comme de la pauvreté et voit l'esprit dénudé et vulnérable dans toute sa pauvreté comme de la richesse. L'œil spirituel voit des concepts comme la mort, les limitations, l'urgence, les catastrophes, la peur et la terreur comme des choses qui ne sont pas nécessairement mauvaises. Pour le 'soi' spirituel, les

---

[349] Q'uo, transcription du 16 mars 1997, p. 4
[350] Q'uo, transcription du 19 juin 1994, p. 3

CHAPITRE V: NOTRE 'SOI' ENERGETIQUE ET NOTRE MANIERE D'EVOLUER

richesses se trouvent dans chaque circonstance, et probablement davantage dans celles qui sont perçues comme négatives que dans celles qui sont perçues comme positives par le 'soi' physique[351].

Ce renversement d'attitude et cet embrassement de la souffrance impliqués dans le traitement des catalyseurs fait renaître l'enfant intérieur du chercheur:

> C'est ainsi que vos expériences deviennent des parties de vous, et à mesure que vous progresserez dans votre voyage de recherche vous découvrirez que ce mélange d'expériences se produit le plus facilement quand il y aussi peu de résistance et autant de vulnérabilité que vous pouvez en supporter et accepter durablement à l'intérieur de vous. Il n'est pas facile de se mettre au milieu des eaux tourbillonnantes du changement, car il est aisé de croire que l'on va se noyer ou être emporté vers le rivage d'un lieu lointain ou inconnu du 'soi' présent. Cependant, nous pouvons assurer à chacun d'entre vous que vous avez placé dans vos modèles incarnationnels les opportunités de renaissance de ce 'soi' enfant qui rit avec allégresse de tous les catalyseurs qu'il perçoit, voyant le monde comme un lieu dans lequel existent une infinité d'occasions d'expérience et d'enthousiasme[352].

À ce 'soi' enfant l'expérience apporte joie et amour:

> Pourquoi se réjouir? Pourquoi remercier et louanger? Parce que la plus grande des énergies est toujours la même: l'amour est toujours la puissance invincible et le Créateur. Quelle que soit l'expérience, la louange, la joie et la gratitude sont appropriées. Lorsque, ne serait-ce que pendant un moment, on peut voir et sentir la vérité de l'amour par-dessus toute chose, alors la guérison se multiplie véritablement[353].

Un des aspects du travail sur les catalyseurs où nous sommes très peu doués est le refoulement mental de nos souffrances. Cela peut conduire à la maladie:

> **INTERVIEWEUR:** Je vais exprimer ce que je comprends, et je vous demanderai si j'ai raison. Il y a ce que j'appellerai un catalyseur physique, qui agit en tout temps sur les entités de troisième densité. Je présume que cela opère approximativement de la même manière en deuxième densité. C'est un catalyseur qui agit au travers de ce

---

[351] Q'uo, transcription du 17 septembre 1995, p. 3
[352] Q'uo, transcription du 25 avril 1993, p. 10
[353] Q'uo, transcription du 13 février 1994, p. 7

que nous appelons souffrance et émotion. Est-ce que la raison primordiale de l'affaiblissement du corps physique et de l'élimination de la pilosité corporelle, etc., n'est pas que ce catalyseur doit agir plus fortement sur le mental et ainsi créer le processus d'évolution.

RA: Je suis Ra. Ce n'est pas entièrement exact, bien qu'étroitement associé aux distorsions de notre compréhension.

Considérez, si vous voulez, l'arbre par exemple. Il se suffit à lui-même. Considérez, si vous voulez, l'entité de troisième densité. Elle ne se suffit à elle-même qu'au travers de difficultés et de privations. Il est difficile d'apprendre seul car il y a un handicap structurel, à la fois la grande vertu et le grand handicap de la troisième densité. C'est le mental rationnel/intuitif.

Ainsi, l'affaiblissement du véhicule physique, comme vous l'appelez, a été conçu pour faire pencher les entités vers une prédisposition à interagir les unes avec les autres. Dès lors, les leçons qui approchent une connaissance de l'amour peuvent commencer.

Ce catalyseur est alors partagé entre les peuples comme une partie importante du développement de chaque 'soi' ainsi que des expériences du soi dans la solitude, et la synthèse de toute l'expérience au travers de la méditation. Le moyen le plus rapide d'apprendre est de fréquenter les autres 'soi'. Ceci est un bien plus grand catalyseur que de ne fréquenter que soi-même. S'occuper du soi sans autrui équivaut à vivre sans ce que vous appelleriez des miroirs. Alors le soi ne peut pas percevoir les fruits de son actualité[354]. Ainsi, chacun peut aider chacun par réflexion. C'est aussi une des raisons premières de l'affaiblissement du véhicule physique, ainsi que vous appelez le complexe physique[355].

Kathy Braden se réjouit de son libre arbitre lorsqu'elle décide de travailler sur les catalyseurs au travers des relations:

Certains disent que nous choisissons, avant d'entrer dans une vie donnée, notre parcours auprès des gens qui seront nos parents, les circonstances de notre naissance, les gens avec qui nous partagerons notre vie dans ce cycle établi par notre 'soi' supérieur lorsque nous choisissons d'entrer dans le monde pour une leçon en particulier, mais il reste le choix de créer jour après jour la réalité

---

[354] Original: 'beingness' (NdT)
[355] La Loi Une, Livre I, séance 19 §13

de notre expérience de vie. Je ne peux pas imaginer de plus beau cadeau que ce libre arbitre[356].

Les relations sont nos plus grands instructeurs: elles nous offrent du grain à moudre:

> Les choses qui vous bouleversent le plus chez les autres sont les choses qui vous reflètent vous, et dans ces choses vous pouvez voir une vision distordue de ce qui se passe en vous. Dès lors, chaque relation est comme un miroir dans le temps, qui vous accompagne tout au long de la rivière en vous montrant votre propre visage d'une manière déformée qui peut vous fournir des catalyseurs de sorte que vous puissiez travailler sur le 'soi'[357].

Il est facile de voir alors que de bons amis et compagnons sont précieux, car ils travailleront sur leurs propres catalyseurs et expériences de façons que nous pourrons comprendre et partager:

> Au cours d'un tel voyage il est bon de pouvoir voyager avec un compagnon qui désire des choses semblables et qui souhaite par dessus tout faire avec vous ce voyage de recherche, d'apprentissage et de service, car ceux qui sont animés d'un même mental trouveront plus sûrement dans les catalyseurs des indices qui montrent la direction de l'étape suivante, et ceux qui voyagent ensemble feront une expérience unique de leurs catalyseurs et de leur gestion de ceux-ci, l'un utilisant peut-être l'intensité de l'expérience à un moment pendant que l'autre passe par moins d'intensité, de sorte qu'il peut y avoir de l'aide de l'un à l'autre[358].

Un dernier petit conseil: «soyons juste nous-mêmes»:

> Pour une entité qui utilise les catalyseurs de la vie quotidienne, ceux qui sont les plus utiles sont les pensées, paroles ou actes spontanés et non préparés qui aboutissent à leur conclusion logique ou appropriée, et qui sont ensuite analysés de manière consciente et utilisés en état de méditation, de sorte que tout parti pris non considéré comme correspondant aux plus hauts idéaux du chercheur peut être observé et noté pour référence future, de manière à ce que la leçon qui s'est concrétisée puisse être clarifiée

---

[356] Kathy Braden, lettre du 9 février 1999
[357] Laitos, transcription du 18 janvier 1989, p. 1
[358] Q'uo, transcription du 28 mai 1989, p. 11

et qu'un certain assortiment d'actions puisse être associé à cette leçon[359].

La vie se charge de nous mettre et remettre le nez sur la meule en nous offrant les catalyseurs qui attireront notre attention et nous donneront du travail à accomplir: il s'agira de transmuer les catalyseurs bruts en expériences lustrées. Ce tamisage des données entrantes pour trouver les joyaux de la vérité et de la vie est du travail archétypal que nous aurons à faire chaque jour de notre vie, au mieux de nos capacités en tant qu'esprits utilisant la troisième densité. Je souhaite à chacun d'entre nous un esprit revitalisé et un grand appétit pour pouvoir avaler tout cela! Cette planète est un endroit magnifique, mais nous sommes prêts à aller plus loin, et c'est ainsi que nous pourrons passer à des leçons plus agréables! En plein cœur de l'action!

---

[359] Q'uo, transcription du 14 mai 1989, p. 16

CHAPITRE VI: UN PEU DE COSMOLOGIE

Les densités d'expérience

Les densités d'expérience sont une série d'environnements allant de la première à la septième densité, les densités successives fonctionnant de manière à nous offrir des matériaux permettant l'évolution de notre corps, de notre mental et de notre esprit. Chaque densité ou degré a des plans intérieurs ou de pensée, et des plans extérieurs ou physiques. Présentement, nous sommes supposés être en troisième densité. Mais qu'est-ce exactement qu'une densité? Différentes disciplines utilisent ce mot de différentes manières. La définition que donnent les dictionnaires d'une densité c'est «la qualité de ce qui est dense, de ce qui est fait d'éléments nombreux et serrés, contient beaucoup de matière par rapport à l'espace occupé[360]». En physique c'est le «Rapport qui existe entre la masse du volume d'un corps et la masse du même volume d'un corps de référence (eau pour les corps solides et liquides, air pour les corps gazeux), dans les mêmes conditions de température et de pression[361]». Bruce Peret, un spécialiste digne de confiance de Ra/Larson, fait une distinction entre les plans de la pensée et les plans extérieurs:

> Ce que j'ai compris des *Transmissions Ra* c'est qu'une densité mesure la complexité générale d'une structure, forme ou entité dans un sens temporel plutôt que spatial. Pour utiliser les mots employés par Ra, la densité d'un objet est la «taille de temps/espace» qu'il occupe, tandis que le volume est la «taille d'espace/temps» qu'il occupe[362].

Bruce utilise les termes de Ra 'espace/temps' pour qualifier l'univers physique, et les termes de Ra 'temps/espace' pour qualifier l'univers métaphysique ou cosmique. Il dit qu'il ne croit pas que le terme 'densité' utilisé par le groupe Ra fasse référence à l'univers normal, physique, mais bien à l'univers métaphysique qui interpénètre notre monde physique. Puisque j'ai le sentiment que nous tous qui sommes spirituellement éveillés sommes devenus des citoyens de l'univers métaphysique ou intérieur, cette distinction signifie que nous voyons une densité comme

---

[360] http://www.cnrtl.fr/lexicographie (NdT)

[361] http://www.cnrtl.fr/lexicographie (NdT)

[362] Bruce Peret, lettre du 20 mars 2000

une mesure métaphysique de la lumière. Et Bruce ajoute que ces densités ou quanta de lumière ne représentent pas du tout la même lumière:

> Les mystérieux domaines de lumière auxquels Ra fait allusion sont trompeurs car la 'lumière' est un peu plus complexe dans les densités supérieures qu'ici dans la troisième, celle qui nous est familière. Un photon de troisième densité n'est pas la même chose qu'un photon de sixième densité. Il y a plus qu'une simple différence de fréquences[363].

Dans chacune des densités de la Création, les particules contiennent une certaine densité de lumière. Plus élevée est cette densité, plus y regorge de lumière un rayon lumineux ou un photon. Plus condensée est la lumière et plus est abondante l'énergie intelligente qui s'y trouve. Voici ce que ceux de Q'uo ont à dire des densités supérieures:

> En lui-même, le mot 'densité' est trompeur car il suggère d'une certaine façon que chaque densité qui suit la précédente est plus pâle ou frêle. C'est cependant l'opposé qui est vrai car dans chaque densité plus élevée que la précédente il y a une plus forte densité de lumière[364].

Bruce ajoute:

> Vos 'densités' sont en fait des groupes de niveaux de complexité. La première densité est la forme la plus simple, la matière inanimée, le 'corps'. Lorsqu'un 'mental' se joint à un 'corps' en un complexe corps/mental, alors est atteinte la deuxième densité, et nous la voyons comme des formes de vie simples, les végétaux. Lorsque l' 'esprit' entre en scène, nous avons notre existence, le complexe mental/corps/esprit: la troisième densité (trois composantes reliées), le monde animal, une entité très complexe. Voilà comment l'évolution augmente la complexité. Et la 'densité' est une mesure de la complexité. Pour le dire simplement, plus il y a d' 'ingrédients' dans la soupe de dimensions interagissant pour former une entité, plus complexe devient la recette, et donc plus haute devient sa 'densité'. Et Ra a une cuisine assez simple, de seulement sept ingrédients majeurs: les sept dimensions constituant les densités de un à sept[365].

Ainsi donc, notre lumière de troisième densité a trois aspects ou dimensions dans ses photons, que Bruce nomme lumière du corps,

---

[363] Bruce Peret, lettre du 20 mars 2000
[364] Q'uo, transcription du 13 avril 1997, p. 2
[365] Bruce Peret, lettre du 20 mars 2000

lumière du mental et lumière de l'esprit, et que moi je nommerais lumière de l'être, lumière de conscience et lumière de conscience de soi. Dans chacune des densités successives, la lumière contient les caractéristiques des densités précédentes et elle les intègre dans la signature dimensionnelle du nouveau photon. Ce qu'ajoute la quatrième densité est alors la lumière d'amour; le cinquième ingrédient est la lumière de compréhension; la sixième densité, la lumière d'unité; et la septième densité ajouterait la lumière d'accomplissement ou lumière du portail ouvrant sur l'infini intelligent. En résumé, tous ces ingrédients sont de la lumière, l'élément constitutif fondamental de chaque densité étant le photon correspondant à cette densité. La très intéressante lettre de Bruce concernant les densités telles qu'utilisées par Ra, comprend cette pensée très provocante qui place dans le temps/espace notre mental ou conscience qui survit à la mort du corps, ce qui fait dès lors de nous des entités métaphysiques dans le temps/espace ou secteur métaphysique:

> Lorsqu' j'ai commencé à utiliser les *Transmissions Ra* pour élargir la physique larsonnienne, une des choses que j'ai découvertes est que le temps/espace que Larson qualifie de 'secteur cosmique' est ce que Ra nomme le mental dans le complexe corps/mental/esprit, le corps étant de l'espace/temps. Dès lors, sa 'densité' se réfère à la capacité du mental, par rapport à la capacité du cerveau physique[366].

Ici, j'utiliserais le terme de 'conscience' plutôt que celui de 'mental' pour faire une différence entre le bon vieux cheval de trait qu'est le cerveau physique et l'éternel et métaphysique mental qui devient le Créateur à mesure qu'il se réalise à travers ces densités. Don a cherché à comprendre la nature des densités quand il a posé la question qui suit:

> **INTERVIEWEUR:** […] Comme je comprends, la cinquième densité est composée de vibrations atomiques centrales qui sont dans le spectre du rouge, ensuite dans celui de l'orange, etc. Dois-je comprendre que les vibrations au cœur de notre planète sont toujours dans le rouge et que les êtres de deuxième densité y sont toujours dans l'orange à ces espace/temps ou temps/espace-ci, et que chaque densité telle qu'elle existe sur notre planète actuellement a une vibration centrale différente, ou bien n'est-ce pas le cas?
>
> **RA:** Je suis Ra. Cela est précisément le cas[367].

---

[366] Bruce Peret, lettre du 20 mars 2000
[367] *La Loi Une*, Livre III, séance 62 §27

Donc, implicitement l'on peut se rendre compte qu'il y a dans notre Création sept densités, divisées, comme le sont nos centres énergétiques, en termes descriptifs utilisant les couleurs de l'arc-en-ciel: du rouge au violet. La première densité est du rouge, la deuxième densité de l'orange, la troisième densité du jaune, la quatrième densité du vert, la cinquième densité du bleu, la sixième densité de l'indigo, et la septième densité du violet. Notre planète est activée en ce moment dans les densités rouges, orange et jaunes, puisque nous sommes d'une planète de troisième densité, bien que dans cette troisième densité nous ayons dans chacun de nos corps tous les sept des centres énergétiques qui correspondent à toute la gamme des plans intérieurs et extérieurs de la Création. Don va un peu plus loin dans son exploration:

> **INTERVIEWEUR:** Alors, à mesure qu'arrivent les vibrations de quatrième densité, cela signifie que la planète peut supporter des entités de vibration centrale de quatrième densité. Est-ce que la planète sera alors toujours de vibration centrale de première densité, et est-ce qu'il y aura sur la planète des entités de deuxième densité avec des vibrations de deuxième densité, et y aura-t-il des entités de troisième densité avec des vibrations de troisième densité? [...]
>
> **RA:** Vous devez voir la Terre, comme vous la nommez, comme étant sept Terres. Il y a la rouge, l'orange, la jaune, et il y aura bientôt un *locus* vibratoire complet pour les entités de quatrième densité, qui le nommeront 'Terre'. Au cours de l'expérience de quatrième densité, à cause du manque de développement d'entités de quatrième densité, la sphère planétaire de troisième densité ne sera pas utile pour l'habitation puisque l'entité du début de quatrième densité ne saura pas précisément comment préserver l'illusion que la quatrième densité ne peut pas être vue ou identifiée à partir de tout instrument disponible à toute troisième densité.
>
> Ainsi donc, en quatrième densité les *nexi* énergétiques rouge, orange, et vert de votre planète seront activés tandis que le jaune sera en potentialité, en même temps que le bleu et l'indigo[368].

Peut-être faudra-t-il attendre des centaines d'années avant que cette transition soit complète, de sorte que j'imagine que les premiers citoyens de la Terre de quatrième densité seront très spéciaux, en ce sens qu'il

---

[368] *La Loi Une*, Livre III, séance 62 § 28-29

Chapitre VI : Un peu de cosmologie

sauront comment rester invisibles et cachés à la vue des populations de troisième densité qui resteront pendant un certain temps.

La première densité est la densité élémentale de la terre, de l'air, du vent et du feu. Elle commence dans l'intemporalité qu'elle partage avec la densité finale de la Création qui a précédé celle-ci, et ce n'est que vers la fin de la première densité que la création, le temps et l'espace tels que nous les connaissons, se forment à partir du tourbillon d'énergie indifférenciée. Nos océans, nos cieux et nos montagnes expriment la fin de la première densité. La deuxième densité voit l'avènement d'entités mobiles telles que les amibes, les végétaux et les animaux. Cette densité se caractérise par le mouvement vers la lumière, et les formes de vie se tournent littéralement vers cette lumière pour se renouveler et se régénérer. C'est une densité d'intelligence d'une certaine sorte, mais non pas de prise de conscience de soi. La troisième densité, dans laquelle nous avons le plaisir de nous trouver en ce moment, est la première densité où les entités ont conscience d'elles-mêmes, et dont les citoyens commencent à rechercher les leçons d'amour en faisant leurs choix initiaux quant à leur voie ou style de recherche, et en réalisant cet amour. La quatrième densité est la densité de l'amour ou de la compréhension, et ses citoyens cherchent à parfaire cette connaissance et entament les leçons de sagesse. La sixième densité est la densité de l'unification, où l'équilibre entre amour et sagesse est cherché et trouvé. Dans cette densité disparaît la séparation des voies négative et positive qui commence avec le choix fait en troisième densité, car en sixième densité les entités réalisent qu'elles ne peuvent pas aller plus loin si elles n'acceptent pas pleinement que toutes les entités sont une dans le Créateur, et elles changent leur polarité d'un seul coup. La septième densité est la densité de l'éternité. Ici, les entités conscientes d'elles-mêmes achèvent toutes les leçons de toutes les sortes et sont ensuite ré-attirées par la gravitation spirituelle dans le Créateur non potentialisé, puis cette densité passe à l'intemporalité dans laquelle a commencé la première densité.

Ceux de Q'uo nous éclairent sur les buts des densités de un à trois:

> Chaque densité a ses raisons d'être. Maintenant, nous voudrions préfacer cette ligne de pensée en soulignant que ce qui paraît être une progression de densités est un artifice de temps et d'espace, et ne constitue pas la vérité la plus profonde du cosmos et de sa structure. Dans une réalité plus profonde ou, dirons-nous, une illusion moins épaisse, tout le temps et l'espace ne font qu'un, et dès lors en tant qu'entité chaque chercheur travaille simultanément sur toutes les densités et sous-densités. Cependant, dans l'incarnation il y a le temps, il y a l'espace et il y a progression.

C'est pourquoi nous utilisons le concept des densités pour indiquer quelles leçons sont apprises en premier, quelles leçons forment les bases d'autres leçons. En première densité, la leçon est simplement la conscience. En deuxième densité, la leçon implique l'orientation vers la lumière, le début des choix. Dans la troisième densité dont vous bénéficiez en ce moment, la leçon est d'apprendre comment aimer et comment accepter l'amour. Ces leçons sont les deux côtés d'une même médaille: celle de l'amour. Vous êtes entrés dans cette expérience incarnationnelle parce que vous avez senti qu'il y avait de la marge pour améliorer votre compréhension de l'amour. Maintenant, il y a d'autres raisons qui vous font souhaiter venir à cette époque-ci: elles ont trait au service à cette planète et à ses peuples en ce temps de transformation à l'échelle planétaire. Mais chacun a également des leçons à apprendre, et nous voudrions donc nous concentrer sur l'essence fondamentale du 'soi' tel qu'elle peut être vécue d'une manière durablement utile pendant l'incarnation[369].

Il est intéressant de voir les densités comme des artifices d'espace/temps ou réalité physique. L'on peut supposer qu'il y a encore d'autres octaves d'expérience après la Création actuelle, chacune contenant ces sept densités, mais à une octave de vibration plus haute. Ainsi, comme le fait remarquer Ed Weigel, elles n'ont pas de fin:

> Comme je le comprends, le processus qui se déroule ici ne se termine pas ici. Notre évolution est un processus sans fin[370].

Ces densités, bien que subtiles, ne sont pas séparées au point que nous ne pourrons pas avoir accès à celles dont nous ne profitons pas pour le moment:

> **INTERVIEWEUR:** Est-ce qu'il y a eu d'autres circonstances, inclinations, conséquences ou plans élaborés par le Logos, à part ceux dont nous avons discuté, pour l'évolution de Ses parties au travers des densités?
>
> **RA:** Je suis Ra. Oui.
>
> **INTERVIEWEUR:** Mais encore?
>
> **RA:** Je suis Ra. Encore une autre, c'est-à-dire la perméabilité des densités, de manière à ce qu'il puisse y avoir de la communication

---

[369] Q'uo, transcription du 29 octobre 1995, p. 1-2
[370] Ed Weigel, lettre du 27 novembre 1996

de densité à densité et de plan à plan, ou de sous-densité à sous-densité[371].

Puisque notre système énergétique est compatible avec les caractéristiques énergétiques de plans intérieurs ou de densités extérieures qui sont supérieures, cela signifie que nous avons un potentiel de totale liberté de mouvement, métaphysiquement parlant. Don tente de se faire une idée claire de notre place dans le schéma global:

> **INTERVIEWEUR:** Je voudrais savoir quelle est l'origine des complexes mental/corps/esprit, en remontant en arrière autant que nécessaire. Comment sont-ils engendrés? Est-ce qu'ils sont engendrés par l'esprit qui forme le mental et le mental qui forme le corps? Pouvez-vous me dire cela?
>
> **RA:** Je suis Ra. Nous vous demandons de considérer que vous êtes en train d'essayer de suivre la trace de l'évolution. Cette évolution est comme nous l'avons décrite précédemment: la conscience étant en premier, dans la première densité, sans mouvement, une chose aléatoire. Si vous pouvez ou non appeler cela un complexe mental ou corporel, cela est un problème sémantique. Nous l'appelons complexe mental/corps en reconnaissant toujours que dans le plus simple iota de ce complexe existe dans sa totalité le Créateur infini unique; ce complexe mental/corps alors en deuxième densité découvre la croissance et l'aspiration à la lumière, éveillant ainsi ce que vous pouvez appeler le complexe esprit, celui qui intensifie le spiralement vers le haut, vers l'amour et la lumière du Créateur infini.
>
> L'addition de ce complexe esprit, bien qu'apparente plutôt que réelle puisqu'il existe potentiellement depuis le début de l'espace/temps, lui permet de se perfectionner lui-même par l'entrée en troisième densité. Quand le complexe mental/corps/esprit devient conscient de la possibilité de Service de soi ou de Service d'autrui, alors le complexe mental/corps/esprit est activé[372].

Nous pouvons commencer à nous faire une idée plus précise de notre propre complexité ici, et de notre chemin d'évolution. Nous commençons comme des élémentaires; nous croissons pour devenir des créatures de deuxième densité, et arrivons au début de notre conscience de nous-mêmes en tant qu'âmes ou êtres spirituels dans notre présente densité d'expérience. Les densités se prolongent pendant des âges:

---

[371] *La Loi Une*, Livre IV, séance 90 § 24-25

[372] *La Loi Une*, Livre II, séance 30 §5

CHAPITRE VI: UN PEU DE COSMOLOGIE

INTERVIEWEUR: Pourriez-vous me donner une idée de la longueur des première et deuxième densités telles qu'elles se sont produites sur cette planète?

RA: Je suis Ra. Il n'y a pas de méthode d'estimation du temps/espace avant que l'intemporalité ne disparaisse de votre première densité. Jusqu'aux débuts de votre temps, la mesure est immense, et cependant cette immensité est sans signification. Dès l'entrée dans l'espace/temps construit, votre première densité a franchi un pont d'espace/temps et de temps/espace de peut-être deux milliards de vos années.

La deuxième densité est plus facile à estimer et représente votre plus longue densité en termes d'étendue d'espace/temps. Nous pouvons estimer ce temps à approximativement 4,6 billions d'années. Ces approximations sont extrêmement grossières étant donné le développement quelque peu inégal qui est la caractéristique des Créations construites sur les fondations du libre arbitre[373].

Les densités de quatre à sept sont également très longues. Mais notre troisième densité est extrêmement courte, toutes proportions gardées. C'est parce qu'en troisième densité il y a un but particulier, un choix unique, essentiel à faire et à asseoir ensuite solidement dans la conscience. Pour compléter certains détails, Don a posé de nouvelles questions concernant les deuxième et troisième densités:

INTERVIEWEUR: Ensuite il y a eu ici des entités de deuxième densité avant les dernières 75 000 années. De quel type étaient ces entités?

RA: Je suis Ra. La deuxième densité est la densité de la vie végétale supérieure et de la vie animale qui existe sans pulsion vers le haut, vers l'infini. Ces êtres de deuxième densité sont d'une octave de conscience, tout comme vous trouvez diverses orientations de conscience parmi les entités de votre vibration.

INTERVIEWEUR: Est-ce que certaines de ces entités avaient des formes comme les nôtres —deux bras, deux jambes, une tête, et marchant debout sur deux pieds?

RA: Je suis Ra. Les deux niveaux les plus élevés des niveaux sub-vibratoires des êtres de deuxième densité, avaient une configuration de bipèdes, comme vous l'avez mentionné.

---

[373] *La Loi Une*, Livre II, séance 76 §13

CHAPITRE VI: UN PEU DE COSMOLOGIE

Cependant, le mouvement de redressement dont vous faites l'expérience n'avait pas été effectué totalement chez ces êtres qui avaient tendance à se pencher vers l'avant, et qui quittaient à peine une position de quadrupède.

INTERVIEWEUR: D'où provenaient ces êtres? Etaient-ils un produit de l'évolution telle qu'elle est comprise par nos hommes de science? Ont-ils évolué à partir du matériau originel de la Terre dont vous avez parlé?

RA: Je suis Ra. C'est exact.

INTERVIEWEUR: Est-ce que ces êtres évoluent ensuite de la deuxième densité vers la troisième?

RA: Je suis Ra. Cela est exact, bien qu'il ne puisse être donné de garantie quant au nombre de cycles qu'il faudra à une entité pour apprendre les leçons de prise de conscience de soi, qui sont les pré-requis à la transition vers la troisième densité[374].

1

INTERVIEWEUR: Alors comment est-ce que la deuxième densité progresse vers la troisième?

RA: Je suis Ra. La deuxième densité aspire à la troisième densité qui est la densité de la conscience de soi ou prise de conscience de soi. Cette inclination a lieu par l'intermédiaire des formes de deuxième densité qui sont investies par des êtres de troisième densité ayant une identité dans la mesure où elles deviennent des complexes mental/corps conscients de soi, devenant ainsi des complexes mental/corps/esprit et entrant en troisième densité, la première densité où il y a conscience de l'esprit[375].

Il semble merveilleux d'être une créature de deuxième densité, et je crois que notre corps reste une entité de deuxième densité, une entité qui s'est abandonnée à la conscience implantée en elle au cours de processus de la naissance, et au développement de cette conscience pendant l'incarnation. Une des caractéristiques de cette troisième densité est son inébranlable nature sociale:

> L'essence de l'apprentissage/enseignement et de l'enseignement/apprentissage de troisième densité est qu'il y a d'autres 'soi', avec lesquels on doit établir des relations en

---

[374] *La Loi Une*, Livre I, séance 9 §15-17
[375] *La Loi Une*, Livre I, séance 13 §21

> choisissant le mode de ces relations avec autrui. Le choix de la polarité est d'abord reconnu et puis il est fait. Le véhicule de troisième densité a été conçu pour fonctionner uniquement dans ce que vous pouvez appeler la famille. À lui tout seul il n'est pas possible de se reproduire et de créer de la nouvelle vie. Sans la collaboration d'autres 'soi' votre propre 'soi' est incapable de subvenir à tous ses besoins. L'essence de ce que vous pouvez appeler l'humain est un besoin absolu de relations avec d'autres 'soi'[376].

Il se peut que nous ayons déjà remarqué une tendance prononcée, chez les gens des villes spécialement mais chez les gens en général, à se replier sur eux-mêmes, et chez les pèlerins errants à rester de réels solitaires. La plupart d'entre nous ne relèvent pas nos très réels défis sociaux et écologiques! La socialisation, et encore plus l'activisme, exige un temps d'engagement qui ne paraît pas possible. Et cependant, nous avons un globe plein d'autres 'soi' avec lesquels nous pouvons entrer en communion spirituelle, sociale et écologique.

> **INTERVIEWEUR:** Alors, il semble que la troisième densité, par rapport au reste des densités, toutes les densités, n'est rien d'autre qu'une courte période de ce que nous considérons comme le temps, et correspond à l'objectif de ce choix. Est-ce exact?
>
> **RA:** Je suis Ra. Cela est précisément exact. Le prélude au choix doit comprendre la mise en place des fondations, l'établissement de l'illusion, et la viabilité de ce qui peut être rendu spirituellement viable. Le reste des densités est un affinement continu du choix. Il est aussi fortement 'allongé', comme vous utiliseriez ce terme. Le choix est, comme vous dites, l'ouvrage d'un instant, mais c'est l'axe sur lequel tourne la Création[377].

Quelle est la nature de ce choix?

> Tout ce nexus vibratoire que vous appelez troisième densité est celui dans lequel vous faites le choix fondamental que chacun de vous a déjà fait: celui d'être au Service d'autrui et de mener une vie de foi. Votre contribution de base est de vivre dans la foi; elle n'est pas d'être heureux ou mélancolique ou utile ou productif, mais d'être une certaine sorte d'entité, une entité capable de briller au

---

[376] Q'uo, transcription du 1ᵉʳ mai 1994, p. 2
[377] *La Loi Une*, Livre IV, séance 76 §16

travers des fenêtres des yeux et du sourire sur les lèvres, avec la lumière du Créateur infini unique[378].

J'aime cette image du Créateur qui brille à travers notre visage lorsque nous sourions avec une chaleur véritable. Souvent, je peux sentir l'énergie qui se déverse en moi lorsque je me trouve simplement au jardin ou que je parle avec quelqu'un, ou que j'écris comme en ce moment. Voici une idée quelque peu compliquée présentée par le principe ou groupe Q'uo:

> La troisième densité repose entièrement sur quelque chose qui est décrit comme une erreur, c'est-à-dire un choix de connaître le bien et le mal, et de mourir de ce fait. Tout l'environnement de troisième densité est nécessairement fondé sur des dynamiques opposées et le choix pour ou contre le rayonnement de la vie et de la mort, opposé à celui de l'attraction magnétique de la vie et du rejet craintif de la mort. Il peut sembler que ce choix de vivre ou de mourir, d'être imparfait et de devoir choisir entre des essences imparfaitement intégrées soit un choix insensé, mais c'est cet environnement-là qui crée les conditions de mise à l'épreuve nécessaires à la croissance et à l'apprentissage de ce qui en chacun peut être appelé le chercheur ou le 'soi' supérieur, c'est-à-dire le 'soi' qui aspire à entrer de plus en plus dans l'énergie rayonnante du Créateur unique[379].

Après ce processus de travail au cours de l'incarnation en troisième densité arrive le passage de densité. Certains sentent qu'ils y sont prêts, d'autres non:

> L'idée de passer de la troisième densité à la quatrième et au-delà paraît être une attente raisonnable. Bien que je considère le paradigme du passage comme un événement heureux, il fait tout de même partie d'un événement à plus grande échelle. Vivre dans l'idée que tout cela fait un est une pratique intéressante et stimulante[380].

1

> Je vais à la librairie et la quantité impressionnante d'ouvrages sur l'illumination me met je pense dans une sorte d'état de choc, parce que quelque part j'ai le sentiment que je n'ai plus le temps. Je l'ai gaspillé. Ce qui fait courir mon horloge ce sont toutes ces

---

[378] Q'uo, transcription du 28 mai 1989, p. 4
[379] Q'uo, transcription du 28 février 1993, p. 1-2
[380] Max Zbitnoff, lettre du 17 mars 1999

informations qui sortent concernant les entités de troisième densité par rapport à la réalité de quatrième densité qui s'approche. Je me sens décontenancé au point de souhaiter aller ramper dans un trou et ne jamais en sortir. Comment puis-je, comment n'importe-qui peut-il, être certain de son évolution?? Comment quiconque peut-il avoir la certitude qu'il va réussir à passer en quatrième densité[381]?

Mais la moisson a déjà commencé sur la planète Terre, et lorsque chacun meurt, il monte ces marches de lumière:

> Tout comme tous les autres natifs, les missionnés auront à monter les marches de lumière lorsque l'expérience incarnationnelle sera arrivée à son terme et, tout comme tous les autres natifs de la Terre, si les marches sont montées jusqu'à un point de confort en troisième densité, ce missionné ne retournera plus dans non nexus vibratoire d'origine mais poursuivra en troisième densité jusqu'à ce que le passage ait été effectué[382].

C'est par ce processus que nous espérons pouvoir entrer en quatrième densité après avoir réussi notre passage. La Terre deviendra une planète de quatrième densité positive, sa troisième densité disparaissant peu à peu, naturellement, au fil d'un certain nombre de siècles. Jusqu'à ce que l'humanité de troisième densité ait complètement disparu, la quatrième densité restera invisible à ceux de la troisième densité, même si les plans s'interpénètrent:

> **INTERVIEWEUR:** Est-ce qu'une entité de quatrième densité est normalement invisible pour nous?
>
> **RA:** Je suis Ra. L'utilisation du mot 'normal' brouille le sens de la question. Reformulons pour la clarté. La quatrième densité est, par choix, non visible à la troisième densité. Il est possible à la quatrième densité d'être visible. Cependant, ce n'est pas le choix de la quatrième densité d'être visible vu la nécessité de concentration sur un complexe vibrationnel plutôt difficile, qui est la troisième densité dont vous faites l'expérience[383].

Comme c'est prévenant de la part des entités de quatrième densité de nous laisser à notre dur travail! Don a demandé:

> **INTERVIEWEUR:** Comment une planète de troisième densité devient-elle une planète de quatrième densité?

---

[381] Joseph R. Koehm, lettre du 9 janvier 1998
[382] Q'uo, transcription du 22 mai 1994, p. 2
[383] *La Loi Une*, Livre I, séance 12 §7

Chapitre VI : Un peu de cosmologie

Ra: Je suis Ra. Ceci sera la dernière question complète. […].La quatrième densité est, comme nous l'avons dit, aussi régulière dans son approche que le marteau de l'horloge qui frappe l'heure. L'espace/temps de votre système solaire a permis à cette sphère planétaire de spiraler vers l'espace/temps d'une configuration vibrationnelle différente. Ceci a pour effet que la sphère planétaire est à même d'être moulée par ces nouvelles distorsions. Cependant, les formes pensées de vos peuples pendant cette période de transition sont telles que les complexes mental/corps/esprit, tant des individus que des sociétés, sont éparpillés dans tout le spectre au lieu d'être devenus capables de saisir l'aiguille, dirons-nous, et de pointer la boussole dans une direction. Ainsi, l'entrée dans la vibration de l'amour, parfois appelée par vos peuples la vibration de la compréhension, n'est pas effective pour votre complexe sociétal présent. Dès lors, la moisson sera telle que beaucoup répéteront le cycle de troisième densité. Les énergies de vos Missionnés, de vos instructeurs, et de vos adeptes en ce moment, sont toutes orientées vers une augmentation de la moisson. Cependant, il y en a peu à moissonner[384].

1

Intervieweur: Alors quel sera le temps de transition sur cette planète de la troisième à la quatrième densité?

Ra: Je suis Ra. Ceci est difficile à estimer à cause des anomalies atypiques de cette transition. Il y a, à ce nexus d'espace/temps, des êtres incarnés qui ont entamé le travail de quatrième densité. Cependant, le climat troisième densité de la conscience planétaire retarde le processus. A ce nexus particulier, les vortex de possibilités/probabilités indiquent quelque part entre 100 et 700 de vos années comme période de transition. Ceci ne peut être précis à cause de l'imprévisibilité de vos peuples dans cet espace/temps[385].

1

Intervieweur: […] Est-ce que le fait que la vibration de base dont nous faisons l'expérience actuellement soit la véritable couleur verte ou quatrième densité explique qu'il y a tant d'effets mentaux sur des objets matériels, qui sont à présent observables pour la

---

[384] *La Loi Une*, Livre I, séance 13 §23
[385] *La Loi Une*, Livre II, séance 40 §8

première fois comme se produisant dans la masse, comme de courber des objets métalliques par le mental?

RA: [...] Ceci n'est pas seulement exact, mais nous suggérons que vous approfondissiez ce concept et que vous compreniez que le grand nombre d'entités avec ce qui est appelé des troubles mentaux provient de l'effet de ce rayon de la couleur verte véritable sur les configurations mentales de ceux qui ne sont pas mentalement prêts à faire face au 'soi' pour la première fois[386].

Et Bruce Peret ajoute concernant mon interrogation à propos de la quatrième densité telle qu'elle est vue depuis la troisième:

La troisième densité a une gamme limitée de fréquences lumineuses simplement parce que la lumière ne dispose pas d'autres moyens de s'exprimer dans cette densité-ci. C'est comme quand on remplit une boîte de balles de ping-pong. Quand elle est pleine, elle est pleine. Pour que la lumière puisse se manifester dans une autre densité elle doit soit perdre, soit gagner quelque chose. Ce quelque chose est de la 'dimension'. Lorsqu'un proton apprend à se mouvoir dans la dimension de l'amour, il devient de la quatrième densité et une nouvelle gamme d'expressions s'ouvre à lui: une boîte vide. Puisqu'il ne peut exprimer cela en troisième densité, nous en voyons une 'ombre': une projection troisième densité d'un objet quatrième densité, ce qui SEMBLE être un changement radical de la fréquence lumineuse[387].

Cette moisson sur Terre est clairement une moisson difficile pour les habitants aussi bien que pour la planète elle-même. Il n'est pas du tout surprenant que nous recevions en partage les difficultés de cette difficile moisson. Don questionne à propos de notre avenir immédiat en quatrième densité sur Terre:

INTERVIEWEUR: [...] D'abord, nous sommes à présent dans la quatrième densité. Est-ce que les effets de la quatrième densité vont augmenter au cours des trente prochaines années? Allons-nous observer davantage de changements dans notre environnement et nos propres effets sur l'environnement?

RA: Je suis Ra. La quatrième densité est un spectre vibrationnel. Votre *continuum* temps/espace a spiralé dans votre sphère planétaire et votre, ce que nous appellerions 'galaxie', que vous appelez étoile, jusqu'à cette vibration. Cela va déclencher le

---

[386] *La Loi Une*, Livre II, séance 40 §15
[387] Bruce Peret, lettre du 20 mars 2000

réalignement électromagnétique par la sphère planétaire elle-même, de ses vortex de réception des forces cosmiques entrantes qui s'expriment comme des réseaux vibrationnels, et la Terre sera magnétisée de façon à atteindre la quatrième densité, si vous voulez l'exprimer ainsi. Cela se produira avec quelques inconvénients, comme nous l'avons déjà dit, à cause des énergies des formes pensées de vos peuples qui dérangent les constructions ordonnées de schémas d'énergie au sein de vos spirales énergétiques terrestres, ce qui accroît l'entropie et crée une chaleur inhabituelle. Cela provoquera pour votre sphère planétaire des fractures dans son revêtement externe pendant qu'elle se magnétise elle-même de manière appropriée pour la quatrième densité. Cela, c'est l'ajustement planétaire. Vous allez observer une importante augmentation du nombre de gens, ainsi que vous nommez les complexes mental/corps/esprit, dont les potentiels vibrationnels incluent un potentiel de distorsions vibrationnelles de quatrième densité. C'est ainsi qu'il semblera y avoir, dirons-nous, une nouvelle race. Ce sont ceux qui s'incarnent pour le travail de quatrième densité. Il y aura également une forte augmentation à court terme de complexes mental/corps/esprit et complexes sociétaux négativement orientés, à cause des conditions de polarisation de la nette délimitation entre caractéristiques de quatrième densité et orientation Service de soi de troisième densité. Ceux qui resteront en quatrième densité sur ce plan seront d'orientation positive. Nombreux seront ceux qui viendront d'ailleurs, car il paraîtrait que malgré tous les efforts de la Confédération, qui comprennent ceux des plans intérieurs, civilisations intérieures, et ceux d'autres dimensions, la moisson sera bien en-deçà de ce que cette sphère planétaire est capable de confortablement soutenir en service[388].

À quoi ressemblera la quatrième densité positive? Ceux de Ra expliquent:

RA: [...] Nous vous demandons de considérer, pendant que nous parlons, qu'il n'y a pas de mots pour décrire positivement la quatrième densité. Nous pouvons seulement expliquer ce qu'elle n'est pas, et dire approximativement ce qu'elle est. Au-delà de la quatrième densité notre capacité se limite de plus en plus, jusqu'à ce que nous devenions sans mots. Ce que la quatrième densité n'est pas: elle n'est pas de mots, sauf si choisis. Elle n'est pas de lourds véhicules chimiques pour les activités du complexe corps. Elle

---

[388] *La Loi Une*, Livre I, séance 17 §1

n'est pas de disharmonie à l'intérieur du soi. Elle n'est pas de disharmonie entre les peuples. Elle n'est pas dans les limites de la possibilité de causer la disharmonie de quelque manière que ce soit. Approximations de qualifications positives: c'est un plan du type véhicule bipède, qui est beaucoup plus dense et bien plus plein de vie; c'est un plan dans lequel on est conscient des pensées des autres 'soi'; c'est un plan dans lequel on est conscient des vibrations des autres 'soi'; c'est un plan de compassion et de compréhension des soucis de troisième densité; c'est un plan qui tend à la sagesse ou lumière; c'est un plan dans lequel les différences individuelles sont prononcées bien qu'automatiquement harmonisées par consensus de groupe[389].

En troisième densité, notre travail sur les relations a du sens en termes de direction dans laquelle nous allons. Les densités supérieures abritent des groupes, spécialement sur la voie positive. En quatrième densité nous travaillons sur l'amour; en cinquième, sur la sagesse; et en sixième, sur l'unification et l'équilibrage de ces deux aspects du Créateur (ou Logos) qui correspondent à l'amour et à la lumière. De nombreux chercheurs peuvent mettre en question l'ordre des densités quatre et cinq: amour et sagesse. La sagesse semble tellement attrayante et paisible comparée à l'amour. Cependant, pour moi cela a du sens. L'amour doit être appris, et appris à fond, avant que ne soit recherchée la sagesse, car la sagesse sans amour est en vérité mauvaise. Le nom de Lucifer signifie "porteur de lumière". Ce principe apporte la lumière sans l'amour. Ceux qui cherchent la sagesse en troisième densité cherchent quelque chose qui n'y a pas sa place et qui ne fait pas partie de cette densité-là. Nous efforçons-nous de bâtir un escalier de sagesse et de vérité qui nous mènera au ciel? Cessons immédiatement et appliquons-nous plutôt aux leçons et aux choix de l'expérience présente. Il s'agit exclusivement de l'amour, comme l'a chanté le groupe de jazz-funk "Earth, Wind and Fire"[390].

La sixième densité est la densité où les voies positive et négative, qui étaient séparées tout au long des densités quatre, cinq, et six, sont à nouveau unifiées. :

> Dans la mesure où les entités négatives continuent à suivre cette voie de séparation et de contrôle, à un certain point, pour pouvoir poursuivre le processus d'évolution, connaître davantage le Créateur et exercer le pouvoir du Créateur, il devient nécessaire de voir les autres 'soi' comme le Créateur et comme le 'soi'. Ce n'est

---

[389] *La Loi Une*, Livre I, séance 16 §50
[390] Voir https://fr.wikipedia.org/wiki/Earth,_Wind_and_Fire (NdT)

pas difficile pour la polarité positive, mais pour la polarité négative il est très difficile d'abandonner et de renverser, dirons-nous, cette polarité négative de la puissance acquise, afin de rendre possible la poursuite de l'évolution[391].

La sixième densité nous fait à nous de troisième densité, un cadeau spécial: notre 'soi' supérieur:

> **INTERVIEWEUR:** […].Vous avez dit que chaque entité de troisième densité a un 'soi' supérieur en sixième densité, qui se déplace vers le complexe mental/corps/esprit de l'entité quand cela est nécessaire. Est-ce que ce soi supérieur évolue aussi en croissance au travers des densités, en commençant par la première densité, et est-ce que chaque soi supérieur a un soi supérieur avancé dans les densités au-delà de la sienne?
>
> **RA:** Je suis Ra. Simplifier ce concept est notre intention. Le 'soi' supérieur est une manifestation donnée au complexe mental/corps/esprit de sixième densité avancée à titre de don par son futur état de 'soi'. La dernière action à la mi-septième densité, avant de se tourner vers la totalité du Créateur et acquérir de la masse spirituelle, c'est de donner cette ressource au 'soi' de sixième densité, en suivant le cours du temps, ainsi que vous mesurez le temps. Ce 'soi', le complexe mental/corps/esprit de sixième densité avancée, a alors l'honneur/devoir de faire usage à la fois des expériences de sa banque totale vivante de souvenirs des pensées et actes vécus, et d'utiliser la ressource de la totalité du complexe mental/corps/esprit laissé derrière lui, comme un type de forme pensée infiniment complexe. De cette manière vous pouvez voir votre 'soi', votre 'soi' supérieur ou Ame Suprême, et la totalité de votre complexe mental/corps/esprit comme trois points dans un cercle. La seule distinction est celle de votre *continuum* temps/espace. Tous sont le même être [392].

Ceux de Q'uo décrivent la septième densité:

> À mesure que sont apprises les leçons finales au cours de la dernière des densités de lumière, les entités commencent à accumuler ce que vous pouvez appeler de la masse spirituelle, de sorte qu'il y a un grand désir d'être à nouveau en complète union avec le Créateur unique, et cette union est réalisée de manière à ce que chaque entité amène chacune de ses expériences comme une

---

[391] Q'uo, transcription du 2 août 1988, p. 11
[392] *La Loi Une*, Livre II, séance 37 §6

offrande au, ou une glorification du, Créateur unique. Alors, toutes ces offrandes prises cumulativement deviennent de la semence d'une autre grande octave d'expérience et d'un cycle d'identité, au cours duquel le Créateur unique envoie des parties de Lui-même acquérir de l'expérience pour apprendre ce qui ne peut être appris qu'en donnant le libre choix à ces parties de Lui-même qui s'aventurent comme des pèlerins dans ce qui est pour chacune le grand inconnu et le mystère de l'être[393].

De manière générale, cette cosmologie satisfait en moi quelque chose qui n'a jamais été complètement satisfait auparavant, c'est-à-dire que là sont proposées des raisons bonnes et logiques aux souffrances et aux choix, et une solide explication du bien et du mal ou polarité. À mon avis, c'est là que trébuchent de nombreux systèmes: ou bien ils voient le bien et le mal comme étant à jamais irréconciliables, comme le font les chrétiens et musulmans fondamentalistes qui considèrent une guerre sans fin entre le bien et le mal, ou bien ils nient la réalité du mal. Aucune solution ne m'a jamais satisfaite.

Troisième densité: la densité du choix

Pour reprendre nos esprits après avoir eu un aperçu de la vaste étendue des densités d'expérience, nous pouvons nous concentrer sur l'actuelle expérience de la troisième densité, celle sur laquelle nous travaillons en ce moment-même. Voici ce qu'en disent ceux de Q'uo:

> Comme nous vous admirons! Nous nous souvenons de la troisième densité. C'est la plus courte des densités, la densité du choix. Vous êtes ici pour choisir de servir le Créateur en servant autrui ou de servir le 'soi' en manipulant autrui. Si vous servez autrui vous aurez peut-être à faire des choses excessives, dépasser vos limites, faire des choses impossibles qui seront faites cependant parce qu'il le faut. Et dans ces situations nous vous recommandons vivement de lâcher votre personnalité personnelle et de faire appel à une partie impersonnelle de votre 'soi' profond: le 'soi'-dieu de totale et directe compassion. Déterminer ce qui est agréable au lieu de ce qui est du service à une autre entité est parfois difficile, particulièrement si l'on improvise. C'est pourquoi nous vous demandons de vous imprégner comme vous sacrifieriez un sachet de thé dans la soucoupe de l'amour et de la lumière de l'Unique infini, pour que

---

[393] Q'uo, transcription du 4 mai 1992, p. 8

ce qu'il est nécessaire de faire pour que vous vous polarisiez, pour que vous choisissiez, puisse être fait avec ce que cet instrument appellerait "joie et simplicité de cœur"[394].

Ceux de Q'uo décrivent à propos du "Service de soi" par rapport au "Service d'autrui", le grand choix de voies qui existent en troisième densité:

> La nature de la troisième densité est principalement déterminée par les leçons qui ont été préparées pour accompagner chaque chercheur. Et quant au but auquel tendent ces leçons, la nature fondamentale de votre illusion est une division en opposés, car votre densité est celle du choix. Votre illusion est riche en 'soit'..., ... 'soit'. La matière première que vous emmenez dans cette illusion est elle-même double. D'un côté vous amenez à ces leçons un complexe physique/mental/émotionnel d'une grande beauté innée, d'une grande symétrie, et d'une grande harmonie. Le véhicule physique de troisième densité est inimaginablement riche en perceptions sensorielles. À tout moment, l'œil intérieur est nourri d'une immense variété de perceptions sensorielles. Celles-ci sont instinctivement classées par priorités et maintenues dans un instinctif état d'équilibre. Il s'agit là de la créature de deuxième densité qui a accepté la tâche de véhiculer votre conscience dans cette expérience incarnationnelle[395].

Et Joseph Koehm ajoute:

> Les négatifs essaieront de vous tirer d'un côté, les positifs de l'autre. Vous avez un ange sur votre épaule gauche et un ange sur votre épaule droite. Devinez lequel est un ange de l'enfer? J'ai le même problème. Je comprends. Bonne chance! Je suis loin d'être un saint je vous l'assure. J'utilise mes 49 % avec grand enthousiasme en de nombreuses occasions, et parfois je me délecte de chaque minute. J'aime vivre près du bord du précipice, je suppose. Quoi qu'il en soit, voici une nouvelle inspirante: lorsque vous aurez ces sentiments négatifs réalisez que ce n'est pas un jeu. C'est la réalité[396].

---

[394] Q'uo, transcription du 18 juin 1989, p. 10. "Joie et simplicité de cœur" sont des paroles extraites de la célébration de la *Sainte Eucharistie* dans le livre de prières de l'Église épiscopale

[395] Q'uo, transcription du 19 juin 1994, p. 1

[396] Joseph R. Koehm, lettre du 3 août 1998

Chapitre VI: Un peu de cosmologie

J'aime l'insouciance de Joe! Naturellement, en un sens c'EST bien un jeu. Un jeu très divin. Un jeu que nous devons tous prendre au sérieux, missionnés ou non. Ceux du groupe d'Oxal expliquent:

> En plus des leçons qui sont apprises instinctivement par ceux qui travaillent en troisième densité pour la première fois, ceux que vous appelez des missionnés portent une certaine tâche et une certaine responsabilité qui peuvent être vues comme fonctionnant de manière à mettre sous un jour, un aspect ou un penchant particulier, les leçons précises que tous doivent apprendre en troisième densité. Et donc, en un sens, la tâche est compliquée en proportion des talents uniques qui ont été importés d'autres densités afin qu'ils puissent être mis au service des âmes qui cherchent avidement à dépasser les limites qui sont celles de la troisième densité, une densité de choix[397].

C'est une vieille idée, un vieil idéal, qui dit que ceux à qui beaucoup a été donné sont supposés rendre beaucoup. Parfois il peut sembler que nos dons ne seront appréciés en aucun lieu, que ce monde est très négatif. Voici ce Don en pensait:

> **INTERVIEWEUR:** [...] Pouvez-vous me dire pourquoi la Terre sera de quatrième densité positive et non pas de quatrième densité négative à la fin du cycle puisqu'il semble qu'il y ait une majorité de population négative?
>
> **RA:** Je suis Ra. La Terre paraît être négative. Cela est dû à, dirons-nous, l'horreur tranquille qui est la distorsion commune que les entités bonnes ou orientées positivement ont à l'égard des occurrences qui sont de votre présent temps/espace. Cependant, ceux orientés et moissonnables dans les voies du Service d'autrui sont bien plus nombreux que ceux dont l'orientation vers le Service de soi est devenue celle de la qualité moissonnable[398].

Aussi étrange que cela puisse paraître, dans certains cas un missionné peut même manquer de reconnaître une orientation Service de soi ou négative:

> **INTERVIEWEUR:** Est-ce que les nombreux Missionnés, qui sont venus et viennent sur notre planète, sont soumis aux pensées d'Orion?

---

[397] Oxal, transcription du 17 novembre 1990, p. 1
[398] *La Loi Une*, Livre I, séance 17 §23

Chapitre VI: Un peu de cosmologie

Ra: Je suis Ra. Comme nous l'avons dit précédemment, les Missionnés deviennent complètement des créatures de troisième densité dans le complexe mental/corps. Il y a juste autant de chances d'une telle influence sur un Missionné que sur un complexe mental/corps/esprit de cette sphère planétaire. La seule différence survient dans le complexe esprit qui, s'il le souhaite, a une armure de lumière, si vous voulez, qui lui permet de reconnaître plus clairement ce qui n'est pas comme il serait approprié que le désire le complexe mental/corps/esprit. Ceci n'est pas davantage qu'une inclination et ne peut être appelé une compréhension. En outre, le Missionné est, dans son propre mental/corps/esprit, moins déformé vers, allons-nous dire, les pièges des confusions "positif/négatif" de troisième densité. Dès lors, souvent il ne reconnaît pas si facilement comme le ferait un individu plus négatif, la nature négative des pensées ou des êtres.

Intervieweur: Alors est-ce que les Missionnés seraient, à mesure qu'ils s'incarnent ici, des cibles à haute priorité du groupe d'Orion?

Ra: Je suis Ra. Cela est exact.

Intervieweur: Si le groupe d'Orion empiétait avec succès sur un Missionné, dirais-je, qu'est-ce qui arriverait à ce Missionné au moment de la moisson?

Ra: Je suis Ra. Si l'entité missionnée démontre par l'action une orientation négative envers les autres 'soi', elle serait comme nous l'avons dit précédemment, prise dans les vibrations planétaires, et après la moisson elle devrait probablement répéter le maître-cycle de troisième densité comme une entité planétaire[399].

Désireux d'éviter une répétition de la troisième densité, nous voudrions être sereins et calmes. Mais pour la plupart, nous ne le sommes pas. Nous sommes déroutés. Mais cela est parfaitement normal:

> Nous voudrions attirer votre attention sur la vertu de la confusion, la vertu et l'utilité qu'il y a à être coincé, à être intrigué, à être mis hors de soi de manière à ce que le 'soi' se révèle au 'soi' de manière spontanée. Ces caractéristiques du 'soi' forment la structure de l'apprentissage en troisième densité. Elles offrent au chercheur des choix soigneusement orchestrés qui sont subjectivement orientés de manière à offrir la meilleure opportunité de polarisation de la conscience. Sans personnalité mais simplement avec une prise de

---

[399] *La Loi Une*, Livre I, séance 16 §59 à 61

CHAPITRE VI: UN PEU DE COSMOLOGIE

> conscience de soi et le choix devant lui, le chercheur passera sans erreur à la prise de conscience complète. Cependant, cette prise de conscience n'enseigne rien. Elle n'est pas reliée avec cette entité biologique d'une manière qui stimule l'évolution spirituelle. Mais c'est la personnalité écervelée, l'ego, le 'soi' qui pense à un million de choses et fait un million de choses dans son cœur, c'est cette seule entité écervelée qui interagit avec la libre volonté et trouve des choix de plus en plus profonds et justes qui créent, recréent et recréent encore le 'soi' et le renouvellent[400].

Et à mesure que nous avançons, il nous faut faire face à notre complet libre arbitre et à notre complète responsabilité pour faire ces choix:

> J'aime l'idée que le Créateur nous a créés capables d'apprendre comment consciemment mener la danse de sorte qu'Il puisse se perdre dans nos bras qui L'emmènent dans un tourbillon et, au travers de notre observation et prise de conscience, de faire l'expérience de ce qu'Il a créé, sans qu'il Lui soit nécessaire de se rappeler que c'est Lui qui a créé tout cela. C'est un peu comme si nous donnions au Créateur un jour de congé si ne serait-ce qu'une fois dans notre vie nous renonçons avec joie à l'illusion d'être des victimes et apprécions simplement la responsabilité telle que nous l'avons choisie[401].

Il y a du bon dans cet exercice, même au-delà de notre propre évolution spirituelle: il existe d'extravagantes opportunités de service dans cette densité d'obscurité et d'indécision:

> Il n'y a rien à craindre. Vous êtes libres et dans l'illusion de troisième densité. Vous pouvez être les uns envers les autres de la plus grande utilité. Nous ne pouvons assez souligner la hauteur, la largeur et la profondeur des possibilités de service qui existent dans le récipient d'argile qu'est votre corps extérieur, car votre densité est celle des choix. Vous allez choisir votre priorité ou vous l'avez déjà choisie, et pendant que vous servez vous aidez celui ou celle que vous servez à choisir sa propre polarité ou à l'augmenter[402].

Il se peut que nous restions dans le brouillard. Comment clarifier les choses? Comment allons-nous voir ces choix? Comment pouvons-nous les reconnaître? Nous devons écouter les désirs de notre cœur:

---

[400] Q'uo, transcription du 20 avril 1997, p. 3
[401] Heikki Malaska, lettre du 9 février 1999
[402] L/Leema, transcription du 2 juin 1985, p. 8

L'objet de la troisième densité est, selon nous, de faire certains choix: des choix entre des voies. Ces choix ne sont pas simplement verbaux ou mentaux. Pour que ces choix soient faits de manière à ce que l'entité intérieure ait pu clairement choisir, ils sont faits dans le feu de l'ignorance, dans le vide où il n'y a aucun appui, où il n'y a que de l'air. Le processus que suivent les chercheurs pour arriver à un choix fait avec fermeté n'est pas un processus intellectuel ni même un processus intellectuel/émotionnel, mais bien, comme le dirait cet instrument, un voyage de la tête vers le cœur, et par conséquent il n'est pas aussi important de voir clairement, que de savoir clairement ce que l'on désire. Aiguiser l'appétit pour la vérité c'est améliorer l'efficacité de cette recherche. Ici aussi, c'est non pas ce que le chercheur sait mais ce que le chercheur désire qui crée le caractère des distorsions que le chercheur choisira comme version la moins distordue de la vérité. Dès qu'il aura accepté que toutes les vérités sont dans une certaine mesure des distorsions d'une vérité ineffable et inconnaissable, il aura peut-être alors une attitude plus conciliante et décontractée vis-à-vis de ce processus d'apprentissage de la vérité. Si toutes les choses sont des ombres, si toutes les choses ne sont, dans une certaine mesure, pas ce qu'elles paraissent être, alors le cœur est libre de s'ouvrir en pur désir de toute vérité qu'il pourra découvrir avec les diverses antennes qu'il ignore posséder mais que l'être qui se trouve à l'intérieur de lui sait bien comment utiliser[403].

Lynn Herrmann suggère que décider comment nous voulons aider nous aide à fixer ce choix:

> Je pense que la plupart d'entre nous sont plutôt certains de la polarité qu'ils veulent choisir, mais ne sont pas très sûrs de la polarité qu'ils ont eue jusqu'alors. Jusqu'à ce moment de décision, nous faisons partie de ceux qui errent dans la confusion et l'ignorance. Nous ne sommes ni ici, ni là. Lorsque nous faisons notre choix («voilà ce que je veux être»), je crois fermement que c'est ce que nous serons. Le choix est ce qui va déterminer toutes nos actions futures à partir du moment où nous avons fermement, sincèrement et catégoriquement affirmé que c'est cela que nous désirons. L'univers va nous soutenir et nous aider à atteindre ce but si nous sommes sincères et en informons nous-mêmes et notre 'soi' supérieur. Nous ne pouvons pas y arriver tout seuls. Nous avons notre égo à combattre et notre égo est très malin. L'égo nous dit

---

[403] Q'uo, transcription du 19 mars 1995, p. 3-4

que nous sommes séparés de TOUS afin de le préserver lui. La seule chose qu'il nous faut faire c'est le choix, et ensuite demander de l'aide tout en gardant à l'esprit que ce que l'on voit se manifester de façon déplaisante chez autrui n'est que de l'égo et non pas de la vérité. Lorsqu'on juge que l'on est soi-même indigne, alors on fait le jeu de l'égo. L'égo a besoin de ces doutes et craintes pour exister. L'égo n'est pas qui l'on est et il n'est pas qui sont les autres. Voyez-le comme une illusion et voyez ce qui fait partie de l'illusion. Et ensuite ne vous en faites plus. L'amour inconditionnel n'apparaît pas en une nuit. Traitons les autres en les considérant dignes de notre amour, même si nous ne sommes pas capables de le donner. Un jour nous y parviendrons[404].

Une autre façon d'expliquer comment faire des choix éthiques est de faire référence au choix de la foi aveugle de l'insensé:

> Dans la portion de voyage spirituel au travers de la présente octave de cette troisième densité, l'essentiel ou la concentration de l'apprentissage offert en troisième densité est Le Choix. Cette image archétypale est celle d'un jeune homme qui marche dans le vide: pas de suggestion de pont, pas de suggestion d'une autre rive, simplement le fait de se trouver au bord d'une falaise et d'avancer le pied dans le vide, dans une foi parfaite. Lorsqu'une entité s'éveille à son identité spirituelle, ce qui est éveillé est en partie cet insensé et ce qui l'attend après ce pas dans le vide. Et une fois que ce pas a été fait et que l'air a semblé se solidifier autour de la nouvelle position, une nouvelle falaise apparaît et l'insensé doit quitter celle-là aussi, et une suivante, et encore une suivante. Et à chaque fois, ce chercheur, cet insensé répète ce choix[405].

Une dernière suggestion: recherchez l'amour. Agissez comme si vous étiez ses mains, sa voix, son ambassadeur:

> La décision que vous prendrez et qui pourra profondément affecter vos nombreux choix sera celle de rechercher l'amour; non pas une quelconque sorte d'amour, non pas une quelconque description de l'amour mais une recherche de l'amour. Rechercher l'amour c'est rechercher une des distorsions premières du Créateur infini. Rechercher l'amour c'est rechercher la grande intelligence qui emplit de sens la conscience énergétique de l'univers[406].

---

[404] B. Lynn Herrmann, lettre du 1ᵉʳ octobre 1998

[405] Q'uo, transcription du 26 avril 1997, p. 2

[406] Latwii, transcription du 5 juin 1983, p. 3

Nous pouvons aussi rechercher cette grande intelligence chez autrui. Tous ceux que nous rencontrons sont des miroirs qui reflètent l'amour et la lumière du Créateur infini. Tous sont nos "anges qui s'ignorent". Nous sommes parfois déconcertés et aveuglés par notre propre reflet, mais parfois nous rencontrons quelqu'un qui est pour nous transparent au Créateur, et là le visage de l'amour resplendit dans sa forme humaine. Cela m'arrive souvent. Je suis tellement reconnaissante et sensible à la beauté dans tant des personnes que je rencontre et avec qui je parle! Je suis plus fortunée que la plupart, car une grande partie de mon service extérieur consiste à parler à, encourager et soutenir des étrangers et des pèlerins errants, et ainsi je rencontre une très spéciale et très charmante tribu d'êtres.

La polarité

La grande pensée originelle du Créateur infini est l'amour. L'amour créateur est le rayonnement qui séduit et attire le chercheur orienté vers le Service d'autrui ou chercheur positif. Toute notre expérience de troisième densité concerne l'amour et le choix de notre voie de recherche de l'amour: celle de l'amour d'autrui ou celle de l'amour de soi.

Cet état de l'être attiré vers quelque chose est la polarité. La polarité telle qu'utilisée dans la monde physique est la propriété exprimée par les corps qui possèdent des pôles magnétiques: soit positive et attractive, soit négative et répulsive. Ce terme s'applique au champ magnétique de la Terre, le pôle positif désignant le nord et le pôle négatif désignant le sud. Et pour le travail en métaphysique nous pouvons comprendre la polarité comme toute tendance à devenir, croître, penser ou ressentir d'une certaine manière due à l'attraction ou à la répulsion magnétique. Voici ce qu'en dit le groupe Q'uo:

> Tout comme la batterie de votre automobile peut fonctionner parce qu'il y a une différence de potentiel entre la charge positive et la charge négative, ainsi le chercheur de vérité peut faire du travail en conscience en fonction de sa capacité à se polariser de manière effective dans le positif ou Service d'autrui[407].

Bruce Peret pense que la polarité de la première densité est électrique et que la polarité magnétique caractérise la créature de deuxième densité:

---

[407] Q'uo, transcription du 2 août 1988, p. 9

La différence entre les polarités électrique et magnétique est le nombre des dimensions impliquées: l'électrique est unidimensionnelle, la magnétique bidimensionnelle. À titre d'analogie on peut les voir comme suit: l'électricité étant le concept initial de la polarité en première densité et le magnétique étant le concept de la polarité en deuxième densité[408].

Il pense aussi qu'un bon synonyme de 'polarité ' est le mot 'dichotomie':

Je désigne en fait la polarité par le mot 'dichotomie' (division en deux parties ou opinions contradictoires). La polarité concerne plutôt les extrêmes des pôles en opposition plutôt qu'en contradiction, bien que je puisse comprendre pourquoi Ra utilise le mot 'polarité', car il essaie d'expliquer les extrêmes du Service de soi et du Service d'autrui: le grand choix de cette densité-ci. Je n'aime pas 'polarité' car le mot est trop lié aux propriétés PHYSIQUES. Vous savez comment sont les choses en littérature ésotérique et métaphysique: chaque mot signifie quelque chose de différent pour chaque lecteur[409].

Il est tellement vrai que les mots sont des choses glissantes, particulièrement lorsque nous nous risquons à les emmener en dehors des limites de leur usage premier, comme c'est le cas pour le mot 'polarité'. En conversant avec mon ami scientifique, je lui ai dit que lorsque je pense à la polarité je la vois en termes d'attraction plutôt que de répulsion, et je vois le Service d'autrui comme de l'attraction vers le bien plutôt que comme de la répulsion à l'égard du mal. Bruce a répondu:

Vous devriez peut-être penser en termes d'attraction et de 'rejet' plutôt que de 'répulsion', qui a une connotation émotionnelle. Une personne qui est spirituellement attirée par la bonne volonté sera naturellement rejetée par le mal. Notez que ceci est une relation 'co-magnétique' et non pas magnétique, où les pôles semblables, bons ou mauvais, attirent et les pôles opposés rejettent. Dès lors, quand un chercheur positif se met à errer du côté mauvais, les pôles opposés se rejettent et ils sont simplement repoussés loin de ce côté-là. De même, quand un chercheur se met à errer du côté du bon, il est attiré plus près. Comprenez aussi que certaines personnes sont attirées par le 'mal'. Cela fonctionne dans les deux sens: les "Service d'autrui" vers le 'bon' pôle, les "Service de soi" vers le 'mauvais' pôle. Et les deux mots: 'bon', 'mauvais', dépendent

---

[408] Bruce Peret, lettre du 5 avril 2000
[409] Bruce Peret, lettre du 5 avril 2000

de la perspective. Ce qui est bon pour le SDS est mauvais pour le SDA et vice-versa[410].

Comme je parlais avec Dana R. l'autre jour, nous avons toutes deux médité sur le simple fait que quatre mêmes lettres donnent 'live' (vivre), 'evil' (mal) et 'veil' (voile). C'est intéressant.

Nous acquérons de la polarité en étant attirés vers l'un des pôles de l'aimant, les pôles magnétiques métaphysiques étant le 'bien' et le 'mal'. Tout comme un élément est attiré vers l'anode dans une électro-catalyse en chimie, nous sommes attirés vers l'aimant de l'amour par notre désir de faire l'expérience et de partager dans cet amour pour le Créateur. En tant que débutants à l'école de la vie et de l'amour, nous sommes comme du fer doux, attirés par l'aimant, mais pas durablement. Toutefois, à mesure que nous faisons et refaisons le choix de l'amour de préférence à celui de la crainte, de donner plutôt que de recevoir, et ainsi de suite, nous nous donnons graduellement un statut permanent d'aimants et non plus simplement de magnétisés. Une fois cela fait, notre travail devient exponentiellement plus facile, mais il faut beaucoup de temps pour y arriver, et dans cette densité, nous n'aurons jamais fini de faire des choix éthiques. Don a demandé à ceux de Ra:

> **INTERVIEWEUR:** Hier nous avons parlé de la division qui se produit quand une entité choisit consciemment ou inconsciemment, la voie qui mène soit au Service d'autrui, soit au service de soi. La question philosophique de savoir pourquoi une telle division existe même, a été soulevée. J'avais l'impression que, comme en électricité, si nous n'avons pas de polarité en électricité, nous n'avons pas d'électricité, nous n'avons pas d'action. C'est pourquoi je présume qu'il en va de même pour la conscience. Si nous n'avons pas de polarité de conscience, nous n'avons pas non plus d'action ou d'expérience. Est-ce exact?
>
> **RA:** Je suis Ra. C'est exact. Vous pouvez utiliser le terme général 'travail'[411].

Bruce Peret souligne que le premier choix du Créateur qui a établi cette dichotomie ou polarité est:

> Puisque le Créateur unique a dû élaborer cette dichotomie récursive, chaque fois que nous prenons une décision, bonne ou mauvaise, nous reconstituons le processus de création et, sur la base de cette décision, nous créons un tout nouveau schéma pour

---

[410] Bruce Peret, lettre du 5 avril 2000
[411] *La Loi Une*, Livre I, séance 20 §9

notre vie. Est-ce que ce n'est pas cela que le Créateur a fait pour faire marcher l'univers: faire un choix[412]?

Lorsque nous travaillons en conscience, alors tout ce travail aide à la polarisation :

> **INTERVIEWEUR:** [...] Je voudrais d'abord demander s'il est possible d'accroître la polarité sans accroître la moissonnabilité.
>
> **RA:** Je suis Ra. La connexion entre polarisation et moissonnabilité est extrêmement importante dans la moisson de troisième densité. Dans cette densité, une augmentation dans le Service d'autrui ou dans le Service de soi accroît quasi inévitablement la capacité d'une entité à bénéficier d'une plus haute intensité de lumière. Dès lors, dans cette densité, nous pouvons dire qu'il n'est pratiquement pas possible de se polariser sans un accroissement de moissonnabilité[413].

Donc, si nous nous polarisons nous travaillons à notre passage de densité. C'est un point rassurant. Nous ne sommes pas impliqués dans une lutte abstraite pour comprendre le bien et le mal. Nous sommes plutôt des êtres éthiques, des entités spirituelles qui, en étant attirées vers la polarité de leur choix aident et accélèrent leur évolution spirituelle. Don pose encore une question sur la polarité:

> **INTERVIEWEUR:** Merci. Quand cette grande galaxie est formée par le Logos, la polarité existe alors dans le sens qu'il y a de la polarité électrique, un effet gravitationnel qui n'est probablement pas de la polarité. Je suis... je vais devoir reposer la question... Il y a de la polarité électrique qui existe à ce moment. Est-ce exact?
>
> **RA:** Je suis Ra. J'accepte ceci comme exact, avec la précision que ce que vous qualifiez d'électrique doit être compris non seulement comme ce Larson a stipulé sa signification, mais aussi dans ce que vous appelleriez le sens métaphysique.
>
> **INTERVIEWEUR:** Voulez-vous dire alors que nous n'avons pas seulement une polarité de charge électrique mais aussi une polarité de conscience à ce moment?
>
> **RA:** Je suis Ra. C'est exact. Tout est potentiellement disponible depuis le début de votre espace/temps physique; cela étant ensuite la fonction des complexes de conscience de commencer à utiliser

---

[412] Bruce Peret, lettre du 5 avril 2000
[413] *La Loi Une*, Livre III, séance 71 §2

les matériaux physiques pour gagner de l'expérience pour ensuite polariser dans un sens métaphysique.[414]

Ceux de Q'uo expliquent la polarité: ce choix du Service d'autrui ou du Service de soi:

> Lorsque le Créateur s'est divisé pour pouvoir apprendre à Se connaître Lui-même, la division qui a eu lieu a été assimilée à une illusion, car le résultat a été la Création, qui est moment après moment la Création telle que vous la connaissez, et bien au-delà de ce que vous connaissez. À mesure que le Créateur, qui est la simplicité-même est devenu ce qui a paru complexe, la possibilité de deux voies de parcours de toute la Création ou de chaque partie de la Création, est devenue apparente. Ce qui se trouvait en résonance avec l'unité est devenu ce que vous connaissez comme la voie du Service d'autrui, ce qui irradie et exprime la lumière du Créateur unique dans tout de qui L'entoure, car tout est vu comme étant le 'soi', c'est-à-dire le Créateur unique. La voie du Service de soi est devenue possible lorsque s'est produite la première division de la conscience de troisième densité due au placement de ce que vous avez appelé le voile d'oubli, entre le mental conscient et le mental inconscient. Cette intensification de l'illusion de séparation a fourni au Créateur un moyen plus intense et plus purifié pour la partie de Lui-même qui peut être vue comme étant de fonctionnement magnétique. Par conséquent, la voie du Service de soi est celle qui attire à elle la lumière du Créateur dans toutes les parties de la Création qui entoure l'entité ayant choisi ce moyen de se connaître elle-même et d'évoluer vers ce même Créateur. C'est donc la même lumière qui alimente les deux chemins de manières opposées; c'est en tout cas ce qui paraît être le cas dans la saga de la polarité, car puisque la voie du Service d'autrui répand la lumière sur tout ce qui l'entoure, il semble que cette façon d'agir est en opposition avec la voie du Service de soi qui absorbe la lumière et l'utilise pour son propre usage. Mais en vérité, c'est le Créateur qui fournit la lumière aux deux chemins, et le même Créateur qui reçoit la lumière du fait de l'action de potentialisation sur chacune des voies[415].

Un point, concernant la polarité, a préoccupé plus que d'autres ceux qui m'écrivent au fil des années, et Peter Stewart l'exprime très bien:

---

[414] *La Loi Une*, Livre II, séance 28 §18 et 19
[415] Q'uo, transcription du 25 mai 1986, pp. 6-7

Chapitre VI: Un peu de cosmologie

> J'ai toujours eu l'impression qu'il fallait un équilibre entre ces deux types de comportement: "Service de soi" et "Service d'autrui". Cependant, parfois un acte est à mon propre profit mais souvent d'autres peuvent aussi en profiter d'une manière expérientielle directe. Si je plante de beaux arbres et de belles fleurs dans mon jardin pour mon plaisir personnel et l'amélioration de mes conditions de vie, d'autres peuvent eux aussi apprécier et profiter de cette beauté. D'autre part, si les mêmes plantes et fleurs avaient été données à la communauté pour être plantées dans un parc, elles auraient profité à tous y compris à moi-même. Est-ce que quelque chose m'échappe ici[416]?

La contradiction apparente est typique des questions spirituelles. Oui, si l'on sert autrui on ne peut s'empêcher de servir le 'soi', car il n'est pas seulement agréable de se polariser vers l'amour, mais la vérité spirituelle est que tout ce que l'on donne à la Création nous revient multiplié par cent ou par mille. En outre, si nous nous servons nous-même, en fin de compte nous servons autrui car tout est un: nous-même et tous les autre 'soi' sont le Créateur. Il s'agit véritablement d'une question de préférence et de désir de ce que nous décidons de rechercher. Il y a ici très, très peu de missionnés négatifs, le risque du processus d'oubli étant trop grand pour les âmes égoïstes; donc si nous avons l'impression d'être des missionnés, nous en sommes certainement qui ont travaillé antérieurement dans la polarité positive. En général, lorsque des chercheurs s'éveillent ils sont d'une polarité extrêmement positive et ils cherchent à se polariser encore davantage. Il est donc bon d'accepter le fait qu'il n'existe pas de simplification logique de ce processus spirituel. Il est comme il est. Voici ce qu'en disent ceux de Q'uo:

> Nous avons utilisé les termes «la voie de ce qui est» pour décrire le chemin de la polarité positive et «la voie de ce qui n'est pas» pour décrire le chemin de la polarité négative. Les deux voies rejoignent le même Créateur[417].

Qu'est-ce que ce qui est? L'Unité. Qu'est-ce que ce qui n'est pas? La Séparation. La polarité positive choisit de voir tout comme digne d'amour et d'attention à donner sans attente d'aucun retour. La polarité négative voit tous les autres comme ayant besoin d'être contrôlés et protégés par le 'soi' pour leur propre bien, selon les besoins et désirs du 'soi'. Aimer sans exigences ni contrôle est LE choix de cette densité:

---

[416] Peter Stewart, lettre du 28 octobre 1998
[417] Q'uo, transcription du 21 juin 1987, p. 1

CHAPITRE VI: UN PEU DE COSMOLOGIE

> Chacun de vous est un être de pure lumière. Chacun de vous a la complète liberté de choisir la manière dont il veut manifester cette lumière. Tous les maux dans ce monde ne sont que de l'amour déformé. Nous vous encourageons à trouver des moyens de choisir l'amour plutôt que la crainte, la lumière plutôt que l'obscurité, la reddition plutôt que le contrôle, car la tentative de contrôler est au cœur du Service de soi. Sachez aussi profondément que possible et aussi souvent que vous le pouvez qui vous êtes et vers où vous allez, et pour le reste, fiez-vous à au destin[418].

Comme je l'ai dit, les chercheurs aspirent déjà à être plus polarisés vers le Service d'autrui:

> Dans ma vie, les moments où je donne véritablement à autrui ou bien où je suis véritablement au service d'autres êtres, sont des moments où la joie, l'amour et l'union vibrent dans tout mon corps. Sont-ce des moments significatifs de ma vie à cause de la joie et de la gratitude ressenties dans mon cœur? J'ai envie d'étendre cette expérience et d'être capable de me polariser davantage vers le Service d'autrui[419].

Ce processus est difficile, du moins il le paraît très certainement. Q'uo parle avec éloquence des difficultés de celui qui veut se polariser spirituellement:

> Les efforts faits pour rectifier des situations difficiles peuvent souvent conduire à des expériences fructueuses avec autrui si chacun ouvre honnêtement son cœur. Comme cela ne se produit pas souvent, le désir n'en est que plus grand chez ceux qui souhaitent donner ou recevoir de l'amour dans votre illusion. Les constants désirs et efforts qui ont lieu en ce sens sont ce qui construit en vous l'énergie métaphysique ou spirituelle, qui est très semblable à celle d'une batterie qui stocke de l'énergie. Dans la mesure où vous en augmentez la polarisation positive, la batterie peut fournir plus de travail[420].

La nature de la polarité positive est telle que pour traiter avec amour le côté sombre de quelqu'un nous devons voir aussi notre propre côté sombre. C'est difficile! Ceux de Q'uo nous y aident:

> La relation avec le côté sombre doit être une relation de gratitude et d'amour, car le côté sombre est ce qui renforce et dynamise le côté

---

[418] Q'uo, transcription du 29 décembre 1997, p. 3
[419] Gebo, lettre du 25 mai 1998
[420] Q'uo, transcription du 23 octobre 1994, p. 7

CHAPITRE VI: UN PEU DE COSMOLOGIE

lumineux. Chaque expérience du côté sombre du 'soi' consume la vanité et ce que cet instrument appelle l'égotisme. Il est bon que le 'soi' voie son propre côté sombre qui abrite des vices et des fautes en abondance et ne s'en détourne pas mais l'étreigne, l'aime, l'accepte et pardonne à cette partie du 'soi' d'exister[421].

Nous découvrirons que ce n'est pas chose facile. Je ne dois pas nous torpiller cependant. Il faut seulement que nous acceptions que nous faisons l'expérience d'un menu varié de bon et de mauvais dans la vie. Voici ce que Bruce Peret en dit:

> Dans cet univers, tout recherche l'unité. Pas vrai? Donc, si la voie positive ne recherche que de l'expérience positive cette polarité deviendra extrêmement déséquilibrée, comme quand tout le linge s'accumule d'un seul côté de la machine à laver quand elle se met à essorer. Et nous savons tous quel en est le résultat: le mécanisme se détériore, des pièces peuvent se casser, et le lave-linge ne peut plus fonctionner correctement. Dès lors, cela n'aurait-il pas un sens pour ceux qui sont sur l'un ou l'autre chemin, de rechercher également des rencontres positives et négatives afin que le linge reste réparti harmonieusement dans le tambour du lave-linge? Alors on augmente toujours sa propre polarité mais on ne finit pas déséquilibré et inefficace[422].

Jamais nous ne voudrions que notre développement spirituel soit déséquilibré! De plus, Bruce souligne que le processus d'individualisation qui a lieu dans la jeunesse a un aspect Service de soi qui n'est pas un choix qui dure (espérons-le!):

> Le Service de soi doit avoir lieu dans notre jeunesse, c'est une nécessité vitale. Nous ne sommes tout simplement pas équipés, ni physiquement, ni mentalement, ni émotionnellement pour nous engager dans le véritable Service d'autrui avant d'avoir raisonnablement compris qui nous sommes et de quoi nous sommes capables. Il faut pouvoir "servir le soi" pendant la jeunesse pour pouvoir faire ces découvertes. Lorsque nous avons un peu appris qui nous sommes, alors nous savons ce que nous pouvons offrir en Service d'autrui, et c'est seulement alors que l'on peut consciemment et véritablement s'orienter vers ce Service d'autrui[423].

---

[421] Q'uo, transcription du 10 novembre 1996, p. 3
[422] Bruce Peret, lettre du 5 avril 2000
[423] Bruce Peret, lettre du 5 avril 2000

Le moment de cette prise de conscience varie considérablement. Je me suis éveillée très tôt, dans ma petite enfance. Je ne peux pas me rappeler un moment où je ne savais pas: je *supposais* simplement que j'étais une enfant du Créateur, que mon père était au ciel, non pas dans le sens où il était mort mais dans le sens où il était une pure déité. Je savais que j'avais un père sur Terre, mais je m'identifiais comme une enfant de Dieu. Généralement, l'éveil commence vers 13-14 ans, au moment de la puberté, et se poursuit jusqu'à environ 25 ans. Naturellement, certains s'éveillent dans l'enfance, certains entre l'enfance et l'âge adulte, et certains à l'âge adulte, à un âge moyen, ou plus tard encore. Nous avons tous un réveil mis à une heure unique pour l'éveil spirituel. Ceux de Q'uo ajoutent:

> Avant de pouvoir être libre de servir quelqu'un d'autre, il faut entrer en relation avec le 'soi', et le processus qui conduit à un amour et une acceptation de soi peut paraître très égoïste et égocentrique[424].

Ce processus de choix de la polarité sera donc très souvent difficile, du moins en surface. Aluna Joy raconte une histoire touchante:

> Une parabole parle d'un fermier qui possédait un vieil âne. Cet âne tomba dans le puits du fermier. Le fermier entendit l'âne braire ou faire ce que les ânes font en général lorsqu'ils tombent dans un puits. Après avoir soigneusement évalué la situation, le fermier décida qu'il éprouvait de la sympathie pour l'âne, mais que ni l'âne ni le puits ne valaient la peine d'être sauvés. Il rassembla alors ses voisins, leur dit ce qui était arrivé, et leur demanda de l'aider à jeter de la terre pour enterrer le vieil âne et mettre fin à ses souffrances. Tout d'abord, l'âne devin hystérique. Mais à mesure que le fermier et ses voisins pelletaient et qu'il recevait de la terre sur le dos, une idée le frappa. Il réalisa soudain qu'à chaque pelletée qu'il recevait sur le dos il lui fallait se secouer, faire tomber la terre et marcher dessus. C'est ce qu'il fit, coup après coup: «secoue-toi et monte; secoue-toi et monte; secoue-toi et monte» répétait-il pour s'encourager. Peu importe si les coups faisaient mal, si la situation semblait désespérée: le vieil âne luttait contre la panique et se contentait de se secouer et de monter. Vous avez bien deviné! Le vieil âne, meurtri et épuisé enjamba bientôt le muret de ce puits. Ce qui semblait devoir l'enterrer a finalement été son salut, grâce à la façon dont il a géré l'adversité[425].

---

[424] Q'uo, transcription du 18 mai 1997, p. 3
[425] Aluna Joy, lettre du 10 juin 1999

La meilleure attitude est donc une sérénité prudente, soutenue par toute action qui, selon notre meilleur jugement, paraît être appropriée. Dans toutes les situations d'épreuve, nous restons calmes mais prêts à agiter nos pattes comme des fous, comme les canards en train de se polariser que nous sommes:

> Quelqu'un qui est à la recherche de la vérité ne peut pas se reposer sur des vérités déjà trouvées, ou des précédents choix éthiques de pèlerinage, mais il doit continuellement se préparer à affronter la circonstance présente qui fait usage de tous les choix passés et exige un témoignage vivant de votre propre polarité. Vos choix sans l'énergie de votre volonté sont comme des lampes sans huile et ne sont pas utiles. Par conséquent, à l'intérieur de votre être théorique, abstrait, métaphysique, prenez bien conscience que l'entité en recherche sera mise à l'épreuve, et que la recherche progressera lorsque l'épreuve aura été réussie, la réussite étant le souvenir responsable, fiable et accepté des choix passés qui ont augmenté la polarité positive[426].

Et dans ce cycle d'épreuves nous ferons l'expérience de notre 'soi' universel, sous son aspect sombre. Car nous avons en effet toutes les polarités en nous. J'ai toujours vu cela comme le 'soi' du cercle complet dont la moitié est lumineuse ou positive et l'autre moitié sombre ou négative. Le physicien larsonien Peret voit cela d'une autre manière, utile dans ses implications:

> Le débit de la lumière est très semblable au débit de l'eau qui coule d'un robinet. Le Service d'autrui est le robinet qui déverse de la lumière. Quelque part, il doit y avoir un égout Service de soi, qui absorbe cette lumière et la fait repasser dans une canalisation. Et vous savez quoi? Le robinet d'origine tirera probablement cette eau de la même canalisation. Elle fait donc une grande boucle, et nous ne voyons que ce qui sort du robinet et passe ensuite à l'égout. Lorsque Larson a découvert le Secteur cosmique, la moitié 'antimatière' de l'univers, qui existe en rapport réciproque (inverse) de la matière, une nouvelle porte s'est ouverte. Puisque le Secteur cosmique existait dans du temps tridimensionnel plutôt que dans de l'espace tridimensionnel, les postulats du système réciproque ont montré que tout ce qui se produit dans l'espace se produit également dans le temps, dans le secteur cosmique: des étoiles cosmiques, des planètes cosmiques, des gens cosmiques. Et la vie biologique se produit quand un de ces 'individus' cosmiques

---

[426] Q'uo, transcription du 24 mai 1992, p. 3

CHAPITRE VI: UN PEU DE COSMOLOGIE

s'attache à une 'personne' matérielle: l'égo et l'ombre de la psyché. À présent nous pouvons voir l'autre moitié. Si l'égo d'une personne est orienté vers le Service d'autrui, son ombre (le côté sombre de la personne), sera naturellement orientée vers le Service de soi, mais existera dans ce Secteur cosmique. Les deux faces d'une même pièce de monnaie: ici une personne 'Service de soi', là une personne 'Service d'autrui'. Et le circuit se complète, la tuyauterie étant mise à nu. Ce ne sont pas deux polarités qui sont impliquées mais quatre: une quadration, une dichotomie de dichotomie, divisée également ene temps et espace, mais une même entité[427].

Nous sommes plus grands que nous ne le pensons. Et nous sommes mis à l'épreuve. De nombreuses fois. Voici un bon exemple de mise à l'épreuve, qui nous est racontée par Dale Chorley, un pèlerin très sérieux:

> J'ai l'impression qu'il y a une rémanence résiduelle dans tout ce nous faisons et touchons (permanence) et c'est dans cette perspective que je me demandais si les connaissances acquises au sujet des entités polarisées négativement servent de support à leurs efforts. Je le demande parce que j'ai de brèves mais intenses crises de ce que je qualifierais de panique qui commencent dans le bas de l'abdomen, que j'appellerais une poussée de chakra, qui atteint rapidement ma tête et c'est chaud, chaud, chaud. Pendant tout ce temps je me sens poussé à penser à choisir la solution de facilité pour faire quelque chose. Cela dure peut-être dix secondes, mais toutes les fibres de mon être en sont affectées. Je n'ai pas vraiment peur mais j'essaie de comprendre[428].

Il n'est pas très difficile de comprendre lorsque nous avons une certaine expérience. Dale a eu plusieurs fois affaire à un problème lié au rayon orange. Le moment était venu pour lui d'être mis à l'épreuve pour vérifier si sa vie correspondait à ce qu'il avait appris. Et je dirais qu'une lutte de dix secondes indique un degré plutôt élevé d'apprentissage. Bien joué, Dale! Quand ce processus de mise à l'épreuve cyclique est compris il devient plus efficient mais non pas plus facile:

> Le principe de priorité d'incarnation selon les vibrations est simplement que, lorsqu'une entité accepte les dons, talents et ressources avec lesquels elle entre dans l'expérience incarnationnelle et qu'elle travaille à optimaliser ces dons par sa manière de vivre, ses efforts et intentions de servir et d'offrir autant que possible les dons perçus, apparaît un rythme d'apprentissage de

---
[427] Bruce Peret, lettre du 5 avril 2000
[428] Dale Chorley, lettre du 25 novembre 1997

changement, de consolidation et de préparation à d'autres apprentissages. Ce cycle, dès qu'il est perçu par l'entité, peut faire l'objet d'une coopération de la part de cette entité, ce qui permet de doubler et redoubler la polarité de l'expérience incarnationnelle et l'efficience de la gestion des catalyseurs reçus[429].

Cela suscite en moi un espoir passionné! Ce que nous voulons éviter c'est le puits d'indifférence, le domaine sans force du non polarisé:

> Ceux qui dans votre densité sont indifférents sont ceux qui sont le plus à plaindre car ils mangent, boivent et font la fête sans se soucier de servir autrui ou eux-mêmes; ils avancent simplement dans cette densité d'expérience, et trouvent, au moment de l'examen, qu'ils ne montent pas de niveau, qu'ils n'ont pas appris à aimer, qu'ils n'ont pas appris à se tourner vers la lumière, ni à utiliser cette lumière. Par conséquent, il leur sera donné, non pas l'enfer (puisque la présente densité n'est pas l'enfer) mais une nouvelle expérience de troisième densité qui durera environ 75 000 de vos années[430].

Ce choix est libre. Nous sommes capables de répéter l'expérience de troisième densité en cycles qui peuvent durer éternellement, si c'est notre choix, et ce n'est pas une tragédie. Nous avons tout le temps que nous souhaitons pour rester ici et faire des choix substantiels de service. Mais pour les chercheurs spirituellement éveillés, l'attitude habituelle est d'avancer dans le travail dès que la nature de ce travail est perçue. Une bonne question à se poser: combien d'entre nous, pèlerins errants, se trouvent ici par priorité de vibrations, pour avoir "juste une chance de plus" de décrypter le code de ce choix? Un nombre appréciable, je crois[431]! Paradoxalement, un des grands avantages de ce travail de polarisation est une propension à abandonner nos certitudes et suppositions, à faire un pas de côté et observer simplement ce qui arrive. Heikki Malaska fait part de son expérience:

> Je ne savais pas comment résoudre un problème de désaccord avec une autre personne. Je savais seulement que j'en avais assez de tout cela. Alors que je marchais le long de la rive de la rivière, tournant tout cela dans ma tête, je me suis trouvée inopinément dans un état d'esprit où le temps a paru s'arrêter un moment. Pendant ce moment, j'ai pris clairement conscience que j'avais deux choix distincts: je pouvais choisir d'ignorer toute la force et le bien que

---

[429] Q'uo, transcription du 11 février 1996, p. 2
[430] Q'uo, transcription du 1er juillet 1990, p. 6
[431] J'ai juste pensé qu'il serait bon d'avoir une note de bas de page ici!

j'avais en moi. Si je choisissais cela je commencerais immédiatement à ressentir le besoin ou le manque, je commencerais à avoir l'impression de ne pas avoir tout ce qu'il faut pour ressentir la joie de vivre. Cela me mènerait à une surenchère avec tous ceux de mon entourage qui ressentiraient la même chose, et nous nous retrouverions alors tous à lutter les uns contre les autres pour parvenir à mettre la main sur ce que nous voulions avant que quelqu'un d'autre ne s'en empare. Donc, ce que je voudrais je l'aurais toujours aux dépens du bien-être de quelqu'un d'autre. Mais à ce moment j'ai également réalisé que je pouvais faire un autre choix. Si je faisais un autre choix, la créativité apparaîtrait immédiatement d'une manière telle qu'il n'y aurait aucun moyen de savoir ce qui suivrait, parce que ce serait créé spontanément au moment où cela se manifesterait! Et ce serait toujours frais et neuf, et pour le bien ultime[432].

Et Mike Korinko confirme:

> Je suis en route une fois de plus. C'est un sentiment tellement étrange que de se dire «je ne sais pas où je vais mais je sais que le Seigneur souhaite que j'aille dans cette direction-là». La vie offre tellement de distractions. Il est difficile de rester concentré. Mais en des moments comme maintenant, c'est tellement beau[433]!

Ah, la joie quand cela se produit, quand un tel moment survient et que nous sentons que tout est bien! Ceux de Q'uo parlent de cet abandon:

> Qui choisit? Permettez à cette pensée de dissoudre l'intellect. Qui choisit? Si vous choisissez, c'est que vous n'êtes pas sans choix. Mais le choix le plus habile, le plus humain, le plus plein de polarité est celui qui est fait avec le nouveau mental de la totalité et de l'intégralité. Celui connu sous le nom de Jésus a dit: «Je suis venu pour que vous puissiez avoir la vie, et l'avoir plus abondamment». Il y a, dans la conscience christisée, une acceptation sans choix de la volonté du Créateur. Pour chaque entité il y a le même potentiel d'être vrai et complet dans la ligne personnelle de destinée qui accompagne la complète liberté de choix: encore un paradoxe[434].

---

[432] Heikki Malaska, lettre du 1er février 1999
[433] Mike Korinko, lettre du 21 février 1995
[434] Q'uo, transcription du 2 mai 1993, p. 7

Existe-t-il gageure plus grande pour le chercheur qui veut faire un choix que d'être informé que d'une certaine manière il doit aussi accepter de ne pas faire de choix!? C'est travail qui n'est pas facile:

> La qualité de connaissance que vous nommeriez 'grâce' est une qualité qui est alimentée chez chaque chercheur, puisque le chercheur est à même de s'ouvrir à la prise de conscience de la perfection de toute la Création. C'est donc aussi un processus de réalisation. Vous pouvez, dans un moment de grand désir, jeter au vent toutes les attentes et devenir aussi creux qu'une conduite d'eau qui canalise l'eau qui se déverse, et pour vous cette eau c'est la grâce. Le mouvement de l'esprit s'alignant sur votre cœur ouvert provoque l'apparition d'un sentiment de perfection, de finalité, de lieu et d'identité avec tout, de sorte que votre expérience est le reflet parfait du Créateur unique qui sourit par l'intermédiaire de votre visage[435].

La volonté et la foi
(en tant que nécessité de polarisation)

Où donc commence cette foi qui déclenche un tel dynamisme spirituel? Comment s'acquiert-elle? Melissa s'exprime:

> Vous parlez de charges et de sacrifices si l'on veut vivre dans la foi. Je suppose que je ne me préoccuperais pas tellement de cela si j'avais quelque moyen de reconnaissance, ou signe, ou affirmation positive autres que, comme je l'ai déjà dit, les protestations de certains qu'il y a une raison d'avoir la foi. Je reconnais que ce manque contribue à la morosité de ma vie. Mais quel que soit le degré de célébrité de la personne, qu'il s'agisse des écrits de Jésus ou des paroles de Lazare, ou de n'importe quel médium et/ou maître, ou des allusions subtiles d'amis fidèles qui me poussent en direction de la foi, tant que je ne saurai pas en quoi je suis supposée avoir foi, je me percevrai comme une simulatrice[436].

Nous sommes tous dans le même bateau que Melissa en ce qui concerne notre travail sur la foi, car il n'existe aucune sorte de preuve concrète de l'efficacité de la foi, et il n'est pas simple d'agir comme si l'on avait la foi. Cependant, c'est exactement ce que suggèrent ceux de Q'uo:

---

[435] Q'uo, transcription du 5 septembre 1993, p. 9
[436] Melissa, lettre du 17 mars 1999

> La foi est simplement la qualité qui permet à ceux qui ne peuvent pas voir le monde métaphysique d'agir comme s'ils le pouvaient. Dans le monde métaphysique où repose votre esprit en ce moment précis comme en tous les autres moments, vous êtes un être de loin plus grand. En ce qui concerne votre expérience actuelle, vous avez choisi de très, très nombreuses choses qui ont des raisons profondes d'être. La foi c'est une question d'avoir la certitude que cette expérience-ci suit le chemin que vous aviez tracé avant votre venue[437].

Alors, c'est quoi exactement avoir la foi? Ceux de Q'uo expliquent:

> La foi ce n'est pas la foi en n'importe quoi. La foi c'est avoir connaissance de choses que l'on ne voit pas, la certitude que l'on est à sa juste place. La foi est illogique et ne peut être défendue rationnellement, et pourtant, plus vous passerez de temps dans cette pièce à l'intérieur du mental profond, plus vous fleurirez en tant qu'entités capables d'accomplir le travail que vous êtes véritablement venus faire. Car en fait, que souhaitez-vous contrôler? Sur quoi voulez-vous exercer de la puissance? Concernant les choses de l'esprit, ceux qui travaillent dans la polarité du Service d'autrui trouveront qu'il n'est qu'un seul domaine où du travail est nécessaire. Ce n'est pas le monde qui nécessite du travail. Ce ne sont pas les autres qui ont besoin d'être changés. C'est le 'soi' qui est le domaine et le monde dans lesquels chaque entité a le droit de travailler, espérer, rêver, et parcourir ce chemin de spiritualité[438].

Ce que disent ceux de Q'uo à propos de la croyance comparée à la foi mérite un examen plus approfondi. Le n°245, une Californienne au parcours ésotérique en informatique et ayant un don remarquable pour la guérison et la communication avec son jardin, dit ceci:

> Il y a une différence fondamentale entre la croyance et la foi. Tout le monde peut se contenter de 'croire', personne ne peut juste avoir 'foi'. Sans action, la foi reste inerte. Dans le film *Indiana Jones et la dernière croisade*, Harrison Ford doit faire un "saut dans l'inconnu" même s'il ne sait pas où il mettra le pied. Si vous ne faites pas cela (et non, ce n'est jamais facile), vous douterez toujours, même si vous 'croyez' énormément. Pour répondre à l'appel vous devez sauter dans l'inconnu. C'est peut-être ce dernier

---

[437] Q'uo, transcription du 15 septembre 1996, p. 5
[438] Q'uo, transcription du 17 janvier 1999, p. 3

élément qui requiert le plus de témérité. Il ne vous suffira pas de tremper un orteil dans la piscine: vous devrez y sauter[439].

Ceux de Q'uo confirment:

> La connaissance n'a rien à voir avec la foi. Les dogmes et les doctrines sont des ennemis mortels de la foi. Mener une vie de foi c'est simplement affirmer « je sais que je suis un survivant, que je suis soutenu par les bras aimants d'un Créateur bienveillant, que ce qui m'arrive en ce moment est ce qui est supposé m'arriver en ce moment-même[440] ».

Cela paraît charmant, n'est-ce pas, dire «ce qui arrive est juste pour moi, peu importent les apparences»? Mais naturellement, en fonction du tableau général, cette affirmation exige souvent un grand acte de foi, un saut dans l'inconnu. Un saut est un mouvement soudain, le fait de bondir ou sauter d'un endroit vers un autre. Il n'est pas question ici de pas prudents: nous parlons du saut archétypal de l'insensé dans le vide. Ceux de Q'uo ajoutent:

> La foi n'est pas quelque chose que vous pouvez acheter, ou quelque chose sur lequel vous pouvez travailler. La foi c'est quelque chose qui vous vient lorsque vous avez fait un pas dans le vide. Pendant votre chute vous percevez ce parachute émotionnel et vous savez ce qu'est réellement la foi. Mais vous devez d'abord sauter[441].

Cela exige de se libérer de toute crainte:

> La foi c'est simplement la foi que le Créateur qui a tout créé, y compris vous-même, est un Créateur d'amour infini et intelligent, qu'Il vous aime en tant que partie de Lui-même, comme un enfant à chérir, comme une personnalité qui Lui permet de S'apprendre Lui-même, comme tous les parents apprennent de leurs enfants. Vouloir mener une vie dans la foi n'est rien d'autre que se libérer de la crainte et permettre à ce qui doit être d'être[442].

Dans cette libération de la crainte et cet abandon à la confiance, nous invitons la foi à entrer dans notre vie:

> Rappelez-vous que c'est la foi que vous essayez d'exprimer dans votre vie et votre être. La foi n'a pas de sens. La foi ne laisse aucun passage à la vanité. La foi semble être le plus fragile des roseaux

---

[439] 245, lettre du 7 octobre 1999
[440] Q'uo, transcription du 30 avril 1989, p. 6
[441] Q'uo, transcription du 8 septembre 1996, p .4
[442] Q'uo, transcription du 15 juillet 1990, p .8

auxquels s'accrocher, et cependant l'âme qui vit de la foi, l'esprit qui s'accroche à la foi, celui qui refuse de l'abandonner, est l'esprit qui fera le plus de progrès en polarité, et c'est là un accomplissement qui ne participe pas seulement du 'soi' incarnationnel mais aussi du 'soi' éternel et infini[443].

Il peut sembler que nous sommes seuls face à cet effort de polarisation en menant une vie de foi. En un sens, nous le sommes. Chacun de nous suit ce processus pour lui-même. En un autre sens nous avons l'allié le plus fidèle de tous: notre 'soi' le plus profond et le plus vrai:

> Le vrai travail d'une vie vécue dans la foi est de vivre dans cette illusion, en ce moment, sans aucune preuve de gloire ou d'exceptionnelle perfection. La difficulté est de percevoir la gloire et la majesté de la Création, de percevoir la vie qui est vécue maintenant, de se sentir s'ouvrir comme une fleur au Créateur. Ces souvenirs de soutien n'aident pas vraiment celui qui est un *émigré*[444] sur la Terre, car c'est ici que chaque esprit a choisi de faire une fois encore le grand choix : celui du Service d'autrui ou du Service de soi. Et nous sommes tous venus avec un karma en équilibre, mais nous ne partirons que si ce karma reste équilibré. Par conséquent, nous encourageons chacun de ceux qui font cette sorte d'expérience de rêve de reconnaître que son aventure était peut-être exceptionnelle. Mais rappelez-vous toujours que vous êtes ici pour aimer et accepter de l'amour, pour être sage et accepter la sagesse, pour percevoir le temps, percevoir l'espace qui est approprié pour chaque chose[445].

Avons-nous vraiment voulu entreprendre un programme d'exercices pour l'esprit? Apparemment oui:

> Il n'est pas facile de vivre une vie de foi. En fait, plus intense, plus centrale et importante devient la foi, plus elle est mise à l'épreuve au feu de l'expérience, car la foi n'est pas rigide: elle est souple, adaptable, docile. Elle permet à chacun de suivre son propre chemin. Elle permet à chacun de trouver son propre chemin. Elle permet à chacun de trouver un chemin vers l'éternité. Elle permet à chacun d'être où il est sans aucun regret grâce à la certitude qu'un

---

[443] Q'uo, transcription du 21 novembre 1999, p. 4
[444] En français dans le texte original (NdT)
[445] Q'uo, transcription du 12 avril 1989, p. 6-7

jour il s'éveillera au 'soi' véritable, au JE SUIS, et ils rechercheront la voie, la vérité, et la vie qui leur appartient dans l'éternité[446].

Ou bien nous pouvons renforcer notre courage en nous figurant notre vie comme un don au Créateur:

> Car si l'on entend par le terme 'foi' que la foi c'est le voyage, et que la foi la plus profonde admet que tout ce qui nous entoure et dont nous faisons l'expérience est correct, alors on peut simplement tourner son attention vers l'être, car chaque entité est une histoire dans le mental du Créateur, et chaque incarnation un petit présent, un bouquet, un parfum porté par le vent, qui informe et remercie le Créateur à mesure que cette entité infinie continue à en apprendre à Son propre sujet[447].

Un sentiment de joie réelle apparaît lorsque vient un moment où nous sentons que le Créateur et les forces de la lumière nous élèvent:

> Ceux qui sentent instinctivement que le Créateur est un Créateur qui unifie, aime et soutient découvrent la foi d'une certaine manière: celle de la voie positive de la polarisation par le service à l'Unique infini et aux autres 'soi', images de l'Unique infini. Ceux qui choisissent de voir le Créateur du jugement, de la justesse morale et de la loi sont ceux qui souhaitent contrôler: contrôler la vie, contrôler le soi, contrôler autrui, de façon qu'il n'y ait pas de surprises mais que tout soit calculé en avance, de manière sûre et ordonnée[448].

Comme il est vrai que la vie d'un pèlerin errant polarisé positivement est rarement ordonnée!

> Lorsqu'on regarde les étoiles, on réalise qu'on voit la face du Créateur, ainsi que le disent vos ouvrages sacrés, se mouvoir à la surface des eaux de notre conscience. Et une intuition dit à cette intelligence, proche ou lointaine: «je place ma foi en, et je la donne à ce Créateur à bienveillant, aimant, valorisant; j'offre ma confiance»[449].

Des mots comme 'bienveillant' ne me semblent pas toujours capter l'essence du Créateur à partir de l'intérieur des difficultés de l'expérience. Je suis partiale, naturellement. Voici une autre circonstance dans laquelle

---

[446] Q'uo, transcription du 5 août 1990, p. 10
[447] Latwii, transcription du 13 février 1988, p. 4
[448] Hatonn, transcription du 3 février 1991, p. 4
[449] Q'uo, transcription du 3 février 1991, p. 6

CHAPITRE VI: UN PEU DE COSMOLOGIE

on peut faire appel à la foi. Et à cet égard, une fois encore nous trouvons des suggestions selon lesquelles la méditation est des plus utiles au chercheur en spiritualité:

> Les choses qui aident à connecter la foi profonde au mental conscient comprennent tout d'abord la méditation régulière, car dans le silence de la méditation se font des connexions à partir du mental profond et les informations affluent. Nous suggérons aussi l'encouragement, à l'intérieur du 'soi', de la louange et de la gratitude pour tout (petites et grandes choses) ce qui participe du monde éphémère et qui peut affecter les sens. La prière, la louange, et la gratitude sont trois ressources qui ajoutent et renforcent la connexion avec la foi[450].

Lorsque nous pensons à la foi par rapport à la polarité nous devons tenir compte du fait que la foi aide à la polarisation; la polarité est la raison pour laquelle nous sommes venus ici: pour y travailler selon notre propre apprentissage, et nous avons la responsabilité d'agir:

> Dans ce système et cette densité du plan du Logos, les extrêmes en polarité sont la réalité. Considérez: ici en troisième densité nous avons un corps pour une bonne raison: pour interagir avec la réalité physique. Puisque le Créateur infini nous donne une magnifique boîte à outils contenant des sens et des aptitudes pour ce corps, est-ce que ce n'est pas logique de savoir comment utiliser harmonieusement les outils du corps/mental/esprit? Nous aurons besoin de toute l'aide que nous pourrons obtenir pour rester concentrés pendant les 'inconvénients'. Éveillez-vous! Nous nous trouvons sur l'autre versant de la courbe en cloche, les amis! J'ai bien l'intention d'être en service tout au long du chemin, et ma voie c'est l'action[451].

Heikki sait comment faire passer une idée! Notre voie c'est l'action, et cependant nous devons être très conscients de la loi du libre arbitre: nos droits s'arrêtent au bout de notre nez. Nous faisons bien de travailler sur nous-mêmes. Nous sommes des insensés si nous nous mettons à altérer, changer ou améliorer autrui. Ceux de Ra en disent ceci:

> [...] La Loi de Confusion ou du Libre Arbitre est d'une importance extrême dans les travaux de la Création infinie. Ce qui est pensé a autant d'intensité d'attraction pour le pôle opposé que l'intensité de l'intention ou désir. Ainsi, ceux dont les désirs sont superficiels ou

---

[450] Q'uo, transcription du 10 septembre 1995, p. 3
[451] Heikki Malaska, lettre du 7 mars 1999

CHAPITRE VI: UN PEU DE COSMOLOGIE

transitoires ne font l'expérience que de configurations éphémères de ce qui pourrait être appelé une circonstance magique. Il y a un tournant, un axe qui pivote à mesure que le complexe mental/corps/esprit harmonise sa volonté de service. Si cette volonté et ce désir sont d'un service à autrui, la polarité correspondante est activée. Dans la circonstance de ce groupe il y a trois de ces volontés qui agissent comme une seule avec l'instrument dans, dirons-nous, la position centrale de fidélité au service. Cela est comme cela doit être pour l'équilibre du travail et la poursuite du contact. Dans ces travaux, notre complexe vibratoire est lui aussi pointé, et notre volonté de servir est aussi d'un certain degré de pureté. Cela a créé l'attraction de l'opposé polaire dont vous faites l'expérience. Nous pouvons noter qu'une telle configuration de libre arbitre, pointée sur le Service d'autrui, a aussi le potentiel de mobiliser une grande masse de force lumineuse. Cette force lumineuse positive opère cependant, elle aussi, sous le libre arbitre et elle doit être invoquée. Sinon nous ne pourrions pas parler ainsi et ne vous guiderons pas, car la nature de ce contact est telle que la pureté de votre libre arbitre doit, par-dessus toutes choses, être préservée. Ainsi vous cheminez au travers des expériences en découvrant des inclinations qui peuvent être utiles[452].

Voyons-nous comme des semeurs: des Johnny Appleseed[453] de l'esprit. Proposer une idée au moment qui paraît approprié, puis laisser tomber le sujet et avancer avec sérénité. Quelqu'un nous entendra lorsque ce sera son tour de s'éveiller, pas avant. Faisons confiance au réveil que chacun de nous a réglé. Nous sommes à l'heure. Nous pouvons choisir d'aller plus vite, mais uniquement pour nous-même. Il est important de ne pas nous préoccuper de la polarité négative alors que nous travaillons à notre polarité positive:

> Nous souhaiterions pouvoir vous guider vers un écrit qui éclaircit tout, un ensemble de symboles dont la signification ne laisse aucun doute, aucune confusion dans le moindre détail. Nous ne le pouvons pas car il n'existe aucune construction faite de mots, aucun concept, qui ne soit pas déjà un groupe de symboles, et c'est

---

[452] *La Loi Une*, Livre III, séance 72 §7

[453] Johnny Appleseed, dont le vrai nom est John Chapman, né en 1774 dans le Massachusetts, rêvait de produire tellement de pommes que plus personne n'aurait faim. Il a parcouru le pays, se dirigeant vers l'ouest. Il emportait partout un sac en cuir rempli de pépins de pommes qu'il obtenait dans les cidreries. La légende dit qu'il en a planté en de nombreux endroits: dans les forêts, le long des routes et près des cours d'eau. (NdT)

à la fin que vous savez que le bien et le mal ne demeurent pas dans des symboles mais dans des qualités d'être. Les qualités d'être sont perçues au plus profond du cœur et du mental d'une entité, de sorte qu'il y a reconnaissance et connaissance de ce qui est moralement plaisant et moralement déplaisant, dirons-nous. Si vous examinez cet âge que beaucoup trouvent plein de mensonges et donc de mal, voyez les qualités d'être des gens, les relations, la gestion de ce qui semble mauvais, l'argent, et trouvez en vous-même les caractéristiques et attributs des gens, des relations et de la gouvernance qui affirment la vérité, qui affirment la vie, et qui influencent chacun et chaque situation. Car ceci n'est pas un âge quelconque. Ceci, mes enfants, c'est VOTRE âge, et aucune marque d'aucune bête ne peut affecter le rythme de votre propre création. Nous n'avons aucun désir de minimiser la loyale opposition qui nous met au défi et nous fait apprendre à être forts. Nous ne souhaitons que corriger toute tendance à croire que nous sommes dans les griffes du mal ou limités d'une quelconque manière, ou gouvernés par l'apparente vision du monde. Pour beaucoup, ceci est l'âge de la bête. Nous constatons cela parmi les peuples, cette attitude d'un grand nombre qui sont fortement perturbés, qui souffrent beaucoup, mais qui acceptent de nombreux symboles comme des qualités d'être. Sachant que c'est l'amour qui a tout créé et que c'est la grande Pensée originelle d'amour qui forme le cœur de tout ce qui est, nous vous demandons de ne vous satisfaire que de l'essence des choses. Ainsi vous trouverez du soleil dans des endroits sombres, et ainsi votre discernement pourra vous détourner d'ombres inattendues que d'autres ne voient peut-être pas. C'est votre expérience, votre création, votre manière de vivre. Nous vous demandons de vous joindre à nous dans la recherche du Créateur, sans crainte et avec un désir de plus en plus grand de toucher encore et toujours au merveilleux mystère de la conscience empli de lumière[454].

Le message est de laisser le monde s'agiter à sa guise, et de travailler sur nous-mêmes. Bien sûr, nous voulons rendre service. Mais en termes de polarité notre terrain c'est le soi et non autrui. Ceux qui veulent travailler sur la polarité d'autrui pour leur propre bien à eux sont en fait d'orientation Service de soi, même si leur désir de servir peut être réel:

INTERVIEWEUR: Il me semble que de nombreux 'évangélistes' comme on les appelle dans notre société ont actuellement un grand

---

[454] Q'uo, transcription du 15 février 1987, p. 3-4

désir, une très grande volonté, et probablement une forte polarité, mais il me semble que dans de certains cas il y a un manque de prise de conscience ou d'informations, ce qui crée un travail peu efficace dans le sens magique. Mon analyse est-elle correcte?

RA: Je suis Ra. Elle est partiellement correcte. Quand on examine la polarité d'un travail du service d'autrui, le libre arbitre doit être vu comme prédominant. Les entités dont vous parlez tentent de générer des changements positifs dans la conscience tout en faisant obstacle au libre arbitre. Cela provoque un blocage de la nature magique du travail, sauf dans les cas où une entité désire librement accepter le travail de l'évangéliste, comme vous l'avez appelé[455].

Il y a toujours eu des gens attirés par le charisme du Service de soi et désireux de suivre un leader. Comment garantit-on alors la libre volonté? On nie les preuves! Une chose que j'en suis venue à croire de tout mon cœur c'est qu'en troisième densité il n'y aura jamais aucune preuve circonstanciée d'une réalisation spirituelle, d'un concept spirituel, ou d'une connaissance spirituelle quelconques. Nous devons choisir en toute liberté:

INTERVIEWEUR: Quelle était l'orientation, par rapport à ce type de communication, de celui qui est connu comme Jésus de Nazareth?

RA: Je suis Ra. Vous pouvez avoir lu certains ouvrages de cette entité. Elle s'est offerte comme instructeur aux complexes mental/corps/esprit qui se rassemblaient pour écouter, et même alors cette entité a parlé comme au travers d'un voile afin de laisser de l'espace à ceux qui ne souhaitaient pas entendre. Quand il a été demandé à cette entité de guérir, elle l'a souvent fait, en finissant toujours son travail par deux mises en garde: premièrement que l'entité guérie avait été guérie par sa foi, c'est-à-dire sa capacité de permettre et accepter des changements par l'intermédiaire du rayon violet vers le passage d'énergie intelligente; deuxièmement, en disant toujours: «Ne le dites à personne». Ce sont là des travaux qui visent à une qualité maximale de libre arbitre, tout en assurant la fidélité à la pureté positive du travail[456].

Et dans ce processus de réalisation, la pureté de notre désir d'accroître notre Service d'autrui, cette polarité que nous avons déjà acquise, est des plus utiles:

---

[455] *La Loi Une*, Livre III, séance 73 §12
[456] *La Loi Une*, Livre III, séance 73 §13

Chapitre VI: Un peu de cosmologie

> Deux éléments sont actifs lorsque vous travaillez sur la polarité. Un est la foi, un est le désir. Veillez à ce que votre désir soit le plus élevé et le meilleur que vous connaissiez. Cherchez le vrai, le bon et le beau, et taillez–vous un chemin du mieux que vous pouvez vers la grand-route, tout en gardant à l'esprit que c'est l'intention, et non pas la manifestation, qui est importante dans l'univers métaphysique du temps/espace[457].

Karen Eck, une pèlerine qui se rappelle qu'elle vient d'Andromède, donne un bon exemple de concentration et de purification de son désir:

> Je suis entrée dans ma voiture et me suis rendue en Californie en donnant ma vie à l'esprit saint, sachant que je serais aidée et que les choses iraient très bien. J'ai écrit ce que je voulais voir se manifester comme logement après avoir obtenu un job, et j'y suis quasiment arrivée. Ce qui me rappelle que c'est cela qu'il me faut accomplir ici: écrire le meilleur scénario dont je suis capable pour l'endroit où je me trouve à présent[458].

Les choses ne se passent pas toujours aussi bien que pour Karen, mais affûter et aiguiser le désir par l'affirmation, la réflexion, la prière et la méditation est toujours sage. Ce qui nous amène à l'utilisation de notre volonté:

> Le développement de la foi et de la volonté est en grande partie le développement de la volonté de chercher et de la foi de continuer à chercher. À notre avis, une recherche persistante et soutenue tout au long de l'incarnation, sans faire attention aux résultats qui apparaissent pendant l'incarnation, est à notre avis le meilleur cadeau que vous pouvez créer. Vous créez une vie et vous n'aurez pas terminé cette grande carrière avant que votre dernier soupir ait quitté votre véhicule physique et que vous-même soyez passé de l'espace/temps au temps/espace de la vie métaphysique, cette vie plus ample à laquelle vous aspirez pendant que vous êtes maintenus dans l'encombrante prison de votre véhicule physique. Vous serez légers et libres. Vous serez emplis de lumière et emplis de liberté. Mais ici et maintenant, dans la prison du corps terrestre vous avez la grande chance d'être loyaux envers votre propre conscience[459].

---

[457] Q'uo, transcription du 21 novembre 1999, p. 4
[458] Karen Eck, lettre du 11 juin 1999
[459] Q'uo, transcription du 10 mai 1987, p. 3-4

Chapitre VI: Un peu de cosmologie

Caile Rain, un groupe gaélique de chanteurs magnifiquement exubérants, harmonieux et orienté vers la spiritualité, a dans son répertoire une chanson à propos d'un homme qui a été plutôt égoïste sa vie durant, bien que dans l'ensemble il ait été une personne plutôt bonne. Lorsqu'il arrive au Ciel après sa mort, il ne se tient plus d'impatience de voir sa nouvelle demeure, mais Saint-Pierre l'emmène vers une petite cabane en bois. «Où est passée ma belle maison céleste?» demande l'homme. «Eh bien» répond Saint-Pierre, «c'est là tout le bois que tu as envoyé!». Il est bon de travailler tant qu'on en a l'occasion. Cette vie est un moment précieux. Voyons notre bon travail comme du bois envoyé à l'avance au Ciel pour y construire notre demeure éternelle. À mesure que ma vie s'écoule, je suis de plus en plus convaincue de cela.

> La nature de la foi est ce que l'on affirme qu'elle est. Mettre la foi en question n'est utile que dans le contexte d'une vie menée dans la foi, où le chercheur a acquis l'aptitude de considérer la foi comme la promesse qui ne tourne jamais au mensonge, quelles que soient les apparences. Ainsi, la foi est souvent incompréhensible. Toutefois, la foi est servie par un simple acte de volonté: le refus d'arrêter de croire. Nous portons ceci à l'attention de tous les chercheurs. La simple assertion d'une vie dans la foi crée, lorsqu'elle est invoquée avec persistance, la vie dans la foi. Il n'est pas possible de concevoir un travail plus dur et plus valorisant pour le chercheur en spiritualité[460].

Se concentrer sur l'amour dans le moment ou la situation aide à la polarisation:

> Nous encourageons chaque étudiant à se considérer comme responsable en ce sens que la volonté du Créateur infini est qu'il y ait de l'amour. Chacun est amour, et chacun fait l'expérience de l'amour. Voilà la vérité, dans la mesure où nous la connaissons[461].

Il est particulièrement important se rappeler que l'amour n'a pas de fin à l'égard des entités orientées négativement:

> La voie négative est très difficile, mais elle peut être parcourue et la lumière peut être apprise dans ses nombreux usages, et ceci est tout aussi positif. C'est pourquoi, il appartient à l'étudiant de la polarité positive d'exercer constamment sa volonté de renforcer sa polarité vers la positivité, et quand de la négativité est rencontrée, de s'arrêter pour faire à cette entité l'honneur d'un amour sans

---

[460] Q'uo, transcription du 6 février 1994, p. 9
[461] Q'uo, transcription du 10 janvier 1993, p. 5

faille, d'une prière généreuse pour qu'elle puisse être maintenue droite, qu'elle puisse être protégée, qu'elle puisse être chérie et aimée comme une enfant du Créateur infini unique[462].

La polarité de la planète

Dans le concept de polarité considéré dans le sens physique, est inclus le concept de l'aimant composé, c'est-à-dire deux ou trois aimants ayant la même charge pointant dans la même direction, de sorte que les champs se combinent. Il me semble qu'il est important que nous, êtres de spiritualité, nous magnétisions d'abord et ensuite, à mesure que nous approfondissons notre étude, que nous devenions des aimants. C'est pourquoi j'ai demandé à Bruce Peret si nous, en tant que corps planétaire de pèlerins éveillés, serions un aimant composé, et si nous aurions une avance en puissance par rapport à ce que nous pouvons offrir par nous-mêmes. Bruce a répondu:

> L'assemblage de deux aimants double le champ magnétique, et de trois le triple. Il s'agit d'une progression droite, linéaire. La seule différence tangible est que, plus grand est l'aimant plus grande est la zone influencée, et la zone influencée par l'aimant devient cohérente. Mais naturellement, avec les aimants nous parlons toujours de première densité ici. Si vous considérez une extrapolation logique, un "champ magnétique biologique" de troisième densité serait augmenté exponentiellement par un tel assemblage. Les densités peuvent être énumérées comme suit: première densité=0 (base); deuxième densité=1; troisième densité=2. Vous prenez ensuite cette énumération de densités et l'élevez à la puissance du nombre d'individus qui travaillent en harmonie soit en SDS soit en SDA. En première densité rien ne se passe puisque 0 élevé à n'importe quelle puissance reste toujours 0. Il n'y a pas d'effet non plus en deuxième densité puisque 1 élevé à n'importe quelle puissance reste toujours 1. Mais en troisième densité, le 2 élevé à une puissance peut faire une différence radicale par rapport à la force générale du champ: une seule personne, $2^1=2$; deux personnes, $2^2=4$; trois personnes, $2^3=8$. Vingt personnes, $2^{10}=1\,048\,576$. Vingt personnes de troisième densité peuvent produire un champ de force semblable à celui de plus d'un

---

[462] Q'uo, transcription du 3 janvier 1988, p. 7-8

million d'entités de deuxième densité. Une différence considérable[463].

J'espère que ce calcul des possibilités de travail conscient accompli en tant que groupe nous encourage tous à nous rendre compte, et à nous appuyer sur un rappel quotidien de l'utilité de consacrer un peu de temps au travail planétaire. Nous pouvons faire partie d'une très puissante force de positivité.

Orgueil, peur, jugement et gravité spirituelle

À présent, voyons quelques unes des choses qui peuvent bloquer le travail de polarisation. L'attitude de séparation, qui peut souvent aussi être décrite comme une attitude fondée sur l'apparence des choses en surface, peut être très nuisible, et l'a été tout au long de l'Histoire de la Terre:

> Tous les niveaux de votre civilisation ont été rongés par quelque chose que nous appellerions le cancer de la séparation, dans l'ignorance que tous les êtres sont un et que ce qui est fait à autrui est fait à soi-même. Nous voyons que vous faites des choses qui impliquent le concept de deux êtres: qui impliquent le concept d'un ennemi ou d'un concurrent; qui impliquent le concept d'un mur de séparation. Cela limite la communication et accroît l'hostilité. Et ensuite ces vibrations imprègnent la planète elle-même. Ce qui est le plus sensible à ces vibrations: la croûte ou manteau de la Terre, se met à bouger et à se réaligner considérablement pour tenter de réduire les tensions de la conscience planétaire. Dès lors, oui, votre peuple a provoqué ces choses pendant des milliers d'années[464].

La vanité n'aide certainement pas:

> Il n'est même pas nécessaire que les autres comprennent qui vous êtes ou ce que vous faites. À notre avis, il est acceptable d'être incompris, pas estimé à sa juste valeur, ou estimé erronément. Il est acceptable que les autres vous considèrent mieux que vous ne le pensez approprié, tout comme il est acceptable que les autres vous considèrent moins bien. Défaites-vous de la propriété de votre identité. Vous ne pouvez pas vous échapper de votre identité et la torturer pour lui conférer des détails plus excellents de comportement, d'apparence, de conduite et de pensée! Il vous est

---

[463] Bruce Peret, lettre du 5 avril 2000
[464] Hatonn, transcription du 1er avril 1979, p. 5

demandé seulement d'aimer et vénérer un mystère et d'accueillir les autres juste comme vous vous accueillez, vous pardonnez à, et vous vous acceptez vous-mêmes[465].

Le jugement est insidieux. Je me trouve moi-même emplie d'opinions à la fin d'une phrase. Et la peur est l'unique dynamique qui sépare et refuse l'amour de nos cœurs innocents. Soyons sans crainte lorsqu'il s'agit d'être aimable envers les gens et de trouver le moyen de répandre un sourire et un geste rassurant lorsque nous en sommes capables. Regardons tous ceux qui nous approchent comme des anges qui ne savent pas qu'ils en sont.

La polarité sexuelle

Nous examinerons de plus près la question de la polarité sexuelle au chapitre neuf, qui concerne le sexe, mais ici, dans cette analyse de la polarité, nous faisons une pause pour voir que la polarité sexuelle est très puissante en tant que force qui, dans notre densité, attire les gens. Bruce Peret fait remarquer:

> Nous n'avons pas réellement affaire à une seule polarité mais bien à trois: l'électrique, la magnétique et la gravitique, toutes actives et toutes influençant nos pensées. Il est intéressant de noter que l'attraction érotique, bien que la plus fugace, est aussi la plus puissante[466].

Ceux de Q'uo ajoutent:

> Toute polarité a sa première expression dans le rayon rouge, et dès lors, que vous exprimiez cette énergie ou que vous soyez abstinents, cela importe peu car si vous connaissez et respectez l'excellence de cette énergie fondamentale elle surgira à l'intérieur comme une source intarissable, donnant toujours de la vie, renforçant toujours la vie[467].

Ceux de Ra expliquent:

> [...] dans vos natures bisexuelles il y a ce qui est appelé de la polarité. Cette polarité peut être vue comme variable en fonction de, dirons-nous, la polarisation mâle/femelle de chaque entité, que chacune des entités soit biologiquement mâle ou femelle. Ainsi,

---

[465] Q'uo, transcription du 14 mars 1993, p. 3-4
[466] Bruce Peret, lettre du 5 avril 2000
[467] Q'uo, transcription du 28 avril 1996, p. 4

vous pouvez voir du magnétisme quand deux entités ayant l'équilibre approprié de polarité, mâle/femelle en face de polarité femelle/mâle, se rencontrent et donc ressentent l'attraction que les forces polarisées vont exercer l'une sur l'autre. C'est cela la force du mécanisme bisexuel. Cela ne demande pas un acte de volonté de décider de ressentir de l'attrait pour quelqu'un qui est polarisé sexuellement de manière opposée. Cela se produit dans un sens inévitable, donnant au libre flux d'énergie une voie appropriée, dirons-nous. Cette voie peut être bloquée par une distorsion vers une croyance/condition qui affirme à l'entité que cette attraction n'est pas désirée. Cependant, le mécanisme de base fonctionne aussi simplement que le feraient, dirons-nous, l'aimant et le fer[468].

Ceux de Q'uo s'étendent sur cette tendance à l'attraction:

En fonction des polarités concernées, une entité lors d'un échange d'énergies de ce genre peut tomber dans un circuit ouvert qui permet aux deux entités qui sont polarisées de faire faire des allers-retours et des tours à l'énergie partagée. Dans cette expression, une des polarités partage son énergie physique, l'autre partage son excédent d'énergie spirituelle/émotionnelle. Bien que le plus souvent ce soit la femelle biologique qui partage les énergies émotionnelles et spirituelles et le mâle son excédent d'énergie physique, ce n'est pas toujours cette polarité que les deux entités découvriront, car de nombreux mâles biologiques ont un excédent d'énergie spirituelle, et de nombreuses femelles biologiques ont un excédent d'énergie physique[469].

Je suis certaine d'être une femme qui a plein d'inspiration à partager en termes d'échanges d'énergies, mais pas un iota d'énergie physique. J'en ai acquis pas mal au fil des années par des échanges d'énergies fortuits de nature sexuelle, tant d'abondante énergie physique que merveilleusement inspirante et fervente avec mon partenaire, Jim McCarty. Et lui a la nette impression qu'il a acquis beaucoup d'inspiration de nos moments ensemble. À mesure que nous vieillissons, la nature de notre activité sexuelle changera peut-être. C'est le cas pour beaucoup de gens s'ils vivent assez longtemps ensemble. Beaucoup font l'expérience de l'impuissance. Ce sera peut-être notre cas. Mais cet échange d'énergies dont nous disposons sera toujours possible aussi longtemps que nous désirerons l'offrir l'un à l'autre et que nous prendrons le temps de partager

---

[468] *La Loi Une*, Livre II, séance 31 §7
[469] Q'uo, transcription du 18 février 1996, p. 2

des contacts intimes et des sentiments d'amour, ainsi qu'un désir d'être sacrés dans notre unité intime.

La vie au delà de la polarité

Y a-t-il une vie au-delà de la polarité? Certainement. La Création dans son ensemble, ses étoiles et ses systèmes stellaires, n'ont pas de polarité. C'est nous, dans notre forme individualisée qui, des densités trois à une, au départ de la six, en font l'expérience. Et nous pouvons toujours, à tout moment, dépasser les considérations de polarité et de dynamique dans notre cœur et dans notre mental, et venir nous reposer dans l'unité:

> Dans chaque voyage d'évolution, dans chaque densité d'illusion, dans chaque schéma incarnationnel, chaque moment et chaque pensée, il y a interaction de la polarité positive et de la polarité négative, qui est le tissu de toute création. C'est ainsi que chaque chercheur récapitule l'essence du Créateur unique, et lorsqu'il se déroule d'une manière dirigée, ce processus présente à chaque chercheur une occasion en expansion constante de comprendre de plus en plus sa nature en tant qu'Unique[470].

---

[470] Q'uo, transcription du 25 mai 1986, p. 8

CHAPITRE VII – LE TRAVAIL METAPHYSIQUE

La discipline de la personnalité

Maintenant que je nous ai mis en garde en parlant de la nécessité de faire précéder le travail en conscience d'un constant et consciencieux travail quotidien de dégagement des centres énergétiques inférieurs, je me sens prête à partager des informations à propos du travail de l'adepte, ou travail en conscience, dans les centres énergétiques supérieurs. Les sièges de ce travail sont les rayons ou chakras de rayon vert, bleu et indigo, mais beaucoup de travail pur est accompli dans l'indigo seul, sans tenir compte des autres centres utilisés. Les énergies du chercheur suggéreront dans lequel de ses centres énergétiques résidera le travail accompli, qu'il s'agisse de l'indigo du travail totalement intérieur, du bleu des enseignements et communications clairs, et/ou du vert de la guérison et de la compréhension compatissante. Don a demandé à ceux de Ra:

> **INTERVIEWEUR:** Je ne suis pas sûr de comprendre exactement. La question est: comment les disciplines de la personnalité alimentent-elles le centre énergétique de rayon indigo et influencent-elles le pouvoir du praticien de magie blanche? Est-ce que cela a du sens?
>
> **RA:** Je suis Ra. Oui.
>
> **INTERVIEWEUR:** Voudriez-vous donner une réponse s'il vous plaît?
>
> **RA:** Je suis Ra. Nous serions heureux de répondre à cette question. Nous avons compris la question précédente comme étant d'une autre importance. Le rayon indigo est le rayon de l'adepte. Une grande partie de la réponse que vous cherchez se trouve dans cette phrase. Il y a identification entre la cristallisation de ce centre énergétique et l'amélioration du fonctionnement du mental/corps/esprit à mesure qu'il se met à transcender l'équilibrage de l'espace/temps et à entrer dans les univers combinés de l'espace/temps et du temps/espace.
>
> **INTERVIEWEUR:** Voyons si mon opinion est erronée ici, sur l'effet des disciplines de la personnalité. Je supposais que la discipline de personnalité permettant d'avoir, disons, une attitude équilibrée envers une entité de même nature, permet de purifier et équilibrer,

dans une certaine mesure, le centre énergétique de rayon orange. Est-ce exact?

RA: Je suis Ra. Nous ne pouvons pas dire que vous avez parlé erronément, mais simplement moins que complètement. La personnalité disciplinée, quand elle est mise en face d'un autre 'soi', a tous les centres équilibrés en fonction de son équilibre unique. De cette façon, l'autre 'soi' regarde dans un miroir et se voit lui-même

INTERVIEWEUR: Bien. Comme je le comprends, les disciplines de la personnalité sont le travail prépondérant de celui qui a pris pleine conscience du processus de l'évolution. Ai-je raison en disant cela?

RA: Je suis Ra. Tout à fait.

INTERVIEWEUR: Bien. Maintenant ce que j'essaie de savoir c'est comment ces disciplines affectent les centres énergétiques et le pouvoir du praticien de magie blanche, dirais-je. Voulez-vous me dire comment cela fonctionne?

RA: Je suis Ra. Le cœur de la discipline de la personnalité est triple. Un: se connaître soi-même. Deux: s'accepter soi-même. Trois: devenir le Créateur.

La troisième étape est celle qui, quand elle est accomplie, fait de soi l'humble serviteur de tous, transparent en personnalité et complètement à même de connaître et accepter les autres 'soi'. Par rapport à la poursuite de la pratique magique, la constante discipline de la personnalité implique que l'adepte connaisse son 'soi', accepte son 'soi' et ainsi, déblaie le chemin menant au grand passage indigo vers le Créateur. Devenir le Créateur c'est devenir tout ce qui est. Il n'y a alors aucune personnalité dans l'état d'esprit dans lequel l'adepte entreprend son apprentissage/enseignement. A mesure que la conscience du rayon indigo devient plus cristalline, davantage de travail peut être accompli; davantage peut être extrait de l'infini intelligent[471].

À première vue, les instructions paraissent simples: «connais-toi toi-même, accepte-toi, deviens le Créateur». C'est une invitation provocante qui appelle à l'acceptation de soi nécessaire à l'acceptation des autres, à devenir le Créateur suffisamment pour voir que tout est un avec le 'soi' et aimé comme le 'soi'. Nous essayons ici de prendre la mesure de notre personnalité, de ces enveloppes de dons et inclinations dont nous nous

---

[471] *La Loi Une*, Livre III, séance 74 §7-11

CHAPITRE VII: LE TRAVAIL METAPHYSIQUE

enveloppons pour nous lancer dans ce monde d'ombre, de service et d'apprentissage. Je crois que c'est exactement à cela que se résume notre 'soi' de surface: juste une enveloppe, une enveloppe de personnalité dont nous nous déferons à la mort, comme un papillon lève ses ailes vers la lumière du soleil pour briller et se sécher, puis se libérer de son cocon. Nous pouvons certes traverser cette vie sans jeter un seul regard à notre nature profonde et permanente. Mais nous accélérons le rythme de notre évolution spirituelle si nous nous concentrons consciemment sur la connaissance et l'acceptation du 'soi' à des niveaux de plus en plus profonds. Voici ce que disent ceux de Q'uo:

> Fondamentalement, par les choix que vous faites, vous vous efforcez de prendre davantage conscience de votre identité réelle et de votre vérité personnelle. Avant d'entrer dans cette expérience incarnationnelle vous recherchiez avec un grand enthousiasme et entrain l'occasion d'entrer dans la transformation alchimique du 'soi', car le voile d'oubli n'était pas encore en place et vous aviez vu l'incroyable opportunité d'apprendre et de servir au nom de l'amour. Et comme tous ceux qui ne sont pas au cœur de l'action, vous aviez pensé que ce serait plus facile que ce ne l'a été en réalité[472].

Il s'avère que la transformation au travers de la discipline est bien plus difficile qu'il n'y paraît lorsqu'on regarde cette expérience de l'extérieur. Nous avons aussi pensé que nous nous souviendrions en arrivant derrière le voile d'oubli, mais voyez le temps qu'il a fallu à la plupart d'entre nous pour nous rappeler qui nous sommes réellement! Karin Pekarcik fait remarquer que nous pouvons nous immerger dans notre environnement trop profondément pour entendre nos propres pensées:

> Certains peuvent dire que je passe trop de temps seule. Mais c'est alors que je peux véritablement me trouver moi. Si l'on est constamment entouré de gens qui ne cessent de parler, comment peut-on s'entendre soi-même? Il y a trop d'agitation pour se trouver soi-même. Alors on traverse la vie en vivant au travers des perceptions et visions d'autres gens. Écouter l'animateur d'émission-débat à la radio ou à la télévision rétrécit notre perspective à la perception de leurs propres vues. Lire le journal quotidien en début de matinée programme notre journée en fonction de cette vision particulière des choses. Cela tend à étendre un sombre nuage de séparatisme et de programmation négative. Pourquoi ne pas prendre un peu de temps pour trouver quelle est

---

[472] Q'uo, transcription du 5 novembre 1995, p. 2-3

notre vision de la vie au lieu d'y incorporer la manière dont d'autres personnes la voient? Pourquoi ne pas être original et fidèle à soi-même pour changer? Peut-être avons-nous quelque chose d'important à dire. Nous ne le saurons jamais si nous n'essayons pas. Relevons le défi: pensons par l'intermédiaire de nos propres perceptions de la vie. D'où viennent-elles? Se sont-elles développées très tôt dans notre vie, transmises par nos parents? Nos enseignants? Nos pasteurs? Nos prêtres? Nos supérieurs? Sont-elles appropriées pour nous maintenant ou bien nous sentons-nous à l'aise avec elles simplement parce que nous sommes devenus ces perceptions? Il est trop facile de glisser à travers la vie sans rien remettre en question, en se contentant de se débrouiller comme on peut, en restant inchangé quoi qu'il arrive[473].

Q'uo parle de l'acceptation de soi:

> Le premier don du voyageur en spiritualité est le temps et l'énergie de bouger à l'intérieur, de travailler sur la discipline de la personnalité afin que de plus en plus de personnalité puisse s'imprégner du rayon indigo du joyeux amour qui accepte le soi[474].

Quel bon conseil! Difficile à accepter car nous connaissons nos pensées, et certaines d'entre elles sont dures à accepter lorsqu'elles surviennent. Mais il faut persévérer. Nous devons nous accepter tout entiers tels que nous sommes. Seul ce qui est accepté peut être aisément transformé. Ceux de Laitos nous donnent une synthèse de la troisième instruction: «Deviens le Créateur»:

> Nous avons conscience que sur votre planète des entités cherchent en ce moment avec une grande intensité la signification de leur vie et un chemin qui puisse leur apporter ce qui peut être appelé de l'illumination. Nombreuses sont les manières que vos peuples ont choisies pour chercher ce chemin tout au long de l'Histoire de votre planète. Chaque chemin a fourni des pièces intégrales du puzzle, dirons-nous, qui sont extrêmement nécessaires au chercheur sincère pour lui permettre de se polariser à un degré moissonnable, disons. Bon nombre de ces chemins ont produit ceux que l'on appelle des saints, des avatars, des gourous qui, grâce à des exercices disciplinés de nombreuses sortes, sont chacun parvenus à équilibrer les centres d'énergie dans le complexe corps/mental/esprit, à un degré nécessaire à cette moisson en vue de la densité d'illusion suivante du Créateur. Chaque discipline

---

[473] Karin Pekarcik, lettre du 1ᵉʳ janvier 1996
[474] Q'uo, transcription du 5 juillet 1992, p. 7

> fournit un chemin viable pour l'évolution spirituelle, et contient aussi les facettes qui peuvent être considérées comme des distorsions ou malentendus de certaines qualités et descriptions spirituelles. À notre humble avis, le chemin de l'évolution spirituelle doit être droit, étroit, et d'une longueur considérable, passant par de nombreuses illusions et densités dans un seul but: devenir Un avec le Créateur. Ce que cela signifie pour chaque entité dans n'importe quelle illusion, c'est que les afflux d'amour/lumière du Créateur unique sont prêts à l'usage pour chaque entité. Cet amour/lumière ou prana est canalisé à travers les centres énergétiques ou chakras, si vous voulez, d'une manière telle que la lumière est utilisée efficacement, chaque densité pourvoyant celui qui cherche l'union d'une plus grande intensité de lumière[475].

Donc, cette troisième instruction, celle de devenir le Créateur, nous la commençons ici en troisième densité et nous la poursuivons tout au long de l'actuelle octave de densités jusqu'à notre retour à la source, lorsqu'enfin nous serons redevenus le Créateur dont nous sommes issus.

> Voici comment être joyeux: au lever tournez-vous vers L'Un infini et, instant après instant, tournez-vous encore vers l'Un infini, encore et encore, exprimant des remerciements pour toutes choses, vous réjouissant dans toutes les situations. Tournez-vous à nouveau vers l'Un infini et reposez-vous dans cette paix que le monde ne connaît véritablement pas. Mais elle exige du chercheur une discipline auto-imposée de la personnalité qui regarde au-delà des aises et du confort, et qui dynamise et exhorte encore et toujours le 'soi' à sans cesse se réjouir, louanger et exprimer de la gratitude envers l'Un infini[476].

Lorsque nous offrons des louanges, des prières et de la gratitude nous devenons davantage semblables à la déité à laquelle nous nous adressons et qui parle en silence et puissance en retour.

Le pardon

Pour travailler sur le 'soi', l'outil le plus puissant à notre disposition est le pardon. Le mental nous apporte, à propos de notre situation, beaucoup

---

[475] Laitos, transcription du 11 février 1982, p. 7-8
[476] Q'uo, transcription du 19 juin 1994, p. 2-3

d'informations que nous pouvons analyser, mais c'est tout. Nous restons avec le sentiment d'être indignes:

> Le problème est que je ne sais pas comment m'aimer moi-même; du moins pas encore. J'apprends comment m'y prendre à l'âge de 25 ans. Je ne veux pas être si dure envers moi-même mais je ne sais pas comment arrêter. Comment y aller plus doucement en ce qui me concerne? Comment fais-je pour mieux m'aimer[477]?

1

> Cette partie concernant le jugement est très difficile à traiter. On se laisse si facilement aller à se réprimander jusque dans les plus petites choses. Et puis il y a le fait de juger autrui, qui est également très difficile et qui représente un très grand défi. C'est quelque chose que je dois continuer à travailler et je dois essayer de ne pas me sentir bouleversée lorsque "j'échoue"[478].

L'auto-condamnation est tellement naturelle! Voici ce qu'en disent ceux de Hatonn:

> Vous vous tiendrez pour responsables encore et encore, et devez passer par la souffrance de votre propre condamnation. Cependant, la poignée de la porte de la foi est toujours prête à être tournée, mais c'est à vous en tant qu'esprits de la tourner et de passer cette porte pour aller vers le pardon de soi et la prise de conscience de l'infinie rédemption ainsi que de l'état nouveau, lieu de repos pour toute l'éternité. Il faut très peu de foi pour faire beaucoup, beaucoup, donc vous n'avez pas besoin de mener une vie entièrement dans la foi lorsque vous vient pour la première fois l'idée de vivre dans celle-ci; voyez-vous plutôt comme quelqu'un dont le voyage est un voyage d'apprentissage et dont le moyen d'apprentissage est celui de faire des erreurs et de les corriger, car en apprenant il n'est pas possible d'agir toujours avec exactitude, sinon on n'apprendrait pas, on n'aurait rien à apprendre. Vous pouvez donc vous regarder avec mansuétude, parce que vous êtes en apprentissage, vous êtes des débutants[479].

Nous restons des débutants. Comment commençons-nous à pardonner? Ceux de Q'uo disent que le vouloir suffit:

---

[477] Elle, lettre du 15 mai 1998
[478] 131, lettre du 2 janvier 1998
[479] Hatonn, transcription du 3 février 1991, p. 11-12

> Le désir de pardonner est suffisant pour commencer. Si l'on place des conditions au pardon, alors on commence d'une manière qui nécessitera encore des affinements, car pour pardonner véritablement à autrui il faut effacer toutes les conditions. Il y a le don de liberté dans l'élimination des conditions, la permission et l'acceptation du libre arbitre en retirant toute condition. Le don librement consenti est celui qui a la valeur la plus grande, dirons-nous[480].

Il paraît bien plus facile de pardonner à d'autres que de pardonner à soi. Nous pouvons même nous sentir triomphants lorsque nous découvrons notre capacité à relâcher la pression sur des personnes:

> Penser, sentir, que quelqu'un m'a fait quelque chose, c'est la pensée, le sentiment d'une victime: «je suis la victime de quelqu'un. Cette personne a fait de moi une victime». C'est le pouvoir de l'illusion qui nous permet de faire une séparation entre la victime et le persécuteur. L'idée que j'ai besoin de pardonner ou d'être pardonné est l'expression d'une illusion. Je préfère penser que je crée ce qui arrive dans ma vie comme des opportunités de grandir. Si quelqu'un me fait quelque chose j'ai deux choix: être une victime ou bien reconnaître qu'à un autre niveau je me suis arrangé avec cette personne pour qu'elle ait cette expérience avec moi. Cette personne a accepté d'être un catalyseur pour moi. Cette personne me fait un cadeau. C'est dès lors à moi de reconnaître le but de la leçon, de libérer physiquement, mentalement et émotionnellement la personne de la responsabilité de mon inconfort, et puis de remercier de l'opportunité[481].

Ce sont là d'authentiques reconnaissances de leçons apprises, mais en général aimer autrui est de loin plus facile que s'aimer soi et se pardonner. Le message de Mary à ce sujet révèle le degré d'effort qui se cache derrière son expérience révélatrice:

> S'il vous plaît, soyez mon témoin. Je me pardonne pour mon rôle dans toutes les transgressions. "LUMIÈRE!" C'est ça que veut dire la phrase du Notre Père quand nous disons: «Pardonnez-nous nos offenses comme nous pardonnons à ceux qui nous ont offensés». C'était là tout le temps, devant mon nez[482].

Ceux de Latwii expliquent:

---

[480] Q'uo, transcription du 14 avril 1996, p. 5
[481] Peter Stewart, lettre du 6 novembre 1998
[482] Mary, lettre du 25 janvier 1998

> Vous arrivez à un respect, à un hommage, à un amour et à une tendresse pour vous-mêmes. La clé du pardon à autrui c'est le pardon à soi-même. Libérez, libérez, libérez, redonnez aux forces de l'univers ces énergies qui sont facilement absorbées par l'infini, et ne les laissez pas polluer vos propres sentiments, votre propre mental, votre propre cœur, mais laissez couler le pardon comme une paisible rivière sous la surface de tout ce que vous faites et dites[483].

Doux, paisible, puissant pardon! Comme il donne un sentiment de clarification lorsqu'il survient! C'est ce qu'il y a de particulier dans l'auto-condamnation et la condamnation en général: elles faussent les perceptions et détruisent la paix. Ce que les pèlerins qui m'écrivent expriment le plus souvent c'est ce merveilleux sentiment de soulagement lorsqu'ils réalisent qu'ils peuvent se libérer des erreurs du passé en se pardonnant à eux-mêmes dans le présent.

> Votre question: «Quel conseil donneriez-vous aux autres pèlerins?». Ma réponse: «pardonnez à vous-même, l'amour est votre centre; pardonnez à autrui, l'amour est le centre de tout. D'abord reliez-vous à votre centre, alors vous saurez ce qu'est le centre de tout. Allez de l'avant et co-créez avec tous de nouveaux rêves, de nouvelles réalités, un nouveau commencement[484].

Splendide conseil. Recommencez tout et soyez libres. Il peut être trop douloureux de se sentir libre tout d'un coup:

> Lorsque le pardon a lieu il y a une petite mort et parfois même une mort pas si petite que ça, en fait, car parfois ce qu'il y a à pardonner a été retenu dans un cœur endurci pendant longtemps. Il est naturel de craindre la mort, mais la route vers la joie ou, dirons-nous, le moyen de percevoir de la joie tout au long de la route que nous parcourons c'est de nous précipiter vers n'importe quel oubli qui doit être accueilli à bras ouverts pour pouvoir pardonner, car la création qui jaillit du cœur pour celui qui a véritablement pardonné est une manifestation belle et rafraîchissante[485].

Donc, la fin de la petite mort due à l'abandon du jugement est un monde nouveau dans lequel nous voyons avec des yeux neufs:

> Dans le pardon il y a la liberté personnelle. Lorsque vous êtes dans un état d'intrépidité et de pardon alors vous pouvez voir d'un regard

---

[483] Latwii, transcription du 23 juin 1990, p. 6-7
[484] Dennis A. Watt, lettre du 10 octobre 1999
[485] Q'uo, transcription du 12 juillet 1987, p. 3-4

plus clair ce que vous souhaitez faire, qui témoigne du plus de compassion pour tous ceux qui sont concernés[486].

Marty Upson l'explique de la manière suivante:

> À mon sens, se pardonner à soi ne signifie pas nécessairement renforcer de quelconques caractéristiques ou actions négatives. Il peut s'agir simplement d'accepter ce qui a été/est/sera, y compris l'illusion d'avoir besoin du pardon. Il y a quelques années, certains de mes amis très proches se lamentaient sur le passé, sur les dix-huit dernières années et les choses qu'ils avaient faites ou pas faites. Ils étaient coincés dans de terribles sentiments de culpabilité et de regret. Ils m'en ont voulu quand j'ai dit que je n'éprouvais aucun regret. Ils m'ont cuisinée pendant des heures, certains qu'il devait y avoir quelque chose que je regrettais. J'avais réalisé quelque temps auparavant, après m'être culpabilisée pour des choses de ce genre, que dans chaque cas j'avais fait du mieux que je pouvais à chaque étape particulière de mon évolution. Même les fois où je n'avais rien fait ou avais été paresseuse ou que sais-je encore, c'était tout de même le mieux que j'avais pu faire à ce moment-là. J'avais appris quelque chose dans chacune des situations, et ne pouvais pas imaginer avoir des regrets pour de tels apprentissages ou expériences. Ç'avait été parfait à ce moment et c'était toujours parfait à présent. Je n'aurais pu être d'aucune autre façon en cet espace/temps-là. C'est ce qui rend cela parfait. Je ne peux pas éprouver le besoin de me pardonner à moi ou à quelqu'un d'autre lorsque je vois la perfection de tout cela. Peut-être que c'est cela le pardon de soi: absoudre sa propre pensée ou celle d'autrui c'est la libérer, la dégager[487].

Marty fait paraître tout cela faisable! Son attitude sage lui a permis de guider quelques bons groupes de pèlerins errants au fil des ans. Si ce qu'elle suggère nous semble impossible, nous ne sommes pas seuls! C'est parfois difficile de demander de l'aide. Mais c'est cela que nous devons faire. Ceux de Q'uo nous encouragent:

> Il n'est pas possible de se pardonner à soi ou de pardonner à autrui sans libérer ce 'soi' et l'acceptation d'une aide, car il y a, au cœur de votre être, de l'aide qui attend qu'on y accède, qui attend qu'on la demande. Car le Créateur infini, dans un amour infini et une infinie patience, est assis dans un humble fauteuil dans un petit coin de votre cœur, attendant d'être appelé, attendant d'être emmené au

---

[486] Hatonn, transcription du 17 juin 1990, p. 5
[487] Marty Upson, lettre du 6 novembre 1998

centre de ce cœur, attendant d'être remarqué, attendant qu'on lui demande. Au commencement était le Verbe, et le Verbe était dans la déité, et ce Logos était déité, et cette déité est amour, et cet amour est vous. Au cœur de votre être se trouvent toutes les ressources dont vous aurez jamais besoin. Au cœur de votre être se trouve la vérité infinie, la puissance infinie, la force infinie[488].

S'il ne nous paraît pas possible d'aller à l'intérieur pour trouver cette vérité, cette puissance et cette force, voilà à quoi servent la prière et la méditation:

> Si vous souhaitez accélérer le processus du pardon, pouvons-nous suggérer que vous preniez l'objet qui n'a pas été pardonné par vous et que vous teniez cet objet dans le cœur et le mental, enveloppé et encerclé de lumière, lumière infinie et lumière illimitée, en espérant et en priant pour obtenir un bien pour ce que vous ne pouvez pas pardonner. Ainsi vous engagez une partie plus profonde de vous-même à commencer à ouvrir des portes afin que ce qui est impardonnable pour le mental conscient devienne peu à peu ce qui doit être pardonné. Cela ne peut se forcer, cela ne peut être enseigné. Et lorsque quelqu'un tente de persuader le chercheur d'accorder son pardon, et le fait de sa propre énergie, alors dès que l'intermédiaire se retire la dureté du cœur revient[489].

Cette dureté de cœur peut également être vue comme une sorte de maladie qui affecte réellement la santé:

> **INTERVIEWEUR:** Vous voulez dire que le cancer se guérit facilement par le mental et qu'il est un bon outil d'enseignement parce qu'il est soigné assez facilement par le mental et qu'une fois que l'entité pardonne à l'autre 'soi' contre lequel elle est en colère le cancer disparaît. Ceci est-il exact?
>
> **RA:** Je suis Ra. Ceci est en partie exact. L'autre partie de la guérison concerne le pardon de soi-même et un respect grandement accru envers soi-même. Ceci peut être exprimé commodément en faisant attention aux matières diététiques. Ceci fait très fréquemment partie du processus de guérison et de pardon. Votre hypothèse de base est correcte [490].

Nous pouvons examiner la maladie physique lorsqu'elle se manifeste en nous, et demander à notre 'soi' intérieur s'il y a de la colère, du

---

[488] Q'uo, transcription du 21 novembre 1999, p. 4
[489] Q'uo, transcription du 12 juillet 1987, p. 4
[490] *La Loi Une*, Livre II, séance 40 §13

CHAPITRE VII: LE TRAVAIL METAPHYSIQUE

ressentiment, du jugement, ou toute autre matière émotionnellement négative coincée dans le corps. Par exemple, je suis certaine que les sévères symptômes d'arthrite rhumatoïde qui sont apparus dans ma vie à l'âge de 25 ans étaient liés au fait que mon premier mari m'avait quittée au début du mois de mars de cette année-là et que Don Elkins m'avait d'abord demandé de l'épouser en novembre, pour décider ensuite qu'il ne voulait pas réellement être marié dans le sens terrestre du terme. Cette maladie a été diagnostiquée chez moi lorsque j'avais 13 ans, mais elle ne m'avait jamais importunée à ce point jusqu'à ces moments difficiles en 1968, douze années plus trad. J'ai maintenant beaucoup travaillé sur ma santé et l'ai améliorée, mais au moment où j'ai été capable d'atteindre vraiment le cœur du pardon, les dégâts initiaux (visibles à la radiographie) étaient faits, et je vis avec ces changements dans mon corps. Cela aurait pu être évité si l'on m'avait donné un sens suffisamment fort d'estime de moi lorsque j'étais enfant, mais mes deux parents étaient des perfectionnistes, et leurs relations avec moi étaient principalement basées sur des techniques de critique et des questions du genre: «qu'est-ce qui cloche dans ce tableau?». Voici ce que disent ceux de Q'uo:

> Il y a des pépites de douleur, de douleur émotionnelle et spirituelle cristallisée, qui sont incrustées profondément dans la personnalité et le caractère de chaque chercheur. Toute tentative de les analyser ou de les soigner de manière à leur donner une autre configuration aura un succès mitigé parce que la plupart des entités qui soignent ne voient pas que le problème c'est le pardon. La programmation et les cristaux de souffrance profondément enfouis sont vus comme quelque chose qui doit être extrait, déraciné, autrement dit, ils sont vus comme des mauvaises herbes dans un jardin. Mais cette approche ne tend qu'à élever des murs suffisamment épais pour se protéger de ces zones cristallisées de souffrance sans qu'il y ait de prise de conscience équilibrée de cette souffrance. On ne peut pas la céder. L'on ne peut céder que ce qu'on a pardonné à soi-même pour l'avoir ressenti, et le déclencheur de ce pardon est différent pour chaque chercheur. Toutefois, la clé est le pardon de soi, le pardon à autrui, le pardon à l'humanité[491].

Ceux de Laitos ajoutent:

> Lorsque vous vous surprenez à être négatif envers le 'soi', rappelez-vous que vous êtes un orphelin sur une planète très insolite et que vous devez vous dorloter, vous materner, et prendre de soin de vous pour vous-même à l'intérieur de votre cœur, jusqu'à ce que les

---
[491] Q'uo, transcription du 15 mars 1998, p. 4

endroits douloureux et irrités soient apaisés et finalement guéris, jusqu'à ce qu'il y ait pardon et rédemption à la connaissance du cœur et pas seulement du mental. Alors vous pouvez vous harmoniser vers le haut, et chercher de plus en plus haut un idéal plus beau, plus aimable et plus parfait, une version plus claire et nette de l'amour divin[492].

Ceux de Ra nous disent que même la planète Terre peut être guérie par le pardon:

> **INTERVIEWEUR:** Pouvez-vous décrire le mécanisme de guérison planétaire?
>
> **RA:** Je suis Ra. La guérison est un processus d'acceptation, de pardon et, si possible, de réparation. La réparation n'étant pas disponible dans le temps/espace, il y en a beaucoup parmi vos peuples qui tentent la réparation pendant qu'ils sont dans le physique[493].

J'espère que nous allons continuer à progresser vers la guérison de la planète, raison pour laquelle nous sommes venus ici pour cette vie. Je m'épanouirai de plus en plus à mesure que nous nous guérissons nous-mêmes par le pardon.

Reconsidérer le 'soi'

La maturation est souvent un processus au cours duquel nous nous redéfinissons. Enfant, nous apprenons à nous individualiser par rapport à nos parents, et à la puberté nous nous lançons dans une course échevelée, avec notre corps et nos sentiments qui changent. En ce qui concerne la spiritualité nous n'arrêtons jamais de suivre ce processus de redéfinition et de reconsidération de nous-mêmes. Heikki Malaska fait part de son expérience:

> En plein milieu d'activités normales, en pleine conscience éveillée, j'ai commencé à entendre une voix qui me parlait doucement et calmement dans la tête. J'ai engagé la conversation avec elle, puis lui ai demandé à être guidé pour un problème, et j'ai vraiment reçu bien plus que je ne l'espérais car la réponse a été: «la source de tous

---

[492] Laitos, transcription du 18 janvier 1989, p. 5
[493] *La Loi Une*, Livre II, séance 26 §30

les problèmes est la peine qui survient lorsque tu considères comme réelles les images que tu formes toi-même[494]».

«Les images que nous formons nous-mêmes», voilà un bon moyen de définir notre enveloppe de personnalité et notre égo. Sans cesse dans la vie nous changeons ces images que nous formons et qui nous transforment d'enfants en adultes, de filles en mères, de fils en pères, de bénéficiaires en donateurs. Ceux de Q'uo disent:

> C'est un processus qui doit faire partie de la rupture ou de l'abandon des anciennes manières de percevoir, de penser et d'agir, de façon à faire place à une nouvelle manière de percevoir et de mettre en avant la qualité de compassion et de compréhension restée longtemps cachée dans le cœur de beaucoup de ceux qui se sont incarnés avec le désir de montrer l'énergie d'amour qui peut aider non seulement à l'évolution de leur propre croissance, mais qui peut aussi multiplier les occasions d'être au Service d'autrui, et qui allègera également les vibrations de la planète dans son ensemble[495].

Ces indices et allusions en nous, qui présagent de changements, sont parfois bien difficiles à comprendre, et les choses peuvent être cahoteuses:

> Pour le moment, je suis en pleine deuxième transformation majeure de ma vie. Elle est très difficile et très douloureuse. Je remets en question des choses que je pensais ne jamais devoir remettre en question, et j'ai envie de faire des choses dont je pensais que je ne voudrais jamais les faire. Tout ce qui était bien et juste dans ma vie ne me paraît plus juste ni important. J'éprouve un sentiment de considérable trahison car je pensais que ce qui 'était' le serait toujours. Cela a provoqué en moi de la colère et du ressentiment, comme si je venais de découvrir que j'allais mourir. Mon ancien 'moi' est en train de mourir et se bat pour rester; mon nouveau 'moi' est fâché parce qu'il est retenu, mais son temps n'est pas encore venu. Beaucoup de colère des deux côtés. Ajoutez cela à une nature naturellement explosive et, eh bien, prenez patience pendant que je travaille à cette transition[496].

Ma dernière grande métamorphose s'est produite en 1992. Je suis tout à fait d'accord avec ce que Romi relate ici, car mon ancien 'moi' est en effet

---

[494] Heikki Malaska, lettre du 28 janvier 1999
[495] Q'uo, transcription du 27 mars 1991, p. 7
[496] Romi Borel, lettre du 28 septembre 1998

CHAPITRE VII: LE TRAVAIL METAPHYSIQUE

mort. J'en étais tout à fait consciente, et j'y étais tout à fait prête. Je ne voulais pas mourir avec lui. Comme à cette époque j'étais physiquement malade au point de frôler la mort, je m'en suis sortie de justesse, et c'est avec une grande gratitude que je loue Jésus-Christ, l'intervention de sa mère Marie et des Saints, et les prières de si nombreuses personnes ici sur Terre qui m'ont aidée à survivre à ce qui était clairement un processus de mort. La version morte de moi était d'un modèle que j'ai par la suite nommé 'Alrac'. Don Elkins m'a toujours appelée par ce surnom, qui est mon prénom, Carla, écrit à l'envers. Le besoin de Don, non exprimé mais inexorable était de me maintenir entièrement dépendante de lui et libre de me diriger toujours dans une direction choisie par lui. Il a fortement résisté à toutes mes tentatives de gagner ma vie, sauf en l'aidant lui. Donc, au début de notre relation il m'a engagée personnellement. Je restais à la maison et travaillais pour Don quand il partait piloter un 727. Lorsqu'il était à la maison je me livrais simplement de manière intensive à la lecture. Il ne me laissait jamais travailler lorsqu'il était auprès de moi. Il m'était difficile de trouver de la satisfaction alors que je n'étais pas toujours occupée et n'étais pas entourée d'une famille à soigner, mais j'adorais Don et je le considérais digne de cet ajustement. Rétrospectivement, j'ai toujours la même opinion. C'était ce dont avait besoin mon compagnon très aimé. Je suis très contente d'avoir pu faire cela pour lui. Pendant seize années je me suis exercée à être Alrac, et j'y ai assez bien réussi: je suis devenue la personnalité dépendante qui était toujours là pour Don. Après la mort de Don en 1984 j'ai continué à travailler le processus de mort mutuelle qui a débuté par mon expérience du suicide, car nous étions devenus si proches que sa mort était aussi la mienne. La question était de savoir si j'y survivrais. Pendant six années j'ai été tellement inondée de difficiles sentiments concernant cette terrible perte, que rien n'a en fait pénétré. J'ai simplement marché dans le désert avec toutes les émotions négatives: colère, chagrin, horreur, culpabilité, douleur absolue et chagrin sans fin. Je savais que c'était le test de foi de ma vie entière. Mes nuits étaient emplies de cauchemars et mes jours d'images non invitées de Don au plus mal, et de mes mots maladroits les plus blessants.

Et puis, le jour est venu où j'ai réalisé que je m'aimais à nouveau moi-même. C'était vers la fin de l'année 1990. Cela a été le début de la naissance de mon actuel modèle de 'moi', du moins dans mon propre mythe personnel Je suis restée physiquement très malade jusqu'en 1992, quand la moitié de mon côlon a été retiré, ce qui a mis fin à bon nombre de mes problèmes physiques, puis j'ai suivi une cure de réhabilitation à la suite des rhumatismes qui m'avaient courbée et tellement abîmée que je n'ai plus pu circuler qu'en chaise roulante inclinable et ai été obligée de rester allongée dans mon lit. Peu à peu j'ai regagné la verticale et suis entrée dans une vie plus active, conduisant une voiture, cuisinant, jardinant, bref, vivant vraiment. Les lettres enregistrées qui pendant des années avaient été ma seule voie de communication avec mes lecteurs et étudiants, ont cédé la place aux courriels et au courrier postal puisque je suis parvenue à me débrouiller avec les ordinateurs et leurs touches légères que mes mains arthritiques pouvaient enfoncer. Il a tout de même fallu plusieurs années de tâtonnements pour trouver mon rythme, ma voix, la manière la plus juste d'exprimer mon être. J'ai dû revoir les anciens modèles d'images de moi, particulièrement les personnalités de la bénévole et de la bibliothécaire professionnelle, pour vérifier si elles étaient toujours adaptées. Reconsidérer le soi peut être une expérience terriblement longue et fatigante. La 173, une courageuse pèlerine californienne, mère de trois enfants raconte:

> Lorsque le *White Album* des Beatles est sorti, je me suis sentie comme le merle dans la chanson de McCartney. J'ai été vraiment frappée. En y repensant, je crois que c'est parce que je savais que c'était plus ou moins la situation dans laquelle je m'étais placée moi. En quelques occasions dans ma vie, j'ai senti que j'étais obligée de voler dans la nuit avec les ailes brisées. Mais maintenant je sais que ces moments je les attendais, je les avais planifiés, et que quand j'aurais appris à voler et à voir je serais libre en un sens. Lorsque je me sens frustrée, ou désorientée, ou que j'éprouve de la crainte, je pense à cette chanson. Cela conforte mes sentiments et me donne de l'espoir en même temps[497].

Nous volons tous avec des ailes brisées lorsqu'il s'agit de reconsidérer le soi. Nous avons très probablement travaillé sur ce processus seulement quand nous y avons été obligés. Lorsque ces temps viennent nous nous sentons immergés dans des catalyseurs et inondés des sentiments qui les accompagnent. Ce n'est pas facile. C'est plus facile lorsqu'on choisit de le faire en continu. L'idée est bonne et solide: aller au-delà des apparences et sous la surface des choses, jusqu'au cœur du soi:

> La façon dont vous choisissez de vous voir vous-même c'est votre illusion, c'est votre choix. Nous ne nions aucune des choses qui sont négatives, considérées par rapport à la norme positive d'une évolution saine, souriante, vibrante. Nous ne nions pas la haine, la mort ou la jalousie, ni la douleur, l'angoisse ou la perte. Nous vous disons seulement qu'elles font partie de ce qui est une illusion, et qu'au cœur de chacune de ces choses il y a une transformation si

---
[497] 173, lettre du 29 avril 1998

positive que de la joie jaillit de chaque larme que nous pouvons verser en apprenant ces leçons[498].

Il y a vraiment de très grandes profondeurs dans cette eau vivante où baignent les racines de notre mental, de grandes possibilités lorsque nous nous reconsidérons nous-mêmes. Lorsque nous changeons notre mental nous changeons la réalité dans laquelle nous vivons:

> Notre réaction à n'importe qui ou n'importe quoi vient de l'intérieur et non de l'extérieur. Changer la pensée c'est changer la réalité. C'est aussi simple que ça. Nous formons notre propre réalité[499].

La difficulté est alors de trouver le cœur le plus profond de notre 'soi'. Un moyen de creuser un chemin vers ce cœur est de suivre son propre désir:

> Nous voudrions attirer votre attention sur le facteur de votre propre désir, qui travaille en profondeur et souvent de manière cachée dans les situations qui se présentent à vous colorées de diverses façons. Si vous trouvez que la situation qui sert en ce moment de catalyseur pour vous dégage une impression ou une coloration de frustration, il est bon que vous fassiez un pas en arrière pour examiner ce que vous trouvez frustrant dans cette situation, et encore un autre pas en arrière pour déterminer lequel de vos désirs existants peut rendre possible la sorte de frustration que vous ressentez. Lorsqu'il y a confusion dans les désirs, la frustration est presque inévitable. Il vous incombe alors de vous demander avec encore plus de profondeur quelle est la vraie nature, quelle est le véritable objet de votre désir. Si l'on se décide pour un bien qui paraît, pour le moment, satisfaire le désir, on recevra certainement des catalyseurs susceptibles de montrer les limites de ce désir ou, mieux formulé: les limites de l'image formée par soi de ce qui est désiré[500].

Une autre technique de reconsidération du soi est la visualisation de ce 'soi' sous forme de divers attributs ou essences dont nous pensons qu'ils ou elles expriment le cœur du 'soi'. William Klug préfère s'imaginer comme de l'amour:

> Cette émotion d'amour/joie existe déjà en chacun de nous. Elle est là depuis toujours. En fait, c'est avec elle que nous avons commencé. Mais nous nous mettons en travers de son chemin. Nous la cachons pour des raisons qui nous sont propres. Nous

---

[498] Latwii, transcription du 15 mai 1993, p. 5
[499] Robert McKenney, lettre du 13 avril 1999
[500] Hatonn, transcription du 30 mars 1993, p. 4

CHAPITRE VII: LE TRAVAIL METAPHYSIQUE

voulons nous définir selon des modes qui ne nous conviennent pas. Elles, ces capacités et cette félicité, étaient déjà "qui j'ai été"; elles ne faisaient simplement pas partie de "qui je pensais que j'étais". Elles ne faisaient pas partie de "qui je prétendais être". Vous pouvez dire que ce que j'ai fait c'est suivre un processus de 'dé-définition' de moi. Permettez au cœur de ce moi de se passer de toutes les définitions que j'ai essayé d'appliquer[501].

Nous pouvons nous visualiser comme de la lumière:

La manière dont je suis arrivé à comprendre comment démêler les complexités pour en faire des simplicités est de faire une très courte pause dans n'importe quelle situation, de faire appel à "qui je suis réellement", qui se trouve au-delà de tout enseignement physique, ma pure lumière, et puis de faire appel à tous mes souvenirs physiques sous la forme d'un tableau d'ensemble. Cela me donne alors accès à une vérité qui permet de réagir pour le plus grand bien. Et ensuite c'est à moi de choisir si je le fais ou non[502].

Nous pouvons choisir de nous voir comme le Créateur:

Nous ne souhaitons pas jouer avec les questions d'identité, mais au contraire demander à chacun, dans l'œil du mental, d'aller vers l'intérieur et encore vers l'intérieur, jusqu'au point, brillant comme un diamant, cristallin et charmant, ce petit point qui est la voie d'accès à l'union du mental profond avec le Créateur infini unique, au contact du cœur profond et à l'unité avec le Logos, l'expression articulée de l'amour qui est votre nature cristalline. Sentez ce point très intérieur de lumière, cette navette vers l'infini intelligent, et sachez maintenant que tout disparaît devant cette identité unique. Entrez dans ce point de lumière et devenez la lumière[503].

Nous pouvons décider de travailler sur notre aspect éternel:

En ce moment, votre identité est de la plus grande importance pour vous, votre identité véritable qui réside dans chaque cellule de votre être et chacune des parties de l'univers. Cette identité vous l'avez emmenée avec vous à travers les éternités de ce que vous appelez le temps, et qui est une identité que vous continuerez à

---

[501] William D. Klug, extrait d'un livre en ligne concernant des expériences et du channeling: www.simi.qnet.com/~bklug/knowing/welcome.htm
[502] Heikki Malaska, lettre du 16 février 1999
[503] Hatonn, transcription du 30 mars 1993, p. 6

réaliser de plus en plus pleinement à mesure que vous évoluez dans votre prise de conscience[504].

Nous pouvons choisir de nous concentrer sur notre aspect infini ou universel:

> Voyez-vous de cette manière: comme un soleil ou une fleur; n'importe quoi mais pas un humain, car se voir comme un humain c'est toujours aller vers l'extérieur. Or, votre vrai 'soi' n'est pas quelque chose d'extérieur. Votre véritable 'soi' est sans distorsion et infini dans l'amour. Nous ne pouvons pas vous apprendre comment réaliser la compassion. Vous ne pouvez pas vous apprendre à vous-mêmes comment réaliser la compassion qui est enfermée en vous. Et même à force de travailler dur et d'être des plus intransigeants avec le 'soi, vous ne pouvez pas ajouter un atome de compassion à votre personnalité. Vous pouvez vous apprendre à accomplir des actes de compassion, mais la clé de l'infinie compassion qui est véritablement vôtre, ne se trouve pas dans l'enseignement ni l'apprentissage. Elle est enfermée dans le moment présent, et c'est lorsque vous entrez dans le moment présent que vous êtes exposé à une réalisation plus profonde de votre 'soi'[505].

Enfin, nous pouvons choisir de nous concentrer sur notre 'soi' parfait:

> En fait, il est bon de vous voir comme un danseur à travers la vie, car chacun de vous danse ou marche, est gracieux ou ne l'est pas, et les changements infinitésimaux dans la manière dont vous vous voyez vous-même et la manière dont vous considérez le corps peuvent en effet vous apporter une conscience plus pleine si vous vous revisualisez dans la perfection, l'harmonie et l'unité[506].

La purification des émotions

La purification des émotions est une technique de travail du rayon indigo qui produit d'excellents résultats à long terme, même s'il est très difficile d'observer des résultats au début. Une des raisons de cette durée attendue du travail est la nature même des émotions. La racine du mot *émotion* est le verbe latin *emovere*, qui signifie 'faire sortir', ébranler, déplacer. Les

---

[504] Hatonn, transcription du 27 juin 1980, p. 3
[505] Q'uo, transcription du 23 mai 1999, p. 3
[506] Q'uo, transcription du 7 novembre 1999, p. 2

émotions sont des sentiments puissants, et ce peuvent être n'importe quels sentiments ou mélanges de sentiments. Ce peuvent être des réactions complexes impliquant des réactions tant psychiques que physiques, notamment de l'amour, de la haine, de la peur, de la colère ou de la joie. Les humains n'apprécient pas toujours l'excitation, l'agitation, la perturbation, le tumulte ou le dérangement. Dans la mesure où ils ne l'apprécient pas, ils n'apprécieront pas leurs propres émotions et sentiments. C'est un processus qui dure toute la vie. Bien que nous sachions ce que sont les émotions, dans une certains mesure elles restent pour nous un mystère sacré.

Le concept de la pureté se base sur le latin *pura* qui, surprise, signifie pur. C'est un mot simple qui a notamment pour synonymes 'simple', 'absolu', 'sans mélange' et 'authentique'. Quelque chose qui est pur n'est rien d'autre que ce quelque chose particulier. Cependant, il existe une dichotomie dans la manière dont ce mot est utilisé. Une branche penche pour 'vierge', chaste', 'immaculé' ou 'impeccable'. L'autre branche penche pour 'rien d'autre que'. La branche que nous souhaitons suivre est cette dernière: le sens le plus simple et le moins dépendant d'une culture. Dans la purification des émotions nous cherchons à purger ou débarrasser les émotions .de leurs impuretés, de tout ce qui n'est pas cette émotion, qu'elle soit positive ou négative, tout comme l'alchimiste souhaite enlever du plomb tout ce qui n'est pas de l'or, afin d'obtenir l'or pur. À ce propos, un bon sens de 'pur' s'applique aux couleurs, les couleurs pures étant celles qui ne contiennent pas de blanc[507]. La purification des émotions est donc l'affinage graduel de nos émotions jusqu'à ce que, lorsque nous éprouvons une certaine émotion nous ressentions l'émotion pure: ni confuse, ni agitée, mais absolument paisible, tout en étant extraordinairement profonde en ton ou résonance à l'intérieur du 'soi'. Il m'est arrivé de ressentir parfois des émotions pures. Parfois ces moments ont été le résultat d'un travail, parfois elles ont été un cadeau. Elles ont toujours été pour moi des instructeurs lorsqu'elles se sont produites. Je sens que les émotions sont une vérité supérieure, une essence qui est une sorte de moisson à l'intérieur de notre 'soi' spirituel en développement, un don que nous faisons au Créateur tout aussi bien qu'un don que nous fait le Créateur. Elles sont les fruits de notre être total. Un de mes amis, le poète du mouvement 'beat' Daniel A. Russell, les qualifie de 'loosh'[508] la

---

[507] Voici ce que dit le site http://www.futura-sciences.com/magazines/matiere/infos/dico/d/physique-couleur-spectrale-8098/: "Une couleur spectrale est une couleur issue de la décomposition du spectre de la lumière. Une couleur spectrale est dite pure si elle n'est composée que d'une seule longueur d'onde, à l'image d'un laser". (NdT)

[508] Le site http://traduction.babylon.com/anglais/a-francais/loosh/ en donne les traductions suivantes: Énergie émotionnelle, force spirituelle (NdT)

Chapitre VII : Le travail métaphysique

substance que les dieux récoltent sur nous pour se nourrir, un terme que j'ai également vu utilisé par Robert Monroe dans son livre *Far Journeys*.

Ceux de Ra ont commenté, lors de séances à propos de la Loi Une, mon degré de pureté. Ils ne parlaient pas de ma virginité mais de de mon cœur 'droit' et de ma nature déterminée. En ce qui concerne le contact avec ceux de Ra, je pense que cette pureté concernait le fait d'être totalement vouée à la recherche de la vérité et, en vivant cette vérité, de faire tout ce qui pouvait aider Don Elkins à chercher la vérité à sa manière. Lorsque j'ai décidé de prendre soin de Don et de le nourrir, je m'attendais à un mariage, une maison, une famille, des choses auxquelles j'aspirais et que j'espérais lorsque j'étais adolescente. Une brillante carrière, cela ne m'intéressait pas, même si je me trouvais bien dans l'état de bibliothécaire. Mais la vie avec Don ne devait pas prendre cette direction-là. En fait, Don avait besoin que je sois satisfaite de ne pas être mariée, de ne pas avoir ma propre maison et mon propre jardin, de ne pas avoir d'enfants, et de n'avoir pas même ma propre carrière ou tout autre emploi en dehors de ce qu'il souhaitait que je fasse pour lui et ma propre recherche intérieure, qu'il a soutenue de tout son cœur de toutes les façons. En outre, j'étais une jeune femme très anxieuse qui se trouvait très peu de mérite, mais Don ne pouvait pas supporter de faire de jolis compliments. Il n'était pas capable de dire ces choses que les femmes aiment à entendre. Et après six mois d'intimité sexuelle, il a également fermé en silence la porte de notre vie intime. Nous sommes restés abstinents pendant les seize années restantes de notre relation. Lorsque notre relation a commencé à être celle d'un couple établi, j'avais 26 ans. Mon histoire avec les hommes avait commencé par un premier amour qui m'avait désertée une semaine avant notre mariage après avoir pris ma virginité, et un premier mari qui a détesté le mariage et mon corps, dès le premier jour. J'avais déjà supposé que je n'étais pas très attrayante. Ce que le rejet final de Don m'a fait a été très douloureux mais tout autant précieux en ce qui concerne ma croissance au sein de cette incarnation, car il m'a permis de filtrer tout le reste et de savoir pourquoi exactement je menais cette vie et l'aidais. Je le faisais par amour pour lui et par un sens de la justesse de nos démarches mutuelles. Il n'y avait aucune autre raison possible. Ma conscience de cela était complète. Ce sentais que cela en valait la peine. Je savais que cet homme faisait de son mieux et j'ai trouvé des moyens d'aller de l'avant en menant ensemble une vie agréable dans la joie et la paix, ce que nous avons fait très profondément. J'ai poursuivi ce mode de vie avec lui pendant une décennie et même plus, avant le début du contact avec ceux de Ra. Cela a été pour moi une décennie de pureté croissante. Mes ambitions terrestres avaient longtemps concerné l'espoir d'un foyer et d'enfants. Je suis passée par le douloureux

CHAPITRE VII: LE TRAVAIL METAPHYSIQUE

processus d'affinage d'un renoncement aux plus profonds de ces buts terrestres. D'abord cela a évidé ma personnalité et mon égo. Donc la toute première émotion pure que j'ai éprouvée a été mon amour pour Don. Près de cinq années après sa mort je me suis finalement éveillée un matin transpercée par la prise de conscience que je passais également par la très pure expérience du chagrin, en l'ayant perdu dans cette vie. Cela m'emmenée bien au-delà des larmes. J'ai dû rester assise dans cette émotion pendant longtemps, peut-être une heure, avant de sentir que j'avais commencé à toucher le fond de cette beauté. Voici ce que disent ceux de Q'uo:

> Chacun de vous est comme un symbole. Beaucoup de ce qui est le plus véritablement vous-même se trouve enfoui en sécurité à l'intérieur de vous, et la plus grande partie ne vous est accessible que par un effort créatif, mais pas nécessairement un effort complexe ou occulte. Car le 'soi' se révèle au 'soi' qui a entamé un processus de purification des émotions qui permet de faire face au 'soi' tel qu'il est[509].

Nous avons toujours pour but le cœur du 'soi' lorsque nous accomplissons du travail métaphysique. L'émotion pure est associée à la vénération:

> Vivre véritablement dans la vénération est une occupation à haut risque. Ce n'est pas une boucle vers la lumière, mais bien une boucle vers l'obscurité. L'illusion crée un crépuscule émotionnel, mental et spirituel dans lequel les idéaux, la purification des émotions suscitées par des attachements, et l'attention à une conscience constante de la vénération s'épanouissent dans l'obscurité de la foi aveugle. C'est-à-dire que la vénération véritable est la vénération d'un mystère: la fascination, l'émerveillement, un sentiment de plus en plus grand d'être maintenu fermement par quelque chose qui n'est pas de l'illusion, bien que l'on ne puisse pas le comprendre, de sorte que l'entité demeure enfin dans un parcours complètement subjectif et subjectivement sincère. Dans cette perspective, la vénération peut être vue comme un mouvement, un mouvement de nature métaphysique plutôt que de nature physique[510].

Il n'est pas étonnant que nous soyons fixés ici sur des processus d'aide intuitive lorsque nous travaillons à purifier les émotions. C'est là l'univers

---

[509] Q'uo, transcription du 14 mai 1995, p. 2
[510] Q'uo, transcription du 4 novembre 1990, p. 8

dans lequel nous vivons le plus sincèrement, et il contient beaucoup d'inconnu :

> Vous ne pouvez pas devenir des entités sans polarité. Vous êtes obligés d'être ce qu'est votre nature. Vous êtes des entités de 360 degrés du haut en bas et d'un côté à l'autre, du cercle complet de la personnalité, de la plus légère et lumineuse à la plus profonde et sombre. Tout l'art est de voir vos émotions comme des énergies porteuses d'informations qui vous offrent les fruits de votre propre passé et les semences de votre transformation en un 'soi' toujours plus vide, toujours plus léger, toujours plus évidé. La partie terrestre du 'soi', le terreau dans lequel se cache la nature obscure, est une chose lourde, est c'est dans ce sol que croissent la vérité, la beauté et les mystères qui vous attirent[511].

Naturellement, c'est en grande partie en réaction à d'autres personnes que nous rencontrons nos chances de purifier nos émotions, puisque sans un objet auquel réagir il n'y a pas de réaction possible. Mais c'est nous-même que nous voyons et à qui nous réagissons. Comment savons-nous que nous avons atteint une émotion plus pure ? Ceux de Q'uo expliquent :

> Chacune de vos émotions a une nature parfaitement cristalline. Elle est enfouie dans les distorsions qui vous empêchent de voir et entendre la beauté de cette note de sentiment, de cette émotion. Dès lors, lorsque vous éprouvez des émotions sachez que vous recevez des informations d'une source profonde qui fait partie de la grande partie de votre conscience qui réside à un niveau en dessous du seuil de votre perception consciente. Lorsque les mots manquent, les émotions deviennent vocabulaire. Donc, quand vous vous regardez réagir émotionnellement, nous vous demandons de réaliser qu'il ne vous incombe pas de supprimer l'émotion. Et il n'est pas souhaitable non plus, à notre avis, que les émotions soient altérées parce que vous avez le sentiment qu'elles devraient être altérées. Nous vous suggérons plutôt, face aux émotions qui vous paraissent moins que pures, de demeurer avec ces émotions, de ré-éprouver ces émotions, de circuler dans cet état de ressenti, et de regarder sans peur ni hâte l'expérience que vous avez récoltée. Pendant que vous passez du temps à contempler la situation dans laquelle l'émotion s'est insérée, vous pouvez peut-être commencer à apercevoir où se situent certaines des distorsions dans votre propre complexe vibratoire. Cette information est précieuse mais pas au mental conscient. C'est en effet le subconscient qui récolte

---

[511] Q'uo, transcription du 6 octobre 1996, p. 4

les bénéfices de votre contemplation des choses qui vous ont remués[512].

Contempler les choses qui nous ont remués et les circonstances qui les ont fait apparaître, mais jamais avec crainte. Ceci est un point important, car la crainte est le grand gâcheur de travail métaphysique. Notre corps physique nous entraîne à fuir ou à lutter lorsqu'il est effrayé, pas seulement à cause de choses physiques, mais également par des choses participant du mental et de l'émotion. Dépasser nos propres peurs exige de la patience et de la persévérance. Pourquoi devrions-nous rechercher une absence de crainte lors du travail de purification des émotions? Parce qu'il est normal de craindre la souffrance impliquée dans le fait d'éprouver des sentiments confus et déroutants, les trier, les gérer, et cependant, il n'est pas habile de permettre à cette peur de s'installer pendant longtemps. Ceux de Hatonn suggèrent de nous voir comme des cristaux défectueux que nous tentons de reconstruire:

> Parmi vos peuples ont été semés des âmes ou esprits plus cristallisés qui sont beaucoup plus portés à réfléchir et réfracter la lumière et l'amour du Créateur. Ce sont des gens d'un certain degré de magnétisme et d'illumination, qui sont engagés à leur propre manière sur la voie de la droiture, ainsi que l'appellerait cet instrument. Toutefois, il est dans la nature de la plupart des cristaux de comporter des défauts, et les vibrations délicates de l'âge d'or sont telles que chacun de ces cristaux va commencer à se désintégrer dans une certaine mesure le long de la ligne d'imperfection. Il appartient au libre arbitre de chacune de ces entités de reconstruire leur entité cristallisée d'une manière telle que le défaut n'existera plus. Mais cela est extrêmement douloureux. Il est très commun qu'un individu qui ne comprend pas totalement la purification par laquelle il passe fasse porter à ceux de son proche entourage le blâme de la souffrance de la transformation. Ainsi, bon nombre de ceux qui passent par une purification personnelle et individuelle afin de devenir cristallisés dans la pureté et libres de tout défaut sur la voie de ce que vous appelez la maîtrise, interprètent cette souffrance comme étant liée à une relation, plutôt que de reconnaître que le problème est complètement personnel et n'est pas le reflet d'un(e) partenaire, d'un enfant ou d'une situation. C'est une des grandes causes qui contribuent aux nombreuses difficultés synchrones en apparence,

---

[512] Q'uo, transcription du 15 décembre 1996, p. 2

que vous observez actuellement et dont vous faites véritablement l'expérience[513].

Comme il est difficile de voir la souffrance comme distincte des personnalités qui semblent avoir inspiré le souci. Et cependant, c'est ainsi. Les autres 'soi' sont nos catalyseurs. Ils nous inspirent sans être eux-mêmes impliqués, du moins pas nécessairement. Le travail en conscience nous concerne nous exclusivement. Nous et le feu qui affine:

> Nous devons vraiment suivre le cœur, mais d'abord nous devons permettre que chaque expérience soit affinée et purifiée par la distillerie qui est transportée dans le cœur de chacun. Il semble que chacun soit un prisonnier du temps et cependant, dans le sens où nous utilisons cette analogie c'est seulement dans la liberté de l'illusion du temps et de l'espace que cette première purification de l'émotion consciemment perçue par le soi peut être accomplie. Il se peut que les sentiments bruts que le cœur perçoit instantanément soient déjà purs, mais il est bon de demander au 'soi' de s'abstenir de toute impulsion et d'honorer le sentiment dans son ensemble en y retournant lorsque nous pouvons le contempler et, de cette manière centrée et équilibrée, nous pouvons alors laisser les vérités profondes de ce qui a été ressenti passer par ce feu qui distille l'émotion pure et la sépare des impuretés des ingrédients qui ne sont plus nécessaires[514].

Comme l'affirme Mike Korinko, tenir bon jusqu'au bout du processus, c'est dur!

> Parfois je me sens vraiment déprimé lorsque je pense à tout ce qui s'annonce. Je me suis même trouvé en train de souhaiter retrouver le Mike de l'année précédente. «Tu n'as pas besoin de cette douleur» me dit une voix. «Cours aussi vite que tu peux» me crie une autre. Cela a été une véritable épreuve de rester fidèle à l'engagement que j'avais pris de ne plus fuir mes propres sentiments[515].

Bien joué, Mike! Comme le disent ceux de Q'uo, poursuivre ce travail est très enrichissant à long terme:

> C'est seulement dans l'obscurité d'émotions de perte et de limitation qui semblent négatives, que la prière profonde, le chant poignant d'amour prend son envol et emporte l'être incarné jusqu'à un point

---

[513] Hatonn transcription du 9 octobre 1980, p. 1
[514] Q'uo, transcription du 12 mai 1996, p. 3
[515] Mike Korinko, lettre du 3 décembre 1994

CHAPITRE VII: LE TRAVAIL METAPHYSIQUE

de vue où le souffle de l'amour, ressenti une fois pour une entité, peut être dirigé vers un monde qui a un besoin vital et qui aspire à vos profonds amour et compassion. Alors on fait bien de ne pas se détourner de la douleur mais au contraire de se tourner vers elle, de s'y immerger, et de porter cette perte comme une éclatante décoration qui honore le Créateur infini[516].

J'aime l'idée que nous sommes nos propres enfants spirituels. Dans un sens universel, nous sommes tous dans la crèche (pas de chambres dans l'auberge!), espérant gagner un peu de terrain dans cette incarnation en tant qu'êtres aimants. Ce processus n'est pas facile à aimer, en particulier lorsqu'on est en plein dedans. Nous arrivons dispersés et surpris à des situations nouvelles et à leurs émotions correspondantes. Nous espérons pouvoir affiner et distiller ces sentiments pour arriver à leurs vérités propres. Comment pouvons-nous faciliter ce processus? Nous pouvons déjà appliquer les disciplines de la purification: jeûne, méditation et protection:

> Vous n'êtes pas venus ici pour apaiser les inquiétudes et être réconfortés: vous êtes venus dans l'arène de la troisième densité pour y combattre dans le noir. Votre meilleure vision est le cœur aveugle mais aimant, car avec le cœur on voit la lumière qui n'es pas visible pour le mental, car dans le cœur se trouve l'esprit de l'amour. Cet esprit est un aspect de la sagesse qui n'a pas de mots dans votre densité, et il exprime cette sagesse dans des émotions de plus en plus purifiées. Lorsque chercheur entreprend pour la première fois l'étude des processus de choix spirituels, d'abord le cœur est moins qu'optimalement pur dans son expression. Le chercheur commence, jour après jour, méditation après méditation, à vider le cœur de son contenu moins que pur, comme si le cœur était une poche dans laquelle de nombreuses choses avaient été placées, certains étant indésirables. Après un temps de méditation et de recherche, le cœur commence à se libérer de son obligation de garder tellement d'éléments moins que purs, et ensuite le cœur peut commencer à déverser sa sagesse sur le mental conscient. Ce processus de purification n'est pas court, et nous ne souhaitons pas suggérer que vous devez devenir consciemment purs dans votre cœur. Nous encourageons simplement chacun à faire régulièrement du travail d'ouverture en méditation et à permettre au cœur de se

---

[516] Q'uo, transcription du 22 novembre 1992, p. 5

vider des petites mesquineries, afin que son effort puisse être plus profond et de plus en plus pur[517].

Une communication claire est suggérée à titre d'aide à la purification des émotions:

> Les émotions les plus profondes et qui sont souvent la vraie cause d'un éclat de colère sont des graines qui ne reçoivent pas toute la lumière du soleil, toute la lumière de notre attention consciente et la reconnaissance de la sorte de graine qui a été plantée, du jardinier qui a planté cette graine et qui s'en est occupé. Nous ne recommandons donc de réprimer aucune expérience émotionnelle, même celle de la colère, sauf si l'entité envers laquelle sont exprimées ces énergies est, parce qu'étrangère ou trop jeune pour comprendre, incapable de partager l'expérience sans être victime d'une grande confusion ou d'un malentendu flagrant[518].

S'immerger dans la musique, l'art, la lecture, le théâtre ou l'opéra, dans n'importe quelle forme d'art, peut aider le 'soi' à voir et à purifier les émotions en donnant des mots et des sensations que nous serions incapables de percevoir par nous-mêmes:

> En tant qu'êtres spirituels il y a dans le 'soi' bien plus qu'on ne peut l'imaginer, et le mental a du mal à traiter des informations qui n'ont pas de mots, alors que ce qui transcende les mots devient de plus en plus utile. Le drame, la comédie, la peinture, l'opéra, l'art qui attire l'entité au-delà des mots dans des états émotionnels, toutes ces choses sont précieuses parce qu'elles déclenchent de la vérité du point de vue de l'émotion ou du cœur plutôt que de celui du concept du mental. Et le chercheur s'efforce d'atteindre le cœur du 'soi', de vivre à partir du cœur du 'soi', et donc ces archétypes qui charrient de grands fleuves d'émotion purifiée sont extrêmement utiles[519].

Enfin, ceux de Q'uo suggèrent que nous nous tournions vers l'Un infini en silence, en discussion et en prière:

> Le Créateur paraît être très loin. Apparemment, ce merveilleux mystère a créé puis a quitté l'univers dans lequel vous existez. Pour autant que cela puisse être prouvé, c'est bien le cas. Toutefois, lorsque le cœur et les émotions prennent l'habitude de se tourner momentanément ou longuement vers l'Un infini, vers le mystère de

---

[517] Q'uo, transcription du 6 juin 1993, p. 3-4
[518] Q'uo, transcription du 12 juillet 1991, p. 8
[519] Q'uo, transcription du 23 mars 1997, p. 6

l'unité, un canal très, très primaire et profond s'ouvre entre les racines du mental, et de la joie, de l'espoir, et de la bienveillance s'épanouissent en montant pour fleurir sans fanfare ni cérémonie à l'avant du mental, offrant à ce foyer intérieur le doux parfum et la fraîcheur qui émanent toujours des fleurs. Prendre la peine de se souvenir du Créateur c'est comme planter une graine à l'intérieur du 'soi'. En son temps elle fleurit et porte des fruits[520].

Quel cadeau pour le 'soi': parvenir à ressentir des émotions devenues pures, profondes et vraies! C'est l'apogée d'un travail de nombreuses années, généralement, lorsque toute la résonance et la beauté de l'émotion pure viennent à nous. Nous passons tellement de temps au milieu des vagues, luttant pour garder notre équilibre et notre souffle, ballottés entre des combinaisons confuses de sentiments et de pensées. L'affinage de ces émotions confuses est un travail délicat et subtil. Puissions-nous trouver la joie de ces purs fleuves intérieurs de sentiments lorsque nous émergeons des flots des circonstances!

Travailler avec des instructeurs

De toutes les manières de travailler métaphysiquement, la favorite de beaucoup est le travail avec un instructeur. Bon nombre des systèmes orientaux reposent sur le fonctionnement intérieur d'une relation étroite et dévouée avec le gourou choisi. Un instructeur ou gourou peut rendre concrètes des leçons et apprentissages trop complexes ou profonds pour une communication verbale aisée. La relation entre l'instructeur et le disciple peut devenir très puissante et transformatrice. Il existe une relation dans laquelle tous deux deviennent des réceptacles d'apprentissage et d'enseignement:

> Le disciple peut voir l'instructeur d'une manière telle que l'instructeur inspire au disciple une certaine sorte d'humilité hautement potentialisée, que le disciple exprime en mettant délibérément de côté les caractéristiques connues de sa personnalité qui peuvent amener à biaiser ou rompre le processus de recherche. Lorsque ce processus est dirigé consciemment et poursuivi intensément dans un environnement protégé, l'instructeur ou le gourou peut à cet égard accepter le sacrifice ou la mise de côté symbolique de la personnalité terrestre, étant compris que ce qui doit être offert, passant par l'instructeur, est renforcé par cet

---
[520] Q'uo, transcription du 15 novembre 1992, p. 5

acte. Mais ce processus ne peut aboutir au succès que si l'instructeur a lui aussi mis de côté sa personnalité terrestre et est prêt à donner la main au disciple d'une manière qui permette à chacun de participer dans un sens de plus grande réalité, d'apprécier l'unité qui étreint tout. La force de l'instructeur rejaillit sur le disciple, même si le don fait par le disciple de sa dévotion à l'instructeur renforce la fonction d'enseignement. Nous trouvons dès lors que ce groupe avait tout à fait raison de supposer que le plus grand cadeau que puisse faire l'instructeur est son identité d'instructeur[521].

Ceux de Q'uo disent que cette densité-ci est une densité où les instructeurs sont particulièrement utiles:

> Cette solitude, ce sentiment d'être seul, est dû au voile d'oubli mis en place, de sorte que ceux de votre densité ne peuvent tout simplement pas se souvenir de l'unité entre le 'soi' et tous les autres. Ceci est la densité où les instructeurs sont de plus en plus importants. Ceux qui sont à même d'utiliser leur souffle pour parler soutiennent, réconfortent et mettent à l'épreuve ceux qu'ils veulent aider[522].

Chacun de nous planifie avant l'incarnation d'avoir des instructeurs, visibles et invisibles:

> Aucune entité ne marche seule, car chacune a des amis, des instructeurs et des guides qui marchent avec elle, tout comme le font ces frères et sœurs dans votre propre illusion qui marchent avec chacun en esprit[523].

Ceux d'Oxal expliquent qu'ils sont des instructeurs invisibles qui apprennent en même temps qu'ils enseignent:

> Pour nous qui avons travaillé longtemps dans la densité de sagesse, la tâche, aussi étrange que cela puisse vous paraître, est d'être moins sages et de redécouvrir les sources de compassion que nous avons trouvées à l'origine, il y a très longtemps. Notre tâche est de mélanger cette compassion avec l'abondante sagesse que nous avons acquise. Nous nous sentons de plus en plus appelés à cette tâche, et en même temps que nous sommes appelés à cette tâche nous cherchons l'occasion de servir. Pour nous, votre appel est donc une grande et merveilleuse opportunité, et il nous apparaît

---

[521] Q'uo, transcription du 4 juillet 1992, p. 3
[522] Q'uo, transcription du 10 avril 1994, p. 3
[523] Q'uo, transcription du 18 septembre 1994, p. 8

CHAPITRE VII : LE TRAVAIL METAPHYSIQUE

> que vous qui nous appelez depuis la foi obscure de la recherche de troisième densité, avez tellement à nous apprendre du fait de votre dévouement, que nous qui nous offrons à votre service en tant qu'instructeurs, trouvons que vous nous apparaissez comme des instructeurs pour nous. Dès lors, nous trouvons que la question d'une relation adéquate entre disciple et instructeur est en fait très compliquée. Il n'existe pas de formule pour enseigner de manière appropriée. Il n'existe pas de formule régissant la bonne manière d'être un disciple. Nous préfèrerions dire que la relation instructeur-disciple est éphémère et est essentiellement un événement qui relève de l'opportunité. C'est une opportunité de partager mutuellement d'une manière qui ne fausse pas à l'avance le résultat de ce partage[524].

Les choses ne se passent pas toujours facilement entre les disciples et leurs instructeurs, car les instructeurs provoquent souvent un déséquilibre dans la chimie des disciples à mesure que se déroulent leurs échanges, ainsi que l'explique Jody Boyne, lui-même un instructeur:

> Du fait de frictions ou 'catalyseurs', les instructeurs et la vie tendent à provoquer ces déséquilibres. Les gourous orientaux n'ont aucun respect pour le mouvement hippie américain pour cette raison. Les hippies et la stricte éthique de travail protestante ont été des extrêmes et un recul de l'inspiration de la quatrième densité vers des expressions de troisième densité. Dans un groupe religieux strict, je plaiderais avec vigueur pour la paix, l'amour et la compréhension. Dans celui-ci, un forum virtuel de pèlerins, je me trouve à plaider avec vigueur pour l'effort, le travail et la réalisation, tels que présents dans les réelles réussites des gourous[525].

Il est très rare de trouver un instructeur qui aime instruire et en particulier qui aime nous instruire nous. J'ai eu de tels professeurs. Je me souviens avec une très grande affection de mon institutrice de sixième année, Mrs. Cobb, qui mes parents mis à part, a été mon premier instructeur à m'apprécier pour moi-même et à ne pas voir mon intelligence comme une sorte d'affront personnel. Elle m'emmenait chez elle le weekend, et me montrait des choses toute la journée du samedi pendant que nous nous promenions parmi les éventaires des fermiers au "Haymarket" de Louisville, et puis je la suivais dans ses tâches de la journée. J'avais l'impression que des horizons s'ouvraient partout devant moi, et je me

---

[524] Oxal, transcription du 29 mai 1993, p. 10-11
[525] Jonathan Boyne, lettre du 11 juin 1999

sentais aimée. C'était le paradis. Plusieurs de mes professeurs au collège m'ont aussi fait le grand honneur de me demander de venir, en dehors des heures de cours que j'avais avec eux, pour des discussions privées, et à ces moments-là aussi j'ai savouré les dons merveilleux d'un enseignement sensible et passionné sur les thèmes très aimés de la beauté et de l'art, de la langue, de la littérature, de la pensée et de l'inspiration. Toutefois, comme le dit Romi Borel, il est toujours sage de rester prudent, car tous les instructeurs ne font pas des cadeaux que nous souhaitons véritablement accepter:

> Il existe de nombreuses versions de la vérité, autant de versions différentes qu'il y a de leçons à apprendre. J'ai le sentiment que vous agiriez sagement en évaluant très soigneusement les versions des vérités que vous étudiez. Nous avons peu de temps sur cette planète. Il reste peu de temps avant la moisson. Il existe de nombreuses confusions et de nombreuses vérités 'déformées', beaucoup de choses qui pourraient nous faire perdre de la polarité et/ou réduire l'efficacité de nos efforts en vue de la moisson ou peut-être même nous distraire au point de ne pas pouvoir rester dans la course[526].

214, une dame qui se souvient de vies antérieures en tant qu'Amérindienne, raconte:

> Il y a quelques années, je me suis laissé entraîner dans un programme d'apprentissage avec une femme qui se disait guérisseuse. Une longue histoire. D'accord cela a été une expérience, mais pas une expérience très agréable. En fait elle a été très effrayante et déroutante. Quand j'en ai été délivrée, je me suis retrouvée avec le pire cas de psoriasis que j'aie jamais eu. Je suis toujours en train d'essayer de me débarrasser des effets. Dès le départ je me suis sentie mal à l'aise, mais cette guérisseuse se conduisait en dictateur envers moi. Je pense que je devais passer par cette dure leçon pour apprendre à avoir confiance en moi[527].

Parfois c'est cela la vraie leçon proposée par un instructeur: la découverte que l'on est soi-même son meilleur conseiller. Pour quelqu'un qui aime partager son expérience de l'apprentissage, ce peut être un réel désappointement, mais tous les instructeurs terrestres ne nous conviennent pas. Par ailleurs, nos guides intérieurs sont bien au courant

---

[526] Romi Borel, lettre du 30 novembre 1998.
[527] 214, lettre du 8 septembre 1999.

CHAPITRE VII: LE TRAVAIL METAPHYSIQUE

de nos besoins particuliers, et les avis des guides intérieurs sont toujours positifs:

> Les guides, comme bon nombre de gens les appellent, ou instructeurs, ou présences angéliques, qui nous ont accompagnés, non seulement pendant la présente incarnation mais tout au long de beaucoup d'entre elles, sont toujours d'orientation positive. Si vous avez jamais connaissance d'une influence qui ne paraît pas de nature positive, vous pouvez toujours mettre cette influence à l'épreuve en lui posant la question à laquelle vous avez déjà répondu vous-même et dont il est bon que chaque chercheur connaisse la réponse: savoir pour quoi elle vivrait et pour quoi elle mourrait, quelle est l'essence de son être, qu'est-ce qui lui procure son énergie, ses idées et l'inspiration à chaque jour de sa recherche[528].

Q'uo nous donne une bonne idée du système de guidance intérieure:

> Nombreux sont ceux d'une nature invisible qui chérissent et veillent sur les activités de ceux de vos peuples pendant que sont menées les activités de chaque jour. Chaque entité a de ces guides et gardiens, amis et instructeurs aux bons soins desquels l'entité a été confiée, dans un sens métaphysique, de sorte qu'il y a, pour chaque entité, un nombre significatif de mains et de cœurs invisibles qui l'accompagnent dans son voyage. En outre, il y a ceux dont l'honneur et le devoir sont plutôt d'une nature illuminatrice, de sorte que vos expériences sont de temps en temps enrichies en fonction des invitations, dirons-nous, que vous adressez lors de votre recherche[529].

Les instructeurs sont très précieux vu leur générosité d'esprit et leurs nombreux dons de temps et d'attention. Nos instructeurs intérieurs utilisent l'état de rêve et des états tels que celui de la méditation, car ainsi ils trouvent des moyens de suggérer sans insister:

> Chaque entité a en tout temps à sa disposition, pour ainsi dire, des instructeurs, des amis, des guides ainsi que la force de la lumière imprégnée d'amour, qui viennent soutenir et inspirer l'entité au travers de rêves, de méditations et de présentation, au moment approprié au cours du processus d'apprentissage, de personnes, livres, programmes ou expériences appropriés[530].

---

[528] Q'uo, transcription du 16 décembre 1990, p. 17-18
[529] Q'uo, transcription du 26 avril 1992, p. 6
[530] Q'uo, transcription du 13 mai 1990, p. 17-18

Chapitre VIII: La guerison de l'incarnation

Les leçons incarnationnelles

Ce chapitre pourrait tout aussi bien s'intituler "le travail métaphysique - II". En travaillant en conscience nous glissons constamment de niveau en niveau et de point de vue en point de vue, trouvant divers moyens d'utiliser les compétences, la patience, et le cœur en cherchant le cœur du 'soi'. Si dans ces pages se fait entendre l'écho de thèmes couverts au chapitre sept, ou dans des chapitres antérieurs, ne soyez pas surpris car nous ferons fréquemment des allées et venues pendant que nous accomplissons du travail de rayon indigo. Certains thèmes sont récurrents parce que le puzzle cache une simplicité, une élégance et une économie de moyens sous une abondance de détail et de confusion.

Regarder le 'soi' du seul point de vue de la guérison de l'incarnation a ses avantages. L'idée de base est que nous nous sommes tous incarnés avec un plan général d'incarnation, un plan d'apprentissage et de service. Je parle ici des leçons et du service au sens le plus profond et le plus large: nos thèmes d'incarnation. Pendant que nous suivons les processus d'assimilation de l'apprentissage et d'efforts de service, nous souffrons, faisons des erreurs (du moins à nos propres yeux) et prenons conscience qu'il est nécessaire d'apaiser cette souffrance autant que nous le pouvons. Lorsque nous regardons en arrière et voyons toute cette souffrance, nous sommes réticents à pardonner cette souffrance ou tout le processus, même si nous avons planifié tout cela pour nous-mêmes avant l'incarnation, tout comme nous choisissons notre cursus scolaire en début d'année. Lorsque nous pouvons arriver à faire confiance à l'excellence de ce plan de base, nous devenons plus aptes à nous permettre le pardon de cette souffrance, c'est-à-dire la guérison:

> Vous nous avez peut-être déjà entendus parler de ce que nous appelons la "guérison de l'incarnation". Dans votre expérience incarnationnelle de troisième densité c'est le cœur du travail en conscience, car si l'incarnation est guérie, le serviteur potentialisé et polarisé est alors libre d'offrir avec pureté cette vie au Créateur infini. Pendant que chacun examine ses "si seulement…", nous vous demandons de considérer que ces souvenirs non soignés diminuent et affaiblissent la pure lumière qui est la manifestation

CHAPITRE VIII: GUERISON DE L'INCARNATION

de l'amour qui confère de la puissance à chaque serviteur du Créateur infini unique[531].

Quels sont ces souvenirs non soignés? Voici ce qu'en disent ceux de Q'uo:

> Chacun a fait l'expérience d'un complet pardon de certains autres par le 'soi'. Chacun est parvenu à pardonner à d'autres qui avaient apparemment déclenché pour le 'soi' des catalyseurs pénibles. Avec le passage du temps, les mots "je te pardonne" deviennent entièrement et totalement vrais. Le souvenir demeure mais il est guéri. C'est pourquoi, nous demandons à ceux qui ont des souvenirs non guéris de voir cela comme un point de programme. Le 'soi' doit d'une certaine manière ouvrir son cœur aux besoins de ce 'soi' et demander sans réserve le pardon; et de plus, être préparé à accepter ce pardon, à laisser tomber ce programme, et à permettre à son énergie spirituelle de se dissiper, à permettre que le passé devienne le passé. Nous recommandons que ce type de travail soit accompli promptement et avec persistance, que lui soit accordée la priorité, car soucis et dureté de cœur sont de piètres invités, et bien qu'ils parlent beaucoup, ils ne sont pas de bonne compagnie. Le temps, qui est précieux dans chaque incarnation, ne doit pas être gaspillé avec de tels hôtes si le travail est accompli[532].

Une des clés de la difficulté de ce travail de rayon indigo est l'identification de notre ou de nos leçon(s) incarnationnelle(s) particulière(s). Ici, ceux de Q'uo m'utilisent comme exemple de la façon dont un plan incarnationnel est constitué:

> Examinons la situation de cet instrument en particulier, et allons vers la généralisation. Il est courant parmi ceux qui ont choisi la manière de leur incarnation qu'il y ait plus d'une halte, dirons-nous, au cours de l'incarnation. L'équilibre entre sagesse et compassion dans le mental de l'entité avant l'incarnation est automatique. Il fait partie de la personnalité. Le pèlerin est susceptible d'être suffisamment sage de manière équilibrée pour offrir à la manifestation incarnée du 'soi' avant la naissance une leçon capitale sur le plan personnel, et une série d'objectifs atteignables au cours de la vie impersonnelle de service. L'individu comprend avant l'incarnation qu'au cours du processus d'oubli la froide et claire logique de tous les objectifs à atteindre sera fortement brouillée si pas éliminée de toute connaissance consciente. C'est pourquoi il y a ces haltes, car on ne sait pas avant de les avoir vécus, combien

---

[531] Q'uo, transcription du 28 mars 1993, p. 3
[532] Q'uo, transcription du 28 mars 1993, p. 4-5

d'apprentissages de leçons le 'soi' esprit pourra tolérer sans avoir besoin de soins en plus de ceux qui peuvent être offerts pendant l'incarnation[533].

Si la répétition des leçons fatigue outre mesure l'esprit, le 'soi' supérieur d'un chercheur peut en fait choisir de permettre que l'incarnation se termine, afin que la guérison incarnationnelle qui est trop difficile à supporter dans l'incarnation puisse être entreprise:

> Quand une entité approche de la fin de la leçon incarnationnelle, si cette entité a été épuisée par cet apprentissage, l'opportunité lui sera donnée soit d'accepter la vie avec toutes ses confusions et détresses, soit d'accepter de laisser tomber le corps physique, d'aller vers tout mode de guérison pour lequel la leçon apprise a créé un besoin. Lorsque ce moment arrive, le choix est proposé librement, en silence, et l'amour de l'entité pour la vie ou bien son dédain de la vie, crée le potentiel d'une meilleure santé dans l'incarnation et d'une nouvelle leçon à apprendre, ou alors la voie aisée ou difficile du passage vers une vie plus ample[534].

Dans la plupart des cas, cependant, le 'soi' en incarnation peut accepter suffisamment d'expériences d'apprentissage pour que la leçon incarnationnelle, même si elle a complètement échoué en une occasion, ait une chance de se rattraper, car nous avons prévu un grand nombre d'éventualités:

> Il se fait que pour la plupart des entités entrant dans votre illusion, des programmes parallèles, si nous pouvons les appeler ainsi, sont vus comme des possibilités. Si un choix n'est pas accepté, alors un autre se présente afin que les leçons qui doivent être apprises soient disponibles. Il est très difficile de décrire aux entités de votre illusion la liberté et la fluidité dans lesquelles ces choix sont faits et concrétisés. Dans votre illusion il se fait généralement qu'un plan est préparé et entrepris et puis, si une modification est apportée, les changements dans les résultats sont aisément imputables. Mais avant l'incarnation, la portée et la liberté de choix sont telles qu'il y a approbation par paliers, ce qui permet aux changements de se produire. Car bien qu'il y ait une capacité de voir ce qui est appelé votre avenir, cette capacité permet aussi de voir que rien ne peut être tenu pour certain, qu'il y aura des changements, et que dès lors il faut des plans en prévision des changements. Car lorsqu'un événement survient, il en permet un autre, mais il peut en interdire

---

[533] Q'uo, transcription du 1er novembre 1992, p. 2-3
[534] Q'uo, transcription du 1er novembre 1992, p. 3-4

Chapitre VIII: Guerison de l'incarnation

encore un autre, et ainsi de suite dans une progression sans fin de causes et d'effets. C'est pourquoi on ne peut pas dire qu'il y a véritablement des erreurs dans aucune incarnation[535].

Je trouve très encourageante l'idée qu'il n'y a pas de fautes. Il est tellement facile de penser à des occasions manquées. Mais nous avons toujours une autre chance d'exprimer notre prise de conscience de la vérité. Nous n'avons peut-être pas le privilège de l'exprimer exactement à l'entité que nous espérions être, mais si tous sont vus comme le Créateur, nous pouvons exprimer cette vérité à une nouvelle personne avec de la bienveillance pour ceux envers qui nous aurons été incapables d'exprimer cette vérité dans notre passé. Nos leçons incarnationnelles varient selon la vision pré-incarnation que nous avons des leçons qui doivent être apprises, mais nous sommes tous les mêmes:

> Ceux qui sentent qu'ils font l'expérience de la présence du Créateur unique, et ceux qui sentent une absence d'union perceptible avec l'Un infini, paraissent être dans des situations différentes par rapport au choix de la manière de manifester l'amour et la lumière du Créateur. Toutefois, l'ouverture des deux sortes d'entités au service est identique. Certaines font l'expérience de la solitude, de l'amour pour le Créateur mais en se sentant isolées, d'autres perçoivent toujours la consolation de l'esprit. Ces apparentes différences sont des artifices des leçons incarnationnelles à apprendre. Il n'y a aucune distinction véritable entre ceux qui aiment le Créateur. Tout comme existe la force de la foi et de la volonté, ainsi existe la vraie association avec le grand 'Soi' dont fait partie chaque atome de conscience. Chacun de vous est pareil, même si vos expériences varient. Le dévouement, qui n'est pas apparent, agit comme la vraie mesure du service[536].

Donc, peu importe si nous nous sentons heureux ou insatisfaits aujourd'hui: nous sommes tous également qualifiés pour gérer les leçons et la guérison de l'incarnation. La préoccupation majeure ici est de discerner le schéma de notre propre incarnation:

> Avant l'incarnation, chaque entité a choisi son schéma de manière à ce qu'il puisse équilibrer, intensifier, et affiner les qualités perçues comme primordiales, collectées avant cette illusion. Dans la vie de chaque entité il y a un grand plan qui est le modèle, la danse dans l'illusion. Il est important d'apprendre le mystère de la Création et l'honneur de servir afin que chaque entité fasse confiance à la

---

[535] Latwii, transcription du 3 octobre 1982, p. 20
[536] Q'uo, transcription du 2 juin 1991, p. 5

destinée qui a été choisie, et alimente cette confiance avec la
volonté de persévérer, tout en sachant que même si la confusion,
l'affliction et la souffrance ont leur importance, il y a, à un moment
de l'illusion, une détermination qui permet à chaque chercheur de
trouver l'indication qu'il est vraiment sur le bon chemin[537].

La leçon incarnationnelle a le plus souvent pour thème le don et la transmission d'amour, sous une forme ou une autre. Parfois nous nous trouvons placés par notre 'soi' supérieur dans des conditions de limitation, du fait d'un problème chronique de santé, d'une situation impliquant une autre personne, ou d'un traumatisme qu'il nous est très difficile de guérir, et voilà notre vie changée, et pas pour un mieux, du moins en apparence. Nous pouvons certes déplorer cette tendance pré-incarnation à imposer des limitations, des maladies, des difficultés et des défis dans notre expérience de vie puisque de cette façon nous nous imposons du malheur, mais nous pouvons espérer que nous nous plaçons ainsi directement dans le feu d'affinage que nous espérions. Comme très souvent, la méditation est recommandée pour ce travail:

> La porte qui ouvre sur le 'soi' profond est très soigneusement fermée lorsqu'un esprit entre en incarnation manifestée de troisième densité. La vision fait défaut, la conscience recule, les sens intérieurs finement harmonisés sont étouffés par la chair, et l'incarnation s'assombrit à mesure que l'enfant devient un adulte. Toutefois, le petit être survit dans la complexité croissante de la prise de conscience personnelle universelle qui est la prise de conscience par le 'soi' d'un univers subjectif. Dans ce premier regard porté sur son univers, les perspectives sont peu réjouissantes. Les choses semblent sombres, difficiles et repoussantes. Il y a du travail à faire dans toutes les directions pour soutenir le 'soi' physique, pour maîtriser les émotions, pour trouver le cœur le plus vrai du 'soi' parmi toutes les vicissitudes du changement. Il y a cependant, à l'intérieur, un univers de soleils, dirons-nous, d'énergies qui représentent et sont, dans un sens holographique, les vibrations de sagesse représentées par le soleil et les astres extérieurs. Cette porte ouvrant sur le mental profond où tourne cet univers qui peut être vu graduellement, est ouverte par le 'soi' et uniquement le 'soi'. C'est-à-dire qu'elle ne peut pas être ouverte par une autre personne en incarnation. Mais dans la chambre intérieure de méditation, lorsque le silence règne véritablement et que l'esprit est quelque peu libéré, le désir de

---

[537] Q'uo, transcription du 14 octobre 1992, p. 6

trouver de l'inspiration, issu de la méditation silencieuse, fait apparaître des guides intérieurs. Des ressources intérieures affluent et développent de plus en plus leur efficacité[538].

La base de ce travail est la supposition, que je crois être littéralement vraie, que nous sommes ce que nous pensons:

> Tout ce dont vous faites l'expérience dans votre modèle d'incarnation est un produit de votre propre pensée, que cette pensée soit consciente ou inconsciente, que cette pensée ait lieu au cours de l'incarnation ou avant l'incarnation, car le mental a le pouvoir de générer des pensées qui, concentrées sur une période suffisamment longue de ce que vous nommez du temps ou de l'expérience, se manifestent ensuite dans votre schéma de vie pour fournir de glorieuses occasions d'apprendre ou de servir. Ainsi donc, toute votre expérience est un produit de la pensée[539].

Le travail sur les désirs

Le mental est une chose puissante; il n'implique pas simplement le cerveau, mais aussi la conscience. Mais si c'est notre pensée qui dirige notre expérience, comment entrons-nous dans le processus permettant de penser à travailler avec le mental? Une clé majeure est le désir. Nos pensées sont majoritairement orientées vers ce que nous désirons et vers la manière dont nous cherchons à obtenir ce que nous désirons. Ceux de Q'uo expliquent:

> En observant la nature de votre densité, nous pouvons sans hésiter faire remarquer que le désir est le carburant qui alimente le moteur de votre illusion, tant la partie qui est ombre, que la partie qui est forme. C'est-à-dire que le désir est intrinsèque à la conscience d'être individualisé. Le désir est inhérent à une conscience du 'soi' et du non-'soi'. Qu'il soit sage ou stupide, profitable ou malheureux de désirer, ceux qui bénéficient d'une incarnation dans votre densité feront l'expérience de la production et de l'émission de désirs[540].

Notre instinct et notre désir d'évolution spirituelle sont des forces aussi inévitables que notre instinct de conservation et d'évolution en tant

---

[538] Q'uo, transcription du 6 septembre 1992, p. 2-3
[539] Latwii, transcription du 10 août 1986, p. 13
[540] Q'uo, transcription du 24 septembre 1995, p. 2-3

qu'êtres physiques. Lorsque nous nous focalisons sur nos pensées, nous y trouvons facilement des désirs. Ils vont du désir éphémère du moment jusqu'à la faim la plus profondément ressentie par l'âme. Je reviens à l'instant d'un service religieux de la Semaine sainte, et pendant le voyage sur l'autoroute j'ai plusieurs fois désiré qu'un traînard avance pour que je puisse arriver à l'église ou chez moi. En même temps, ce qui me poussait, dans le trafic, c'était la faim et la soif du service divin. Hôte de notre méditation de dimanche dernier, Jésus est passé par là une seule fois mais les chrétiens parcourent le chemin de croix chaque année! Pour moi, ce parcours est ancré dans la dévotion, et je passe mon temps avec cette belle âme qui n'a voulu faire que la volonté de son Père. C'est très volontiers que je prends du temps sur tout le reste pour capter ces moments doux-amers de ma propre vérité. Suis-je la personne qui a un pied collé sur l'accélérateur sur l'autoroute, ou un chercheur du divin? Les deux, et encore bien d'autres. C'est ainsi pour nous tous. Une manière de voir comment fonctionne le désir est de se demander: «S'agit-il d'une préférence ou d'une dépendance?» Voilà un concept proposé par Ken Keyes dans son *Handbook To Higher Consciousness*[541]. Ceux de Q'uo en parlent:

> En eux-mêmes et pour eux-mêmes, les désirs ne sont ni mauvais ni bons; ce sont simplement des choses qui créent une distorsion. Si l'on va trop loin sur la route du désir, la distorsion devient une dépendance. L'on peut donc souvent voir les désirs trop passionnés d'une personne peu évoluée comme étant de l'ordre d'une dépendance. Le sentiment est: «Si j'ai cela, j'irai bien; si je ne l'ai pas j'irai mal». L'auteur [Keyes] encourage le dépendant à faire rétrograder cette dépendance en préférence. On peut dire: «Je préfère que ceci se passe de telle manière, mais je n'en dépends pas. Ce n'est pas nécessaire». Ceci aussi est en quelque sorte une clé car lorsqu'on examine le désir avec le mental conscient il est difficile de déterminer ce qu'est cette énergie. Mais il est évident qu'il existe des dépendances dans la personnalité tout comme il y a en a vis-à-vis de certains aliments, et il est certain que la vie devient une illusion plus confortable, si je peux dire, lorsqu'on parvient à discerner clairement nos préférences[542].

Cela m'a aidée récemment, lorsque j'ai découvert que je recommençais à prendre des kilos sans manger un gramme de plus. Dans mon cas, le changement de vie correspondait aussi à une série de changements dans la

---

[541] Ken Keynes, Jr., Handbook To Higher Consciousness, (*Guide pour atteindre la conscience supérieure* – NdT*)*, Cinquième édition, St. Mary, KY, Cornucopia Institute, [c1975]

[542] Q'uo, transcription du 4 octobre 1998, p. 4

Chapitre VIII: Guerison de l'incarnation

façon dont mon corps réagissait à la nourriture. J'ai laissé ce changement de poids prendre le dessus pendant ces six dernières années, en ayant le sentiment que ce poids me donnait de la solidité. Je me sentais plus forte et plus dynamique. Mon mari continuait à apprécier mon apparence. J'étais une femme heureuse, grosse, qui prenait lentement mais sûrement de l'ampleur. Mais lorsque mon poids s'est mis à spiraler au-delà de la rondeur, il a commencé à apporter aussi une liste de plus en plus longue de troubles sérieux: pression sanguine élevée, taux de cholestérol élevé, douleurs dans la colonne vertébrale, les hanches, les genoux et les pieds. J'ai décidé de perdre du poids. Mon médecin avait insisté: même si je mangeais peu, ces quantités étaient à présent trop grandes. Son opinion était en fait que les femmes d'un certain âge n'ont plus besoin du tout de nourriture pour autant qu'elles prennent leurs vitamines et leurs jus de fruits. Il était contre le simple fait que nous ne pouvons prendre du poids que si nous absorbons plus de calories que nous n'en brûlons. J'ai donc beaucoup travaillé sur ma façon de concevoir la nutrition, réduisant les quantités, éliminant presque totalement de mon régime certains groupes d'aliments, donnant plus de goût aux choses, savourant et appréciant chaque bouchée. Maintenant je crois que je peux dire honnêtement que mon désir de voir mon corps en meilleure santé et plus léger dépasse mon désir de manger. J'ai réduit mes portions de moitié. J'aime toujours manger, et je me délecte de chaque goût et texture savoureux. Mais je suis parvenue à me détacher des anciennes habitudes qui ne donnaient pas de bons résultats, et à en former de nouvelles. Pendant l'écriture du présent manuel, je suis revenue au poids qui a été le mien pendant les trente premières années de mon âge adulte. Si personne d'autre que mon médecin ne le remarque, cela me satisfait parfaitement. Je fais cela pour moi-même afin de pouvoir rester un peu plus longtemps dans ce monde ténébreux qui m'est si cher, et de profiter de la fête.

Tout cela pour dire que nous pouvons travailler sur nos désirs, non pas en les extirpant ou en renonçant à tout ce que nous aimons, mais en retravaillant nos façons de faire, afin de les rendre elles et nous-mêmes mieux adaptés. Voyons les choses en face: nous obtenons ce que nous désirons. Cette densité est ainsi faite que l'âme n'en a pas fini avec elle avant d'avoir fait l'expérience de toutes les choses dont elle souhaite faire l'expérience. Par conséquent, soyons très prudents dans nos désirs!

> Soyez prudents et attentifs dans vos souhaits, vos espoirs et vos désirs, car vous mettez inévitablement en marche des choses qui se produiront pour que vos souhaits soient réalisés. Vous n'espérerez

pas en vain, mais si vous espérez sans profondeur, sans cœur, alors ce que vous recevrez sera sans profondeur et insatisfaisant.[543]

Un des objectifs de cette manière de travailler est de commencer à découvrir comment élever ou réguler. Don a notamment questionné à propos de la pratique de l'initié qui passe du temps dans la chambre de résonance de la Grande pyramide:

> **INTERVIEWEUR:** Pourrais-je faire une analogie, dans cette mort apparente, entre la perte des désirs qui sont illusoires (des désirs communs de troisième densité), et l'obtention de désirs de total service d'autrui?
>
> **RA:** Je suis Ra. Vous percevez bien. C'était en effet le but et la destination de cette chambre, ainsi que de former une portion nécessaire de l'efficacité de l'emplacement de la Chambre du Roi[544].

Ceux de Q'uo donnent un bref résumé de ce que sont les désirs inférieurs et supérieurs:

> Qu'un chercheur décide d'acheter telle voiture ou tel ordinateur ou telle grande tente, de manière très importante, cela ne fait quasiment aucune différence dans la vie spirituelle du chercheur qui fait ces choix. Mais lorsque vous passez au domaine des désirs de qualités, de vérité, de plus grande capacité spirituelle, alors vous commencez à travailler sur des désirs qui sont très utiles en termes d'accélération de votre 'soi' spirituel[545].

Ce mouvement, nous l'espérons, et nous y aspirons:

> Nous encourageons chacun à ne désirer que la vérité la plus haute, à désirer bien au-delà de ce qui peut être dit ou imaginé, car lorsque vous cherchez, lorsque votre soif est exprimée dans l'appel de l'âme étendu à tout ce qui résonne avec elle, alors sont attirés vers l'entité des ministres de la lumière, dirons-nous, attirés vers vous de manière juste et appropriée, et en accord avec ce que vous avez désiré. C'est pourquoi, élevez vos désirs toujours plus haut. Cherchez à connaître la vraie et réelle identité qui est la vôtre. Celui qui peut vibrer avec ce désir avance aussi vite qu'il est possible sur la voie du pèlerin[546].

---

[543] Latwii, transcription du 2 janvier 1983, p. 2
[544] *La Loi Une*, Livre III, séance 65 §21
[545] Q'uo, transcription du 3 octobre 1999, p. 7
[546] Q'uo, transcription du 3 mars 1994, p. 3-4

CHAPITRE VIII: GUERISON DE L'INCARNATION

«Temper my spirit, O Lord, keep it long in the fire, make it one with the flame, let it share that up-reaching desire»[547] . C'est ce que dit un de mes hymnes favoris. Dans ce sens, désirer c'est tomber amoureux:

> Quel est le processus du désir? On pourrait peut-être décrire le désir comme tomber amoureux. Certes, les désirs du cœur sont ressentis profondément et gravés au stylet de l'amour. L'aspiration à cette vie focalisée, fluide, aisée dont chaque chercheur a fait l'expérience à certains moments, est constante et parfois même presque accablante. Comme le chercheur aspire à se sentir totalement connecté aux sources de la vie, de la lumière, de l'amour et de la vérité! Chaque chercheur a ainsi la capacité de discipliner les pensées et les attitudes de manière à ce que soit atteint le plus grand potentiel permettant de revenir à une position centrée du cœur et de l'esprit, dans laquelle une véritable simplification de l'amélioration de l'attitude centrée est atteinte[548].

En cherchant à élever nos désirs, veillons au piège de la surutilisation de la volonté:

> Invisible au premier examen des justes désirs se trouve l'exercice de ce qu'il nous est arrivé d'appeler la volonté. Chacun a sûrement fait l'expérience de l'énergie de vouloir que quelque chose se produise ou ne se produise pas. La volonté personnelle peut faire partie d'un désir qui déforme le naturel et le bon fonctionnement, pour aboutir à des valeurs faussées, et à des perceptions incorrectes ou incorrectement perçues des manières de penser et de traiter les informations. Nous disons donc que nous avons appelé cette faculté la volonté ou l'autodétermination. Nous pourrions aussi appeler de telles distorsions des désirs naturels l'action d'une volonté vaniteuse, ou simplement la vanité, car la vanité qui prend le pas sur les sentiments naturels, et connectée au désir, est un cancer qui envahit les cellules naturelles et les multiplie sans répit[549].

Il nous faut examiner nos désirs et voir s'ils contiennent quelque trace de vanité. Laissons en place les bons désirs, mais extirpons cette vanité! Cela a été une de mes difficultés lorsque j'ai commencé ce manuel: réaliser que tout, dans ces pages, est connu ailleurs, et que bien que je fasse authentiquement ce travail comme un service à autrui, je le fais aussi pour

---

[547] Trempe mon esprit, ô Seigneur, tiens-le longtemps dans le feu, qu'il fasse un avec la flamme; qu'il partage ce désir du plus haut (traduction libre – NdT)
[548] Q'uo, transcription du 5 septembre 1993, p. 4-5
[549] Q'uo, transcription du 24 septembre 1995, p. 3

moi-même, pour créer un moyen de partager ce à quoi j'ai pensé et perçu comme utile à partager vu mes années de travail avec des pèlerins, et notamment moi-même. Ceci est une expression de moi, et même si ce manuel n'est jamais publié ou n'a pas beaucoup de lecteurs, j'aurai tout de même la satisfaction d'avoir créé ce livre. Il n'y a ici rien dont j'aie à être fière, juste un peu l'égo en action! J'espère que mon égo en action aidera aussi d'autres personnes. Je l'espère vraiment! Je ne peux rien décréter, je ne peux pas être fière simplement parce que j'ai tenté d'aider. La vanité est le défaut le plus tenace et le plus rusé; j'encourage donc à porter un regard sévère et critique au 'soi' et à ses motifs jusqu'à ce que nous parvenions à reconnaître cette canaille: la vanité et tous ses rejetons, dont la justification, la défense et le jugement. Ceux de Q'uo suggèrent deux techniques très utiles pour en apprendre plus sur nos désirs: les négliger et les polariser:

> Il y a deux moyens d'en apprendre plus sur les désirs vrais. Premièrement, on peut refuser toute pensée concernant ce choix pendant une période limitée. Cet abandon permet aux racines profondes, inconscientes, du mental d'exprimer une sagesse plus profonde. L'autre technique est de choisir, pendant une période diurne, de passer chaque seconde libre à épouser un choix positif. Pendant la période diurne suivante, il faut ensuite passer chaque moment libre à épouser la sagesse d'un choix négatif. Cette sur-stimulation de la dualité du mental (oui, non, oui, non) aboutira à la même quiétude intérieure, et une nouvelle fois, une voie est laissée à la sagesse intérieure profonde que l'on fait remonter à la surface soit par le rêve ou un sentiment soudain, soit (comme c'est plus généralement le cas) par une prise de conscience croissante qui devient bientôt de la certitude qu'un choix particulier est approprié pour le 'soi' à ce moment clé[550].

Lyara explique que tenir un journal est ce qui lui est le plus utile pour savoir ce qu'elle désire:

> Quand j'essaie de voir clair dans un problème ou une question, je ne persiste pas dans mes efforts lorsque je me sens bouleversée. Au lieu de cela je me tourne vers l'écriture, de préférence avec un stylo et du papier plutôt qu'avec l'ordinateur. Cela me ralentit suffisamment pour que je puisse entreprendre un dialogue avec ma propre sagesse. Je commence par écrire ce que je ressens parfois en quelques phrases seulement, parfois sur des pages entières[551].

---

[550] Q'uo, transcription du 24 mai 1992, p. 5
[551] Lyara, lettre du 8 avril 1999

CHAPITRE VIII: GUERISON DE L'INCARNATION

Ceux de Hatonn suggèrent une combinaison de travail avec, et de repos loin, des désirs:

> Bienvenue dans l'océan d'expériences incarnationnelles. Vos cartes géographiques sont fausses. Il faut piloter sur base de l'intuition et de l'espoir. N'évitez pas la destinée qui vous attend, cette destinée qui a été choisie par vous comme le centre d'un temps et d'un espace incarnationnels. Nous encourageons chacun à toujours s'efforcer de progresser vers les objectifs que vous désirez instinctivement. Nous encourageons chacun à tenter d'améliorer et contrôler l'expérience de vie en ce qui concerne le confort et la joie, le repos, la paix et l'amour. Mais nous vous encourageons aussi à prendre du recul dans la vertu de la situation dans laquelle chacun se trouve[552].

Je ne peux pas quitter ce sujet sans faire allusion à la nature plutôt perverse du travail sur les désirs. Lorsque le monde spirituel est poussé à être utilisé et à fonctionner, des paradoxes surgissent immédiatement. Ceux de Q'uo l'expriment très bien:

> Chaque fois que vous serez capables d'aller jusqu'au fond du désir vous constaterez que la base de ce désir est le désir de coopérer avec fidélité et persistance avec la destinée qui vous a amené tout ce dont vous avez profité jusqu'à présent. En queue de ce long train de désirs vous trouverez un drôle de petit wagon qui annonce: "je m'abandonne. Non pas ma volonté, mais la Tienne"[553].

La volonté appelle l'abandon; le désir appelle le non-désir:

> Pour celui chez qui aucun désir ne se manifeste, l'univers est gratuit. C'est un cadeau. Et chaque brin d'herbe, chaque rayon de soleil, chaque parole aimable, chaque regard de douceur est une beauté et une vérité. Lorsqu'aucun désir ne se manifeste en vous, vous pouvez ressentir l'herbe, les éléments, la danse du vent, la danse du feu, la danse de l'eau et la danse de la terre. Et l'univers s'étale devant vous, infiniment complexe, infiniment unifié, faisant un avec lui-même, avec vous, il fait partie de vous comme vous faites partie de lui. Pouvons-nous dire que nous ne nous attendons pas à ce que beaucoup de ceux qui traversent la troisième densité fassent l'expérience de cet état de non-désir pendant plus de, disons, un moment, une heure, ou une après-midi. Les moments de ressenti de cette paix sont en effet des cadeaux donnés de temps en

---

[552] Hatonn, transcription du 30 mars 1993, p. 10-11
[553] Q'uo, transcription du 4 octobre 1998, p. 3-4

temps, et pendant que vous ressentez cette paix vous vous demandez pourquoi vous avez jamais désiré quoi que ce soit[554].

Pour autant que nous soyons satisfaits de faire l'expérience de cet effet pendant de brefs moments nous pouvons le reconnaître et l'accueillir sans étonnement. Ces temps sont des temps d'équilibre pour nous, de petits espaces dans lesquels nous pouvons nous sentir libérés du poids du désir. Les chercheurs qui trouvent utile d'étudier selon les voies du taoisme et du bouddhisme sont de grands amateurs de cet état de non-désir. Nous encourageons encore une fois chaque chercheur à ne pas tenter de détruire les désirs pour trouver le repos, mais de laisser venir les désirs sans s'y attacher. Laissez-les venir, laissez-les passer en observant tout le processus avec sérénité. Russell Louie exprime cela très bien:

> Il a été estimé que 99% des pensées et actes des personnes ordinaires portent des jugements. Il faut être une personne forte pour agir malgré ce que peuvent en dire les pairs. La meilleure méthode que je connaisse pour éviter de juger est la voie taoiste d'acceptation. Par exemple il ne fait ni chaud ni froid, il fait simplement 20°C. Considérez un pauvre fermier dont un cheval sauvage s'est échappé de son enclos et s'est enfui. Les voisins s'exclament: «Comme c'est malheureux!». Mais le fermier dit: «C'est la vie!». Une semaine plus tard le cheval sauvage est revenu accompagné de trois autres étalons et d'un poulain. Les voisins s'exclament: «Quel bonheur!». Le fermier dit: «C'est la vie!». Un jour, alors que le fils est en train de dresser un des nouveaux étalons, il tombe et se casse une jambe. Les voisins s'exclament: «Comme c'est malheureux!», mais le fermier dit: «C'est la vie!». Le lendemain, des militaires viennent dans la ville pour emmener les conscrits. Les voisins s'exclament: «Comme c'est heureux!», mais le fermier répond: «C'est la vie!». Si nous nous contentons d'accepter la vie telle qu'elle se déroule, sans juger si elle est bonne ou mauvaise, nous ne serons jamais déçus[555].

C'est une merveilleuse attitude à adopter, et se souvenir de cette petite histoire et de «C'est la vie!» peut représenter un véritable atout lorsque nous sentons dépassés par le travail sur nos désirs.

---

[554] Q'uo, transcription du 3 octobre 1999, p. 5
[555] Russell Louie, lettre du 26 novembre 1998

CHAPITRE VIII: GUERISON DE L'INCARNATION

Équilibrer le 'soi'

Bleu, une femme sensible, écrit:

> Je suis moi et il me semble que depuis toujours j'essaie de trouver un équilibre entre tout: spirituel et matériel compris. Ce que j'ai à dire est ceci: j'ai eu la chance que la plupart de mes guides se soient manifestés graduellement tant chez les autres que chez moi, et que j'aie eu l'occasion d'en observer les effets dans ma vie[556].

Elle souligne une préoccupation majeure et un excellent moyen de faire du travail de rayon indigo sur soi de façon, permanente. Nous vivons dans la présente incarnation pour poursuivre notre évolution, et équilibrer le 'soi' aide à accélérer le rythme de cette évolution. Ceux de Q'uo commentent:

> L'équilibrage d'énergie entre le mental, le corps et l'esprit d'une entité n'est pas un travail d'une semaine, d'une année ou d'une vie, mais un processus qui est une fonction aussi naturelle que de grandir physiquement, de passer par la puberté, de s'ouvrir aux forces de la fécondation, de la grossesse et de la naissance, et le temps venu, de s'écarter de ces énergies à mesure que l'esprit poursuit le processus incarnationnel. L'équilibrage des énergies est donc une préoccupation constante, un processus constant, dont nous n'attendons pas qu'il se termine. De notre propre expérience nous nous attendons à ce que ce processus se poursuive indéfiniment jusqu'au moment où l'esprit choisit simplement de libérer et relâcher ces préoccupations. À ce moment le 'soi' devient le Créateur et revient vers cette grande source sans connaissance, sans conscience, d'intelligence infinie qu'est le Créateur infini[557].

Ils suggèrent que cet équilibrage n'est pas autant pour le confort du corps ou de la vie que pour l'alignement des énergies du mental, du corps et de l'esprit:

> Pourquoi le Créateur permettrait-il ou même déterminerait-il que la souffrance continuelle doive faire partie du plan excellent et beau de la recherche spirituelle? Cette question n'a pas de réponse évidente, et cependant nous avons le sentiment qu'il faut la poser. Les vertus de votre environnement ne contiennent rien de plus grand que la vertu de l'imperfection et de la limitation prévisibles. Ce que le Créateur a dans l'idée est, pensons-nous, non pas une

---

[556] Bleu, lettre du 25 juin 1997

[557] Q'uo, transcription du 2 octobre 1994, p. 1-2

augmentation de la santé du corps, de l'esprit ou de l'émotion, mais bien une possibilité continue d'amélioration de l'équilibrage et de l'alignement du mental, du corps, des émotions et de l'esprit[558].

Ce processus d'équilibrage se poursuit d'incarnation en incarnation, couvrant toutes les vies d'une âme, amenant les énergies vers un équilibre de guérison et de dynamisme de plus en plus grand:

> Le domaine de la guérison est un domaine qui englobe l'incarnation entière, car soigner une distorsion c'est équilibrer cette distorsion d'une manière telle que les particules d'expérience constituent un ensemble, que ce qui a été rompu soit remis ensemble, et que ce qui a provoqué des blessures soit vu comme une partie de l'expérience ayant enseigné une leçon qui a été planifiée par l'entité elle-même soit avant l'incarnation, soit comme une partie de l'incarnation[559].

Qu'équilibrons-nous lorsque nous équilibrons? Nous prenons les qualités opposées qui sont en nous et nous travaillons sur elles de façon à les amener à un équilibre qui ne bloque ni interrompe notre attention. Comparons cela à des possessions de nature énergétique qui doivent trouver leur propre place dans notre équilibre dynamique en tant que personnes, et nous plaçons donc avec soin et respect nos divers aspects et distorsions en leurs lieux de repos dans nos énergies. La base de ce travail est de croire qu'avec toute sa souffrance et sa confusion, le monde a du sens, spirituellement parlant:

> La première hypothèse que nous prenons pour base d'équilibrage est que les choses ont un centre, qu'il faut considérer que l'univers a du sens. Cette base d'être est difficile à aborder car son mode d'existence est en cours. Les processus vivants du 'soi' en relation avec le 'soi' et autrui ne peuvent pas être épinglés comme des papillons sur une planche de collectionneur. Ils ne peuvent pas être arrêtés, car lorsqu'ils sont interrompus ils cessent de vivre. Donc, l'image de base est, disons, que nous avons l'illusion qu'elle a du sens. Elle s'ajoute à un tout unifié et complet, mais ce sens n'est pas linéaire et ce tout ou totalité maintient chaque paire d'opposés en équilibre dynamique[560].

---

[558] Q'uo, transcription du 13 février 1994, p. 4
[559] Q'uo, transcription du 25 mai 1997, p. 3
[560] Q'uo, transcription du 24 mars 1996, p. 1

CHAPITRE VIII: GUERISON DE L'INCARNATION

Inhérente à ce processus d'équilibrage il y a une appréciation des deux éléments de chacune des paires d'opposés: bien et mal, chaud et froid, amour et sagesse:

> Il y a toujours un équilibre dans l'excellence spirituelle, non pas un penchant pour une orientation à l'exclusion d'une autre, mais l'équilibre des opposés polaires qui ensemble sont l'excellence mais qui, séparément, ne créent ni ne maintiennent la conscience de l'amour. Nous pourrions vous dire: «Permettez toujours au flux des événements de vous contrôler», et ce serait un conseil excellent, et nous pourrions aussi vous dire: «Imposez-vous davantage de discipline et méditez plus chaque jour». Ces deux choses sont vraies dans leur contexte, et quand vous vous sentez poussés à méditer davantage, d'utiliser plus de discipline, et ainsi de suite, nous suggérons que dans tous les cas vous suiviez votre propre intuition[561].

Nous pouvons travailler sur l'équilibre entre l'être et l'agir:

> L'équilibre entre l'être et l'agir est ce qui doit être recherché par chaque chercheur individuellement. Il différera d'entité à entité et de moment à moment. Ceux qui ont été suréquilibrés dans le 'faire' pourraient bien, au cours du processus d'équilibrage, avoir besoin de passer par de longues périodes pendant lesquelles il pourra sembler qu'il n'y a pas d'agir, mais seulement de l'être. Cela peut être très difficile pour les entités impliquées, car les systèmes de valeurs qui ont été établis dans la société ont placé la mesure de la valeur du soi sur ce qui a été accompli[562].

Nous pouvons travailler sur l'équilibre entre l'amour et la sagesse en nous:

> Il y a la recherche qui concerne l'amour, la compassion, la compréhension et l'effort d'accepter de plus en plus d'éléments de la Création comme faisant partie du soi. Il y a la recherche qui participe de ce qui est connu comme étant de la sagesse ou de la lumière, qui révèle aux yeux intérieurs et extérieurs du chercheur de plus en plus de la nature de la Création que l'amour a formée. Et il y a la recherche qui participe à l'équilibrage de ces deux éléments d'amour et de sagesse dans une force ou source qui peut être vue comme de l'unité ou de la puissance, et qui participe du mélange de l'amour avec de la sagesse, par la sagesse. Ainsi donc, un chercheur peut, tout au long d'une incarnation, passer dans chacune de ces

---

[561] Q'uo, transcription du 3 mai 1987, p. 3
[562] Q'uo, transcription du 22 février 1991, p. 2

trois catégories générales de recherche, et par la nature et l'intensité de la recherche, appeler à lui l'assistance des instructeurs, guides et amis invisibles qui vibrent en harmonie avec la nature du chercheur[563].

Il est approprié que tous les êtres éveillés examinent de près cet équilibre entre amour et sagesse. Car, beaucoup d'entre nous qui s'identifient à des missionnés venus d'ailleurs peuvent avoir le sentiment que nous sommes venus en troisième densité terrestre spécialement pour apporter un nouvel équilibre plus juste entre les deux.

Nous pouvons aussi choisir de travailler sur notre équilibre masculin-féminin, que nous ayons ou non une relation de couple:

> Le partenariat masculin-féminin de compagnons est prévu pour être essentiel. Cependant, l'importance de cette relation apparaît dans toute relation mâle-femelle où les énergies circulent librement et sans préjudice. Dès lors, même ceux et celles qui vivent dans un monastère ou un couvent, par exemple, peuvent travailler sur l'équilibrage masculin-féminin du fait des nombreuses relations dans n'importe quelle vie: entre un père et ses enfants, une mère et ses enfants, entre divers parents, amis, instructeurs, et tous ceux que l'on rencontre dans une vie. Ceux qui veulent demeurer dans l'atmosphère ou l'ambiance d'une énergie masculine ou féminine, c'est-à-dire celle qui est dynamiquement opposée à la leur, peuvent progresser avec efficience, bien que potentiellement pas aussi vite que dans le très puissant, essentiel, partenariat mâle-femelle que vous nommez souvent mariage[564].

Comme le dit Allen Lefurgey, ce travail est tout spécialement important dans une culture qui a été tellement suréquilibrée dans la domination masculine:

> J'ai cherché quelles sortes de groupes sociétaux ont été capables de vivre en paix, dans l'harmonie et dans la coopération. Mes lectures m'ont montré que dans certaines cultures anciennes qui avaient été soit égalitaires soit matriarcales, le peuple vénérait la Déesse et ses attitudes bienveillantes, aimantes et attentionnées, mais que ces cultures avaient été supprimées par des chefs patriarcaux portés à la guerre et aux conquêtes. Il semble que cela revienne à la mode

---

[563] Hatonn, transcription du 15 juillet 1987, p. 10-11
[564] Q'uo, transcription du 8 novembre 1992, p. 5

parce que les gens se sentent insatisfaits des conditions actuelles[565].

Le travail sur l'équilibrage du 'soi' nous amène tout naturellement à notre sentiment d'être en déséquilibre. Ceux de Q'uo nous encouragent à nous voir comme des sphères et non pas comme des bipèdes chancelant sur leurs jambes:

> Discuter du fait d'être en équilibre c'est passer d'abord par une perception de l'équilibre de la sphère. Il est bien humain, dirons-nous, de voir l'équilibre comme étant doté des caractéristiques d'un équilibre entre deux jambes, comme cela se produit lorsque vous marchez. En réalité, l'équilibre est plutôt une caractéristique de la réalisation de l'endroit où se trouve le centre de notre sphère d'essence, de manière à ce que tous les aléas des catalyseurs incarnationnels nous fassent seulement rouler avec les énergies qui sont manifestées et exprimées dans le 'soi' par l'environnement. Il est utile pour vous de placer dans le mental ce modèle de 'soi' vu comme une sphère, simplement pour pouvoir constater qu'en termes métaphysiques l'équilibre n'est pas une question de tomber loin, car lorsqu'il prend conscience de lui-même dans une certaine mesure, l'être métaphysique est infiniment courbé et sans ces saillies qui sont dans le chemin et qui déforment[566].

Il est bon de nous rappeler que nous sommes tous uniques, et il se peut bien que notre équilibre ne corresponde à celui de personne d'autre:

> Nous sommes tous différentes expressions de l'Un. Dans cette vie et de nombreuses autres auparavant, nous avons eu des expériences qui ont conditionné la manière dont nous percevons les choses, à mon, avis. Nous avons eu des expériences qui ont conditionné la manière dont nous réagissons aux choses. Elles sont toutes correctes pour chacun d'entre nous à un niveau individuel. Je voudrais une nouvelle fois rappeler à tous que nous sommes ici pour apprendre à équilibrer. Nous avons tous des besoins différents pour pouvoir atteindre nos objectifs individuels. Nous avons différentes façons de faire les choses. Respectons mutuellement notre droit de nous 'tromper'. Et souvenez-vous : tous nous voyons les choses et y réagissons en fonction de notre programmation personnelle[567].

---

[565] Allen W. Lefurgey, lettre du 16 juillet 1994
[566] Q'uo, transcription du 25 avril 1993, p. 2
[567] Marty Upson, lettre du 3 novembre 1998

Il n'est pas douteux que l'équilibrage du 'soi' est un processus rude, un affinage qui peut être abrasif et difficile:

> S'il est compris que le travail primordial de troisième densité consiste en l'harmonisation et l'équilibrage des trois centres énergétiques inférieurs: ceux du rouge, de l'orange et du jaune, et ensuite en la recherche de moyens de maintenir une ouverture et une plénitude du cœur, alors il peut être vu que ces énergies ne sont pas instinctives. L'affinage a commencé, car en tant qu'entité de troisième densité vous êtes comme une sorte de diamant brut avec des arêtes non polies et des facettes qui n'étincellent pas, et vie après vie dans votre expérience de troisième densité le 'soi' qui est inhérent à l'intérieur, l'entité cristalline que vous êtes véritablement, commence à devenir visible à mesure que les frictions de la vie quotidienne adoucissent et affinent ce 'soi' cristallin. Sans doute, certaines des expériences abrasives et purificatrices de votre illusion paraissent malheureuses et infortunées, mais ce sont précisément ces frictions qui accomplissent le travail d'exposition du cristal qui étincelle à l'intérieur, et le travail qui est accompli par le chercheur est un travail sur le 'soi'. Le chercheur souhaite équilibrer le rayon rouge car c'est celui qui est à la base et à la très importante source des énergies, et ce qui n'est pas libéré et fluide dans ce centre d'énergie fondamentale constitue un premier blocage qui ralentit et déforme la pure énergie lumineuse que vous recevez du Créateur[568].

Nous entrons inévitablement et cycliquement en contact avec notre côté sombre:

> Ce projet n'est ni simple ni de court terme. Toutefois, le commencement comporte un seul mot, et ce mot est 'accepter'. La première tâche de celui qui vient travailler en conscience est d'accepter les 360 degrés de l'identité. Ces 360 degrés de complète humanité sont aussi 360 degrés de complète divinité. Les énergies de chacun sont nécessaires à l'autre en ce temps et cet espace. Cette intersection est votre identité. Ainsi, vous vous acceptez vous-mêmes lorsque vous commettez un meurtre, un vol, un mensonge, un adultère, un blasphème, et tous les autres crimes odieux relatifs aux achats ménagers, aux tâches, et à la vie de tous les jours. Il y a, dans la fréquentation d'autres entités, beaucoup de catalyseurs de

---

[568] Q'uo, transcription du 22 octobre 1995, p. 2

colère, d'irritation et même de rage qui reflètent au 'soi' l'aspect sombre de ce 'soi'[569].

Les tentations elles-mêmes peuvent être vues avec profit comme des mécanismes d'équilibrage et travaillées en tant que telles:

> À chaque entité qui s'engage dans le processus d'offrir ses services à autrui de n'importe quelle manière aboutie, des tentations seront proposées qui serviront de mécanismes d'équilibrage pour que l'entité qui a manifesté le désir de servir puisse recevoir une tentation égale de quitter ce service pour rejoindre la voie négative d'une quelconque manière adaptée au modèle de vie pendant un certain temps. Cela peut être vu également comme une occasion, pour cette même entité, de renforcer son désir de servir autrui et de cheminer de plus en plus fidèlement sur cette voie à mesure que les tentations de glorifier le 'soi' ou d'acquérir du pouvoir et de la reconnaissance pour le 'soi' sont reconnues et refusées[570].

Au cours de ce travail, on peut facilement craindre de devenir fou, ou au moins de jeter l'éponge. Résistez à cette tentation dit ce pèlerin:

> Je sais que des gens qui admettent qu'ils font partie de la catégorie des pèlerins errants diront: «je suis fou» ou bien «je perds pied». Mais vous savez quoi? Je dirai que vous êtes fou si vous ne doutez pas une minute qu'il vous manque quelques cartes du jeu pendant que vous avancez sur ce chemin d'éveil et de découverte. L'équilibre est nécessaire et c'est l'intelligence qui fait son apparition en vous disant: «Bon. Ceci est bizarre, je ferais bien de faire attention à cette information qui survient». C'est votre mental qui vous angoisse et ne veut pas que le reste de vous saute de cette falaise dans l'abîme de l'insanité[571].

Méditations d'équilibrage

Pour régulariser et ritualiser cette importante discipline, une méditation d'équilibrage est suggérée, à pratiquer le soir du jour où un catalyseur est survenu. Les réactions peuvent être notées et évaluées. Cette méditation vespérale équilibre la méditation silencieuse quotidienne matinale. Elle est mentionnée souvent par les entités de la Confédération:

---

[569] Q'uo, transcription du 2 octobre 1994, p. 2
[570] Q'uo, transcription du 2 août 1988, p.10
[571] A. Terry, lettre du 27 octobre 1997

Chapitre VIII: Guerison de l'incarnation

Chacun est déjà familiarisé avec les principes fondamentaux du travail sur les expériences de la journée pour pouvoir équilibrer ces expériences, mais nous voudrions mentionner maintenant que c'est une technique très utile de réalignement cohérent et constant du soi dans la direction que le chercheur considère comme contenant de plus en plus de vérité. Cette technique doit permettre, au mental, en méditation, de repasser les expériences de la journée en cherchant ce qui a distrait ou séduit, repoussé ou attiré le 'soi' au cours de cette période diurne. Les choses qui ont été perçues comme orientées soit positivement, soit négativement devraient alors être amenées au mental conscient et le souvenir devrait être revécu. Lorsque le 'soi' ressent la distorsion émotionnelle qui a été la réaction initiale pendant l'agitation de la journée, ce sentiment ou cette conceptualisation doit pouvoir être exprimé et intensifié dans le 'soi' émotionnel ou, plus précisément, dans la partie du complexe d'énergies qui compose le 'soi' traitant de la perception émotionnelle et mentale. Permettez à ces sentiments et à ces conceptualisations de devenir plus forts, jusqu'à ce que vous sentiez qu'ils sont bien intensifiés. Alors déposez mentalement l'émotion et restez auprès de cette émotion sans essayer de la changer. Permettez aux émotions et/ou aux conceptualisations de venir, permettez à l'autre face de la pièce de devenir lentement visible. Lorsque l'opposé de la première émotion a été ressenti, respecté et honoré, permettez à la thèse et à l'antithèse, au sentiment originel et à son complément, d'exister côte à côte aux yeux du mental. Ces deux choses sont vous, car chaque 'soi' est universel et contient tout ce qui est[572].

Si le problème en question contient trop d'angoisse et est trop récent pour qu'il soit travaillé le jour même, il est alors temps pour nous de nous reposer et de nous dorloter dans le silence et la paix, mais dès que possible reprenons le processus d'équilibrage. Lorsqu'on travaille sur les centres énergétiques, il vaut mieux travailler d'abord sur les centres énergétiques inférieurs, et de monter progressivement. Nous pouvons commencer par les sensations corporelles et monter jusqu'aux réactions du mental aux catalyseurs:

> **RA:** Je suis Ra. Celui qui pose les questions perçoit sans doute son complexe corps en ce moment. Il éprouve des sensations. La plupart de ces sensations ou dans ce cas-ci, presque toutes, sont éphémères et sans intérêt. Mais le corps est la créature du mental.

---

[572] Q'uo, transcription du 22 août 1993, p. 5-6

> Certaines sensations véhiculent de l'importance à cause de la charge ou de la puissance qui est ressentie par le mental pendant l'expérience de cette sensation. Par exemple, à ce nexus d'espace/temps une sensation véhicule une charge puissante et peut être examinée. C'est la sensation de ce que vous appelez "la distorsion vers l'inconfort", qui est due à la position de limitation du complexe corps pendant cette séance de travail. En équilibrant, vous pourriez explorer cette sensation. Pourquoi cette sensation est-elle puissante? Parce qu'elle a été choisie afin que l'entité puisse être au service d'autrui en dynamisant ce contact. Toute sensation qui laisse un arrière-goût significatif dans le mental, qui laisse une trace dans la mémoire, devra être examinée. [...][573].

Une des idées erronées concernant le travail d'équilibrage est que ce que nous faisons renforce ou active les centres énergétiques. Bien que ce soit une très bonne chose de renforcer les chakras, l'activation n'est pas aussi recommandée dans ce travail que l'équilibre de tous les centres:

> **RA:** Je suis Ra. Chaque centre énergétique a un large éventail de vitesses de rotation ou, comme vous pouvez le voir plus clairement par rapport à la couleur, de brillance. Plus fortement la volonté de l'entité se concentre sur et raffine ou purifie chaque centre énergétique, plus brillant ou plus actif en rotation devient chaque centre énergétique. Il n'est pas nécessaire que les centres énergétiques soient activés dans l'ordre, dans le cas de l'entité qui a conscience d'elle-même. Ainsi donc, les entités peuvent avoir des centres énergétiques extrêmement brillants tout en étant très déséquilibrées dans l'aspect de leur rayon violet, à cause du manque d'attention portée à la totalité de l'expérience de l'entité.
>
> La clé de l'équilibre peut donc être vue dans la réponse non étudiée, spontanée et honnête des entités aux expériences, utilisant ainsi l'expérience au maximum, puis appliquant les exercices d'équilibrage et adoptant l'attitude appropriée pour le spectre le mieux purifié de manifestations des centres énergétiques dans le rayon violet. Voilà pourquoi la brillance ou vitesse de rotation des centres énergétiques n'est pas considérée comme étant au-dessus de l'aspect équilibré ou manifestation du rayon violet d'une entité en ce qui concerne la moissonnabilité; car les entités qui sont déséquilibrées, spécialement par rapport aux rayons primaires, ne seront pas capables de soutenir l'impact d'amour et de lumière de

---

[573] *La Loi Une*, Livre III, séance 64 §20

l'infini intelligent dans la mesure nécessaire pour que la moisson soit possible[574].

Nous pouvons voir les rayons primaires comme étant les trois premiers: les centres inférieurs rouge, orange et jaune.

> [...] Ainsi, l'entité la plus fragile peut devenir plus équilibrée qu'une entité ayant une énergie extrême et une activité au service d'autrui, par la minutie avec laquelle la volonté est focalisée sur l'utilisation de l'expérience de la connaissance de soi. Les densités au-delà de la vôtre donnent à l'individu minimalement équilibré beaucoup de temps/espace et d'espace/temps grâce auxquels il peut continuer à affiner ces équilibres intérieurs.[575]

Les résultats de l'équilibrage incluent de la joie, des sources d'énergie, et de plus en plus de compassion finement harmonisée, comme le disent ceux de Ra:

> [...] Les catalyseurs de l'expérience fonctionnent de manière à ce que se produisent les apprentissages/enseignements de cette densité. Cependant, s'il est vu dans l'être une réaction, même si elle est seulement observée, l'entité utilise cependant le catalyseur permettant d'apprendre/enseigner. Le résultat final est que ce catalyseur n'est plus nécessaire. Dès lors, cette densité n'est plus nécessaire. Ceci n'est pas de l'indifférence ou de l'objectivité, mais de la compassion et de l'amour finement harmonisés qui voient toutes choses comme de l'amour. Cette façon de voir ne suscite aucune réponse due à des réactions catalytiques. Dès lors, l'entité est à présent capable de devenir un co-Créateur d'occurrences expérientielles. Voilà l'équilibre le plus véritable[576].

Je m'empresse de confesser qu'en ce qui me concerne, rien de tout cela ne s'est encore produit! Mais j'y travaille.

Entrer complètement dans le moment présent

Les difficultés du moment présent sont sans fin. Nous rencontrons ensemble ce moment-ci où je me focalise sur l'importance de nous amener à la pleine considération du travail que nous pouvons accomplir à ce moment présent. Je ressens également le flux et le blocage partiel des

---

[574] *La Loi Une*, Livre II, séance 41 §19
[575] *La Loi Une*, Livre II, séance 43 §6
[576] *La Loi Une*, Livre II, séance 42 §2

CHAPITRE VIII: GUERISON DE L'INCARNATION

énergies dans tout mon système, et à un certain niveau je suis occupée à rassembler des informations concernant ma situation: l'endroit où l'énergie peut être bloquée et pourquoi, ce que fait mon équilibre général des centres énergétiques, quelle est mon attitude dans ce corps, ce mental et cet esprit, et qu'est-ce qui me distrait ? Ces distractions sont notamment la tentation de penser à ce qui a été fait et ne peut être défait, et ce qui doit encore se produire de complètement ingérable. Nous avons tous un nombre incalculable de choses qui se produisent à l'intérieur de nous. Rencontrer le moment présent avec une plénitude et une intégralité de focalisation et d'identité n'est pas du tout aussi simple que cela peut paraître dans des moments d'inspiration. . Une des choses à prendre en considération est combien de temps cela nous a pris, en termes de nombre de vies pendant lesquelles nous avons travaillé sur le mystère du soi et en termes de nombre de catalyseurs intenses dans chacune de ces vies et spécialement dans celle-ci, pour arriver à ce moment présent. Sur notre spirale d'évolution nous nous trouvons en un point qu'il nous a été difficile à atteindre et qui représente la base de l'avenir, en regardant le temps comme linéaire pour le moment:

> Je constate que toutes mes expériences précédentes, quelles qu'elles aient été et quelle qu'ait été la façon dont elles se sont manifestées, avaient pour seul but de m'amener à l'endroit où je me trouve aujourd'hui. Je vois cela comme une des vérités profondes de toute création[577].

Et quel est l'apprentissage de cette leçon auquel il est fait allusion? Nous pouvons utiliser le mot 'acceptation'. Nous pourrions également appeler cette constatation "entrée dans un état de non-crainte".

> Très peu d'entités sont capables de demeurer dans le moment présent; elles préfèrent se punir ou se féliciter de ce qui s'est passé ou se tracasser de ce qui va se passer. Il est bon de se rappeler que chaque moment croise l'éternité. Nous demandons à chacun de se libérer de la peur de vivre dans cette illusion et de se satisfaire de toutes les conditions qui peuvent prévaloir, acceptant toutes les conditions comme acceptables, même si cela peut sembler être un sérieux défi ou une sérieuse difficulté[578].

L'acceptation, l'énergie de la main ouverte, vide, est une qualité qui provient des grandes profondeurs de notre nature. J'ai le sentiment que la joie ou félicité est notre état natif, celui dans lequel nous nous trouvons lorsque nous sommes dans un état d'acceptation, de tolérance, et que nos

---

[577] Heikki Malaska, lettre du 16 février 1999
[578] Q'uo, transcription du 3 juillet 1989, p. 10

Chapitre VIII: Guerison de l'incarnation

énergies circulent librement. Selon moi, il faut écarter l'idée que le bonheur en soi est un objectif à atteindre dans cette illusion présente. C'est un plaisir de recevoir sa visite, et nous apprécions cette absence d'inconfort et ce sentiment général de contentement. Mais le flux focalisé et paisible de la félicité est quelque chose qui vient s'ajouter. C'est un état énergétique naturel et toujours potentiellement disponible, et lorsque nous bénéficions de cette libre circulation d'énergie dans tout le 'soi', elle soigne et procure un renforcement énergétique de manière considérable. Elle commence peut-être avec la pleine acceptation de soi-même, ce qui inclut l'acceptation des limitations et difficultés qui peuvent aisément être perçues comme provenant de l'extérieur de soi, contrairement à celles qui sont planifiées par le 'soi' avant l'incarnation afin de contribuer au programme des leçons choisies par le chercheur. Dans mon cas par exemple, j'ai placé des limitations physiques dans mon expérience de vie, dès l'enfance, et plus strictement encore après avoir choisi une voie spirituelle intentionnelle avec Don Elkins. Et pour équilibrer ces limitations, il y a eu les leçons d'acceptation de l'amour d'autrui, qui ont contrebalancé la leçon précédente, plus sacrificielle. Bien que mes expériences de souffrances et de limitations physiques aient parfois été extrêmes, je peux attester qu'un grand nombre de ceux qui m'ont écrit souffrent tellement plus que moi dans le physique, le mental, l'émotionnel et le spirituel que mes problèmes paraissent vraiment négligeables. Quels que soient nos problèmes sur la planète Terre, sachons que nous ne sommes pas seuls à venir en ce moment et à être mis en difficulté par notre complète perception de celui-ci. Et surtout, souvenons-nous, lorsque nous servons, qu'il est tout aussi important d'apprendre à accepter de l'amour qu'il l'est d'apprendre à accepter un manque d'amour. Recevoir des louanges nous fait sentir très humbles, et cependant des personnes nous offrent leur amour et leur appui de manière très inattendue parfois. Il est essentiel pour notre croissance d'apprendre à parvenir à accepter de telles offrandes d'amour simplement avec gratitude, sans protester de notre indignité. C'est seulement lorsque nous nous sommes acceptés tels que nous nous trouvons et que d'autres nous trouvent lorsqu'ils nous remercient, que nous parvenons à nous lancer complètement dans l'aimante acceptation d'autres personnes.

> La lutte est menée pour le cœur du 'soi', et parfois un chercheur peut se mettre à penser qu'il a en lui plusieurs 'soi', tant paraissent pleines de contradictions les tribulations diverses de l'individualité. Dès lors, pour pouvoir passer de l'intolérance à la célébration d'autrui le premier défi est de commencer à percevoir le 'soi' dans cette vision élargie qui ne juge pas mais utilise l'énergie d'une manière positive et créative, dans l'acceptation de soi, le pardon de

CHAPITRE VIII: GUERISON DE L'INCARNATION

soi, et la responsabilisation de soi. Pour garder la foi continuez à vivre dans l'espérance et accomplissez toutes ces bonnes tâches à mesure qu'elles se présentent à vos yeux[579].

Dans le contexte de notre famille ou de notre environnement de travail il est bon de nous rappeler combien est plus fort un groupe dont les membres se soutiennent les uns les autres, qu'un groupe dont les membres ne sont pas aussi unis. En tant qu'individus, Don, Jim et moi-même étions trois bonnes personnes: une grande âme et homme sage; une bibliothécaire, chercheuse et écrivain intelligente; et un scribe excellent, bon gestionnaire et touche-à-tout exceptionnel. Séparément, nous étions des individus bien intentionnés, normalement imparfaits. Comme l'ont dit ceux de Ra, c'est ensemble seulement que nous étions à même de servir au delà de nos limites, comme nous l'avons fait pendant le contact de La Loi Une :

> Cet instrument particulier n'a pas été formé, n'a pas étudié, n'a pas travaillé dans une discipline permettant de contacter Ra. Nous avons pu, ainsi que nous l'avons dit de nombreuses fois, contacter ce groupe en utilisant cet instrument, à cause de la pureté du dévouement de cet instrument au service du Créateur infini unique et aussi à cause de la grande harmonie et du haut niveau d'acceptation vécus par chacun de ceux du groupe; cette situation a rendu possible pour le groupe de soutien de fonctionner sans distorsions significatives[580].

Une bonne manière d'exprimer ce que nous acceptons au juste dans le moment présent est de dire que nous acceptons l'inacceptable. Certes, souvent notre moment présent est très acceptable et plaisant. La difficulté surgit lorsqu'un moment présent particulier paraît douloureux, blessant, difficile ou juste tout à fait inacceptable. La logique est cependant claire: nous sommes des créatures d'amour faites de lumière. Nous sommes des étincelles du Créateur. Ce sont deux manières de dire que nous sommes des êtres universels. Nous sommes tout ce qui est, dans un seul emballage, chacun de nous contenant le tout. Donc peu importe ce qui nous arrive: cela provient directement du cœur de notre sens et de notre destinée, même si cela semble malheureux. Ceux de Q'uo expliquent:

> Le don le plus fortifiant que vous puissiez cultiver par rapport à ce service très important et central est le don de la persistance et de l'acceptation sans faille d'absolument toutes les circonstances, parce qu'entre vous et ce qui est la vérité il n'y a qu'une illusion.

---

[579] Q'uo, transcription du 1er mai 1994, p. 7
[580] *La Loi Une*, Livre V, séance 94 §9

Chapitre VIII: Guerison de l'incarnation

Pour franchir l'écart entre doute et foi, certaines entités ont besoin de grandes structures pour les guider. D'autres entités trouvent leur chapelle dans les bois ou dans la montagne[581].

Très souvent, lorsque nous résistons à quelque chose dans la vie, si nous examinons soigneusement la situation nous pouvons voir qu'il s'agit d'un problème ancien, du retour d'un thème survenu précédemment, une ou plusieurs fois. La simple vérité est que résister à quelque chose qui cherche à nous enseigner est futile. Il n'est pas nécessaire d'avoir une tournure d'esprit particulière pour arriver à accepter un tel catalyseur, mais il est nécessaire de voir qu'arriver à une relation d'acceptation avec ce problème et déterminer comment nous pouvons coopérer à la leçon impliquée, est la seule voie qui nous fera avancer. Si nous écartons une version d'un problème il reviendra sous une forme différente et probablement plus difficile.

> La raison pour laquelle il n'est pas sage de supprimer est que la suppression est un acte déséquilibré suscitant des difficultés de régulation dans le *continuum* temps/espace. La suppression crée alors l'environnement ultérieur pour conserver ce qui a apparemment été supprimé. Toutes les choses sont acceptables au temps approprié pour chaque entité, et en expérimentant, en comprenant, en acceptant, en partageant ensuite avec d'autres 'soi', la distorsion appropriée s'éloignera des distorsions d'une sorte, allant vers des distorsions d'une autre, qui peut être plus compatible avec la Loi Une. C'est, dirons-nous, un court-circuit que d'ignorer simplement ou de supprimer un désir. Il doit au contraire être compris et accepté. Cela demande de la patience et de l'expérience, qui peuvent être analysées avec soin, avec compassion pour le 'soi' et pour l'autre 'soi'[582].

L'on ne peut pas non plus prendre un raccourci en modifiant le 'soi' par l'exercice de la volonté. Nous ne pouvons pas séparer notre 'soi' de ce que nous ressentons. Il nous faut au contraire parvenir à accepter ce que nous ressentons:

> En termes d'accomplissement du travail intérieur, la difficulté est de trouver des moyens qui permettent à ce qui n'est pas le cœur du 'soi' de disparaître. Il ne s'agit pas de décider de retirer l'auto-identification de tel ou tel style de vie ou distorsion du mental. Le chercheur qui a l'impression de savoir ce qui y a à faire disparaître afin d'être davantage le cœur du 'soi' se trompe lui-même à un

---

[581] Q'uo, transcription du 25 novembre 1990, p. 5
[582] *La Loi Une*, Livre I, p. 17

certain niveau car il n'y a aucun moyen intérieur au 'soi' de voir les modèles d'énergie qui sont en essence des distorsions du Créateur infini unique. Par conséquent, il n'existe aucun moyen rationnel de devenir de plus en plus non distordu. Travailler à devenir moins distordu est une distorsion en soi, et le chercheur qui essaie de se guider dans les moyens de devenir le Créateur est au contraire susceptible de mettre en place des modèles de pensée qui sont en et par eux-mêmes des distorsions supplémentaires, de sorte qu'il y a une addition de distorsion au lieu d'une diminution de distorsion[583].

Au lieu de vouloir immédiatement essayer de réduire les distorsions, il paraît plus utile de se concentrer d'abord sur le pardon au 'soi' distordu et l'acceptation de celui-ci tel qu'il est:

> Lorsque la personne dans cette situation peut réaliser le degré de crainte qui déforme le problème à résoudre, c'est que cette entité devient alors de plus en plus habile à regarder en face la crainte en question, à emmener cette crainte vers le cœur, et à pardonner au 'soi' d'avoir été craintif. Ce travail sur le 'soi' pendant un certain temps élabore alors pour le 'soi' un concept de flexibilité de ce 'soi' qui devient capable d'apprendre de nouveaux moyens et de parler sans crainte peu importent les conséquences[584].

Je sens qu'il est important de travailler en éliminant la peur petit à petit, sans vouloir se débarrasser de systèmes entiers de peurs si vite qu'on en tremble d'excitation, mais en avançant vers l'intrépidité un petit pas à la fois. Éliminer la peur c'est nous donner la liberté dont nous avons besoin pour consolider ce que nous avons appris et continuer à progresser vers de nouveaux horizons, de nouveaux apprentissages, une nouvelle croissance:

> Cette nature enfantine est équilibrée et focalisée grâce à la sensibilité mûrissante du chercheur. C'est cela la force de l'expérience: des catalyseurs qui ont été traités et placés avec soin dans la personnalité comme les blocs d'un édifice solide sont placés dans toute structure construite. Toutefois, cette attitude mûrissante et adulte peut aussi agir comme un inhibiteur de changement, en ce sens qu'elle souhaite conserver ce qu'elle a et ce qu'elle est, car il est bien difficile d'accepter son 'soi' comme on voit ce 'soi' et d'être prié d'accepter ce qui est peut-être plus mal connu dans le 'soi' comme encore un autre défi, ce qui exige le retour de l'attitude de

---

[583] Q'uo, transcription du 23 mai 1999, p. 3
[584] Q'uo, transcription du 5 décembre 1999, p. 3-4

Chapitre VIII : Guerison de l'incarnation

l'enfant qui regarde autour de lui sans peur et avec une complète acceptation[585].

À cet égard je voudrais répéter quelque chose que j'ai déjà dit: je n'écris pas le présent livre entièrement sur la base de mes propres expériences, ou du moins pas sur des expériences pleinement réussies. Prenons par exemple le thème de l'acceptation totale et joyeuse du moment et de la situation présents. Y ai-je réussi? Bien sûr que non! Quelle ironie: pendant que je travaille à ce chapitre particulier je réalise que j'ai passé la première partie de cette journée, alors que je répondais à des courriers envoyés à L/L Research par des lecteurs, à attendre avec impatience le moment de l'après-midi où je serais libre de travailler au présent projet de *Vade mecum du pèlerin errant*. Maintenant que j'y suis, je suis en train de passer la majeure partie des cinquante minutes que j'ai réussi à y consacrer, à déplorer qu'il me reste si peu de temps avant de devoir quitter cette tâche exaltante. Nous avons tous tant à faire! J'apprécie chaque lettre et chaque tâche, mais il m'arrive de plier sous le poids de tout ce qu'il y a à faire. Je ne parviens que très rarement à apprécier totalement et réellement ce moment présent unique. Le seul souvenir des moments de présence totale m'attire cependant irrésistiblement. Et bien sûr j'ai, comme nous tous, le temps de m'exercer. Mes leçons se répètent pour moi d'une façon des plus commodes, et je parviens à continuer à m'exercer aux choses auxquelles je suis devenue sensible en les considérant comme 'mes' leçons. Ne vous découragez jamais de faire du travail de rayon indigo parce qu'à vos propres yeux vous ne seriez pas capable d'y réussir ou n'en seriez pas digne. Continuez à vous exercer! CB nous encourage à le voir comme un labyrinthe que nous pouvons parcourir jusqu'à ce que nous parvenions à en trouver la sortie:

> Ce ne sont pas les mystères de la vie qui sont profonds. C'est le fait de vivre et de trouver son chemin tout au long, tel un atome de sa structure en devenir[586].

Parmi les fruits de l'acceptation se trouvent l'amour et le pardon:

> Tirez donc le 'soi' de sa torpeur avec un cri de joie et décidez avec bonheur que vous ferez tout par amour. Et en faisant ce don vous pourrez peut-être obtenir l'un ou l'autre résultat. Mais que la petite vie de chair soit arrêtée ou préservée, vous serez avec le Créateur. Saisissez ces occasions pour vous polariser, pour faire l'expérience de l'amour inconditionnel, pour faire l'expérience d'un profond

---

[585] Q'uo, transcription du 25 avril 1993, p. 10-11
[586] CB, lettre du 3 novembre 1999

pardon de tous ceux qui sont concernés, et surtout vous-même, pour avoir été plongé une fois encore dans l'illusion[587].

Nous nous trouvons peut-être "sur la rivière paresseuse" comme le dit la chanson de Hoagy Carmichæl[588], mais nous avons une perche, ou du moins un petit quelque chose à dire dans la façon dont nous suivons notre cours ordinaire. Un autre fruit de l'acceptation est une meilleure qualité de patience:

> Il est sage d'accepter des limites comme bases d'évaluations de nouvelles actions. Lorsqu'on ne peut pas marcher on se trouve un siège approprié. Lorsqu'on ne peut pas parler on reste silencieux. Lorsqu'on ne peut pas comprendre on accepte le mystère. Lorsqu'on ne peut pas bouger on accepte le concept d'une immobilité en mouvement[589].

Nous sommes tous exposés à la séduction de l'éthique du travail quand il s'agit d'accomplir du travail en spiritualité. «À quoi servent nos talents s'ils ne sont pas partagés avec amour?», comme l'a demandé Saint Paul il y a bien longtemps. Sans amour nous sommes des gongs qui résonnent d'un grand bruit vide. Être est le plus important. C'est un jeu si subtil: être et agir, équilibrer l'acceptation au moyen d'un mécanisme de pilotage qui permet de trouver des moyens de coopérer avec notre destinée. Quand nous utilisons un mot comme 'acceptation', nous avons là un mot qui regroupe de nombreuses textures et qualités; comme 'amour', 'louange' et 'gratitude':

> Ce processus d'acceptation de ce qui est facile ou difficile, est en un sens un processus d'apprentissage de la manière d'apprécier chaque facette du Créateur qui vous est révélée, et d'exploiter cette appréciation de manière à ce qu'elle devienne naturelle pour exprimer des louanges et de la gratitude pour toutes les expériences. Car l'attitude de louanges et d'actions de grâce permet d'aplanir le chemin, dirons-nous[590].

Un point de vue élargi enseigne l'acceptation. Comme la perspective est utile! Nous travaillons autant avec l'acceptation qu'avec le désir, et si intimement qu'il est impossible de les distinguer eux ou n'importe quelle autre préoccupation dont nous avons parlé, comme des voies séparées, car ils s'interpénètrent et jouent par l'intermédiaire de nos expériences, et

---

[587] Hatonn, transcription du 16 novembre 1990, p. 2
[588] Titre de la chanson: *Lazy River* (NdT)
[589] Q'uo, transcription du 18 mars 1990, p. 5-6
[590] Q'uo, transcription du 17 septembre 1989, p. 11-12

nous acquérons en retour une plus grande capacité à jouer avec ces aptitudes et attitudes par rapport au moment présent et tout ce qu'il contient. Lorsque nous parvenons à une acceptation aisée de ce qui se produit, dans quelle magnifique demeure nous habitons! Lorsque nous sommes coincés dans l'inacceptable et les épines de nos propres désirs, nous pouvons tout de même apprécier ce moment dans les louanges et la gratitude.

Cette attitude de gratitude est comparable à celle que nous avons lorsque nous aimons ou avons foi. Elle fournit le terreau dans lequel la vérité peut pousser. Lorsque nous pouvons trouver des moyens d'apprécier les beautés et bienfaits du moment présent nous passons à un niveau de recherche qui, selon moi, a du sens et m'aide énormément dans mon mysticisme dévotionnel basique et plutôt banal. Non pas que le feu de ma dévotion manque d'ardeur, mais cette passivité semble elle-même intrinsèquement absurde. Lorsque des personnes s'adressent à moi au cours de réunions festives, elles me posent généralement des questions à propos de moi-même et de ce que j'ai à dire. L'extase me donne-t-elle des ailes quand je danse dans le salon avec mon mari après une journée de travail? La joie m'envahit en de si nombreux moments aujourd'hui: le jeu des pétales séchés recroquevillés dans leur dignité brune sur la dernière des jonquilles que j'ai nettoyées, le nouveau coléus qui vient d'être installé au jardin sous le sycomore cet après-midi pendant que Jim et moi discutions avec un vieil ami venu pour les bénédictions du sabbat. La félicité ne fait pas bon ménage avec les conversations mondaines. De nombreux chercheurs ont en commun ce problème fondamental: les préoccupations qui font l'objet de notre intérêt principal ne sont pas partagées par tous. Par exemple, combien de personnes souhaitent-elles parler de l'entière concentration sur le moment présent? Dans un monde qui souvent ne nous accepte pas, trouver de l'acceptation en nous-mêmes, pour nous-mêmes et pour chacun, c'est un véritable défi. Toutefois, c'est un effort qui en vaut bien la peine, selon moi.

Ne pas négliger la légèreté

Tous ces moyens de travailler avec le rayon indigo peuvent incliner à faire de nous des citoyens austères. Nous pouvons aisément devenir exagérément sérieux et austères dans notre recherche spirituelle, une attitude aussi déséquilibrée que le serait une attitude cavalière et méprisante à l'égard de l'étude sérieuse. La vérité de l'expérience est vraisemblablement que la plupart du temps la douleur est un catalyseur

CHAPITRE VIII: GUERISON DE L'INCARNATION

d'apprentissage de la légèreté. Choisir la légèreté c'est faire appel à notre nature la plus profonde:

> Que chacun de vous réalise que le stress ne doit pas faire obstacle à la légèreté, à la plaisanterie joyeuse, au sourire, au rire, au bon temps. C'est là votre vraie nature. Vous êtes tous des enfants du Créateur, et le Créateur est amour et joie, gaîté et paix[591].

Ce n'est pas que nous sachions tout, de sorte que nous pourrions nous détendre et rire. Nous choisissons d'être joyeux face à l'inconnu permanent:

> Aucun mot, aucun concept dont nous avons connaissance ne peut percer le grand mystère du Créateur infini. Face à une ignorance aussi complète il est bon d'avoir le sens de l'humour, de se sentir libre d'être joyeux dans sa recherche, car les mines allongées ne constituent pas un environnement favorable à la croissance de l'esprit. Mais puisque chacun de vous dans votre illusion souvent douloureuse doit nécessairement faire grise mine de temps en temps, nous espérons encourager dans votre recherche spirituelle cette très précieuse qualité de joie![592]

La véritable énergie du rire et de la légèreté est celle des chakras de rayons bleu et vert et elle est sacrée:

> S'il vous est difficile de sentir combien le rire est sacré, repensez à votre dernier fou rire. Est-ce qu'il n'y avait pas dans ce rire un plein sentiment de recevoir une expression d'amour, de pardon, et de guérison du cœur? Le rire c'est la communication du feu avec la Terre, tout comme la miséricorde est la communication de la pluie avec la Terre. Le rire brûle d'abord la douleur, puis il construit des châteaux dorés et offre l'univers au joyeux bénéficiaire[593].

Sans surprise, si le rire est de l'énergie de rayon bleu il y a beaucoup de vérité dans le rire, et le rire ainsi que la douceur améliorent la communication:

> Il y a beaucoup de vérité dans le rire. Celui qui se prend au sérieux et est solennel dans son expression de la vérité se retrouve les feuilles détournées du soleil, privées de lumière et d'amour. Ayez tous de la douceur pour vous-mêmes. Aimez et soyez attentionnés avec passion, brûlez pour vos idéaux les plus élevés, et non pas

---

[591] Q'uo, transcription du 25 avril 1993, p. 10-11
[592] Latwii, transcription du 26 février 1989, p. 1
[593] Q'uo, transcription du 22 août 1993, p. 9

pour vos propres exploits et comportements. De ceux-ci vous pouvez rire car être humain et être insensé c'est dire deux fois la même chose. Vous serez insensés. Jouissez de la folie qui vous permet de vous préoccuper tellement (bien trop), que vous risquez le tout pour le tout et sautez dans le vide en ne sachant rien à cause de votre amour pour un mystère que vous ne connaissez que dans la foi et l'espoir[594].

J'ai en commun avec la plupart des missionnés et des autres, un irrésistible et inévitable sens de l'humour. J'aime rire. Je vois un dessin animé dans chaque scène qui se déroule devant mes yeux, aussi difficile soit-elle. Mary 2, une femme qui dans sa vie a indubitablement eu suffisamment de catalyseurs pour alimenter trois ou quatre personnes en convient:

> Est-ce que les missionnés on un sens de l'humour tordu ou outrancier? Moi je sais que c'est mon cas. C'est une des choses qui me permettent de tenir le coup[595].

Ceux de Q'uo confirment chaleureusement:

> Ce que vos peuples appellent le sens de l'humour est en vérité extrêmement utile aux entités, quelle que soit leur position sur le chemin ou leur situation dans le schéma de leur vie. Nous voyons ce que vous appelez le sens de l'humour comme un sens des proportions où les entités sont à même d'acquérir dans leur vie suffisamment d'expérience pour arriver à une vue plus large. L'on se trouve alors en position plus élevée, accumulant expérience après expérience, jusqu'à ce que commence ce que vous appelez la sagesse[596].

En ce qui concerne le travail sur le 'soi', on nous recommande de nous traiter avec grande douceur:

> Même si chacun cherche à servir, chacun ne doit pas se traiter durement s'il lui arrive de ne pas rencontrer ses propres attentes dans la manière dont il voudrait aider autrui ou si d'autres manquent de réagir à ses tentatives de service comme il attendait qu'ils le fassent. La tentative a souvent plus de valeur si elle a lieu sans qu'il y ait une attente de résultats, car alors il a l'occasion de

---

[594] Q'uo, transcription du 19 avril 1992, p. 9
[595] Mary 2, lettre du 2 avril 1997
[596] Q'uo, transcription du 16 décembre 1990, p. 14

Chapitre VIII: Guerison de l'incarnation

réfléchir aux réactions et tentatives, et peut apprendre à se traiter lui-même avec douceur[597].

Comment avoir le sens de l'humour lorsque les choses s'annoncent mal? Une des clés est ici le concept d'équilibre. La légèreté contrebalance le sérieux. Par exemple, Melissa a grand besoin de cet équilibre car son expérience a fait faiblir son espoir de surmonter un sentiment de vide et de folie. Le fait que Melissa soit engagée dans une entreprise est indubitablement un facteur. Elle exprime son regret:

> Concernant ce que vous avez dit à propos de la foi et du fait de voir la vanité et la vacuité des choses, je crains que ce soit cette vacuité qui a rendu si difficile pour moi d'avoir une quelconque légèreté[598].

La vision de la comédie humaine, avec ses aspects tragiques et aussi ses aspects très drôles, est très utile:

> Lorsque vous regardez l'univers non pas d'un mauvais œil mais avec l'œil d'un enfant joyeux, vous pouvez voir la comédie à l'intérieur de la tragédie qu'est la vie telle que vous la vivez. La touche de légèreté, le sens de l'humour, est d'une très grande aide pour alléger le stress. Rire c'est se trouver dans le royaume des cieux. Se trouver étroitement en amour et en harmonie avec quelqu'un c'est faire l'expérience de la félicité de ce royaume céleste[599].

La guérison de l'incarnation demande du temps et de la patience. Nous travaillons sur nos désirs, et sur le lâcher-prise des désirs en relevant le défi d'entrer complètement dans le moment présent et en acceptant la certitude que nous échouerons continuellement à le faire de manière constante. Combien sont alors précieux le sens de l'humour, la touche de légèreté et le rire pendant que nous serpentons à travers les chemins du 'soi' et des circonstances.

---

[597] Hatonn, transcription du 28 mars 1982, p. 1
[598] Melissa, lettre du 17 mars 1999
[599] Q'uo, transcription du 17 septembre 1989, p. 8

Chapitre IX: Le sexe et les relations

La sexualité

La sexualité est une chose à laquelle nul n'échappe. Plus que n'importe quelle autre activité faisant partie de la culture des sociétés, ce thème est inévitable. Même si nous passons notre vie dans le célibat et la réclusion, notre corps fonctionne sexuellement indépendamment de notre volonté et nous oblige à avoir une vie sexuelle, ne serait-ce que dans des rêves et fantasmes, ainsi qu'en fonction de considérations éthiques.

Je ne peux pas parler au nom des hommes, mais en tant que femme je suis restée endormie jusqu'à l'âge de 17 ans, c'est-à-dire jusqu'au moment où j'ai été embrassée par l'homme que je voyais comme mon prince charmant. À l'âge de 15 ans, me demandant pourquoi on parlait tant de tout ça, j'ai accepté un rendez-vous avec le plus bel homme de ma connaissance dans l'intention de tenter un baiser afin de savoir si j'aimais la volupté. J'ai essayé de tout cœur, mais force m'a été de devoir constater que la volupté ce n'était rien pour moi sauf de la nausée. J'ai su alors que ce serait pour moi de la folie de m'en préoccuper avant de rencontrer quelqu'un que je serais susceptible d'aimer. Je comprends que maintenant les femmes commencent souvent leur vie sexuelle bien plus tôt que je ne l'ai fait moi: j'avais 19 ans quand j'ai fait l'amour pour la première fois, et c'était avec le fiancé que je pensais épouser bientôt. Toutefois, d'après ma propre expérience je dirais qu'il est toujours possible à une femme d'être abstinente et satisfaite de sa virginité jusqu'à son mariage si elle n'a pas de contacts physiques fortement érotiques avec ses petits amis. Une fois éveillée, la passion sexuelle féminine est très forte, aussi forte que celle d'un homme. À ceux et celles qui souhaitent rester abstinents jusqu'au mariage il est conseillé de ne pas éveiller les passions intérieures et de se contenter de rendez-vous légers et innocents. Il y a une merveilleuse énergie dans le don de son corps au/à la partenaire loyalement attendu(e). Si vous en avez la possibilité, je vous recommande cette voie d'éveil de la sexualité. Lorsque nous faisons l'amour avec un(e) seul(e) partenaire, ce/cette partenaire est tout notre monde sexuel. C'est une expérience presque toujours positive, et un lien très particulier se crée. Avec l'arrivée d'un deuxième partenaire sexuel nous entrons dans le monde des comparaisons. Du point de vue de la satisfaction, ce n'est pas toujours bon pour une relation permanente. Il se fait que je suis mariée à l'homme le plus viril que j'aie jamais rencontré, donc je suis une femme heureuse

Chapitre IX: Le sexe et les relations

aujourd'hui. Mais je ne sais pas pourquoi. Plus précisément, quand j'ai fait l'amour avec mon premier amoureux j'ai pensé qu'il était le roi du monde. Un deuxième partenaire m'a promptement fait découvrir que certains animaux sont plus égaux que d'autres, pour paraphraser ce qui est dit dans *Animal Farm*[600].

Chez les hommes, la physiologie et l'acculturation sont différentes, ce qui rend plus difficile le choix de l'abstinence aussi bien à l'adolescence que plus tard. À la différence des femmes, chez qui les zones sexuellement sensibles sont cachées et ne constituent donc pas un facteur immédiat dans leur conscience ordinaire, chez les hommes le phallus pend et se balance à chaque mouvement, inévitablement exposé au frottement contre les vêtements et l'aine. La relation d'un jeune garçon avec son pénis est intime, les bambins et petits enfants non encore éduqués jouent avec leur sexe à des moments inappropriés n'imaginant pas qu'une chose aussi agréable puisse être mauvaise. J'éprouve de la sympathie pour les hommes. Je ne pense pas que leur sexualité soit plus forte: elle est seulement plus visible et plus facilement évoquée. Cela n'excuse pas un homme de choisir d'avoir des relations sexuelles inconsidérées d'un point de vue spirituel ou éthique, mais permet de comprendre la situation. Les hommes n'ont pas beaucoup plus d'aventures que les femmes, mais les hommes sont moins sélectifs dans leurs choix de partenaires car ils pensent plus aux relations sexuelles qu'aux bons choix. Notre culture est manifestement dépourvue de ressources à cet égard. Un profond décolleté ou des muscles bien placés et un joli sourire sont impitoyablement et abusivement utilisés pour faire la publicité de produits, et nous grandissons en absorbant et en engrangeant des souvenirs malsains de ces fantasmes avec lesquels nous n'avons souvent aucun rapport. Les jolies femmes et les beaux hommes sont souvent courtisés pour leur seule séduction, et j'ai rencontré un certain nombre d'hommes qui n'apprécient pas plus que la plupart des femmes ce genre de traitement sexiste. Néanmoins, il existe. Gros ou minces, style branché ou inexistant, lorsque nous faisons notre marché pour trouver un partenaire sexuel nous sommes tous dans une sorte de grand étalage où les gens se regardent les uns les autres, se demandant s'il y a des atomes crochus quelque part. Nous pouvons trouver ce processus merveilleusement excitant ou épouvantable et à éviter à tout prix, ou nous situer quelque part entre ces deux extrêmes, mais nous y serons indubitablement plongés à un moment ou l'autre.

J'apprécie ma sexualité et ma passion. Elles m'ont amenée à rencontrer des gens qui ont changé ma vie et l'ont transformée au-delà de ce que je

---

[600] *Animal Farm*: Un ouvrage de George Orwell, publié en 1945 (NdT)

pouvais imaginer. C'est le genre de chose qui nous met en contact avec des apprentissages, services et choix incroyablement complexes mais aussi simples en eux-mêmes que le magnétisme animal. L'attirance sexuelle nous rassemble:

> Examinons la passion. Ainsi que nous l'avons dit, c'est le domaine de deux forces très puissantes, de l'émotion purifiée, et du libre arbitre de l'entité qui choisit de se tenir derrière cette émotion purifiée. La passion la plus basique et peut-être la plus claire dans le mental de chacun ici, est la passion sexuelle, physique. Puisque le corps ne peut pas parler, il arrive très souvent dans votre illusion qu'une passion véritable soit éprouvée de cette manière plutôt que d'une manière intellectuelle ou spirituelle. Tout est bien en cela, car c'est un des piliers de votre illusion artificielle que la passion physique rassemble les gens[601].

Faire l'expérience de l'extase sexuelle est souvent notre première et parfois unique expérience du Créateur:

> Nous ne disons pas que chacun doit avoir une vie sexuelle; nous disons que chacun doit se sentir à l'aise à propos des relations sexuelles, que vous ayez ou non une relation. Il faut se sentir non seulement tolérant mais bien, lorsqu'on pense à sa passion et à sa sexualité, car la passion ressentie dans l'orgasme est la première expérience de l'état permanent du Créateur. Elle est brève et éphémère, mais est une indication donnée en cadeau ainsi qu'un moyen parfaitement pratique du Créateur infini unique pour faire évoluer l'espèce[602].

Son expression provient des profondeurs de nos racines mentales archétypales et logoïques:

> Mais aussi bien à l'intérieur qu'à l'extérieur du jardin [d'Eden] arrive le deuxième archétype: l'assistant. Chaque entité a en elle le guerrier solitaire et l'assistant, la source de toute sagesse et de tout réconfort. Votre Logos a créé une différenciation sexuelle forte de manière à ce que, bien que chaque mâle et chaque femelle éprouvent des besoins, c'est toutefois au mâle qu'est accordée par nature l'aspiration à la liberté; à la femelle le sentiment focalisé d'indicibles richesses de bonheur, de réconfort et de paix. Ni les mâles ni les femelles ne font l'expérience de suffisamment de liberté sans partialité émotionnelle, et ni les mâles ni les femelles

---

[601] Hatonn, transcription du 29 juin 1988, p. 2
[602] Q'uo, transcription du 2 juillet 1989, p. 8

ne font une expérience très pure de la joie de servir totalement. Mais par le choix sexuel d'un corps chimique en début d'incarnation, chacun de vous a choisi de faire l'expérience de l'archétype mâle ou de l'archétype femelle en ce qui concerne ce qui est exigé par la culture. Notez que c'est seulement dans les cultures hautement cérébrales où l'éducation est portée très loin, que fait surface l'idée de rôles interchangeables, car ce n'est pas une idée qui correspond naturellement à la disposition génétique du corps de troisième densité qui a été attribué à chacun de vous[603].

On voit immédiatement pourquoi un changement dans les rôles sexuels peut être perturbant. Les règles de polarité adoptées par notre culture depuis des siècles sont en train de changer. Lorsque ce sont les femmes qui prennent les choses en main et les hommes qui attendent que les choses se passent, les rôles sont renversés à un niveau mental profond. Cependant, dans une Création où hommes et femmes sont biologiquement à la fois mâles et femelles, les moyens sont nombreux de s'assembler sans enfreindre les règles éthiques et morales du respect et de la courtoisie. Ceux de Ra parlent de la polarité sexuelle:

INTERVIEWEUR: Merci. Dans un texte précédent vous avez mentionné l'attraction magnétique. Pouvez-vous définir et commenter ce terme?

RA: Je suis Ra. Nous avons utilisé ce terme pour indiquer que dans vos natures bisexuelles il y a ce qui est appelé de la polarité. Cette polarité peut être vue comme variable en fonction de, dirons-nous, la polarisation mâle/femelle de chaque entité, que chacune des entités soit biologiquement mâle ou femelle. Ainsi, vous pouvez voir du magnétisme quand deux entités ayant l'équilibre approprié de polarité, mâle/femelle en face de polarité femelle/mâle, se rencontrent et donc ressentent l'attraction que les forces polarisées vont exercer l'une sur l'autre. C'est cela la force du mécanisme bisexuel. Cela ne demande pas un acte de volonté de décider de ressentir de l'attrait pour quelqu'un qui est polarisé sexuellement de manière opposée. Cela se produit dans un sens inévitable, donnant au libre flux d'énergie une voie appropriée, dirons-nous. Cette voie peut être bloquée par une distorsion vers une croyance/condition qui affirme à l'entité que cette attraction n'est pas désirée. Cependant, le mécanisme de base fonctionne aussi simplement que le feraient, dirons-nous, l'aimant et le fer[604].

---

[603] Q'uo, transcription du 1ᵉʳ mars 1987, p. 2-3
[604] *La Loi Une*, Livre II, séance 31 §7

Cette attirance est extrêmement avantageuse pour nous en tant qu'entités spirituelles:

> La sexualité en elle-même a des avantages. L'avantage d'être polarisé est une fécondité qui ne peut être présente sans polarité. Cela peut être considéré comme littéralement véridique dans la sexualité humaine où mâle et femelle s'assemblent pour permettre que se produise la grossesse. Dans le sens du travail sur la prise de conscience des moments fugaces d'expérience, la polarité est ce qui pousse activement le 'soi' à entrer en relation. La polarité sexuelle crée un penchant à la recherche de compagnie. La compagnie peut ensuite prendre un grand nombre de formes qui toutes portent des fruits en termes de taux accru de catalyseurs et donc d'opportunités accrues d'apprendre de ces catalyseurs[605].

Au début, la sexualité est une créature du chakra-racine. Peu importe si la relation sexuelle devient ensuite angélique et divinement sacramentelle: elle est alimentée à partir du rayon rouge, et cette énergie primaire est nécessaire pour l'inscrire dans la vibration de l'offrande et de l'expérience sexuelles.

> Le véhicule physique qui fournit les moyens de locomotion dans cette illusion de troisième densité pour chacun de ses habitants est une partie consciente et intelligente de ce même Créateur qui crée toute expérience à l'intérieur et à l'extérieur de votre illusion. Le corps physique est donc un être doté d'un système de types de concepts qui opère d'une manière qui semble indépendante des complexes 'mental' et 'esprit', en ce sens que le véhicule physique est alimenté par la constante application de directives, mouvements et qualités de fertilité, dirons-nous, qui sont associés au centre racine ou centre énergétique de base[606].

Lorsque le chakra de base est excité par l'attirance vers un partenaire potentiel, l'intérêt s'éveille, rapidement ou graduellement, et un engouement grandissant peut apparaître:

> Nous observons que le concept que vous avez appelé 'engouement' est mentalement et émotionnellement analogue à l'attirance naturelle entre sexes biologiques polarisés de manière opposée. Cela peut être comparé à de l'aimant et de la limaille de fer. Aucune réflexion n'est nécessaire pour amener les deux en présence l'un de l'autre; dès lors, quand une entité remarque une

---

[605] Q'uo, transcription du 23 mai 1993, p. 2
[606] L/Leema, transcription du 8 mars 1987, p. 10

attirance pour une entité de sexe biologiquement opposé, cette entité peut rechercher un contact plus étroit afin que l'attirance puisse être explorée. Lorsque le contact plus étroit renforce l'attirance initiale, le mental et les émotions se mettent à traiter ce catalyseur, et c'est peut être le début de ce qui peut devenir plus tard ce que vous reconnaissez pour de l'amour. Donc, ladite période d'engouement sert à attirer l'une vers l'autre des entités de complexes vibratoires similaires afin qu'elles puissent avancer sur la voie de l'évolution d'une manière efficace et appropriée pour chacune, c'est-à-dire en utilisant comme catalyseurs les activités de tous les jours qui, analysées à un degré suffisant, permettent à l'expérience de naître et d'être enregistrée dans les parties significatives du soi. C'est ainsi que l'engouement pousse, ou plus correctement donne à l'entité le potentiel de se propulser plus loin sur la voie que chacune a choisie avant l'incarnation[607].

Je ne peux pas prendre la défense du sexe en le considérant comme totalement bon, car nous autres humains avons perverti beaucoup de choses, y compris les relations sexuelles. Il n'existe cependant rien de plus innocent et naturel que le sexe car il émane de la vraie nature de notre corps. Ce qui nous est unique c'est vers qui nous nous sentons attirés. Si nos premières expériences sont celles de la masturbation, nous n'imprimons probablement pas une préférence sexuelle affirmée dans notre choix de celui ou celle qui nous fait fantasmer, bien que je pense qu'à la longue des photos de modèles dans *Playboy* puissent s'imprimer dans le mental d'un homme. Il est certain que notre première expérience sexuelle d'effet positif établit dans notre nature une préférence qui peut durer toute la vie:

> L'expérience de vie de chaque entité comprend tout une liste de situations qui laissent une empreinte. L'empreinte instinctive fait son apparition lorsque la mère allaite son nourrisson. Il y a, dans cet acte simple, un contenu émotionnel profond qui a des conséquences à vie pour la mère et pour l'enfant. Puis cette première expérience d'intimité avec le sexe opposé crée à son tour une empreinte de sorte que la première expérience est retenue comme étant l'expérience sexuelle parfaite, et le reste de l'incarnation est affecté par ces circonstances liées à l'impression de cette première expérience[608].

---

[607] Q'uo, transcription du 6 juillet 1986, p. 12-13
[608] Q'uo, transcription du 23 février 1997, p. 1

Cela peut être très déroutant. Un des éléments qui ont contribué à la grande brièveté de ma vie intime avec Don Elkins a été l'expérience d'empreinte qu'il a eue lorsqu'il avait 15 ans et qu'un cousin l'a lié face à face avec une jeune fille de sa famille. Dans la lutte menée pour s'échapper, certaines choses se sont produites et il en a été définitivement changé. J'étais parfaitement d'accord pour accepter la liaison de sa préférence lorsque j'ai saisi ce qu'il voulait, parce qu'il s'agissait seulement d'utiliser des foulards et des choses douces, mais une femme atteinte d'arthrite rhumatoïde n'est pas précisément la meilleure candidate lorsqu'il s'agit d'être attachée, et Don a rapidement senti que je le faisais pour lui et non par un intérêt exaltant pour des séances inconfortables. Lorsqu'il m'a interrogée et a appris que telle était la situation, il a simplement cessé les relations de ce genre avec moi. J'ai alors supposé qu'il n'éprouvait plus d'attirance pour moi. Je n'étais pas sexuellement confiante ni mûre à cette époque, étant passée de fiançailles manquées et d'un mariage raté directement à lui. Si je me trouvais maintenant dans une telle situation j'irais sans hésiter et d'un humour joyeux acheter un solide lit à colonnes, j'attacherais des menottes bien capitonnées et sans risque aux quatre colonnes, et je jouerais avec lui à ma guise. Je pense que cela lui aurait plu. Mais en ce temps-là le niveau de ma confiance était proche de zéro. Rétrospectivement je vois que pour Don et moi ce fut une période de gloire qui n'était pas faite pour durer. Je vois surtout de la destinée dans notre relation qui devait avoir lieu pour tous les deux sur un tout autre niveau: un niveau de camaraderie et de service spirituels. Certaines relations sont spécialement compliquées. Pour ceux qui se trouvent dans une telle situation avec un partenaire ou avec eux-mêmes je recommande une communication claire entre les partenaires. En général on peut arriver à un résultat confortable et acceptable pour tous les deux à condition que le couple ne se sente pas embarrassé ou rebuté par les limites posées par l'un et l'autre. Si une relation sexuelle paraît toujours impossible après une communication persistante et permanente, alors il faudra peut-être envisager avec prudence la possibilité que cette relation a davantage de raisons métaphysiques que de raisons physiques d'exister. Mais nous ne sommes pas obligés de renoncer aux possibilités physiques avant d'avoir procédé à une investigation et à une réflexion profondes. L'important dans une relation sexuelle est de bien partager ce que nous avons en commun, de manière aimante et réconfortante, de nous câliner l'un l'autre et de faire en sorte que chacun se sente bien. Créer une atmosphère où l'on peut en toute liberté se sentir sexuellement brûlant, vivant et bien, est un véritable don d'amour.

Une dynamique qui à première vue n'a pas de sens est la différence de l'âge de culminance sexuelle chez les hommes et chez les femmes. En général, l'homme est censé l'atteindre vers 20 ans, tandis que la femme l'atteint une décennie plus tard. Voici ce qu'en disent ceux de Ra:

> [...] Nous devons faire une nette distinction entre le complexe corporel chimique de rayon jaune, de troisième densité, et le complexe corps qui est une portion du complexe mental/corps/esprit. Le masculin, comme vous appelez cette polarité, a un désir extrêmement actif de rayon jaune dans l'espace/temps de son incarnation quand son sperme est le plus viable et contient le plus de spermatozoïdes porteurs de vie. C'est ainsi que le rayon rouge cherche à se reproduire plus densément à la période où ce corps est le plus apte à rencontrer les exigences de rayon rouge. Le complexe du corps chimique de rayon jaune féminin, comme vous nommez cette polarité, doit avoir un désir continu et croissant de rapports sexuels, car il ne peut concevoir qu'une fois par période de quinze à dix-huit mois, étant donné qu'il porte le complexe corps qui a été conçu, lui donne naissance et l'allaite. Cela est épuisant pour le corps physique de rayon jaune. Pour compenser, le désir augmente afin que le corps de rayon jaune soit prédisposé à poursuivre le congrès sexuel, rencontrant ainsi l'exigence de rayon rouge de se reproduire aussi densément que possible. La sexualité ou polarité la plus intégrale, dirons-nous, du complexe corps, qui est une portion du complexe mental/corps/esprit, ne concerne pas ces manifestations de rayon jaune mais suit les voies de la recherche de transfert d'énergies et le renforcement de l'aide et du service à autrui ou au 'soi'[609].

Cette dynamique a donc pour but de satisfaire l'instinct de fertilité bien que, comme le dit le groupe Ra, nous pouvons aller au-delà de cela pour former une relation d'amour. La fertilité est un des problèmes du missionné. Pour de nombreux missionnés, (y compris moi-même : j'ai toujours consciemment voulu en avoir) les enfants ne semblent pas faire partie de l'expérience sexuelle. Les choix de ma vie m'ont toujours menée à des situations où avoir des enfants était soit impossible soit inapproprié:

> **INTERVIEWEUR:** Je me demandais s'il y a un principe derrière le fait qu'une union sexuelle n'aboutit pas nécessairement à la fertilisation. Je ne m'intéresse pas aux principes chimiques ou physiques de cela. Je suis intéressé de savoir s'il y a ou non un principe métaphysique qui fait que le couple a ou non un enfant, ou bien est-ce purement aléatoire?

---

[609] *La Loi Une,* Livre IV, séance 87 §22

> **RA :** Je suis Ra. Ceci est aléatoire dans certaines limites. Si une entité a atteint la maturité à laquelle elle choisit la structure de base de l'expérience de vie, cette entité peut alors choisir de s'incarner dans un complexe physique qui n'est pas capable de reproduction. C'est ainsi que nous trouvons certaines entités qui ont choisi d'être infertiles. D'autres entités, par le libre arbitre, font usage de divers dispositifs pour assurer la non-fertilité. A l'exception de ces conditions, la condition est aléatoire[610].

Des pèlerins ont parfois interrogé Jim et moi-même sur leur homosexualité ou leur bisexualité, surtout parce que ceux de Ra ne sont pas particulièrement compréhensifs à ce sujet. Ceux de Ra ont le sentiment que cela provient du surpeuplement et d'une atteinte à l'aura à un niveau physique, ce qui donne à l'homosexualité et à la bisexualité une connotation d'inadéquation ou du moins un statut moindre que celui de l'hétérosexualité. Ici, je suis en désaccord avec les frères et sœurs de l'affliction. Je pense que la sexualité est la sexualité, point. La personne vers laquelle nous nous sentons attiré peut être de sexe féminin ou de sexe masculin: le mécanisme de l'attirance reste le même. Si votre nature est la bisexualité ou l'homosexualité, je vous encourage à honorer cette sexualité, de vous y sentir à l'aise, et de faire des choix qui vous placeront dans une relation fidèle, engagée, éthique et aimante, dans laquelle la relation intime est partagée comme faisant partie d'un partage beaucoup plus complexe de l'intimité du 'soi', tout comme je vous encourage à le faire si vous êtes un être hétérosexuel.

Aucune étude de la sexualité ne pourrait être complète sans aborder l'impuissance. Certains hommes et certaines femmes sont naturellement peu portés sur le sexe. Chez les hommes cette absence d'envie se manifeste souvent sous la forme d'une impuissance secondaire: soit par de l'éjaculation précoce, ou sans éjaculation du tout même après une copulation prolongée, même chez des sujets dans la vingtaine, et une impuissance complète un peu plus tard. Pour ces personnes et pour celles dont l'impuissance est due à un problème médical, des remèdes comme par exemple le Viagra ou la pompe manuelle peuvent être une solution. Toutefois, pour la plupart des hommes les cas d'impuissance paraissent être de nature mentale, au moins en partie, et dus au départ à un stress général spécifique ou profond qui détourne l'attention de l'acte sexuel. Jim et moi avons eu quelques périodes de ce genre au cours de nos vingt années passées ensemble, et mon observation est que la sexualité dépend énormément du mental et d'un scénario "qu'arrivera-t-il si …?" lorsque le

---

[610] *La Loi Une,* Livre II, séance 31 §6

cas se produit. Il est aussi très fréquent de répéter une impossibilité d'avoir une érection lorsqu'on s'inquiète de savoir si elle se produira. La solution que Jim et moi avons trouvée ensemble est de persévérer. Si la situation se produit, tant pis, c'est naturel. Je pense que c'est arrivé à tous les hommes, quel que soit leur âge et leur statut. Mon impression est que la clé c'est de minimiser l'importance. Profitez de l'intimité; si tout fonctionne bien, tant mieux; si cela ne fonctionne pas, c'est bien aussi: tout ira bien une prochaine fois. Tout redeviendra normal.

Je n'ai pas l'expérience de cas où un homme sait qu'il est impuissant à vie, ou bien où il ne souhaite plus jamais copuler. Chez les personnes âgées cette décision s'impose sans qu'il y ait de volonté, à cause de l'impuissance, ou tout aussi involontairement en cas de maladie ou de décès du partenaire. J'ai cependant connu un couple qui a simplement décidé de mettre fin à sa vie intime vers l'âge de 80 ans. Par ailleurs j'ai connu des femmes qui n'ont jamais éprouvé de plaisir dans l'acte sexuel. Si notre partenaire ou nous-même sont dans ce cas, ma suggestion est d'accepter la situation telle quelle. Comme le disent les entités de la Confédération, ce n'est pas d'avoir des relations sexuelles qui est spirituellement important mais c'est de se sentir bien en tant qu'êtres sexués et donc de pouvoir ainsi activer le rayon rouge et les énergies inférieures de manière générale. Il peut y avoir des remèdes pour certaines personnes dans ce genre de situation, et il est certain que si nous le souhaitons, nous pouvons y recourir. Mais nous pouvons aussi décider d'être satisfaits de ce qui est. Cela dépend de nos sentiments personnels et de ce que nous estimons bon pour nous.

L'énergie sexuelle peut être bloquée pour plusieurs raisons. Parmi les exemples extrêmes il y a le viol et la domination sadique; à l'opposé il existe des formes plus innocentes d'empêchement:

> [...] Vous trouverez, si vous observez tout le spectre des pratiques sexuelles parmi vos peuples, qu'il y en a qui font l'expérience d'une telle satisfaction par la domination sur autrui soit par le viol soit par d'autres moyens de domination. Dans chaque cas cela est un exemple de blocage d'énergie, qui est sexuel dans sa nature.[...].
> Les transferts et blocages d'énergie sexuelle sont plutôt une manifestation ou un exemple de ce qui est plus fondamental, que l'inverse. C'est pourquoi, à mesure que vos peuples se sont ouverts aux concepts de bellicosité et d'avidité de propriété, ces diverses distorsions ont commencé à filtrer au travers de l'arbre du mental

en descendant jusqu'aux expressions du complexe corps, l'expression sexuelle étant à la base de ce complexe[611].

Selon ceux de Ra, Freud avait tout faux. Nos blocages sexuels proviennent de certains de nos concepts culturels profonds tels que l'agressivité, l'avidité ou la possessivité, et non pas l'inverse. Ils décrivent ces blocages:

> Le premier transfert d'énergie est du rayon rouge. C'est un transfert aléatoire qui ne concerne que votre système reproducteur. Les essais de relations sexuelles de rayon orange et de rayon jaune créent premièrement un blocage si une seule entité vibre dans ce domaine, provoquant ainsi chez cette entité un appétit insatiable pour cette activité. Ce que ces niveaux vibratoires recherchent c'est une activité de rayon vert. Il y a une possibilité de transfert d'énergie de rayon orange ou de rayon jaune, ceci se polarisant vers le négatif: l'un étant vu comme un objet plutôt que comme un autre 'soi' [612].

En théorie, il n'existe donc pas quelque chose comme un blocage du rayon rouge, bien que pour des personnes très sensibles, des menaces profondément ressenties mettant en péril la survie puissent constituer un blocage. Comme on peut s'en douter, en temps de guerre ou dans des situations de danger le désir sexuel augmente considérablement. Cependant le blocage du rayon orange qui nous est le plus familier est illustré par le chercheur/la chercheuse "pilier de bar" qui n'en a jamais assez. Elle n'en a jamais assez parce qu'elle cherche à recevoir un don d'amour, un échange d'énergies de rayon vert. C'est de cela que la nature sexuelle a faim qu'elle en ait conscience ou non, et elle rôde sans répit à la recherche d'un partenaire dont l'attirance persiste. Mais de tels partenaires sont en général trop bien défendus pour être capables de dons généreux au sein d'une expérience sexuelle, l'idée étant de partager un bon moment sans ficelles attachées. Alors la recherche se poursuit, toujours en vain en termes de spiritualité.

> **INTERVIEWEUR:** Pouvez-vous me dire la différence entre activation de rayon orange et activation de rayon jaune? Je vais aller de la lumière du rayon rouge jusqu'à celle du violet. Nous avons couvert le rayon rouge, de sorte que je voudrais à présent demander quelle est la différence entre l'activation du rayon jaune et celle du rayon orange?

---

[611] *La Loi Une,* Livre II, séance 31 §14-15
[612] *La Loi Une,* Livre I, séance 26 §38

Chapitre IX : Le sexe et les relations

Ra: Je suis Ra. Le rayon orange est l'influence ou modèle vibratoire selon lequel le mental/corps/esprit exprime sa puissance sur une base individuelle. Ainsi donc, le pouvoir sur des individus peut être vu comme de rayon orange. Ce rayon a été très intense parmi vos peuples sur une base individuelle. Vous pouvez voir dans ce rayon le traitement d'autres 'soi' comme des non-entités, des esclaves ou du cheptel, n'accordant de la sorte aucun statut à autrui. Le rayon jaune est un rayon focal et très puissant, et concerne l'entité par rapport à, dirons-nous, des groupes, des sociétés, ou des grands nombres de complexes mental/corps/esprit. La vibration de ce rayon orange (nous nous corrigeons): de ce rayon jaune— est au cœur des actes belliqueux par lesquels un groupe d'entités ressent la nécessité et le droit de dominer d'autres groupes d'entités et de plier leur volonté aux volontés des maîtres. La voie négative, comme vous l'appelleriez, utilise une combinaison de rayon jaune et de rayon orange dans ses plans de polarisation. Ces rayons, utilisés de manière exclusive, vont susciter un contact avec l'infini intelligent. La nature habituelle de l'interaction sexuelle si l'on est jaune ou orange dans les schémas vibratoires primaires, est une nature de blocage et ensuite de faim insatiable, à cause du blocage. Quand deux 'soi' vibrent dans cette zone, le potentiel de polarisation par l'interaction sexuelle est entamé, une entité faisant l'expérience du plaisir de l'humiliation et de l'esclavage ou de l'asservissement, l'autre faisant l'expérience de la maîtrise et du contrôle sur une autre entité. De cette manière est faite l'expérience d'un transfert de polarité négative d'énergie sexuelle[613].

Cette voie de sexualité 'Service de soi' me paraît vraiment à éviter. Il n'y a pas d'utilisation du chakra du cœur dans cette voie, puisque l'énergie du cœur ne peut être pleinement reconnue que si l'on a conscience que nous sommes tous un. Sa seule fonction serait alors d'influer sur autrui. Si nous sommes impliqués dans une telle relation il serait bon que nous réfléchissions à cette information et que nous évaluions nos options. Sauf si nous sommes nous-mêmes sur la voie du Service de soi, il pourrait être sage d'éviter de telles relations intimes qui se limitent à nous aimer nous-mêmes et à nous sentir valables en tant qu'êtres sexués, mais ni plus ni moins que notre partenaire sexuel. Il est nécessaire que nous évaluions pour nous-mêmes s'il y a ou non de l'amour dans nos relations sexuelles, et s'il n'y en a pas, voyons comment nous nous sentons par rapport à cela.

---

[613] *La Loi Une,* Livre II, séance 32 §2

Car l'absence d'amour bloque totalement les échanges d'énergies de rayon vert.

INTERVIEWEUR: […] A la dernière séance vous avez dit qu'avant le voile, le transfert d'énergie sexuelle était toujours possible. Je voudrais savoir ce que vous entendiez par "toujours possible" et pourquoi il n'a plus été toujours possible après le voile; juste pour éclaircir ce point.

RA: Je suis Ra. Nous croyons que nous saisissons votre question et allons utiliser l'analogie, dans votre culture, de la pile qui alimente une lampe de poche. Deux piles fonctionnant placées en série offrent toujours le potentiel de l'illumination de la lampe. Après le voile, pour poursuivre cette analogie approximative, les deux piles n'étant plus placées en série n'offrent plus l'illumination de la lampe. Après le voile, de nombreux complexes mental/corps/esprit ont opéré, par des blocages, l'équivalent de ce qui est un retournement de pile.

INTERVIEWEUR: Quelle est la première source de blocage qui a provoqué le retournement de pile dans l'exemple?

RA: Je suis Ra. Veuillez questionner plus spécifiquement concernant les mentaux/corps/esprits ou complexes mental/corps/esprit au sujet desquels vous demandez des informations.

INTERVIEWEUR: Avant le voile il y avait la connaissance de la technique d'allumage de la lampe, disons. Après le voile, certaines expérimentations ont créé un allumage de lampe; d'autres ont eu pour résultat une absence d'allumage de la lampe. A part le fait qu'il n'y avait pas d'informations disponibles sur les méthodes permettant d'allumer la lampe, y a-t-il eu une quelconque cause fondamentale aux expérimentations qui ont abouti à une absence d'allumage de la lampe?

RA: Je suis Ra. C'est exact.

INTERVIEWEUR: Quelle a été cette cause première?

RA: Je suis Ra. La cause première du blocage a été l'absence d'aptitude à voir autrui comme le Créateur ou, pour dire les choses autrement, l'absence d'amour[614].

---

[614] *La Loi Une,* séance 87 § 18-21

Chapitre IX: Le sexe et les relations

Cette absence d'amour, nous pouvons aussi l'appeler absence de confiance, ou bien 'crainte':

> Il peut être constaté que l'absence d'aptitude possédée par la plupart pour accepter un sentiment de vulnérabilité envers un autre ou une énergie étrangère, crée de la peur chez les deux sexes: la peur de l'inconnu, la peur du différent ou étranger. Cette peur ne fait que s'intensifier au cours de la maturation des corps physiques masculins et féminins. Si la femelle ou le mâle emporte ces craintes dans ses relations sexuelles ces craintes s'approfondissent et se fixent de plus en plus, car le pouvoir de l'attirance sexuelle est tel que tant le mâle que la femelle se sentent en danger et vulnérables face à cette insistante exigence de proximité qu'a le complexe 'corps'. Dans la mesure où cette proximité dérange, l'expérience d'intimité sera considérée comme dangereuse et ses fruits seront considérablement gaspillés à cause de la peur profonde d'une perte de contrôle, disons, non seulement de la situation, mais aussi du propre 'soi'[615].

Très souvent, une personne qui nous veut du bien nous fait affronter des catalyseurs sous forme de manque de confiance, de peur ou de ressentiment. Il y a des raisons archétypales à cette dynamique absence de confiance: notre comportement instinctif par rapport à la sexualité.

> À présent regardons tout cela de plus près et examinons les problèmes d'utilisation de l'équilibre dynamique entre énergies mâles et femelles. Une façon dont il est possible d'utiliser le partenariat mâle-femelle est le fait de rester fermement sur ses gardes dans la relation, dirons-nous, en se protégeant de la dynamique de l'autre (mâle ou femelle). Dans ce type de dynamique se produit très sûrement une véritable bataille entre les sexes, car si le mâle n'est pas intéressé par les forces du mental de la femelle et ne voit que les inconvénients qu'il y a à l'utiliser, il s'éloignera de plus en plus de l'énergie féminine et sera de moins en moins capable de faire l'expérience de cette énergie féminine d'une manière positive ou féconde. Parallèlement, plus la femelle s'enfonce dans l'intuition et, dirons-nous, dans l'amour pour l'amour ou dans l'idylle qui caractérise l'énergie féminine, moins elle parviendra à comprendre ou à faire l'expérience des forces archétypales masculines[616].

---

[615] Q'uo, transcription du 8 novembre 1992, p. 5
[616] Q'uo. transcription du 8 novembre 1992, p. 3

CHAPITRE IX: LE SEXE ET LES RELATIONS

Voici par exemple, un grief typique d'un pèlerin errant:

> L'énergie sexuelle est probablement l'aspect le plus important et le plus difficile de notre être, à aborder correctement. Comme la plupart des gens intelligents et imaginatifs, j'ai toujours eu un grand appétit sexuel mais il a tellement été bridé par l'idéalisme et l'amour qu'il a été une torture pour moi. Quand je regarde en arrière, j'ai peine à croire que j'ai pu être si naïf[617].

Ce qui est intéressant dans ce commentaire c'est qu'il est fait par un homme et non par une femme, bien que le sentiment exprime l'aspiration à un amour romantique ce qui, culturellement, est plus généralement le fait des femmes. Cet homme est extrêmement difficile et exposé à des conflits intérieurs, un véritable pèlerin errant plein de sensibilités qui l'ont fréquemment blessé lui et d'autres. Sans être capable d'être en bons termes avec sa propre sexualité, sa vie a perdu son pouvoir thérapeutique. Nous autres pèlerins sommes très enclins à regretter tout blocage sexuel et nous souhaitons avec force des transferts d'énergies sexuelles et des accouplements en ayant le cœur ouvert. Mais nos natures différentes et nos différences culturelles signifient que nous continuerons certainement à nous offenser mutuellement:

> Les femmes ont une tendance archétypale à être ce que cet instrument appellerait des 'garces'. Les hommes ont une tendance archétypale à être ce que cet instrument appellerait des 'porcs'. Ce sont des termes péjoratifs. Cet instrument les utilise parce que les dire à haute voix enlève un peu du cinglant de cette vérité inévitable, car l'élément 'garce' n'est que ce qui transparaît d'une saine tendance à la protection. La femme se bat avec des mots. Elle réagit ainsi à la nature mâle qui vise sans distinction, et peu importe le degré de spiritualité atteint par un homme: le véhicule physique de cet homme continuera à viser sans distinction[618].

Pour un homme qui a été élevé dans cette culture-ci, c'est une affaire très compliquée d'arriver à une fidélité réelle, joyeuse et libératrice qui enrichit plutôt qu'elle ne limite l'expérience. Quant à la relation sexuelle en elle-même, il est bon de parvenir à voir cette dynamique et ses conséquences. Les hommes ont un penchant pour les aventures, et les femmes ont tendance à avoir la langue acérée pour parler de ce penchant. Il est à remarquer que la situation est parfois renversée! Si notre vie sexuelle est gâchée par une situation où l'autre souhaite avoir d'autres partenaires en plus de nous-même, ou bien si nous souhaitons avoir plus

---

[617] 001, lettre du 30 juin 1997

[618] Q'uo, transcription du 9 avril 1995, p. 8-9

CHAPITRE IX: LE SEXE ET LES RELATIONS

de partenaires que notre relation ne peut en offrir, sachez que cela résulte d'un blocage d'un chakra inférieur: soit du rayon orange à cause du manque de confiance du partenaire, soit du rayon jaune généralement dû au fait que les partenaires sont liés par un mariage ou une relation fixe qui n'offre plus un sentiment de nouveauté. Travaillez sur la crainte qui se trouve derrière cette envie, sans condamner cette envie. Si nous pouvons l'éviter, n'allons pas chercher d'autres aventures lorsque nous avons une relation intime, mais examinons la situation d'un œil bienveillant et apaisant.

Avec l'avènement de l'ouverture du cœur dans l'activité sexuelle, apparaît la possibilité des transferts d'énergies sexuelles. Quel soulagement!

INTERVIEWEUR: [...] Pouvez-vous définir ce transfert d'énergie sexuelle et détailler sa signification, s'il vous paît?

RA: Je suis Ra. Le transfert d'énergie implique la libération d'énergies potentielles au travers, dirons-nous, d'un espace potentialisé. Le transfert d'énergie sexuelle se produit à cause des polarisations de deux complexes mental/corps/esprit, chacun ayant quelque différence potentielle l'un par rapport à l'autre. La nature du transfert d'énergie ou du blocage de cette énergie est dès lors fonction de l'interaction de ces deux potentiels. Dans les cas où un transfert a lieu, vous pouvez le comparer à la fermeture d'un circuit. Vous pouvez aussi voir cette activité, comme toutes les activités expérientielles, comme le Créateur faisant l'expérience de Lui-même[619].

1

Dans le rayon vert il y a deux possibilités. Premièrement, si tous les deux vibrent dans le rayon vert il y aura un transfert d'énergies se renforçant mutuellement, la négative ou féminine comme vous l'appelez, attirant l'énergie des racines de l'individualité au travers du centre énergétique, et étant ainsi physiquement revitalisée; la positive, ou polarité masculine, ainsi qu'elle est considérée dans votre illusion, trouvant dans son transfert d'énergie une inspiration qui satisfait et alimente la partie 'esprit' du complexe corps/mental/esprit. Les deux sont ainsi polarisées et libèrent l'excès de ce que chacune a en abondance, de par la nature de l'énergie intelligente, c'est-à-dire de l'énergie négative/intuitive et de l'énergie positive/physique ainsi que vous pouvez les appeler. Ce transfert d'énergies n'est bloqué que si une des deux entités

---

[619] *La Loi Une*, Livre II, séance 31 §2

craint ou si les deux craignent de posséder ou d'être possédée(s), de désirer posséder ou de désirer être possédée(s). L'autre possibilité de rayon vert est que l'une des entités offre de l'énergie de rayon vert tandis que l'autre n'offre pas d'énergie d'amour universel, ce qui a pour résultat un blocage d'énergie chez celle qui n'est pas de rayon vert, et accroît la frustration ou l'appétit; l'entité de rayon vert se polarise légèrement vers le Service d'autrui.

Le transfert d'énergies de rayon bleu est plutôt rare parmi vos peuples en ce moment, mais il est d'une aide considérable étant donné les transferts d'énergies impliqués dans le fait d'arriver à pouvoir exprimer le soi sans réserve ni crainte[620].

La recherche d'un partenaire sexuel capable de partager de l'amour d'un cœur ouvert s'entreprend le plus sagement non pas d'une manière agressive et avide d'affection mais en appréciant à sa juste valeur cette énergie lorsqu'elle nous arrive, et en appréciant aussi le grand cadeau qui nous est fait: tant de l'amour reçu que de la possibilité d'en donner en retour. Lors de ces échanges entre personnes aimantes, le cœur s'emplit de joie, de paix et de force, et si le rayon bleu est pénétré, alors une aide considérable est apportée à une communication claire. Tous ces échanges sont très sains et thérapeutiques. Toutefois, la vigoureuse gloire du potentiel sexuel est sacramentelle et il s'agit alors de relation sexuelle de rayon indigo.

Le transfert de rayon indigo est extrêmement rare parmi vos peuples. C'est la partie sacramentelle du complexe corps par laquelle un contact peut être établi au travers du rayon violet avec l'infini intelligent[621].

1

RA: Je suis Ra. Le rayon indigo est celui de, dirons-nous, la prise de conscience du Créateur en tant que 'soi'; donc quelqu'un dont les vibrations de rayon indigo ont été activées peut offrir le transfert d'énergie de Créateur à Créateur. Ceci est le début de la nature sacrée de ce que vous appelez votre acte reproducteur bisexuel. Il est unique en ce qu'il porte la totalité, l'entièreté, l'unité dans son offrande à l'autre 'soi'[622].

---

[620] *La Loi Une*, Livre I, séance 26 § 38
[621] *La Loi Une*, Livre II, séance 6 §38
[622] *La Loi Une*, Livre II, séance 32 §6

Chapitre IX: Le sexe et les relations

Intervieweur: [...] Quelle est la différence entre le rayon violet et les autres?

Ra: Je suis Ra. Le rayon violet, tout comme le rayon rouge, est constant dans l'expérience sexuelle. Son expérimentation par l'autre 'soi' peut être déformée ou complètement ignorée, ou non appréhendée par l'autre 'soi'. Cependant, le rayon violet étant la somme et la substance du complexe mental/corps/esprit, englobe et informe toute action d'un complexe mental/corps/esprit[623].

Donc, le rayon violet, bien que nécessaire dans la relation sexuelle sacramentelle puisqu'il constitue le portail ouvrant sur l'infini intelligent, n'est pas en lui-même un chakra directement actif dans les échanges d'énergies sexuelles:

> L'énergie sexuelle entre les partenaires d'un couple constitue l'un des moyens les plus puissants pour progresser dans le voyage spirituel qui est connu de vos peuples, car comme chacun des chercheurs a la possibilité de dégager chaque centre ascendant énergétique ou chakra, il y a en ceux-ci de l'énergie libérée qui a maintenu la conscience en un certain endroit, et cette énergie libérée peut alors permettre à chaque chercheur de faire monter le niveau et la qualité des perceptions de plus en plus haut dans les centres énergétiques jusqu'à ce que chacun soit capable, soit individuellement soit ensemble, d'arriver au chakra du front ou de rayon indigo tel que nous l'avons entendu décrire par ce groupe, et est à même de faire pleinement et sans distorsion l'expérience du Créateur[624].

Dans la tradition cérémonielle occidentale de magie blanche, la relation intime sexuelle a parfois été qualifiée de 'haute magie'. Je ne recommande aucune forme d'activité sexuelle, qu'il s'agisse de disciplines orientales ou occidentales, orientée vers des effets plutôt que vers un moyen de partager et élever l'amour; et bien que j'éviterais toute espèce d'activité sexuelle 'noire' impliquant du sadisme et du masochisme dans leur forme blessante au lieu de ludique, je puis attester de la beauté de cette 'haute magie':

> **Ra:** Je suis Ra. Ce sont des phrases louables. Le cœur de la magie blanche c'est l'expérience de la joie de l'union avec le Créateur. Cette joie doit nécessairement irradier dans toute l'expérience de vie de l'adepte positif. C'est pour cette raison que la magie sexuelle

---
[623] *La Loi Une*, Livre II, séance 32 §7
[624] Q'uo, transcription du 27 novembre 1994, p. 11

n'est pas restreinte seulement aux adeptes qui se polarisent vers le négatif mais, quand elle est utilisée à très bon escient, elle a sa place dans la haute magie car, quand elle est accomplie correctement, elle relie le corps, le mental et l'esprit au Créateur infini unique[625].

Cette démarche n'est pas hors de portée de quiconque trouve un bon/une bonne partenaire. Il faut parfois de nombreuses années avant de trouver les sources d'amour et la confiance susceptibles de s'épanouir dans la relation au point que de tels résultats soient possibles. Mais le travail n'est pas ardu et les résultats sont véritablement étonnants lorsqu'on arrive à ces hautes énergies :

> Nous demandons à chacun de voir le travail sur la sexualité comme une activité sacrée et comme faisant partie d'une vie sacrée. Faites-en quelque chose de magnifique et ludique. Laissez le 'soi' se réjouir de la beauté de cette énergie. C'est un procédé parfois long, mais il y a beaucoup de plaisir dans ce travail[626].

Oui, en effet, et je suis très reconnaissante pour la passion que j'ai partagée dans ma vie. Elle a été un bienfait inestimable. Mon sentiment est que la nature de la relation sexuelle est un jeu, un jeu divin, aussi riche que le font les gens et la spontanéité du moment. Traitez-le à chaque fois comme une expérience nouvelle, comme une première fois, car c'est véritablement une première fois. Et lorsque nous commençons à faire jouer les bonnes vieilles harmonies du corps, focalisons-nous sur cette note qui fait chanter le plaisir et affluer le flux électrique pour faire passer sa lumineuse boucle dans tout notre corps et au travers de notre partenaire et recommencer le circuit ensuite. La nuance et le flux énergétiques sont différents à chaque expérience, et le passage dans le sacramentel se fait d'abord par la dédicace de l'acte tout entier au Créateur infini, et la dédicace du plaisir de l'acte également, et ensuite par l'intensité de la concentration accordée à l'afflux de plaisir dans le moment présent. Abandonnez complètement le 'soi' à cette union très sacrée car elle est divine.

Les relations

Nous sommes une espèce sociable. Indépendamment de notre planète d'origine, cette expérience de troisième densité et toutes les expériences

---

[625] *La Loi Une*, Livre III, séance 71 §17
[626] Q'uo, transcription du 9 avril 1995, p. 10

Chapitre IX : Le sexe et les relations

qui suivent, spécialement pour les chercheurs orientés vers le Service d'autrui, sont de plus en plus sociales et axées sur les relations. Les cultures primitives sont de bons exemples de la nature tribale de notre être profond. Dans ces sociétés, l'idée de personnes vivant seules et ne socialisant pas, est largement absente. Même à notre époque sophistiquée où les gens mènent souvent une vie très isolée, nous dépendons d'un système complexe de production et distribution de toutes sortes de biens et services qui nous permettent de prétendre que nous n'avons besoin de personne d'autre. D'une certaine manière il était plus facile de percevoir clairement la valeur des relations au temps des pionniers, lorsque chaque journée comportait une longue liste de choses à faire juste pour pouvoir survivre. Par exemple, si une mère souhaitait équiper sa famille de nouvelles chemises, elle devait filer le coton, tisser le fil obtenu pour en faire une pièce de tissu, découper le tissu en suivant des patrons, et assembler les pièces également au moyen du fil qu'elle avait tissé. Si elle voulait que sa famille puisse se baigner elle devait prélever des cendres du foyer, en faire du savon, transporter du bois et de l'eau, puis chauffer l'eau des bains. Pour pouvoir mettre de la nourriture sur la table, le père devait aller chasser du gibier, faire pousser des légumes et des herbes pour son garde-manger. Les enfants recevaient les tâches qu'ils étaient à même d'exécuter, et aussitôt qu'ils en étaient capables, car même un jeune enfant peut aller chercher et transporter des objets; lorsque les enfants étaient plus âgés ils devaient participer à de nombreuses tâches: désherbage, aide à la cuisine, garde des enfants plus jeunes. Les parents enseignaient aux enfants comment survivre dans chaque aspect de la vie. Chaque membre de la famille pouvait observer la valeur de ce processus.

De nos jours nous achetons simplement ce dont nous avons besoin avec l'argent gagné par notre dur travail: habituellement un travail au sein d'une firme appartenant à quelqu'un d'autre, bien que bon nombre d'entre nous travaillent en indépendants, avec des degrés divers de succès financier, et qu'une heureuse petite minorité d'entre nous n'ait pas de soucis financiers. Dans une famille, il se peut que l'épouse n'ait pas le temps de cuisiner, coudre ou nettoyer, et le mari peut être trop occupé pour tondre le gazon (une tâche traditionnellement aux hommes!) et encore moins pour cultiver le sol ou s'occuper des besoins concrets de la famille ou de la maison. Il n'y a aucun motif ou circonstance obligeant les parents à apprendre aux enfants des techniques de survie, à l'exception des moyens de gagner de l'argent, puisqu'ils leur permettent de le faire en fréquentant des écoles, collèges et écoles de commerce. Ce qui nous est enseigné est que nous devons nous débrouiller seuls et ce qui nous sera le plus utile sera cette éducation et ce dur travail.

La nécessité physique, élémentaire, des relations n'est plus aussi évidente dans le tissu de nos vies. C'est pour nous une grande souffrance car, ainsi que l'a dit Carolyn Myss dans son intéressant ouvrage intitulé *Anatomy Of The Spirit*[627], au plus profond de nous-mêmes nous sommes une espèce tribale et nous trouvons une sécurité fondamentale dans le sentiment d'appartenance à notre tribu, à notre communauté d'amis et de membres de la famille qui composent notre monde immédiat, notre village, notre pays ou notre nation. De plus, comme nous interagissons avec nos compagnons les plus proches et notre tribu dans son sens le plus large, nous y trouvons d'excellents catalyseurs qui nous permettent d'apprendre et de constituer des occasions de service. Les relations sont l'essence de l'être humain.

> L'essence de l'enseignement/apprentissage et de l'apprentissage/enseignement de troisième densité est qu'il existe d'autres 'soi' avec lesquels il faut établir une relation en choisissant la manière de cette relation avec autrui. Le choix de la polarité est d'abord reconnu et ensuite fait. Le véhicule physique de troisième densité a été conçu pour fonctionner seulement au sein de ce que vous pouvez appeler la famille. Par soi-même on ne peut pas se reproduire ni créer une nouvelle vie. Sans d'autres 'soi' travaillant en coopération, votre propre 'soi' sera incapable de créer une réunion de tous les besoins. L'essence de ce que vous pouvez appeler l'humain est un besoin absolu dans les relations avec autrui[628].

Certaines des raisons pour lesquelles nous sommes venus nous incarner en tant qu'hommes ou femmes sont la mise en place de certaines relations importantes que nous avons planifiées ensemble avant notre venue en incarnation.

> Dans les grandes lignes, il peut être observé que les entités qui souhaitent apprendre les leçons du service altruiste par un travail loin de la famille sont attirées vers la sexualité masculine. Celles qui souhaitent travailler dans des relations, apprendre les leçons de l'amour altruiste et servir au travers de la présence à la maison peuvent probablement choisir le genre féminin. Toutefois, à un niveau d'orientation plus précis où les objectifs sont orientés vers le partenariat souhaité par exemple, vous choisirez le genre féminin pour pouvoir arranger les rapports avec ce que vous pouvez appeler

---

[627] Caroline Myss - Anatomie de l'esprit: Le sens psychologique et énergétique des maladies – livre de poche

[628] Q'uo, transcription du 1ᵉʳ mai 1994, p. 1

Chapitre IX : Le sexe et les relations

le karma, le genre masculin ou féminin peut être choisi indépendamment des implications d'une quelconque tendance sexuelle afin d'établir des relations au cœur desquelles se trouve le travail de l'incarnation. De cette manière, si quelqu'un avec qui vous avez un lien karmique éprouve le besoin d'établir la sexualité en tant que mâle, alors pour pouvoir arriver à une relation adéquate de partenariat, vous choisiriez par exemple le genre féminin pour pouvoir arranger les subtilités de convention de manière à ce que pendant l'incarnation il soit possible de choisir d'entreprendre cette relation. Dans cette relation, vous, en tant que femme, pourriez devoir travailler sur ce qui pourrait sembler une série de leçons plus masculines se rapportant à des responsabilités et des dispositions. Dans ces cas, la sexualité aura été choisie uniquement pour pouvoir mettre en scène le travail sur la relation[629].

En outre, nous choisissons souvent d'autres relations qui n'ont rien à voir avec le genre :

L'ensemble de votre composition en tant qu'être physique, mental, émotionnel et spirituel dans cet environnement vous invite à vous trouver l'un avec l'autre. Il est évident qu'en ce qui concerne le physique, le mâle et la femelle s'attirent mutuellement pour perpétuer l'espèce. Et c'est le début de nombreuses, très nombreuses relations. Certains autres utilisent tout autant les compagnons, amis et instructeurs[630].

Si nous avons de la chance et honorons les relations que nous avons, nous pouvons découvrir qu'à mesure que nous changeons et évoluons nos relations le font aussi. Si nous ne sommes pas attentifs aux personnes, ou si nous n'avons pas de chance, il se peut que nous découvrions qu'un lien devient ténu lorsque nous changeons.

Je connais plus d'une personne dont le mariage a été rompu à cause des changements intervenus. En réalité, ces relations étaient probablement déjà en difficulté et ceci n'a fait qu'accélérer la chute. J'ai également conscience de l'impact positif que ces changements ont produit dans mes propres relations avec d'autres personnes[631].

---

[629] Q'uo, transcription du 23 mai 1993, p. 3-4
[630] *Idem*, transcription du 24 mai 1998, p. 1
[631] William D. Klug, lettre du 1er janvier 1997, extraite du livre en ligne d'expériences et de channeling : www.simi.qnet.com/~bklug/knowing/welcome.htm

Beaucoup dépend de l'attitude que nous choisissons d'adopter par rapport à ces changements. Lorsque les gens découvrent que des relations tournent à l'aigre le cœur du problème est une certaine crainte.

> Vous avez demandé ce que craignent les entités lorsqu'elles travaillent sur des relations; nous pourrions peut-être dire que le plus grande crainte est la perte d'amour ou de confiance et la trahison de la sécurité, quelle que soit la manière biaisée dont la sécurité et perçue par le 'soi' et par l'autre 'soi'. Au cœur de nombreux problèmes se trouve la sécurité émotionnelle. À la surface d'un problème peut être l'argent, ou la santé, ou le lieu de vie. Ce peuvent être pratiquement toutes les situations où deux personnes ont un point de vue différent, mais quelle que soit la difficulté apparente, il y a une difficulté plus profonde, une difficulté unique, et ce n'est pas nécessairement un problème d'agissement mais de façon d'être[632].

Les relations sont risquées. Souvent elles représentent vraiment un défi. Il n'est pas étonnant que nous tremblions parfois. Lorsque nous craignons pour notre sécurité nous éprouvons nécessairement un sentiment d'inconfort:

> J'ai peur d'une autre relation. Je n'avais jamais pensé que ce pourrait être le cas. J'ai seulement dit que je ne me sentais pas prête pour le moment. Plus j'y ai pensé, plus j'ai pensé qu'il était temps de réessayer. Et puis j'ai découvert que trouvais toutes sortes de raisons ridicules de ne pas le faire. Un ami m'a expliqué d'une manière pas très aimable ce qui se passait. J'ai pensé à ce qu'avait dit cette personne, et découvert que c'était en fait la vérité. J'ai eu peur. Alors j'ai examiné la situation pendant un certain temps (oui, encore une petite tactique) pour pouvoir découvrir pourquoi je réagissais de cette manière. Je ne suis toujours pas certain. Je sais que cela a beaucoup à voir avec mon divorce, mais quant aux raisons exactes des craintes je ne sais toujours pas. Une chose que j'ai trouvée c'était d'aller de l'avant et de recommencer à fréquenter. Je suis sûr que cela ferait revenir toutes mes craintes à la surface. Mais cela ne semble pas juste pour l'autre personne. Bon sang, quel catalyseur d'apprentissage ce serait[633]!

Je fais remarquer que depuis, Mike est retombé amoureux, s'est remarié, et est à présent engagé dans l'expérience à deux de *pater familias* avec deux groupes d'enfants à élever: les siens à lui et les siens à elle. Il a

---

[632] Q'uo, transcription du 24 mai 1998, p. 5
[633] Mike Korinko, lettre du 25 octobre 1994

CHAPITRE IX: LE SEXE ET LES RELATIONS

incontestablement continué à rencontrer des catalyseurs dans ses relations. Je suis heureuse de pouvoir dire qu'il aime toujours sa compagne, qui vient d'ailleurs de m'écrire que malgré leurs problèmes ils font un bon couple. Nous sommes tous des êtres imparfaits et pleins de défauts du point de vue de notre comportement extérieur sur Terre aujourd'hui. Les relations agissent en général de façon à amener de façon aimante chaque défaut à la surface, ainsi que le note une pèlerine:

> Je sais que je suis intelligente, sensible et talentueuse à de nombreux points de vue, mais j'ai ce qui paraît être un défaut horrible. La plupart des gens ne le voient jamais, ou bien en ont un très petit aperçu. Ma famille connaît mes sautes d'humeur et m'accepte telle que je suis. J'ai toujours relié ce déséquilibre émotionnel à mes pulsions créatrices et au fait d'être une artiste. C'est peut-être vrai, mais parfois cela semble être une excuse commode. J'ai pleinement conscience du degré auquel je suis mise à l'épreuve dans ce domaine. C'est quelque chose qui est en moi depuis toujours et ne montre aucun signe de vouloir me quitter. Ma relation avec mon partenaire est maintenant le catalyseur principal. Nous sommes à de nombreux points de vue opposés en termes de polarité et, parfois, devoir affronter ces différences est plus que je ne peux supporter. Alors je m'y perds[634].

Lorsque nous perdons notre patience et notre sang-froid nous suscitons ce qui paraît parfois être des dysharmonies intolérables. Mais nous nous découvrons également nous-mêmes à des niveaux plus profonds grâce à l'effet miroir de voir quelqu'un d'autre réagir à nos comportements.

> Dans le Service d'autrui, soyons tous sévères avec le 'soi' et pleins d'amour et de tolérance pour autrui. Vous avez vos propres leçons à apprendre et c'est seulement grâce à ces leçons que vous obtenez ce que vous pouvez donner au groupe en matière d'amour et d'harmonie. Prenez ces leçons avec sérieux, et dans vos relations personnelles faites plein usage de de l'effet miroir. Écoutez-vous honnêtement les uns les autres mais lorsque vous vous réunissez dans l'amour et la lumière ne cherchez pas à être compris en tant que tel ou tel, mais cherchez seulement à comprendre la beauté de chacun. Demeurez dans la louange et la gratitude envers le Créateur infini unique. Réjouissez-vous dans l'harmonie que votre foi aveugle a accordée à l'un et l'autre. Vous n'êtes pas inharmonieux ensemble: il n'y a pas d'harmonie ensemble, aucun

---

[634] 131, lettre du 15 novembre 1997

groupe n'est harmonieux s'il ne renonce pas à ce qui est son ego, et s'il ne cesse de condamner[635].

Lorsqu'elle parle de sa relation chaotique avec la sœur de son petit ami notre artiste 131, donne un bon exemple de ce processus miroir:

> Parfois je regarde la situation et réfléchis à son sujet et à la façon dont je perçois sa manière de traiter la situation, alors j'arrête et je réalise que c'est exactement ce que je fais moi-même. Alors je réalise que ce que je vois c'est un reflet de moi. C'est un outil très utile lorsqu'on peut le voir. J'admets que je n'y parviens pas toujours. Je crois que ce qui n'est pas toujours clair c'est le degré auquel je vois les choses comme des reflets de moi-même par comparaison avec une perception réelle concernant une autre personne[636].

Une bonne relation, c'est-à-dire une relation dans laquelle les deux partenaires sont désireux de travailler sur la communication et la confiance, vaut son pesant d'or pour les personnes impliquées, parce que l'interaction les aide à se connaître elles-mêmes et à s'équilibrer:

> Il existe une ouverture intérieure sur l'infini, et la patience en garde la porte. Les expériences difficiles de type prosaïque, qu'il s'agisse de relations ou de situations, servent à placer le pèlerin dans le lieu parfait pour l'expérience dont il a besoin pour redresser les distorsions profondes qui sont en déséquilibre dans la personnalité. Être impatient vis-à-vis du monde parce qu'il vous a rendu triste, fâché, ou défait, c'est être impatient vis-à-vis de vous-même, et à ce moment le chercheur a déjà décidé que si le 'soi' a démérité, c'est certainement très regrettable car le 'soi' est ici et le 'soi' doit chercher à être le meilleur et le plus élevé possible. Chaque 'soi' est parfait d'une certaine manière et à un certain niveau. Cela est reconnu jusqu'à un certain point par le chercheur. Le paradoxe entre le 'soi' parfait et le 'soi' indubitablement imparfait est accepté: peu importe qu'il y ait un paradoxe, il faut poursuivre la recherche et non pas entrer en guerre avec le 'soi'[637].

L'acceptation du 'soi' tel qu'il est, est aussi difficile que l'acceptation de l'autre 'soi' tel qu'il est lorsque les relations deviennent épineuses, et elles le deviennent toutes si elles se poursuivent longtemps assez. Du moins, il y a toujours eu des hauts et des bas dans les miennes. Même

---

[635] Q'uo, transcription du 29 avril 1990, p. 4
[636] 131, lettre du 3 décembre 1997
[637] Latwii, transcription du 26 avril 1987, p. 3

CHAPITRE IX: LE SEXE ET LES RELATIONS

dans les amitiés les plus délicieusement solidaires avec mes meilleures amies, il y a eu de temps en temps des malentendus qui ont pu paraître affecter la relation, et ce n'est qu'après un travail bon, profond et aimant les unes avec les autres que les peurs ont été effacées de part et d'autre et que la relation a pu être restaurée. Je viens de recevoir la merveilleuse visite d'une amie de collège. Notre amitié dure depuis plus de quarante années. Elle est venue en visite pendant le weekend de Pâques et nous avons passé de bonnes longues heures à converser, à rester ensemble en silence, et à parler de nos expériences respectives depuis la dernière année où nous nous étions vues. Près d'une dizaine d'années auparavant, pendant une période difficile pour toutes les deux, j'avais eu le sentiment qu'elle m'avait abandonnée, et je le lui fait savoir avec dureté. Elle a été effrayée de ma colère et nous avons dû lutter pendant plusieurs années avant de réussir (je le dis avec joie) à restaurer la confiance entre nous. Nous sommes encore plus proches qu'avant. Nous avons chacune la mesure des imperfections inhérentes aux êtres et nous nous sommes mutuellement acceptées, défauts compris. Lorsque nous sommes en relation avec quelqu'un et que nous sommes sincères avec cette personne nous ne pouvons tout simplement pas être parfaits. C'est nous qui avons choisi les personnes de notre vie avec lesquelles nous aurions des problèmes, pour pouvoir faire un travail avec elles et évoluer avec elles.

> Vous êtes d'anciennes, de très anciennes âmes, et vous vous êtes donné vos propres choix de relations et environnements qui vous paraîtraient les plus opportuns pour apprendre. Cela se fait par la friction des difficultés, ennuis, frustrations et autres réactions d'apparence négative: des choses qui attirent l'attention et déséquilibrent les pas de votre conscience, et qui équilibrent les divers catalyseurs positifs et négatifs que vous recevez afin que vous puissiez travailler sur ces catalyseurs et continuer à votre propre rythme l'évolution de l'esprit. L'évolution des véhicules physiques de troisième densité est à sa fin. La suite de l'évolution est toute spirituelle[638].

Toute évolution ultérieure est spirituelle, ou spirituelle/mentale, ou non physique. C'est une affirmation qui supporte la répétition! Et le véhicule principal qui permet de travailler à cette évolution est constitué de nos relations avec nous-même, avec autrui et avec la déité. Certains d'entre nous aspirent à des relations:

---

[638] Q'uo, transcription du 16 août 1992, p. 2

Avoir la compagnie d'autres qui méditent et n'imposent pas de jugements, c'est très important[639].

1

Je souhaite seulement pouvoir trouver d'autres âmes-sœurs, ou juste une seule, qui croient en certaines possibilités comme je le fais, et qui pourraient voyager avec moi[640].

Le nombre de pèlerins qui se sont brûlé les ailes et veulent rester isolés et indemnes est sans doute similaire:

C'est quand je suis seule que je fonctionne le mieux. Je voyage et apprécie le plus mon voyage quand je suis seule. Je suis incapable de gérer des partenariats ou des interactions de groupe. En fait je peux très bien gérer, mais je ne le désire tout simplement pas. Je n'ai pas d'amie de cœur, je n'en ai jamais eu, et je ne souhaite pas particulièrement avoir des enfants[641].

1

Ces temps-ci je choisis de rester seule et sans relation/compagnon simplement parce que je sais ce que je veux et ce dont j'ai besoin, et je préfère de loin rester en solo que d'être avec quelqu'un juste pour le plaisir d'être avec quelqu'un! J'ai eu deux relations de quatre années chacune. À l'âge de 29 ans où je suis arrivée, c'est en fait la première fois que je vole en solo. Et maintenant je sais que je vais trouver un compagnon, mais il faudra que ce soit quelqu'un avec qui je peux avoir une vraie relation, avec qui je peux parler et qui comprend toutes ces choses. L'idée qu'il y en a d'autres qui ressentent et savent de la même manière que moi ne me laisse rien d'autre à faire que sourire, sourire, sourire[642]!

Les missionnés sont des personnes très sensibles. La plupart d'entre eux ont tendance à vouloir se protéger de ce qu'ils appellent des vibrations inharmonieuses. Mais mon sentiment à moi est que, en tant qu'êtres spirituels éveillés, nous ferions bien de nous endurcir suffisamment pour pouvoir accomplir ce que nous sommes venus faire, et que cela se fait en partie grâce à un travail honnête et venu du cœur, en toute humilité, sur les relations que nous avons le privilège de partager. Je pense à une lettre reçue aujourd'hui de Pharaoh. Il est passé par une mauvaise crise de

---

[639] Kathleen T. Levin, lettre 6 octobre 1998
[640] 269, lettre du 16 juillet 1996
[641] Frances, lettre du 20 novembre 1996
[642] Gypsee, lettre du 9 octobre 1997

CHAPITRE IX: LE SEXE ET LES RELATIONS

déprime et d'anxiété l'an dernier et m'a envoyé un courriel assez rude. Mon premier mouvement a bien sûr été de vouloir l'effacer et l'ignorer. Cela est facile! Mais j'ai suivi mon deuxième mouvement, qui a été d'examiner ce message et de trouver un moyen honnête et franc d'y répondre, tout en étant aussi précise et aimable que possible. Pharaoh a magnifiquement répondu à ma missive plutôt acide mais réfléchie, et plusieurs mois plus tard, aujourd'hui, il me remercie encore. À l'époque il avait perdu un très bon ami et est heureux de ne pas avoir également endommagé notre relation. J'ai repensé au fait que j'avais été bien près de me débarrasser d'une pichenette de ce gravillon importun, et j'ai remercié le ciel de ne pas l'avoir fait. En tant chercheurs nous devons prendre le temps et consacrer les efforts nécessaires à l'exploration de toutes les voies avant de renoncer à une relation. Elles sont trop précieuses pour être gâchées par de la mauvaise humeur et de la paresse.

Quel que soit notre sentiment actuel au sujet des relations, les allées sinueuses de nos vies nous ramèneront face à face, et nous éprouverons l'un pour l'autre l'attirance qui annonce une chance d'apprendre et de servir. Il faut énormément d'énergie pour rester séparés des personnes qu'en préparant notre incarnation nous avons eu l'intention de placer dans notre vie. Mon sentiment est qu'il vaut beaucoup mieux coopérer avec ces attirances pour des amis, professeurs, étudiants, compagnons, amants ou passants qui ont beaucoup à partager avec nous et qui nous donnent l'occasion de travailler sur des équilibres parfois subtils que nous avons eu à gérer non seulement dans cette vie-ci mais aussi dans des vies précédentes. Souvent, nos relations les plus importantes nous suivent pendant plus d'une incarnation:

> De nombreuses relations difficiles résultent de débuts antérieurs non aboutis, et la difficulté de la relation est très semblable à la difficulté qu'éprouve une personne qui ramène quelque chose qui lui a paru tout frais chez l'épicier mais qui, lorsque parvenu à la maison, bien qu'agréable et frais pour tous les sens physiques, est cependant en train de se gâter et de se putréfier. Il y a quelque chose d'ancien, un fait sur lequel on ne parvient pas à mettre le doigt, un fait qui a parfois un relent de *déjà vu*[643]. C'est ce que vous allez traiter avec amour, compassion et, pouvons-nous le dire, sans passion dans l'expérience de cette vie-ci afin de pouvoir terminer ce qui a été commencé: tout ce qui peut être équilibré par rapport à cette relation particulière ou à ce point particulier que l'entité

---

[643] En français dans l'original (NdT)

essaie d'apprendre mais n'est pas encore parvenue à intégrer complètement, disons[644].

J'aime cette vision générale de la famille spirituelle de plus en plus complexe que nous rassemblons autour de nous lorsque nous interagissons avec des personnes au travers de nombreuses incarnations, élargissant ainsi notre réseau d'amour et de lumière, et nous rattachant à d'autres réseaux de plus en plus nombreux jusqu'à ce que pour finir nous devenions une famille d'humains véritablement intégrés et unifiés. Mais pour pouvoir commencer à le faire au cours de cette incarnation-ci nous devons d'abord entrer pleinement en relation avec nous-mêmes et réaliser qu'il est de notre propre responsabilité d'être épanouis et satisfaits de notre vie et non pas se préoccuper d'une quelconque relation parfaite:

> Je reconnais avoir joué au jeu sans fin de la recherche de la relation parfaite. C'est la quête éternelle d'une âme-sœur. Mais c'est une recherche stérile car nous cherchons notre partenaire parfait en dehors de nous, alors qu'un tel souhait ne pourra jamais être exaucé. C'est un être imaginaire, et nous ne pouvons qu'être continuellement frustrés dans cette recherche à l'extérieur de nous. Il n'y aura jamais un partenaire qui s'ajustera parfaitement à nos idées reçues. Tout ce que nous obtiendrons dans cette chasse sans fin c'est du mécontentement et de la frustration. Personne ne pourra jamais satisfaire à nos idéaux spécifiques. Personne. Lorsque nous accepterons que d'autres personnes entrent dans notre vie pour nous apporter des leçons nécessaires et pour nous aider à grandir, nous résoudrons l'énigme de la vie. Il y a une joyeuse beauté à vivre au sein d'une relation, et cette beauté est partagée entre tous les individus. Mais n'oublions jamais que l'autre personne n'est pas ici pour réaliser tous nos vœux, satisfaire à tous nos désirs et nous rendre complets. Cela ne se passera jamais. Nous sommes seuls à pouvoir accomplir cela. Si nous ne le réalisons pas nous n'éprouverons que douleur et frustration, et même peut-être de la colère, parce que cette recherche est impossible et sans espoir[645].

Plutôt que de mettre nos espoirs dans une relation, nous devons pouvoir apprécier la relation que nous avons avec chaque personne, telle qu'elle est, maintenant. C'est parfois cela le véritable défi. J'apprécie spécialement la relation complexe que j'ai eue avec Don Elkins pour tout

---

[644] Q'uo, transcription du 6 juillet 1995, p. 2
[645] Karin Pekarcik, lettre du 1er janvier 1996

ce que ce lien étrange a apporté. Il y a eu de la confusion à foison dans ce couple non marié et abstinent. Parce que Don a choisi l'abstinence et parce qu'en ce qui me concernait, après y avoir pensé longuement, ce n'était pas mon choix, j'ai inauguré une situation d'accords pris avec prudence. Nous avons accepté d'être un couple, en ce sens que lui et moi avions une relation de base à laquelle nous avons été fidèles. Après qu'il ait demandé l'abstinence pour lui-même et que j'aie tenté de rester abstinente pendant plus de deux ans, nous sommes convenus que je pourrais prendre un amant si je sentais que cela serait approprié pour moi, et que j'avertirais Don lorsqu'une telle relation commencerait et finirait. Nous avons pleinement compris que cela n'affecterait en rien la primauté de notre couple même s'il tenait d'un autre monde et de la métaphysique.

Cet accord avait cours depuis neuf années lorsque mon amitié avec Jim McCarty a commencé à prendre la forme d'un engagement physique solide quand en 1980 nous avons décidé de devenir amants aussi bien qu'amis et co-instructeurs/élèves. En résultat direct de l'échange avec cette source additionnelle d'énergie d'extrêmement haute qualité, et également en résultat de l'invitation faite par Don à Jim de se joindre à L/L Research et d'y travailler à temps plein, nous avons été à même de commencer à entrer en contact avec ceux de Ra, notre résultat de recherche le plus avancé à ce jour. Cette situation a également placé Don dans une situation vulnérable dans laquelle il s'est mis à se demander si la décision que j'avais prise avec Jim de devenir son amante ne représentait pas une menace pour mon engagement d'être la partenaire de Don. Cela l'a exposé à une salutation psychique qui l'a mené à la folie et au suicide. Le choix de Don de rester célibataire et abstinent, bien qu'il ait anéanti tous mes espoirs de mener une vie de femme mariée, maîtresse de maison et mère de famille, nous a amenés Don et moi au point culminant du travail de notre vie ainsi qu'à un malentendu entre nous qui a abouti à sa mort.

Je dois souligner que Don a toujours fait de son mieux pour rester dans la relation et être un bon compagnon pour moi. Il ne parvenait tout simplement pas à entrer en relation avec lui-même ou quelqu'un d'autre. Son choix intervenu tôt dans sa vie a été de réprimer toutes ses préférences, parfois à son insu. Mais nous étions tellement attirés l'un vers l'autre à tellement de niveaux que nous sentions tous les deux que nous devions être ensemble. Nous nous sommes rendu service mutuellement du mieux que nous avons pu. Sa confusion et la mienne se sont ajoutées à l'amour profond que nous éprouvions l'un pour l'autre et à notre travail commun. Les relations sont souvent compliquées d'une manière ou d'une autre car, ironie du sort, lorsque nous voulons éviter les complications et les engagements nous pouvons tisser une toile très complexe. Même si les choses sont parfois bizarres, ayons conscience de l'importance du don de la relation, et soyons reconnaissants de la chance d'aimer et d'être aimés.

> Jetons un coup d'œil à ce plan: l'entité qui a l'occasion de s'incarner dans votre densité sur votre sphère passe d'abord par le processus de créer le scénario ou l'intrigue, dirons-nous, de votre film personnel de vie. Vous choisissez les acteurs. Vous choisissez qui aura le rôle de la mère, du père, de l'épouse, de l'amant, de l'ami, de l'ennemi, et ainsi de suite. Vous concluez des accords avec ces entités, non pas sur le plan terrestre, mais dans un monde plus subtil que cet instrument nomme «les plans intérieurs». Peu importe si les relations paraissent difficiles, peu importe l'étendue des douleurs éprouvées, tout cela a fait partie de votre propre choix. Il peut être difficile de croire ou de comprendre pourquoi vous pourriez souhaiter de vous demander à vous-même de souffrir; nous pouvons seulement dire que lorsqu'on se trouve hors de l'illusion que vous pouvez apprécier actuellement, c'est comme un jeu d'enfant, et même un très bon jeu, de plonger dans l'océan de confusion et de nager dans ses eaux[646].

Si nous perdons cette attitude de gratitude, même pour les difficultés dans les relations, nous devenons très vulnérables à l'amertume et à la désillusion, ce qui est un bon catalyseur purifiant, mais auto-infligé. En fait dans une relation si nous nous accrochons à des attentes qui n'ont pas eu les résultats espérés nous risquons de bloquer la réparation de notre incarnation jusqu'à après notre mort physique:

> Si l'on a créé les actions espérées au cours d'une incarnation mais qu'on n'a pas été capable d'équilibrer les relations créées ou reprises au cours du processus d'offrande du service à la Création, il n'y aura pas la clarté de perspective nécessaire pour poursuivre la guérison. Dès lors, pour de nombreuses entités l'incarnation ne sera pas réglée au cours de celle-ci parce qu'aucun rocher ferme n'aura été créé à l'intérieur du chercheur, qui dépendra alors seulement de la relation avec le Créateur qui peut faire voir clairement cet équilibre[647].

Les relations sont difficiles malgré leur valeur et leur importance dans l'apprentissage et le service:

---

[646] Q'uo, transcription du 22 octobre 1995, p. 3
[647] *Idem*, transcription du 20 novembre 1994, p. 1

CHAPITRE IX: LE SEXE ET LES RELATIONS

> Réalisez que dans cette densité-ci toutes les relations dont vous profitez à présent, avec peu d'exceptions, passent par des périodes difficiles, non pas une fois mais cycliquement. Ne craignez pas ces périodes mais voyez ce qui unit les deux plutôt que ce qui vous sépare de votre partenaire. Faites cela pour l'amour de votre partenaire, pour l'amour de vous-même, et surtout pour votre ardent désir de faire partie du bien qui émane du cœur du Créateur[648].

Si cela n'est pas fait les relations deviennent inacceptables et nous perdons une source appréciable d'apprentissage:

> Habituellement, les relations que l'on trouve inacceptables pour une raison ou l'autre représentent une partie substantielle des catalyseurs d'apprentissage que vous avez déclenchés vous-mêmes avant l'incarnation. Vous n'êtes pas confronté à ces relations inacceptables à cause d'un malentendu de votre part ou quelque erreur de la part de l'entité offensante, mais vous vous trouvez devant une situation que vous pouvez trouver inacceptable au sens le plus profond; cependant, c'est une condition de relation que vous avez choisie vous-même parce vous aviez le sentiment que dans votre nature aimante et compatissante il y avait en vous ces difficultés qui limitaient votre amour et votre compassion, ainsi que la force de votre être métaphysique ou magique. C'est cela que vous avez souhaité mettre en perspective[649].

Lorsque nous butons sur un point de colère ou d'irritation, ou sur une autre sorte de frustration dans nos relatons, ceux de Q'uo nous disent ceci:

> Une fois encore, c'est l'examen qui vous fournira les moyens de suivre un chemin. Le chemin commence au point où la frustration est remarquée. Voyez la série d'événements, les relations, les entités impliqués dans chacun des éléments de l'expérience qui se trouve devant vous. Voyez-les non seulement dans leur aspect pratique et banal d'activités de tous les jours, mais voyez-les également comme des symboles de principes supérieurs qui sont au travail dans votre modèle d'incarnation. Plus soigneusement vous observerez les modèles de toutes sortes à l'œuvre dans votre incarnation et plus facilement vous parviendrez à relier les relations de ces modèles avec la nature des leçons qu'il vous

---

[648] Laitos, transcription du 6 août 1989, p. 5-6
[649] Q'uo, transcription du 9 septembre 1990, p. 2-3

appartient d'apprendre et des services qu'il vous appartient de
rendre au cours de votre incarnation[650].

Une des choses qui plongent les gens dans les ennuis est le concept d'un échange équitable. Mon expérience des relations m'a fait comprendre en premier lieu que les gens estiment toujours qu'ils donnent plus que l'autre personne dans une relation. Demandez à l'autre personne du couple et vous entendrez la même chose mais en sens inverse. Nous sommes tous très conscients des efforts que nous faisons pour que les choses aillent bien, et nous sommes très prompts à juger la générosité des efforts de l'autre. C'est un trait humain que nous avons apparemment en nous jusque dans la moëlle de nos os. Il est rare que nous réalisions que nous sommes de parti pris. Mais je crois que nous pouvons admettre que nous sommes tous de parti pris lorsqu'il s'agit de relations. Nous pensons toujours que c'est nous qui en faisons le plus. Ensuite, les relations sont souvent inéquitables pour diverses raisons, et cela ne les empêchent pas de constituer de bonnes occasions d'apprentissage et de service. L'amour ne peut être ignoré, mais parfois, malgré tout ce que nous savons et notre dur travail, les relations échouent:

> J'ai récemment vécu une rupture semblable à un divorce: pas de mariage légal, juste des liens émotionnels similaires. J'ai éprouvé de la colère, beaucoup de colère pour la première fois depuis très longtemps. En fait, je ne peux pas me souvenir d'un sentiment aussi négatif envers aucune autre personne. C'est étrange, parce que cette personne est quelqu'un qui essaie de vivre dans la lumière. Il est beau. Il n'est simplement pas capable de partager son amour avec quelqu'un d'autre à cette époque de sa vie. Il ne s'aime pas lui-même et cependant il est sur la voie. Nous sommes séparés depuis près de cinq moins maintenant. Cette situation est et a été l'une des plus pénibles que j'aie eu à gérer. J'essaie de gérer, de m'honorer moi-même, de reconnaître l'esprit, d'apprendre mes leçons, etc. Mais je ne parviens pas à me défaire complètement de ce fort sentiment de colère que j'éprouve envers lui. Je sais que je ne suis pas capable de garder de la rancune. Ce n'est pas mon but. Je veux partager de l'amour. Je le sais. J'ai fait pleuvoir mon amour en averses. Je n'en recevrai pas en retour. En fait ce que j'ai reçu c'est de la peine. Je suis perplexe. La douleur est tellement grande. Cette personne était mon meilleur ami et quelqu'un dont je pensais que son esprit allait parallèlement au mien[651].

---

[650] Q'uo, transcription du 17 mai 1992, p. 15
[651] 252, lettre du 26 janvier 1999

252 voit le 'soi' et le partenaire comme deux âmes complètement différentes: une qui a aimé et tout donné, l'autre qui a totalement déçu. Les leçons qu'il reste à glaner à ce stade d'une relation sont celles d'une prise de conscience dans laquelle nous pouvons trouver l'humilité d'entrer en réalisant quels aspects des choses négatives concernant l'autre sont des reflets de notre propre nature au sujet de laquelle nous avons beaucoup à apprendre. Cela n'arrête pas la douleur du sentiment de trahison, mais redirige une réflexion spirituelle utile. Une chose que 252 fait bien ici, c'est la mise en place de limites pour clôturer:

> En termes de stabilité et solidité de votre personnalité qui s'éveille, il n'y a pas de mal à établir aux relations des limites, des frontières qui assurent au 'soi' et à l'autre 'soi' un certain confort et une certaine liberté[652].

Lorsqu'il est temps de dire adieu à une relation je trouve que c'est quelque chose de triste. Nous ne pouvons pas empêcher la mort de réclamer nos amis et ceux qui nous sont chers, mais nous espérons toujours que nous pourrons trouver les mots et les actes justes pour revenir à l'harmonie auprès de quelqu'un qui est encore en vie. Je crois beaucoup au travail pour revenir à l'équilibre par rapport à des gens, particulièrement des membres de la famille et les personnes qui sont importantes dans notre vie. Mais l'adieu a lieu bien trop souvent selon moi. Plusieurs fois dans ma vie j'ai senti qu'il était nécessaire de tracer une frontière entre moi-même et quelqu'un d'autre dont je doutais qu'il me traiterait encore bien.

Le mariage

Un des amis les plus fidèles de L/L Research, notre expert en informatique: Roman Vodacek, me parlait récemment de sa relation avec une jeune femme. Il souhaitait qu'elle soit aussi sérieuse que lui dans l'engagement afin qu'ils puissent entamer une relation. Je lui ai dit que mon sentiment était qu'il avait déjà une relation parfaite. Peut-être n'était-elle pas celle qu'il avait en tête, mais l'amitié est réelle entre eux. Mais je sais bien ce qu'il veut dire, car comme beaucoup, il souhaite à la fois la félicité romantique et la promesse et les épreuves du mariage. Comme mon premier mariage a été un grand échec et qu'ensuite j'ai eu un long non-mariage abstinent de 16 années, je connais bien les nombreuses manières de se laisser égarer dans et hors du mariage. Toutefois, depuis

---

[652] Q'uo, transcription du 19 décembre 1999, p. 2

mon mariage avec Jim en 1987, je suis devenue une enthousiaste du mariage car, bien que notre relation fût déjà excellente avant le mariage, un don est venu s'ajouter avec la cérémonie nuptiale, un don qui au cours des années est devenu un bienfait de plus en plus riche pour nous deux. Ce don c'est la présence sacramentelle du Créateur infini unique. Dans le mariage, deux êtres imparfaits demandent à devenir un seul être, à s'unir l'un avec l'autre ainsi qu'avec la déité elle-même:

> En vérité, la nature du mariage métaphysique contient une tierce partie. Dans toute alliance il y a une tierce partie qui projette son ombre sur les deux entités. Vous pouvez appeler cette ombre le Créateur, quel que soit le visage que vous en apercevez. Nous ferions peut-être bien de l'appeler "l'amour vivant". Ceux qui ne sont pas mariés et cherchent ensemble cherchent séparément le visage de l'amour. Ceux qui cherchent au travers de l'alliance du mariage incorporent leur recherche dans leur recherche commune, ce qui donne à ceux qui saisissent et comprennent le sens métaphysique du mariage une grâce et une tendresse qui ne se présenterait pas naturellement autrement[653].

Tout comme dans notre travail sur le 'soi', nous sommes encouragés à voir que la chance d'avoir un/une partenaire doit être approchée avec l'habileté de celui qui acquiert patiemment de l'expérience.

> Tout comme la prise de conscience s'acquiert en suivant un processus d'analyse, de synthèse et d'inspiration, ainsi le chercheur doit approcher son/sa partenaire et évaluer chaque expérience, à la recherche du joyau[654].

Ce joyau d'unification est très réel. Il n'a rien de romantique ou de stupide, en ce sens qu'il s'agit d'un bel idéal qui ne régit pas la vie quotidienne de l'être humain. Certes, il y a ici un très grand défi, mais devenir un seul être est un travail magique très puissant, et bénis sont ceux qui sont à même d'adopter ce rite très littéralement et sérieusement. Il est vrai qu'à la manière vague de nombreux adages philosophiques, comme le dit John Donne, la cloche sonne pour nous tous, nous sommes tous les membres les uns des autres, nous faisons tous un[655]. Mais dans le mariage deux deviennent une seule chair et ce qui arrive à l'un arrive à l'autre aussi. Ceux de Q'uo répondent ici à un interviewer dont le partenaire est malade:

---

[653] Q'uo, transcription du 28 juin 1987, p. 3
[654] La Loi Une, Livre IV Séance 84 §20
[655] John Donne: voir http://agora.qc.ca/thematiques/mort/documents/aucun_homme_nest_une_ile (NdT)

CHAPITRE IX: LE SEXE ET LES RELATIONS

Respectez le devoir que vous avez choisi de supporter dans cette incarnation. Réalisez que très peu de missionnés s'éveillent à un degré égal à celui de ceux qui sont ici présents, et qui voient alors que l'illusion va paraître, à ceux qui sont aussi éveillés, encore moins harmonieuse, encore plus délétère pour le véhicule physique sensibilisé. Pourquoi ce compagnon-ci plutôt que celui-là? Pourquoi la maladie ici et non là-bas? Ne pensez pas ainsi car pour l'entité qui fait partie d'un couple c'est le JE SUIS de tous les deux qui a cette maladie. Elle est manifestée partiellement chez l'entité qui paraît faible et partiellement chez l'entité qui paraît forte: chez l'entité qui semble incapable et chez l'autre qui semble capable. Mais nous demandons à chacun de ceux qui semblent tellement capables: vous vous sentez capable jusqu'à quel point? Et nous demandons à chacun de ceux qui semblent tellement faibles: à quel point votre esprit est-il faible? Nous vous demandons simplement de voir le reste de cette incarnation dans la paix. La seule chose que vous avez à exiger de vous-même c'est de travailler, avant tout le reste, en harmonie avec le/la partenaire, d'exiger de vous-même non pas ce que le monde exige de vous, mais la volonté de toucher au JE SUIS qui est à l'intérieur de vous, et avancer en accord avec cette sagesse, peu importe où elle paraît vous entraîner, car votre force en tant que missionnés est de connaître, accepter et se réjouir de l'occasion de servir sur une planète qui est sombre et a grand besoin de la lumière et de l'amour que vous transmettez au-delà de tous les mots et de tous les actes[656].

J'aime tout spécialement ce modèle du 'soi' dans le mariage en tant que travail tout extérieur pour l'harmonie, mais dans le contexte du JE SUIS, ou Créateur, en tant que travail intérieur car il oriente le soi' vers le mariage d'une manière qui préserve les frontières et le libre arbitre entre deux partenaires, et qui place la confiance directement au niveau de la relation avec le Créateur et avec le 'soi'. Le mariage n'est pas un présent donné à tous; lorsqu'on le reçoit il faut le voir comme le joyau qu'il peut être. Nous allons vivre notre vie. Nous voici, la fête a commencé, et nous allons manger, boire et être joyeux ou non jusqu'à ce que nous raidissions nos orteils et laissions derrière nous ce bon monde. Dans le mariage nous trouvons un partenaire qui nous accompagne dans la souffrance aussi bien que dans la joie, dans les bas aussi bien que dans les hauts.

En termes de métaphysique, le mariage est une voie rapide pour les chercheurs en spiritualité:

---

[656] Q'uo, transcription du 20 mars 1991, p. 5

Chapitre IX: Le sexe et les relations

> Il est certain que, pour les chercheurs en spiritualité, la manière la plus efficace de travailler sur eux-mêmes c'est d'être dans une relation, et spécialement une relation en couple. C'est un grand avantage pour ceux qui ont pris conscience du processus d'évolution spirituelle car ils peuvent accepter consciemment la charge de la communication, de sorte que des points de vue différents à propos de catalyseurs vécus en commun peuvent être partagés sans être jugés, et dans le respect mutuel[657].

Naturellement, ceci est bien plus facile à considérer soit avant le fait soit rétrospectivement! Mike Korinko déplore, après l'échec de son premier mariage en 1993:

> Tout au long de ma vie il y a eu des situations au sujet desquelles je regrette de n'avoir pas pu utiliser le temps de manière plus productive. Je pense que le meilleur exemple en est mon mariage. J'essaie de ne pas m'en vouloir, mais pour être honnête, il y a des moments au souvenir desquels j'éprouve du regret et un peu de colère contre moi-même pour ne pas avoir utilisé au mieux le temps que j'ai eu avec ma femme et ma fille[658].

Toutefois, en 1996 Mike est à nouveau amoureux:

> C'et pour ELLE que je suis venu ici, et nous nous sommes enfin retrouvés. Les émotions que j'ai ressenties et que je continue à ressentir à la fois en tant qu'être humain et en tant qu'âme sont véritablement fabuleuses. Je ne pense pas être capable de traduire cela en mots pour le moment, mais je voudrais pouvoir le faire. Je voudrais pouvoir partager cela avec le monde entier[659].

Aux dernières nouvelles reçues, Mike m'informait dans une lettre que lui et Lidia allaient occuper une nouvelle maison, où ils espéraient pouvoir organiser des réunions d'étude et de méditation, ouvrir leur foyer au public, et essayer de servir dans le cadre de leur mariage. Voilà un homme qui apprend vraiment de ses expériences et est devenu un mineur empli de foi à la recherche des nombreux joyaux du mariage. Grey Wolf écrit pour exprimer ses sentiments très positifs envers l'état de mariage:

> Ma capacité à faire confiance à autrui n'était pas très grande quand mon mari et moi nous sommes mariés. Je me 'collais' souvent à lui à l'excès, si vous comprenez ce que je veux dire. J'aurais voulu être auprès de lui 24 heures sur 24 parce que je ne pouvais pas

---

[657] Q'uo, transcription du 20 octobre 1996, p. 3
[658] Mike Korinko, lettre du 26 mai 1993
[659] Mike Korinko, lettre du 18 décembre 1996

croire que quelqu'un voyait en moi quelque chose de si merveilleux qu'il voulait passer le reste de sa vie avec moi! J'avais presque le sentiment en étant mariée avec lui, que j'avais enfin trouvé quelqu'un à qui appartenir. L'amour inconditionnel que je recevais de mon mari était pour moi quelque chose de très neuf et il m'a été très difficile de m'y adapter. Mon mari se sentait parfois, à juste titre, étouffé et a été très patient avec moi[660].

Ce problème sous-jacent de confiance est tout à fait essentiel dans le mariage. Nous éprouvons tous des doutes dans une certaine mesure au sujet de notre valeur et de notre 'désirabilité' réelles. Un partenaire aimant peut alléger ces idées pénibles, mais un partenaire insensible peut nous blesser profondément. Un des plus grands obstacles à cet amour, à cette foi et à cette confiance inconditionnels est l'aspect du mariage que ceux de Ra appelaient une «relation d'adversaires»: Don leur avait demandé de parler des transferts d'énergie sexuelle et ils ont répondu:

> **RA:** [...] Les transferts et blocages d'énergie sexuelle sont plutôt une manifestation ou un exemple de ce qui est plus fondamental, que l'inverse. C'est pourquoi, à mesure que vos peuples se sont ouverts aux concepts de bellicosité et d'avidité de propriété, ces diverses distorsions ont commencé à filtrer au travers de l'arbre du mental en descendant jusqu'aux expressions du complexe corps, l'expression sexuelle étant à la base de ce complexe. Dès lors, ces blocages d'énergie sexuelle, bien qu'influencés et intensifiés par Orion, sont fondamentalement le produit d'une façon d'être, librement choisie par vos peuples. [...]
>
> **INTERVIEWEUR:** Alors j'aurais juste besoin de savoir si cela se produit au travers de la mémoire raciale pour contaminer la population entière d'une manière ou d'une autre? Est-ce ce genre de chose qui se produit?
>
> **RA:** Je suis Ra. La mémoire raciale contient tout ce qui a été expérimenté. Dès lors, il y a dirons-nous, une certaine contamination, même de nature sexuelle, ceci apparaissant principalement dans votre propre culture comme les diverses prédispositions à des relations adverses ou, ainsi que vous les appelez, mariages, plutôt que le libre don de l'un à l'autre dans l'amour et la lumière du Créateur infini[661].

---

[660] Grey Wolf, lettre du 15 août 1999
[661] *La Loi Une,* séance 31 §15-16

CHAPITRE IX: LE SEXE ET LES RELATIONS

Notre culture nous contamine avec l'idée qu'il faut obtenir des avantages et refuser de se faire exploiter. Cette ligne de raisonnement fait du mariage un simple contrat terrestre, qu'il faut bien qualifier de caduc:

> Nous constatons que dans votre culture il y a un instinct primal d'accumulation qui a été quelque peu déformé, de sorte que le fait de donner à autrui généreusement et joyeusement n'est pas ce qui est naturellement pratiqué. Il y a donc, dans de nombreuses cultures de votre sphère planétaire le désir d'améliorer le 'soi, avec une préoccupation secondaire pour autrui. Ce désir fondamental est ce qui est travaillé par tous ceux qui cherchent à faire avancer le 'soi' le long du chemin de l'évolution, car c'est le fait de se détourner du foyer d'attention qui permet à une entité d'élargir le point de vue au degré nécessaire pour s'engager sur une voie 'Service d'autrui' d'une façon moissonnable[662].

Si cette tendance culturelle n'est pas corrigée, un mariage idéaliste peut rapidement tourner à l'aigre et s'orienter vers le Service de soi:

> La manière de se mettre en couple qui, dans votre culture est appelé 'mariage', comporte dans sa structure officielle la ségrégation de droits et responsabilités, un accord sur base contractuelle de remplir diverses obligations dans le cadre de ce processus de mariage, de sorte que les parties qui s'engagent dans ce processus éprouvent la nécessité de donner et recevoir dans une certaine mesure pour que ces obligations soient remplies. Le processus culturel de construction de ce type de relation fait ressortir la nature difficile de la vie en couple et fournit des catalyseurs additionnels à beaucoup de ceux qui trouvent déjà suffisamment ardu le travail au travers des catalyseurs programmés avant l'incarnation[663].

Nous pouvons voir ce qui précède comme un des plus marquants sous-entendus que ceux de Q'uo aient jamais exprimés. La culture grignoteuse, accapareuse, orientée vers les objets matériels, dont nous sommes issus, est la source la plus répandue de perceptions et attentes déformées de ceux qui arrivent au mariage en espérant que leur union sera belle. En réalité il s'agit d'aimer, faire confiance, et oublier le concept de travail égal. Nous penserons toujours que nous en faisons plus que l'autre. En général, les partenaires font réellement de leur mieux, mais de

---

[662] Q'uo, transcription du 12 avril 1987, p. 6
[663] Q'uo, transcription du 28 février 1988, p. 11-12

CHAPITRE IX: LE SEXE ET LES RELATIONS

nombreuses douleurs qui remontent à l'enfance et de nombreuses manies apprises empêchent de le voir:

> Nous réalisons que ceux qui sont dans une relation de couple ont des problèmes spécifiques. Cela est dû aux attentes qu'ils ont l'un de l'autre. Si vous n'attendiez rien d'une autre entité il serait très facile d'être poli. Mais parmi vos peuples la relation de couple est une relation au sein de laquelle les deux s'impliquent intimement de façon à ce que chacun tente d'apprendre à traiter l'autre comme un Créateur et à faire confiance à l'autre. Toutefois, chacun est une version très déformée de l'amour, une interprétation très confuse de la Création, de sorte que la confiance a beaucoup de mal à faire son apparition entre les personnes. C'est pourquoi, nous ne vous demandons pas de vous faire confiance l'un à l'autre dès le départ, mais de prendre du recul par rapport au partenaire, par rapport aux difficultés que comporte l'intimité, et de choisir plutôt de vivre dans la Création la moins déformée dont vous pouvez prendre conscience dans une situation, de vous abstenir de forcer des changements justifiés ou non, dirons-nous, jusqu'à ce que vous ayez fait monter votre conscience jusqu'à un niveau plus élevé et donc plus réel et moins déformé. Ce niveau de conscience est celui que l'on utilise pour rencontrer le Créateur intérieur[664].

Se traiter chacun comme le Créateur c'est un peu abstrait, mais il existe un substitut plus concret: faire comme si nous sommes complètement amoureux de notre partenaire. Découvrez les vertus et les bienfaits offerts par le partenaire et adressez-lui des commentaires élogieux à ce propos. Agissez comme si l'amour abonde. Avec le temps il se peut que nous découvrions une réalité issue de ces "faire comme si" J'ai moi-même eu recours à ce petit truc mental quand les choses devenaient difficiles, et cela a marché pour moi. Cette approche se base sur une confiance sous-jacente dans le partenaire et dans la valeur du mariage. Lorsque je regarde rétrospectivement la façon dont s'est installée ma confiance en Jim et en mon mariage, la première chose que j'aperçois c'est que ce n'est pas fini. Je risque encore de heurter ses sentiments et il peut encore heurter les miens parce que des malentendus surviennent parfois. Avant-hier j'ai gaspillé au moins dix longues minutes de ma courte vie à me mettre en colère contre lui pour quelque chose qu'il me semblait avoir dit. Heureusement, nous nous connaissons suffisamment bien après 13 années de mariage pour aller l'un vers l'autre et demander un éclaircissement immédiat. Il avait dit quelque chose de tout à fait différent, quelque chose

---

[664] Latwii, transcription du 11 octobre 1987, p. 7-8

de tendre et charmant et pas du tout malveillant. Quelle idiote j'ai été! Encore une fois!

Pour Jim et moi il y a eu deux moments où la confiance s'est épanouie d'un cran: le premier c'est pendant ma convalescence après une crise invalidante d'une affection rhumatoïde, peu après une opération abdominale en 1992. Jim avait été mon ancre pendant mon invalidité. C'était une tâche très dure mais il avait apporté son aide quasiment sans une plainte. Lorsque j'ai commencé à redevenir autonome Jim ne savait pas comment s'adapter au mieux à son rôle pour réagir aux changements. Je me suis remise à conduire ma voiture, même si Jim aurait préféré continuer à me conduire car il craignait que mes compétences n'aient 'rouillé'. J'ai insisté pour conduire moi-même. La réaction de Jim a été la fureur de l'homme inquiet à l'extrême, dont les préoccupations et les attentions étaient rejetées. Je voyais bien qu'il était dans un état terrible, qu'il aurait voulu à la fois prendre soin de moi et me tuer. J'ai dû constater que moi aussi j'éprouvais pour lui ce même mélange de sentiments extrêmes, bien que moi je n'étais pas du tout aussi habile à m'enflammer. Un changement de cette magnitude est difficile à assumer! Je l'ai calmé en lui disant que je pensais avoir la solution. Il était près de moi depuis des années et il savait que j'avais des choses sensées à dire, donc imaginez sa surprise quand je lui ai dit que plutôt que d'essayer d'avoir du tact il nous fallait assainir l'atmosphère. Je lui ai dit qu'il fallait qu'il me dise comment il voulait me tuer. «Tu es vraiment sûre de ça?» m'a-t-il demandé. J'ai hoché la tête et me suis préparée. Il l'a fait. Sa diatribe a été longue, imaginative et éloquente, et très fatale. Des années de frustration se sont déversées, et pas moyen de savoir comment venir en aide. J'ai pu sentir l'atmosphère s'éclaircir et s'éclairer à mesure que le poison était déversé. Lorsqu'il a eu terminé je lui ai donné moi aussi une bonne représentation de ce qu'étaient mes frustrations. Lorsque tout a été terminé nous avons atteint un nouveau degré de confiance l'un envers l'autre. Toute notre politesse déterminée avait créé un blocage d'énergie et nous avons pu sentir tous deux le soulagement apporté par une communication claire. Nous nous sommes répandus en embrassements et en expressions de soulagement, et Jim a accepté de me laisser conduire, bien que pour lui cela ait été un grand souci jusqu'à ce que mon niveau de compétence s'élève.

La deuxième occasion s'est produite lors d'un événement survenu alors que nous étions en vacances sur le rivage atlantique en 1994. Un ouragan se préparait et il provoquait de très dangereux courants de marée. Nous avons été pris dans l'un d'eux et avons été entraînés vers le large. J'ai rassemblé toutes mes forces et ai poussé Jim vers une zone sûre.

Cependant, mon effort m'avait entraînée plus loin et pendant un bref moment, alors que je tentais de nager vers le rivage et que je n'y parvenais pas, je me suis demandé si j'allais terminer cette incarnation pendant cette journée parfaitement belle, ensoleillée, bien en vue de la terre ferme mais incapable de la rejoindre. Depuis lors j'ai appris que, pris dans une forte marée comme celle-là ce qu'il faut faire c'est nager parallèlement au rivage jusqu'à ce qu'on puisse quitter les courants, car ils ne se produisent habituellement que sur 10 à 30 pieds d'étendue[665]. Enfin je suis parvenue saine et sauf au rivage en battant l'eau jusqu'à ce que je parvienne à me laisser porter par une vague particulièrement cohérente et que, parce que Jim avait réalisé que j'étais en train de sacrifier volontairement ma vie pour lui, du moins potentiellement, les barrières de son cœur avaient explosé. Il n'avait jamais perçu leur présence avant qu'elles ne disparaissent. Moi non plus.

Nous ne pouvons pas choisir comment surviendra le processus de développement de la confiance dans un mariage. Tout ce que nous savons c'est qu'il impliquera des souffrances et des épreuves. Il y a tellement de choses que nous ignorons à propos de nous-mêmes, sans oublier le mystère de tout être humain qui entre dans notre territoire familier. Tout ce que nous pouvons faire c'est être attentifs aux possibilités du moment, et suivre notre cœur et notre intuition. Un mariage n'est jamais facile. C'est une épreuve:

> Cet instrument a lu l'ouvrage de votre auteur Joseph Campbell, et nous trouvons dans le mental de l'instrument le concept conforme à sa théorie selon laquelle le mythe explique le naturel le plus véritable de l'humanité. La phrase est : «le mariage est une épreuve». C'est par le grand sacrifice des deux entités qu'un mariage devient une réalité spirituelle. La gestation de cette unité primordiale et fondamentale est la considération que vous pouvez appeler "amour profond" ou "amitié profonde", ou "engagement profond". Les non-mariés qui ont ces sentiments n'ont pas autant d'attentes de changement que ceux qui choisissent l'état de mariage. Il y a véritablement beaucoup de sacrifice dans la création du premier complexe mémoriel sociétal. Être ensemble est la nature de la densité dont vous jouissez. Les leçons ne sont que partiellement des leçons d'isolement et de solitude. Beaucoup de catalyseurs nécessaires attendent le chercheur dans les illusions d'une relation. Nous dirions donc que même dans les attentes minimales envers un autre 'soi' il est bon de se rappeler le désir de

---

[665] 3 à 10 mètres (NdT)

vérité, et de se rappeler également le désir d'être un être orienté positivement. Maintenant c'est-à-dire sans minimiser les effets des catalyseurs négatifs, le 'soi' qui se pardonne à lui-même et le 'soi' qui s'aime lui-même se tiennent sur leurs deux pieds et recherchent non pas le jugement de quiconque, mais la manière la plus utile de réagir. S'il n'y a pas de blocage dans les sentiments, les pensées, les attentes et les espoirs d'une entité, l'énergie passera par le chakra du cœur et les catalyseurs s'estomperont, lentement ou rapidement[666].

Plus que tout, les époux ont besoin du respect et de la bonne opinion l'un de l'autre. Si un souci substantiel survient, communiquez jusqu'à ce qu'il soit résolu. S'il ne l'est pas, travaillez à pardonner et avancez. Préservez avant tout les fondements du respect:

Lorsque nous examinons la relation de couple dans votre culture nous constatons qu'il y a un grand besoin de compréhension de la nature véritable des relations, et elle manque parmi vous. Se mettre en couple c'est devenir un: une chair, une vie et un esprit. Si l'un n'est pas à même d'engager son respect et son admiration, que ce soit physiquement, mentalement, émotionnellement ou spirituellement, alors la relation est menacée dès le début par l'absence d'une bonne opinion de l'autre[667].

Nous devons nous voir complets en nous-mêmes, car aucun mariage ne peut nous rendre complets:

Nous rencontrons notre mari ou notre femme quelque part sur notre chemin, mais il/elle n'est pas une pièce du puzzle qui nous rendra totalement complet. Cette pièce se trouve à l'intérieur de nous et ne peut jamais se trouver à l'extérieur de nous, quelle que soit la profondeur de notre recherche. Si nous pouvons réaliser cela alors nous serons heureux de savoir que personne d'autre que nous-même ne peut nous rendre complet, et nous pourrons apprécier la compagnie de l'autre personne sans la pression de vouloir une réponse à toutes nos attentes. C'est la grande leçon que j'ai observée. Ce point de vue enlève la pression exercée sur notre partenaire car lui ou elle ne pourra jamais répondre à toutes nos attentes. Et il enlève aussi la pression qui pèse sur nous si nous essayons de devenir le mari ou la femme rêvé(e)[668].

---

[666] Q'uo, transcription du 9 octobre 1988, p. 3-4
[667] Laitos, transcription du 6 août 1989, p. 1
[668] Karin Pekarcik, lettre du 1er janvier 1996

Si nous ne parvenons pas à transmettre nos sentiments en exprimant nos émotions nous pouvons toujours nous rabattre sur une communication claire. Même si elle est rendue muette, l'émotion sera exprimée par ceux qui acceptent de parler et de partager:

> C'est presque comme une magnifique danse lente: les deux personnes se rejoignent pour danser, chacune adaptant son propre style pour correspondre à celui de l'autre. Être libre de s'exprimer sans gêner l'autre, s'unir dans une danse de communication: comme cela fait du bien[669]!

'Tolérance': voilà un mot qui peut être très froid et exprimer du rejet, comme lorsque nous tolérons quelque chose que nous n'apprécions pas ou n'approuvons pas, mais dont nous savons que nous devons l'accepter. Néanmoins, c'est un mot et une qualité que j'utiliserais dans le mariage, accompagné de son partenaire: la clémence; car plus que dans des relations, dans le mariage nous nous efforçons de donner à l'autre notre 'soi' tout entier et non pas le meilleur de notre 'soi' ni notre 'soi' du dimanche. Karen Eck donne un bon exemple de la manière d'être un partenaire tolérant et clément:

> Cette relation a son fondement à un autre niveau. Lorsqu'elle devient houleuse (et elle a été très houleuse) je rappelle à mon mari qu'il peut la gérer, quelle que soit la difficulté, avec moi ou plus tard, et après un long travail intérieur j'en suis venue à accepter le fait que s'il choisit que ce ne soit pas maintenant, dans cette vie-ci, que ces problèmes soient résolus avec moi, nous reprendrons le travail dans le prochain cycle[670].

Il est commode de parler de la beauté du mariage. Il y a des aspects inspirants au vœu de mener une vie sacramentelle et saine avec notre partenaire. Les chrétiens sont mariés lorsque sont prononcés les mots faisant du mari le Christ et de l'épouse l'Église, et c'est magnifique de voir attribuer ces rôles archétypaux de soutien et amant à l'homme et de foyer et subsistance à la femme. Tous ces idéaux sont véridiques et merveilleux, même si notre société les a fait paraître faussés. Mais le mariage c'est également du travail très, très difficile. Au début il ne l'est probablement pas trop car nous parvenons à conserver pendant un certain temps cet aspect de 'dimanche'. Nous pouvons aussi être trop absorbés par des buts à atteindre, comme trouver un logement et fonder une famille, pour faire davantage que notre travail et nos devoirs. Mais les logements ne sont que des structures, les enfants n'ont jamais rendu les

---

[669] Heikki Malaska, lettre du 13 février 1999
[670] Karen Eck, lettre du 3 mars 1999

choses plus simples, et à mesure que nous apprenons à connaître les plus petites préférences et pensées de l'autre, nous pouvons devenir très exigeant vis-à-vis de cet autre, devenant sensible aux défauts que nous percevons chez l'autre et prompt à la critique. Pendant ce temps, notre partenaire parfaitement assorti nous voit lui aussi avec des yeux plus perçants. Il devient plus aisé d'avoir une relation d'adversaires qu'un partenariat aimant. Et il reste toujours trop facile de se séparer, et trop difficile d'entrer en harmonie. Cependant, la persistance d'un travail ardu est ce qui sépare les bons mariages des mauvais, et de plus en plus ceux qui sont toujours mariés de ceux qui se sont séparés ou qui ont divorcé Je ne sais pas comment écrire au sujet du mariage d'une façon qui lui enlève ces difficultés inhérentes et persistantes. Je peux seulement dire qu'en ce qui me concerne, les périodes les plus dorées de ma vie ont eu lieu dans le contexte d'une relation de couple. Pour moi cela reste un état qui est comme un immense cadeau, un merveilleux présent que je suis toujours en train de déballer.

L'infidélité dans le mariage fait encore plus de dégâts à la confiance que l'infidélité dans des relations où il n'y a pas mariage, car la vie a été engagée, il y a eu une promesse de vivre dans la fidélité, faite publiquement et devant une autorité puissante: soit la déité elle-même, soit le prêtre, le pasteur ou le juge qui a procédé à la cérémonie. Cependant, elle se produit:

> Celui qui étudie la métaphysique essaiera la plupart du temps d'ignorer les incitations aléatoires à recentrer l'attention sur la relation de couple. L'homme échouera toujours à le faire parfaitement. La femme peut s'efforcer de pardonner, de comprendre, etc., mais là aussi l'échec est inévitable. Mes amis, de cette manière comme d'une autre vous avez chacun l'autre pour vous aider, et nous encourageons fortement chacun à essayer de voir que la dynamique offerte par la sexualité avec un regard bienveillant et honnête, est prompte à vouloir encore et encore essayer de faire confiance. Lorsqu'il y a de la discorde à ce niveau, beaucoup d'énergie est bloquée, et il est habituel pour ceux qui étudient la métaphysique d'être bloqués dans une certaine mesure à ce niveau. Nous vous avons déjà parlé des dangers d'un travail en conscience sans un nettoyage préalable des énergies inférieures et nous le rappelons à chacun: le premier travail, est le plus basique, le plus bas et le plus fondamental. La première sainteté se trouve ici, où les pieds rencontrent la terre, où l'esprit rencontre la chair. Ici, au niveau où les entités naissent, où les entités expriment leur

Chapitre IX: Le sexe et les relations

nature la plus profondément physique: voilà où commence un bon travail[671].

Je sais qu'il est possible de pardonner l'infidélité parce que mon premier mari avait pris une maîtresse à un moment sombre où il voulait fuir les liens avec son humanité et notre mariage. Je savais qu'il était terriblement malheureux et que je ne pouvais avoir aucun espoir de le réconforter. Alors j'ai accepté son infidélité dans l'espoir que cela lui apporterait une certaine paix et un certain bonheur mais, et j'insiste, cela n'a eu aucun résultat. Le seul effet a été un poids de plus sur son cœur. J'ai pardonné et repardonné bien que cela m'arrachât le cœur, du moins c'était l'impression que j'avais. Si le mariage avait eu une chance de survivre j'aurais pu oublier cet incident, d'abord parce qu'il avait été bref et puis parce que lui avait commencé à me traiter mieux. Ce n'est pas cela qui a détruit notre mariage: c'est la haine profonde de mon premier mari pour le mariage qui a mis fin à notre union. D'une certaine manière, j'aurais préféré ne rien savoir du tout de cet incident, mais je le connaissais trop bien pour ignorer ce qui se passait. Pour ceux qui peuvent s'être égarés une fois et l'avoir regretté très profondément, l'option peut être de s'abstenir d'informer le partenaire de cette erreur. Mais si elle pèse trop lourdement sur l'âme, alors elle doit être avouée. Pour certaines personnes il est très difficile de pardonner l'infidélité, qu'elle soit isolée ou superficielle (par rapport à une infidélité habituelle ou sérieuse), alors examinez bien les conséquences avant d'en faire la confidence!

Il y a des niveaux dans l'infidélité. Pour moi, le flirt fait aussi mal que la promiscuité sexuelle avérée. La demande faite dans les années 1980 par mon époux actuel d'avoir un mariage 'ouvert' a été source de grandes peines pour moi. Il l'avait demandé au début de notre vie d'époux, n'a jamais agi sous le coup de ce genre de sentiment, et est devenu totalement fan de la monogamie à mesure que s'épanouissait notre vie sexuelle sacramentelle. Mais ce qu'il avait exprimé à ce moment était un désir de liberté. Je savais bien qu'aucun homme n'est jamais resté fidèle juste parce que sa femme le lui demandait, alors j'ai simplement accepté un mariage ouvert, et j'ai éprouvé un très grand soulagement et ravissement lorsqu'il est devenu suffisamment mûr en tant qu'être humain pour commencer à percevoir la liberté comme la chance d'être libre avec moi, et a commencé à éprouver le sentiment d'être marié qui est si essentiel à une relation durable et saine. Cela est dû à notre sexualité. Un homme ou une femme peut voir sa/son partenaire comme un(e) partenaire sexuel(le) parmi d'autres sur cette planète, ou bien comme le/la partenaire sexuel(le)

---

[671] Q'uo, transcription du 9 avril 1995, p. 9-10

qui incarne toute la polarité sexuelle de la planète dans un seul être. Je crois que les femmes plus que les hommes sont orientées vers la culture qui voit le mari de cette manière sacramentelle, (comme le Seigneur dans le sens du Seigneur et la Dame comme dans la magie Wicca, magie de la nature et magie cérémonielle), mais j'ai aussi constaté que les deux sexes sont capables au même degré d'atteindre ce niveau de désir sexuel pour leur partenaire parfait unique. Cela n'a pratiquement rien à voir avec notre apparence, Dieu merci! Cela a tout à voir avec la manière dont nous nous traitons l'un l'autre. Les mondes les plus abscons de relations sexuelles sacramentelles sont ouverts aux couples qui réussissent l'épreuve du feu et parviennent à se voir l'un l'autre comme leur partenaire parfait(e). En outre, il y a de l'énergie vivifiante dans ces jeux éblouissants. Je suis sincèrement convaincue que ce sont les relations sexuelles sacramentelles offertes avec soin qui ont potentialisé les contacts de notre groupe avec ceux de Ra, et qui potentialisent toujours la vie de Jim et la mienne à présent.

Parfois, les plus grands efforts pour conserver le mariage échouent. Melissa explique:

> Il avait besoin d'une séparation. J'ai fini par comprendre qu'en dépit de mes peurs et de mes besoins je devais lui accorder cela. Tout ce qui peut survenir au cours d'une séparation est arrivé, y compris laisser entrer romantiquement des énergies d'autres personnes, etc. Cela a été intensément douloureux pour moi. Nous restons très proches. En fait nous nous parlons plusieurs fois par jour. Toute cette expérience m'a forcée à regarder de plus près moi-même, ce que je considérais être ma foi en quelque chose, ma 'spiritualité' et la discipline émotionnelle-mentale, ma force de caractère. Certains jours je me sens tellement ébranlée qu'il n'est pas surprenant que le jour-même où votre courrier est arrivé, je me demandais une fois de plus si je voulais rester sur cette terre ou non[672].

Et 169 fait écho:

> Passée par un divorce horriblement pénible qui m'a laissée vidée et incapable de comprendre pourquoi la confiance et la foi profondes qui m'avaient amenée à renoncer à ma sécurité en Europe pour suivre cet homme jusqu'ici m'ont laissée si totalement privée d'amour et de soutien[673].

---

[672] Melissa, lettre du 10 juin 1999
[673] 169, lettre du 23 septembre 1997

Chapitre IX: Le sexe et les relations

Nous percevons le cœur brisé et la peine provoquée par ces événements, la fin de ce qui devait durer toute une vie. Ceux de Q'uo nous assurent que même si elle finit par un divorce, une relation engagée de ce type aura valu la peine:

> Nous parlons à présent du concept de l'échec dans des relations. La promesse du mariage se termine souvent par l'équivalent d'une déclaration de départ ou de divorce. Qu'est-ce qui arrive alors à l'alliance en termes métaphysiques Elle est toujours valable. Elle est valable dans la mesure où, et pour autant que le chercheur ait été sincère lorsqu'il se réclamait de la promesse en tant que telle. Il est de la nature de l'illusion de piéger, tromper et contrecarrer, et souvent il arrive que des promesses sont rompues, que des mariages se terminent. Toutefois, métaphysiquement la force de la promesse, la force de la volonté de servir en respectant la promesse, font beaucoup pour renforcer, équilibrer et régulariser la recherche intérieure. Naturellement, il n'est pas possible que quelqu'un qui se dirige vers la place de la promesse et fait savoir qu'il est certain de pouvoir la tenir y parvienne, car dans l'illusion dont vous faites l'expérience, diverses forces peuvent entrer en action, qui peuvent rompre vos amarres et alors, secoués jusqu'aux racines que vous avez fait pousser vous partez simplement à la dérive et dans votre confusion vous vous demandez si tout ce que vous avez vécu en valait la peine. Nous vous assurons qu'il y a une grande utilité à tous les efforts qui ont été faits pour tenir les promesses que vous aviez faites. Cheque jour, chaque heure, si un échec semble s'être produit il est bon de se rappeler que l'échec fait partie de l'illusion, mais que la promesse est éternelle. Ce n'est pas une promesse à tenir éternellement en revenant encore et toujours auprès d'un même partenaire dans le cycle sans fin du temps, mais une lumière éternelle allumée par deux entités qui métaphysiquement sont devenues une, et qui cherché ensemble à atteindre la maîtrise[674].

Je trouve que cela donne beaucoup d'espoir, de savoir que nous sommes tous en relation les uns avec les autres, que nous paraissions réussir ou non à exprimer les qualités et idéaux que nous souhaitons offrir l'un à l'autre. Nous sommes attirés l'un vers l'autre à titre de première phase du souhait de devenir un, et au cours de nombreuses vies j'imagine que nous vivons de nombreuses amours et passions contrariées mais qu'elles sont toutes vraies à leur propre manière. La fin de cette expérience est de

---
[674] Q'uo, transcription du 28 juin 1987, p. 4

devenir vraiment unifiés en tant que le complexe mémoriel sociétal que nous nous efforçons de devenir dans la prochaine densité où nous nous aimons tous les uns les autres, et où nous nous acceptons les uns les autres tels que nous sommes, tout en accordant à chacun le droit à des délimitations de notre caractère unique et de notre valeur personnelle. Puissions-nous chacun réussir dans nos relations et y apporter tout ce que nous sommes et tout ce que nous avons, car elles constituent véritablement une grande partie de la richesse de cette expérience de vie terrestre.

Chapitre X: Les aspects societaux

L'argent

Il ne faut pas avoir été incarné depuis longtemps pour réaliser que l'argent est quelque chose de puissant. Nos parents paraissent travailler pour en acquérir, et moi je réfléchis soigneusement avant d'en dépenser. Enfants, nous nous trouvons jugés par la quantité d'argent que nous pouvons consacrer à nos vêtements et à notre apparence, particulièrement au moment d'entrer dans la longue phase de la jeunesse où être 'tendance' est très important. Il est éventuellement possible d'être populaire sans porter la bonne sorte de vêtements, sans posséder les biens adéquats, sans la capacité à fréquenter les lieux 'cool' où l'on fait des choses 'tendance', mais c'est peu probable. Dans mon enfance j'ai rapidement pris conscience du fait que ma famille n'avait pas de fonds suffisants pour me procurer les vêtements et gadgets adéquats. Il m'est alors venu le désir de posséder cette merveilleuse substance qui paraissait pouvoir ouvrir tant de portes. À mesure que j'ai acquis de la maturité, je me suis rendu compte des aspects négatifs de l'argent. À l'âge de 13 ans j'ai eu un grave problème rénal qui m'a conduite à l'hôpital où j'ai dû rester pendant deux mois, et ensuite il m'a fallu rendre visite au médecin tous les jours pendant cinq mois pour recevoir des piqûres. Le résultat de tout cela a été une facture colossale. Je me suis sentie très coupable de coûter à mes parents tout cet argent qu'ils n'avaient pas, et pour première tentative de faire de l'argent j'ai créé un plateau de ce que je pensais être de très jolies fleurs de corsage artificielles, chacune faite avec grand soin de fibre de bois. Aucun des propriétaires de magasins du voisinage n'a voulu en mettre en vente pour moi. Dans mon impuissante frustration j'ai davantage encore pris conscience du pouvoir de l'argent et de l'iniquité diabolique de ne pas en posséder suffisamment. Devenue adulte, j'ai exploré encore plus à fond l'utilité des fonds que je serais capable d'acquérir, et le relent de mal que je percevais souvent dans les coulisses de l'actualité du jour et en observant des gens pleins d'argent manier ce pouvoir pour leur propre bénéfice et pas nécessairement pour le bien d'autrui. Une chose que je n'ai jamais mise en question est la nécessité de travailler pour obtenir de l'argent. L'éthique du travail m'a été enfoncée dans la tête et j'en ai vu la nécessité dans ma vie de tous les jours. Ma famille a toujours totalement accepté la nécessité de travailler pour gagner de l'argent. En outre, j'ai appris à tirer de la fierté de mon travail et à ce jour, qu'il s'agisse d'argent ou non, dans tous les efforts que je fais je m'efforce de faire de mon mieux:

> Les jeunes de votre culture sont éduqués à travailler, à faire de bons efforts, à suivre certaines voies pour poursuivre leurs ambitions. L'âme est éduquée à reconnaître que la valeur réside dans ce que l'on fait, et c'est ainsi que l'esprit se trouve en face du 'soi', tente de trouver ce qui permettra de gagner de l'argent, tente de préparer le 'soi' à le faire, et passe ensuite la vie à poursuivre une certaine carrière, une certaine profession[675].

Heureuse la personne que son chemin naturel conduit, par la scolarité ou une préparation d'un autre ordre, à un emploi ou une carrière qui puisse payer ses factures et subvenir à ses besoins dans la vie! Pour la plupart d'entre nous, les fonds viennent au moins de temps en temps à manquer, le chemin qui mène de l'apprentissage au travail n'est pas une ligne droite, et on peut se demander parfois dans quelle mesure l'argent est vraiment sain. Nous pouvons très facilement être victimes de soucis d'argent même si nous vivons dans une culture d'abondance. Voici ce qu'en disent ceux de Q'uo:

> La question de l'approvisionnement est peut-être le gouffre le plus profond de préoccupations irrationnelles qui attire vos peuples. Face à cela, nous suggérons simplement qu'une saine attitude par rapport à l'argent est d'assurer le pain quotidien et ensuite de permettre aux préoccupations de s'éloigner de manière appropriée, et que chacun procède à une réorientation consciencieuse chaque jour ou à chaque fois que cette préoccupation le/la taraude[676].

Cela ressemble à un avis biblique qui suit les mots de la prière "Notre Père", qui nous dit de ne nous soucier que de ce qui nous est nécessaire "ce jour" ou "notre pain quotidien". Nous avons absolument besoin d'une certaine quantité d'argent pour pouvoir acheter la nourriture qui nourrit notre corps et pour pouvoir abriter ce corps. Nous pouvons gérer toutes les autres préoccupations au mieux de nos possibilités et nous le ferons. Ainsi notre zone de préoccupation est réduite à une taille que nous pouvons traiter. Cela nous donne une certaine paix de l'esprit dans l'immédiat, mais la question demeure: comment évaluer cet argent que nous dépensons après avoir passé tant de temps à le gagner. Il est très tentant d'essayer d'en engranger autant que nous le pouvons dans un souci de sécurité, mais en fait nous ne sommes jamais vraiment en sécurité. Si notre argent est placé dans une banque, cette banque peut faire

---

[675] Q'uo, transcription du 19 avril 1998, p. 3

[676] Q'uo, transcription du 12 septembre 1993, p. 5

faillite. S'il est investi dans des actions et obligations, le marché peut dégringoler. S'il se trouve sous notre matelas la devise peut se dévaluer. Des événements comme une longue maladie peuvent se produire, qui peuvent absorber jusqu'à notre dernier sou. Si nous nous soucions trop d'amasser cette sorte d'argent nous serons, c'est bien compréhensible, aussi stupides que le personnage de BD, Uncle Scrooge[677], qui prend des bains de pièces d'or et se roule dedans, et nous ne serons pas nécessairement de bons gestionnaires de l'énergie et de la puissance que nous aurons accumulées. La sécurité est une chose merveilleuse et je travaille moi-même à conserver des fonds afin que ma vie puisse être financièrement mieux assurée. Mais il y a une grande différence entre apprécier ce que l'argent peut faire et aimer l'argent! L'appréciation et la conservation de réserves sont de la prudence. L'amour de l'argent est, comme le dit l'épître de Timothée, la racine de tous les maux[678]. Joseph Koehm commente:

> La sécurité que vous ressentiez est une illusion. Demain vos dollars n'auront peut-être plus aucune valeur. Vos terres pourraient vous être retirées pour un million de raisons différentes. Demain vous pourriez vous réveiller mort. Il n'y a aucune garantie que vous pourrez arriver à l'âge de la pension et encore moins que vous pourrez prendre votre pension et vivre heureux encore longtemps après cet âge. Il y a des chances que vous puissiez vivre heureux pendant longtemps encore, mais à condition que vous ôtiez les barreaux de votre cage, de votre passé, et que vous regardiez où vous allez: vers le futur. Le futur est éternité[679].

Une approche spirituelle de l'argent pourrait donc même impliquer que l'argent lui-même soit déclaré mauvais, du moins l'amour de l'accumulation d'argent. Certes, l'instructeur connu sous le nom de Jésus avait le sentiment que l'univers pouvait fournir ce qui était vraiment nécessaire, et il a envoyé ses disciples sur les routes, sans argent aucun, et depuis l'avènement des communautés monastiques la pauvreté (ainsi que la chasteté et l'obéissance) est l'un des trois vœux que formulent ceux qui s'engagent dans la voie monastique en rejoignant de telles communautés. Toutefois, selon moi on est plus proche de la vérité de la situation lorsqu'on regarde l'argent comme une sorte d'énergie qui arrive en quantités variables mais que, quelque soit le montant, nous pouvons voir comme une énergie aussi potentiellement spirituelle que sexuelle que

---

[677] Oncle Picsou (NdT)
[678] Car l'amour de l'argent est une racine de tous les maux, I Timothée 6:10. (Bible Segond) (NdT)
[679] Joseph R. Koehm, lettre du 3 août 1998

n'importe quelle autre sorte d'énergie. Cela dépend simplement de ce que nous faisons de l'argent dans notre mental et dans nos actes:

> Pour arriver à une juste relation avec l'argent il est bon de placer les préoccupations concernant les finances dans le saint des saints qui se trouve à l'intérieur de votre mental profond. La conscience de l'unité est une conscience d'abondance infinie. La Création est emplie de tout ce qui est. Chaque besoin possède ce qui peut subvenir à celui-ci. Cette conscience d'approvisionnement infini jette une lumière bienvenue sur l'âme assiégée de soucis financiers. Mais qu'arriverait-il si vous remplaciez le mot 'argent' par le mot 'énergie'? L'utilisation du mot 'énergie' peut aider quelque peu car ce qui est énergie ne doit pas être thésaurisé mais bien exprimer sa nature dans sa potentialisation. Ainsi donc, la règle générale est que les entités peuvent faire ce qu'elles ont à faire pour acquérir assez d'énergie pour survivre et se sentir à l'aise. Cette énergie peut être transmuée par ceux qui voient le spectre des énergies comme beaucoup de choses qui deviennent de l'argent. Et nous sommes certains que chacun peut penser à de nombreux exemples où des choses qui semblaient impossibles se sont passées à cause d'un échange de biens et services plutôt qu'à cause d'une insistance sur une simple forme d'énergie[680].

L'idée ici est de libérer nos idées à propos de l'argent des contraintes de sources et d'espèces, de permettre à l'énergie d'approvisionnement de circuler dans notre vie sans préoccupations exagérées à ce sujet, en nous assurant simplement de faire correspondre nos dépenses au contenu de notre bourse. De même, lorsqu'il nous est demandé d'être généreux envers ceux qui ont besoin d'une certaine quantité de cette "énergie verte[681]" il est bon de voir mentalement cette énergie en mouvement et d'être de généreux intendants de nos richesses, quelles qu'elles soient. J'ai un couple d'amis qui ont élevé leurs enfants souvent en ayant très, très peu d'argent mais toujours juste assez pour subvenir à leurs besoins. Parmi leurs vertus: ils ont construit leur propre maison, ont instruit leurs enfants à la maison jusqu'à la fin des études primaires, tout en mettant de côté à chaque rentrée d'argent une certaine somme pour des institutions charitables. J'ai toujours été convaincue qu'une des raisons de leur abondance est qu'ils ont laissé circuler sans crainte l'énergie. Ils ont certes enseigné à leurs enfants la valeur d'un dur labeur récompensé par la satisfaction et, dans leur cas, un lieu merveilleux pour vivre; mais ils

---

[680] Q'uo, transcription du 12 septembre 1993, p. 2-3

[681] Texte original: 'Green energy'= référence au billet vert: le dollar américain (NdT)

leur ont enseigné bien plus que cela en ne s'attachant jamais à leur argent mais en se considérant comme des maillons d'une chaîne spirituelle de solidarité:

> Il y a l'exemple de l'homme qui était très vertueux dans l'observance de chacun des commandements, mais quand ce chercheur à demandé à l'instructeur connu sous le nom de Jésus ce qu'il pouvait faire de plus pour le suivre, celui du nom de Jésus a suggéré que cet homme riche vende tout ce qu'il possédait et soit ainsi libre. Depuis que ces mots ont été entendus et écrits, cette parabole rend nerveuses certaines entités qui mènent une vie confortable. Cette parabole ne concerne pas tellement l'argent ou d'autres sortes de richesses que la relation avec ce qui entre et qui sort. Par exemple, le corps naît et meurt, mais il n'est pas orgueilleux d'en prendre soin afin qu'il soit confortable et serve bien. Il en va de même pour les biens que l'on possède dans la vie: ce n'est pas un crime de conserver ses richesses et de les utiliser pour que l'on soit à l'aise. Mais si l'on veut s'accrocher au corps en essayant d'éviter de devenir vieux ou de mourir, alors se pose la question: «qu'est-ce qui est le plus important: le corps ou l'âme?». La même question se pose à propos de l'abondance d'argent ou de pouvoir. Y a-t-il une relation de conservateur ou d'intendant avec la richesse de sorte qu'elle est utilisée avec prudence et charité, ou bien y a-t-il avidité ou possession de richesses ou d'influence? Si c'est le deuxième cas qui s'applique, il y a alors des possessions à vendre pour pouvoir suivre l'état d'esprit que cet instrument nomme souvent «conscience christisée»[682].

Il est parfois difficile de résister à la tentation de s'accrocher à l'argent et aux possessions. La chanson dit "Money changes everything"[683], et nous savons tous ce que cela signifie. L'argent qui permet de voyager en première classe ne rend pas heureux mais il peut offrir du confort très agréable. Comme c'est le cas de nombreuses préoccupations d'ordre spirituel, le but en ce qui concerne l'argent, est de trouver l'équilibre entre prudence et service d'une part, et détente en suivant le rythme de l'abondance et des besoins satisfaits. Qui plus est, nous pouvons devenir de véritables artistes dans ce domaine, et nous servir de ce problème comme d'un moyen supplémentaire pour étendre notre processus de recherche. Comme quasiment toutes les préoccupations, celle qui

---

[682] Q'uo, transcription du 14 mars 1993, p. 1-2

[683] L'argent change tout: https://en.wikipedia.org/wiki/Money_Changes_Everything (NdT)

concerne l'argent offre une voie grâce à laquelle le chercheur en spiritualité peut apprendre à se connaître.

> L'illusion de séparation existe pour que chaque partie du Créateur, la personnalité de chacun de vous, puisse avoir l'occasion d'explorer, dans les champs sans limites du Créateur, les occasions de découvrir l'amour et le service mutuels, même si cela ne semble pas être le but principal de l'incarnation. L'illusion propose de nombreuses réponses alternatives à celle qui demande pourquoi nous sommes ici: pour amasser des richesses, pour être puissants, pour faire telle ou telle grande chose. Tout cela ce ne sont que des moyens par lesquels chaque entité peut trouver le cœur de l'amour et de l'unité à l'intérieur d'elle-même[684].

Les missionnés ont tendance à ne pas être particulièrement habiles avec l'argent, bien que cette affirmation, comme toutes les généralisations, ne puisse pas être tenue pour vraie dans tous les cas. Voici un exemple d'un correspondant qui a écrit pour parler de cette question:

> Je n'ai jamais éprouvé le besoin d'accumuler des richesses ou des biens pour satisfaire à un besoin intérieur, mais j'ai toujours senti intuitivement que vouloir des choses de ce monde ne valait pas la peine. Bien sûr, le Sermon sur la montagne appuie ce concept, spécialement Matthieu 6:24. Il est impossible de se trouver des deux côtés d'une rue à la fois. Il y a 25 ans, une médium de Southend, Angleterre, m'a dit que je ne serais jamais en manque d'argent, que l'approvisionnement était assuré. Ma vie est la confirmation de cette prédiction. Elle a dit que j'aurais d'autres ennuis. Vrai également[685].

La citation extraite de l'évangile selon Matthieu signifie que nous ne pouvons pas servir à la fois Dieu et Mammon, Mammon étant un demi-dieu grec personnifiant l'argent et dont le nom *Mammonas* désigne les richesses[686]. Une chose qui me paraît vraie en ce qui concerne l'argent est qu'il fait partie du plan des leçons de notre vie. Nous ne sommes pas tous destinés à disposer de la même quantité des conforts de ce monde. Mais nous sommes tous venus avec une même quantité d'amour à donner et à découvrir.

> Dans votre illusion, selon la manière que vous aurez choisie pour apprendre les leçons de l'amour, vous découvrirez ce que vous

---

[684] Q'uo, transcription du 29 décembre 1997, p. 4
[685] 282, lettre du 24 juillet 1994
[686] Voir https://fr.wikipedia.org/wiki/Mammon (NdT)

Chapitre X: Les aspects societaux

considérez comme des manques de pouvoir, d'argent, d'influence ou d'amour. En fait, tous ces manques sont des distorsions de l'amour et peuvent être vus comme des occasions de découvrir la véritable nature de l'amour. Si vous n'avez pas suffisamment d'argent, vous pourrez constater que votre inconfort vous distrait de votre recherche. Mais si vous vous placez à un autre point de vue vous pourrez découvrir que votre manque d'abondance produit une simplicité qui vous donne la liberté d'aimer[687].

Quelle que soit votre destinée en ce qui concerne l'approvisionnement, il y a de la vertu à accepter d'un cœur paisible la quantité que nous en possédons et à trouver un moyen d'en vivre tout en exprimant de la générosité.

Chacun a établi pour lui-même une incarnation spéciale offrant de puissantes expériences de pénurie et d'abondance, de douleur et de paix. Si vous possédez peu d'argent, ne pensez pas que vous ne méritez pas davantage. Si vous possédez beaucoup d'argent, ne pensez pas que vous méritez moins. Mais quel que soit votre environnement, emplissez-le de votre amour du Créateur et permettez à cet amour d'aller vers l'infini du visage riant du Créateur afin que Sa lumière puisse briller infiniment à travers vous et que vous puissiez devenir de l'abondance pour autrui. L'argent est pertinent dans votre illusion. Jouissez-en si vous en avez, cherchez-en si vous le devez, ignorez-le si vous en avez la possibilité, mais manifestez l'abondance et la conscience de l'amour[688].

L'argent est un symbole d'amour qui a été mis en place par les humains pour faciliter les échanges de biens et de services. Son énergie verte est une illusion dans l'illusion. L'illusion la plus proche de la réalité est l'amour: certains en ont moins.

À présent examinons les valeurs de votre culture. L'accent est toujours mis sur ce que cet instrument l'appelle «l'énergie verte de l'argent». Certains en ont plus, certains en ont moins. Inutile de le dire: c'est une illusion car toutes choses font partie du Créateur infini unique, et que vous donniez ou que vous receviez, vous faites simplement bouger l'énergie autour de vous[689].

---

[687] Hatonn, transcription du 3 septembre 1983, p. 3-4
[688] Q'uo, transcription du 20 décembre 1986, p. 4
[689] Q'uo, transcription du 4 février 1996, p. 2

Donc, une bonne partie de la force qui anime notre culture est artificielle! Dans notre utilisation de l'argent, restons dans une relation réelle avec l'énergie qui est l'essence de l'approvisionnement: l'amour infini du Créateur unique. Si nous parvenons à voir avec foi la source infinie d'approvisionnement, si nous sommes généreux de ce que nous possédons et si nous gardons l'énergie en mouvement, nous serons toujours à même d'arriver à nos fins. Comme c'est le cas pour toute généralisation, cette affirmation ignore ceux qui peuvent être tombés dans les fissures de la société, qui n'ont pas mangé aujourd'hui, et qui n'ont pas de refuge pour abriter leur sommeil de cette nuit. Pour ceux-là je prie pour que de l'aide soit trouvée et ce, très rapidement. J'espère sincèrement qu'un de ces prochains jours la nourriture et un abri se trouveront parmi les droits de ceux qui viennent respirer sur la planète Terre.

Le travail

Lorsque je pense au thème du travail ma pensée se dirige immédiatement vers deux citations immensément différentes. L'une est prononcée par la voix éplorée du prédicateur du livre de l'Ecclésiaste dans la Bible:

> 3 Quel profit a l'homme de tout son labeur dont il se tourmente sous le soleil?
>
> 4 Une génération s'en va, et une génération vient et la terre subsiste toujours[690]

L'autre voix, la voix contrapuntique, est celle de Kahlil Gibran dans le personnage du Prophète:

> Le travail est l'amour rendu visible.
> Et si vous ne pouvez travailler avec amour mais seulement avec répugnance, mieux vaut abandonner votre travail et vous asseoir à la porte du temple, demandant l'aumône à ceux qui œuvrent avec joie[691].

De nombreux pèlerins se retrouvent dans la première de ces citations, par exemple les deux qui suivent:

> J'ai du mal avec les "vrais jobs". Ils sont comme des prisons. Je ne veux pas y être condamnée. Je ne veux pas m'en faire au sujet de

---

[690] La Bible version Darby – NdT

[691] Khalil Gibran – Le Prophète (07 – sur le Travail)

CHAPITRE X: LES ASPECTS SOCIETAUX

l'argent. Je voudrais travailler ma vie entière à aider autrui, mais je suis coincée dans les complexités de vie en troisième densité[692].

1

Je ne pouvais pas supporter de travailler 40 heures par semaine pour être misérable et réaliser le 'rêve américain'. Juste parce que je ne pensais pas en termes culturellement/sociétalement acceptés comme me marier, avoir des enfants, et travailler[693].

Le temps nécessaire à se faire une bonne, saine idée du travail que nous voulons vraiment faire est souvent beaucoup trop long pour des gens qui veulent que nous soyons fin prêts pour le travail dès la fin de notre scolarité. Souvent les chercheurs en spiritualité se sentent complètement désarmés en ce qui concerne leur carrière véritable, trop âgés et pas suffisamment engagés, mais ils ne sont pas prêts à accélérer le processus:

> Mon plus grand dilemme est que je suis ce qu'on appelle un tardif. Je suis arrivé à un âge où la plupart des gens sont mariés ou au moins établis dans une carrière ou une profession. Cela est vu comme un problème parce que je ne n'accepte pas les contraintes sociales attendues pour lesquelles, je l'ai réalisé il y a longtemps, je ne suis pas fait[694].

Et parfois il nous semble être dans une période où un travail ne nous conviendra jamais:

> Par deux fois j'ai été licencié par des sociétés qui ont réduit leurs effectifs, adapté leurs effectifs, ou que sais-je encore. Est-ce que quelqu'un essaie de me dire quelque chose là? Alors j'ai décidé que cette fois je ferais les choses différemment. Au lieu d'aller faire ce que j'ai toujours fait, j'ai voulu essayer d'enseigner à d'autres personnes. Je suis un merveilleux motivateur pour les autres. Les gens se sentent emballés quand je leur parle de leur potentiel et de la façon dont ils peuvent changer leur vie. C'est trouver le contexte dans lequel accomplir cela qui est le problème. J'ai aussi un problème pour le faire fonctionner. Je pense qu'enseigner la spiritualité devrait être fait gratuitement mais nous avons tous besoin de manger. La réalité est que les chèques de chômage touchent à leur fin et que je n'ai fait de progrès dans

---

[692] Karen Eck, lettre du 28 juin 1998

[693] Gypsee, lettre du 9 octobre 1997

[694] Marc Morgan, lettre du 7 septembre 1999

aucun domaine qui pourrait répondre à mes besoins financiers, et moins encore à mes besoins spirituels[695].

Il y a certainement de nombreuses raisons pour lesquelles nous pouvons nous sentir découragés de devoir travailler pour pouvoir vivre. Peut-être que notre formation actuelle ne nous qualifie que pour des emplois mal payés et que nous nous sentons dépréciés et sous-payés. Peut-être que nous nous sentons pris au piège dans un emploi qui ne nous convient pas mais qui paie bien ou procure des avantages appréciables. Peut-être que nous préférerions étudier, ou nous occuper d'agriculture ou être en retraite permanente. Mais nous aurons vraisemblablement besoin d'un emploi pour la plus grande partie de notre vie afin de pouvoir financer nos habitudes alimentaires et de logement. Il nous faut trouver un moyen de regarder le travail qui nous aide à supporter notre nécessité de continuer à faire partie de la main d'œuvre. Selon moi, ce moyen est celui de Gibran, qui voit le travail comme l'amour rendu visible. 252, une spécialiste de soins de santé, et dont l'orientation est métaphysique, explique:

> Une chose que vous avez dite au sujet de notre mission essentielle qui est d'être un canal ou un transmetteur d'énergie divine: je me sens capable de faire cela. En fait, je sens que c'est cela mon but. Il est difficile de le faire dans le cadre d'un hôpital parce que le stress peut être très grand parfois, à cause de la nature de l'environnement. Auriez-vous des commentaires à faire sur la manière d'y arriver même dans des environnements très contraignants et stressants où l'on doit se presser tout le temps même lorsqu'on n'en a pas envie? Est-ce que je me trouve dans le mauvais environnement [696]?

252 se trouve tout à fait dans le bon environnement et elle fait de son mieux pour partager ses talents naturels, comme je le lui ai assuré. Les meilleurs jobs sont souvent perçus comme difficiles et nous pouvons aisément nous demander si nous sommes au bon endroit dans nos propres processus. En termes de spiritualité je pense qu'il y a de la vertu à voir le présent job, la présente carrière ou le présent bon travail comme bien adapté à nous dans le moment présent et ensuite, si nous avons des doutes, à examiner quelles leçons d'amour, de pardon et de patience nous sont proposées en même temps que la chance de produire ce que nous nous employons à produire. Car au-delà du type de travail impliqué, tout travail est une expression de nous-même, une prière essentielle:

---

[695] Trixie 9, lettre du 21 janvier 1999
[696] 252, lettre du 24 janvier 1999

Chapitre X: Les aspects societaux

Il a été dit: "travailler c'est prier", et pour ceux qui ont la chance, dirons-nous, d'avoir trouvé des occupations qui leur permettent de se procurer ce qui est nécessaire à la survie et qui nourrit aussi l'esprit, cela est vrai au sens le plus profond. Vous pouvez trouver ces gens en train de travailler avec leurs mains pour faire de la beauté, travailler avec leur mental en tant que canaux de diverses formes d'amour, travailler parmi les gens d'une manière telle que leur être même est du service de manière substantielle. Mais pour beaucoup, mes amis, la connexion entre la vie quotidienne et l'amour, entre l'action et la méditation, n'est pas apparente. Et pour que vous puissiez relier d'une quelconque façon le travail de forme vide que vous vous trouvez en train de faire, et le travail qui est de l'amour, il est recommandé que vous commenciez par la méditation plutôt que par le travail[697].

Voir mentalement notre travail comme une forme vide et ensuite le voir comme de l'amour est un acte puissamment stimulant et énergisant qui nous rend libres de considérer tous les types de travail que nous accomplissons avec une réelle fierté. Je pense que cela est essentiel dans le travail qui nous permet de vivre. Dans ma vie j'ai eu des postes d'un niveau très basique: serveuse de bar, réceptionniste dans un motel. J'ai également travaillé en tant que fiscaliste, comptable, bibliothécaire et chercheuse, mais je travaille aussi à ma correspondance et à la conception de projets de livres. En tant que responsable de la machine à photocopier pour l'université, mon tout premier emploi 'professionnel', je gagnais la mirifique somme d'un dollar US de l'heure. Personne aux États-Unis ne peut prétendre avoir des débuts plus humbles, ou une paie plus modeste, mais croyez-le ou non, j'ai vécu de mon salaire à un dollar de l'heure. Inutile de dire que j'ai dû davantage compter sur la bonne fortune universelle que sur un avenir où je pourrais m'offrir des soins et une assurance médicaux, sans compter des meubles, des gadgets comme une TV ou un téléphone, et plus qu'une seule pièce où vivre. Mais quand j'étais chez moi j'aimais ma chambre unique, et c'était un bon logement. J'étais heureuse de vivre de mes gains. Je me sentais tout à fait orientée vers le service. Un employé ou un opérateur de machine peut travailler en ayant une attitude de recherche de l'excellence, et ne pas se contenter de faire son travail aussi simple qu'il soit. J'ai beaucoup aimé faire mon travail aussi bien que je le pouvais, agrafant mes tas de photocopies avec une grande précision. Mon emploi de barmaid a sans doute été celui de tous mes jobs que j'ai perçu comme le plus orienté vers le service. Comme mon présent travail de correspondre avec des pèlerins de toutes

---

[697] Hatonn, transcription du 4 février 1982, p. 1-2

formes et tailles, qui éprouvaient de la reconnaissance lorsque je trouvais un peu de temps pour m'asseoir auprès d'eux et converser. Je ne me suis jamais sentie mieux appréciée dans ma vie que derrière ce bar trempé de bière où j'ai travaillé pendant les vacances d'été du collège que je fréquentais, servant des bières, écoutant et partageant. Peu importe le poste que nous occupons: nous pouvons le voir comme un travail extérieur, c'est-à-dire la forme de ce travail, ou bien cacher ou révéler partiellement la forme essentielle de ce travail, c'est-à-dire apprendre à se connaître soi-même et faire sur soi un travail de développement de la polarité au Service d'autrui:

> Si l'on voit que sa propre vie est un don qui doit être créé par le 'soi' avant d'arriver à la fin de la vie dans cette densité, alors on peut voir que même si on avait des attentes au sujet de la formation, le travail véritable ne se révèle pas dans les résultats mais dans les attitudes et déformations acquises au cours de la formation, et que ce processus se poursuit indépendamment des circonstances extérieures qui changent en fonction d'apparents succès ou échecs[698].

Pour être fiers de notre travail nous pouvons donc nous focaliser non pas juste sur ce que nous faisons, mais sur la manière dont nous le faisons, avec combien d'amour et d'attention. Je me souviens de l'époque où j'ai travaillé comme bibliothécaire documentaliste à la Simon Fraser University à Vancouver en 1968. C'était un poste professionnel mais mortellement ennuyeux qui consistait à consulter les fiches de références du catalogue de la Bibliothèque du Congrès dans les volumes très pesants et surdimensionnés fournis par l'Université. Il fallait rester debout et lire ces fiches en baissant la tête, et sans cesse soulever un volume après l'autre. Je suis certaine que la technologie a maintenant informatisé ce travail et l'a grandement facilité. Les autres bibliothécaires du service avaient un véritable problème moral, mais ma nature éthique m'a bien servie. Je m'efforçais seulement de rechercher chaque référence demandée d'un cœur léger et avec zèle pour assurer une précision absolue et bien faire, puisque c'était là l'essence de ce travail. Après quatre mois j'ai été choisie pour une promotion à un poste beaucoup plus élevé. L'attitude positive et la précision de ma contribution avaient été remarquées. Nous pouvons nous investir dans notre travail avec dignité et en lui donnant une signification, même lorsque nous traitons des données auxquelles nous ne trouvons pas beaucoup de sens. Tout faire bien, avec courtoisie et exactitude est toujours un délice pour moi. Si le travail est

---

[698] Q'uo, transcription du 10 mai 1987, p. 1-2

CHAPITRE X: LES ASPECTS SOCIETAUX

assez facile il devient une occasion de méditer. Cela me ramène au travail de photocopie. Pendant que je triais 30 copies d'un document de 50 pages je pouvais glisser dans un état méditatif plein de beauté et de félicité qui illuminait ma journée de travail. L'important ici est que le travail ne concerne pas seulement le statut ou l'argent. Le travail devient «le Grand Œuvre» lorsque nous réalisons que nous travaillons sur notre vie:

> La difficulté à reconnaître votre vrai travail paraît provenir de la valeur distordue que vos peuples accordent à l'outil de pouvoir que vos peuples appellent l'argent. Il est supposé que ce qui est accompli en échange d'argent est considéré comme du travail, et il est dès lors supposé aussi que si l'on ne reçoit pas d'argent pour quelque chose on peut être en période de stage pendant un certain temps, mais qu'après un certain temps le travail véritable doit commencer. Telle est la déformation que l'argent a créée parmi vos peuples. À notre avis, et nous soulignons que ce n'est qu'une opinion, et non pas une vérité irréfutable, le seul travail d'une entité, à pouvoir être appelé "L'Œuvre", est le travail fait en conscience au cours d'une période d'incarnation, et qui a pour résultat visible, lors du jugement par le 'soi' après l'incarnation, une polarisation de plus en plus forte de l'entité vers le service du Créateur et d'autrui. Donc, la vie est le travail et le travail est la vie[699].

Cette pèlerine explique qu'elle voit le travail comme une occasion de croître:

> Nous avons élevé ensemble cinq enfants fabuleux, y compris des jumeaux. Nous avons également traversé ensemble l'enfer. Nous avons perdu un logement par la faute de fripouilles et un autre dans un incendie. Une inondation nous a chassés d'encore un autre, et nous en avons perdu un à cause de la pauvreté. Nous avons possédé plusieurs entreprises, avons été riches et puis pauvres, et par deux fois nous avons tout recommencé financièrement à zéro. Nous avons tous deux eu plusieurs changements de carrière, ce qui nous a donné une grande variété d'expériences. J'ai aimé chaque minute de la vie et je suis très reconnaissante des occasions de grandir qui m'ont été données[700].

La voix de l'expérience et celle de la jeunesse s'accordent ici très harmonieusement. Je voudrais mettre en avant l'idée que tous les secteurs de travail sont valables si le travail est accompli d'un amour égal. Si une

---

[699] Q'uo., transcription du 10 mai 1987, p. 1
[700] Sabra, lettre du 21 août 1998

personne accomplit une humble tâche avec amour et compassion tandis qu'une autre accomplit une noble tâche avec mépris et cynisme et avec une compétence seulement apparente, la première personne accomplit un travail plus important et meilleur dans le sens métaphysique, quelle que soit l'opinion humaine à ce sujet. C'est aussi l'avis de Russell Louie:

> La voie du service n'est pas une voie facile. À l'ère des Poissons les rôles apprenti/instructeur étaient bien définis. Servir signifiait en général assumer un rôle religieux, d'enseignement ou de leadership. Aujourd'hui, à l'ère du Verseau, servir signifie pomper du gaz et répandre de l'amour juste en étant soi-même. Pas besoin de posséder un diplôme, de suivre un enseignement transmis en channeling ou d'être à même de transmettre en channeling pour servir. La définition du service à l'ère du Verseau c'est agir tout le temps à partir du cœur. Cela signifie être sincère envers soi-même dans tous nos actes et ne jamais oublier notre connexion avec le Créateur infini unique, que l'on enseigne à une classe *New age* dans une école locale ou que l'on soit directeur de production sur une chaîne d'assemblage[701].

Le concept du travail vu comme un service enthousiasme de nombreux missionnés:

> J'ai réfléchi à la raison pour laquelle j'aime mon emploi actuel et cela se résume à aider des gens[702].

1

> J'ai essayé l'une et l'autre chose, n'ayant pas de grande difficulté à changer de carrière tous les quatre ans et acceptant pratiquement n'importe quoi: composer de la musique et gagner ma vie en chantant dans les rues, travailler dans des hôpitaux, dans des restaurants, en étant détective de grand magasin, responsable des ventes, programmeur en informatique, consultant international, instructeur de Taï Chi et de méditation, et même administrateur de ma propre entreprise. « Et alors? » ai-je toujours pensé: « je ne m'investis dans aucune activité en tant que telle ». Tout ce qui peut dans le moment m'offrir les meilleures possibilités de faire en sorte que les gens se sentent mieux dans leur vie, je l'essaierai aussi longtemps que possible[703].

---

[701] Russell Louie, transcription du 26 novembre 1998
[702] Mike Korinko, lettre du 26 mai 1993
[703] Heikki Malaska, lettre du 28 janvier 1999

Chapitre X: Les aspects societaux

Besoin d'un conseil pour améliorer votre situation? Voici deux pèlerins qui recommandent que nous suivions notre tempérament, nos intérêts et nos talents:

> C'est ma femme, Elaine, qui travaille pour Elf, qui a suggéré que je m'essaie à un travail d'aide dans un établissement de soins. Elle avait de nombreux problèmes de santé depuis le diabète qui avait fait son apparition dans son enfance, et elle avait trouvé que mon calme et mon énergie l'aidaient à se sentir mieux. Elle a pensé que je pourrais être efficace auprès de personnes âgées et que je trouverais le travail enrichissant. Elle avait entièrement raison. Elle a toujours reconnu quelle était ma voie de croissance et de bonheur[704].

1

> Dans mon adolescence j'ai d'abord essayé le yoga, de 11 à 15 ans, puis le ouija, de 13 à 16 ans, et enfin le tarot de 22 à 29 ans, et une nouvelle fois à présent. Lorsque j'ai eu 12 ans ma mère m'a enseigné le massage, un art que j'ai développé en combinant massage et conseils, massage intuitif (chakras et voies énergétiques) et occasionnellement soins par contact/toucher. À présent j'étudie et intègre dans mes domaines de compétence les soins par cristaux, et la lecture de ceux-ci[705].

Karen Eck suggère de visualiser ce dont nous avons besoin, que nous cherchions un logement ou un emploi:

> J'ai mis par écrit ce que je souhaitais voir se manifester comme logement après avoir obtenu un emploi et été près du but. Cela me rappelle que c'est ce que je dois faire ici: écrire le meilleur scénario auquel je puisse penser pour me trouver dans ce lieu où je me trouve maintenant[706].

Mary atteste que le travail en conscience a le pouvoir d'améliorer immensément les conditions de travail:

> En 1988, alors que j'allais travailler pour une grande société, j'ai été présentée à des contremaîtres, des coordinateurs et des chefs de groupe à l'étage de la production. Une cheffe de groupe m'a parlé avec rudesse. J'ai immédiatement su que j'avais affaire à une vieille dure à cuire. Puisque les contacts seraient nombreux avec

---

[704] Andrew Laine, lettre du 2 décembre 1996
[705] Bjorn de Copenhague, Danemark, lettre du 5 mars 1999
[706] Karen Eck, lettre du 29 août 1999

elle, j'ai décidé que j'allais l'avoir, et au lieu de lui retourner sa rudesse j'ai souri et ai parlé avec douceur. Il a fallu quelques mois, mais à la fin elle me demandait si j'avais besoin de quelque chose. C'est stupéfiant ce qu'un sourire peut accomplir, et j'ai été stupéfiée[707].

C'est un point tellement important! Parfois nous avons un emploi pour apprendre quelque chose. Ce peut être une qualité comme le pardon ou la patience. Ce peut être que nous devons apprendre le travail, comprendre comment fonctionne ce travail particulier à titre d'étape pour obtenir un autre emploi plus tard. Je me rappelle certain patron que j'ai eu à la bibliothèque de la Speed School of Engineering de l'Université de Louisville. Pendant une année très dure, j'ai été l'assistante de la bibliothécaire en chef. Depuis qu'elle avait créé cette bibliothèque en 1941, elle n'avait jamais eu d'assistant pendant les 24 années qui avaient suivi. Je suis arrivée en 1965. Elle avait certaines habitudes bien ancrées qui étaient pour elle un handicap. Dans une école exclusivement fréquentée par des éléments masculins, elle craignait et évitait les hommes. Elle et le doyen étaient en désaccord au sujet des nouveaux (à l'époque !) ordinateurs. Il les voulait dans la bibliothèque et je le voulais aussi. Elle refusait. Le doyen m'a même proposé son poste et son salaire si je parvenais à la faire partir. C'était bien tentant parce qu'il était très facile de perturber cette femme. Mais j'ai fait le raisonnement que ce ne serait un comportement ni professionnellement ni éthiquement correct, donc j'ai laissé passer la chance et me suis contentée d'apprendre tout ce qu'elle savait. Elle était très contente de pouvoir transmettre, elle avait une raison pour chaque chose qu'elle faisait, et aimait l'expliquer. Après une année d'apprentissage auprès de cette femme experte, je suis parvenue à décrocher un emploi de bibliothécaire en solo dans une école privée et j'ai pu faire ce travail vraiment bien. C'est de tous mes emplois celui que j'ai préféré: ces six années à mettre en ordre leurs collections de livres et les contacts avec les étudiants chaque semaine, soit tous les jours dans la salle d'étude, soit lors de cours spéciaux hebdomadaires, et aussi dans la faculté. Toute l'expertise technique dont j'avais besoin je l'avais acquise auprès de cette grincheuse qui aurait pu être mon ennemie.

Si nous sommes dans des relations difficiles au travail, il est bon de travailler sur elles de manière créative et persistante avant de renoncer à ce travail. Bien sûr, parfois il est temps de passer à autre chose. Nous pouvons sentir cela à un niveau intérieur, ou bien cela peut nous arriver comme un coup de poing, et c'est ce qui est arrivé à mon ami violoniste

---

[707] Mary, lettre du 5 mai 1997

Chapitre X: Les aspects societaux

David lorsqu'il a constaté que son poignet était trop douloureux pour pouvoir jouer ou s'exercer. Que devait faire un premier violon dans ce cas? Je lui suggéré de voir s'il pourrait trouver rapidement d'autres voies. Et bien sûr il a reçu une proposition d'un grand conservatoire: celle d'enseigner à des étudiants talentueux. C'est un poste qui lui procure encore toujours de grandes satisfactions. L'histoire de CristeL Rose est similaire:

> J'ai travaillé pendant un certain temps dans le domaine médical jusqu'à ce que de l'arythmie cardiaque m'en rende incapable. J'ai alors cherché et lu tout ce que j'ai pu concernant la métaphysique. J'ai également dû me mettre à la recherche d'un genre de travail qui serait compatible avec cette arythmie cardiaque. J'ai toujours beaucoup aimé les cristaux. J'ai donc ouvert une petite boutique de pierres et cristaux à usage métaphysique dans ma maison. Cela a été difficile parce que la ville dans laquelle je vis est très fermée, mais petit à petit les gens commencent à s'ouvrir. Chaque jour je dis à l'être suprême: « envoie ceux qui ont besoin des cristaux et minéraux, ou bien envoie seulement ceux qui ont besoin d'une amie à qui parler ». Certains jours il n'y a qu'une ou deux personnes, mais j'espère que les cristaux les enrichissent et que je puisse être leur amie. Je passe l'autre partie de mon temps à étudier et à prier, cherchant la bonne vérité. Donc, vous voyez, je suis une camarade-pèlerine et j'espère en trouver d'autres avec qui communiquer[708].

Quelle bonne attitude équilibrée: faire un excellent travail et continuer à travailler sur le 'soi' en étudiant, priant et travaillant sur la confiance en soi. Lors qu'un travail devient fastidieux, harassant ou insatisfaisant d'une manière ou d'une autre, j'encourage certes à chercher un nouveau travail qui pourra être mieux apprécié. Mais quoi que nous fassions, faisons-le avec fierté, amour et générosité, et nous y trouverons toujours de la satisfaction, de notre propre façon de faire et des gens qui nous entourent.

Le foyer

Comme les mots "chez soi" sont chargés d'émotion! Lorsque nous les prononçons nos pensées vont souvent vers ce lieu très mythique où nous avons été nourris et élevés dans notre enfance, le lieu où le père Noël

---
[708] CristeL Rose, lettre du 27 juillet 1994

venait à Noël, le lieu où la petite souris venait quand nous avions perdu une dent de lait. Quelle que soit l'éducation que nous avons reçue, l'idée du "chez soi" est pour la plupart d'entre nous l'idée d'un lieu où nous sommes à l'abri et en sûreté. Dans un sens terrestre, nous avons parfois des problèmes pour créer notre "chez soi" d'adultes. 285 raconte:

> Je n'ai jamais habité plus de deux ans dans un même logement. Un jour j'ai compté combien de fois j'avais déménagé au cours de ces 14 années, et j'ai réalisé que c'était plus de 20! J'ai aspiré à créer et à vivre dans un lieu où je me sentirais chez moi, mais il semble que je ne savais comment faire[709].

282 confirme:

> Au plus fort de la Dépression, en 1938, j'ai quitté la maison, travaillé dans une ferme pendant quelques semaines, puis avec deux autres paumés plus âgés je suis passé au fret, montant à Mission City dans un train de marchandises trans-Canada. En repensant à mes voyages dans des "Pullman du pauvre" les mois qui ont suivi, avec toutes les épreuves, les privations de nourriture, les face-à-face avec la mort en étant enfermé par des policiers dans des wagons, en étant jeté hors des trains, je garde cependant un souvenir plaisant de cette rude expérience. J'ai aimé le mouvement, la compagnie d'une sous-culture mobile, et j'ai satisfait mon envie de voyager qui, de cette perspective, est un trait de mon vrai caractère: celui de quelqu'un dont le "chez soi" se trouve ailleurs. Cette profonde agitation, ce besoin de me lever et d'abandonner ce que j'étais en train de faire peu importe ce que c'était, m'a tourmenté toute ma vie, et a rendu très difficile tout effort soutenu ou toute réelle appréciation de la vie[710].

J'ai le sentiment que cette question du "chez soi" fait facilement remonter nos peurs les plus profondes et descendre notre moral au plus bas. Nous pouvons vraiment nous sentir suicidaires lorsque nous n'avons aucun endroit où déposer nos petits bagages contenant nos biens ou dans certains cas, nos énormes et nombreux bagages les contenant. Et quel soulagement angélique lorsque nous trouvons les pièces vides que nous allons nous approprier! Ceux de Q'uo soulignent:

> Il est écrit dans vos ouvrages sacrés que l'instructeur connu de vous sous le nom de Jésus a dit que les oiseaux dans les airs ont leur nid, mais que le fils de l'homme n'avait nulle part où poser sa

---

[709] 285, lettre du 27 août 1996
[710] 282, lettre du 24 juillet 1994

Chapitre X: Les aspects sociétaux

tête. C'était la simple vérité. Cette entité n'a pas opéré à partir d'un "chez soi" quelconque mais était itinérante et a marché vers divers lieux pour apprendre et enseigner, et également pour inspirer et réaliser ce pourquoi elle avait accepté l'incarnation en troisième densité[711].

Un "chez soi" n'est pas essentiel pour vivre sur la Terre. En tant que pèlerins errants nous ressentons cela très profondément, et certains d'entre nous deviennent des pèlerins qui tentent de diverses manières d'exprimer le sentiment qu'ils sont ici en tant qu'êtres spirituels partis pour une quête et non des gens qui prennent racine, amassent des biens et épargnent pour le temps de leur vieillesse. C'est un chemin valable pour quelques âmes hardies, mais il faut une foi immense pour s'élancer sur les eaux en espérant que le prochain repas, le prochain sommeil, trouveront un lieu pour exister. Mais la plupart d'entre nous éprouvent le besoin de se loger et de vivre leur vie en un seul endroit. En outre, il y a en nous un profond besoin de trouver un ancrage qui combine la sécurité physique et la sécurité spirituelle auxquelles nous aspirons:

> Chacun de vous est un messager semblable à une étoile, emprisonné dans la chair. Il y a une partie de vous qui est éternelle et infinie. Cet être éternel et infini est véritablement imprégné d'inconnu, d'un mystère des mystères. Chaque entité constitue un mystère profond comme le mystère du Créateur car en vérité chacun est un des visages du Créateur. Et dans chaque illusion manifestée, chaque entité est un visage du Créateur et chaque visage est unique. Mais à toutes ces étincelles d'amour envoyées sur les vents de la libre volonté est donnée la connaissance du "chez soi" et le désir de se diriger vers le lieu où se trouve ce "chez soi"[712].

La recherche du "chez soi" est donc une recherche spirituelle, mais les gens ne font jamais de publicité pour des logements en décrivant leurs qualités spirituelles:

> Nous recherchons l'intensité, la passion et le dévouement dans notre vie et, du fait que vous vivez dans une culture très, très séculière, le sentiment de revenir vers le foyer de votre famille véritable est souvent absent. Et les gens parcourent la Terre comme

---
[711] Q'uo, transcription du 30 juillet 1989, p. 1
[712] Q'uo, transcription du 26 avril 1997, p. 2

Chapitre X: Les aspects societaux

les bêtes de Noé: deux par deux, et les solitaires tombent dans les crevasses de la réalité[713].

Jim McCarty ne se voyait certainement pas comme tombant dans des crevasses, mais il est certain que lorsqu'il s'est mis à construire sa propre cabane en rondins sur un terrain très rural du Kentucky, il était tout seul. Il avait acheté ce terrain, sélectionné les arbres qu'il voulait utiliser pour sa cabane, et scié les rondins avant de pouvoir commencer à construire, mais il n'avait pas de puits, pas de prairie fauchée, et aucune aide pour l'aider à entrer dans une vie autosuffisante. Il écrit:

> J'avais quasiment terminé la cabane lorsque j'y ai emménagé le 7 mai 1974, et j'ai immédiatement éprouvé une grande terreur et une grande anxiété, me rendant compte de tout le travail qui m'attendait. J'ai tenu un journal de mes premiers mois passés là, et j'ai immédiatement commencé à traduire mes sentiments en graphiques, attribuant un nombre à chaque journée. Moins 10 signifiait que j'allais quitter le lendemain. Plus 10 signifiait que je me sentais au paradis. Zéro voulait dire que je pouvais soit quitter, soit rester. Il m'a fallu 35 jours pour arriver à des nombres positifs. Les premiers temps, je me rendais en ville presque chaque jour, mais à mesure que le temps passait j'y allais de moins en moins souvent. Mon attitude vis-à-vis de moi-même, du terrain et de la vie en général s'est mise à changer, et j'ai commencé à me voir au paradis, dans la beauté des bois, menant une vie simple et dans une complète solitude[714].

Jim et son "chez soi" évolutif ont dû entrer en relation l'un avec l'autre. À mesure que ses craintes se sont envolées il est parvenu à se faire à ses tâches et à sa situation, il est parvenu à se donner un "chez soi". Puisque nous sommes si nombreux à vivre seuls, il est important que nous puissions veiller à créer un "chez soi" à l'intérieur de nous-mêmes. Le récit fait par Jim de son début d'éloignement dans un endroit nouveau est très évocateur des sentiments que j'ai moi-même éprouvés lorsque j'ai déménagé d'un appartement en ville pour un appartement ailleurs. C'était un challenge. Où trouver l'épicerie qui nous conviendra le mieux? Un bon médecin? Un lieu de recueillement, une bibliothèque, un garage où faire entretenir la voiture? Rencontrerons-nous de nouveaux amis pour combler le vide laissé par nos anciens amis et notre ancien foyer? Il faut un bon moment pour pouvoir terrasser les divers dragons et sentir que nous pourrons nous débrouiller dans un nouvel endroit. Je pense que là où je

---

[713] Q'uo, transcription du 17 décembre 1989, p. 5

[714] Jim McCarty, lettre du 8 mars 1999

Chapitre X: Les aspects societaux

me suis sentie le plus démunie par rapport à la création d'un nouveau foyer a été en 1967 lorsque j'ai emménagé au Canada, et en 1968 lorsque je suis revenue à Louisville. Mon premier époux avait suivi sa maîtresse à Vancouver à l'automne 1967 et j'ai commencé à prendre des dispositions pour m'établir à Boston, où j'avais trouvé un emploi de bibliothécaire pour enfants à la Boston Public Library. Puis j'ai reçu de lui une série d'appels: il disait avoir besoin de moi, même s'il ne voulait pas renoncer à sa maîtresse. J'ai réexaminé mon contrat de mariage. Il ne comportait rien d'écrit en petits caractères, et j'ai décidé, même si cela peut paraître masochiste à certains, que je devais respecter ma promesse de mariage, aller au Canada et le soutenir. J'ai démissionné de mon job à Boston, et ai pris la direction du nord soutenue par ma seule foi. Lorsqu'il ne m'est plus resté que quatre dollars j'ai été très soulagée d'obtenir un bon emploi dans une université. Nous avons trouvé le logement que nous pouvions nous permettre même si à certains il pouvait sembler rudimentaire, et peu à peu nous avons acheté un lit et un endroit où nous asseoir, des choses que nous tenons pour élémentaires quand nous les possédons. Il a été terriblement inconfortable de vivre aussi chichement pendant cette période, mais nous avons pu surmonter les crises et nous établir, bien que, à cause des espoirs et désirs changeants de mon mari, nous avons continué à passer par des moments émotionnellement difficiles et frustrants pendant notre séjour à Burnaby Mountain. Mon mari partait sans cesse pour des entretiens d'embauche dans des villes à des milliers de kilomètres de chez nous, seulement pour arriver sur place, garer sa voiture au parking de la société, et décider que les vibrations ne lui convenaient pas. Cette situation se reproduisait à chaque fois que j'étais parvenue à épargner quelques centaines de dollars, de sorte que nous n'avions jamais que l'argent strictement nécessaire aux achats de nourriture. Comme cela a souvent été le cas lors de mon premier mariage, j'ai gagné un peu d'argent en cuisinant pour des hommes qui ne cuisinaient pas. Nous avons toujours eu assez d'une manière ou d'une autre.

Finalement, il a décidé qu'il détestait assez le mariage pour demander le divorce, ce qui a été pour moi un grand soulagement. J'ai été heureuse d'accéder à sa demande, sentant qu'il trouvait là une solution au nœud de sa difficulté en rejetant le mariage même. J'avais justement trouvé un emploi magnifique comme directrice de la bibliothèque professionnelle de l'association des enseignants de la British Columbia, qui payait assez pour que je puisse facilement lui donner de l'argent pour vivre tout en assurant ma propre subsistance, et je lui ai proposé cette solution mais il tenait, pour le divorce, à ce que je retourne à Louisville où vivait ma famille. Il se sentait coupable de me quitter, et cela apaisait ses émotions de sentir que je serais proche du soutien de ma famille. Je l'ai supplié de me laisser rester à Vancouver où j'avais en fait créé un bon foyer mais il n'a pas voulu ou pas pu m'entendre, de sorte que nous nous sommes mis en route pour Louisville en plein blizzard fin mars 1968. Il fallait tout recommencer une nouvelle fois, et sa mère avait trouvé pour moi un studio. J'ai une nouvelle fois retrouvé un lit et une chaise: les basiques. Parce que j'avais eu la chance de pouvoir reprendre mon poste à l'école privée où j'avais auparavant été bibliothécaire, je me suis trouvée rapidement dans une bien meilleure situation émotionnelle. J'ai fini par beaucoup apprécier ma vie en solitaire dans ce petit appartement, que je n'ai quitté que pour créer un foyer avec Don Elkins en novembre de cette année-là.

Ce qui est à souligner ici c'est qu'un "chez soi" terrestre est seulement une maison jusqu'à ce que nous l'emplissions de notre présence. Notre logement ne semble être un lieu que dans notre illusion physique. Il ne paraît être composé que de murs et de meubles. Il est en réalité notre propre essence qui a pu se condenser et constituer l'atmosphère d'un lieu. Nous investissons dans une maison et en faisons un "chez soi". Les briques et le ciment restent des matériaux de construction. La sécurité émotionnelle, ce sentiment d'être chez soi, provient de la confiance que nous nous faisons et du fait que nous nous laissons occuper un espace. À certains, un petit espace convient beaucoup mieux qu'un grand espace ancien. Quand j'ai tout recommencé, le studio était tout l'espace que je me sentais capable d'occuper. À mesure que j'ai repris des forces après l'échec de ce mariage je me suis sentie de plus en plus à même de dynamiser davantage d'espace et "d'élargir mon campement". Actuellement, Jim et moi avons un grand bungalow ancien et un royaume magique qui comprend ses rocailles et parterres et qui emplissent toute l'année de beauté et de couleurs notre modeste terrain. Pour nous il y a maintenant plein d'éléments essentiels. Nous savons combien nous avons de chance, et nous ne la tenons pas pour acquise. Si l'avenir tient en réserve des circonstances difficiles pour nous, nous les apprécierons également. Peu importe réellement si nous utilisons des lampes au kérosène ou électriques, des toilettes équipées de chasse d'eau ou un chalet à l'extérieur, des poêles à bois ou du gaz, à condition que nous puissions vivre en paix, aimer notre environnement et l'emplir, aussi humble soit-il, de notre amour et de notre énergie. La vérité profonde du concept du "chez soi" est que notre "chez nous" véritable, le plus profond, est de nature spirituelle. Aux yeux du monde il peut paraît peu pratique de penser de la sorte, mais spirituellement parlant, c'est très pratique:

CHAPITRE X: LES ASPECTS SOCIETAUX

Il existe d'autres manières, plus rationnelles, d'utiliser ce puissant trésor temporel, mais aucune n'est aussi puissante que la décision de réserver le temps et le lieu nécessaires pour pouvoir dire: «d'abord je veux me trouver ici. D'abord je veux permettre à mon cœur de sentir son vrai foyer, de respirer un air sacré et débarrassé de la pollution de la vie»[715].

Si nous pouvons nous abstraire du concept du "chez soi" vu comme des murs et du mobilier, nous pouvons commencer à examiner ce concept d'un point de vue métaphysique, ce que je trouve très utile pour réorienter le mental de manière telle que, quel que soit l'endroit où nous nous trouvons, nous pouvons l'investir d'un sentiment de convivialité. Ceux de Q'uo suggèrent que lorsque nous nous investissons pleinement dans le moment présent nous sommes "chez nous":

> Souvent, les bienfaits d'un désir devenu profond et le sentiment de centrage auxquels aspire l'ambition spirituelle sont inclus non pas en ajoutant des activités ou en faisant les choses différemment, d'une manière physiquement mesurable, mais plutôt en entrant pleinement dans le moment présent pour parvenir à extraire les bienfaits de ce moment lorsqu'il passe. Car chaque moment est en lui-même entier et parfait. Lorsqu'on est dans le moment on n'est pas dans le temps. Lorsqu'on prend ne serait-ce qu'un peu conscience de l'aspect intemporel du moment, il y a une résonance presque automatique et un sentiment d'être chez soi[716].

À nouveau, je ne veux pas suggérer ici que la plupart d'entre nous peuvent se passer d'un abri et d'un endroit où poser la tête. Mais lorsqu'on sait d'où provient la convivialité, lorsqu'on sait que l'ancrage se trouve l'intérieur de soi et dans la façon dont on se considère, on peut créer avec facilité un "chez soi" authentique dans n'importe quel environnement. Nous pouvons voir notre "chez soi" comme étant le Créateur infini:

> Lorsque le sentiment d'être très aimé et très précieux est bien ancré et a pris racine, d'une manière subtile et en constante évolution la vie se transforme parce que le 'soi' accepte finalement l'idée que le Créateur a un 'soi', et peut commencer à constater, sur la seule foi, que, quoi qu'il y ait à la surface le 'soi' appartient entièrement au Créateur depuis ses origines. C'est là qu'est le pays natal. C'est là qu'est le "chez soi". C'est là que se trouve la sécurité de chacun: non pas le pouvoir, la protection ou quelqu'autre partie manifestée

---

[715] Q'uo, transcription du 31 octobre 1993, p. 4
[716] Q'uo, transcription du 18 octobre 1998, p. 2-3

de la façon dont le monde se voit lui-même, mais la sécurité et la protection assurées comme lorsque vous vous rappelez de qui vous êtes véritablement l'enfant, qui vous souhaitez vraiment servir, l'amour de qui vous souhaitez vraiment faire passer par vous-même pour le transmettre ensuite au monde[717].

Ce que le présent *vade mecum* a essentiellement à offrir c'est un moyen de faire glisser la pensée des apparences et formes extérieures des choses, vers leurs essences intérieure et spirituelle. Dans ce sens, bien que notre vie et notre foyer semblent se trouver dans le temps, notre véritable foyer est en vérité l'éternité:

> Oh, comme vous aspirez à la lumière du "chez soi", à la paix de l'infini, à la simple joie d'une vie vécue dans la vérité, alors que tout, dans cette expérience incarnationnelle est illusion sur illusion qui dit mensonge sur mensonge[718].

En fait, cela se résume à dire que le foyer du 'soi' est le 'soi'. Le "chez soi" extérieur n'est qu'une enveloppe dont la vitalité est assurée par le 'soi' qui permet à cet espace de s'emplir des vibrations du 'soi' de sorte que ce lieu vibre de notre essence.

> C'est vous qui êtes votre propre "chez soi", à tout moment[719].

Dans une culture où des objets sont déifiés il est très bon, me semble-t-il, d'affirmer que le "chez soi" est un lieu à l'intérieur de nous qui est empli de notre essence, et que notre lieu de pouvoir se trouve dans cette essence. Cette essence peut donc investir un lieu physique, et la maison, l'appartement ou la cabane devient le "chez soi". J'ai connu la pauvreté qui m'a obligée de vivre au jour le jour, et elle peut revenir. Mais où que je me trouve, je crois sincèrement que moi-même et tous ceux qui m'entourent nous percevrons comme un véritable "chez soi" le lieu où j'atterrirai. Je crois que tout missionné a la capacité de créer cet Eden pour lui-même également. Voyons notre foyer comme un collecteur d'amour. Investissons-le de nos rêves et de nos visions, de nos rêveries, méditations et espoirs. Que nous ouvrions notre "chez soi" à des expériences en groupe de nature spirituelle comme des groupes de méditation ou d'étude, ou que nous restions solitaires et en privé, cela est très approprié:

> Mes amis, il est de loin plus important que vous soyez ensemble dans la lumière, dans la recherche de la lumière, faisant

---

[717] Q'uo, transcription du 23 mars 1997, p. 3

[718] Q'uo, transcription du 20 mars 1991, p. 5

[719] Q'uo, transcription du 19 juillet 1992, p. 5

CHAPITRE X: LES ASPECTS SOCIETAUX

> continuellement, régulièrement, encore et encore de cette sphère que vous appelez votre "chez soi" un lieu où brille la lumière même dans l'obscurité la plus grande, plutôt que de transmettre n'importe quelle parole d'inspiration ou d'information. Si plus aucune autre parole ne devait être transmise par l'intermédiaire de ce centre de lumière, il serait tout de même bon de savoir qu'en tant qu'individus et en tant que groupe, l'amour rassemblé et donné au Créateur lors de ces réunions de groupe et par chacun de vous, est ce qui fera ou brisera, dirons-nous, votre société en tant que groupe. La masse critique permettant d'atteindre la quatrième densité en tant que groupe, est presque atteinte. Dès lors, tout effort d'ajouter de la lumière à la conscience planétaire est de loin le plus grand service que vous pouvez rendre en tout temps[720].

Jim et moi avons longtemps suivi la vision de Don qui était d'ouvrir notre foyer en tant que communauté spirituelle ou "maison de lumière"[721], et nous avons trouvé énormément de satisfactions et aussi de défis en servant comme des gens qui cherchent à ajouter de la lumière à la conscience planétaire en menant la vie de prière que nous vivons quotidiennement ensemble, et en ouvrant notre foyer à ceux qui viennent à nos réunions régulières de méditation. Nous donnons davantage de détails un peu plus loin dans ce manuel, mais aucun exposé concernant le "chez soi" ne pourrait être complet sans mentionner cet aspect. Une énergie énorme est libérée lorsqu'une personne ou un couple ouvre l'intimité personnelle de son foyer pour pouvoir servir autrui. Dans un monde qui a faim de spiritualité véritable il y a du concret dans le fait d'offrir tout don même modeste, à titre d'hôte/hôtesse de méditation ou d'étude, un élément qui peut sembler manquer dans les institutions plus impersonnelles de religion et spiritualité culturelles. Ce n'est pas que nous ayons particulièrement beaucoup à donner à autrui. Nous avons tous des présents à offrir, mais la puissance d'une "maison de lumière" où se tiennent des réunions publiques ne provient pas de nos dons mais de la recherche, de la soif et de la foi de tous ceux qui y viennent, de tous ceux qui partagent des méditations, de tous ceux qui font le voyage jusqu'à ce lieu:

> L'esprit d'un groupe spirituel est immensément puissant, métaphysiquement parlant, et chacun peut le sentir. Comme l'a souvent dit cet instrument, aucun individu n'est la raison pour laquelle un groupe de lumière tel que celui-ci constitue un lieu

---

[720] L/Leema, transcription du 15 juillet 1986, p. 1

[721] Mot original: 'lighthouse', qui se traduit par phare, mais ici il s'agit véritablement d'une maison de lumière! (NdT)

magique, un foyer métaphysique qui opère et fonctionne: c'est la foi de tous ceux qui se sont rendus dans un tel lieu, la connaissance intérieure de ceux qui viennent, qui en font un lieu de sécurité; c'est cela qui fait la puissance d'un tel centre de lumière[722].

Puisse chacun d'entre nous avoir la grâce de trouver le "chez soi" le plus satisfaisant pour nous-mêmes, et puissions-nous trouver l'amour, l'acceptation et le pardon de soi qui rendent cela possible.

Les enfants

De nos jours, de nombreuses personnes seraient heureuses d'éviter d'avoir des enfants dans l'incarnation présente. 202 explique:

> Déjà étant enfant j'ai décidé que je ne voulais pas me marier et avoir des enfants. Tout le monde m'a toujours dit que je changerais d'avis. Je savais que je ne le ferais pas et je ne l'ai pas fait. J'ai maintenant 43 ans et je ne suis pas mariée, bien que j'aie eu des relations, et je suis à présent avec un homme que je considère comme mon âme-sœur[723].

Pour certains de ceux qui renoncent à avoir des enfants, le problème c'est le temps. Ils estiment ne pas disposer de suffisamment de temps et d'attention. Pour certains, le problème est métaphysique. Ceux-là estiment que leur rôle ici concerne toute l'humanité et non pas la création d'une famille nucléaire. D'autres ont le sentiment que le 'soi' est encore un enfant et ils ne sont pas prêts à devenir une figure d'autorité. Pout certains, comme moi-même, qui ont réellement désiré toute leur vie avoir des enfants, l'occasion de fonder un foyer et d'élever des petits ne s'est pas présentée. Si nous avons le sentiment que nous ne sommes pas faits pour avoir des enfants, je pense qu'il est bien d'avancer en gardant cela à l'esprit. Nulle part il n'est écrit que la seule façon dont nous pouvons servir est d'avoir et d'élever des enfants. Je pense qu'il est bon de se rappeler que les erreurs n'existent pas! Il est aussi bon de nous rappeler cela lorsque nous sommes enceintes et nous demandons ce que, au nom du ciel, nous avons à offrir à un enfant!

> Les erreurs n'existent pas. Ce que vous faites par rapport à vos enfants les affectera d'une manière qui aura par la suite pour résultat leur croissance, leur apprentissage et leur unité avec le

---

[722] Q'uo, transcription du 15 octobre 1995, p. 4
[723] 202, lettre du 6 mars 1999

Chapitre X: Les aspects societaux

Créateur, car seul le service est possible dans cette illusion-ci ou dans n'importe quelle autre. Ne vous souciez pas de faire des erreurs, car c'est l'attention que vous accordez à votre jeune enfant en essayant de lui rendre service qui est en fait le plus grand service pour lui[724].

Si vous êtes enceinte, ou envisagez d'avoir des enfants, ou si vos enfants sont déjà nés et vous rendent folle comme cela est coutumier, souvenez-vous qu'élever des enfants est le service à autrui le moins apprécié mais le plus essentiel généralement disponible parmi toutes nos expériences. Dans aucun autre cas il n'existe un besoin et une impuissance aussi grands de la part de ceux que nous servons, et dans aucun autre cas nous ne nous sentons davantage poussées à servir bien:

> Il n'existe pas de service plus grand ou plus sacrificiel que l'éducation de jeunes âmes: s'efforcer d'offrir à ces jeunes âmes des informations qui non seulement servent à faire leur chemin dans le monde terrestre mais aussi à prendre conscience de l'éternité, prendre conscience du fait que ceux que l'on appelle des êtres humains ont un contexte dans lequel ils s'inscrivent[725].

Même si nous n'avons pas d'enfants issus de nous-mêmes, nous pouvons peut-être donner un coup de main à un enfant, et c'est toujours un service fantastique:

> Nous encourageons toutes les âmes sur le plan terrestre à se focaliser sur les jeunes enfants car comme toujours, c'est à ceux qui sont nés dans l'innocence et qui sont pleins d'attentes qu'il faut envisager de transmettre les informations avec le plus d'amour. Lorsqu'une occasion d'interagir avec des enfants autour de vous se présente, nous encourageons chacun à sa propre manière de regarder dans les yeux de ces enfants pour entrer en contact avec l'esprit qui est là. Car dans chaque cas l'entité est une âme ancienne. L'entité a beaucoup d'expérience. L'entité est pleine de potentialités. Chaque connexion avec un jeune enfant renforce et soutient les dons de foi et de volonté chez cet enfant. Si la gentillesse ne vous vient pas facilement, alors gardez-la pour des enfants. Laissez le cœur s'ouvrir aux jeunes enfants, car beaucoup d'enseignement est donné de cette manière[726].

---

[724] Latwii, transcription du 6 décembre 1981, p. 7

[725] Q'uo, transcription du 22 octobre 1989, p. 1-2

[726] Q'uo, transcription du 29 novembre 1998, p. 2

Chapitre X: Les aspects sociétaux

On se laisse facilement aller à la panique et à penser: «Qu'est-ce que j'ai à enseigner à un enfant?». Aucun de nous n'est aussi sage ni compatissant qu'il voudrait l'être, Et cependant, le besoin est là, les enfants dans notre vie nous considèrent avec des yeux confiants et des oreilles attentives, désireux de tout ce que nous voudrons bien partager avec eux. Si nous avons la chance de pouvoir interagir, espérons qu'elle sera saisie. Aider un enfant vaut toujours la peine, je crois. Et si nous sommes un parent en attente d'un enfant ou un nouveau parent, et que nous ne nous sentons pas à la hauteur de la tâche, voici ce que M. Friend se propose de dire à Libellule, sa correspondante par courriel, qui est une mère célibataire en âge scolaire:

> Tous ceux qui étaient ses 'amis' l'ont reniée et lui envoient vraiment, vraiment des vibrations négatives ce qui m'a mis en colère, et puis j'ai arrêté. Non seulement ils ne peuvent pas y penser par eux-mêmes parce que c'est là leur choix, mais il y a aussi les voiles et les pièges de la société qui les bloquent. Alors j'ai l'intention de lui dire qu'elle a eu ce bébé pour une certaine raison: il l'a choisie pour mère pour une raison, et tout le monde a tort de la renier mais c'est leur prérogative[727].

Si nous avons un ou plusieurs enfants, nous devons accepter cette responsabilité d'en prendre soin et de les éduquer. Nous avons maintenant pour entreprise d'enseigner à des âmes. Pas de leur enseigner juste ceci et cela, mais de remplir les grands 'blancs' du tableau en constante et rapide évolution du monde qui vit dans notre mental d'enfant. En ce point de notre chemin d'évolution notre planète ne soutient que des âmes qui ont la possibilité de passer de densité en ce moment. Cela signifie que chaque enfant que nous sommes susceptible d'avoir est une vieille âme dotée d'un grand potentiel d'illumination et d'évolution spirituelles. Linda Klecha explique:

> À sa naissance ma fille, qui a maintenant 8 ans, m'a regardée comme si elle savait tout de moi et je me suis sentie envahie d'un amour maternel plus grand encore que celui que j'avais connu à la naissance de mon fils âgé maintenant de 26 ans. Il y avait, dans les yeux de mon deuxième enfant un regard qui disait qu'elle savait tout, et j'ai immédiatement senti qu'elle était une vieille, une très vieille âme. Cela s'est produit à nouveau à la naissance de mon fils. Ce regard d'amour, de sagesse et de profondeur m'a dit que j'étais

---

[727] A. Friend, lettre du 16 octobre 1998

véritablement privilégiée d'avoir ces deux vieilles âmes confiées à mes soins[728]!!

En plus de tous les nouveaux bébés qui sont de vieilles âmes, il y a aussi l'arrivée de nombreux bébés missionnés de type extra-terrestre, et des bébés pionniers de la quatrième densité naissante dont le corps physique est activé en troisième densité et également en quatrième densité:

> Les enfants qui naissent en ce moment sur votre planète comprennent des missionnés venus aider à la croisée de ces nouveaux commencements et certains venus d'autres moissons de troisième densité pour commencer plus tôt leur expérience de quatrième densité. Beaucoup de vos enfants ont un véhicule physique activé de troisième densité et de quatrième densité simultanément. Si les gens ont le sentiment que leurs enfants sont de plus en plus remarquables nous rappelons à chacun que de nombreuses belles âmes cherchent à venir vivre sur votre planète à ce moment crucial, car tous souhaitent aider à la naissance de la quatrième densité de votre planète et nombreux sont ceux venus aider[729].

Cela ne veut pas dire que nous devons nous laisser intimider par nos enfants. Les personnalités fortes ont tout autant besoin d'apprendre les bonnes manières et les bons idéaux que leurs frères et sœurs plus dociles. Il est bon de se rappeler aussi que chaque enfant est déjà une âme unique et hautement développée lorsqu'il arrive en incarnation. L'idée délicieuse d'un bébé qui est une page blanche sur laquelle nous pouvons inscrire nos propres façons de voir les choses, n'est pas réaliste. Oui, nous avons pas mal d'occasions d'enseigner à nos enfants par nos façons d'agir et par ce que nous disons, mais nous devons tenir compte du fait indiscutable que chaque enfant est une personne avant que nous le recevions.

> Il n'y a pas deux enfants pareils. Chaque enfant évolue dans la vie avec des inclinations de personnalité fortement ancrées. Chaque parent a conscience qu'il ne peut rien faire de plus que guider une flèche qui a déjà été fabriquée[730].

Comment guider cette flèche? C'est ce que demandent les parents. Ceux de Q'uo suggèrent qu'une chose importante est de vivre bien, car ce que nous enseignons par la vie que nous menons parle plus fort que des mots:

---

[728] Linda Klecha, lettre du 21 août 1998

[729] Q'uo, transcription du 21 avril 1995, p. 3

[730] Q'uo, transcription du 13 mai 1990, p. 7

Chapitre X: Les aspects sociétaux

> Nous avons constaté qu'il est bon, lors de l'instruction d'un autre qui cherche votre assistance, de mettre en place en premier lieu le modèle de votre propre comportement d'une manière qui illustre les principes fondamentaux que vous souhaitez partager. Dans ce cas-ci, nous avons le sentiment que vous désirez partager majoritairement la recherche du Créateur unique et le service à ce Créateur dans tout ce que vous voyez. C'est ce qui sera le plus grand enseignement pour la jeune entité: ce qu'elle observe dans les activités quotidiennes lui enseignera beaucoup plus que des mots et des instructions modélisées, mais les mots et les instructions sont bien sûr importants[731].

Lorsque nous mettons en place des valeurs, l'enfant aura lui aussi tendance à mettre en place ses valeurs:

> Lorsque dans votre culture le parent se décide à l'entreprise plutôt complexe de créer les moyens d'acheter les choses qui dans votre culture sont nécessaires à la survie et au confort, l'entité peut éventuellement devenir exagérément préoccupée des choses du monde matériel, car il semble toujours difficile de "nouer les deux bouts", comme vous dites. En se préoccupant de ces choses le parent apprend à l'enfant la nature du besoin d'argent, du besoin de pouvoir, du besoin de se mettre soi-même en valeur, à l'intérieur de l'illusion. Ces leçons sont utiles dans le cadre du monde ordinaire. Toutefois, il est bon que le parent se préoccupe aussi suffisamment de lui-même et de sa responsabilité envers le jeune 'soi' qui est entré en relation avec lui pour créer et préserver une recherche quotidienne, aimante, persistante, et authentique de la vérité spirituelle qui ne peut être trouvée dans le brouhaha du monde des marchés et de vos télévisions. Car les enfants, comme vous appelez ces âmes de peu d'expérience, apprennent ce qui leur est proposé et apprennent volontiers de la télévision. Nous ne disons pas qu'il y a quoi que ce soit d'inamical pour la croissance d'un enfant dans cette optique. Nous suggérons seulement que si l'enfant ne voit pas les parents engagés dans une recherche spirituelle sincère et constante, l'enfant sera vulnérable à toute entité charismatique qui lui enseignera n'importe quelle distorsion des lois de l'amour et du service de n'importe quelle manière fortement distordue[732].

Autrement dit, soyons vraiment nous-mêmes:

---

[731] Q'uo, transcription du 14 avril 1996, p. 6

[732] Q'uo, transcription du 13 mai 1990, p. 7

CHAPITRE X: LES ASPECTS SOCIETAUX

> Surtout, nous encourageons chacun à être simplement lui-même, car cela enseigne plus que n'importe quoi d'autre. Les entités qui vont de leur centre vers l'extérieur en étant aussi sincères que possible dans leurs sentiments et leurs ressentis, auront toujours un avantage dans la communication avec ceux qui sont appelés des enfants, car comme ils sont plus simples et moins tortueux, leurs façons de voir les choses le sont aussi. Et ils apprécieront une entité qui est elle-même bien plus qu'une entité, aussi enthousiasmante qu'elle puisse être, qui est un masque plutôt que la personne elle-même[733].

Un autre grand présent à faire à un enfant est le cadeau de notre simple présence et de notre attention. De nos jours, alors que dans de si nombreuses familles les deux époux doivent travailler afin de gagner assez d'argent pour assurer la subsistance du ménage, c'est un cadeau bien difficile à trouver alors que ses effets sont si incroyablement généreux. La reconnaissance de la part d'un enfant qui est accompagné n'a pas de limites. Parce que mes propres parents avaient beaucoup de choses à gérer lorsque mon frère Tommy est né, il n'a pas reçu beaucoup d'attention de leur part. Ils travaillaient tous les deux à plein temps, en plus ils avaient des jobs à l'extérieur le soir et les weekends en tant qu'artistes et musiciens, et il y avait aussi les études de ma mère et le golf de mon père. Dans cette atmosphère, je restais seule avec mes deux frères la plupart du temps. Un samedi matin je me suis levée tôt et j'ai trouvé le petit Tom de deux ans devant l'écran vide de la télé: il attendait que le programme commence, et il m'a semblé que jamais je n'avais vu le tableau d'une aussi grande solitude. Alors je me suis promis que quoi qu'il arrive, Tommy pourrait toujours venir m'éveiller les matins de weekend, je lui préparerais son petit-déjeuner peu importerait l'heure, et je passerais du temps avec lui. Tom m'a parfaitement comprise. Nous avons mis au point un rituel complexe et hautement gratifiant pour des samedis matin qui ont eu lieu jusqu'à mon premier mariage, sept ans plus tard. Ce rituel impliquait une marche de près d'un kilomètre jusqu'à la bibliothèque et à la boulangerie, et un petit-déjeuner accompagné de céréales, tous les dessins animés possibles sauf ceux avec Mighty Mouse, que j'ai bannis à cause de leur incroyable violence, et des conversations sans fin à propos de tout et de rien. Qu'avais-je à transmettre? Pas grand-chose en dehors de ma présence et de mon amour ainsi que d'une tonne d'opinions. Mais c'était tout ce que mes frères attendaient de moi. Ils m'ont toujours certifié qu'en tant que sœur, j'étais un assez bon parent. Le secret en était que je les aimais et les acceptais, mais cela ne m'a

---

[733] Q'uo, transcription du 29 novembre 1998, p. 3

jamais empêchée de leur faire changer leurs vues quand je l'estimais approprié. Je crois qu'il est bon d'habituer les jeunes enfants à voir ce qu'est un comportement approprié, ce que sont les bonnes manières, quand et pourquoi adopter ces comportements. Quant à leurs enthousiasmes, leurs espoirs et leurs rêves, je m'efforce de les encourager si possible. Nous pouvons quasiment toujours trouver un point d'appui:

> L'outil approprié du parent pour l'enfant est le fait d'être à cœur ouvert et la totale acceptation de la qualité d'être de l'enfant. Ceci englobe tout ce que l'entité enfant a apporté dans l'expérience de vie sur ce plan[734].

Bien que le concept même de discipline soit un sujet sensible pour la plupart des parents, je suis convaincue que de la discipline, et la mise en place d'une saine quantité de règles à appliquer, ont leur place parmi les moyens appropriés à utiliser pour éduquer les enfants. Je vois dans des espaces publics des enfants se comporter de manière incontrôlée, et ce n'est jamais une expérience confortable. Mais cela ne devrait tout simplement pas se produire si les parents établissaient et appliquaient des règles concernant les comportements appropriés. Au cours de ma vie j'ai occupé des postes de bibliothécaire scolaire et d'institutrice d'école gardienne, où l'on attendait de moi que j'impose de la discipline, et cela ne m'a jamais posé aucun problème. J'ai toujours dit très clairement aux enfants ce dont j'avais besoin pour me sentir à l'aise. S'ils ne s'y conformaient pas je les informais qu'ils me rendaient nerveuse. Mes élèves ne voulaient tout de même pas rendre nerveuse leur institutrice préférée! Je n'ai jamais élevé la voix. Lorsque je devais gérer la colère d'un enfant qui se comportait mal je faisais déménager tous les élèves dans un autre local, laissant l'enfant crier et trépigner jusqu'à l'épuisement de sa fureur solitaire, et j'entreprenais une activité intéressante. L'enfant ne tardait pas à s'approcher.

Le concept du comportement approprié est très simple et très logique. Il suppose qu'à la maison il est relativement admis de mal se conduire, ou au moins d' "oublier" dans une certaine mesure les bonnes manières à table, ou de se plaindre ou encore de discuter, mais en public il est nécessaire de se comporter adéquatement. Cela demande un certain effort, en ce sens que lorsqu'un enfant qui entend cela se rend dans un espace public il tentera toujours de tester les limites d'un comportement approprié. En tout cas, c'est ce qu'a fait mon frère Tommy. Par deux fois il a joué les rebelles. La première fois c'était dans un restaurant, où il s'est mis à jeter sa nourriture. Nous nous sommes levés, avons payé l'addition,

---

[734] *La Loi Une,* Livre II, séance 42 §20

CHAPITRE X: LES ASPECTS SOCIETAUX

et sommes rentrés immédiatement à la maison. Nous avons abandonné notre repas, et nous n'avons pas davantage mangé à la maison. Et Tommy a dû entendre une calme et tranquille répétition des règles de comportement approprié en public. Lorsqu'il était un peu plus âgé, je suis allée au cinéma avec Tommy qui m'avait demandé de l'emmener voir un certain film. Il a voulu du popcorn, mais je n'avais pas d'argent pour en acheter. Il a commencé à protester de manière plutôt bruyante. Nous sommes immédiatement rentrés à la maison: pas de film, pas de demande de remboursement de nos tickets, nous sommes simplement rentrés chez nous.

J'ai été impitoyable à ma manière: Ming l'Implacable! Je n'ai à aucun moment élevé la voix ni essayé de faire valoir mes arguments, mais quand le comportement de mes frères n'était pas ce qu'il aurait dû être selon moi, nous rentrions tout droit à la maison. Alors que mes deux frères ont manipulé et parfois même volé nos parents pendant leur jeunesse rétive, autant que je sache ils ont traversé leurs années d'enfance en étant très honnêtes avec leur sœur, sachant que j'étais de leur côté, et sachant également où étaient mes limites par rapport à eux: ce que je pouvais accepter et ce que je ne pouvais pas accepter. Je pense que cela leur a donné un sentiment de sécurité envers moi, ce que le laxisme de nos parents n'a jamais eu pour résultat. Ils savaient que je les aimais et que je faisais tout ce que je pouvais pour eux. C'est ce qui faisait la différence pour eux. Je pense que les enfants sont très justes. Ils savent quand nous faisons tout ce que nous pouvons. Être un apôtre de la discipline n'est jamais facile, et l'être avec gentillesse l'est encore moins, mais mon sentiment profond est qu'établir des règles de comportements appropriés et s'y tenir est vraiment bénéfique tant pour les parents que pour l'enfant. Nous avons besoin de parfois nous conduire mal, et dans chaque foyer il y a un endroit où cela est possible. Mais nous n'avons pas besoin de nous conduire mal en public aussi. Cela n'est en aucune manière nécessaire à la croissance d'un enfant. La facilité avec laquelle une discipline peut être établie et imposée est en proportion directe du temps que nous consacrons à nos enfants. Si nous leur accordons beaucoup d'attention nous pouvons aussi étouffer dans l'œuf les mauvaises habitudes. Aider un enfant à comprendre les normes des comportements et manières en public est bon pour l'enfant et encore meilleur pour l'adulte en devenir qui doit faire son chemin dans la société. Généralement les gens ne nous connaissent pas nous tels que nous sommes: ils nous connaissent d'abord par nos manières, notre courtoisie, la façon dont nous nous présentons. Lorsque nous élevons nos enfants nous les aidons à établir des façons de présenter le 'soi' qui seront considérées comme positives et agréables par notre société. Cette transmission de bonnes manières, de savoir-vivre, de façons de faire les choses, tout cela est un enseignement extérieur, un enseignement de peu de profondeur, de surface, mais combien sommes-nous reconnaissants de disposer de ces informations lorsque nous en avons besoin! Je n'oublierai jamais ma première soirée à l'internat: je ne connaissais personne, et je trouvais que toutes les personnes qui m'entouraient avaient des manières européennes: fourchette dans la main gauche, etc. Combien j'ai intérieurement béni ma mère de m'avoir montré comment manger de cette manière, quelle fourchette utiliser, comment convenablement servir et desservir mes aînées, toutes choses que j'avais trouvées très dures lorsque je les avais apprises à la maison. Ceux de Ra voient la discipline comme une aide pour apprendre à l'enfant les tendances du Service d'autrui:

> [...] la compassion du parent pour l'enfant peut bien être tempérée par la compréhension que l'entité enfant va apprendre les inclinations du Service d'autrui ou Service de soi de l'autre 'soi' parental. C'est la raison pour laquelle une certaine discipline est appropriée dans l'enseignement/apprentissage[735].

Pour équilibrer cette discipline que nous proposons à nos enfants nous devons trouver des moyens de soutenir leurs choix lorsque nous le pouvons:

> Il est bon de réaliser que même une petite entité est un chercheur de vérité honoré, quelqu'un qui a parcouru autant de chemins que n'importe qui et qui cherche dans cette incarnation-ci à vous accompagner dans votre recherche et à apprendre de vous. Dès lors, observer, soutenir et apprécier les libres choix que fait une telle entité est extrêmement important pour pouvoir équilibrer l'appréciation de libre arbitre par rapport à votre propre guidance accordée d'une manière qui respecte l'entité au lieu de la laisser sans explications[736].

Ce que les enfants font le mieux c'est poser des questions. Nous pouvons trouver toutes sortes de moyens pour conseiller au mieux les enfants:

> Il y a la responsabilité d'être l'ami et le protecteur d'entités qui peuvent être issues d'activités physiques sexuelles de reproduction de cette relation, d'une manière telle que le 'soi' est offert à ceux qui sont appelés des enfants en service, et que la jeune entité peut comprendre. Parmi ces manières il y a l'orientation fondamentale

---

[735] *La Loi Une,* Livre II, séance 42 §20.

[736] Q'uo, transcription du 14 avril 1996, p. 6.

du Service d'autrui, la familiarisation des enfants avec le concept du Créateur et leur relation avec le Créateur, le souvenir qu'a la famille de cette relation, et de façon générale la meilleure guidance que chacun des éléments de la relation est capable d'offrir à ces jeunes, dans tout ce qu'il peut rencontrer à mesure qu'il progresse dans l'illusion[737].

De quoi est fait un bon conseil? Nous avons des opinions profondes à ce sujet; nous en avons des tas en stock à donner, et lorsque nous entrons en contact avec des enfants nous les sentons affluer. Nous avons tous des histoires à raconter, et les enfants sont le public le meilleur du monde et le plus facile à captiver. Nous devons certes leur parler du Service d'autrui, du partage et de la bonté mutuelle. Nous pouvons trouver des histoires merveilleuses à lire à nos enfants pour amener tous ces points sur le tapis et nous aider à discuter de sujets tels que le partage et le don. Ces histoires nous aident énormément si notre propre vie implique également le partage et le don, pour que nous puissions présenter ces idéaux comme étant concrets et présents dans notre vie tout autant que dans la leur. Les enfants sont prompts à déceler le manque de sincérité. Trouvons d'abord les moyens d'être généreux dans notre vie et parlons ensuite de partage à nos enfants! Nous pouvons les encourager à regarder les bons côtés, à s'accrocher à leurs rêves, à croire en leurs idéaux. La plupart d'entre nous établissent avec les enfants une longue séance de questions et réponses nommée 'enfance' par l'adulte qui finit par déborder de la famille de naissance, et nous ne parvenons jamais à tout exprimer. Mais nous ne manquons pas d'essayer. Les enfants adorent parler, jouer avec les mots, plaisanter et mettre en question. Restons simplement avec eux, laissons-les guider la conversation, et nous trouverons toutes les occasions possibles de partager nos meilleures idées avec eux.

Le plus beau cadeau que nous puissions leur faire en tant qu'êtres spirituels est probablement celui d'un sens du Divin. Les enfants apprennent à découvrir la beauté de la nature lorsque nous les emmenons piqueniquer ou se promener dans des parcs, auprès de cours d'eau, de lacs ou de l'océan. Ils apprennent à découvrir la beauté étonnante de l'orage et de l'aube, l'obscurité infinie de la nuit, l'immensité du ciel étoilé. Mais sans un moyen de célébrer tout cela, ils sont tenus à l'écart de nombreuses occasions de vues mystiques et d'une pleine expression de leurs propres pulsions spirituelles. Par conséquent, le plus grand don à faire aux enfants est probablement celui de notre propre pratique spirituelle. La plupart des gens n'ont pas de pratique spirituelle quotidienne, mais j'ai le sentiment

---

[737] Laitos, transcription du 6 août 1981, p. 3

qu'une pratique quotidienne de vénération au foyer, ne serait-ce que sous la forme de prières récitées aux repas et le soir lorsque l'enfant va au lit, est un élément extrêmement important d'un foyer sécurisant pour l'enfant. Mieux encore, faisons de cette vénération quotidienne une activité pour laquelle nous trouvons du temps, alors notre enfant grandira en ayant le sentiment que c'est une partie normale et aimante des journées. Voici ce qu'en disent ceux de Q'uo:

> En ce qui concerne les enfants, nous suggérerions très fortement que si les parents ne s'engagent pas dans la fréquentation régulière d'une église traditionnelle, il est bon d'établir un autel ou un lieu sacré, aussi petit soit-il, à l'intérieur du logement, à l'abri des intempéries, et accessible dans toutes les températures, de façon à ce que chacun puisse s'y rendre et y méditer chaque jour. Lorsque les enfants voient avec quel sérieux les parents désirent connaître la vérité, lorsqu'ils se rendent compte du quotidien et de la discipline de la recherche, par osmose et pour faire comme leurs parents ils imiteront et apprendront à ressentir ce lieu à l'intérieur d'eux-mêmes qui est affamé de nourriture céleste[738].

1

Nous voudrions encourager chaque parent à pratiquer des dévotions quotidiennes et à y mettre toute leur force et leur passion, car c'est comme cela que vos enfants apprendront ce qu'est la vie dans cette illusion-ci. Vous êtes leur instructeur, chaque parent, et il y a des chances pour que vous désiriez transmettre cette passion, cet amour, et le sens de la paix, que vous ressentez dans votre cœur, aux enfants qui sont vôtres pour être instruits, élevés et soignés[739].

L'avortement

L'avortement est un problème qui plus que jamais occupe nos pensées, en un moment où les croyants religieux s'opposent à ceux qui estiment que chaque femme a le droit de gérer son propre corps. Des deux côtés, les sentiments sont exacerbés. Toutefois au-delà des détails horribles montrés sur les photos de fœtus avortés brandies par des religieux enragés, et de corps sans vie de médecins et autres professionnels de la santé abattus à

---

[738] Q'uo, transcription du 30 avril 1989, p. 4-5
[739] Q'uo, transcription du 9 juillet 1989, pp. 4-5

CHAPITRE X: LES ASPECTS SOCIETAUX

coups de feu ou de bombes par ces mêmes religieux pour avoir pratiqué des avortements, le problème demeure. Quand donc l'avortement est-il acceptable, s'il l'est jamais? Est-ce que spirituellement parlant, il existe des avortements 'justes'? Je pense que c'est une bonne question, qui n'a pas de réponse simple. Certes, un avortement est justifié lorsqu'il y a eu viol ou grossesse dû à un membre de la famille. Parfois, l'avortement est spontané. Il a souvent été dit dans la littérature métaphysique que de nombreux chercheurs en spiritualité sont arrivés dans cette vie préprogrammés pour ne pas avoir d'enfants et que si des chercheuses sont enceintes elles perdront le fœtus. Cela m'est arrivé lorsque j'étais âgée de 19 ans et que j'ai été abandonnée devant l'autel. J'ai perdu la petite vie que j'avais nourrie dans ma matrice pendant deux mois. J'ai longtemps pleuré sur cet enfant et j'y pense encore 40 années plus tard. Ceux de Q'uo expliquent:

> Maintenant, pour certaines il y a des barrières à l'enfantement. Cela est dû au fait qu'elles sont venues sur ce plan pour d'autres raisons. Ces entités n'auront pas d'enfants mais n'auront pas non plus à prendre la décision d'avorter. Si une entité venue ici pour un chemin spirituel conçoit, l'enfant sera simplement avorté spontanément car la conscience du corps sait déjà que la mission de cette entité particulière n'inclut pas le luxe d'aimer un enfant, mais inclut le fait que l'entité devra se faire à l'idée que c'est le travail auquel elles donnera son amour et son labeur qui sera son enfant[740].

Toutefois, pour la majorité de celles qui deviennent enceintes il n'y a pas d'avortement spontané et il revient à la femme de se débattre avec la décision d'avoir cet enfant ou non. Lorsqu'il n'y a pas suffisamment de moyens financiers disponibles pour un accouchement, lorsque la femme aura toute la responsabilité de l'enfant, elle a certes le droit de se demander si elle sera capable d'assumer cela. Cela demande beaucoup de réflexion:

> Lorsqu'une femme décide d'avorter ce qu'elle fait prive cette entité particulière de l'occasion d'entrer en incarnation. C'est parfois de cette façon que des relations pénibles sont équilibrées, car avorter est indubitablement un mauvais traitement, mais cette même entité peut avoir eu besoin de cet équilibrage afin que ce que vous nommez du karma puisse être équilibré. Chaque entité dans chaque fœtus arrive dans le corps à un moment différent. Plus une entité vit consciemment, plus elle perçoit l'appel de l'âme qui

---

[740] Q'uo, transcription du 9 juillet 1989, p. 4-5

l'attend, et plus elle mettra de personnalité dans sa réflexion au sujet de l'enfant à venir[741].

Ceux de Q'uo suggèrent que choisir un avortement peut être un choix irréfléchi:

> En essence et en profondeur, vivre la vie est une responsabilité qui doit être vue comme complètement à soi. C'est de cette façon seulement que chaque entité fait l'expérience d'elle-même en tant qu'être métaphysiquement impérissable. Vous réalisez, nous en sommes sûrs, qu'aucune vie n'est perdue dans l'avortement. C'est seulement qu'il y a une négligence et une absence d'appréciation de la sainteté et de la beauté de la vie elle-même chez quelqu'un qui a été assez irréfléchi pour engendrer un enfant et puis le supprimer. Nombreux sont ceux qui patinent sur la glace de l'étang de la vie et qui, comme nous l'avons déjà dit, ne trouvent jamais le royaume magique sous la fine croûte de conscience[742].

De toutes les questions que nous recevons lorsque nous avons des séances de channeling pour un nouveau public la question de l'avortement vient juste derrière les questions à propos des ascensions et des atterrissages de masse. Je ne crois pas qu'il y a ait une seule réponse pour ceux qui posent la question. Les gens veulent savoir s'il y a une âme de bébé en place dès que la conception a lieu, ou bien si une âme a cette occasion pendant la naissance. Apparemment parfois il y a une âme, et parfois seulement tard dans la grossesse. Ceux de Hatonn expliquent:

> Est-ce que l'avortement enlève seulement de la matière physique ou bien est-ce qu'une entité peut être connue de la mère seulement lorsque celle-ci médite? La mère saura si une âme souhaite naître et souhaite l'avoir pour mère. Si l'entité ne peut pas sentir la présence d'une âme, ceux qui sont contre l'avortement ont tort. Si après une méditation sérieuse la présence d'un esprit souhaitant l'expérience d'une incarnation avec cette entité-là pour mère est perçue et qu'alors l'entité enlève cette opportunité, cet acte est dans une certaine mesure un règlement de comptes. La relation se produira alors dans le futur et un dédommagement aura lieu. Au cours du temps l'amour trouvera son équilibre[743].

Si vous avez le sentiment que vous devez avorter maintenant, vous pouvez promettre solennellement à l'âme qui vous attend que plus tard

---

[741] *Ibid.*, p. 6
[742] Q'uo, transcription du 9 juillet 1989, p. 7
[743] Hatonn, transcription du 29 mars 1981, p. 5

dans cette vie-ci ou bien dans une autre vie, vous tenterez à nouveau d'établir cette relation, et à l'occasion suivante faites-en une réunion d'âmes planifiée et fêtée. Mon propre sentiment au sujet de l'avortement est qu'il vaut mieux l'éviter. Je ne pense pas que je serais capable d'avorter. Avant de me résoudre à avorter je trouverais une agence qui m'aiderait tout au long de ma grossesse et proposerait le bébé à l'adoption, ou bien j'essayerais à tout prix de l'élever moi-même. Je n'essaie aucunement de convaincre quiconque de recourir à l'avortement. J'ai connu des mères qui sentaient qu'elles devaient avorter, j'ai sympathisé avec elles et j'ai compris leurs raisons qui étaient nettement de deux ordres: une pauvreté extrême et une relation de maltraitance avec le père de l'enfant, la mère craignant que cette situation se reporte sur l'enfant. Dans les deux cas j'ai soutenu la mère pendant qu'elle subissait l'avortement, et dans les deux cas cette décision paraissait avoir été la meilleure pour la suite de la vie. Avant qu'une telle décision soit prise, cependant, je ne peux qu'encourager de chercher au plus profond du cœur. Chez la plupart des femmes, il y aura toujours un certain sentiment pour l'enfant avorté. Ce sera toujours une source de tristesse.

Un réconfort pour celles qui sentent qu'elles doivent avorter est que l'âme qui n'est pas encore née ne meurt pas: elle perd seulement l'occasion de s'incarner:

> Aucune âme n'est perdue, si par 'perdue' vous entendez 'non rachetée' et incapable de poursuivre son voyage d'évolution lorsque le processus que vous appelez 'avortement' a lieu. Toutefois, dans un tel cas la vitalité est ôtée du véhicule physique, ce qui dans la plupart des définitions de votre culture, équivaut à ce que vous appelez un meurtre. Cependant nous suggérons que l'esprit qui peut habiter n'importe quel véhicule physique n'est ni perdu ni irrémédiablement abîmé dans sa recherche d'une expérience incarnationnelle, lors d'un acte d'avortement[744].

Les drogues et les dépendances

La toxicomanie semble faire partie de toute société, depuis la plus primitive jusqu'à la plus technologiquement avancée. Nous les êtres humains sommes capables de trouver un nombre infini de moyens d'altérer notre conscience avec des substances que nous buvons, mangeons, fumons ou injectons dans notre système. Un usage excessif de

---

[744] Q'uo, transcription du 23 novembre 1986, p. 18

ces substances semble fait partie intégrante des fêtes et occasions spéciales pour beaucoup. Je serais la dernière à condamner catégoriquement l'usage des substances les plus inoffensives, car j'aime en consommer un peu, avec modération. Par ailleurs, comme il y a eu des alcooliques parmi les membres de ma famille de naissance, je sais exactement quels ravages, quelle détresse sont provoqués dans une famille par l'abus de substances addictives. Habituellement, bien que la cigarette soit à l'origine d'une dépendance méchante et même mortelle, son excès ne brise pas les familles, l'excès de substances excitantes telles que le thé, le café ou les boissons au cola non plus. Mais tout le gamme des autres drogues sont susceptibles de faire éclater des familles et détruire les gens et le font avec voracité. Dans certains cas, par exemple en ce qui concerne les drogues dures et les drogues de rue, je suis sûre de moi en conseillant à tous de ne jamais en acquérir ni en essayer même une seule fois. Toutes les formes de cocaïne, toutes les drogues 'festives', drogues de synthèse et drogues 'sûres' qui portent des noms variés et contiennent des substances chimiques exotiques peuvent être considérées comme trop dangereuses pour n'importe qui. En ce qui concerne l'alcool et la marijuana, leur usage approprié est une question de degrés. Ceux de Q'uo suggèrent:

> La nature de la dépendance ou du vice peut être vue comme une bonne chose que l'on prend en surdose. Ce qui pousse des entités à la dépendance est tout simplement l'instinct qui porte le corps, le mental et l'esprit à rechercher le réconfort, le plaisir et la paix[745].

Celui qui recherche de la drogue tente de trouver des moyens de se sentir mieux. On voit donc clairement que l'usage de la drogue est de polarité 'Service de soi':

> C. S. Lewis a dit qu'il n'existe pas de terrain neutre dans l'univers. Pour la victime d'abus de drogue il n'existe aucun terrain neutre entre la voie négative du Service de soi et la voie positive du Service d'autrui et la recherche du 'soi' supérieur. C'est l'une ou l'autre[746].

Une personne qui souffre ne tient pas du tout compte de l'aspect 'Service de soi' car elle a besoin de drogues pour soulager sa douleur, et Jonathan Boyne explique:

> Essayant tout et très intéressé par tout, j'ai obtenu une bourse mais j'ai laissé tomber, déçu par les sources disponibles de

---

[745] Q'uo, transcription du 26 mai 1996, p. 1
[746] 282, lettre du 24 juillet 1994

CHAPITRE X: LES ASPECTS SOCIETAUX

> connaissances, j'ai expérimenté le LSD, ai eu de grandes révélations et dépressions. Il m'a paru clair que la Terre se dirige vers des désastres de toutes les sortes; j'en ai vu certains depuis l'espace dans des vaisseaux, hors du corps sans aucun moyen de subsistance sain. Tentative de suicide entre 18 et 20 ans. Hospitalisé trois fois pour overdose. Désir de retourner dans un endroit plus sensé[747].

La Terre peut être vue comme un endroit moins que sensé, surtout quand on est marginalisé et incapable de trouver un travail satisfaisant! Cependant, se droguer au point d'arriver à l'overdose est bien loin de l'idée d'utiliser un peu de marijuana ou d'alcool pour célébrer un événement. Donc, si nous voulons essayer de tirer des conclusions de notre usage personnel nous devons savoir où nous nous trouvons sur l'échelle: au niveau des drogues festives, des drogues sociales, des drogues antidouleur, ou de drogues échappatoires? Les deux premières catégories sont relativement inoffensives pour la plupart des gens, mais si nous avons des gènes de dépendance, gardons-nous se toute absorption. Ce n'est pas souvent une bonne idée de choisir la troisième catégorie, et ce n'est jamais une bonne idée de choisir la quatrième catégorie. Les drogues semblent permettre de s'échapper, mais seulement dans des impasses, souvent fatales dès qu'on y entre.

Notre civilisation est avide de drogues et médicaments en tous genres, et je participe indubitablement à cela. À ce jour je prends par jour dix médicaments faisant l'objet d'ordonnances médicales, et aussi dix sortes de tisane et autres préparations censées améliorer l'état de mon véhicule physique souvent défaillant à plusieurs égards. De la cortisone et d'autres drogues puissantes parcourent mon corps en permanence pour m'aider à être mécaniquement sous contrôle divers maux qui ne se sont pas atténués par le régime et l'exercice. En outre, je bois environ un verre de vin par semaine. Je souhaite vraiment pouvoir fonctionner autant que possible dans la réalité de consensus, et je fais très attention aux substances que j'absorbe. Mais je ne peux pas être "plus catholique que le pape" à ce sujet alors que je m'appuie moi-même sur les béquilles que représentent les médicaments et drogues pour atténuer certaines pathologies et symptômes. Ici aussi c'est une question de degré. Je pense que c'est vrai par rapport à n'importe quelle dépendance. Et nous pouvons certainement aussi parler de dépendances au travail ou à d'autres passions, par exemple. Cela dépend toujours du degré. Plusieurs pèlerins en parlent:

---

[747] Jonathan Boyne, lettre du 10 août 1994

Chapitre X: Les aspects sociétaux

Le mariage a duré six ans. Je lui ai donné tout l'amour, le dévouement et la compassion que j'avais à donner. J'ai donné tout ce que j'avais à ce mariage, mais ça n'a pas marché naturellement. C'est ce qui m'a conduite sur la route qui tue. J'ai commencé à prendre des drogues, à boire, et à voir la vie comme une mauvaise plaisanterie. Les drogues m'ont fait oublier toute douleur. Les drogues m'ont anesthésiée. Le stress à lui seul m'a presque tuée. Les drogues étaient tout ce que j'avais pour m'aider à me sentir mieux[748].

1

Il s'appuie lourdement sur une consommation quotidienne de marijuana et de bière pour adoucir son âme et atténuer les rugosités entre lui et le monde. Je pense qu'il fait cela au lieu d'aller à l'intérieur de lui et d'y trouver force et protection ou bien s'il regarde à l'intérieur c'est par paranoïa ou pour se cacher, et non pas pour se connecter à une source supérieure. Lorsqu'on le confronte à sa dépendance il ne montre aucun signe d'une volonté de renoncer[749].

1

Je prends moi aussi des médicaments parce que je suis arrivée à un point où j'ai pris conscience que la charge de mes choix de vie m'accable et que si je veux seulement continuer à avancer je dois pouvoir aborder mes épreuves une par une. J'ai du mal à m'identifier même physiquement. Je sens que me trouver entre deux mondes peut être dangereux. Je dois faire un effort conscient pour me rappeler de manger, d'avoir suffisamment de sommeil, bref de prendre soin de mon corps[750].

Je pense que beaucoup de gens peuvent accepter de prendre des médicaments pendant un certain temps pour aider à gérer certaines difficultés. Dans une situation de maladie chronique nous acceptons généralement d'inclure dans notre régime quotidien les médicaments prescrits. Sous la supervision d'un médecin, un tel usage de médicaments me paraît relativement acceptable. Cependant, dans la deuxième lettre citée, le n° 131, le jeune homme dont il est question a un problème de

---

[748] Cheryl Hollrah, lettre du 16 août 1994
[749] 131, lettre du 7 avril 1998
[750] Karen Eck, lettre du 3 mars 1999

CHAPITRE X: LES ASPECTS SOCIETAUX

dépendance. Aucune quantité de marijuana ou de bière ne peut se substituer à un travail personnel sur nos problèmes. Pharaoh écrit:

> Je crois que la plus grande partie de ma vie a été un combat. Et l'alcool et la marijuana, sans compter les antidépresseurs, m'ont accompagné la plupart de ces 20 dernières années. Je me demande si je suis aussi évolué spirituellement que je voudrais le croire, si je ne devrais pas renoncer à ces mauvaises habitudes un de ces jours. Qu'en pensez-vous[751]?

Je crois que je lui ai conseillé de garder les antidépresseurs mais de réfléchir soigneusement aux quantités des deux autres substances: marijuana et bière. Il est tellement facile de tomber dans une habitude excessive alors que l'intention première était de s'y livrer avec modération. Et la modération peut faire toute la différence entre une vie très agréable et une vie rendue dysfonctionnelle et ingérable. Je ne suis pas puritaine mais j'encourage à ce concept de modération.

Souvent, des gens en viennent à consommer des substances qui altèrent la conscience parce qu'ils aspirent à des connaissances, à la sagesse, à la lumière, à la réalisation de soi. Peut-être que certains en ont retiré beaucoup de discernement. Mon expérience se limite à voir pris du LSD par deux fois au début des années 1980, et je n'ai pas fait de voyage dans la conscience, j'ai juste éprouvé un sentiment de grand bien-être et une énergie physique inhabituellement grande qui m'a permis de liquider tout le travail administratif ce jour-là. Mais les effets résiduels physiques ont été pour moi tellement dévastateurs que j'ai décidé de ne plus jamais prendre de LSD, et je me suis tenue à cette décision. Commentaire de Jim McCarty:

> Drogues, sexe et rock and roll, c'était la nouvelle religion de l'époque, à la fin des années 1960, et je m'étais attaché à en devenir un de ses saints. J'ai fumé un tas de marijuana et ai entrepris quelques voyages à l'acide, pendant un desquels j'ai entendu une voix intérieure me dire très clairement: « tu n'a pas besoin d'être défoncé pour te trouver ici »[752].

À cet égard, comme à tant d'autres, j'apprécie énormément chez Jim sa merveilleuse combinaison de jugement bon et sain et d'intuition et guidance psychiquement exactes. Le conseil qu'il a reçu, qu'il ne devait pas être défoncé pour atteindre des états modifiés de conscience, est pour moi d'une extrême importance. J'ai par exemple connaissance de

---

[751] Pharaoh, lettre du 5 janvier 1998

[752] Jim McCarty, lettre du 8 mars 1999

Chapitre X: Les aspects societaux

plusieurs méthodes pour modifier la conscience, et elles n'ont rien à voir avec des drogues. Des exercices constants peuvent amener le satori, tout comme le peuvent la danse et le chamanisme. Ceux d'Oxal font remarquer que:

> Rien n'est clair dans votre illusion, rien ne peut rester clair en permanence. Il est possible de placer le mental dans un état différent de conscience parce que la conscience n'a que peu de rapport avec l'illusion. C'est précisément ce que veulent faire le soufi qui danse, le chaman qui tourbillonne, le coureur qui dépasse ses limites, l'entité qui prend des drogues psychotropes. Ces entités veulent arriver à un point de vue moins illusoire et plus plein de ce que recherche toute l'humanité: la vérité[753].

Selon moi, la danse et l'exercice sont de loin plus sûrs pour l'éveil de la personnalité que la prise de drogues. J'ai eu plusieurs amis qui dans les années 1960 ont exagéré avec leurs voyages au LSD, qui ont eu des expériences étonnantes qui se sont manifestées dans la mémoire comme des éclairs de lumière qui étaient des flashbacks de l'expérience originelle de lumière. Le problème est que l'expérience en elle-même entrée de force dans la conscience du fait de la substance, n'était pas quelque chose à quoi étaient préparés le corps, le mental et l'esprit; par conséquent il y a eu une perte continue et chronique de la puissance originelle dans les trois chakras supérieurs, et une absence correspondante de possibilité de fixer la prise de conscience provoquée par ces expériences. On pourrait parler de fuite d'énergie. Par la suite dans la vie, ces voyages n'ont plus été vus que comme des expériences destructrices, les flashbacks devenant des moments où ils ne pouvaient plus fonctionner. Peut-être que cette sorte de difficulté peut trouver une solution, mais il n'est ni simple ni facile de retrouver son intégrité et son équilibre, ou de retrouver le réservoir de puissance personnelle qui fuit lentement depuis des décennies. L'usage de drogues peut nous emmener en des lieux plus élevés, mais il est plus que probable que nous ne sommes pas prêts pour cela, ni réellement capables:

> Prenons le cas de ceux qui utilisent des gadgets comme des drogues, des formes ou des méthodes pour faciliter la concentration, afin de renforcer leur service à autrui, car leurs difficultés proviennent d'un niveau différent des autres. Ceux qui veulent utiliser une béquille pour se hisser vers le haut, vers la lumière, que cette béquille soit représentée par des drogues, des rituels de magie ou autre science occulte pouvant servir de gadget, ils se hissent littéralement jusqu'en un lieu pour lequel ils n'ont pas

---

[753] Oxal, transcription du 24 septembre 1989, p. 3

CHAPITRE X: LES ASPECTS SOCIETAUX

travaillé et pour lequel ils ne sont pas prêts. Qu'ils soient prêts ou non à faire l'expérience de la sagesse et de la lumière, de l'amour et de la compassion, ou de l'interaction avec la déité, ils doivent tenir compte de la fausseté de leur position dans la lumière. Les drogues se dissipent. La personnalité magique peut s'écrouler entre l'épicerie et la pompe à essence. La sagesse occulte peut laisser quelqu'un sans ressources lorsque quelque chose se produit, qui est complètement à l'opposé de cette méthode dogmatique de percevoir le mental archétypal. Et alors l'entité laissée enfin seule avec elle-même, sans béquille, se trouve engagée dans des actes et des paroles ainsi qu'envers l'identité-même de son 'soi', d'une manière congruente avec ce qu'elle a appris. La béquille n'est plus là, mais l'entité est responsable de la lumière que cette béquille lui a fait obtenir[754].

Prendre des drogues addictives pour arriver à l'illumination est un *cul de sac*[755]. Cela peut apporter des moments de prise de conscience accrue, mais la question demeure: pouvons-nous être responsables de ce que nous avons appris? Métaphysiquement parlant nous ne le pouvons probablement pas à moins d'avoir été conscients du travail tout au long du processus. Tenter de prendre des raccourcis pour arriver à l'illumination en prenant des drogues est donc faire fausse route, une route que je recommande expressément aux chercheurs de ne pas prendre. Bien meilleure est la réalisation qui arrive en temps utile. Ayez la foi de savoir que vous êtes sur la bonne voie, une voie bienfaisante qui vous apportera la lumière que vous cherchez. Nous cherchons la lumière pendant toute notre vie. Faisons-le avec un bon jugement, un bon esprit et la capacité que nous pouvons apporter à ce moment grâce aux expériences que nous avons faites et à la prudence que nous avons apprise.

Le suicide

À l'âge de douze ans et demi j'ai vécu un moment de crise personnelle. J'étais désespérée. J'étais arrivée à la conclusion après des années d'efforts pour aider une famille qui avait terriblement besoin de mon aide mais ne pouvait pas m'en remercier et de ce fait me critiquait en toute occasion, que j'étais totalement incapable d'un service véritable. Je me sentais désespérée et inutile. Je me suis agenouillée sur les dalles de la

---

[754] Q'uo, transcription du 24 mars 1991, p. 4
[755] En français dans le texte original (NdT)

salle de bain de ma maison familiale et j'ai prié pour pouvoir mourir. Six mois plus tard mes reins me lâchaient et je suis morte temporairement. Mais une fois "de l'autre côté" de cette vie, j'ai immédiatement eu le choix de soit revenir dans une autre vie avec un agenda plus léger de leçons personnelles et services, soit revenir dans cette vie-ci, même si cette fois j'avais probablement entassé sur mon assiette trop de leçons à apprendre et de cadeaux à faire. J'ai été immensément soulagée de penser que je pourrais tout de même un jour rendre service à quelqu'un d'une certaine manière, et dans un état de grande joie j'ai mentalement choisi de revenir dans la vie présente. Je suis revenue instantanément dans mon corps et j'y suis encore à ce jour, Dieu merci. Je n'ai jamais manqué de comprendre ce qui pousse des gens au suicide puisque je l'ai vécu moi-même. Je ne le recommande à aucun niveau, mais je comprends le désespoir, la désespérance qui donne des idées suicidaires à certains. Un membre des séances de méditation a demandé à ceux de Latwii «Pourriez-vous dire quelques mots à propos du suicide?»; à quoi ceux de Latwii ont répondu:

> Ma sœur, nous n'avons ni l'intention ni le droit de juger les actes d'une autre entité. Pour cette raison nous suggérons fortement que ceux qui sont ici présents prennent conscience qu'un tel acte, bien qu'il ne soit pas polarisant de manière positive dans la plupart des cas, est une forme de mort acceptable pour ceux qui cherchent une voie différente de progression. Nous, étant d'orientation positive, le voyons comme un acte préjudiciable en ce sens qu'il met fin, ainsi que vous en avez conscience, à la possibilité de réalisation avant qu'un certain nombre de leçons aient été offertes. Il agit également d'une manière moins qu'altruiste sur la vie des autres qui avaient choisi d'interagir avec l'individu qui est maintenant mort, pour l'apprentissage de cet individu et celui de ces autres. Nous répétons que ceci, comme il y a contrôle et influence de la progression d'autres, peut être regardé comme bénéfique pour ceux dont le chemin est d'orientation négative. D'autre part, à ceux qui recherchent une polarisation positive, dans la majorité des cas nous suggérerions fortement d'éviter cette voie[756].

Pour ceux qui sont suicidaires, il est très difficile de voir cela. Pour eux mettre fin à l'incarnation tend à ressembler à un don Service d'autrui. Il y a le sentiment qu'il mettra fin à la douleur du 'soi' et de celle de l'entourage de ce 'soi'. Barbara explique:

---

[756] Latwii, transcription du 16 mai 1982, p. 9

CHAPITRE X: LES ASPECTS SOCIETAUX

Je n'avais pas tout à fait vu le fait de s'enfuir comme mettre fin à tout. Il y a dans ma psyché un mur qui m'empêche de ne serait-ce que penser à fuir comme cela, mais parfois j'aspire à ce que cette existence se termine. Je pense que beaucoup d'entre nous le font[757].

La tentation d'échapper à la vie pour aller dans l'autre monde peut être très forte:

> J'en ai marre qu'on me prenne pour le dindon de la farce et je veux m'en aller d'ici à moins qu'il n'y ait de sérieusement bonnes raisons de continuer. Jusqu'ici je n'en ai trouvé aucune, il n'y a absolument rien à retirer de cette vie ou cet endroit. Je peux quitter demain et je le ferais si l'occasion s'en présentait, et si l'occasion ne se présente pas je peux facilement en créer une. Et comme j'abhorre l'usage de la violence, envers soi-même et envers autrui, j'ai une bonne expérience du jeûne, suffisamment pour savoir que non seulement c'est le meilleur moyen de se tirer d'ici, mais qu'il est également respecté et relativement fréquent dans la tradition yogique[758].

Cet Australien envisage le suicide depuis des années et il est à son honneur qu'il se soit abstenu jusqu'ici d'écouter ce chant de sirène que lui fait entendre sa psyché car il a des rêves de service à la planète qui pourraient un jour se concrétiser et profiter à tous. Il est très facile de partir d'une simple idée puis de se lancer dans une discussion des voies et moyens et d'avoir le sentiment qu'on maîtrise bien le sujet. Mais selon moi il n'y a aucun avantage à choisir une forme de suicide plutôt qu'une autre. Dans tous les cas, le résultat est la perte d'une âme précieuse avant que le temps soit venu de partir. Cheryl Hollrah met ces idées suicidaires sur le compte d'un manque d'appréciation de sa propre vie:

> Au début de ma vie d'adulte je me suis souvent approchée de la mort, mais un retournement de destin de dernière minute m'a libérée de l'étreinte de la mort et je suis sortie de l'expérience sans une égratignure et fraîche comme une rose m'a-t-on dit. Dans ma vie j'ai reçu une ceinture de sécurité supplémentaire. J'ai utilisé cette certitude que j'étais protégée pour jouer dangereusement avec la vie. J'ai marché au bord du précipice pendant des années. Pourquoi pas: je ne craignais pas la mort. Le problème est que je ne reconnaissais pas la valeur de ma vie[759].

---

[757] Barbara, lettre du 9 novembre 1996
[758] 001, lettre du 24 juillet 1997
[759] Cheryl Hollrah, lettre du 16 août 1994

Chapitre X: Les aspects societaux

Un grand problème avec le suicide est l'aspect Service de soi, que j'appellerais égoïsme de l'acte proposé. Ayant survécu au suicide en 1984 de Don Elkins mon compagnon bienaimé pendant de longues années, et partenaire de recherche, je peux témoigner en direct du coût immense de ce suicide en termes de souffrances personnelles. Il y a seize ans maintenant que Don a cédé au découragement puis est devenu malade mentalement, psychotique, délirant, et a fini par se tuer avec son arme à feu. Il ne s'est pas passé une heure ni un jour sans que ne reviennent à ma conscience, à mon mental en état d'éveil, les images de sa dernière maladie et spécialement le moment où il a porté son arme à sa tempe, les yeux fous, sa vie disparaissant devant mes yeux. Chacun de mes mots trop honnêtes au sujet de mon affliction en cette période, tout ce que j'ai pu dire qui a pu contribuer à le décourager, reviennent encore et toujours dans ma tête, même si après un examen de conscience sévère et approfondi je peux conclure qu'en chaque circonstance j'ai absolument fait de mon mieux, sans commettre aucune faute d'éthique, faisant tout ce que je pouvais pour l'aider et le soutenir. Je ne suis plus accablée par sa mort autant que je l'ai été au cours des, disons six années qui ont suivi son décès. Je parviens à nouveau à dormir, j'ai surmonté ma forte colère à son égard pour m'avoir abandonnée, je n'ai plus besoin d'une aide psychiatrique pour venir à bout de mes journées. Et je lui fais confiance: il a fait exactement ce qu'il estimait être le mieux. Je ne lui reproche pas cela. Mais je souffre encore quotidiennement et même à chaque heure de la culpabilité et de la douleur associées à son acte. Et en plus de tout cela, il manque à Jim McCarty et à moi-même car il était notre leader et notre très cher compagnon. La vie sans Don est en vérité plus pauvre. Ceux de Q'uo disent:

> À mesure que les entités inclinent davantage à faire un travail spirituel, la culpabilité devient résiduelle et inutile car rien ne peut être fait pour améliorer la situation au sujet de laquelle la culpabilité est éprouvée. Un bon exemple de cela est illustré par les sentiments de la famille en cas de suicide. Même ceux qui n'ont pas de lien familial avec la famille touchée mais qui étaient des amis, se demandent dès qu'ils apprennent le décès par suicide d'une telle entité, ce qu'ils auraient pu faire s'ils avaient réalisé le mauvais état dans lequel se trouvait l'entité. Même lorsque l'entité a décidé de passer à l'acte et que rien n'a pu être fait, ces sentiments-fantômes sont très réels et doivent être traités comme s'ils avaient un rapport avec la réalité de consensus[760].

---

[760] Q'uo, transcription du 3 janvier 1999, p. 3

CHAPITRE X: LES ASPECTS SOCIÉTAUX

Andrea Arden, un astrologue, confirme que le suicide a un impact très réel, non pas sur l'âme qui choisit cette méthode pour passer dans l'autre vie, mais sur les proches de cette âme:

> La mort est en fait une expansion de la conscience, l'esprit se libérant des limites du corps physique, une transition. Le plus souvent, à un astrologue il peut sembler que la personne décédée est partie en vacances, surtout si la mort est survenue rapidement. Les aspects difficiles sont présents mais ils apparaissent plutôt dans les thèmes astraux de ceux qui ont été quittés[761].

C'est une chose de penser abstraitement au suicide comme à un choix théoriquement acceptable de la manière de finir sa vie physique, mais c'est une autre chose de penser à des enfants assassinés par exemple parce que le parent ne veut plus vivre et ne veut pas les laisser seuls. Cet exemple met l'accent sur la terrible erreur du suicide: la supposition qu'il se produit dans le vide. Ce n'est jamais le cas, même pour la personne la plus isolée. Même lorsqu'il n'y a pas d'enfants ni de famille, certaines personnes seront terriblement affligées, non pas pendant un moment mais pendant toute leur vie. Le suicide a toujours des effets néfastes, douloureux et durables sur ceux qui sont concernés par l'expérience. Du point de vue du Service d'autrui le suicide est désastreux. Parfois, la personne qui envisage de se suicider n'est pas du tout émue par cette considération et souhaite faire du mal à ceux qui selon elle l'ont blessée. Mais une autre considération essentielle qui suggère de ne pas choisir de se suicider est celle des conséquences pour le 'soi'. C'est comme si nous achetions un billet d'avion à crédit: «je vole maintenant, je paie plus tard»:

> Lorsque pour n'importe quelle raison l'on refuse de faire usage des talents qui sont à la portée de l'être, alors c'est qu'une telle intensité d'apprentissage peut sembler un poids trop lourd à porter et l'entité peut être forcée par sa propre réticence, disons, à recourir à ce qui paraît être des mesures extrêmes pour traiter le problème qu'elle a conçu pour elle-même. Dans un cas extrême l'entité peut choisir de mettre fin à ses efforts pendant l'incarnation en recourant à ce que vous nommez le suicide. Il y a des leçons dans chaque domaine, et il n'est pas possible d'échapper aux leçons. Elles peuvent être ignorées pendant un certain temps. Les leçons devront être affrontées d'une manière ou d'une autre, dans une

---

[761] Andrea Arden, lettre du 5 mars 1999

incarnation ou une autre. Les moyens et l'heure sont au choix de l'entité qui a aussi choisi les leçons[762].

Ceux de Ra voient le suicide comme une promesse de se réincarner:

> **INTERVIEWEUR:** Est-ce que je comprends bien alors que la mort, qu'elle survienne naturellement ou par le suicide, que toutes les morts de ce type créent la même condition d'après mort qui permet à l'entité d'avoir une protection grâce à ses amis? Est-ce exact?
>
> **RA:** Je suis Ra. Nous présumons que vous voulez savoir si dans l'expérience de la mort, peu en importe la cause, des amis négatifs ne sont pas à même d'éliminer une entité. Ceci est exact en grande partie parce que l'entité sans attachement au complexe physique d'espace/temps est bien plus consciente et sans la crédulité qui est en quelque sorte la marque de ceux qui aiment de tout leur cœur.
>
> Cependant la mort, si elle est naturelle, est indubitablement la plus harmonieuse: la mort par meurtre désoriente et l'entité a besoin d'un certain temps/espace pour établir ses repères, dirons-nous; la mort par suicide provoque la nécessité d'un grand travail de guérison et, dirons-nous, la mise en place d'un engagement envers la troisième densité pour une nouvelle opportunité d'apprendre les leçons établies par le 'soi' supérieur[763].

Même si tout nous semble de peu d'utilité, selon moi il y a peu de chances que je me trouverai dans de meilleures circonstances que celles-ci pour aborder la vie plus tard ou dans une autre vie. Il y a en moi, particulièrement depuis mon expérience de la mort ou expérience de mort temporaire dans l'enfance, une prise de conscience vitale de la valeur du don de la vie. J'ai le sentiment que si nous sommes ici, c'est nous-mêmes qui avons pourvu aux leçons et services à recevoir et donner, et nous avons aussi en nous et autour de nous des sources de guidance et de soutien qui sont toujours égales au moment. Il se peut que nous souffrions énormément, mais la souffrance fait partie des choses pour lesquelles nous sommes venus ici et dont nous apprenons. Tenter de circonvenir les problèmes et leurs défis est futile: nous pouvons seulement les retarder et créer beaucoup de souffrances pour d'autres personnes en choisissant de mettre fin à notre vie avant que le Créateur ne nous appelle. Il existe un moyen moins manifeste de se suicider, et c'est un moyen que j'ai observé plusieurs fois. C'est ce qui arrive lorsque quelqu'un se déconnecte de la vie, ainsi que l'explique Andrea Arden:

---

[762] Latwii, transcription du 12 janvier 1986, pp. 8-9

[763] *La Loi Une,* Livre III, séance 69 §6

Chapitre X: Les aspects sociétaux

> Mes expériences en tant qu'astrologue et thérapeute par la régression m'ont donné la conviction que les gens choisissent toujours, consciemment ou non, la manière et le moment de mourir. Personnellement, j'ai vu mes deux parents décider de mourir lorsqu'ils ont été confrontés à une maladie qu'ils ont choisi de ne pas vivre. Aucun des deux ne l'a exprimé verbalement, mais il était évident que le choix avait été fait. C'est comme s'ils avaient pressé un interrupteur pour se déconnecter de la vie. Dans chacun des cas, la mort est survenue très vite après ce moment[764].

Combien d'entre nous n'ont-ils pas connu quelqu'un qui dans les dernières phases d'une maladie mortelle ont arrêté d'essayer d'aller mieux? Il semble que la mort arrive plus facilement chez quelqu'un qui a renoncé. Je ne peux qu'encourager à ne pas laisser le désespoir nous envahir. C'est attirant, mais c'est fallacieux. Anthony Thomas raconte comment il a été très près de se suicider avant de réaliser que ce n'était pas cela qu'il souhaitait:

> Je me sentais perdu, seul. Mes pensées étaient trop intenses pour cet âge peu avancé: trop au-dessus de celles des masses normales. Personne ne pouvait me comprendre et je ne parvenais pas à me comprendre. Finalement, vers l'âge de 19 ans j'ai essayé de mettre fin à la réalité physique de ce corps, en espérant pouvoir retourner d'où je venais. Je savais que je ne venais pas de ce plan d'existence. Après avoir ingéré le contenu de deux flacons de somnifères avec un verre de lait, je me suis mis au lit. Mes pensés se bousculaient dans ma tête; des idées entraient et sortaient. Mon mental me hantait, m'effrayant du choix que j'avais fait, me disant combien égoïste, combien insensé était ce choix. Qui allait prendre soin de ma mère? De mon petit chat? Et ma mission? Alors, rassemblant mes forces je suis sorti de mon lit et suis allé à la salle de bain. Je n'ai eu assez d'énergie que pour vomir une partie des comprimés, espérant que ce serait suffisant. Puis j'ai rampé jusque dans mon lit et j'ai dormi, avec l'espoir que je me réveillerais au matin[765].

Anthony, je suis heureuse que tu y aies réussi! Le suicide est un choix de la peur qui prime sur l'amour, de la vacuité qui prime sur la plénitude, du rien qui prime sur le tout. Je pense que c'est un choix très peu sage que de vouloir deviner les intentions du Créateur, et l'histoire de Ken Page le démontre:

---

[764] Andrea Arden, lettre du 5 mars 1999
[765] Anthony Thomas, lettre du 20 décembre 1998

Chapitre X : Les aspects sociétaux

Je sentais qu'il était temps que je laisse aller mon corps et que j'aille explorer d'autres mondes. Je me sentais tranquille. J'aimais la Terre mais j'avais décidé que j'en avais terminé ici. Je me sentais émotionnellement fragile et au bord des larmes. Je voulais retenir mes émotions, mais je me suis dit que je devais être plus ouvert et plus vulnérable. Je savais que j'étais en train de mourir. Lorsque j'avais eu une impression similaire dans le passé, cela voulait dire que je devais laisser aller une partie de moi, mais ceci était différent. Ceci était la mort totale. Le temps de mon départ était proche. Un après-midi, peu de temps après, Mary et moi étions an train de parler et de rire d'une histoire qui était arrivée par fax. Nous avions l'intention d'aller au cinéma et elle est allée prendre une douche pendant que moi je regardais calmement la télé.

Soudain je l'ai entendue crier. Je suis allé jusqu'à la porte de la salle de bain et l'ai appelée. Elle n'a pas répondu. La porte était verrouillée et j'ai paniqué. J'ai donné des coups de poings dans la porte en l'appelant à nouveau. La porte s'est ouverte. Mary était grise, paralysée par la douleur. Elle m'a demandé de l'emmener à l'hôpital. La police avait été appelée entretemps pour avertir le personnel, qui nous attendait avec une chaise roulante. Mary souffrait atrocement et pouvait à peine parler. Je savais que c'était la fin. Un médecin m'a dit peu après qu'elle était en état de choc et qu'il ne semblait pas qu'elle pourrait s'en sortir. J'ai dit à Mary que je l'aimais et que j'allais me donner à elle totalement pour qu'elle puisse sentir mon amour. J'ai placé ma main sur son estomac et j'ai prié. Je lui ai dit et répété combien je l'aimais. Nous avons fusionné et j'ai senti un glissement. Une chaleur s'est étendue sur nous et nous avons senti la présence de Dieu. Les radios ont montré qu'il y avait à l'intérieur de son corps quelque chose de la taille d'un pamplemousse, une obstruction, une tumeur, et il fallait opérer pour savoir ce qui se passait.

Je suis resté auprès de Mary jusqu'au moment où on l'a emportée vers la salle d'opération, mes mains sur elle, mon énergie connectée à la sienne. Je me suis assis dans le hall et j'ai continué à prier. J'ai visualisé la masse qui disparaissait. Trente minutes plus tard deux chirurgiens sont sortis de la salle. Ils paraissaient désorientés. Ils ont dit que Mary allait bien, qu'elle s'en sortirait. Ils avaient ouvert complètement son abdomen et tout était parfait. Ils ont expliqué comment ils avaient vérifié tous ses organes et n'y avaient rien trouvé d'anormal. Ils ne savaient qu'en penser et

Chapitre X: Les aspects societaux

n'avaient aucune explication à sa crise ni à ce qui apparaissait sur les radiographies. C'était un miracle.

Lorsque nous avons échangé nos idées les jours suivants il est devenu évident pour moi que je n'étais plus le même homme. Qu'est-ce qui était arrivé? La réponse est venue très vite. Au moment où je me suis donné complètement à Mary et où son esprit a fusionné avec le mien, la partie de moi qui existait dans une réalité alternative est revenue en moi. J'étais de retour dans le présent, ici, sur Terre, entièrement dans mon corps. Ma vibration avait changé et l'énergie de création affluait à nouveau en moi. Enfin j'étais en paix[766].

Si vous envisagez le suicide, je souhaite vous faire revenir aux forces de votre vie et de votre travail inachevé, cette réalité présente avec toutes ses difficultés et ses souffrances. Examinez ce choix avec grand soin. Peut-être y a-t-il un SIDA ou un cancer ou une crainte des phases finales d'une maladie. Mais vous vivez, et comme toujours, c'est pour une raison. Pendant que vous lisez ces mots je vous encourage à trouver des moyens de vous ouvrir à l'amour et à la confiance en soi, à la foi et à l'amour, des moyens de trouver votre assiette et de vous pardonner à vous-même. Revenez à la vie! Je n'ai pas le sentiment que nous serons à la fin de ce banquet avant que le serveur céleste n'apporte la note. Mangez et buvez la douceur de la vie même dans les petites choses: sortez et respirez la rosée sur l'herbe, la pluie dans l'air, le chèvrefeuille en fleur, ou prenez le temps d'imaginer tout cela. Renouvelez les sources de votre foi et faites de trois mots votre devise jusqu'à ce que vous vous sentiez à nouveau en terrain sûr: "Ne jamais renoncer"!

---

[766] Ken Page, lettre du 5 novembre 1998

CHAPITRE XI : LES OUTILS MYSTIQUES DE LA CROISSANCE

La méditation

La méditation est une activité très chère à mon cœur, une activité qui m'offre un soutien et une guidance considérables depuis les plus de 40 années que j'y ai recours. En même temps, personne n'est moins doué que moi pour la méditation 'formelle'. Lorsque nous pensons à la méditation, nous visualisons des swamis assis pendant des heures dans une félicité immobile. Ce n'est pas mon expérience habituelle de la méditation. Je ne parviens pas à rester tranquille, je me tortille et glisse sur mon siège. Je vois passer un million de pensées. Et cependant j'ai bénéficié d'une aide immense en ayant recours à cette ressource. Ma préoccupation première en parlant de méditation est dès lors d'assurer le chercheur que selon nous, il ne doit pas vouloir bien faire à tout prix. La méditation est en premier lieu une activité qu'il faut pratiquer avec constance. Elle prend son propre rythme lorsque nous l'incluons dans notre vie et en faisons une habitude. Si je ne pouvais choisir qu'un seul outil mystique de croissance, ce serait la méditation silencieuse. Mike Korinko écrit :

> J'ai repris les méditations quotidiennes, sans autre but que simplement rester assis et être en paix. C'étonnant combien cela aide. Certains jours je ne parvenais pas à ôter les soucis professionnels de ma tête mais je m'asseyais de toute façon. J'espère ne jamais plus oublier combien sont importants pour moi les moments tranquilles passés avec le Créateur[767].

Comment décrire ces "moments tranquilles passés avec le Créateur"? 131 a le sentiment que la méditation est sa connexion avec sa déité :

> Je médite depuis des années et utilise ces moments entre autres pour me connecter à ma source supérieure. Ce sont en général des périodes où je reçois une merveilleuse nourriture spirituelle, ce qui m'aide à faire face au reste de ma vie, même dans les moments de grand désespoir[768].

---

[767] Mike Korinko, lettre du 25 septembre 1995
[768] 131, lettre du 14 mai 1999

Chapitre XI: Les outils mystiques de la croissance

Ceux de Ra confirment:

> [...] La méditation passive impliquant le déblayage du mental, l'évacuation du fatras mental caractéristique de l'activité du complexe mental chez vos peuples, est efficace pour ceux dont le but est d'obtenir un silence intérieur comme base à partir de laquelle écouter le Créateur. Ceci est un outil utile et efficace, c'est de loin le type de méditation le plus généralement utilisé, par rapport à la contemplation ou à la prière[769].

La méditation peut aussi être vue comme un moyen de connexion avec le 'soi' profond, ce 'soi' qui se trouve sous le seuil du subconscient. Karin Pekarcik écrit:

> La plupart du temps je joue au jeu de l'oubli. J'oublie qui je suis. Où se trouve la beauté intérieure en moi? C'est là que la méditation joue son plus grand rôle. Chaque jour cela me rappelle que je suis davantage que mes appétits physiques, davantage que mes émotions parfois turbulentes, davantage que mon bavardage mental. Et ce que je suis c'est un être merveilleux empli de joie et de beauté[770].

Les Frères et Sœurs de l'affliction confirment que la méditation nous amène à prendre conscience de qui nous sommes réellement:

> La méditation est le moyen le plus efficace pour découvrir les parties du 'soi' qui cherchent à se faire connaître du mental conscient afin que ce mental conscient puisse avancer dans sa compréhension de l'unité avec tout ce qui est. Vous pouvez voir les questions non formulées de votre mental comme les semences de votre croissance future et vous pouvez voir la pratique de la méditation, de la contemplation, de la prière et de la recherche en général comme des moyens par lesquels ces semences recevront l'eau de votre attention qui leur est nécessaire pour pousser et s'épanouir dans leur pleine gloire car elles contiennent la partie de vous-mêmes qui n'est pas encore née et qui cherche à naître[771].

Ce discret glissement de l'identité "je suis un guérisseur" vers l'état de "je suis" est un fruit inestimable de la méditation.

> Le mouvement dans le développement de la personnalité se fait à partir de la surface des choses, de plus en plus profond en elles, et

---

[769] *La Loi Une,* Livre II, séance 49 §8
[770] Karin Pekarcik, lettre du 1er janvier 1996
[771] Laitos, transcription du 13 mai 1982, p. 6-7

jusqu'à ce qu'enfin la recherche et ce qui est cherché deviennent un; une seule chose, de sorte que vous n'êtes pas en train de méditer mais vous êtes finalement la méditation, et cette méditation est votre poème parfait, votre disposition de votre conscience, et vous savez en un instant que cette conscience est le cadeau que vous allez faire au Créateur[772].

Nous pouvons également voir le conduit ouvert par la méditation comme étant connecté à la grâce spirituelle:

La méditation a été très incomprise de vos peuples. Ils pensent généralement que l'on doit faire de son intelligence une table vide, une *tabula rasa*. L'on est supposé trouver le silence intérieur. C'est seulement dans ce silence que la méditation est considérée comme réussie. Ce n'est pas notre propre compréhension de la valeur utile de la méditation. L'intention de ceux qui méditent est qu'ils puissent s'ouvrir à la grâce spirituelle et non pas à la connaissance, car cet absolu n'existe pas en troisième densité, seulement la grâce[773].

Romi Borel parle de ce qu'elle appelle l'intemporalité:

Je suis enfin parvenue à entrer dans un nouvel endroit grâce à la méditation. J'arrive à l'intemporalité. Je vois tellement de choses, je sens tellement de choses, et je passe par tellement de choses! Et cependant quand je suis ramenée au temps présent, il n'y a parfois que 10 ou 15 minutes d'écoulées. Je suis abasourdie! Maintenant je cherche ma mission véritablement et en douceur. Je me sens passer par une profonde transformation. J'ai perdu 10 kilos en deux mois: pas d'appétit. Lorsque je demande pourquoi, "on me dit" que je reçois de la nourriture à un autre niveau. Bizarre. J'avance encore avec lenteur. J'accepte ce qui est donné, j'accueille les suggestions reçues en méditation lorsque je suis entourée de lumière, et je les adopte. Jamais auparavant je n'ai été aussi douce envers moi-même. C'est délicieux. Je dois lutter contre un sentiment de réticence lorsque je dois quitter l'endroit où je me trouve et suis guidée vers le chemin du retour. C'est si paisible là. Mais c'est comme si quelqu'un me montrait la "porte de la réalité" et me disait: « allez, la promenade est terminée, maintenant il faut aller travailler[774] ».

---

[772] Q'uo, transcription du 10 mai 1987, p. 3
[773] Q'uo, transcription du 24 février 1991, p. 4-5
[774] Romi Borel, lettre du 30 octobre 1998

Chapitre XI : Les outils mystiques de la croissance

Être alimenté à un autre niveau c'est exactement ce que me fait ressentir la méditation, même si je ne parviens jamais à fermer mon mental complètement. Ceux de Hatonn disent que la méditation est une sorte de manne spirituelle :

> Nourrissez votre foi et votre compréhension par la méditation. Mes amis, plus loin vous irez sur ce chemin, plus vous trouverez de sens à cette simple injonction : méditez ! Cela commence par un processus simple, qui devient petit à petit votre façon de vivre. Observez-le pendant que vous avancez sur votre propre chemin de spiritualité[775].

Et bien que généralement le chemin du méditant n'est pas brusquement changé par le processus, mais modifié graduellement, il est clair que parfois la méditation est l'agent d'un changement soudain et rapide, comme dans ce récit fait par Jim McCarty. Il raconte comment il en est venu à quitter le groupe de Paul Shockley dans l'Oregon :

> Je me plaisais vraiment beaucoup avec les gens de Cosmic Awareness Communications et de l'Aquarian Church of Universal Service de Paul Shockley, mais une occasion de gagner beaucoup d'argent avec un membre de l'Aquarian Church m'a intrigué et j'ai passé le weekend à y réfléchir dans ma modeste caravane près de Yamhill dans l'Oregon. J'avais rencontré Don et Carla avant de quitter le Kentucky, avais assisté à un certain nombre de leurs méditations, et nous nous étions bien entendus de sorte qu'ils m'avaient invité à venir les rejoindre à l'été 1980, mais dans ma tête je devais retourner en Oregon. Cependant, au cours de ce weekend où je devais prendre une décision, j'allais devoir y réfléchir plus sérieusement car je n'avais rien contre le fait de gagner de l'argent, mais je n'étais pas venu en Oregon pour en gagner des tas. Pendant que je me préparais à ma première méditation du weekend, il ne doit pas s'être écoulé plus de 30 secondes avant que le message de retourner à Louisville et de me joindre à Don et Carla ne traverse le ciel de mon œil intérieur, et deux semaines plus tard j'étais de retour à Louisville. Trois semaines après m'être joint à Don et Carla, les contacts avec Ra ont commencé, et le reste a été notre histoire poursuivie ensemble[776].

Ce processus de changement est tout à fait organique et ce n'est en général qu'en jetant un regard en arrière après un certain temps que l'on

---

[775] Hatonn, cité dans l'introduction à *La Loi Une,* Livre I, p. 29
[776] Jim McCarty, lettre du 8 mars 1999

peut apercevoir ce processus à l'œuvre. Mais œuvrer, il le fait sans aucun doute. La méditation est une force considérable de changement:

> La méditation est de l'apprentissage passif. Communier avec le Créateur infini unique est de l'apprentissage passif. C'est apprendre en écoutant une voix qu'on ne peut pas entendre répondre à des questions que l'on ne peut pas poser. Ce processus ne peut pas être appris et n'arrive pas à la conscience localement, et cependant l'apprentissage est là. Et la force de l'esprit et de la volonté qui provient de cet apprentissage est utile[777].

Je pense que notre cœur est le tabernacle dans lequel vient le Créateur. En fait, lorsque j'ai rencontré là l'Unique infini c'était moi la dernière arrivée dans mon propre cœur: le Créateur y était déjà et m'y attendait patiemment. Puisque le processus le plus efficient est normalement lent et constant, une chose importante à recommander est une limite supérieure à notre temps de méditation afin d'éviter l'épuisement métaphysique. Ceux de Q'uo expliquent:

> Si l'on n'est pas vigilant on peut créer son propre burnout spirituel. Nous suggérons que les médiations soient limitées à peut-être pas plus d'une heure par jour, peut-être pas plus d'une demi-heure par séance. Cela est dû au fait que la méditation est un outil très puissant, et le rythme de changement doit être suffisamment lent pour que la personnalité de votre conscience puisse avoir le temps d'absorber les connaissances et l'inspiration qu'elle reçoit et puisse faire ses choix de manière opportune et réfléchie. Il n'est pas bon de hâter ou de précipiter la vie spirituelle car l'âme a son temps de loisir, et c'est dans la plénitude du temps que les choses s'accomplissent[778].

Mes propres méditations silencieuses quotidiennes ne durent que 5 à 15 minutes. Elles ont suffi à me changer à une rapidité qui me convenait. Une des choses que la méditation m'a souvent prouvée c'est qu'elle est une clé pour que plus soit obtenu dans le monde physique. Ancrée dans la méditation, ma journée avance plus harmonieusement. Romi Borel écrit:

> En ce qui concerne la méditation et la prière, les commentaires sur notre style de vie si actif me rappellent une citation de Gandhi: « J'ai tellement à faire aujourd'hui. Je devrai méditer pendant deux heures au lieu d'une[779] ».

---

[777] Q'uo, transcription du 28 mai 1995, p. 5

[778] Q'uo, transcription du 15 octobre 1989, p. 5

[779] Romi Borel, lettre du 25 août 1998

Chapitre XI: Les outils mystiques de la croissance

Avec tout cela on pourrait croire que la méditation c'est merveilleux. Mais les efforts pour se mettre en méditation peuvent sembler infructueux. Joe Koehm explique:

> J'essaie de méditer, mais je ne parviens pas à faire taire la cacophonie dans la tête, en même temps qu'un bourdonnement dans mon oreille gauche[780].

Il se peut que Joe ait toujours souffert d'acouphènes mais qu'il était trop occupé pour y faire attention. Mais quand notre corps reste tranquille alors qu'il n'y est pas accoutumé, il se rebelle. Il cherche un point de focalisation. Et c'est ainsi que Joe prend conscience du bourdonnement dans son oreille quand il reste silencieux. Si nous avons mal à la tête ou à l'estomac, nous pouvons être certains que ce sera pire pendant la méditation. Si nous sommes tendus, nous pouvons même nous sentir plus tendus. Jusqu'au moment où nous aurons donné à notre corps l'habitude de rester assis en ne faisant absolument rien dans le sens physique, il réagira brutalement. Lorsque j'ai commencé à méditer chaque jour, à l'âge précoce de 12 ans, je suis devenue la reine des maux d'estomac. Il ne me fallait que quelques secondes pour faire apparaître un royal cas de gastrite. Cette phase a pris fin après quelques semaines, mais alors j'ai commencé à voir des monstres lorsque je fermais les yeux. Je suppose qu'il s'agissait d'élémentaux d'un plan astral inférieur qui faisaient les fous en passant par la porte ouverte entre mon conscient et mon subconscient. Ils étaient complètement inoffensifs. Ces apparitions n'ont duré que quelques semaines, jusqu'à ce que mon corps se soit habitué à s'asseoir en posture de méditation. Le correspondant S. rapporte que ses émotions l'ont submergé la première fois qu'il a voulu méditer:

> Je ne médite pas depuis longtemps, tout ce voyage spirituel dure depuis des années à présent, je n'ai que 18 ans et je me sens si vieux. Mais je m'égare. Je ne parviens pas à comprendre les problèmes que j'ai avec la méditation. Lorsque j'ai commencé c'était un peu superficiel, mais à mesure que je m'améliorais et que j'allais plus profondément, un sentiment d'urgence est apparu et il a grandi en intensité jusqu'à devenir physiquement inconfortable. C'est devenu une lutte pour rester tranquille et me concentrer. En fait j'ai arrêté parce que les 'émotions' submergent ma capacité de me concentrer[781].

Une fois encore, c'est la persévérance qui est la seule réponse. Lorsque nous commençons à méditer nous trouvons tous nos secrets étalés devant

---

[780] Joseph R. Koehm, lettre du 1er septembre 1998
[781] S., lettre du 7 avril 1999

Chapitre XI: Les outils mystiques de la croissance

nous, tous les endroits de notre corps où nous retenons habituellement nos tensions, toutes les pensées, peurs et émotions répétitives, toutes les petites manies mentales et bizarreries de manières dont nous ne nous rendons normalement pas compte parce que nous sommes en mouvement. Il peut nous falloir une année ou plus pour traverser toutes les eaux que nous avons assemblées pour nous-mêmes comme des douves entre le rempart de notre propre château-fort et ce qui semble être le monde intérieur qui nous attend une fois traversées les eaux de la conscience. Ce monde intérieur est en fait un vaste océan sans routes définies comme il en est de toute mer ouverte. Les plans intérieurs et l'univers métaphysique sont 'intérieurs' dans le sens de l'espace/temps, mais très 'extérieurs' dans le sens du temps/espace. Pas étonnant qu'une méditante puisse se sentir débordée et avoir l'impression de ne faire aucun progrès. Mary écrit:

> Je médite et médite, mais j'ai l'impression que je n'établis pas la bonne connexion. Il me semble que plus j'avance, plus je me pose des questions. Et dire que quand j'étais une adolescente je pensais que je savais tout[782]!

L'abondance de questions est, selon moi, le signe que la méditation fonctionne en fait pour Mary. Ce ne sont pas tant les réponses que nous recevons en méditation qui sont utiles qu'une plus grande clarté de notre conscience de nos propres préoccupations. Nous commençons à connaître notre propre mental. C'est un long processus mais qui s'est révélé éminemment utile dans mon propre voyage spirituel. En fait, c'est le besoin impérieux de méditation silencieuse en groupe qui m'a poussée à me joindre à l'expérience de méditation mise en place par Don Elkins en 1962. Cela a été pour moi le début d'une vie pleine de fascinantes aventures.

Une autre distraction très commune pendant la méditation est le mouvement de l'énergie sous la peau. On dirait une sensation causée par de l'électricité ou de l'électromagnétisme. N'importe quelle partie du corps peut être affectée. Beaucoup trouvent que leur système pileux bouge comme s'il était électrifié. La peau du crâne est particulièrement sensible à ces sensations. Chez L/L Research nous avons toujours appelé ces sensations du 'conditionnement'. Nous l'avons d'abord observé dans des groupes de méditation où de nouveaux canaux attendaient un contact. Cela paraissait se produire avant l'arrivée de l'information proprement dite, comme une sorte d'avertissement qu'un message arrivait ou qu'un contact avait été établi. Quant à moi, je suis restée dans le groupe pendant

---

[782] Mary, lettre du 9 octobre 1997

12 ans sans apprendre à retransmettre en channeling, sans même le désirer, et malgré cela j'ai reçu beaucoup de 'conditionnement'. Je reçois en général ce conditionnement par le sommet de la tête, dans la zone qui serait couverte par une petite calotte. D'autres ont décrit l'énergie palpitant dans leur front ou dans la zone du troisième œil, dans la bouche et la gorge, ou montant et descendant dans leur corps. Et beaucoup de personnes disent qu'elles se sentent de plus en plus grandes et de moins en moins lourdes à mesure que la méditation se déroule. Don a questionné ceux de Ra à ce sujet:

> **INTERVIEWEUR:** En méditation, chacun de nous ressent de l'énergie sur la tête en divers endroits. Pouvez-vous me dire de quoi il s'agit, ce que cela signifie, et ce que signifient les divers endroits dans lesquels cela est ressenti?
>
> **RA:** Je suis Ra. Oublier la pyramide vous aidera dans l'étude de ces expériences. Les influx d'énergie sont ressentis par les centres énergétiques qui ont besoin de l'activation et y sont préparés. Ainsi, ceux qui ressentent la stimulation au niveau du rayon violet reçoivent simplement cela. Ceux qui le ressentent dans le front entre les sourcils font l'expérience du rayon indigo, et ainsi de suite. Ceux qui ressentent des picotements et des images visuelles ont un blocage dans le centre énergétique en train d'être activé, et dès lors le corps électrique répand cette énergie et son effet se diffuse. Ceux qui ne demandent pas sincèrement cette énergie peuvent cependant la ressentir si ces entités ne sont pas bien entraînées à la défense psychique. Ceux qui ne sont pas désireux de faire l'expérience de ces sensations, activations et changements, même au niveau subconscient, n'éprouveront rien étant donné leurs capacités de se défendre et s'armer contre le changement[783].

La simple constance dans la pratique fait merveille. Il peut être difficile de garder le moral lorsque la pratique ne 'prend' pas dès l'abord, de notre propre opinion subjective. Il nous paraît tellement logique d'évaluer nos progrès! Nous voulons prendre notre température spirituelle, constater combien nous faisons mieux que précédemment. Mais ce n'est jamais une idée utile. Nous nous tromperons toujours à notre propre sujet car nous n'avons pas la possibilité de nous voir de l'intérieur. Éviter le découragement, apprécier la constance pour elle-même, et notre propre désir d'évoluer spirituellement: c'est ce qui avec le temps nous apportera les fruits de la méditation. Ceux de Q'uo exhortent à la patience:

---

[783] *La Loi Une,* Livre II, séance 50 §12

Chapitre XI: Les outils mystiques de la croissance

> Chacun éprouve généralement le sentiment subjectif qu'une méditation pourrait avoir été plus pure ou moins encombrée des pensées errantes d'une personnalité stupide et superficielle, qui semblent dériver et se précipiter dans la pièce calme et silencieuse avec une brutalité et une hâte indues. Nous vous demandons cependant d'être patients et compatissants lorsque vous évaluez les performances d'une méditation ou d'une écoute silencieuse[784].

Mon principal défaut en méditation c'est le nombre de pensées égarées qui traversent mon mental fertile dans le silence. Dans ma tête il y a toujours de la musique qui joue, ce qui n'est pas surprenant si l'on considère que je chante dans des chœurs et chorales depuis l'âge de quatre ans et que je viens d'une famille d'artistes musiciens qui ont composé leur propre musique et joué, enregistré et diffusé à la radio non-stop depuis mon enfance. Cette combinaison est bruyante et pour moi mémorable! Mes méditations sont rarement paisibles en ce qui concerne un silence complet, même au sein d'un groupe de méditation. Je vous recommande à tous de ne pas vous laisser décourager par aucune tendance de ce genre. Jamais de ma vie cela n'a empêché mes méditations d'être efficaces. Ceux de Q'uo expliquent:

> Si l'on est simplement attentif et que l'on note sans émotion ni condamnation chaque pensée qui traverse le mental en lui permettant de surgir, en lui permettant de se dissoudre, alors la méditation a fait ce que l'on attendait d'elle. Elle a permis à l'entité de prendre du recul par rapport aux arbres, et de voir la forêt. Elle a ôté la tension du jugement et de la considération, et a donné la possibilité d'un moment vraiment libre, un moment pendant lequel l'observateur peut simplement observer les pensées surgir et se dissoudre, sans les rejeter, sans s'y accrocher. On peut planifier tout un menu, une liste de courses à faire, ou avoir n'importe quelle autre pensée pendant une méditation, si elle est observée sans qu'il y ait un sentiment de nécessité de mobiliser l'intelligence du mental autour de la liste de courses ou du menu[785].

Ce n'est pas la perfection de forme de la méditation que nous recherchons, mais son levain, l'essence bouillonnante de sa liberté. C'est le résultat qui fera de nous plus que nous. Mais comment y arriver? Comment nous aider nous-mêmes à entrer dans cet espace de méditation? J'ai toujours eu recours à des choses très simples. Visualiser le processus de la respiration a été ma première aide à la méditation, et j'ai encore

---

[784] Q'uo, transcription du 29 octobre 1995, p. 3
[785] *Idem*, transcription du 24 février 1991, p. 5

plaisir à le faire. Je visualise l'air qui entre dans mes poumons comme la pure lumière blanche du Créateur infini. Je visualise l'air que j'exhale comme contenant toute la vieille matière usée de mon corps, de mon mental et de mon esprit. Donc je vois de la lumière blanche entrer dans mon corps, emplir ma poitrine et mon estomac, se répandre au travers de mon corps, et l'énergie obscure sortir en me laissant de plus en plus légère. Ceux de Q'uo suggèrent le nettoyage des chakras comme une façon d'entamer la méditation:

> Un bon moyen pour se préparer à la méditation est de visualiser chacun des chakras l'un après l'autre en commençant par le chakra-racine, et en montant en nettoyant soigneusement les énergies, en observant attentivement vos centres de chakras briller: orange, jaune, vert, bleu, indigo, violet. Lorsque vous aurez atteint une humilité suffisante pour être capable d'écouter les avis du 'soi' supérieur qui n'est pas compris facilement d'un autre que 'soi', alors nous suggérons que vous commenciez à nettoyer les chakras de manière à ce que vous sentiez la lumière couler de votre tête car vous aurez ouvert tous vos chakras: vous serez devenu vulnérable; vous êtes prêt à prendre un risque[786].

Cette pèlerine-ci suggère de méditer sur rien:

> Méditez sur rien. Oui, j'ai bien dit: rien. Ouvrez-vous simplement à votre 'soi' supérieur. LUI sait exactement ce dont vous avez besoin; et quand on peut se taire, s'asseoir et le laisser nous guider des choses fabuleuses commencent à se produire[787].

D'autres suggestions sont de parcourir une avenue sinueuse plantée d'arbres, d'utiliser un mantra, de se lover dans les bras de Jésus:

> Quels sont les trucs qui m'ont aidée au départ? Fermer les yeux et voir une route, une route poussiéreuse sinuant à travers bois. La suivre. Créer une affirmation. Je crois que c'est un [ami mutuel] qui a proposé: « J'invoque la lumière de Dieu à l'intérieur. Je suis un canal clair et parfait. La Lumière est mon guide » Ou bien vous pouvez en créer une vous-même, mais répétez-la encore et encore dans votre mental, en vous concentrant sur rien d'autre que les mots. N'en attendez pas trop. Chacun fait une expérience différente de la méditation. Certains d'entre nous font une expérience

---

[786] Q'uo, transcription du 31 décembre 1989, p. 4
[787] Romi Borel, lettre du 22 janvier 1999

différente à chaque méditation. L'important c'est que vous preniez l'habitude d'essayer. Tout le reste viendra ensuite[788].

1

Je me vois entourée des bras aimants de Jésus presqu'à chaque fois que je médite. On ne peut imaginer de réconfort plus grand[789]!

Souvent je ne fais rien pour entrer en méditation. Je me contente de m'asseoir. Voilà encore une autre grande vertu de cette ressource: on peut faire cela quasiment partout où on doit attendre: pas seulement à la maison, pas seulement à un certain moment, pas nécessairement avec les yeux fermés ou regardant une bougie, mais à chaque fois que nous souhaitons entrer dans cet espace. Les entités de la Confédération nous disent et nous répètent que faire cela quotidiennement est très important:

> Votre meilleure alliée dans cette entreprise est la méditation. Nous entendons chacun dans cette pièce dire: «Je ne parviens pas à bien méditer, alors comment est-ce que la méditation peut m'aider?» Eh bien mes chers amis, personne ne médite très bien, car une méditation parfaite supprime toutes les séparations et ramène tout à l'unité. C'est la force de la volonté qui recherche la méditation. C'est la foi qui pousse une entité physique visible à chercher l'invisible et le métaphysique. C'est la discipline de le faire quotidiennement qui vous donnera une ouverture sur votre héritage de naissance car, en tant qu'enfants de la conscience, n'êtes-vous pas les héritiers de toute la vérité? N'êtes-vous pas réellement des incarnations de la vérité[790]?

Nous sommes convaincus et prêts méditer. Mais alors quand? Voilà le grand casse-tête du chercheur moderne en spiritualité: il n'a pas le temps! C'est souvent au chausse-pied que nous parvenons à faire entrer du temps dans nos horaires pour pouvoir pratiquer très consciencieusement. Ceux de Hatonn soulignent que dès lors, notre grande priorité est d'aiguiser notre désir de méditer:

> Nous vous suggérons de passer chaque jour quelques minutes de votre temps en méditation. Quoi que vous fassiez d'autre pendant la journée, la méditation silencieuse est l'outil le plus efficient pour asseoir à l'intérieur de vous la conscience de l'amour du Créateur. Lorsque vous êtes établis dans cette conscience vous ne travaillez

---

[788] Romi Borel, lettre du 11 septembre 1998
[789] 131, lettre du 15 avril 1998
[790] Yadda, transcription du 13 juillet 1986, p. 4-5

plus en utilisant vos propres énergies, des énergies qui s'épuisent comme s'épuisent des piles et qui doivent être rechargées pendant vos périodes de sommeil. Non. La méditation c'est plutôt comme de trouver le fil électrique qui fournit une énergie constante. Elle peut passer à travers vous, alors, et ne doit pas provenir de vous, et vous serez alors bien plus radieux et capables de vous établir dans l'amour et la lumière du Créateur infini unique[791].

Quel est le meilleur moment de la journée pour méditer? Du point de vue de la commodité, les deux meilleurs moments sont le début et la fin de la journée, parce qu'à ces moments-là nous somme habituellement à la maison et pouvons faire ce que nous souhaitons faire. Jim et moi pratiquons une offrande du matin au début de chaque journée, ce qui nous ancre réellement dans cette journée et lui permet de démarrer. Nous commençons par une méditation silencieuse, suivie d'une lecture, d'un hymne et de prières. Nous avons également pratiqué des offrandes du soir, mais à présent nous ne les faisons plus systématiquement. Les traditions de l'Église chrétienne proposent six moments par jour pour la méditation et la prière: au milieu de la nuit, au petit matin, à midi, en fin d'après-midi, après le souper, et à l'heure du coucher. Au fil des ans j'ai entendu des personnes louer chacun de ces moments qu'elles considéraient comme leurs meilleurs moments pour le travail spirituel, et je suis certaine que, quelle que soit l'heure du jour ou de la nuit où nous méditons, nous nous joignons à des milliers d'autres qui font la même chose. Il y a toujours un groupe en compagnie duquel nous pouvons méditer, mais simplement nous ne le connaissons pas personnellement. Pour ceux qui ne disposent pas d'un temps suffisant pour des périodes de méditation formelles, je recommande de reconsidérer et de réaliser que même un bref moment de méditation est "un temps suffisant". Ceux de Q'uo commentent:

> Nous suggérons au moins quelques minutes de méditation chaque jour. Nous ne conseillons pas de longues méditations, excepté pour ceux qui méditent tout le temps et qui sont conscients de la force qu'il y a dans le silence, en écoutant la méditation. Nous recommandons plutôt 15 minutes. Nous recommandons également que ceux qui sont en couple essaient de le faire ensemble, puisque la méditation amène du changement et qu'il est bon que chacun comprenne l'inconfort de l'autre à mesure que du changement se produit. Le changement est toujours douloureux. Alors, au pèlerin nous offrons de l'amour, c'est vrai, mais l'inconfort,

---

[791] Hatonn, transcription du 21 septembre 1986, p. 4

l'empoussiérage, le sentiment de solitude et tout cela va avec quelque chose qui est rarement tenté dans votre société et presque jamais compris[792].

Je peux personnellement attester de l'efficacité accrue de la méditation lorsque nous avons un compagnon/une compagne avec qui partager la méditation. Je pense avec une profonde affection à mes partenaires de méditation pendant tant d'années: de Jerry Stauss, Jerry Krumpelman et Sally DeWitt dans les années 1960, aux diverses incarnations de la famille du Groupe de Méditation de L/L pendant leurs 40 années de réunions, et tout spécialement à mon compagnon de méditation depuis 20 ans: Jim McCarty. Méditer en compagnie paraît stabiliser et renforcer pour tous les deux la focalisation, et lorsque nous avons la chance d'avoir deux ou trois personnes qui viennent agrandir le groupe, chaque personne en plus ajoute de la force à la méditation de chacun des membres du groupe. Il y a une force prodigieuse dans le rassemblement de chercheurs. Je recommande de tout cœur de trouver des occasions d'expériences de méditation en groupe et de trouver un/une partenaire de méditation quotidienne, ce qui est des plus utiles dans la poursuite de nos propres pratiques de méditation.

J'ai lu de nombreux livres sur la méditation, et les ai souvent trouvés inspirants. Bien que je ne rejoindrai jamais les rangs exaltés des méditants véritables, je peux dire que la ressource de la méditation est en vous et à ma portée, et nous pouvons tout autant que la plupart des maîtres ascendés faire nôtre cette cascade de lumière. Voici ce que disent ceux de Q'uo:

> C'est comme si dans la méditation il y avait, aussi diffuse qu'elle puisse paraître, une cascade de lumière pure et distillée qui irrigue et illumine cellule par cellule, le corps, le mental et l'esprit. Se détendre dans cette sainte présence c'est comme d'être rincé et lustré[793].

La contemplation

Méditer c'est plonger dans le silence. Contempler c'est plonger avec de l'assistance. Nous faisons entrer un sujet dans nos pensées errantes et

---

[792] Q'uo, transcription du 30 septembre 1990, p. 5
[793] Q'uo, transcription du 16 janvier 1994, p. 4

commençons pas réfléchir à ce sujet ou cette série de sujets. Ceux de Ra disent:

> La contemplation ou l'attention portée, dans un état méditatif, sur une image ou un texte inspirant, est extrêmement utile également parmi vos peuples [...][794].

À quel point la contemplation est-elle utile? Ce qu'en disent ceux de Q'uo:

> Par les crises et la contemplation, chaque chercheur passe par une série de prises de conscience qui donnent chacune un point de vue plus riche, un point de vue plus profond et, on peut l'espérer, un point de vue plus équilibré. Chacun accroît sa paix intérieure[795].

Parmi les contemplatifs que je connais, Dale Chorley est mon favori. Il commente:

> Je travaille à un poème qui commence ainsi:
>
>> J'ai établi un parcours
>> à la recherche de la source
>
> Je l'ai déjà changé 20 fois maintenant. Il me semble qu'après les deux premières lignes je glisse dans la contemplation et je ne parviens pas à le fixer convenablement[796].

Dale voit la contemplation come une sorte de méditation réflective:

> Quant à méditer, oui je le fais, mais pas dans une forme religieuse orientale ni en priant pour demander, mais en réfléchissant à des choses; c'est une grande partie de moi. Je souhaite connaître le Créateur et savoir où est ma place dans la Création. Voilà comment je suis arrivé avec mon simple texte:
>
>> Quand je réfléchis
>> à Dieu
>> Je suis Dieu
>> réfléchissant à Lui-même[797].

Dale, notons ici que la déité n'est pas nécessairement exclusivement masculine! Ceux de Q'uo suggèrent que la contemplation est un bon outil pour examiner les émotions qui naissent en nous:

---

[794] *La Loi Une,* Livre II, séance 49, 27 avril 1981

[795] Q'uo, transcription du 10 avril 1988, p. 3

[796] Dale Chorley, lettre du 12 janvier 1998

[797] Dale Chorley, letter dated January 12, 1998

> En méditation, permettez au silence de faire son travail. Mais en contemplation permettez simplement au 'soi' d'entrer dans les états d'émotion qui surgissent. Sentez ces états. Entrez dans chaque coin et recoin de cette émotion ou de ce nexus d'émotions. Permettez à cette association de faire bouger vos sentiments et voyez si une constellation d'événements ou de souvenirs paraît déclencher ce même type de réponse émotionnelle. De cette manière vous travaillez sur votre conscience sans vous éloigner de la situation en cours, car il y a un 'soi' qui se trouve derrière toutes les expériences qui se produisent au cours de l'incarnation. À mesure que jour après jour l'on avance dans l'illusion, on peut trouver de plus en plus de sérénité là où il y avait naguère conflit, parce que l'attitude de foi a commencé à s'enraciner, et qu'il n'y a plus un besoin aussi pressant de passer à des modèles qui écartent de la foi et font plonger dans les eaux douteuses d'opinions, de mots et de points de vue[798].

D'une certaine façon nous pouvons considérer la contemplation comme le fait de se tenir auprès de quelque chose comme notre propre état émotionnel, de simplement s'asseoir auprès de lui et lui tenir compagnie, et permettre à n'importe quelle réponse de surgir. Nous pouvons faire de même avec toute idée à laquelle nous voulons réfléchir à l'aise. Comme la méditation, la contemplation est un outil qui permet de saisir les fragments des catalyseurs et expériences que nous subissons et de les intégrer à notre nature profonde :

> […] Dans chaque partie infinitésimale de votre soi réside l'Un dans toute sa puissance. Dès lors, nous ne pouvons qu'encourager ces voies de contemplation, insistant toujours sur les prérequis de la méditation, de la contemplation ou de la prière comme moyen d'utiliser ou de combiner subjectivement/objectivement diverses compréhensions pour renforcer le processus de recherche. Sans une telle méthode pour renverser le processus analytique, on ne peut pas intégrer à l'unité les nombreuses compréhensions obtenues par cette recherche[799].

Une méthode de contemplation qui donne véritablement beaucoup de plaisir est l'interaction avec la nature. Une de mes activités favorites est le désherbage des jardins de Jim. Pendant que je retire doucement le faux fraisier et le lierre rampant des plantations planifiées, ou bien les parties mortes des fleurs, je sens la force de la terre entrer dans mon corps et la

---

[798] Dale Chorley, lettre du 2 février 1999
[799] *La Loi Une*, Livre I, séance 15 §14

perspective d'un point de vue plus large et plus élevé s'établir dans ma tête. Mary trouve elle aussi cela utile:

> Lorsque j'ai le cafard je m'installe dans le patio arrière et je parle au bac de légumes qui constitue mon potager. Je trouve la paix dans mon jardin en arrachant les mauvaises herbes, en taillant, en chantant pour les petits lapins qui vivent sous notre hangar. Je n'ai pas prêté attention à ceux qui ont dit que j'étais folle. C'est toujours le cas maintenant. Je trouve beaucoup de joie à m'immerger dans la Création de Dieu. Je regarde les fleurs s'épanouir au printemps et les feuilles prendre de belles couleurs en automne. Et quand j'atteins l'émerveillement je perds mon cafard[800].

Pour moi aussi la nature fait disparaître le cafard. Karin Pekarcik aime se promener dans la nature et voit cela comme une forme de contemplation. Voici ce qu'elle dit:

> Ma promenade du matin dans la nature est le moment que je vois comme le deuxième des moments favoris de mes journées. Je passe une heure à me promener dans la nature en observant la vie autour de moi et en trouvant cette même vie en moi. C'est le moment dont je profite pour me connecter davantage à mon moi intérieur, à cette petite voix intérieure qui ne se fait généralement pas entendre au-dessus des bruits de l'agitation quotidienne. Mon endroit favori est une piste cavalière où foisonnent des arbres et autre végétations, ce qui en fait une véritable forêt au milieu de la ville. C'est pour moi un lieu magique. Dès que je pose le pied sur ce sentier poussiéreux sinueux, je deviens une nouvelle personne. Je me revitalise. Je me reconnecte à la beauté de la nature qui m'entoure et je suis reconnaissante d'avoir tant de beauté autour de moi et d'avoir le temps de me promener deci-delà sur cette piste en imprégnant mon corps affamé de cette énergie réparatrice. Dans la sérénité de cette forêt magique je parviens à penser clairement. Je me sens détachée de mon corps parfois douloureux, de mon mental qui questionne, des vagues de mes émotions, pour devenir une entité vivante, respirante, qui se contente d'être, de vivre et de se plonger dans une mer d'énergie. La vie se contente d'être dans ces moments spéciaux. Je deviens une avec la vie et la vie me convient. Il n'y a ni hâte ni préoccupation. Tout est paisible et serein. Je ressens une connexion profonde avec l'énergie de vie qui se mélange à la végétation de la forêt. Je suis heureuse de faire un avec la beauté de

---

[800] Mary, lettre du 5 mai 1997

la nature qui m'entoure. J'emporte cette beauté avec moi pour la chérir tout le jour, pour garder mes émotions sous contrôle, et pour rester calme dans mes nombreuses épreuves[801].

Karin saisit vraiment l'essence de la contemplation ici. Tous les endroits où il y a de l'eau, que ce soit un étang, une fontaine, une crique, un fleuve ou un océan sont également autant d'endroits magnifiques pour être avec la nature. L'eau est une substance véritablement magique, et le son de son placide murmure dans nos jardins est une bénédiction pour moi. Mon endroit favori pour aller en vacances est le bord de mer, et pouvoir me promener sur la plage à toute heure du jour ou de la nuit est toujours une joie et une invitation à songer. Voir l'horizon et la courbure de la Terre suffit à secouer la pensée limitée de notre petit esprit! Que nous contemplions l'océan, le ciel, les étoiles, une fleur parfaite ou 'O'Keefement imparfaite', ou n'importe quel autre objet naturel, nous regardons, peut-être par inadvertance, les connexions qui existent entre toutes les choses naturelles. Marty Upson écrit ceci:

> Je crois que se concentrer sur la connexion existant entre toutes les choses est une forme valable de méditation les yeux ouverts. Je crois qu'un bon exercice de méditation pourrait être la prise de conscience de la manière dont tout est connecté que ce soit dans la nature, l'environnement, ou n'importe quoi d'autre[802].

Ceux de Q'uo développent l'idée:

> Dans le cas où la méditation devient difficile ou impossible pour le 'soi' qui perçoit la situation, nous suggérerions un moyen physique, ne serait-ce que temporaire, de demeurer dans la Création du Père. Contemplez le soleil qui donne si généreusement cette vie et cette lumière qui sont tellement bienvenus lorsque le printemps approche. Placez-vous sous l'arbre qui se nourrit de la lumière et offre de l'oxygène à ses compagnons sur le plan terrestre: aux hommes et à tous les animaux, pendant que tous les animaux vaquent à leurs affaires, et expirant exactement ce dont la vie des arbres et des plantes a besoin: votre dioxyde de carbone. Observez la manière dont se produisent les événements qui paraissent, rétrospectivement si justes, si inévitables. Regardez autour de vous pour y chercher un détail arythmique ou déplacé

---

[801] Karin Pekarcik, lettre du 1er janvier 1996
[802] Marty Upson, lettre du 30 novembre 1998

dans la Création du Père. En voyez-vous un seul à part ce que l'homme a imposé à la Création du Père[803]?

Il nous faudra regarder bien longtemps avant de découvrir une quelconque maladresse de la nature! Mais la nature n'est pas le seul thème de contemplation sur lequel nous pouvons nous concentrer avec profit. Nos pensées, questions, doutes, espoirs et rêves constituent des domaines infiniment grands. Don, mon bien-aimé compagnon et partenaire de recherche pendant de nombreuses années était un contemplatif du genre philosophe. Il ne s'asseyait presque jamais en méditation formelle sauf lors des réunions de groupe, mais il aimait s'installer pour penser. J'ai de très affectueux souvenirs de lui à différentes époques où il était étendu dans un hamac ou sur un sofa après ses dures journées de travail, un doigt dessinant sans fin dans l'air, traçant des mots et symboles invisibles. Il faisait cela avec bonheur pendant des heures. Certains pourraient appeler cela 'rêvasser' ou 'avoir la tête dans les nuages', mais moi je sais qu'il accomplissait là un vrai travail spirituel. Si cela vous arrive parfois, je vous encourage à poursuivre vos rêveries. Ce sont les contemplatifs et les rêveurs de ce monde qui font naître dans notre mental espoir et guérison. Ceux de Q'uo suggèrent encore une dernière finalité à la contemplation: vers la fin de la journée pour accomplir la réparation personnelle de notre journée. Voici la version résumée de la méditation d'équilibrage mentionnée au chapitre huit:

> Le premier point à l'agenda est "se connaître soi-même" d'une façon systématique et organisée. Cela se fait en examinant les réactions que l'on a eues volontairement ou involontairement au cours de la journée. Il vaut mieux le faire en contemplation ou en analyse dans la dernière partie de la journée, peut-être au moment où l'on glisse vers le sommeil. Et s'il y a eu de la difficulté et de la douleur pour vous, votre premier devoir et honneur est la réparation de vous-même. Vous devez être votre mère dans le sens où le Créateur est votre mère. Vous devez vous chérir et vous bercer pour permettre à la souffrance de s'éloigner de vous. Laissez le pardon se déverser à travers vous, car le pardon n'a pas de fin lorsqu'il passe au travers de l'entité mais ne provient pas de l'entité[804].

---

[803] Q'uo, transcription du 6 février 1994, p. 8-9
[804] Q'uo, transcription du 14 mai 1989, p. 3-4

CHAPITRE XI: LES OUTILS MYSTIQUES DE LA CROISSANCE

La dévotion

Comme je suis pieuse dans l'âme et que je m'efforce de vivre une vie de piété, je considère naturellement la dévotion comme une clé essentielle qui donne accès aux secrets d'une vie spirituellement bien vécue. C'est, plus qu'une des nombreuses ressources du mysticisme, un outil multifonction. Examinons séparément les deux significations du mot dévotion. Prenons-le d'abord dans son sens premier qui est une traduction directe du mot latin qui l'a précédé: *devotere*, qui signifie 'dévouer' ou 'vouer'. Il implique les qualités suivantes: loyauté, fidélité et affection profonde. Dans ce sens-là je suis entièrement dévouée à la déité et au mystère de la déité. Il m'attire comme rien d'autre dans ma vie ne le fait. Son pouvoir sur moi est total. Ce que je veux faire plus que tout c'est vivre ma vie comme une expression de cet amour fabuleux que j'éprouve pour le Créateur infini. Romi Borel décrit admirablement cette émotion:

> Je suis amoureuse du Créateur. Mon bonheur est total lorsque je sens que j'ai Son attention entière. Je l'Honore avec gratitude, je m'enroule dans Son amour et Sa sagesse en méditation. Je Lui demande chaque nuit avant de m'endormir de venir vers moi. J'aspire à Lui. Je l'appelle non pas de mon mental mais de toute mon âme. Mon cœur réclame mon unité avec Lui. J'entends des chants d'amour et je ne pense pas à des amantes. Je pense au Créateur. Vous voyez? Comme une femme amoureuse j'ai parlé et parlé de mon aspiration éternelle au grand amour de ma vie[805].

Ma conception générale de la dévotion est celle d'une qualité d'amour focalisé qui peut porter sur n'importe quel aspect du travail et des actes de la vie physique, extérieure. Faire preuve de dévotion c'est nous découvrir nous-mêmes éprouvant l'émotion de la piété et encourageant consciemment cette émotion en nous. Nous pouvons la pratiquer pendant que nous méditons, pendant que nous nous promenons, ou pendant que nous nous livrons à n'importe quelle forme de travail spirituel. Il s'agit de dilater, de faire remonter, de renforcer cette émotion au-delà du quotidien, et dans une certaine mesure on peut entraîner le 'soi' à en faire une habitude mentale. Inutile d'ajouter que des expressions excessives de dévotion peuvent excéder les observateurs. Les *Hare Krishna*, qui veulent partager leur joie en jouant au ballon ou à des coins de rue, ou les Témoins de Jéhovah qui vont de porte en porte pour parler de leur foi, peuvent facilement être perçus comme passant d'un comportement approprié à un comportement de prosélytisme qui porte atteinte au libre

---

[805] Romi Borel, lettre du 25 août 1998

arbitre d'autrui. Mais je ne parle pas ici de cette sorte de dévotion religieuse mais bien du développement spontané de notre amour du Créateur. Toutefois, nous constatons qu'il est possible de susciter cette émotion de piété en nous: quand nous sentons déborder le puits de la dévotion nous pouvons aisément pousser notre mental à trouver comment exprimer cette attitude aimante. N'importe quel acte au monde peut être accompli avec dévotion et de ce fait être rendu sacré. Ceux de Q'uo expliquent:

> Lorsque les émotions de dévotion sont tournées vers l'environnement de la vie courante et regardées comme offrant un point de vue positif, vous pourrez constater qu'en toute circonstance une entité qui a un point de vue positif, affirmatif et porteur d'espoir peut bien être insensée, ce qui en troisième densité est acceptable et même en fait nécessaire, car qui donc à part un insensé pourrait sauter avec foi dans le vide en se disant: «je n'ai pas besoin de me préoccuper de ma voie de service car je vois devant moi un plat à laver, un tas de compost à retourner, un enfant ou un ami à serrer dans mes bras et à aimer»[806]?

Lorsque nous nous trouvons en état de dévotion nous enroulons le ressort de notre désir et nous renforçons notre polarité. Comme je l'ai dit, le mot dévotion a une signification double. Nous avons examiné la première, le sens général de ce mot, et à présent nous nous occupons du sens plus spécifique, religieux de ce mot, car toute religion a ses traditions de recherche et dévotion mystiques. Dans ce sens ce mot est synonyme de piété, de ferveur et de vénération religieuse. Dans la forme plurielle, les dévotions désignent la prière, dont nous parlerons bientôt. Ainsi que le disent ceux de L/Leema tous les chercheurs ne seront pas à même d'utiliser la dévotion comme un outil dans le domaine religieux, mais ce mot fait sens lorsqu'il s'agit d'explorer tous les systèmes de mythes religieux qui nous sont connus afin de déterminer s'ils peuvent représenter des voies utiles pour nous:

> Nous vous demandons de passer du temps à contempler la face de la déité, quelle que soit la manière dont vous la découvrez et quel que soit le nom par lequel vous la perpétuez. C'est une bonne chose d'être ce que vous êtes, et ce que vous êtes va croître et se transformer, mais il est probable qu'un modèle ou l'autre sera plus susceptible de s'accorder à votre modèle d'énergie vibratoire. De ce fait, vous ne serez pas tous des chrétiens, vous ne serez pas tous des soufis, etc. Et cependant, toutes ces structures produisent la

---

[806] Q'uo, transcription du 25 novembre 1990, p. 7-8

même eau vivante. Toutes sont des canaux par lesquels cette eau peut s'écouler, et ce sont la discipline, la dévotion et la ferme intention de suivre l'exemple qui se trouve devant vous qui vous ouvriront la conscience que toutes sont venues donner: la conscience unique du Créateur unique. Vous avez en vous ce Créateur unique, et en fin de compte vous serez ce Créateur unique[807].

Ceux de Q'uo suggèrent aussi de chercher avec soin dans une religion révélée une histoire qui parle tout spécialement à notre cœur:

> Chaque histoire attire ceux d'un certain tempérament. Cette entité-ci a un tempérament qui trouve que c'est l'histoire de Jésus qui lui convient le mieux. Elle est donc devenue pour cette entité le moyen d'objectiver la navette de l'esprit et d'ouvrir dans le cœur et dans la conscience le portail de l'infini intelligent. Il existe d'autres histoires, nombreuses et variées. Nous ne demandons pas que le chercheur en spiritualité en choisisse une en particulier. Nous demandons que le chercheur fasse un choix et ayant choisi, ne revienne jamais en arrière. Vous pouvez prendre tout le temps que vous souhaitez dans cette incarnation pour faire votre choix, mais lorsque ce choix est clair alors il est très bon de suivre cette voie-là avec la plus grande intensité et la plus grande dévotion possibles car ce que vous souhaitez faire en tant que conscience ou âme unique c'est devenir de plus en plus puissant au sens métaphysique. Avant que vous ayez accompli le travail de l'esprit impliqué dans la découverte de la partie impérissable de vous-même, avant de faire le choix de la façon dont vous allez aimer le Créateur infini, le 'soi' et toutes les autres entités, et l'ayez dédié, la polarisation ne peut se faire d'aucune manière affirmée susceptible de vous faire passer dans une lumière plus dense, et de permettre une utilisation plus habile de cette lumière dans la façon d'être et de se manifester, le plus important étant le fait d'être[808].

Si nous passons en revue toutes les structures mythiques et religieuses de pensée qui s'ouvrent à nous, et ne nous sentons inspirés par aucune, nous pouvons éliminer la dévotion religieuse de notre liste de ressources spirituelles. Mais en tant que chrétienne pratiquante je peux attester de l'efficacité du système religieux de mon Église en ce qui concerne l'aide à la mise en pratique de ma dévotion. En premier lieu c'est une excellente occasion hebdomadaire de vénération en groupe qui rassemble des fidèles

---

[807] L/Leema, transcription du 4 mai 1986, p. 6

[808] Q'uo, transcription du 6 janvier 1991, p. 6-7

Chapitre XI: Les outils mystiques de la croissance

en une communauté spirituelle. Nous pouvons écouter des lectures inspirantes, de la belle musique, des sermons qui, je l'espère, font réfléchir, et nous pouvons prier ensemble. En outre, nous avons la possibilité d'entretenir des relations entre membres d'un groupe fondé sur la spiritualité, nous retrouvant mutuellement dans un esprit d'amour et de compréhension qui ne pourrait exister dans des environnements plus séculiers, et restant en contact, dans la paroisse, avec un voisinage prompt à réagir aux besoins perçus. Nous vivons les variantes dans l'"Ordo" au fil de l'année liturgique: elles orientent les fidèles lors des moments de joie, d'espérance, de confession, d'engagement, de révélation et de vénération. Chaque système religieux possède ce genre de structures utiles au sein de ses pratiques. Avant de rejeter totalement les religions, faisons le tour du supermarché, lisons quelque ouvrages sacrés et livres au sujet du mythe, en particulier ceux qui ont été écrits par des auteurs dont les ouvrages sont imprégnés d'une compréhension qui anime l'esprit, par exemple ceux de Joseph Campbell. Ne rejetons pas ces systèmes avant de nous être familiarisés, par la lecture ou l'expérience, avec leur nature fondamentale.

La dévotion religieuse a pris de nombreux aspects, parfois des aspects extrêmes. Au sein des Églises chrétiennes les pratiques d'auto-flagellation et de jeûne sont depuis longtemps des outils de dévotion. Je ne recommande pas l'auto-flagellation malgré l'ancienneté de ses antécédents. L'idée générale de ces disciplines est d'attirer l'attention du 'soi' sur la perversité du corps, et de voir le corps comme quelque chose de mauvais et dangereux pour l'esprit. Je ne vois pas l'esprit comme un adversaire du corps mais comme uni à celui-ci, en ce sens que le corps peut s'exprimer de manière sacrée dans tous les aspects de la vie. Alors, plutôt que se flageller, plutôt que se battre à coups de baguettes de bois ou de fouet, ou de porter des cilices de crin qui gratte, nous pouvons exprimer avec beaucoup plus de douceur envers notre corps la modération et la discipline par les choix de ce que nous laissons non entrepris et non dit, particulièrement sous la contrainte. Le jeûne est un bon outil fonctionnel de dévotion lorsque nous essayons de nous faire comprendre à nous-mêmes que certains excès ne peuvent être acceptés par le 'soi'. Nous pouvons jeûner dans le domaine des mots croisés, du blâme, des relations sexuelles, de la colère, de la culpabilité au sujet d'événements survenus il y a longtemps, du ressentiment, ou bien de la nourriture et des boissons. Nous pouvons restreindre toute activité ou qualité que nous jugeons excessive dans notre pratique. Nous n'avons pas besoin de savoir que si nous recourons à de telles disciplines de refus nous attirons presque certainement l'attention d'entités du bas astral qui s'amusent à tenter d'éloigner les chercheurs de leur discipline. La restriction en elle-même, bien que constituant une tentative de retrouver un équilibre véritable, est dans une certaine mesure déséquilibrée en ce sens qu'il s'agit du 'soi' qui travaille sur le 'soi' et ne laisse pas les choses s'éliminer spontanément mais ordonne une répression au niveau exécutif. Lorsque nous jeûnons nous hâtons notre progression. Comme dans toute situation où nous dépassons fondamentalement notre base de force, nous manquons d'équilibre. C'est ainsi que se produit la mise à l'épreuve. Traitez ces mises à l'épreuve et tentations avec humour et légèreté tout autant qu'avec détermination. Ce que nous exprimons lorsque nous nous disciplinon,s à part le fait de vouloir perdre du poids, éliminer la colère, etc. c'est que nous ne sommes pas telle ou telle qualité ou activité, mais que nous existons avant tout en tant qu'enfants du Créateur. Voici ce que disent ceux de Q'uo à propos du jeûne:

> L'instructeur connu de vous sous le nom de Jésus le Christ jeûnait souvent, pas tellement parce qu'il souhaitait une vie pure mais surtout parce qu'il souhaitait atteindre un état de conscience modifiée dans lequel l'entité physique quittait la conscience et alors une union avec le Père devenait possible. Pour celui connu comme étant Jésus, le jeûne était simplement un moyen d'altérer la conscience pour renforcer de plus en plus le lien éprouvé et sûr que cette entité trouvait avec le Père, dont il a toujours senti qu'Il était le Fils. Ce n'est pas précisément sur le jeûne que nous mettons l'accent, mais plutôt sur un glissement de focalisation, une modification de l'utilisation de notre vocabulaire, car celui connu sous le nom de Jésus le Christ a dit au cours d'une confrontation avec cette partie du Créateur connue sous le nom de Satan, que l'homme ne vit pas seulement de pain mais surtout de chaque parole qui tombe de la bouche du Créateur. Cette entité exprimait un principe, et l'utilisation faite par cette entité du mot 'parole' lorsqu'elle affirmait que l'homme vit de chaque parole du Père, signifiait ce que nous nommerions le Logos ou l'Amour[809].

Si vous vous intéressez à la discipline du refus et du jeûne alors armez-vous de la conscience qu'il est tentant d'essayer d'aller plus vite que vous ne le pouvez confortablement, et bien que cela puisse paraître très juste dans le sens spirituel, il se peut qu'aller aussi vite exige trop de votre corps, de votre mental et de vos états émotionnels:

> Il se fait la plupart du temps que celui qui aborde trop promptement les aptitudes supérieures, presque désincarnées, de dévotion peut

---

[809] Q'uo, transcription du 29 novembre 1987, p. 4

bien avoir laissé derrière lui un corps négligé, un corps non aimé, et sans la connaissance de procéder autrement[810].

Ne manquez jamais d'évaluer l'état de votre corps, de votre mental et de vos émotions, et d'invoquer la patience, car la dévotion est un art aussi bien qu'une inclination du cœur, et la modération ainsi que la ténacité peuvent faire partie des qualités nécessaires:

> Maintenant, le chercheur a un art à apprendre et il y a des gammes à jouer encore, encore et encore. Il y a des gammes qui enseignent les notes de la patience. Il y a des gammes qui enseignent les étapes de la dévotion. Il y a d'autres exercices qui enseignent l'économie et la réserve du service véritable. Et ces exercices doivent être répétés surtout pour que le chercheur puisse parvenir à se focaliser intérieurement. Progresser par petits cercles est complètement compréhensible et acceptable[811].

Aller lentement est totalement acceptable en ce qui concerne la pratique de la dévotion. Après tout, nous avons toute une vie pour y travailler! Plus que quasiment n'importe quel autre outil, la dévotion pure peut être pratiquée n'importe où, n'importe quand, et d'une étonnante variété de manières selon notre intuition et nos sentiments du moment. Puissions-nous trouver savoureux ses fruits généreux!

La prière

Quelle bénédiction la prière a été pour moi! Depuis mon premier contact avec la main de Jésus dans ma petite enfance jusqu'aux extrêmes des conversations indiscutablement variées que j'ai eues avec ma déité, la prière a toujours été ma compagne fidèle dans la vie. J'ai offert des prières de louange, de gratitude, de profonde colère, de chagrin, et de douleur. J'ai tout offert de moi, quotidiennement, pendant des décennies. La consolation que cela a été pour moi est inestimable. Le stéréotype de la prière est aussi peu attrayant que cette description générale. Lorsque je pense à la prière mon mental voit immédiatement des icônes culturelles, des mains jointes, une tête baissée, ou bien encore le mur des lamentations avec ses Juifs hassidiques qui se balancent d'avant en arrière, ou des prêtres de ma connaissance qui élèvent la mémorisation de prières à de nouvelles hauteurs d'ultra-piétisme. Nous avons tendance à voir la prière comme la répétition sans fin de mots appris dans la petite

---

[810] Q'uo, transcription du 24 septembre 1991, p. 2
[811] Q'uo, transcription du 1er octobre 1995, p. 2

enfance, des mots qui avaient peu de sens pour nous à l'époque et qui en ont peut-être encore moins à présent. Donald Walsch a fait une faveur à la prière lorsqu'il a intitulé sa série d'ouvrages: *Conversations avec Dieu*, car au moins maintenant cette phrase existe pour donner une bonne description de la prière. Ceux de Ra voient la prière comme une faculté de volonté:

> […] La faculté de volonté appelée prière est aussi d'une nature potentiellement utile. Si elle est effectivement un acte utile dépend totalement des intentions et objectifs de celui qui prie.[812].

Nous voyons souvent la prière comme un moyen de demander ou de souhaiter ce que nous désirons. Et pour certains d'entre nous prier pour obtenir de l'aide dans un moment de crise est la mesure de notre pratique habituelle de prier. Mais si nous ne recourons à la prière que lorsque nous avons une demande à soumettre au Créateur, notre utilisation de cette ressource flexible et souple est mesquine. Ce que disent ceux de Q'uo:

> Nous suggérons l'encouragement à l'intérieur du 'soi' à adresser des louanges et de la gratitude pour tout ce qui, petit ou grand dans ce monde éphémère touche nos sens. La prière, la louange et la gratitude sont trois ressources qui ajoutent à, et renforcent, la connexion avec la foi[813].

Je vaudrais insister sur ce sentiment de plénitude de la prière. Les moments de gratitude sont des prières. La méditation est une prière silencieuse. La contemplation est une prière guidée. La dévotion c'est vivre en priant. Dans la prière je me sens tenue dans une main sûre et aimante, et il y a là une sécurité qui manque dans la vie exclusivement physique. Lorsque nous conversons en prière avec le Créateur vivant nous prenons de plus en plus conscience du fait que le Créateur est vivant, qu'Il est bon, et qu'Il nous aime. Même les prières les plus hésitantes deviennent ferventes lorsque Sa présence est perçue, et si nous persévérons dans la prière nous finissons par percevoir Sa présence. Nous la percevons comme subjectivement indéniable. Il se peut que nous ne parvenions jamais à la défendre auprès de quelqu'un d'autre, mais à mesure que nous pratiquons la présence du Créateur infini unique en parlant avec Lui, nous faisons l'expérience d'un feedback, d'une contre-pression de présence, qui nous parle profondément.

Je me souviens avoir suggéré à ma mère, pendant une période sombre de sa vie, de prier. Elle a répondu qu'il n'y avait personne là. Ma mère avait

---

[812] *La Loi Une*, Livre II, Séance 49 §8
[813] Q'uo, transcription du 10 septembre 1995, p. 3

la tête dure et voulait d'abord quelque chose de linéaire à quoi s'accrocher. J'ai suggéré qu'elle parle à une colonne de son lit, celle qui se trouvait au pied de son lit à droite. «N'essaie pas de prier dès le départ», ai-je dit. «Parle simplement à la colonne de ton lit de ce qui te cause du souci». Je sentais qu'elle savait que la colonne du lit était bien là, et que cela la rassurerait. Et cela a bien été le cas. Rapidement elle a pris conscience d'une forte présence apparue quand elle s'est mise à parler à la colonne de son lit. Elle a commencé à abandonner la colonne car elle a pris conscience de la présence du Créateur Lui-même. Pendant la dernière décennie de sa vie ma mère a vécu dans la prière. C'est devenu le point de concentration le plus réel et le plus profond de sa vie. Sa soif de prière me fait maintenant penser à ce qu'a dit Romi Borel:

> Les mots qui m'ont le plus aidé dans la vie sont ceux prononcés par Paramahansa Yogananda: «Le persuader de Se donner demande un zèle incessant. Personne ne peut enseigner ce zèle. Vous devez le susciter vous-même. ... Lorsque vous aurez une soif immense du Divin, lorsque vous n'accorderez plus une importance indue à n'importe quoi d'autre, alors Il viendra. Lorsque l'appel de votre cœur sera intense, lorsque vous n'accepterez plus d'excuse, alors Il viendra»[814].

Dans une paraphrase du *Veni Creator Spiritus*, traduit en anglais par Rabanus Maurus au neuvième siècle, la supplication est: « Enseigne-nous à parler; enseigne-nous à entendre; Tienne est la langue et Tienne est l'oreille». J'aime ce sens que nous donne la prière de faire partie d'un cercle Créateur-créé-amour-union. Il est bon que nous entretenions cette soif pour pouvoir compléter le cercle de la conversation. Ceux de Q'uo estiment eux aussi que la prière est une conversation:

> Nous substituerions à 'prière' le mot 'conversation' car ' prière' est un mot qui dans votre culture possède de nombreuses nuances négatives relatives à des sentiments de manque de foi, de manque de confiance, de manque de valeur et autres aspects sombres de ce genre. Il est également associé à un concept d'élite, comme si certains étaient plus doués pour la prière ou avaient davantage le droit de prier, que d'autres. Nous voudrions plutôt appeler la prière une 'conversation' avec l'Intelligence infinie. Dans cette conversation le chercheur exprime ce qu'il pense comme il peut le faire. L'intelligence infinie répond en silence et en puissance. Et le libre arbitre étant respecté, la destinée avance, affectée dans une certaine mesure par cette interaction. En outre, celui qui converse

---

[814] Romi Borel, lettre du 25 août 1998

avec l'infini est de plus en plus plein de cette énergie qui est le reflet de cette conversation: l'encouragement silencieux de l'infini au chercheur au sein de l'illusion[815].

Et de l'encouragement il y en a, qui accentue la soif de divin qui est en nous. Je crois que c'est un instinct de l'humanité que de chercher son Créateur. L'impulsion est tellement forte que nous voyons toutes les sociétés de tous les niveaux de civilisation pratiquer la prière, la méditation, la contemplation et la dévotion. 131 parle de cette soif:

> Il semble qu'apprendre à prier et à ne pas prier d'une manière préjudiciable est un sujet sensible. Je pense à ma propre colère et à mon exaspération parfois à cause de mon partenaire, ou je me demande pourquoi je maudis quelque chose qui me dérange. Cette malédiction est une forme de prière, je pense, et je souhaite vraiment avoir la possibilité de la maîtriser. Je sais que tout cela est une affaire de foi et de pardon. Si je menais une vie de foi j'aurais une plus grande patience à l'égard de choses qui m'embêtent actuellement. Mes émotions ne me feraient pas monter sur mes grands chevaux comme c'est le cas pour le moment. Eh bien, voilà encore un sujet à travailler cette année[816]!

Bien sûr que 131 mène vraiment une vie de foi. Il se fait simplement qu'une telle vie est rarement très calme et raisonnable. Une vie de foi est juste une vie terrestre où l'on rencontre des défis et ou l'on passe par les souffrances et les soucis de la vie. La différence, et elle est considérable, se trouve dans le niveau de conscience des principes spirituels dont notre attitude est imprégnée pendant que nous passons par ces défis et souffrances. Lorsque nous savons pourquoi nous souffrons, lorsque nous voyons à l'œuvre en nous l'affinage de notre âme, nous acceptons plus facilement les difficultés que nous rencontrons sur notre chemin. Quand nous ne craignons pas la souffrance nous sommes bien plus à même d'utiliser des ressources comme la prière et la méditation pour clarifier et équilibrer nos sentiments. Empêcher le mental de s'enfouir de plus en plus profondément dans les soucis et les peurs, et le pousser à se souvenir du divin est un puissant acte de volonté. La prière c'est du souvenir. C'est un acte de volonté dans lequel nous nous demandons à nous-mêmes de tourner notre attention vers le Créateur et vers notre relation avec Lui, et de voir le reste de notre existence dans cette perspective. Ceux de Q'uo commentent:

---

[815] Q'uo, transcription du 6 juin 1993, p. 6-7
[816] 131, lettre du 6 janvier 1998

Il semble que c'est s'occuper de détails que de se tourner vers des fondamentaux, de décider quel siège utiliser, ou quel moment de la journée consacrer à la prière, mais ces détails terre-à-terre aident vraiment à la formation de la foi. Maintenant, on pourrait dire que la prière est une fleur intérieure qui porte la senteur de l'amour. Il est possible de parler indirectement de la prière en parlant de la beauté d'un poème ou d'une rose. La prière est une forme de communication dont l'objet fait un avec son sujet. En cherchant à atteindre le Créateur infini, le 'soi' cherche à atteindre son intérieur. Le 'soi' s'adressant au 'soi' supérieur, voilà la structure qui, vue de l'extérieur, peut être considérée comme constituant la maison de prière. Le fait est que cette source d'unité qui paraît si éloignée, qui est l'amour lui-même, se trouve à l'intérieur, de sorte que le voyage de la prière est un voyage du 'soi' vers le 'soi' supérieur intérieur qui revient au départ pour former un cycle sans fin de la prière à la prière, c'est-à-dire de celui qui prie à l'objet de la prière[817].

La maison de prière est un temple métaphysique mais je suis convaincue qu'il est très réel. Au début de l'année 1992 j'ai eu la vision de millions d'âmes sur Terre qui étaient à ce moment en train d'adresser une prière d'intercession pour ceux qui ne savaient pas, une prière pour tous les inconnus et ceux qui souffraient. Il y avait des millions d'êtres qui priaient dans ce lieu béni, et j'ai senti une grande puissance émaner de leurs oraisons. À cette époque je faisais l'expérience de miracles de guérison quotidiens pendant la réhabilitation qui devait me permettre de quitter mon fauteuil roulant. Une remarque de ceux de Q'uo:

> Nous voudrions faire remarquer l'absolue beauté d'une grande partie des prières des habitants de votre sphère planétaire pendant qu'elles montent des événements terre-à-terre qui les suscitent vers les plans d'intercession, de guérison, de pardon et d'illumination[818].

La beauté de cette maison de prière n'est aucunement menacée par les prières de colère, de chagrin et de souci que nous offrons au Créateur. Parfois, ces prières sont très appropriées, ainsi que l'exprime K. Williams:

> Pour me rétablir de toutes les sortes de maux je pratique ma méthode en trois parties. Je prie. Et je pleure. Et je focalise mon énergie sur mon quatrième chakra. Toujours de retour. Toujours de

---

[817] Q'uo, transcription du 29 mai 1994, p. 5

[818] Q'uo, transcription du 13 janvier1991, p. 1

retour à l'endroit en moi où je suis Amour. Quelle que soit la situation que j'ai à gérer dans mon mental en détresse, j'Aime. Si, quoi que je fasse, je ne parviens pas à trouver de l'Amour dans une situation j'étends mon attention et je trace un cercle autour de cette situation, je vois et j'éprouve de l'Amour tout autour de cela, et alors elle ne peut faire que tremper dans le cercle que je ne pouvais aimer[819].

Si nous avons des préoccupations ou si nous éprouvons d'autres émotions négatives, la prière est un réflexe très utile:

> Le souci est une prière désorganisée et aléatoire. Le dialogue le plus profond se déroule avec le grand 'Soi' qui couvre et sous-tend tout ce qui est. Les soucis et les peurs ne font pas que bouillir et fulminer dans le mental: ils s'inscrivent aussi auprès de l'Unique infini comme des cris de détresse. Mais l'énergie utilisée à s'en faire est embrouillée et tortueuse et le Créateur, bien qu'Il s'efforce toujours au réconfort intérieur, ne parvient tout simplement pas à traverser cet enchevêtrement qui fait obstacle à l'écoute intérieure, à la vision intérieure, à la détection intérieure du 'Soi' pacifique, créatif et sage. Alors, quand le chercheur patauge, se tracasse et se fait du mauvais sang, nous suggérons que la ressource qui peut aider est la mémoire: le souvenir du fait que quelqu'un qui se tracasse peut aussi être quelqu'un qui prie et entre en conversation avec le Créateur infini, ce 'Soi' supérieur dont chacun est une partie ineffable et unique[820].

Un des usages appropriés de la puissance de cette ressource est la prière d'intercession. C'est-à-dire la prière pour le bien-être d'autrui. Je crois que la clé de ce type de prière est de voir comme un être parfait la personne qui, aux yeux du monde est malade. Au niveau du corps qui fait les formes et qui contrôle le corps physique au niveau métaphysique, cela est tout à fait vrai. Ce corps qui fait les formes reste parfait. Ce que fait la prière d'intercession c'est réaffirmer l'ascendant de la perfection du corps métaphysique et du corps énergétique supérieur sur le corps physique qui est plus illusoire et imparfait. Une technique à laquelle je recours souvent est demander que cette lumière infinie baigne ma visualisation du corps de la personne: pas seulement le complexe physique, mais tout le complexe mental/corps/esprit qui ensemble crée notre santé physique, émotionnelle et mentale. Les trois sont inextricablement liés, de sorte que

---

[819] K. Williams, lettre du 29 mai 1997
[820] Q'uo, transcription du 10 septembre 1995, p. 2

lorsque nous prions pour une guérison, nous devons les traiter tous. Ceux de Q'uo décrivent une autre technique d'intercession:

> Lorsque vous priez et cherchez à intercéder, ou si vous appelez à l'intercession de quelqu'un d'autre pour quelqu'un dont vous percevez qu'il en a besoin, vous demandez que la libre circulation de la force de l'amour soit rétablie dans une zone où elle est bloquée. Puisque vous êtes en contact ou en harmonie plus proche avec la force d'amour qui se trouve dans votre propre modèle de vie, vous êtes à même d'apprécier et de manifester cette force dans votre propre modèle de vie, et d'offrir un catalyseur ou un moyen par lequel de l'amour peut être offert à autrui. Vous engager dans le processus que vous appelez prière est un moyen par lequel vous pouvez ouvrir une porte ou un portail pour une autre entité en faisant appel à des parties individualisées d'amour et en leur demandant de partager leur amour avec celui pour lequel vous intercédez ou demandez une intercession. Votre propre prise de conscience de ce procédé et votre propre désir de rendre service à quelqu'un autre sont des qualités qui renforcent l'attitude de prière. Lorsque vous faites appel à des entités comme Jésus le Christ, divers saints ou archanges, à la mère de Jésus connue sous le nom de Marie, ou à toute présence angélique pour intercéder en faveur que quelqu'un, vous offrez la pureté et l'intensité de votre propre amour comme une demande, un appel, qui est entendu grâce à la pureté et à l'intensité de la présence que vous recherchez, et cette présence entend l'appel, aussi faible qu'il soit, et y répond en fonction de sa force, sa pureté et sa sincérité[821].

Nous prions essentiellement pour la vérité, la voie supérieure, plutôt que pour un détail de santé. J'ai vu de nombreux miracles dans le groupe de prière de ma propre paroisse. Si l'on prie pour nous, si nous avons demandé des prières, nous pouvons augmenter l'énergie de ces prières en nous appuyant sur l'aide de cette prière, en étant confiants que cette prière est efficace:

> Il y a beaucoup de soutien invisible au travail en conscience, aux prières, et à une vie menée dans la foi. Nous vous demandons de vous appuyer sur ce support. Cet instrument l'appellerait un soutien angélique, et dirait qu'il y a des anges partout. D'autres entités donneraient une description très différente, mais le concept reste le même. Il y a des guides. Il y a de l'aide car le Créateur est en constante communication avec vous en utilisant tout: la nature,

---

[821] Q'uo, transcription du 12 avril 1991, p. 4

l'environnement, d'autres personnes, des coïncidences. Soyez
vigilants. Voyez les coïncidences spirituellement intéressantes et
elles vous encourageront beaucoup[822].

Si nous prions pour d'autres personnes, ma suggestion est que nous soyons discrets au sujet la plupart des choses que nous faisons. Faites le travail et puis laissez aller. Il est facile, lorsqu'on prie pour une guérison, de se sentir fier quand une guérison se produit. C'est une tentation à éviter. Il est utile de nous voir dans cette pratique comme des canaux de l'amour du Créateur. Nous offrons un lieu où l'énergie peut circuler depuis les plans les plus spirituels jusqu'aux plans terrestres. Toute vanité suscitée par ce genre de chose est inefficace pour notre croissance spirituelle. Souvent, la meilleure configuration de prière d'intercession est l'anonymat car ainsi nous pouvons accomplir notre travail et puis l'oublier. Dans le groupe de prière de mon Église, que je dirige depuis 1983, je suis le seul membre de ce groupe connu de la congrégation. Cela permet aux autres membres de prier en privé, paisiblement. Lorsqu'elle est faite de cette manière, la prière d'intercession est un acte vraiment altruiste et très polarisant. 131 dit de la prière en général:

> J'aime ce que dit Jésus de la prière en privé et sans essayer d'impressionner qui que ce soit. Pour moi, la prière est une affaire totalement privée[823].

L'essence de la prière est cette absence d'égo. Bon, en un sens prier est égoïste car nous sommes poussés à nous lier au Créateur. Mais en un autre sens la prière est un acte de complète générosité et d'abandon. En fait, l'acte de volonté le plus puissant est un acte d'abandon de nos petites volontés pour écouter et suivre la volonté de l'Unique infini. Il est recommandé de faire tous les efforts possibles pour inclure la prière dans notre pratique spirituelle. Voici ce qu'en disent ceux de Q'uo:

> Il y a une liberté qui vient avec l'abandon à cette puissance supérieure, à l'attitude qui dit: «Non pas ma volonté mais la Tienne. Enseigne-moi Tes voies. Je veux savoir comment accomplir mon service pour Toi. Donne-moi un indice. Donne-moi un signe». Et puis permettez au temps de passer, posez la question, et attendez. Il y a des moments où la période d'attente est très, très courte. Il y a des moments où l'on attend pendant des années. Toutefois, ces questions continuent toujours à agir en vous jusqu'à ce que vous ayez trouvé votre voie. Heureusement, c'est la manière dont vous vivez les circonstances de la vie qui détermine la qualité

---

[822] Q'uo, transcription du 24 mai 1998, p.7
[823] 131, lettre du 3 février 1998

Chapitre XI : Les outils mystiques de la croissance

de la vie, et non pas les événements ou les circonstances en eux-mêmes[824].

Comme il est vrai que ce sont notre foi, notre attitude confiante considérant que tout ce qui nous arrive est exactement comme cela doit être, et nos réactions envisagées à ces catalyseurs plutôt que les catalyseurs eux-mêmes, qui sont essentiels dans notre vie. Et l'aide de la prière n'est généralement pas linéaire. Mike Korinko explique:

> Presque chaque nuit je prie pour que le Créateur me guide afin de savoir ce qu'Il souhaite que je fasse. Pas de réponses directes, quelle surprise! Mais je me suis éveillé ce matin empli d'un amour de la vie que je n'avais plus ressenti depuis longtemps. Cela paraît un peu banal de parler des merveilles de la vie comme je les vois en ce moment, mais tant pis. C'est un de ces matins où tout va bien avec le monde. La musique paraît plus profonde, il y a même de la beauté dans le bruit des voitures qui passent. Il est difficile de décrire quelque chose de si grand, de si global. Je dois dire que cela m'a manqué, et je remercie le Créateur pour ce merveilleux cadeau qu'il m'a fait[825]!

Une circonstance dans laquelle la prière est d'une aide immédiate est dans le tourbillon de la vie, lorsque nous avons le sentiment qu'on nous a manqué de respect, que cela soit dû à quelqu'un qui nous a coupé la route dans le trafic, ou à une conversation difficile avec un vendeur ou une de nos connaissances. Une de mes amies m'a raconté l'histoire de cette course qu'elle faisait pour sa belle-mère qui voulait une ceinture à lanières de cuir. Ce gadget était constitué d'une boucle conçue de manière à pouvoir y fixer n'importe laquelle de ces lanières de couleurs différentes, de sorte que l'on avait ainsi plusieurs ceintures pour le prix d'une. Lorsqu'elle avait demandé à une vendeuse si la boutique vendait ce genre d'article, la vendeuse lui avait répondu qu'elle considérait cet article comme vulgaire et de mauvais goût, et qu'elle ne vendrait jamais une telle camelote. Georgine s'est sentie déconcertée par cette opinion humiliante et a regagné sa voiture en se sentant blessée. Mais la ministre du culte qu'elle est a rapidement compris comment faire de ses sentiments blessés la réalisation que cette personne devait en réalité se sentir misérable pour être aussi irritable et grossière, et que cette personne avait clairement besoin de l'aide de la prière et non pas de colère. Elle s'est mise à prier, et les eaux du pardon et du réconfort se sont mises à tomber. Ceux de Q'uo expliquent :

---

[824] Q'uo, transcription du 22 décembre 1996, p. 3-4
[825] Mike Korinko, lettre du 5 septembre 1994

> Lorsque l'objet de la colère ou de la préoccupation est quelqu'un d'autre, il y a un type de méditation ou d'expérience que cet instrument appellerait 'prière', et dans laquelle des prières sont offertes pour l'entité qui a été un catalyseur de cette colère ou préoccupation. Prier pour cette entité qui vous a blessé réoriente aussi le mental profond et oriente ce mental profond vers la vérité [826].

En priant nous nous ouvrons à une union dans laquelle nous, le Créateur et la situation qui nous entoure à ce moment ont une connexion harmonisante et unifiante, dans laquelle de nouvelles façons de voir sont proposées. Nous voir nous-mêmes avec de nouveaux yeux n'est pas la plus insignifiante des choses. Cette prise de conscience est un précieux feedback, et nous devenons graduellement et très naturellement un 'soi' dont la nature profonde est de plus en plus tournée vers la prière:

> J'ai remarqué que je tombe en prière à des moments très bizarres de la journée juste parce que je prends tout d'un coup conscience de qui je suis. C'est énormément réconfortant[827].

Ceux de Q'uo proposent:

> Pour ceux qui vivent en constante prière ou méditation, ou qui tentent vraiment de le faire, notre aide est toujours présente comme une sorte de quille soutenant et renforçant l'aptitude à la stabilité que chaque entité possède dans sa recherche. C'est probablement notre moyen de communication le plus utilisé, et si nous ne sommes pas identifiés comme une source autre que le 'soi' c'est parce que les 'soi' qui sont à même de nous recevoir de cette manière inspirante se voient eux-mêmes d'une manière universelle[828].

L'harmonisation

L'harmonisation est une extension de la prière à la vie de tous les jours. Le but en est le monde vu comme un lieu dans lequel une destinée bienveillante et sage, et une énergie divine qui crée tout ce qui nous arrive dans ce moment sacré. Lorsque nous commençons à croire que notre monde est vraiment ce lieu magique, un lieu dont nous pouvons être

---

[826] Q'uo, transcription du 18 septembre 1994, p. 4
[827] 131, lettre du 18 février 1998
[828] Q'uo, transcription du 20 septembre 1992, p. 7

certains qu'il nous donne les leçons appropriées même si ce ne le semble pas sur le moment, alors nous pouvons former le désir de répondre aux événements quotidiens du monde d'une manière plus harmonieuse. Devons-nous dire 'non' à quelqu'un? Ceux de Q'uo nous suggèrent de prendre une seconde pour trouver le moyen d'adoucir notre voix:

> Lorsque survient une situation dans laquelle le 'soi' prend conscience du fait qu'une vérité d'apparence négative doit être dite, laissez s'installer du calme et une paix tranquille à l'intérieur. Peut-être même qu'une petite prière peut être prononcée intérieurement pour harmoniser le 'soi' avec la lumière, tout en espérant que cette lumière additionnelle contiendra des moyens d'adoucir l'expression qui doit rester claire de vérité mais sans un abrupt «je ne sais pas» ou «la réponse est non»[829].

J'aime m'harmoniser avec le bruit des trains et des cloches de l'église, ainsi qu'avec celui du carillon à vent sous mon porche. Quand j'entends ces sons je prends soin de m'arrêter et de me rappeler qui je suis, de Qui je suis, et d'adresser des remerciements pour tous les bienfaits que je reçois. Notre 131 se sent glisser dans un processus naturel d'harmonisation, sans aucun effort:

> Je me trouve, tant dans les périodes de méditation qu'en dehors de celles-ci, en train de faire des choses, de dire dans ma tête des choses qui constituent des prières. Et il me semble que j'apprends quelque chose sur la manière de communiquer à ce niveau. Ou il y a du moins une plus grande prise de conscience à ce sujet. Je m'harmonise d'une manière qui ne m'était pas familière auparavant, et cela me paraît important[830].

L'harmonisation peut aussi être vue comme un alignement sur un 'soi' plus vrai et plus profond. 131 poursuit:

> Les catalyseurs ne sont pas les seuls vecteurs possibles de changement. Le changement peut aussi se produire d'un point de vue plus positif lorsqu'on élève ses normes d'excellence et s'ouvre de plus en plus à un alignement conscient sur la volonté du Créateur. Je pense que c'est quelque chose que je commence seulement à apprendre, et je ne sais pas encore comment le faire, et comment agir plus intensément pendant les moments que je perçois comme positifs mais je sens un mouvement intérieur vers des états

---

[829] Q'uo, transcription du 5 décembre 1999, p. 3
[830] 131, lettre du 17 janvier 1998

de vie plus profonds et plus complexes. Peut-être faut-il que je travaille davantage à offrir des louanges et de la gratitude[831].

La louange, la prière et la gratitude sont de merveilleux outils d'harmonisation. Kathy Braden ajoute:

> Nous créons notre réalité autour de nous moment après moment, choisissant les expériences, l'humeur, l'environnement, et attirant les personnes et interactions que nous recherchons moment après moment, choisissant un centre, une réaction, une expérience à développer, laissant derrière nous des possibilités non choisies, comme des aspects alternatifs de la réalité qui peuvent exister dans une autre dimension de lieu ou de temps[832].

J'aime sa vision de la vie comparable à un plateau de smörgasbords ou à une table de banquet, garnis de tant de choses qu'il nous est impossible de goûter à toutes, de sorte que nous devons faire des choix de ce que nous voulons apprécier, prendre et savourer, et de ce que nous voulons laisser derrière nous. Je m'harmonise beaucoup dans de petites choses. Lorsque résonne la sonnette de la porte d'entrée je prie des 'anges-surprise'. Lorsque sonne le téléphone et que par un hasard improbable c'est moi qui vais répondre, je dis une petite prière muette avant de décrocher (j'ai tellement d'aversion pour le téléphone que j'attends en général que le répondeur se déclenche pour filtrer mes appels). Mon mari et moi entamons et terminons la journée ensemble en nous tenant les mains et en récitant le Notre Père. Je remercie et loue mon automobile avant de quitter le garage, et j'avertis l'ange de ma voiture; et quand je soigne mes plantes je leur parle toujours, pénétrant de plus en plus profondément dans l'énergie de la Terre que nous partageons si symphoniquement elles et moi. Je parle à la viande que je prépare, remerciant les animaux pour leur vie, les louant et leur promettant que je ferai de leur chair la meilleure nourriture possible. Je parle avec tout autant de sympathie aux brocolis, asperges et carottes qui ont été arrachés à notre Mère Terre pour emplir nos estomacs. J'offre à tout ce que nous mangeons notre gratitude et nos louanges, et nos profonds remerciements pour la subsistance et l'amour que nous en recevons. Je vois l'amour comme l'ingrédient principal de ce que je cuisine et de mon jardinage, en fait dans la plupart des choses que j'accomplis quotidiennement. Lorsque nous percevons l'environnement comme étant vivant nous réalisons que chaque effort que nous faisons pour nous harmoniser avec cet environnement est également perçu et réciproqué par celui-ci, qui s'harmonise de plus en plus avec

---

[831] 131, lettre du 26 janvier 1998
[832] Kathy Braden, lettre du 9 février 1999

nous jusqu'à ce qu'il soit harmonisé avec, et aligné sur, notre nature, essence et force particulières. Lorsque des personnes entrent dans notre espace elles en ressentent la magie. L'hospitalité bondit à leur rencontre. J'aime savoir quand des personnes vont venir car nous harmoniser avec le moment qui précède la venue de ces gens aiguise notre aptitude à les écouter et à les apprécier en tant qu'âmes.

Il existe une réelle connexion entre la propreté physique et la pureté métaphysique. Étant humains, cela n'est pas très facile à démontrer, mais nous pouvons physiquement nettoyer et 'harmoniser' notre maison. Un nettoyage normal du logement est suffisant. Avec la pensée consciente de préparer le lieu métaphysiquement par l'intention, pendant une séance Don avait questionné ceux de Ra à ce sujet alors que nous pensions à déménager vers un autre lieu:

> **INTERVIEWEUR:** Est-ce qu'une purification par le sel et l'eau serait nécessaire alors pour ce lieu? Ou serait-elle recommandée dirions-nous?
>
> **RA:** Je suis Ra. Il est recommandé de procéder à un nettoyage métaphysique à chaque fois qu'il y a changement de logement[833].

Par 'nettoyage métaphysique', ceux de Ra entendaient une purification rituelle par le sel et l'eau. Selon cette méthode, le sel est versé en une fine ligne continue le long de tous les seuils de porte et appuis de fenêtre à l'exception d'une entrée d'un bâtiment, ou de la pièce que l'on veut purifier, et ensuite de l'eau est versée goutte à goutte sur la ligne de sel. L'entrée restant ouverte est gardée et pendant les trois jours suivants tous ceux qui veulent entrer doivent demander au sel la permission de passer. Le sel est requis d'attirer tous les esprits néfastes dans ses cristaux et l'eau les scelle à l'intérieur de ceux-ci. Trois jours plus tard le rituel se termine et les lignes de sel durcies sont balayées vers l'extérieur, et le lieu est purifié. Ensuite ce rituel est répété sur le seuil de la porte qui avait été gardé libre, afin d'achever la purification. Si nous n'avons jamais fait cela dans notre habitation, nous pouvons souhaiter le faire à présent, ne serait-ce que pour ce sentiment de propreté métaphysique. Mais une fois cela accompli, le nettoyage physique sera bien suffisant. Cette harmonisation avec l'environnement est très rassurante. Pour une harmonisation plus rapide, brûlez de la sauge dans un bol ininflammable et promenez-vous dans l'habitation en laissant la fumée pénétrer dans tous les espaces.

L'idée de l'harmonisation peut sembler 'évaporée' et mollement décadente si nous ne la pratiquons pas avec les pieds sur terre, car c'est là

---

[833] *La Loi Une,* séance 106 §9

que nous avons besoin de nous tenir, dans un mode de fonctionnement mental ordinaire qui nous permette de réaliser les devoirs et plaisirs de notre vie. Il me semble qu'un mot clé qui peut qualifier l'harmonisation est 'gratitude'. Être reconnaissant de quelque chose n'est pas toujours aisé. Nous avons tendance à prendre les choses pour acquises. Si nous trouvons satisfaisants notre environnement, nos relations et nos dispositions, nous n'en sommes pas nécessairement reconnaissants : nous supposons que c'est ce qui devait être. Cette attitude nous conforte dans une attitude irréfléchie de vanité du 'soi' et est à l'origine d'une faiblesse et d'une vulnérabilité extrêmement incommodes face à un changement. S'harmoniser c'est simplement trouver une attitude d'humilité et de gratitude. Il est en général facile de trouver cette gratitude lorsque l'environnement, les relations et les dispositions sont plaisants. Il est aussi très important que nous y parvenions sans gaspiller des jours précieux en manquant de les remercier d'exister. Je m'efforce de m'arrêter une douzaine de fois par jour juste pour louer ce qui m'entoure et remercier la déité de la joie de me trouver ici et d'avoir un bon travail à accomplir. Je peaufine simplement cette harmonisation. Ceux de Q'uo expliquent:

> Pourquoi la gratitude est-elle si puissante? Simplement parce qu'elle est la vérité. En vérité, tout ce qui vous arrive est un cadeau. Chaque situation vous amène les sœurs et frères de l'expérience: la sœur Douleur, le frère Affliction. La liste diffère pour chaque entité. La sœur Colère, la sœur Dépression. Chaque esprit aura ses propres invités auxquels il semblera difficile de faire bon accueil, et cependant chacun d'eux vient vous apporter des présents superbes. Il y a de la rébellion naturelle contre le fait de devoir contempler les choses dans une perspective aussi profonde. Le mental ne veut pas aller au niveau auquel on peut voir que toutes les choses sont des cadeaux. Le mental veut faire une distinction entre les choses. Le mental veut pouvoir faire des choix et tout empiler en piles bien nettes et ordonnées: ceci est telle chose, cela est telle autre chose, et là est une chose encore entièrement différente. Mais l'étincelle de 'soi' véritable en vous et toujours prête à bondir et à illuminer l'esprit à l'intérieur, le cœur à l'intérieur[834].

Un motif archétypal bien adapté au concept de l'harmonisation du 'soi' avec la gratitude est l'histoire du fils prodigue. Dans la vanité de notre cœur nous aimons nous considérer comme des fils et filles favoris, aimés,

---

[834] Q'uo, transcription du 19 avril 1998, p. 4

Chapitre XI: Les outils mystiques de la croissance

dorlotés et choyés. C'est vrai en partie. Mais dans le sens métaphysique nous sommes aussi des vagabonds errant loin de leur foyer spirituel, et nous cherchons le moyen de retraverser ce monde fatigué. Appliquer notre expérience à toutes ces nuances est extrêmement éclairant. Ceux de Q'uo commentent:

> Chacun de vous est prodigue. Chacun de vous a gâché des choses précieuses. Chacun de vous cherche intensément et humblement à retourner dans la maison du Père, ce lieu d'amour intact et pur car, dans cet état, la gratitude est naturelle et se déverse sans effort, et voici une grande vérité: chacun de vous est aimé profondément, est bienvenu en dépit de toutes les défaillances, et le Créateur vous remercie énormément. En fait cela fait passer le mouvement de la pensée du petit 'soi' de l'expérience ordinaire au 'soi' dont chacun sait qu'il s'agit d'un 'soi' plus authentique et plus profond. Quand on regarde une vie du point de vue du 'soi' ordinaire on voit rarement une expérience entièrement libre d'ennuis ou de soucis. Il y a rarement une raison de se sentir complètement ou profondément reconnaissant. Et cependant, si l'on parvient à retourner dans ce 'soi' prodigue qui revient à la maison, on peut constater que toute l'expérience est telle que la seule réaction est de gratitude et louange[835].

Il y a beaucoup de vertu dans la confession, dans le fait d'admettre nos failles. Lorsque nous nous demandons à nous-mêmes d'adresser des remerciements parfois ce qui nous retient de faire cet exercice ce sont nos failles. Quand quelque chose nous empêche de chercher des moyens de susciter l'optimisme et l'espérance, nous pouvons être assurés de tomber juste lorsque nous cherchons la vanité, la colère et autres émotions déséquilibrées qui nous privent de notre capacité à bien traiter l'énergie infinie du Créateur. Joe Koehm résume très bien son conseil:

> Un conseil amical: adressez vos remerciements pour les bienfaits reçus à chaque fois que vous le pourrez. Pour une raison ou une autre, cela semble dépolariser le négatif[836].

Dépolariser le négatif est un bon moyen de parler de son 'soi' de l'ombre ainsi que des pensées et émotions que ce coté-là produit pour nos expériences. Nous harmoniser avec la gratitude n'est pas un travail simple lorsque nous ne sommes pas du tout reconnaissants. Nous ne pouvons pas inscrire sur notre liste de courses "acheter de la gratitude", et nous attendre à en obtenir. Nous pouvons faire une seule chose mécanique:

---

[835] Q'uo, transcription du 19 avril 1998, p. 4
[836] Joseph R. Koehm, lettre du 3 août 1998

énumérer nos misères et en remercier le Créateur. Examiner chaque article de la liste et dire merci pour chacun d'eux peut être une expérience révélatrice. Essayez! D'une certaine manière, dans l'énumération des misères et des remerciements au Créateur pour chacune d'entre elles, une alchimie a lieu, ainsi que la réalisation douce-amère de ce qu'indique exactement ce modèle de souffrance au sujet de notre situation d'âme en évolution. En dehors de cela, ce qu'il y a probablement de mieux à faire c'est rester tranquille pendant un moment et aller chercher ce 'soi' intérieur profond en silence et dans l'intimité, comme l'expliquent ceux de Q'uo:

> Lorsque des entités s'efforcent de ressentir de la gratitude elles peuvent tout aussi bien éprouver de la foi, car la gratitude n'est pas quelque chose que l'on peut aborder de face avec grande efficacité: le sens de remerciement ou de gratitude arrive comme un naturel afflux ou émanation de l'âme qui veut être tranquille et permettre au monde de trouver son équilibre à l'intérieur du 'soi'[837].

Adresser des remerciements nous adoucit et permet à nos énergies de mieux circuler. Cela nous réoriente vers ce qui est important pour nous en dehors de la prochaine occasion de nous lancer dans le trafic, d'accomplir la tâche ou de remplir l'obligation qui nous attend. Nos habitudes d'activité constante nous déshumanise, nous robotise, jusqu'à ce qu'il ne nous reste presque plus d'essence d'âme à percevoir. La gratitude et la louange nous ramènent à nous-mêmes, à la façon dont nous ressentons, à ce que nous sommes, à la raison pour laquelle nous sommes ici. Nous avons grand besoin, en tant que chercheurs d'orientation spirituelle donnée par la vie, de rester en contact avec ce que nous sommes. Le sujet de l'harmonisation sera plus détaillé au chapitre treize, où est abordé le channeling vu comme un don venu d'ailleurs.

Le vécu dans le moment

Quand Ram Dass a écrit *Be Here Now*[838] à la folle époque hippie de ma jeunesse, il a produit un vrai classique. Ces trois mots: «be here now», expriment une vérité qui pénètre au plus profond de notre être. La personne ordinaire fait l'expérience d'un monde sur une Terre plane et robuste sur laquelle elle se tient. Sa compréhension du terme 'maintenant' est habituellement une prise de conscience courante du rythme auquel un

---

[837] Q'uo, transcription du 19 avril 1998, p. 3
[838] Soyez ici maintenant (NdT)

devoir ou activité quelconque est accompli. Lorsqu'un tempérament orienté vers la spiritualité ou les arts ouvre les yeux au moment présent, ce monde perd son solide sol de terre et devient un océan d'une profondeur abyssale sans aucun repère. Pour le matérialiste, le moment présent est ici, puis il est parti, à nouveau ici et puis parti: une observation sans signification de pas grand-chose. Pour le mental spirituellement éveillé, le moment présent est un royaume sans frontières qui mène directement à l'éternité, à l'infini, et à l'expérience de la présence du Créateur unique. Et comment pouvons-nous faire irruption dans le moment présent métaphysique? La porte ne se trouve pas à l'extérieur de nous. La porte qui ouvre sur ce moment présent attend dans le cœur de notre 'soi'. C'est une porte profondément intérieure. J'ai passé cette porte de nombreuses fois tout au long d'une vie vécue mystiquement, et je peux attester que tout effort pour faire s'ouvrir cette porte intérieure doit être encouragé, car ainsi nous pouvons apprendre beaucoup de choses d'une nature qualitativement différente de celle de l'expérience linéaire. Toutes les pratiques dont nous avons parlé dans ce chapitre peuvent nous aider à nous harmoniser avec l'état d'esprit capable d'ouvrir cette porte intérieure. Voici ce que disent ceux de Q'uo:

> Le moment présent vient à vous et reste avec vous. Il capte la magie. Lâcher le passé et le futur, voilà le truc. Comment capter le 'soi' à la charnière du moment présent? Comment faire en sorte que le 'soi' quitte la réalité de consensus[839]?

Cette question suscite le sentiment d'être capturé par cette réalité de consensus qui est tellement renforcée par l'inculturation de notre enfance et la séduction exercée par la scène sociétale montrée par les médias. Ceux de Q'uo écartent notre point de vue qui considère cette réalité de consensus uniquement comme une aide visuelle:

> Ce que vous voyez c'est une aide visuelle qui vous explique à vous-mêmes. Et puisque vous entrez dans la saison de la moisson, vous savez qu'il y a un service à accomplir et que vous voulez en être, et nous vous disons que le moyen de servir le Créateur en ce moment est d'ouvrir le cœur au moment présent et de pratiquer cette précieuse unité avec le Créateur[840].

Une pèlerine, Gypsee, acquiesce de tout son cœur:

> Oui, pour moi le moment présent est le seul qui compte: pas les 'hier' ni les 'demain', le passé ou l'avenir, juste le maintenant. En

---

[839] Q'uo, transcription du 7 novembre 1999, p. 3

[840] Q'uo, transcription du 29 décembre 1997, p. 3

comprenant cela et en vivant ainsi, je me trouve toujours heureuse, en train de sourire, de rire et de chanter. Je suis contente d'être en vie, et je choisis de vivre[841]!

Nous pouvons tenter d'examiner la 'Gestalt'[842] dans cette pratique en nous focalisant sur la nature du moment présent. Ceux de Q'uo commentent:

> [...] car chaque moment est lui-même, entier et parfait. Lorsqu'on se trouve dans le moment présent on ne se trouve pas dans le temps. Lorsqu'on prend conscience ne serait-ce qu'un peu de l'aspect intemporel du moment il y a une résonance quasiment automatique et un sentiment de revenir dans son foyer. Et cela peut s'accomplir non pas en ajoutant plus de concentration ou plus d'attention, ni en trouvant de meilleures façons de méditer, mais lorsque le chercheur se détend dans la magie de l'intemporel moment présent. Si vous vous trouvez dans de moment présent vous êtes en méditation, conscient de qui vous êtes, conscient de la raison pour laquelle vous êtes ici[843].

Se détendre dans la magie du moment présent, voilà un bon conseil! Ce n'est peut-être pas spécifique, mais il y a là une indication de sentiment distinct, et je nous recommande de suivre ce sentiment de détente, d'harmonisation, de perception des rythmes que nous partageons. Ceux de Q'uo commentent:

> Vous êtes quelque chose d'entier, d'unificateur et de simple. Vous êtes de l'amour infini, de la lumière infinie, de l'énergie infinie, descendue et descendue encore jusqu'à ce que vous puissiez exister dans cette illusion particulière avec cette espèce particulière de véhicule, cette enveloppe d'énergie particulière, que nous avons appelée la personnalité. Disons que d'un univers infini vous avez traversé densité après densité et expérience après expérience, regardant, riant, admirant et appréciant, et que vous êtes arrivés sur cette planète particulière en disant: « C'est ici que je vais m'enraciner. C'est ici que je vais fleurir. C'est ici que je vais profiter du soleil et sentir la pluie. C'est ici que je vais naître et mourir ». Et vous descendez en traversant les plans intérieurs, en passant par chaque niveau auquel vous faites des choix, jusqu'à ce que vous ayez choisi ce corps, ce moment et cet ensemble de circonstances, et soudain vous êtes né. Et voilà le moment présent

---

[841] Gypsee, lettre du 10 octobre 1997
[842] Voir http://fr.wikipedia.org/wiki/Psychologie_de_la_forme (NdT)
[843] Q'uo, transcription du 18 octobre 1998, pp. 2-3

Chapitre XI: Les outils mystiques de la croissance

parmi tous les temps, et voilà le lieu parmi tous les lieux, et ceci est la densité, et ceci est l'expérience. Et en quelque sorte cela paraît être un miracle hors du temps qui a éclaté sur la Terre comme un soleil. C'est vous. C'est ici. Et c'est maintenant[844].

D'une certaine manière, en lisant cela nous nous pouvons être frappés par le miracle de notre présence effective ici, maintenant, démêlant les énigmes et baignant dans la fête. Nous avons parcouru un long chemin avant d'arriver ici et de vivre exactement cela. Ce qui nous ramène à 'être ici maintenant' et Fiona Forsythe nous dit:

> Le miracle ce n'est pas de marcher sur l'eau. Le miracle c'est de marcher sur la verte terre dans le moment présent, d'apprécier pleinement et de remercier. La paix et la beauté sont là maintenant. Ce n'est pas une question de foi; c'est une question de pratique tout au long de la vie[845].

Si nous ne bénéficions pas encore d'une longue pratique, ceux de Q'uo donnent quelques conseils pour pouvoir commencer:

> Chacun de vous sait qu'il est bon de garder l'œil du mental ouvert sur le moment qui est là maintenant. Et beaucoup sont ceux qui se sentent coupables de ne pas passer plus de votre temps en méditation, en contemplation, en prière et en simple lecture de textes inspirants que vous appréciez. Vous dites "«le monde est tellement présent pour moi que je ne peux faire ces choses qui prennent beaucoup de temps». Nous demandons à chacun de libérer le 'soi' de cet état d'esprit de jugement et de réaliser d'abord qu'il n'y a pas de temps physique dans la recherche mais seulement de l'énergie d'intention et de désir; ensuite, qu'il peut y être fait appel à tout moment où vous avez suffisamment conscience de la manière de juger et de discriminer pour choisir où porter votre attention. Cette méditation du moment n'est pas un feu follet. C'est un plongeon dans le profond bassin de paix d'un moment, de sorte que vous pouvez vous retourner et faire face à l'illusion sans être noyé et submergé par les informations déversées par vos sens. S'il le pouvait, le mental de votre corps ne parlerait que de l'illusion. C'est donc seulement par un choix conscient de point de vue que vous pouvez acquérir l'option d'examiner quelles sont les forces qui ont formé la situation du moment présent[846].

---

[844] Q'uo, transcription du 23 mai 1999 p. 3
[845] Fiona Forsythe, lettre du 4 octobre 1998
[846] Q'uo, transcription du 16 août1992, p. 3

Cela rappelle une nouvelle fois que le concept du moment présent a une profondeur, un espace, une complexité et une énergie infinis, le moment s'ouvrant à nous comme un océan dévoilant ses profondeurs, ses cavernes et ses grands fonds pendant juste une seconde. Voilà la nature réelle du maintenant: il relie à l'infini, et nous pouvons nager dans ses eaux, même dans nos peaux humaines.

Les synchronicités

Naturellement, lorsque nous nageons dans l'abondant océan de la prise de conscience spirituelle, nous sommes à même d'établir des connexions que ceux qui opèrent sur un mode linéaire ne peuvent pas établir et ne convaincraient pas s'ils étaient mis en leur présence. Plus nous poussons notre conscience à utiliser ces outils du mental mystique et de la foi, plus nous aurons de moments où nous aurons l'occasion de nager avec bonheur ou étonnement, dans cette corne d'abondance d'énergie et de conscience. Ce qui se produit lorsque nous commençons à faire cela sur n'importe quelle base habituelle, c'est une réaction, une réaction continuelle et édificatrice de la part de notre environnement, des gens qui nous entourent, et de tout ce que nous approchons. Parfois la synchronicité agit pour confirmer quelque chose dont nous avons le sentiment que nous venons de l'apprendre, ou dont nous sentons qu'il sera important pour nous. En voici un bon exemple donné par 264:

> Une nuit, il y a environ sept ans, j'écoutais un enregistrement de Ra sur un enregistreur dans la voiture. Nous nous rendions à un atelier de métaphysique dans les environs. Soudain, une voiture qui roulait rapidement nous a longés, nous a fait une queue de poisson, puis a filé. La plaque d'immatriculation de cette voiture portait deux lettres et trois chiffres. Les lettres étaient RA. Les chiffres étaient les mêmes que ceux de la maison d'enfance de mon ami. C'est cet ami qui m'avait fait connaître *Les transmissions Ra* et il était dans la voiture avec moi. Nous avons su tous les deux qu'il s'agissait là d'une confirmation[847].

Parfois quelque chose d'étrange surgit de nulle part et nous sommes laissés à des suppositions subjectives, comme dans l'exemple suivant:

> J'ai eu une expérience étrange alors que je remplissais le formulaire pour commander le Livre V. À mesure que je remplissais le champ de l'adresse elle est devenue "purifier mon

---

[847] 264, lettre du 21 octobre 1996

CHAPITRE XI: LES OUTILS MYSTIQUES DE LA CROISSANCE

âme". J'ai corrigé et cette fois est apparu "je bois à" le mot 'à' étant suivi de la dernière partie de mon adresse. Est-ce que cela est programmé d'une façon ou d'une autre[848]?

J'ai dû lui dire que nous n'avions aucunement programmé le logiciel pour lui faire faire autre chose que recueillir les informations habituelles nécessaires aux commandes! Le message reçu par inadvertance ne concernait qu'elle-même, tout comme l'étrange phrase que nous avons trouvée insérée dans le texte de *La Loi Une* lorsque nous l'avons reçu en retour de l'éditeur pour relecture finale. Tout une phrase avait été ajoutée en plein milieu du texte: «car bien que faisant à l'origine partie des enseignements de Jésus, ils ont été censurés dans toutes les éditions subséquentes par l'Impératrice»[849]. Nous la relisons toujours! Nous ne doutons pas qu'il y a là un message que nous ne n'avons pas encore déchiffré. Mais nous le gardons en mémoire, en même temps que de très nombreux autres événements, coïncidences et synchronicités qui surgissent autour de nous comme des lucioles un soir d'été: trop nombreux pour pouvoir les compter. Comme les lucioles ce sont de brèves lumières et sur le moment nous les remarquons ou non, du moins pas jusqu'à ce qu'elles fassent une réapparition. Après toutes ces années d'attention portée aux coïncidences spirituelles, je suis convaincue que le Créateur croit en la vertu de la répétition! Si nous n'entendons pas le message la première ou la deuxième fois, nous le ferons à la troisième, à la cinquième ou à la dix-septième fois. L'indice continue à revenir, et plus nous sommes convaincus de cela et en reconnaissons la valeur, plus nous en percevrons. Ceux de Q'uo expliquent:

> Au cours de votre incarnation vous découvrirez certaines synchronicités, coïncidences, certains assemblages d'informations, d'entités, d'expériences, de pensées et rêves partagés. Ils vous serviront comme des sortes de lignes d'orientation qui conduiront, alimenteront, inspireront et soutiendront lorsque le chemin paraît difficile et sombre. Portez-y votre attention, particulièrement pendant vos temps de prière, de méditation, et ceux où vous cherchez à l'intérieur des réponses qui ont de l'importance pour vous[850].

Certes, faites attentions aux synchronicités pendant les moments de tranquillité, mais ne soyez pas surpris d'en voir surgir dans des moments ordinaires, en plein travail. Bill Klug conseille:

---

[848] 185, lettre du 7 janvier 1999

[849] *La Loi Une*, Livre V, séance 104 §5

[850] Q'uo, transcription du 29 décembre 1997, p. 6

CHAPITRE XI: LES OUTILS MYSTIQUES DE LA CROISSANCE

> Soyez attentifs aux noms qui réapparaissent ou sont mentionnés plusieurs fois par des sources différentes. Quand cela se produit cherchez la personne. Vous pourriez être surpris des informations qu'elle a à vous communiquer. Lorsque j'ai réalisé ce qui se produisait, c'est devenu évident et facile à suivre[851].

Cela concerne des gens, et davantage encore des sources d'information, des livres, des sites web, des articles dans des magazines et autres médias d'information. Au sujet de questions éthiques ou de n'importe quelle autre recherche d'un arrangement plus harmonieux dans une certaine situation, la synchronicité tintera aux oreilles de ceux qui savent entendre:

> Dans le sens de l'accélération du processus d'apprentissage, il est bon de travailler à l'intérieur du 'soi' pour réaliser qu'il y a un glissement ou une tendance qui peut au sens large être appelé 'destinée', et selon nous, on peut dire en toute sécurité que cette destinée est bienveillante et constructive, digne de foi et de confiance et elle peut, dans une certaine mesure, être rendue visible par le chercheur désireux d'écouter, sentir et percevoir par intuition, et en réalité de toutes les manières dont il peut simplement prêter attention. Parce que, comme les voies du Créateur sont immenses, il y a des signes de tous côtés, des synchronicités et des coïncidences qui s'accumulent rapidement lorsqu'on y prête attention[852].

Si nous lisons beaucoup de livres orientés vers la spiritualité nous pouvons constater que l'invitation à la prière, à la méditation, à diverses sortes de travail de spiritualité, apparaît sans cesse, et que parfois nous nous sentons étranglés par le sentiment accablant d'un grand désir de nous focaliser sur ce qui est spirituel. Lorsque vous vous sentez bloqués ou coincés, essayez de vous détacher de tout cela. Renoncer à lutter est une tactique d'équilibrage. D'abord revenons à nos propres centres naturels et remettons-nous sur nos pieds métaphysiques. Ensuite, continuons simplement à prêter attention. Nous ne pouvons pas à tous les coups extraire des vérités du cosmos, mais nous pouvons certainement essayer! Ce que nous pouvons faire c'est un peu de ceci puis un peu de cela, en recourant aux diverses ressources que nous avons appris à connaître au fil du temps, en nous assurant que nous sommes en terrain métaphysique solide et en restant attentifs et vigilants. Souvent, mon temps métaphysique est passé à retourner sans cesse vers le centre, à

---

[851] William D. Klug, extrait d'un livre en ligne sur les expériences et le channeling: ww.simi.qnet.com/~bklug/knowing/welcome.htm

[852] Q'uo, transcription du 30 mars 1997, p. 3

réaffirmer qui je suis, à me souvenir de la déité, et à réinvestir mon attitude de gaité et de joie fondamentales associées au fait de me trouver à une si belle fête. Il se peut que tout ce travail ne m'apporte, en termes de fruits spirituels, rien d'autre que le bon exercice d'appliquer de la discipline à ma personnalité. Mais j'aurai passé une partie bien plus grande de cette journée à configurer mon mental et mon cœur de façon à ce qu'ils puissent écouter et profiter de toutes les coïncidences ou synchronicités rencontrées. Ceux de Q'uo donnent un avertissement à ce sujet:

> Dans quelques termes humains que ce soit, ce genre de tentative d'être comme la déité est inutile. Cette recherche est effective, et lorsque le chercheur persiste à rechercher cette vibration il commence à faire l'expérience de plus en plus de coïncidences ou synchronicités de nature spirituelle qui agissent comme des sortes de feedbacks, et informent le chercheur qu'il est en train de coopérer avec sa destinée et a commencé à accélérer le rythme de son évolution spirituelle[853].

Voyez les synchronicités comme des allusions et des murmures de l'esprit et voyez-y du sens. Lorsque nous y prêtons plus d'attention nous constatons que cette attention est de plus en plus récompensée par des informations et des connexions de nature intuitive, riches dans leurs implications. L'Esprit paraît aussi avoir un merveilleux sens de l'humour, même si parfois il nous paraît ironique et sec! Une dernière chose à propos des synchronicités: lorsque nous nous assemblons en groupe, peu importe pendant combien de temps, et lorsque les membres du groupe sont tous des chercheurs en spiritualité, les synchronicités augmentent de façon exponentielle:

> La raison pour laquelle les synchronicités semblent se produire davantage au sein de groupes est simplement que lorsque de plus en plus d'entités spirituellement éveillées s'assemblent, chaque chemin individuel étant synchrone avec sa propre destinée, quand le groupe s'assemble et partage ses idées et expériences, la communauté de synchronicité devient remarquable[854].

---

[853] Q'uo transcription du 27 mars 1994, p. 1
[854] *Idem*, transcription du 15 octobre 1995, p. 2

CHAPITRE XII: LES SCIENCES APPLIQUEES DE L'ESPRIT

La foi

La foi, syllabe riche de sens, est devenue un mot à la mode, un moucheron dans l'œil, un sujet de distraction, un objet d'irritation pour beaucoup. La difficulté est de repêcher ce mot et l'ensemble des concepts qui ont été quasiment enterrés sous les sentiments et les clichés qu'ont suscités son usage immodéré. Car à plusieurs égards la foi est absolument essentielle aux leçons de cette école de vie terrestre. Dans le présent chapitre je voudrais parler de la foi en tant qu'attitude et habitude acquises. Nous ne sommes pas tous nés avec le don de la foi. Nous ne sommes pas tous des optimistes qui voyons tout en rose. Même avec mes dons innés d'espérance et de foi j'ai tout de même, depuis le début de mon incarnation, une tendance marquée à spéculer d'abord sur les pires scénarios plutôt que d'être persuadée d'abord instinctivement, sur la base de ma foi, que tout est bien et ira bien. Chaque jour, et parfois à chaque heure, dans ma pratique je me trouve en train d'essayer de remplacer la crainte par la foi. C'est un concept très simple, comme l'expliquent ceux Q'uo:

> Des entités peuvent s'assembler dans le vide vertigineux de la foi absolue; non pas la foi qui dit: «je crois ceci, cela et encore cela», mais la foi qui fait confiance et est convaincue que tout est comme ce doit être, que tout est véritablement bien. Cette qualité de foi survit aux guerres, aux maladies, aux pertes, aux limitations, à la mort et aux myriades d'autres maux qui affectent le corps physique[855].

Plus les choses paraissent terribles en termes de situation, plus il est important pour nous de faire appel à la foi, car la foi, cette sensation que tout est bien, que tout a un sens qui nous deviendra clair, clarifie notre processus mental et nous aide à dégager les nuances de ce qui survient. Chaque pratique imprégnée de foi décrite dans le présent chapitre propose un moyen permettant d'aider notre conscience ordinaire et celle qui est en train de s'éveiller à se transcender en adoptant une attitude qui permet d'apercevoir la large perspective spirituelle dans laquelle tout l'univers

---

[855] Q'uo, transcription du 13 mai 1992, p. 4

s'adresse à nous comme un être vivant et communiquant qui travaille à harmoniser son corps, dont nous faisons partie. La foi est la base qui permet d'accomplir ce type de travail en conscience, grâce par exemple à la visualisation ou à la lecture du journal vues comme des pratiques spirituelles. Savoir grâce à la foi que tout cela va un jour avoir un sens et une signification aide ce processus à s'accélérer. Et en fait aide à créer ce qui se produit. Les personnes, dont je fais partie, qui aiment l'idée que la foi est parfaite et sentent généralement que le fait d'adopter cette foi qui fait agir "comme si" rend les choses réelles, que c'est là un moyen de faire en sorte que ce en quoi l'on a foi est réel, minimisent probablement ce que doit être la foi. Toutefois, il me semble que c'est en adoptant une attitude de foi que nous apprenons graduellement l'art et la science de mener une vie de foi:

> Permettez aux petites graines de foi de pousser dans le jardin de vos pensées. Faites appel à la foi sans savoir s'il est raisonnable de le faire. Vivez comme si vous aviez la foi parfaite que votre destinée va venir à vous et que tout ce qui vous revient sera tout simplement attiré par vous comme si le temps était venu que tout cela fasse son apparition. Vivez comme si les indices, suggestions et synchronicités subjectivement intéressants qui vous affirment: «oui vous êtes sur le bon chemin» le sont vraiment. Chacun de vous aura des expériences diverses qui pour vous, deviendront le signal que: «oui, vous avez bien compris. Oui, c'est ce que vous deviez faire». Et vous trouverez des satisfactions de plus en plus grandes dans ces coïncidences subjectivement intéressantes[856].

Notez qu'à mesure que l'on avance dans l'apprentissage des diverses pratiques spirituelles, on constate qu'elles s'entremêlent, et que quand on parle de la foi on fait appel à la prière, à la méditation et à la synchronicité. Parmi les archives de la Confédération, la citation que je préfère sans doute au sujet de la foi, est la suivante, qui émane de ceux de Hatonn:

> Celui qui vit dans la foi est accompagné d'une lumière si brillante que d'autres peuvent la percevoir. Métaphysiquement parlant c'est une sorte de déshabillage en public du 'soi' que de mener une vie de foi, car celui qui est loyal perçoit que parmi la confusion qui règne dans la vie ordinaire existe un principe spirituel qui doit être respecté si l'on veut rester loyal, et il faut alors renoncer à ce qui est appelé la sagesse humaine, et exprimer naïvement la foi dans le fait que les apparences sont trompeuses et que tout est

---

[856] Quo, transcription du 15 septembre 1996, p. 5-6

CHAPITRE XII: LES SCIENCES APPLIQUEES DE L'ESPRIT

véritablement bien. L'essence de la foi est le simple sentiment que tout ira bien, et que tout est bien[857].

Je m'identifie à cette nudité du 'soi'. En 1988 il m'avait été demandé d'organiser un symposium concernant mon livre *A Channeling Handbook*[858]. Jim et moi-même nous sommes rendus à Chicago, où il a eu lieu pendant deux jours. Je ne suis pas une brillante conférencière. J'ai simplement passé en revue ce que le livre avait à dire et nous avons travaillé sur chaque ensemble de concepts. L'opinion générale des membres a été que cette présentation avait été ennuyeuse sans aucun point susceptible d'accrocher l'attention: juste une idée après l'autre. Une des personnes qui avaient trouvé ma présentation ennuyeuse l'a exprimé franchement et m'a ensuite totalement désarçonnée lorsqu'elle a dit que pendant notre méditation elle avait eu un flash où elle m'avait vue me tenant nue devant le public. Elle avait alors réalisé que c'était cela le véritable cadeau que je lui faisais. Je pense que c'est ce que j'espère en ce qui concerne ma présence en tant qu'auteure de ce manuel: que je puisse me tenir nue et très imparfaite devant le lecteur, en étant juste ce que je suis et donc transparente aux textes proposés et aux concepts exposés. Lorsque nous vivons dans la foi nous retirons tout contrôle, toute défense, nous enlevons l'armure qui pourrait nous tenir éloignés des rythmes de l'omniprésente destinée. Vivre dans la foi, c'est un sujet que de nombreux pèlerins ont évoqué dans leur correspondance avec moi. 292 raconte:

> Tout le temps j'ai eu un désir intense de connaître la vérité, et la foi en un ordre divin, ce qui m'a en quelque sorte nourrie et m'a donné de l'optimisme et de l'espoir. Il y a eu un fort sentiment de lutte et d'anxiété, mais toujours un désir intense de connaître la vérité et une forte foi dans la réalité de son existence d'une certaine manière, quelque part. Même s'il y avait ce désir d'acquérir des informations, une partie de moi savait qu'il n'était pas aussi important d'acquérir des connaissances ou de faire des choses particulières que de vivre dans la vérité de mon être, ce que je pourrais trouver en cherchant Dieu. Je voulais absolument AIMER. Je suis tellement reconnaissante de ma foi. Elle a été mon bien le plus précieux tout au long des années. Je me demande: est-ce que la foi m'a été donnée dans cette vie? Est-ce un risque que prend le missionné: celui de perdre sa foi? Est-il possible avant l'incarnation de fortifier sa foi de façon à ce qu'elle soit dynamique? Ou bien dépend-elle entièrement de l'expérience et

---

[857] Hatonn, transcription du 3 février 1991, p. 10

[858] Manuel de channeling (NdT)

Chapitre XII: Les sciences appliquees de l'esprit

> des aptitudes qui en résultent à choisir lorsqu'on sera dans l'illusion? Même avec une préparation ou une détermination pré-incarnation, est-elle fonction de l'expérience brute qui doit être vécue? Je suis très reconnaissante de ma foi et aussi de mon désir de chercher Dieu, parce que cela m'a donné de l'optimisme et de l'espoir lors de la traversé de vallées sombres[859].

La réponse à sa question est que nous ne pouvons pas compter que nous emmènerons avec nous ce don de la foi, et que même si nous nous remémorons cette attitude dans une certaine mesure, elle nous fera défaut lorsque le rythme des catalyseurs deviendra soutenu. Vivre dans la foi est une science ou un art appliqué plutôt que quelque chose que l'on obtient une fois pour toutes. Cycliquement nous reviendrons à une absence de foi et à toutes les variétés de craintes auxquelles notre nature est encline, et le choix de vivre dans la crainte ou dans la foi nous sera à nouveau présenté. Astria se demande:

> Quel conseil pourrais-je donner? Je ne sais pas vraiment. J'ai souvent plongé dans l'eau sans être capable de nager. Mais j'ai continué à plonger. Je ne me suis jamais considérée comme intrépide, mais je crois que je l'ai été. Je faisais implicitement confiance à l'esprit. Cela n'a pas toujours été facile. Je suis très résolue[860].

Être résolu aide à se souvenir de faire appel à la foi. Et le commentaire de Laura me rappelle la parabole du grain de moutarde:

> J'ai toujours eu la foi voyez-vous. Elle était plutôt faible au début, et je ne demandais pas grand-chose. Mais il est certain que Dieu m'a donné ce dont j'avais besoin. Et ça continue[861].

Voilà la clé: la persévérance dans l'effort! Vivre dans la foi c'est en partie purement de l'effort dans la durée. Parfois nous nous trouvons dans un désert et ne pouvons que nous souvenir des moments loyaux. La persévérance dans l'effort exige d'avoir la foi en ces souvenirs. L'oasis finit par apparaître, et la foi se déverse à nouveau comme l'eau d'un puits sans fond. Et pendant un moment il n'y a aucun effort en direction de la foi. Mais dans notre topographie spirituelle il y a généralement davantage de déserts que d'oasis, tout comme pour les aspects de notre planète. Ceux de Q'uo recommandent:

---

[859] 292, lettre du 29 décembre 1996
[860] Astria, lettre du 19 août 1999
[861] Laura Knight-Jadczyk, lettre du 5 janvier 1998

CHAPITRE XII: LES SCIENCES APPLIQUEES DE L'ESPRIT

> Souvenez-vous que c'est la foi que vous essayez d'exprimer dans votre vie et dans votre être. La foi n'a pas de sens. La foi ne mène aucunement à la vanité. La foi semble être le plus frêle des roseaux auquel se raccrocher, et cependant l'âme qui vit dans la foi, l'esprit qui s'accroche à la foi, celui qui refuse d'abandonner est l'esprit qui réussira à progresser en polarité, et cela c'est un accomplissement qui ne profite pas seulement au 'soi' en incarnation mais aussi au 'soi' éternel et infini[862].

Bien que la foi soit absurde dans le sens terrestre, elle a une logique spirituelle. Affirmer que tout est bien, spécialement quand tout nous paraît être contraire, aligne notre être sur le plus harmonieux des flux de coopération avec la destinée qui est en action pour nous dans le moment présent. Ceux de Hatonn expliquent:

> La faculté d'espérer, d'avoir la foi, de souhaiter, de rêver, est une des ressources les plus puissantes de votre mental, et elle signale à votre être tout entier que ce que vous appelez votre avenir est redessiné indéfiniment[863].

"Tout est bien" sonne la cloche de la foi:

> Surtout, ne laissez pas votre cœur se troubler. Si vous choisissez d'affirmer la maîtrise de votre 'soi', il est sous votre contrôle conscient. Travaillez autant que vous le pouvez à atteindre le point d'équilibre auquel vous parvenez à voir clairement, non pas en vous retirant du feu de l'action, mais plutôt en amenant au feu de l'action cet aspect sacré, cette relation avec le Créateur intérieur[864].

Lorsque nous nous trouvons dans des circonstances qui nous apportent des pensées scabreuses, ne pas laisser notre cœur se troubler peut exiger un fameux acte de volonté. C'est cependant toujours une pratique saine, car un paradis est à portée de main:

> Pour le Créateur, vous êtes toujours dans un paradis, mais chacun de vous se trouve dans une illusion qui dénonce l'apparente inexactitude de notre affirmation précédente, et c'est seulement par la foi que vous pouvez continuer à rester debout lorsque vous avez le sentiment que la vie vous fait plier les jarrets. C'est seulement

---

[862] Q'uo, transcription du 21 novembre 1999, p. 4
[863] Hatonn, transcription du 2 janvier 1983, p. 2
[864] Q'uo, transcription du 13 novembre 1994, p. 3

par la foi que vous pouvez rester vivants quand vous avez le sentiment que votre vie ne vaut pas la peine d'être vécue[865].

Ma plus longue marche dans le désert accompagnée des seuls souvenirs de la foi a duré six ans. Les années qui ont suivi la mort de Don ont été substantiellement arides pour moi. J'ai senti mes genoux plier; je me suis sentie littéralement handicapée, puis j'ai existé allongée, confinée à la maison pendant plusieurs années et j'ai approché la mort de très près. Le panneau que j'ai placé devant mes yeux était simplement: "LA FOI: FRONTIÈRE ULTIME". Je peux témoigner de l'efficacité de vouloir être folle de foi. Ceux de Laitos expliquent:

> Accomplir un acte de foi, comme cela a été nommé, être fou du Créateur, rechercher ce qui est populairement qualifié d'absurdité au lieu de rechercher le pouvoir personnel, la gloire et la richesse, cela c'est apprécié en vérité. Car dans votre vibration tous les signaux pointent dans la direction opposée, si vous pouvez suffisamment vous distraire. C'est seulement lorsque vous aurez arrêté de vous distraire avec des choses faites par l'homme et avec les murs que l'homme a élevés contre l'homme, que vous pourrez voir à l'œuvre la Création et les lois de la Création, et avoir ainsi un sentiment intérieur qu'être fou, chercher la vérité, peut constituer la base la plus importante de toutes dans votre manière de penser: celle d'un sentiment intérieur de justesse[866].

Le sentiment intérieur de justesse qu'évoque l'appel à la foi est quelque chose de très reconstituant. Il ne peut pas être facilement transféré à une autre âme mais subjectivement, pour le 'soi' seul, ce peut être un baume puissant, une résurgence du sentiment intérieur d'être complet et entier:

> Voyez-vous comme étant entiers, complets et unifiés au delà de toute harmonisation. Cette connaissance, cette foi dans la complétude crée une atmosphère dans laquelle l'évolution de l'esprit est accélérée. Le résultat de cette méditation, prière, ou contemplation, peut se manifester de nombreuses manières: guérison, amour, channeling. Les cadeaux sont tellement nombreux, la plupart d'entre eux n'étant pas appréciés, comme par exemple le fait d'être mère, d'être parents de manière générale, les tâches ménagères, la cuisine, le nettoyage, la conduite d'un véhicule. Chaque activité accomplie par le 'soi' complet devient de

---

[865] Q'uo, transcription du 20 janvier 1991, p. 6
[866] Laitos, transcription du 11 janvier 1981, p. 2

la dévotion, et la pratique de la présence du Créateur infini devient constante[867].

Ce sentiment que dans notre vie ordinaire nous pratiquons la présence du Créateur est ce que concerne le plus essentiellement l'appel à la foi. Car clairement, la vie semble souvent n'avoir aucun sens apparent. Elle paraît rarement sacrée au regard extérieur. Et nous souffrons tous terriblement. Où est le Créateur dans tout ça? Eh bien, la foi nous permet d'affirmer que le Créateur est ici même, au milieu de tout ce désordre! Ceux de Q'uo expliquent:

> La souffrance, l'épreuve de la vie, est spécialement destinée à attirer l'attention de l'intellect et ensuite à l'imprégner si profondément et complètement que cet intellect abandonne le terrain et que l'objectif de la demande se déplace vers le cœur. Dans le cœur se trouve l'individualité qui contemple cette expérience de l'illusion de troisième densité et choisit, uniquement par la foi, de faire partie de l'amour (du bien si vous voulez) du mental personnel, sociétal et planétaire[868].

Si nous savons que nous voulons faire partie du bien, nous pouvons être rassurés, même si notre toit est le ciel étoilé:

> Parfois, le voyageur fatigué posera sa tête sur un oreiller de tourbe et dormira sous les étoiles, parce que parfois la foi ne produit pas ce que l'on espère ou attend. C'est alors que la foi est vraiment aveugle et vraiment nécessaire. C'est devant l'apparente méchanceté de l'univers, de ceux qui vous entourent, de vos proches, que vous pouvez vous reposer le plus complètement sur l'aveuglement de l'amour[869].

«We live by faith and not by sight»[870], telle est la première ligne d'un de mes hymnes favoris. Et combien nous sommes reconnaissants d'avoir cette robuste habitude sur laquelle nous appuyer dans les inévitables moments difficiles. Ainsi que le disent ceux de Q'uo:

> Lorsque vous vous demandez quelle est la voie qui est pour vous, nous pourrions suggérer que votre première activité pourrait être d'affirmer que vous vivez dans la foi absolue qu'une voie est préparée pour vous. Vous ne savez pas ce qu'elle est, mais vous

---

[867] Q'uo, transcription du 2 octobre 1994, p. 4
[868] Q'uo, transcription du 4 mai 1992, p. 4
[869] Hatonn, transcription du 29 mai 1983, p. 2
[870] Nous vivons conduits par la foi et non par la vue (NdT)

pouvez demander par la méditation et la prière que cette prise de conscience vous advienne[871].

Il semblerait à l'intellect que le moyen de démêler l'écheveau serait d'y penser jusqu'à ce qu'une solution se présente. Cependant, dans la vie l'enchevêtrement est tel qu'il défie la raison et ne cède à aucune pensée logique. C'est un enchevêtrement élaboré de manière à ce qu'il demeure inéluctablement dans une certaine configuration afin de susciter certains catalyseurs. Ceux de Q'uo suggèrent que focaliser notre mental sur de tels problèmes n'est pas une solution:

> Celui qui craint et se tracasse s'approchera de plus en plus près de la difficulté qui est perçue à l'intérieur. La personne qui ne craint pas ne s'accroche pas aux circonstances, aux pensées ou à la programmation de ce qui provoque ou ne provoque pas de la crainte. Pouvez-vous voir comment la tendance à se focaliser sur un problème ne fait que vous approcher de plus en plus de la certitude qu'il y a réellement un problème? La foi et la volonté diminuent et le problème ou la difficulté grandit. Le chercheur finit par être désemparé et mécontent. L'entité intrépide avance et porte l'attention sur chaque chose qu'elle rencontre et l'accepte[872].

Accepter une situation inacceptable représente un véritable défi. Vivre dans la foi est très authentiquement un défi en vérité! Mais cela simplifie la vie. Ce n'est pas que nous manquons de libre arbitre, disent ceux de Q'uo, mais le problème est plutôt que nous avons de la latitude concernant la manière dont nous coopérons avec la destinée. Certaines leçons sont fixées par nous avant d'entamer cette incarnation et il nous faut faire l'expérience de certaines matières. Comment nous réagissons à ces catalyseurs est du domaine de notre force et de notre influence. Faire appel à la foi simplifie l'accompagnement du rythme de notre destinée:

> Nous voulons pas dire qu'il y a un destin pour chaque entité, car d'après ce que nous comprenons, chacun a un libre arbitre, et chacun/chacune doit, de sa propre libre volonté, choisir le Service d'autrui ou le Service de soi. Mais il s'agit de savoir si vous voulez suivre une route droite ou une route sinueuse. S'il y a tentative d'un contrôle en fonction d'un modèle de travail, cela changera le modèle. Plus on est à même d'exprimer de la foi selon un rythme de moment à moment, plus serein peut se révéler le déroulement de

---

[871] Q'uo, transcription du 8 septembre 1996, p. 3

[872] Q'uo, transcription du 15 novembre 1992, p. 3-4

votre histoire particulière, et plus court sera le moment de centrer le 'soi' sur cette identité d'être[873].

Béni en vérité, le chercheur capable d'arriver à ce moment! Pour la plupart d'entre nous ces moments de justesse automatique ne se produisent qu'occasionnellement, mais au fil du temps nous pouvons arriver à la foi en y faisant appel avec persévérance. Voici ce que dit oo1:

> Je trouve qu'étant donné que l'amour a été quelque chose d'inadéquat à gérer dans les situations où je me suis trouvée, il a été de la foi, même manifestée sous la forme de ce que j'ai souvent considéré comme de la persévérance obstinée ou de la stupidité déterminée dans de nombreux cas: juste un refus d'abandonner ou de céder au désespoir, même s'il n'y avait aucun avantage ni aucun intérêt dans le but atteint[874].

131 l'exprime moins durement:

> Je vais travailler sur cette chose appelée 'foi' sans présumer que quelque chose se produira très promptement. Des décennies, vous dites. Bon. Je peux assumer ça. Je persévèrerai et j'attendrai, quoi qu'il en coûte pour y arriver. C'est trop important pour ne pas faire tout ce qu'il faut pour que cela se produise[875].

Il est très important de persévérer dans la foi, ce qui développera ensuite nos pouvoirs de discrimination et de vérité:

> Parfois, l'équilibre n'est jamais rétabli chez le chercheur qui alors, comme cela a été dit, perd la foi et ne revient jamais consciemment à une voie de recherche. Pour les inébranlables, toutefois, ceux qui continuent à suivre la voie malgré leurs sentiments de désillusion, découragement, désespoir, colère, douleur et affliction, l'équilibre finit par se rétablir et le chercheur se met à réaliser que les vérités comme la foi ne sont pas objectives mais subjectives. À mesure que ce concept est assimilé, le chercheur poursuit son voyage tout en développant de plus en plus sûrement la capacité de discerner les vérités qui ont le plus haut degré de congruence pour lui-même à ce moment particulier. La capacité de foi se développe également de plus en plus car elle fait partie du même processus, de sorte que le chercheur se sent à l'aise dans la vérité qu'il découvre[876].

---

[873] Quo, transcription du 3 mai 1998, p. 3
[874] 001, lettre du 22 octobre 1997
[875] 131, lettre du 2 janvier 1998
[876] Q'uo, transcription du 8 novembre 1990, p. 2

CHAPITRE XII: LES SCIENCES APPLIQUEES DE L'ESPRIT

Quelle est cette chose que nous appelons 'foi', que nous attrapons sans savoir d'où et choisissons de croire? Pourquoi fonctionne-t-elle si bien? À mon avis, c'est parce que lorsque nous invoquons et vivons la foi nous entrons dans la part de notre nature qui contient la déité: notre 'soi' intérieur, le fond de notre cœur. Pour ceux de Ra la foi équivaut à l'infini intelligent lui-même:

> **INTERVIEWEUR:** Cela me rappelle l'affirmation selon laquelle la foi soulève des montagnes. Cela me semble être approximativement ce que vous avez dit. Que quand on est complètement conscient de la Loi du Un on doit être capable de faire ces choses. Est-ce que c'est exact?
>
> **RA:** Je suis Ra. La distorsion vibratoire sonore 'foi' est peut-être une des pierres d'achoppement entre ceux de ce que nous appellerions le sentier infini et ceux de la preuve obligée/compréhension finie.
>
> Vous avez précisément raison dans votre compréhension de la congruence de la foi et de l'infini intelligent; cependant, l'un est un terme spirituel, l'autre est peut-être plus acceptable aux distorsions du cadre conceptuel de ceux qui cherchent avec le mètre et le crayon[877].

L'infini intelligent est le Créateur infini unique Lui-même. Cette présence attend dans notre cœur. Nous sommes seulement à une pensée de distance de la communion avec le Créateur dans l'espace sacré du plus profond de notre cœur. C'est un choix bien préférable à celui de perdre du temps à nous tracasser et nous agiter dans notre mental, et c'est un choix qui est à notre portée. La faculté d'espérer est étroitement liée à la foi et à la déité. Ceux de Hatonn décrivent cette connexion avec un peu plus de détails:

> On confond facilement espérance et foi. Seulement la foi est aveugle. La foi n'a pas d'yeux pour voir et elle n'en a pas besoin. La foi est une certitude intérieure et est un allié inestimable pour le chercheur en spiritualité. En aucune manière nous ne voulons décourager le développement de la faculté de la foi, car elle est un des outils d'apprentissage les plus utiles sur votre chemin spirituel. Il y a toutefois des situations dans lesquelles une vision focalisée a sa place et est beaucoup plus utile qu'une foi aveugle. Cette faculté c'est l'espérance. L'espérance c'est le déploiement de la foi dans un domaine spécifique d'intention ou d'intérêt de manière à

---

[877] *La Loi Une,* Livre I, séance 3, §9

développer une vision qui affirme tout ce qui est le meilleur dans une situation, tout ce qui est requis pour un certain résultat[878].

Avancer accompagnés de cette idée nous mène d'une certaine manière à des affirmations ou visualisations spécifiques qui constituent une pratique spirituelle détaillée un peu plus loin dans ce chapitre. Nombreuses ont été les situations dans lesquelles j'ai ressenti un espoir affirmé dans des résultats au moins partiels, particulièrement lorsqu'il s'est agi de prier pour la guérison de personnes souffrantes. C'est une faculté très précieuse. Mais elle est facilement portée trop loin, car nous ne savons pas vraiment quel est le meilleur résultat à attendre en termes de valeur spirituelle d'une certaine situation ou circonstance. Dès lors notre engagement de plus en plus fort dans la discipline de notre désir de nous abandonner à la foi est essentiel. Ceux de Q'uo expliquent:

> Comment peut-on accéder à l'esprit? On désire. Toutes les entités désirent. C'est le processus du choix. Mais ce qu'une entité désire est aussi varié que les quatre vents jusqu'à ce que la foi soit invoquée par volonté[879].

La foi est un choix conscient, et dans une certaine mesure il implique le renoncement à la volonté et au désir personnels, ainsi que l'adoption d'un point de vue élargi:

> Lorsqu'on se trouve devant un choix qui paraît être un embranchement sur la route cela vaut indubitablement la peine de s'avancer vers ce lieu de demande et d'offrande du 'soi' tant individuellement qu'en groupe car, voyez-vous, l'effort de désirer bien s'accomplit par la foi seule. L'effort en tant que groupe se fait également par la foi seule, et des entités qui conversent consciemment peuvent ne pas avoir conscience de la puissance et de l'utilité de la conversation dans le silence de la communion de la demande et de l'offrande, où aucun mot n'est prononcé, à part: «quelle est Ta volonté ?» et «je suis Ton serviteur, envoie-moi»[880].

Mon époux et moi-même récitons cette prière d'abandon chaque jour de notre vie, en demandant que nous soient indiqués les chemins qui ont été préparés pour que nous les parcourions pendant cette journée. Parfois, nous n'apprécions pas les événements qui surviennent de ce fait. Parfois nous sommes fatigués, et parfois nous devons nous reposer. Mais nous récitons cependant cette prière et vivons dans la foi dans la mesure où

---

[878] Hatonn, transcription du 30 mars 1986, p. 1
[879] Q'uo, transcription du 6 janvier 1991, p. 6
[880] Q'uo, transcription du 10 mai 1992, p. 2

nous en sommes capables, pour mettre en pratique l'intention et le désir. Je recommande à chaque chercheur/chercheuse de mettre à profit ce puissant agent de réconfort et de clarification d'une vie vécue dans une foi aveugle, car j'ai le sentiment que nous sommes bien guidés à condition que nous démêlions suffisamment les nœuds de nos émotions pour pouvoir assister au déroulement de notre propre histoire. Faire appel à la foi en nos temps d'affliction c'est activer un très authentique et puissant agent dans notre cœur, c'est traduire dans la vie consciente la façon dont le Créateur œuvre en nous et dans l'univers entier. La foi c'est une fissure dans la roche. Puissions-nous y poser le pied lorsque nous nous sentons mal à l'aise et las de la confusion. Puissent tous nos doutes et toutes nos craintes prendre fin dans la foi.

La visualisation

Une façon de travailler sur le mental et la volonté pour reconstruire et soigner le 'soi' est la visualisation. Ceux de Q'uo expliquent:

> La visualisation constante d'une image électrisante pour pouvoir mobiliser ses fabuleuses énergies est le but de nombreux rituels magiques d'orientation positive. La visualisation constante peut porter sur n'importe quel objet. Toutefois, nous suggérons que l'objet de la visualisation soit vraiment électrisant, excitant, et évoque tout ce qu'il y a de meilleur et de plus élevé dans l'expérience de vie jusque là. La méditation est maintenue dans la visualisation d'une image jusqu'à ce que le mental devienne fatigué[881].

Le type magique de visualisation, comme tout autre type de visualisation d'ailleurs, a pour origine une croyance en la 'magie' de la pensée, de la foi et de la volonté. Ayant moi-même pratiqué différentes sortes de visualisation, j'ai le sentiment que c'est un exercice puissant, qui s'améliore à mesure qu'il est pratiqué, et qu'il convient à tous, même à quelqu'un qui, comme moi, ne trouve pas facile du tout de visualiser en trois dimensions. Lorsque Don a interrogé ceux de Ra au sujet de la technique de visualisation, il l'a fait dans le contexte de notre mise en pratique du rituel magique extrait du livre *The Magician: His Training And Work*[882], et intitulé "Rituel mineur de bannissement au

---

[881] Quo, transcription du 17 mai 1987, p. 2
[882] Le mage, sa formation et son travail (NdT)

pentagramme"ou "Préparation du lieu"[883]. C'est pourquoi Don et Ra parlent de l'adepte dans l'extrait ci-dessous; le rituel est supposé être pratiqué par des adeptes beaucoup mieux formés et plus qualifiés que nous ne l'étions, mais nous sentions que nous devions protéger le lieu où nous organisions les séances avec ceux de Ra, c'est pourquoi nous nous sommes efforcés de rendre justice comme nous le pouvions aux paroles et visualisations de ce rituel. Nos cœurs étaient certes sincères. Don a demandé:

> **INTERVIEWEUR:** Merci. Comment est-ce que la capacité à maintenir des images visuelles dans le mental peut aider l'adepte à se polariser en conscience sans une action extérieure?
>
> **RA:** Je suis Ra. Ceci n'est pas une demande simple car l'adepte est quelqu'un qui va au-delà du rayon vert qui signale l'entrée dans la moissonnabilité. L'adepte ne puise pas simplement dans l'énergie intelligente en tant que moyen de se rendre prêt pour la moisson, mais il puise à la fois dans l'énergie intelligente et dans l'infini intelligent dans le but de transmuer la moissonnabilité et la conscience planétaires.
>
> Les moyens d'accomplir ce travail sont internes. La clé est d'abord le silence puis l'uniformité de pensée. Ainsi donc, une visualisation pouvant être maintenue devant l'œil intérieur pendant plusieurs de vos minutes, ainsi que vous mesurez le temps, sera le signal de l'augmentation de l'uniformité de pensée chez cet adepte. Cette uniformité de pensée peut alors être utilisée par l'adepte positif pour travailler avec des visualisations rituelles en groupe afin d'élever l'énergie positive, et par l'adepte négatif pour augmenter son pouvoir personnel[884].

Il y a plusieurs bons points ici. Premièrement, toutes les sciences spirituelles appliquées dans ce chapitre, y compris celle-ci, sont des exemples de techniques qui se passent dans les quatre chakras supérieurs: le vert, le bleu, l'indigo et le violet. Pour pouvoir accomplir cette sorte de travail il est bon de nettoyer avant tout le système entier de chakras, surtout pour s'assurer que les chakras inférieurs sont dégagés et que toute la puissance passe par le chakra du cœur: le rayon vert.

Deuxièmement, ceux de Ra affirment que les clés de la visualisation sont le silence et la concentration. La visualisation s'accomplit dans un état d'esprit méditatif. Une fois choisi l'objet de la visualisation, il nous faut

---

[883] W. E. Butler, *The Magician: His Training And Work,* London, Aquarian, 1963, pp. 166-169
[884] *La Loi Une,* Livre II, séance 50 § 8

une unité d'intention qui soit capable de se focaliser sur cette image jusqu'à ce que la visualisation soit achevée à notre satisfaction.

Troisièmement, nous pouvons distinguer l'action de la polarité dans la distinction que fait Ra entre la façon dont le Service d'autrui et dont le Service de soi feraient un usage adéquat de la visualisation. Lorsque nous envisageons une visualisation, demandons-nous si notre but est de susciter de l'énergie positive ou de concrétiser un désir privé. Les sortilèges d'amour et autres choses du genre sont des visualisations 'Service de soi' et je ne les recommande pas du tout aux chercheurs d'orientation positive. Don poursuit ses questions:

> **INTERVIEWEUR:** Pouvez-vous alors me dire comment l'adepte, après avoir pu maintenir l'image pendant plusieurs minutes, fait pour influencer la conscience planétaire ou augmenter la polarité positive? Je ne comprends toujours pas.
>
> **RA:** Je suis Ra. Quand l'adepte positif atteint l'infini intelligent depuis l'intérieur, ceci est la plus puissante des connexions car c'est la connexion de tout le microcosme du complexe mental/corps/esprit avec le macrocosme. Cette connexion permet à la couleur véritable du rayon vert de temps/espace de se manifester dans votre temps/espace. Dans le rayon vert les pensées sont des êtres. Dans votre, disons, illusion ce n'est normalement pas le cas. Les adeptes deviennent alors des canaux vivants pour l'amour et la lumière, et ils sont à même de canaliser ce rayonnement directement vers le réseau planétaire de nœuds d'énergie. Le rituel se termine toujours sur l'ancrage de cette énergie par la louange et le remerciement, et sur l'envoi de cette énergie vers la totalité de la planète[885].

Cette idée que dans le rayon vert les pensées sont des choses, est essentielle par rapport à la manière dont fonctionne, en termes métaphysiques, la visualisation. En visualisant ou en affirmant une image comme réelle nous choisissons de voir parfaite la pensée ou parfait le donneur de forme plutôt que la forme extérieure. Il est aussi digne d'intérêt et bon de suivre la recommandation de Ra de terminer chaque travail de visualisation dans la louange et la gratitude, et en dirigeant vers le Créateur l'énergie recueillie pendant ce travail. En tant qu'êtres, nous n'avons pas besoin de thésauriser l'énergie. Nous avons de l'énergie qui passe à travers nous en permanence, infiniment. Ce sont les entités orientées négativement qui ont intérêt à récolter et garder de l'énergie. Une visualisation se fait et puis se quitte mais ne se garde pas dans le

---

[885] *La Loi Une,* Livre II, séance 50 § 9

mental conscient. La technique est généralement de garder une image pendant un moment seulement, et de graduellement augmenter le temps pendant lequel nous sommes capables de maintenir une image dans notre mental. Voici l'opinion de ceux de Q'uo à ce sujet:

> Certaines entités préfèrent des visualisations statiques; d'autres des visualisations qui fluctuent. Quel que soit le choix du chercheur, nous recommandons que l'objet en soit simple, c'est-à-dire qu'un objet spécifique soit choisi, un objet coloré, par exemple un rond bleu, un carré rouge, ou une rose. Un objet. Demandez au 'soi' de le visualiser continuellement disons pendant une de vos minutes pour commencer. À deux semaines d'intervalle, si la visualisation se fait facilement, commencez à allonger le temps de visualisation de cet objet. Si la préférence va à une visualisation fluctuante, choisissez des vagues sur un rivage, des nuages qui passent, un paysage de campagne qui défile pendant que l'on est dans un train ou un petit avion du haut duquel on peut regarder et voir la campagne. Les contraintes de temps sont les mêmes. C'est un travail difficile. Mais il a souvent eu de bons résultats pour ceux qui persévèrent[886].

Ah, la vertu de la simple persévérance! Elle ne peut être surestimée. Mais pourquoi choisirions-nous de visualiser? D'après un précédent avis selon lequel il est nécessaire de dégager les chakras inférieurs, il devrait logiquement s'ensuivre que lorsqu'on est bouleversé ce n'est pas le moment de se livrer à cette pratique:

> Il ne peut être que dommageable d'appliquer de l'intelligence rationnelle à une situation qui n'est pas encore susceptible de faire l'objet d'une pensée rationnelle. Dans une telle circonstance l'état d'esprit approprié ou l'attitude adéquate devrait être une affirmation recueillie, c'est-à-dire que tout nuage de tempête ou difficulté qui ne nous affecte pas directement peut, avec de bons résultats, être placé dans le cœur, faire l'objet d'une méditation et être contemplé au moyen de visualisations affirmatives[887].

Attendons que la situation ne nous affecte plus directement avant de nous mettre au travail dans l'affirmation et la visualisation! Alors, lorsque nous avons les idées plus claires et que nous sommes plus équilibrés à l'intérieur, nous pouvons réexaminer cette situation dans notre mental, construire notre visualisation en fonction de ce que sont nos désirs à propos du résultat de la situation, et les offrir. Nous pouvons poursuivre

---

[886] Q'uo, transcription du 22 août 1993, p. 7

[887] Q'uo, transcription du 24 mai 1992, p. 2

cette pratique jusqu'à ce que nous commencions à percevoir les changements que nous avions espérés. Ensuite, nous devons à nouveau nous abstenir de toute technique spirituelle et nous contenter de nous laisser porter par le processus de transformation jusqu'à ce que nous arrivions à un point de tranquillité et être à même de nous rassembler. Ceux de Q'uo commentent:

> Lorsque vous faites du travail en conscience vous disposez d'une certaine masse spirituelle qui a une certaine capacité d'impulsion. Lorsqu'un changement est désiré, demandé en prière et requis, qu'il a été visualisé et que des préparatifs ont été faits, alors un moment très plein de grâce est disponible, pendant lequel on réalise que la visualisation spirituelle précédant le changement a été accomplie et qu'à présent l'esprit, en même temps que le 'soi' conscient en incarnation doit s'accrocher et se préparer à un voyage mouvementé car il va y avoir un freinage pour briser l'impulsion, le changement voulu de direction qui exige divers ajustements, et puis le processus de l'ajout graduel de force à la direction pour à nouveau accélérer le rythme. Celui qui essaie d'attirer trop promptement des changements travaille contre le 'soi' et remet en question ses propres désirs spirituels purifiés[888].

La visualisation magique

Lorsqu'il les a questionnés au sujet de la visualisation, Don a reçu une bonne introduction aux techniques de visualisation:

> Le type de méditation qui peut être appelé visualisation a pour but, non pas ce qui est contenu dans la méditation en elle-même. La visualisation est l'outil de l'adepte. Ceux qui apprennent à maintenir dans le mental des images visuelles développent un pouvoir de concentration intérieure qui peut transcender l'ennui et l'inconfort. Quand cette aptitude est devenue cristallisée chez un adepte, cet adepte peut alors se polariser consciemment, sans actes extérieurs susceptibles d'affecter la conscience planétaire. C'est la raison de l'existence de ceux qu'on appelle des praticiens de la magie blanche. Seuls ceux qui souhaitent travailler à la montée consciente de la vibration planétaire trouveront que la visualisation est un type de méditation particulièrement satisfaisant[889].

---

[888] Q'uo, transcription du 12 juillet 1992, p. 3-4

[889] *La Loi Une,* Livre II, séance 49 § 8

CHAPITRE XII: LES SCIENCES APPLIQUEES DE L'ESPRIT

Ceux de Ra parlent de la visualisation magique, qui est plutôt sèche au début, car elle consiste à voir mentalement des images de formes et de couleurs, comme un triangle rouge ou un rond bleu, qui ne portent en elles aucun contexte ni contenu. La visualisation magique sert à entraîner le mental. Ceux de Ra en disent:

> La visualisation de formes et couleurs simples qui n'ont aucune qualité d'inspiration innée pour l'entité est la base de ce que vous pourriez appeler vos traditions de magie. Que vous imaginiez la rose ou le cercle, ce n'est pas là l'important. Cependant, il est suggéré que l'une ou l'autre voie menant à la visualisation soit choisie, afin d'exercer cette faculté. Ceci grâce à la soigneuse disposition des formes et couleurs qui ont été décrites comme visualisations par ceux qui trempent dans la tradition de la magie[890].

Puisque les visualisations sont plutôt mécaniques au début, et portent sur des formes et couleurs simples pour enseigner la concentration mentale et la discipline de la volonté, il est bon de se rappeler que la base de tout le travail est en fait l'amour. Le magicien est une sorte de canal, un instrument au travers duquel circule de l'énergie. Lorsque les progrès du mage dépassent ces travaux simples et permettent des rituels plus complexes, il devra percevoir de nombreuses images, couleurs, odeurs, textures et détails avec précision, spécifiquement, dans un certain modèle et une certaine progression, mais il restera un canal d'énergie comme le disent ceux de Ra. Notez que l'invocation à laquelle ils font allusion est celle du rituel de bannissement:

> **INTERVIEWEUR:** Lors de l'invocation de la lumière demandée, il me semble que la visualisation de l'invocation doit dépendre de l'utilisation prévue de la lumière. L'utilisation peut être destinée à des soins, de la communication, ou de la prise de conscience générale de la Création et du Créateur. Voudriez-vous s'il vous plaît parler de ce processus et de la justesse de ma supposition?
>
> **RA:** Je suis Ra. Nous allons offrir certaines pensées, bien qu'il soit douteux que nous puissions épuiser ce sujet. Chaque visualisation, indépendamment du point du travail, commence par un travail dans le rayon indigo. Comme vous pouvez en avoir conscience, le rituel que vous avez entrepris est entièrement un travail dans le rayon indigo. Cela est bien car c'est le passage. A partir de ce début, la lumière peut être invoquée pour de la communication ou des soins. Vous pouvez noter que dans le rituel que nous vous avons offert

---

[890] *La Loi Une,* Livre II, séance 42 § 13

CHAPITRE XII: LES SCIENCES APPLIQUEES DE L'ESPRIT

> pour débuter de manière appropriée les travaux Ra, la première focalisation se fait sur le Créateur. Nous voudrions faire remarquer un autre point qui est à la fois subtil et de quelque intérêt. La lumière spiralant vers le haut, qui est développée dans cette voie par la volonté, et qui ultimement atteint un haut lieu de fusion avec le feu intérieur du Créateur unique, n'est qu'une préparation au travail sur le mental/corps/esprit qui peut être accompli par l'adepte. Il y a une certaine cristallisation des centres énergétiques qui est utilisée au cours de chaque travail, de sorte que le magicien devient de plus en plus ce qu'il recherche.
>
> Plus important encore, l'analogue mental/corps/esprit de temps/espace qui est évoqué en tant que personnalité magique a cette opportunité unique de grandir rapidement, grâce à l'expérience de l'action catalytique accessible au mental/corps/esprit de troisième densité dans l'espace/temps. Ainsi donc, l'adepte aide grandement le Créateur en offrant un grand catalyseur à une plus vaste portion de la Création qui est identifiée comme la totalité mental/corps/esprit d'une entité[891].

L'idée que le mage essaie de s'identifier de plus en plus à ce qu'il cherche est une clé. Vus de l'extérieur, nous sommes de simples humains, vitalement imparfaits, qui accomplissons un travail imparfait en conscience. Dans le sens métaphysique nous sommes des cristaux qui ont choisi de s'aligner sur certaines idées, émotions et idéaux et de leur permettre, lorsqu'ils sont purifiés, de vibrer à travers nous et à l'extérieur dans le monde. *The Art And Meaning Of Magic*, écrit par Israel Regardie, est un bon petit ouvrage à l'intention de ceux qui souhaitent travailler sur ce type de visualisation magique[892]. Il contient de belles images, des formes et couleurs sur la base desquelles commencer à pratiquer la visualisation, et une bonne explication des concepts qui justifient cette façon de débuter. La magie rituélique fait partie d'une tradition sérieuse et très respectée dans le monde occidental, une tradition qui exige un immense dévouement tout au long de la vie. Si vous vous sentez attirés par ce sujet, je vous conseille de réfléchir longuement et soigneusement aux sacrifices impliqués, car ce n'est pas une bonne idée de prendre cette technique ou pratique à la légère ou pour un peu de temps seulement. Il y a là trop de tradition et de puissance pour cela.

---

[891] *La Loi Une,* Livre III, séance 73 § 10

[892] Israel Regardie, *The Art And Meaning Of Magic*, Dallas, TX, Helios Books, 1971 (voir aussi sur Amazon: *Initiation aux secrets de la magie* - Broché – 23 septembre 1994 Israël Regardie - NdT)

CHAPITRE XII: LES SCIENCES APPLIQUEES DE L'ESPRIT

La visualisation religieuse

Cette école de visualisation a pour base la compréhension de la messe, de la sainte Eucharistie. Particulièrement dans les Églises catholique romaine et épiscopaliennes, où le corps du Christ est considéré comme entrant réellement dans l'hostie terrestre de pain bénit et dans le calice de vin partagé devant l'autel, le rituel de la communion invoque la présence dans sa forme physique du Christ Lui-même. Cette croyance, appelée la transsubstantiation, est un principe puissant qui amène spécifiquement l'Esprit dans la chair lors de chaque eucharistie. Le sacrifice de l'amour du Christ ne peut être vu plus clairement et son impact est immense pour moi-même et pour tous ceux qui tiennent du fond du cœur à cette partie du système de croyances des Églises chrétiennes. L'invocation de la présence du Christ se fait dans la tradition magique occidentale classique, et le langage de ce rituel n'a pas substantiellement changé au cours des siècles, sauf qu'il a été traduit dans presque toutes les langues parlées sur Terre. Ce rituel peut être étudié fructueusement du point de vue de ses principes magiques. Lorsque la messe est dite par un prêtre, le langage mobilise d'innombrables générations de fidèles chrétiens habitant les plans intérieurs entre les incarnations, les essences angéliques qui dynamisent la prière depuis que la messe existe, et l'énergie spirituelle ainsi créée est indescriptiblement brillante. Bien que sa force soit infiltrée par la résistance environnante de nombreux participants au culte qui ne sont pas sincères (ce qui est moins souvent le cas dans la tradition de magie blanche en dehors de l'Église), ses grands nombres de pratiquants croyants en font probablement le rituel le plus impressionnant que le monde ait jamais connu.

Toutefois, au cours des siècles, les méditations personnelles des prêtres aussi bien que des laïcs ont en tendance à adopter des visualisations plus simples qu'une messe entière. La visualisation religieuse qui est sans doute la mieux connue et qui emprunte son parfum à la tradition magique est celle de la rose. Comme exemple de beauté sublime, elle n'a pas son pareil. Chaque fleur peut ainsi être visualisée comme un objet de parfaite beauté, harmonie, ou paix. J'ai souvent médité sur la croix du Christ, sur Marie, la mère de Jésus, en me visualisant parlant à l'ange de l'Annonciation, ou me tenant au pied de la Croix, ou auprès de l'ange qui attendait dans le tombeau. J'ai souvent visualisé des anges volant à travers le chœur de l'église de ma paroisse, et je me suis aussi visualisée assise auprès du Christ lors de la dernière Cène.

J'ai aussi trouvé beaucoup de force en visualisant la nature, que ce soit des forêts ou des océans, traversant des criques et des champs, ou

CHAPITRE XII: LES SCIENCES APPLIQUEES DE L'ESPRIT

chevauchant des nuages. Ces images évoquent pour moi des fleuves profonds d'émotions purifiées, accumulées pendant des années et des années de contemplation de ces images. Tous les systèmes mythologiques culturels et religieux sont nés de ces idées qui peuvent être utilisées pour obtenir de grands effets. Ce que nous faisons en visualisant de cette manière c'est nous aligner sur certaines parties de notre mental archétypal et sur l'énergie que contiennent certaines zones de nos divers corps. Il y a une puissance spirituelle primale incroyable dans ces images. Ceux de Ra suggèrent au chercheur de choisir soit la visualisation de couleurs et formes abstraites, soit la visualisation d'images plus religieuses, mais de ne pas aller de l'une à l'autre:

> **INTERVIEWEUR:** Pouvez-vous mentionner des exercices pour aider à augmenter la durée d'attention?
>
> **RA:** Je suis Ra. Les exercices de ce genre sont communs parmi les nombreuses traditions mystiques de vos entités. La visualisation d'une forme et d'une couleur d'une qualité d'inspiration personnelle pour le méditant est le cœur de ce que vous appelleriez les aspects religieux de cette sorte de visualisation. La visualisation de formes et couleurs simples qui n'ont aucune qualité d'inspiration innée pour l'entité est la base de ce que vous pourriez appeler vos traditions de magie[893].

Ici aussi ma conclusion a été d'opter pour une visualisation religieuse dans un cadre moins strict et plus libre sauf si l'on peut consacrer au minimum deux heures par jour à l'entraînement à la magie et si l'on peut compter sur un très bon mage comme mentor. Pour ceux qui travaillent dans la hâte et la précipitation du monde des affaires tel qu'il est actuellement, ce niveau d'engagement en termes de temps est souvent seulement un beau rêve et je recommande à tous de bien évaluer notre temps et notre énergie, et de ne pas aller nager dans des eaux qui pourraient nous entraîner dans des marées trop fortes, profondes, complexes et rapides pour nous permettre de garder la tête hors de l'eau. Je crois fermement à la vertu du respect des limites de l'état d'esprit ordinaire vaquant à sa routine quotidienne jusqu'à ce que la vision mentale de la routine devienne elle-même sacrée. Cela prend des années, mais peut se faire en chemin, pendant les moments et les minutes que nous pouvons prendre à mesure qu'ils se présentent. Quant à la personne sur cent qui a l'intérêt et le temps de se consacrer à la pratique du rituel occidental de magie blanche, qu'elle n'hésite pas d'y aller de tout son cœur! Pour la plupart d'entre nous ce n'est pas une bonne idée. J'ai

---
[893] *La Loi Une,* Livre II, séance 42 § 13

inopinément frôlé quelques rituels magiques, et j'éprouve un profond respect et une profonde admiration pour la puissance impliquée, ainsi que pour le niveau de subtilité de la tentation et de la mise à l'épreuve liées à la magie. Je ne suis pas prête à entrer dans un processus de changement aussi rapide. La visualisation de la rose; celle du paysage marin avec son horizon légèrement courbé suggérant l'infini; celle de la paix des profondeurs de la forêt; voilà des images archétypales d'une intensité moindre mais d'une inspiration infinie, des images qui élèvent l'esprit et renforcent le mental. Don s'est adressé à ceux de Ra à ce sujet:

> **INTERVIEWEUR:** Dans ma jeunesse j'ai reçu une formation d'ingénieur, et ai étudié des sciences qui incluent la nécessité de la visualisation en trois dimensions pour les procédés de dessin. Est-ce que cela est une base utile pour le type de visualisation dont vous parlez, ou bien est-ce que cela est sans valeur?
>
> **RA:** Je suis Ra. Pour vous qui posez les questions, cette expérience a de la valeur. Une entité moins sensibilisée ne gagnerait pas une augmentation appropriée d'énergie de concentration.
>
> **INTERVIEWEUR:** Alors une entité moins sensibilisée devrait utiliser ... que devrait-elle utiliser pour l'énergie appropriée?
>
> **RA:** Je suis Ra. Chez l'individu moins sensibilisé, le choix d'images d'inspiration personnelle est approprié, qu'il s'agisse de la rose qui est celle de la parfaite beauté, de la Croix qui est celle du parfait sacrifice, du Bouddha qui est l'Être-qui-est-tout-en-Un, ou n'importe quoi d'autre qui peut inspirer l'individu[894].

Cette suggestion de trouver des images qui inspirent personnellement ouvre en fait la discipline au chercheur créatif. J'ai eu d'innombrables occasions de bénir cette sorte de visualisation, et j'espère que chacun la trouvera utile. Don était un vrai mystique tout en étant un scientifique profondément engagé, et il parvenait à tirer de la discipline et de l'inspiration en visualisant des charpentes (c'est l'exemple qu'il a utilisé en parlant à ceux de Ra), des dessins de chevrons se suivant en ligne, l'un derrière l'autre, des traverses, etc. qu'il avait exécutés des années auparavant aux cours de dessin industriel. Ce genre de choses me laisse indifférente; en fait j'en suis incapable. Je me perds en essayant d'obtenir les trois dimensions dans ma tête. Essayez différentes choses et voyez ce qui vous convient.

---

[894] *La Loi Une,* Livre II, séance 42, § 14 et 15

La visualisation du cadre blanc

Sharon Winston écrit:

> Nous avons souvent le sentiment que: «bon, je suis une seule personne, que pourrais-je bien faire?». L'écho de ce sentiment m'a été renvoyé dans ces mots de la meilleure amie de ma fille de douze ans et j'ai essayé de mettre de l'encouragement dans ma réponse en lui disant que nous pouvons visualiser un but paisible pour le bien de tous[895].
>
> Quelle bonne idée! D'un élève de l'école Silva Mind Control[896], j'ai appris un type de visualisation qui m'a bien aidée pour un tas de choses. Cette méthode utilise des cadres: un écran entouré d'un cadre soit noir, soit blanc. La base de cette visualisation est la suivante: on choisit un lieu qui convient parfaitement au travail intérieur, et on construit mentalement son propre lieu de travail spirituel. Il faut créer une pièce qui contient tout ce dont on aura besoin, et soit dans cette pièce-là, soit dans une pièce séparée, on crée un grand écran devant lequel se trouvent trois chaises. Lorsque nous souhaitons accomplir du travail spirituel, après une harmonisation et une méditation appropriées, lorsque nous avons atteint un niveau que nous considérons comme acceptable pour ce type de travail, nous nous rendons en pensée dans notre lieu favori, entrons dans cette maison construite mentalement, et nous visualisons assis sur la chaise du milieu. Nous déclarons que nous sommes prêt à travailler. Si nous le souhaitons, nous pouvons visualiser une porte de chaque côté de l'écran; par la porte de gauche entre l'esprit masculin qui vient se joindre à nous, par la porte de droite entre l'esprit féminin qui vient se joindre à nous. Lorsque je procède à cette visualisation, je leur demande de s'asseoir à côté de moi et je leur donne la main. Ensuite j'active l'écran et l'encadre de noir. J'amène la situation sur laquelle je veux travailler, celle qui m'a fait poser la question: «que pourrais-je bien faire ?». Ensuite je demande à l'image de se transformer en la vérité, qui est la perfection absolue. Lorsque j'ai visualisé la situation comme étant totalement parfaite, je place un cadre blanc autour de l'image de l'écran, et la scelle comme étant la vérité. Parfois, lorsque je suis seule je frappe dans mes mains pour rendre ce scellement plus réel pour moi. Puis je compte jusqu'à cinq pour me rappeler que je me trouve à nouveau dans la réalité de consensus, parce que j'ai tendance à entrer assez facilement en état de méditation. Comme je l'ai dit, cela fonctionne dans de nombreuses

---

[895] Sharon Johnston, lettre du 26 mai 1998

[896] Méthode de contrôle mental Silva (NdT)

situations, et soulage infiniment l'esprit lorsqu'on ne peut rien faire physiquement.

La visualisation de l'évacuation des déchets

Ceux de Q'uo expliquent que:
> Le cœur fait sortir un tas de déchets qu'il faut placer là où l'on peut les enlever. Disons que dans votre cœur se trouve un trottoir. Placez la poubelle sur le trottoir, et quand il sent qu'il a trouvé de la crasse dans un sentiment, alors que ce n'était pas fondamentalement clair, le pèlerin peut visualiser l'action de placer physiquement ces souches et peaux d'émotions brutes dans la poubelle qui doit être enlevée par le temps, tandis que les émotions précieuses et pures sont filtrées et dirigées vers le cœur profond qui contient la pureté, la compassion et sa propre sagesse. La discrimination est une activité très bénéfique. Chacun l'a. Nous encourageons chacun à l'utiliser fréquemment[897].

Je crois que ce type de visualisation agit sur la mémoire. Nous avons divers niveaux de mémoire. Nous avons une mémoire de crise qui, si elle n'est pas maîtrisée, envoie sans cesse des images à l'avant du mental pour nous rappeler la situation. Une telle situation peut ne pas avoir sa place dans le mental (par exemple mes images automatiques continuelles de Don Elkins lorsqu'il était au pire de sa maladie mentale), et nous ramener continuellement des catalyseurs de grandes douleurs. Dans la mesure de mes possibilités je répète la visualisation de ces images lorsqu'elles arrivent, d'abord en reconnaissant la profondeur de la souffrance de Don et mon unité avec lui et celle-ci, puis en demandant à Don lui-même de placer ces images dans une valise, comme s'il s'agissait de dossiers que nous n'utilisons plus, et ensuite je lui demande d'emporter ces dossiers avec lui et de les placer dans une mémoire à récupération limitée et non urgente. L'horreur cauchemardesque de ces images a fait de cela un projet d'une durée de seize années pour moi. Ces images resurgissent encore, mais elles n'entrent plus dans mes rêves, ne me réveillent plus, et n'affectent plus autant mon humeur. Nous les missionnés sommes profondément sensibles, et lorsque se produisent des choses horribles il nous faudra peut-être de nombreuses années de travail pour amener ces souvenirs à des niveaux moins douloureux de notre mémoire. Mais nous devons "sortir les poubelles" lorsque nous percevons leur pollution dans

---
[897] Q'uo, transcription du 12 mai 1996, p. 3

notre esprit et dans notre cœur. Que nous percevions la poubelle avec nos problèmes qui y sont versés et le couvercle fermement enfoncé, ou que nous voyions l'agent de notre détresse ramassant ses ordures et repartant en les tenant bien en main, ou encore que nous voyions simplement notre misère comme un liquide sombre que nous pouvons déverser en penchant la tête et en le laissant s'écouler de son sommet, cette pratique sera susceptible de soulager notre détresse. Je souhaite à tous un grand succès avec ce type de pratique. Il nous faut nettoyer notre mental et travailler dans le moment présent. Aller dans le passé et voir ce que ces images nous font faire a une certaine valeur, particulièrement lorsque le catalyseur est frais. Nous devons prendre pleinement conscience des expériences que nous recevons. Toutefois, vient un temps où nous avons utilisé convenablement les catalyseurs. Lorsque les images et les anciennes émotions persistent et que le travail de pardon est en panne, ces visualisations peuvent venir à point.

La visualisation des chakras

Ce qu'en disent ceux de Q'uo:

> Lorsque l'acceptation de soi a été traitée de manière adéquate au moment, il y a alors moyen de procéder à une sorte d'entretien ménager qui est très utile pour le court terme, et une bonne habitude à prendre. Cet entretien fait appel à la capacité de visualiser, dont nous constatons qu'elle est exceptionnellement bonne au sein de ce groupe sauf pour cet instrument. Nous allons dès lors instruire cet instrument ainsi que les autres. Pour cet instrument il est bon de visualiser les chakras comme un étui de bonbons, un étui de Lifesavers. C'est une aide visuelle familière, et les sept couleurs sont alors visualisées: rouge, orange, jaune, vert, bleu, indigo, violet. Pour ceux dont la capacité de visualisation est bien développée, la visualisation peut devenir beaucoup plus subtile et inclure de la brillance, un certain degré de rotation, un certain degré de couleur, et toutes les autres subtilités qui peuvent venir à l'esprit de celui ou celle qui visualise. Le but est d'abord de se mettre en contact avec ce qui se produit dans ce système énergétique à ce moment-là.
>
> Il y a le temps recommandé de silence avant d'entamer ce travail afin d'apaiser le mental en éveil et d'éveiller le subconscient endormi, car l'intuition joue un grand rôle dans la visualisation et il est bon de demander que le terrain mental soit dégagé et qu'un

certain degré de prise de conscience soit atteint par rapport au travail en train d'être accompli. La consécration du 'soi' au service du Créateur infini unique dans tout travail sur la conscience est recommandé.

> Tout d'abord on souhaite alors simplement vérifier le système des déplacements énergétiques pour voir les énergies telles qu'elles sont. Ensuite, les déséquilibres perçus peuvent être traités mentalement ou verbalement en demandant à une énergie ralentie de s'activer, à une couleur ternie de se ranimer, ou à un centre trop actif de mieux s'aligner sur le niveau énergétique des autres énergies. Cette visualisation peut être pratiquée non pas une seule fois mais plusieurs au cours d'une période diurne s'il y a la nécessité de poursuivre cet intérêt, car ceci est une solution de court terme au problème de se sentir temporairement en déséquilibre, et est une ressource pour celui qui travaille sur la conscience[898].

J'ai recours à cette visualisation chaque fois que je me prépare à une séance de channeling, et ce depuis de nombreuses années. À mesure que nous répétons cette visualisation il nous devient plus facile de la 'voir' et de déchiffrer ce qui se passe réellement dans nos propres centres énergétiques. Quelque chose que j'aime bien faire à la fin d'une visualisation des chakras c'est sceller le système énergétique. Je fais cela en visualisant un rayon de lumière jaillissant de mon rayon rouge, et un autre jaillissant de mon rayon violet, et je mélange ces couleurs dans mon mental pour en faire une mare de rouge-violet. Je demande ensuite à des aides de me tenir par mon cordon d'argent et de me tremper dans cette mare jusqu'à ce que chaque cellule de mon corps, à l'intérieur comme à l'extérieur, soit imbibée. Je vois cela comme une protection du corps par lui-même. Je visualise ensuite une étendue illimitée de lumière blanche, demande aux aides de me tenir par le cordon d'argent, et de me tremper également dans cette étendue, jusqu'à ce que chaque cellule soit complètement saturée de lumière blanche. Je vois cela comme la protection du Créateur infini.

La visualisation planétaire

Nous sommes tous préoccupés de l'état de notre planète et de l'humanité qui s'y trouve. Ceux de Hatonn conseillent:

---

[898] Q'uo, transcription du 2 octobre 1994, p. 3

CHAPITRE XII: LES SCIENCES APPLIQUEES DE L'ESPRIT

> Nous suggérerions que ceux qui souhaitent servir en aidant les vibrations de votre planète visualisent simplement la planète entière initialement dans un état d'obscurité, et de voir cette planète comme un vide noir. Après quelques instants de cette visualisation, nous suggérerions que vous commenciez ensuite à voir des points de lumière qui se mettent à briller en différents endroits de votre planète. Poursuivez ce processus jusqu'à ce que vous voyiez la lumière englober complètement votre planète et jusqu'à ce qu'elle brille comme si elle était un soleil[899].

Je pense que cela approche de très près la réalité métaphysique de ce qui est en train de se produire alors que pèlerins extraterrestres et terrestres s'éveillent à leur identité spirituelle et commencent à fonctionner comme des transducteurs de lumière pour l'énergie infinie. Ceux de Q'uo ajoutent:

> Nombreuses sont les entités qui ont atteint, dans le développement de leur propre conscience, le point où elles sont capables d'établir un contact stable avec le Créateur unique et sont devenues aptes à canaliser une certaine forme d'énergie intelligente en résultat de ce contact stable. Ce sont celles que vous appelez christisées. Elles ont atteint un niveau de développement qui leur permet de partager comme partage le Créateur: de Créateur à Créateur. Ce sont celles qui ont choisi d'être plus visibles, dirons-nous, et de s'offrir à une plus grande partie de la population de votre planète. Il y en a qui ont choisi de rester cachées et qui cherchent à travailler sur le développement de la planète elle-même et sur le développement de la population de cette planète tout entière en offrant les vibrations d'amour et de réparation en recourant à ce que vous pouvez appeler le moyen magique de la visualisation et de l'envoi d'amour[900].

Pendant que je vérifiais la citation qui précède je me suis demandé si, du fait de son imagerie religieuse, je devrais l'inclure dans un chapitre où j'ai déjà beaucoup parlé de ma propre religion dans un ouvrage où je ne veux vraiment pas avoir l'air de suggérer que la voie chrétienne est la seule voie. C'est ma voie, ma vérité et ma vie, mais je ne souhaite pas faire de prosélytisme, c'est pourquoi je me suis demandé si je devrais ou non insérer cette citation au sujet des 'christisés'. Imaginez quelle a été ma surprise lorsque je me suis arrêtée d'écrire pour répondre au téléphone: une amie L/L Research qui vit à Puerto Rico appelait pour prendre des

---

[899] Hatonn, transcription du 17 mai 1981, p. 4

[900] Q'uo, transcription du 24 février 1991, p. 11

dispositions concernant sa donation d'une partie de sa bibliothèque à notre bibliothèque métaphysique de L/L Research, aussi pour me parler de sa méditation avec des associés le dimanche précédent, où ils ont tous vu le Christ portant une robe blanche ornée d'une ceinture dorée comportant sept nœuds, et ayant sur une épaule une tunique ou une étole pourpre. Puis ils ont vu une grande carte des Amériques du Nord et du Sud, et surgir un peu partout sur les deux continents de petits 'christisés' (c'est le terme exact qu'elle a utilisé). Chacun de nous a un niveau de conscience que nous pourrions appeler "conscience christisée" et d'une manière très admirable et véritable, notre mission est d'éveiller cette partie de nous-même et de la nourrir jusqu'à ce qu'elle déborde de notre cœur dans notre vie. Cette visualisation du 'soi' et de tous les autres comme des sources de lumière et de réparation pour la planète est énergétiquement très puissante et pleine de potentiel.

La visualisation de guérison

Ce type de visualisation peut être utilisé dans la méditation avec un cadre blanc, et l'on visualise la personne à soigner comme étant parfaite. Ceux de Q'uo expliquent:

> En fait pour autant que le guérisseur suive une méthode individuelle cohérente et convaincante de visualisation du mouvement de la lumière, ce système de visualisation est virtuellement et fonctionnellement adéquat. Nous n'essayons pas d'être obscurs, mais voulons dire que presque toute méthode de visualisation du passage d'énergie fonctionnera pour quelqu'un qui a le don de soigner. La capacité de soigner n'a rien à voir avec ces visualisations, dont la nature n'est ni gérée ni contrôlée au travers de ce système de visualisation. Ce qui se passe c'est que l'énergie de guérison est canalisée au travers de l'instrument et ce qui se produit lorsque le guérisseur travaille est que ce guérisseur découvre un moyen de visualiser la progression de cette lumière en mouvement d'une manière telle qu'elle n'interfère pas avec les énergies guérisseuses de ses propres mouvements intelligents. Le but du guérisseur est ici de devenir transparent à cette énergie, pour pouvoir être complètement calme et fonctionner comme un catalyseur conscient. Toutefois, pour que le mental du guérisseur

puisse être suspendu et réconforté, une méthode ou un système de visualisation de la transduction de cette énergie est nécessaire[901].

Comme je l'ai dit, la méditation avec le cadre blanc est ce qui fonctionne le mieux pour moi. Cependant, si nous trouvons plus facile de visualiser la personne baignée dans la lumière blanche, ou toute autre construction qui pour nous visualiseurs paraît concrétiser le mieux le sens de la perfection absolue qui est la réelle vérité de cette entité, alors faisons-le sans hésiter. Ceux de Yom conseillent:

> Considérez-vous comme des intendants de l'amour qui vous a créés et de la lumière qui vous manifeste. En méditation faites appel au silence afin que vous puissiez entendre le silence qui parle d'amour, et tant en méditation qu'en contemplation en utilisant des affirmations, offrez-vous comme instrument pour la manifestation et la réalisation des possibilités illimitées de la lumière créative. Nous pouvons noter qu'alors que la plupart des affirmations sont bénéfiques aux personnes dans les domaines du mental et de l'émotionnel, la guérison physique est elle aussi disponible par l'intermédiaire d'affirmations qui indistinctes, poétiques, prosaïques ou merveilleusement belles, ont toutes pour but de focaliser la lumière du Créateur infini de manière à ce qu'elle pénètre et vivifie chaque cellule de votre corps[902].

La visualisation de pardon

Il s'agit d'une forme brève et parfois utile de la méditation d'équilibrage dont nous avons parlé au chapitre huit. Dans cette visualisation de pardon nous amenons au centre de l'attention nos relations avec chaque personne intervenant dans notre vie, et nous travaillons avec chacune d'elles pour l'amener dans un état de pardon et d'acceptation. Ceux de Q'uo expliquent:

> Nous vous demanderions de visualiser le chercheur que vous êtes en méditation avec tout l'univers qui a un sens tant à l'extérieur qu'à l'intérieur de vous. Il se fait que l'expérience extérieure est, à un niveau profond, parfois formée de manière décisive par le soi intérieur. C'est ainsi que la visualisation du 'soi' en méditation amenant à l'intérieur le monde extérieur, acceptant l'expérience extérieure et lui pardonnant, devient la réalisation par le 'soi' que

---
[901] Q'uo, transcription du 8 mai 1993, p. 4-5
[902] Yom, transcription du 8 juin 1986, p. 6-7

toute la Création infinie se trouve à l'intérieur du chercheur, de chaque entité qui a conscience d'elle-même[903].

Le travail avec les rêves

En termes techniques, on dit qu'un rêve se produit lorsque des mouvements oculaires rapides sont observés chez un sujet en train de dormir. Nous sommes faits d'une manière merveilleuse et la nature subtile de notre Création n'est nulle part aussi abondamment démontrée que dans cette vie en rêve. En état de veille consciente nous passons nos journées à faire l'expérience des multiples vicissitudes de la vie, passant par des états émotionnels positifs et négatifs, réussissant ou échouant dans les mesures prises par nous-mêmes ou par d'autres, et nous épuisant jusqu'à avoir besoin de nous reposer et réparer de notre journée. Nous pourrions nous voir parfois comme des êtres plutôt linéaires s'il n'y avait pas nos rêves qui nous apportent des histoires, des idées et d'innombrables sujets provocateurs généralement d'une qualité et expérience très différentes de ce qui advient dans la vie courante. Certains disent qu'ils sont incapables de se souvenir de leurs rêves mais c'est une capacité que l'on peut acquérir. Nous pouvons nous y entraîner. Ayant moi-même un peu pratiqué cet exercice, je peux affirmer que c'est une mine inépuisable d'informations spirituellement intéressantes.

Pourquoi rêvons-nous? Je pense que c'est parce que nous sommes vivants, parce que notre conscience ne dort pas. L'enveloppe de la personnalité se relâche quelque peu pendant le sommeil, et le corps physique est alors habituellement inerte et en repos mais, quant à la conscience, elle est éternelle et infinie, et poursuit sans trêve son travail d'assimilation des informations reçues en état d'éveil. Don a interrogé ceux de Ra:

> **INTERVIEWEUR:** Vous avez dit que le rêve, quand il est rendu accessible au mental conscient, aide grandement à la polarisation. Pourriez-vous définir le rêve ou bien nous dire ce que c'est et comment il aide à la polarisation?
>
> **RA:** Je suis Ra. Rêver est une activité de communication au travers du voile, entre mental inconscient et mental conscient. La nature de cette activité dépend totalement de la situation concernant les blocages des centres énergétiques, les activations et les cristallisations, dans un complexe mental/corps/esprit donné. Chez

---

[903] Q'uo, transcription du 30 août 1992, p. 1

Chapitre XII: Les sciences appliquées de l'esprit

quelqu'un qui est bloqué dans deux des trois centres énergétiques inférieurs, le rêve aide au processus de polarisation, en ce sens qu'il y a une répétition de parties de catalyseurs récents ainsi que de blocages plus profonds, ce qui donne au mental qui s'éveille des indices sur la nature de ces blocages et des allusions à de possibles changements de perception qui peuvent mener à un déblocage. Ce type de rêve ou de communication au travers des parties voilées du mental se produit aussi dans les complexes mental/corps/esprit qui fonctionnent avec beaucoup moins de blocages et bénéficient de l'activation du rayon vert, ou activation supérieure, aux moments où le complexe mental/corps/esprit fait l'expérience de catalyseurs rebloquant, ou gênant ou distordant momentanément d'une autre manière le cours de l'influx d'énergie. C'est pourquoi, dans tous les cas il est utile pour un complexe mental/corps/esprit de méditer sur le contenu et la résonance émotionnelle des rêves.

Pour ceux dont le centre énergétique de rayon vert a été activé ainsi que pour ceux dont le centres énergétique de rayon vert reçoit un déblocage inhabituel dû à un catalyseur extrême tel que celui qui est appelé "la mort physique" du 'soi' ou de celle d'un être cher devant se produire dans ce que vous pouvez appeler "un avenir proche", le rêve assume une autre activité. C'est ce qui peut approximativement être nommé la précognition, ou connaissance précédant ce qui va se produire en manifestation physique dans l'espace/temps de troisième densité de votre rayon jaune. Cette propriété du mental dépend en grande partie de sa situation dans le temps/espace, de sorte que les mots: présent, futur, et passé, ne signifient rien. Cela permettra à l'entité, à condition que le complexe mental/corps/esprit en fasse un usage judicieux, de pénétrer plus loin dans l'amour plein de compassion de chaque circonstance, y compris des circonstances dans lesquelles une entité peut avoir une forte distorsion vers ce que vous pouvez appeler le chagrin.

Quand un complexe mental/corps/esprit choisit consciemment la voie de l'adepte et qu'avec chaque énergie équilibrée de manière minimale il commence à ouvrir le centre énergétique de rayon indigo, le rêve devient l'outil le plus efficace pour la polarisation car, si l'adepte sait que le travail peut être accompli dans la conscience pendant que le mental conscient se repose, cet adepte peut faire appel à ceux qui le guident, aux présences qui l'entourent et, surtout, à la personnalité magique qui est l'analogue du 'soi' supérieur dans l'espace/temps alors qu'il passe dans le mode sommeil de la conscience. Quand il est porté attention à ces affirmations, l'activité du rêve atteint le potentiel d'apprentissage/enseignement qui peut le mieux contribuer à augmenter les distorsions de l'adepte vers la polarité qu'il a choisie[904].

Cette communication du 'soi' profond avec le 'soi' conscient au travers du voile, par le rêve, est comparée par ceux de Q'uo à la programmation d'un ordinateur:

> Nous pourrions suggérer que l'usage général de l'état de rêve est celui qui permet au chercheur d'utiliser le subconscient comme un de vos programmeurs d'ordinateur utiliserait un ordinateur. Le mental conscient sait quelle est la situation qui présente l'énigme. Alors, par son désir de résoudre cette énigme il fournit au subconscient ce qu'il a acquis en matière de connaissances. Et ces informations, lorsqu'elles sont chargées du désir de trouver le chemin de l'amour pour le chercheur, vont retourner au chercheur sous forme de ce que vous appelez des rêves, codés d'une manière symbolique. Prendre pleinement conscience de ces messages envoyés par le subconscient est le but de la souvenance des rêves. L'on peut acquérir cette capacité en rappelant au 'soi' au moment de se retirer pour la nuit, que chaque rêve doit être remémoré et enregistré dans la mémoire dès qu'il est terminé. Ces rêves et leurs messages codés peuvent alors servir de thèmes, si l'on peut dire, pour la méditation du jour. De cette manière le subconscient est programmé pour libérer des informations qui peuvent servir à révéler de plus en plus de pièces du puzzle, afin que les pieds puissent avancer plus fermement sur le chemin de l'amour[905].

Ils considèrent aussi les rêves comme un processus d'intégration:

> Lorsque le cerveau fait face à de la douleur et à de fortes souffrances, il souhaite soit passer à l'attaque soit fuir, ou les deux. Par ailleurs, la conscience qui contient l'éternité voit le même catalyseur. Elle fonctionne, comme c'est le cas de tout ce qui est dans le chemin, pour observer, analyser, évaluer ce qui est en train de se produire. Cela fait, la façon dont agit la conscience c'est qu'elle rassemble tout ces matériaux conceptualisés et les laisse filtrer jusqu'aux racines du mental profond, de sorte qu'à un certain point les rêves, visions, ou certitudes auront rendus plus clairs et plus lucides, non pas les détails de la transformation, mais

---

[904] *La Loi Une,* Livre IV, séance 86 §7
[905] Q'uo, transcription du 10 janvier 1987, p. 12

le sentiment d'abandon au catalyseur qui se manifeste, et son acceptation[906].

Les rêves fonctionnent donc comme un processus permanent de communication entre le 'soi' et le 'soi' du mental conscient au mental profond lorsque nous sommes éveillés, et du mental profond au mental conscient lorsque nous sommes en train de rêver. C'est une conversation bien au-delà des mots, à l'intérieur d'un 'soi' très spacieux qui, ainsi que nous le voyons graduellement, est aussi vaste que tout univers que nous pouvons sonder avec nos télescopes. Elle est alimentée par un désir de percevoir le modèle et la résonance:

> Les parties subconscientes du mental de chaque entité sont remplies des modèles d'expérience incarnationnelle et envoient divers éléments de ces leçons et expériences vers le mental conscient sous la forme de rêves afin qu'il puisse y avoir un dialogue avec l'entité consciente qui cherche à découvrir les trésors du subconscient. Pour que le chercheur puisse travailler sur ces images de rêves il envoie au subconscient, un message lui annonçant qu'il est prêt à travailler sur les images des rêves. Cela peut se faire en rappelant au 'soi' avant l'heure du coucher de se souvenir d'un rêve cette nuit, et de renforcer ce désir en plaçant des instruments appropriés pour enregistrer le rêve dès que l'on se sent capable de se rappeler le rêve: soit immédiatement après ce rêve, soit au réveil le matin suivant. C'est par la répétition constante au 'soi', au subconscient de celui qui souhaite travailler sur ces rêves, que le subconscient se convaincra que le 'soi' conscient est sérieux dans son désir et se mettra alors à diffuser vers le mental conscient des rêves dont il sera à même de se souvenir[907].

Ceux de L/Leema suggèrent que la meilleure attitude dans le travail sur les rêves est de considérer celui-ci comme une cour amoureuse, une cour faite aux pensées du mental profond:

> Quelqu'un qui souhaite savoir comment s'engager dans le processus du dévoilement peut le voir comme un processus de séduction. Les parties les plus profondes du mental sont plus pures, plus sensibles, et de structure bien plus délicate que les parties du mental qui servent aux tâches lourdes du quotidien. Les parties les plus profondes du mental sont celles qui réagissent aux rythmes et énergies impersonnels et ressentis profondément, et aux énergies qui affluent dans le réseau énergétique de l'individu. Le processus

---

[906] Q'uo, transcription du 14 octobre 1992, p. 2

[907] Q'uo, transcription du 2 février 1997, p. 8

de dévoilement de ce mental profond est un processus qui s'étend sur de très nombreuses incarnations. Cette entrée dans le mental profond doit être aussi prudente, aimante et attentive que l'amoureux transi aux mains moites qui offre un bouquet de corsage à la jeune femme qu'il invite à un bal. C'est une chose vraiment douce, et un processus lent quand il est bien suivi, pour lever le voile non par intention, mais en suivant le processus qui permet de discipliner la personnalité qui s'éveille. C'est-à-dire que l'on ne peut mener un assaut contre le mental profond, mais qu'il faut au contraire se préparer à recevoir du mental profond ce qu'il est préparé à donner, et c'est ensuite que par le processus de méditation, le processus du rêve éveillé, la vision et le rêve pendant le sommeil que le mental profond apporte ses fruits au mental conscient[908].

Nous sommes donc des prétendants pour nos pensées et sentiments profonds : notre propre mystère d'existence. Une partie du mystère des rêves est: qui donc façonne les rêves? Don l'a demandé:

> **INTERVIEWEUR:** Comment est-ce que le rêve est conçu ou programmé? Est-ce que cela est fait par le 'soi' supérieur, ou bien qui est responsable de cela?
>
> **RA:** Je suis Ra. Dans tous les cas, le complexe mental/corps/esprit a recours comme il le peut à la faculté de rêver. Il est lui-même responsable de cette activité.
>
> **INTERVIEWEUR:** Vous voulez dire alors que c'est le subconscient qui est responsable de ce que je vais appeler le plan ou scénario du rêve. Est-ce exact?
>
> **RA:** Je suis Ra. C'est exact[909].

Mais qu'est-ce que le subconscient? La réponse de ceux de Ra fait indirectement allusion au fait que ce mental profond paraît avoir ses racines dans la déité, l'éternité, le céleste. Ceux de Leema suggèrent que le mental profond auquel on accède pendant le sommeil est la partie de conscience qui plonge dans l'univers métaphysique ou temps/espace :

> Le temps/espace est un territoire inconnu. Le mot qui s'en approche peut-être plus que tout autre dans votre langage est 'nouménal'[910]; un autre terme pourrait être 'le mystérieux'. Pour la

---

[908] L/Leema, transcription du 18 décembre 1988, p. 4-5

[909] *La Loi Une,* Livre IV, séance 86 §8

[910] 'Noumène' est un terme employé à l'origine par Platon pour désigner les « Idées », c'est-à-dire la réalité intelligible (par opposition au monde sensible), accessible à la connaissance rationnelle. Chez

CHAPITRE XII: LES SCIENCES APPLIQUEES DE L'ESPRIT

> conscience d'espace/temps, le temps/espace est glissant, fuyant, imprévisible. Et cependant, la plus grande partie de votre mental véritable demeure dans le temps et non dans l'espace, et est utilisée bien plus efficacement pour gérer les catalyseurs collectés pendant votre expérience incarnationnelle dans l'espace/temps. Lorsque vous rêvez avec clarté, la partie de votre mental qui demeure dans le temps (nous allons abréger temps/espace en 'temps' et espace/temps en 'espace') vous parle de ce dont vous n'avez pas encore pris conscience dans l'espace[911].

Ceux de Q'uo décrivent l'interlocuteur dans les rêves comme le 'soi' qui existe entre les incarnations, une autre façon d'exprimer la même chose:

> Nous encourageons le recours tant à des périodes méditatives qu'à des périodes de sommeil et de rêve pour se relier de plus en plus facilement au 'soi' qui existe entre les incarnations. Bien qu'il ne s'agisse pas du Grand Soi, l'entité étant distordue, il a néanmoins beaucoup de sagesse, ce qui aide les entités à se relier pendant l'incarnation. Ce n'est pas tellement la connaissance de ce qui s'est produit dans des vies antérieures qui aide, mais bien le fait d'asseoir et d'ancrer le 'soi' depuis la partie qui s'épanouit dans l'incarnation jusqu'aux racines de l'être qui se trouvent dans la partie de votre conscience qui contient toute la mémoire des vies antérieures et autres souvenirs profonds comme par exemple ce qui est archétypal[912].

Ceux de Q'uo caractérisent eux aussi l'interlocuteur en rêve comme le 'soi' supérieur:

> Le 'soi' supérieur est une ressource qui est le plus souvent contactée dans les états de méditation les plus profonds ou dans l'état de sommeil et de rêve, car cette ressource est des plus subtiles, une ressource qui observe la nécessité de préserver très scrupuleusement le libre arbitre[913].

Pour préserver ce libre arbitre, notre 'soi' le plus profond, le plus élevé, le plus étroitement lié à la déité, parle dans les rêves, habituellement pas tout à fait lucidement, mais de façons vagues, désespérément non-linéaires et symboliques, nous racontant, tout en ne racontant pas une histoire. Il s'exprime comme "à travers un verre sombre", au travers du voile. Ce

---

Emmanuel Kant, auquel le terme de « noumène » renvoie le plus souvent, il s'agit de tout ce qui existe et que le sens ne peut atteindre, […].(voir Wikipédia – NdT)

[911] L/Leema, transcription du 1er juin, 1986, p. 5
[912] Q'uo, transcription du 26 juin 1994, p. 4-5
[913] Q'uo, transcription du 7 novembre 1999, p. 4

voile du mental profond subsiste même dans les rêves, mais au moins un petit coin en est levé. Nous recevons de bonnes informations, mais elles sont codées. Don a questionné ceux de Ra:

> **INTERVIEWEUR:** Est-ce que le souvenir que l'individu a du rêve quand il s'éveille est habituellement raisonnablement fidèle? Est-ce que le rêve est facilement remémoré?
>
> **RA:** Je suis Ra. Vous devez réaliser que nous sur-généralisons afin de répondre à vos questions, car il y a plusieurs sortes de rêves. Cependant, d'une manière générale, il peut être noté que c'est seulement l'observateur entraîné et discipliné qui se souvient raisonnablement bien de ses rêves. Cette faculté peut être apprise par la vertu d'une discipline de l'enregistrement, immédiatement avant le réveil, de chaque détail dont il est possible de se rappeler. Cet entraînement forme la capacité de se remémorer les rêves. La perception la plus commune qu'a un complexe mental/corps/esprit de ses rêves est troublée, confuse, et promptement perdue[914].

Ce sont ces rêves vaseux, flous, que nous qui ne travaillons pas sur nos rêves nous rappelons en majorité. À première vue, ils ne semblent pas souvent être des puits d'informations! Et pour rendre les choses plus opaques encore, le langage et les décors des rêves de chacun sont très individuels:

> [...] Pour utiliser une source plus profonde d'informations au sujet du 'soi', il est bon de travailler sur les rêves. Il n'y a pas deux personnes qui rêvent en suivant la même symbologie. De nombreuses généralisations sont exactes dans la majorité des cas, mais dans les rêves il n'y a pas d'images qui sont précisément et archétypalement les mêmes pour deux entités quelconques. Par conséquent, dans l'étude des rêves, tout comme dans l'étude des comportements, il est bon d'allouer une grande partie de votre temps que cet instrument nomme 'des années' pour que ce processus puisse porter des fruits[915].

Ceux de Ra se font l'écho de cette affirmation:

> **INTERVIEWEUR:** [...] Dans le travail sur les catalyseurs des rêves y a-t-il un langage universel du mental inconscient qui peut être utilisé pour interpréter la signification des rêves, ou bien est-ce que chaque entité possède un langage unique dans son propre

---

[914] *La Loi Une*, Livre IV, séance 86 §10
[915] Q'uo, transcription du 24 février 1991, p. 4

subconscient, et qu'elle peut utiliser pour interpréter la signification des rêves?

RA: Je suis Ra. Il y a ce qui peut être appelé un vocabulaire partial des rêves, qui provient de l'héritage commun à tous les complexes mental/corps/esprit. Étant donné les expériences uniques d'incarnation de chaque entité, il y a une superposition qui augmente et devient une proportion de plus en plus grande du vocabulaire des rêves, à mesure que l'entité gagne en expérience[916].

Il est certain que nous nous améliorons dans l'interprétation de nos rêves à mesure que nous acquérons de l'expérience, mais je pense que nous pouvons commencer à apprendre assez rapidement du travail sur les rêves. Il est toujours bon, cependant, de penser à garder un toucher léger et délicat dans le travail sur les rêves. Il nous faut respecter la méticuleuse forme des rêves, la façon dont ils nous communiquent des vérités puissantes et profondes, des vérités que nous ne serions probablement pas capables de supporter si nous les apprenions en état de veille:

> Il y a dans le rêve, une réalité plus grande que dans l'état de veille. En fait, le subconscient est toujours de très loin plus conscient que l'entité en état de veille. Dès lors, la syntaxe et le vocabulaire, disons, qui informent ces images, sont d'un ordre impossible à contenir en état de veille. Si ces matériaux devaient être transmis avec ce même degré de clarté dans l'état de veille, la réalité de consensus sur laquelle repose le 'soi' aurait tendance à être très secouée, l'énergie de la présente moisson étant telle que le 'soi' en état de veille ne pourrait pas la supporter. Le rêve est donc habilement tricoté pour le 'soi' par le 'soi' d'une manière qui permet à ce 'soi' de rester solidement ancré dans l'ensemble incarnationnel de distorsions qui définit les perceptions du 'soi' pour le 'soi' au moment présent[917].

Nous pouvons dès lors voir les rêves comme des cadeaux de l'esprit qu'il nous faut déballer avec délicatesse pour ne pas les abîmer ou détruire. Mary estime que tenir un journal des rêves est important:

> Grâce aux enseignements de Cayce j'ai appris à écrire et interpréter mes rêves. C'est-à-dire que je suis devenue vraiment habile à m'éveiller pour les noter immédiatement en environ trois ans. Les interpréter, c'est une autre histoire. Je n'ai pu qu'essayer et espérer

---

[916] *La Loi Une*, Livre IV, séance 95 §18

[917] Q'uo, transcription du 19 décembre 1993, p. 7

Chapitre XII: Les sciences appliquees de l'esprit

que j'étais dans le bon. Mais cela s'est révélé être pour moi le meilleur moyen d' 'entendre' mon subconscient, et ce l'est toujours[918].

À propos du travail sur les rêves Mary évoque un problème que je ne suis pas parvenue à résoudre: le volume possible des matériaux. Après la mort Don Elkins j'ai suivi une thérapie pendant plusieurs années, et mon médecin était une jungienne qui aimait à travailler sur les rêves de ses patients, de sorte que je me suis mise à enregistrer les miens pour en discuter avec elle. D'abord je ne suis rappelé que des fragments, mon état normal lorsque je ne travaillais pas sur mes rêves. Mais je suis rapidement parvenue à m'éveiller et à noter un rêve juste après l'avoir eu. Je gardais près de mon lit un carnet, un stylo et une lampe de poche. J'utilisais cette lampe de poche pour éviter de m'éveiller complètement, ce qui se serait produit si j'avais utilisé l'éclairage normal de ma chambre. En l'espace de quinze jours j'avais déjà noté sept rêves par nuit, chacun d'eux contenant tant de détails qu'il me fallait parfois une demi-heure juste pour mettre chacun par écrit. Je ne dormais virtuellement plus. Je m'assoupissais, j'avais un rêve, je m'éveillais et je le notais. Je répétais ce processus tout au long de la nuit. Certains d'entre nous ne sont peut-être pas destinés à travailler sur leurs rêves! Je n'ai jamais rencontré personne qui avait ce problème en travaillant sur ses rêves. Je crois que ceux de Ra diraient que c'est la faute à ma nature trop encline au spectacle. Je rêve des quantités baroques de couleurs et de détails! 131 raconte:

> Je constate que j'apprends en général beaucoup plus d'un rêve lorsque je le retranscris. Le noter semble ouvrir des voies d'information qui autrement resteraient fermées. Parfois il y a de la matière très intéressante qui en sort. Je ne fais pas des évaluations élaborées de mes rêves ou autres choses du genre. Mais j'apprécie vraiment le sentiment de me sentir en résonance avec des images et sentiments perçus en rêve, et de parcourir tout ce mystère. Et parfois j'entrevois même des choses vraiment éclairantes. Et ça c'est formidable[919].

L'humour décalé qui vivifie nos rêves apparaît de nombreuses façons une fois qu'on est à l'écoute. Romi Borel raconte la "chute de l'histoire" d'un rêve:

> La nuit dernière il y a eu dans mon rêve un incident dont je veux vous faire part. J'ai prononcé la phrase " la joie dans la vie". Je travaille là-dessus et j'ai du mal. Lorsque j'ai prononcé la phrase "

---

[918] Mary, lettre du 29 mai 1997

[919] 131, lettre du 6 janvier 1998

la joie dans la vie", j'ai reçu en retour: "la vie dans la joie". J'ai immédiatement compris que, pour moi du moins, il ne s'agissait pas de mettre de la joie dans la vie. La joie est l'essence même de notre être, c'est un autre mot pour 'aimer' ou 'connaître'. J'ai toujours eu de la joie. C'est le "cœur de mon être" si vous voulez, mais je ne lui avais pas donné vie. Je ne lui avais pas donné vie, je n'avais pas permis à mon 'moi véritable' de vivre. Je me suis éveillé en pleurs[920].

Comme c'est merveilleux de vivre une expérience "ahaa!» dans un rêve. J'ai certes eu des rêves extrêmement clairs à des moments de crise dans ma vie: des rêves qui avaient une réelle qualité de lucidité, en trois dimensions, absente de la plupart des scènes de rêves. Ceux de Ra terminent leur dialogue avec Don à propos des rêves en faisant remarquer:

> L'autre fonction utile du rêve concerne le type de rêve visionnaire dont prophètes et mystiques font l'expérience depuis des temps reculés. Leurs visions arrivent au travers des racines du mental et s'adressent à un monde qui est en manque. Ainsi donc, le rêve rend service sans être d'une nature permettant une polarisation personnelle. Cependant, chez le mystique ou le prophète qui désire servir, un tel service augmente la polarité de l'entité[921].

Ce type de rêve visionnaire est rare. 149 fait de tels rêves et elle explique:

> Je suis un canal ouvert à de nombreuses énergies de vibrations très élevées, en particulier celles d'Oriaha, et les moments où je rêve sont pour moi plus réels que mes heures d'éveil ici sur Terre. Je passe beaucoup de temps ailleurs et je passe pas mal de temps à quelque chose que j'appelle des cours rêvés. Ce qui est étrange, c'est que si je m'éveille pendant la nuit je continue à entendre le cours. C'est dans une langue qui n'appartient pas à la Terre et qui est très, très sacrée en vibration. Je peux me lever et me promener ici et là sans que cela ne s'arrête. Je me remets au lit et je ne rate pas une parole. Je ne m'en souviens jamais mais je sais à chaque fois que je m'en souviendrai lorsque le moment en sera venu[922].

Voilà une capacité très spéciale! Je suis certaine que cela se reflète fortement dans son 'channeling' car elle a ce don extérieur. Il existe aussi de rares exemples de personnes qui ont la capacité d'en soigner d'autres

---

[920] Romi Borel, lettre du 16 mars 1999
[921] *La Loi Une,* Livre IV, séance, 86 §12
[922] 149, lettre du 18 juillet 1999

pendant qu'elles rêvent, ainsi que d'autres capacités spécifiques liées au channeling. Cependant, la plupart restent dans les limites des préoccupations relativement privées de leur vie, et ont besoin de temps et de patience pour travailler lentement sur leurs rêves afin de construire leurs connaissances. De toute façon, gardez un carnet à portée de main et notez tout rêve qui paraît important par son atmosphère ou son intensité. Pour ces rêves particuliers, étudiez chaque personnage du rêve. Nous pouvons supposer sans crainte de nous tromper que tous les personnages représentent un certain aspect ou une projection de vous-même. Que signifient ces personnages pour notre mental conscient? Quel est notre rapport entre les pensées que nous avons à leur sujet? Étudions cela. À quel période de notre vie sont-ils apparus? Dans quelles situations baignaient nos émotions à ce moment? Quelles sont les perceptions majeures que nous avons d'elles à présent? Percevez le climat émotionnel du rêve. Toutes les manières d'utiliser notre intelligence et notre intuition sont utiles. Des personnes créatives ont travaillé de toutes sortes de manières impressionnantes sur leurs rêves. Un ami travaille souvent sur des rêves à thème, réexaminant les matériaux à chaque fois que le rêve se reproduit. Un autre ami a consacré un temps et une peine considérables à peindre pour lui-même les scènes de ses rêves, l'environnement, les édifices. Il a constaté que tout cela est très précis, réel et se relie d'un rêve à l'autre. J'ai moi aussi pu constater que cela est vrai. Aller fouiller dans ces scènes, ces thèmes et ces rêves spécifiques est souvent productif. Fouillons tout notre content mais d'une manière courtoisement et doucement indolente. Ainsi que le disent ceux d'Oxal:

> Plus on s'efforce, moins on réussit à retrouver le rêve qui nous échappe. Plus on permet simplement au rêve de retrouver ses repères, plus facile il devient d'explorer ce qui est apparu dans ce rêve[923].

Ceux de Q'uo suggèrent que nous ayons recours à la méditation pour nous aider à interpréter nos rêves:

> Nous recommandons que l'état méditatif soit utilisé pour construire une voie menant au subconscient, et que cette voie soit parcourue régulièrement avec l'intention de retrouver les pièces du puzzle qui y attendent d'être découvertes. Ce processus peut être renforcé en combinant l'état de rêve et les informations qui peuvent être récoltées dans cet état, avec les fruits de l'état méditatif de manière à ce que le travail sur le puzzle devienne principalement un processus subconscient soutenu par le mental conscient seulement

---

[923] Oxal, transcription du 29 mars 1993, p. 14

Chapitre XII: Les sciences appliquees de l'esprit

en suscitant un désir de plus en plus intense de savoir où les pieds pourront trouver de l'amour dans les activités quotidiennes[924].

Cette citation contient l'essence du schéma de désir et d'information qui se trouve au cœur du processus d'apprentissage par le rêve. Nos désirs conscients d'apprendre par nos rêves, et notre affirmation à nous-mêmes avant de nous endormir que nous souhaitons nous rappeler nos rêves et les noter, focalisent le désir d'accomplir cette tâche. Cette tâche est interprétée par le mental profond ou 'soi' supérieur, et elle répond à notre désir en nous exprimant des rêves. Nous poursuivons ensuite notre coopération avec ce processus en tenant un journal de nos rêves et en jouant consciemment de l'interprétation de ce matériau onirique. Ce que nous découvrirons généralement c'est que nous rêvons en cycles. Une certaine partie de ce matériau est manifestement transitoire, une simple répétition de quelque chose que nous avons fait récemment. Une autre partie de ce matériau est évocatrice, provocatrice, pourvue d'une atmosphère émotionnelle, d'une aura et d'une texture à l'imagerie riche. Notre rôle est alors de tamiser ce mélange, d'en extraire les indices et les masques sur lesquels nous souhaitons travailler, dont nous souhaitons comprendre les implications.

Souvent au long des années, les entités de la Confédération ont proposé de nous aider au moyen de ce processus des rêves. Ceux de Q'uo expliquent:

> Puisque nous avons été appelés par beaucoup tels que vous, nous considérons ceux qui nous appellent et nous représentent sous la forme ou de la manière qui leur convient le mieux, que ce soit (dans un petit nombre de cas) comme l'appel de ce groupe-ci, pour entendre nos paroles et nos opinions, ou bien pour ceux qui ont besoin d'un rêve inspirant, disons, et donc une visite pendant le sommeil et la partie 'rêves' de votre expérience, ou bien il peut être plus utile de provoquer une réunion fortuite d'entités dans l'illusion de troisième densité, afin qu'elles puissent échanger entre elles la recherche qui croît dans les deux cœurs. C'est ainsi que nous dirigeons la plupart de nos efforts vers cette planète et sa moisson qui se poursuit en ce moment[925].

Pour les entités de la Confédération, proposer de l'aide en état de rêve est souhaitable parce qu'il y a la protection naturelle du libre arbitre de l'individu dans cet état, et seul ce qui peut être remémoré consciemment avec sécurité le sera. Cependant, l'inspiration et l'encouragement dans les

---

[924] Q'uo, transcription du 10 janvier 1987, p. 11

[925] Q'uo, transcription du 21 novembre 1999, p. 5-6

rêves se traduit par un sens ineffablement accru d'unité et de vitalité en état d'éveil, et plusieurs des personnes avec lesquelles j'ai travaillé ont obtenu de bons résultats en suivant cette méthode de demande d'assistance en rêve. Si nous désirons profiter de l'aide proposée je recommanderais de demander le nom précis du groupe (comme Q'uo ou Ra) avec lequel nous nous sentons le plus en harmonie, et de faire cette demande dans le cadre d'une courte méditation avant le sommeil dans lequel le 'soi' est offert pour le Service d'autrui. C'est une protection contre ce qui demeure un univers très peuplé, plein de personnages qui sont loin d'être plaisants et qui seraient ravis de perturber notre sommeil et de nous nourrir de folies de grandeurs. Les sources extraterrestres orientées positivement, comme les entités de la Confédération, ont des manières délicates et courtoises, ainsi qu'un sens aigu de la préservation du libre arbitre de chaque entité. Je ne recommanderais pas de diffuser simplement une demande "d'aide de n'importe quelle source". Soyez spécifiques! Et ne vous attendez pas à ce que des OVNI apparaissent dans vos rêves. Les sources de la Confédération ne sont habituellement pas aussi littérales:

> Dans la plupart des cas, un vaisseau n'est pas nécessaire. De nombreux contacts de ce genre se produisent en état de sommeil et de rêve, disons, et ne sont pas nécessairement remémorés par l'entité contactée. Le but est toujours le même: éveiller le contacté au but de sa vie et de sa mission tel que déterminé avant cette incarnation. Dans certains cas, l'entité est contactée grâce à l'utilisation d'un vaisseau de description OVNI, car il est ressenti par le 'soi' supérieur lui-même, disons, qu'un tel contact sera très bénéfique à l'éveil de cette entité, puisque chaque entité est unique. Et dans certains cas le contact par le vaisseau est aussi utilisé pour des buts plus larges, c'est-à-dire la présentation à votre population du concept du mystère, afin que la recherche à sa solution puisse être entreprise[926].

La tenue d'un journal

Nous avons parlé de la tenue d'une sorte de journal lorsque nous avons évoqué la tenue d'un carnet de rêves. Un journal peut être n'importe quoi: depuis un cahier énumérant les recettes les plus utilisées ou les rêves faits, jusqu'à un journal des événements quotidiens, ou des commentaires sociaux sur ces événements, ou encore jusqu'à un journal d'idées, de

---

[926] Latwii, transcription du 14 février 1982, p. 10-11

visions et de questions. De nombreuses personnes en tiennent et trouvent ce processus utile: depuis les alcooliques qui suivent une de leurs douze étapes, jusqu'aux enfants qui confient leurs secrets à leur « Cher journal » ou à Thomas Merton et Saint Augustin, Leonardo da Vinci et Proust, qui ont mis par écrit leurs combats avec Dieu et Mammon, leurs connaissances, leurs vérités et la beauté. Nous pouvons toujours trouver des journaux écrits par des auteurs méritants dans les librairies, puisque quiconque peut convenablement écrire et penser de manières intéressantes a plein de choses à dire pour nous surprendre et nous intriguer. Mais les pensées d'autrui ne peuvent pas toujours nous révéler les nôtres et c'est là, je pense, le but véritable de la tenue d'un journal.

Je suis passée par une période d'un an et demi de tenue d'un journal pendant que je travaillais au présent projet, lors de l'une des deux incarnations précédentes de ce *vade mecum*, en 1993 et 1994, alors que j'écrivais mon autobiographie, parce que j'avais le sentiment que les gens avaient le droit de savoir qui j'étais, puisque j'écrivais toutes ces opinions. Il me semblait que les gens pourraient alors arriver à se convaincre de mes bonnes intentions et que je deviendrais alors pratiquement transparente au travers des matériaux de ce livre. C'était une bonne idée, mais sous cette forme je n'ai pas été satisfaite parce qu'il était trop plein de 'moi'. Au cours du processus de découverte de cela, pendant un an et demi je me suis levée à 5h30 le matin pour pouvoir écrire avant de commencer ma journée. À ce moment-là j'allais à l'école, de sorte que je quittais la maison à 7h30 et étais partie toute la journée. La tenue d'un journal faisait partie de ce projet de biographie car à l'époque je pensais probablement publier ce journal en même temps que la biographie pour pouvoir diffuser les magnifiques lettres que je recevais de mes correspondants. J'ai mis fin au projet après avoir terminé en partie mon autobiographie, mais j'ai constaté que tenir un journal me permettait de cerner plus efficacement et plus complètement ce que je pensais, puisque pour pouvoir écrire sur un certain sujet j'étais obligée de trouver des mots qui permettaient de clarifier mes concepts non exprimés. Mon reproche principal à cette discipline était qu'elle ne m'attirait pas, et dès que je me suis autorisée à arrêter d'écrire quotidiennement, j'ai tout arrêté net. Tous les journaux que j'ai tenus m'ont toujours paru être des pensums. Je pense que cette science spirituelle appliquée est des plus utiles à ceux qui ont besoin d'un exutoire pour s'exprimer ou pour suivre un processus. Je dispose de nombreux moyens ordinaires d'expression puisque j'ai une abondante correspondance. Je m'exprime constamment au travers de mon travail quotidien. Quoi qu'il m'arrive, j'en parle généralement au gens à mesure que ma vie se déroule, juste en disant 'bonjour' et en communiquant les événements, quand ce n'est pas en

CHAPITRE XII: LES SCIENCES APPLIQUEES DE L'ESPRIT

faisant part d'un exemple lorsque j'aborde un sujet. C'est sans doute pour cela que mon besoin de tenir un journal est réduit. Et puis il y a ma préférence pour la réflexion. Je pense assez bien, mais je ne suis pas une intellectuelle de nature! J'aime à dériver sur l'océan de l'expérience.

En ce qui me concerne, la valeur des journaux se trouve surtout dans le *processus* de leur écriture. Lorsque nous notons ce que nous pensons, nous voyons des choses auxquelles nous n'avons pas réellement pensé auparavant. J'ai une amie écrivaine dont l'écriture est apparentée à la tenue d'un journal en ce sens qu'elle découvre ce que pensent ses personnages à mesure qu'elle écrit. En mettant par écrit les pensées et processus à moitié formés nous les complétons. Il est rare que nous relisions nos anciens journaux sauf pour leur éventuelle valeur littéraire ou leur intérêt historique. Voici ce qu'en dit 001:

> De temps en temps, au fil des ans, j'ai tenu divers journaux, parfois religieusement détaillés, mais pour la plupart sous forme de brèves et de notes. La plupart d'entre eux ont été jetés depuis, parce qu'en les relisant j'ai trouvé qu'ils n'étaient réellement valables qu'au moment même, parce qu'ils avaient trait à des rêves, des pensées ou des domaines spécifiques requérant de l'attention[927].

Comme quand nous travaillons sur les rêves, nous sommes à la recherche des indices que le subconscient veut bien nous donner. Lorsque nous notons nos pensées, nous pouvons parfois nous surprendre et nous donner des informations à nous-mêmes. L'hypothèse fondamentale de ce travail est que toute la situation a du sens et que tenir un journal nous aidera à assembler le puzzle que représentent tous les détails. Ceux de Laitos disent ceci:

> Dans le subconscient il y a un programme basique, qui est lui aussi fortement voilé dans la distorsion. C'est là que devient extrêmement important le travail sur les rêves, la tenue d'un journal, car il s'agit d'un métaprogramme, dirons-nous, dans lequel vous acceptez la maxime socialement inacceptable d'une voie de service choisie[928].

En nous mettant à la recherche de ce que nous pensons et ressentons réellement, nous ne sondons pas du vide. Nous cherchons à savoir pour pouvoir servir. Mettez-vous en recherche de vous-même et de votre vérité, mais pas indéfiniment. Cette densité-ci est celle du choix, chercher exclusivement et narcissiquement à l'intérieur du 'soi' sans avoir

---

[927] 001, lettre du 7 juillet 1997
[928] Laitos, transcription du 12 mars 1990, p. 4

l'intention d'utiliser ces connaissances pour servir autrui, c'est narcissique. Nous nous tournons probablement vers la tenue d'un journal vu comme un outil de découverte de soi en des temps troublés:

> Cela intrigue souvent ceux qui font l'expérience de ces périodes de désert intérieur car les plans extérieurs sont heureux et charmants, mais dans tous existe certainement une zone aride. La réaction négative à cela est souvent, non pas de la peur, mais plutôt un inconfort froid et irritant, un sentiment que l'on est véritablement indigne, assoiffé et affamé, dans le sens spirituel. Là aussi il est bon de se faire un ami de cet inconfort et même de se permettre une certaine focalisation sur cet inconfort en écrivant un journal ou simplement en se racontant à soi-même comment on se sent, car ce faisant, en étant attentif à ces sentiments d'inconfort intérieur, l'on rend plus facile son propre processus de recentrage en fonction du personnage qui émerge[929].

Voilà le but de cette chasse! Notre propre 'soi' à un niveau de vérité de plus en plus profond, jusqu'à ce que ce que nous appelons l'égo ait complètement disparu et que des choses plus intéressantes apparaissent à l'horizon.

Le travail en réseau

Apprendre qui nous sommes c'est apprendre ce que représentent nos archétypes. Un moyen de travailler sur le mental conscient est la collaboration en réseau. Je ne parle pas de la signification du travail en réseau dans le cadre de la diffusion d'un signal au travers d'un réseau de communication. Je parle des réunions entre amis, avec des amis et de la famille, comme nous le faisons lors de rassemblements et de fêtes, par courriel, et dans d'autres interactions avec ce que Ra appelle nos autres 'soi'. Dans cette pratique spirituelle je suis une enfant attardée à cause d'une passivité caractéristique qui m'empêche de m'affirmer dans la recherche de nouvelles relations, mais grâce aux échanges par courriel j'ai pu rencontrer des amis merveilleux, travailler avec des gens fascinants, et profondément apprécier le processus du travail en réseau qui s'est mis en place parce que des gens ont été attirés par les textes publiés sur notre site internet. En travaillant en réseau nous postulons que ces autres personnes sont non seulement des univers à part entière, mais aussi des messagers qui ont des informations à nous communiquer. C'est-

---

[929] Q'uo, transcription du 25 avril 1993, p. 5

Chapitre XII: Les sciences appliquees de l'esprit

à-dire que dans un sens spirituel ils sont sans le savoir des Mercure-aux-pieds-ailés qui transmettent des choses que nous avons besoin d'entendre, établir des connexions dont nous avons besoin. En apprenant à connaître et en étant authentiquement intéressés à établir avec eux des relations saines et durables, nous apprenons également à nous connaître et à nous soutenir nous-mêmes. De telles connexions sont de plus en plus bénéfiques à tous ceux qui en font partie. Et en faisant cela, nous travaillons à l'équilibrage global et à l'évolution de notre planète:

> Les services que fournissent les entités qui utilisent activement les ressources disponibles pour établir des connexions seront des services d'aide à la planète dans son processus de naissance. Nous avertissons simplement chacun qu'en établissant ces connexions aucun résultat ne peut être escompté, aucune limite ne peut être posée sur les possibilités de ces connexions. Parfois, ceux qui veulent le plus aider une culture, une société ou un monde sont entraînés par leur souci dans des structures conceptuelles rigides concernant les voies et moyens permettant d'atteindre le but souhaité. Nous voudrions encourager chacun de ceux qui souhaitent poursuivre cette voie de connexion à continuer à rechercher l'intuition et le sens du cœur plutôt que de faire des plans grandioses et mener telle ou telle stratégie conçue sans tenir compte des connexions établies spontanément. Car le complexe mémoriel sociétal doit être construit relation après relation, exactement comme lorsque des entités recherchant la paix en tant que nation doivent en premier lieu rechercher la paix en elles-mêmes[930].

La collaboration en réseau a des applications spéciales, comme de chercher un nouveau job ou changer d'endroit. Avoir la certitude intérieure que des connexions s'établiront lorsque la nécessité s'en fera sentir est, selon moi, une manière adéquate et équilibrée d'aborder les moments de préoccupation. Mais tout canard digne de ce nom sait comment barboter. Lorsqu'il y a une raison particulière d'établir des connexions, les outils de collaboration en réseau et autres moyens de communications attendent. L'âge numérique ou cyber-âge nous rend peut-être nerveux et surchargés, mais il nous propose de nombreux outils permettant de faire face. J'ai un ami dont le travail actuel est d'accompagner des cadres en recherche d'emploi. Il peut être très traumatisant de devenir un président ou président-directeur général adjoint licencié, et cet homme est particulièrement habile à transformer

---

[930] Q'uo transcription du 26 février 1995, p. 4

l'inquiétude en confiance et une trouille bleue en action positive. Pour remonter le moral de ses clients et les préparer à retourner au travail il leur conseille de collaborer en réseaux. Il leur suggère d'écrire aux gens qu'ils connaissent en leur décrivant la situation, en leur demandant s'ils ont entendu parler d'autres opportunités, mais aussi en donnant d'autres nouvelles de la journée, les domaines d'idées et d'intérêts qui sont partagés en d'autres circonstances, des citations qu'ils ont récemment trouvées et appréciées au fil de leurs lectures ou en parlant avec des gens, etc. Le but est de faire de chaque contact une réelle communication, un réel partage venu du cœur. Nous ne savons jamais d'où viendra du bon. Si rien de bon ne vient de telle ou telle personne, il reste le bénéfice du renforcement de cette relation.

Il existe de nombreux réseaux, faits sur mesure pour diverses exigences. Essayez-vous de cesser de fumer ou de perdre du poids? Avez-vous besoin d'encouragement pour pouvoir faire face à un problème difficile? Écrivez à vos amis. Établissez un contact. Trouvez sur Internet des groupes d'intérêts. Vous recevrez du soutien, de nouvelles idées, des options pour améliorer vos conditions de vie, des nouvelles qui font plaisir ou expriment la sympathie et remplissent votre esprit d'autres choses que vos problèmes, et alors vos misères diminueront. Mais surtout, soyez ouverts à de nouvelles relations: les amis d'amis qui vous trouvent, ou le flâneur qui passe par votre site web. Car chaque nouvelle relation est aussi une relation avec le Créateur unique:

> Beaucoup de choses vous attendent, mes enfants. Il n'existe véritablement rien qui ne fasse pas un avec vous, et il n'existe pas de conscience que vous ne partagiez, et cependant au sein d'une famille chacun est unique, et chaque membre de la famille de votre sphère est unique. Nombreux sont ceux qui ont à présent conscience qu'il est temps de sentir la famille travailler plus étroitement, et vous avez appelé cela collaborer en réseaux. Pensez-y comme à une réunion autant qu'un travail, car dans l'instinct de collaboration en réseaux vous pouvez percevoir l'instinct qui appelle tous les membres à une réunion de la famille[931].

Cette réunion de famille approche. Je vois, spécialement sur l'internet, de plus en plus d'appels à des méditations mondiales pour la paix et la justice sociale. De nombreux centres voués à la lumière sont créés partout sur le globe. Des sources politiques de lumière semblent croître. Chaque fois que nous entrons en contact avec quelqu'un et abordons des sujets

---

[931] Q'uo, transcription du 15 mars 1987, p. 4

spirituels ou proposons des perspectives métaphysiques à un problème épineux, ou témoignons d'idéaux, nous partageons de la lumière. Chacun de ceux à qui nous offrons cet encouragement peuvent relayer cette lumière de plus en plus loin, jusqu'à ce que tout le globe soit de plus en plus enveloppé dans un filet doré d'amour, de soutien, de foi, d'espérance et d'encouragement. Et nous pouvons faire cela lorsque nous parlons à de la famille et à des amis, car toutes choses sont sacrées si elles sont regardées dans une perspective spirituelle, et tous les êtres sont le Créateur. Cela fait de la collaboration en réseaux une des choses les plus accessibles en termes de pratique spirituelle. Ceux de Q'uo donnent l'encouragement qui suit:

> Ce processus que bon nombre appellent de la collaboration en réseaux est en train de changer radicalement la conscience fondamentale de votre planète. Nous sommes heureux de voir cela se mettre en place, car nous avons craint que la transition par laquelle passe déjà cette planète soit bien plus difficile qu'elle ne l'est. Nous ne pouvons que remercier chaque individu que nous avons le plaisir de rencontrer, tout comme nous avons rencontré chacun d'entre vous, pour l'amour et l'attention que vous prodiguez à la cause de l'amour. Lorsque vous entrez en contact les uns avec les autres, que vous avancez dans, et poursuivez ce processus, rappelez-vous que la magie de la vie est bien plus évidente lorsque chacun trouve le groupe ou la nouvelle personne qui a une communauté d'attitude et d'intérêt par rapport à ce qui est métaphysique[932].

L'utilisation des arts dans la pratique spirituelle

J'ai été chanteuse de folk et choriste dans un groupe de rock, et je chante dans des chorales depuis l'âge de quatre ans. J'ai même chanté un peu d'opéra en tant que choriste. Dans mon enfance j'ai eu le bonheur de suivre pendant huit ans une formation à l'école de danse rythmique Noyes, et fait six ans de ballet. Ces arts d'expression ont donné à mon enfance et au début de mon âge adulte, une aura dorée qu'il m'est impossible de décrire. Le système Noyes est une discipline qui englobe le monde naturel, de sorte que mes étés dans le Connecticut à Noyes ont été passés dans un cadre de parquet en bois sous un toit mais sans murs, avec

---

[932] Q'uo, transcription du 15 octobre 1995, p. 5

un piano jouant de la belle musique, et nous les enfants dansant et tourbillonnant là et dans les environs, auprès d'un lac charmant et placide, parmi des collines pentues mais escaladables, sous des cieux parsemés de charmants nouages floconneux, et parmi des plants de myrtilles et de lys bordant le cercle de rassemblement. Chaque pierre paraissait pétrie de réalité et de solidité sous mes pieds, et chaque grenouille arboricole chantait son propre chant mélodieux. Les mouvements de danse me faisaient m'étirer comme une étoile de mer sur un fond marin puis bondir et danser vers les étoiles, comme une comète, ou devenir une lune suspendue ou une branche fleurie se balançant dans la brise. J'exécutais mes meilleurs bonds de cheval, arrondissais mon dos comme l'ours brun, je m'étirais et jouais avec les mouvements jusqu'à ce que mon corps rejoigne mon mental et mon esprit en un point d'équilibre où tout était parfaitement clair et parfaitement beau.

Je me souviens en particulier de l'exultation de danser jusqu'à l'épuisement lorsque, par privilège spécial en tant que petite-fille du conseiller musical je recevais la permission de me joindre au Camp Senior plus bas sur le chemin où, lors des activités récréatives de la soirée, la musique classique jouée au piano inondait le pavillon de bois éclairé avec des lanternes et le gazon environnant, pendant que les femmes pieds nus dans leurs tuniques grecques s'abandonnaient au rythme de la musique, dansaient avec beaucoup d'expression jusqu'à ce que l'épuisement les fasse se jeter sur le parquet pour reprendre leur souffle.

Je pense qu'à ces périodes de danse un flot d'informations est entré dans mon corps au niveau cellulaire. Par les mouvements et les danses rythmiques je faisais l'expérience d'une aide incroyablement utile pour pouvoir me centrer dans les rythmes de la vie. La danse et les spectacles en général ont alimenté ma confiance en moi d'une manière tout à fait unique dans mon enfance. Bien plus, je pense que j'ai aidé mon être énergétique à s'aligner sur les énergies qui l'entouraient. En tant que choriste, et particulièrement dans le cadre de la grande tradition des chants sacrés, je peux témoigner de la remarquable quantité d'énergie qui peut être émise par un groupe de personnes s'exprimant ensemble. Je n'ai que rarement pu faire l'expérience de l'interaction d'un acteur et de son public, mais en tant que chanteuse je me suis trouvée parfois immergée dans de la musique qui m'a transportée vers la lumière blanche, au-delà de tout ce qui est terrestre. Souvent après un concert j'ai quitté la salle en me sentant flotter plusieurs centimètres au-dessus du sol, toute vibrante encore de la puissance de la musique et des mots qui avaient émané de notre chœur ou de notre chorale. J'ai fait l'expérience d'une force extraordinaire lorsque j'ai dansé au son de la récitation de poèmes ou de musique: j'ai l'impression qu'il y a une soif innée de rythmes et figures quelle qu'en soit la conception, plutôt que de contenu, de son ou de forme.

Cet alignement énergétique est présent dans une pratique plus fondamentale: celle des derviches tourneurs des Soufis. Les adeptes de cette pratique ont le sentiment qu'ils retirent des bénéfices spirituels de ces mouvements, et il existe des exemples de ce type de mouvements chamaniques sur tous les continents si pas dans toutes les cultures. Notre corps se prête à être entraîné par des rythmes. Dans une certaine mesure nous sommes tous des instruments dont nous pouvons jouer en bougeant notre corps. La plupart des athlètes qui s'adonnent à la course, au jogging ou à la marche passent par les expériences d'euphorie et de clarté de vision qui accompagnent l'épuisement musculaire. Dès lors cette pratique n'est pas réservée aux rapides et sûrs d'eux-mêmes, mais une aptitude à utiliser ses pieds est un atout considérable. D'expérience, je peux affirmer que du fond d'une chaise roulante les options sont beaucoup plus limitées! Mais il reste toujours des options, comme l'expliquent ceux de Q'uo:

> Il y a plusieurs manières de pratiquer cette discipline de la personnalité. Il existe dans chaque culture, et dans chaque héritage religieux, des traditions qui considèrent les pratiques que vous avez mentionnées comme étant les plus utiles pour la discipline primaire ou fondamentale, pour chaque entité qui cherche à apprendre les leçons qui y sont appropriées et à les transmettre à d'autres en tant que service à autrui et au Créateur qui se trouve dans tout. La psalmodie, l'exécution de divers chants, danses et autres rituels dévotionnels sont extrêmement utiles pour entamer ce processus de discipline de manière à ce que la diffusion de prana (ou énergie cosmique) entrant puisse se faire le plus efficacement, car cette énergie est très comparable à la force de l'eau qui passe par un tuyau d'arrosage. Si l'embout du tuyau ou l'attention est tourné(e) de telle manière que l'eau diffusée est vaporisée, la force est négligeable. Mais si l'embout ou l'attention est tourné(e) de manière telle que l'eau passe peu, en perçant et en forçant son passage, alors une bien plus grande force est disponible pour atteindre ce but[933].

Les mouvements rythmiques ou les performances sur scène de toutes les sortes font de nous des instruments de plus en plus aptes à émettre une

---

[933] Q'uo transcription du 21 octobre 1990, p. 19-20

mélodie métaphysique discernable, avec de la résonance et du timbre. Même si nous nous contentons d'une séance de yoga ou de simples étirements, nous pouvons consciemment saisir cette occasion pour harmoniser notre corps et lui donner ainsi une chance de s'exprimer, d'être vivant et en mouvement. Voici ce qu'en dit David Gourd:

> Je tourbillonne régulièrement. Mon expérience m'a appris qu'une rotation dans le sens des aiguilles d'une montre (c'est moi la montre), m'apporte de l'énergie, tandis qu'une rotation dans le sens inverse des aiguilles d'une montre m'enlève de l'énergie. Parfois j'exécute d'abord des rotations dans le sens inverse des aiguilles d'une montre pour me débarrasser d'une énergie indésirable et ensuite, dans une autre pièce, j'opère des rotations dans le sens des aguilles d'une montre pour faire le plein d'énergie désirable[934].

Lorsque nous regardons jouer des enfants nous les voyons ordinairement en mouvement, s'exprimant de tout leur corps et de tout leur être. C'est une aptitude que nous perdons de plus en plus à mesure que nous avançons en âge et que nous nous sentons de moins en moins solidement arrimés et collés à notre corps. Mais cela nous fait grand bien de nous voir nous-mêmes comme des danseurs (quelle que soit la forme de notre corps) et de nous encourager à nous activer rythmiquement.

Je n'ai apparemment aucun talent en peinture puisque mon professeur de dessin au collège m'avait avertie que je ne devais pas espérer passer de classe si je continuais à suivre son cours. Je n'ai donc jamais pu éprouver les joies de la peinture. La broderie, le tricot et le point de croix me sont beaucoup plus accessibles, et une machine à coudre m'aide à trouver une modeste expression artistique dans la création de cadeaux et petits trésors. Mais je connais des gens qui trouvent véritablement une force spirituelle dans leur association avec leur muse lorsqu'ils créent de la beauté en cousant, peignant, ou se livrant à d'autres beaux-arts ou artisanats. Si vous vous sentez attiré par ces moyens pour vous exprimer, n'hésitez pas à concrétiser ces désirs car chaque fois que nous mettons en contact du fil et du tissu, de la peinture et une toile, nous nous ouvrons à des parties d'essence de nous-mêmes qui peuvent s'exprimer dans ces expressions et se répandre sur le plan terrestre, non seulement en tant que peinture sur toile ou article cousu, mais en tant que douceur d'esprit, grâce, ou affirmation de vérité et de force. Toutes les beautés artistiques ne sont pas jolies, comme le disent ceux de Q'uo!

---

[934] David Gourd, lettre du 28 février 1999

Nous trouvons beaucoup à recommander dans les talents naissants artistiques et intuitifs que chaque chercheur possède aussi, et nous encourageons chacun à faire usage des sens visuel et auditif intérieurs pour créer des moyens d'exprimer l'essence de soi comme le font les artistes lorsqu'ils produisent un tableau, une chanson, un spectacle parlé comme une pièce de théâtre ou un poème, ou bien une danse[935].

Soyons tous des artistes! Regardons le monde comme le regarde l'artiste, car l'œil de l'artiste a recours à la nature magique de l'intuition et de l'émotion profonde pour établir des liens avec les chants les plus profonds de notre cœur. Et soyons des transmetteurs de rythme, à l'aise dans notre corps et prompts à bouger! Écoutons l'enthousiasmant dithyrambe: "O clap your hands, all ye people!"[936]. Le psalmiste savait que nous devons élever notre cœur en nous exprimant en rythme, et qu'ainsi nous pouvons récolter des fruits spirituels. Nous bouger et nous exprimer nous fait entrer dans le moment présent et devenir notre 'soi' le plus authentique et le plus complet lorsque nous tourbillonnons en harmonie avec toute la vie vibrante de la Terre.

Voir son prochain comme un instructeur

Dans un chapitre précédent nous avons parlé des instructeurs et de leur merveilleuse utilité dans nos recherches métaphysiques. Je voudrais ajouter ici un mot à propos de tous ceux que vous rencontrez et qui sont vos instructeurs. Ainsi que le disent ceux de Q'uo:

> Il y a des instructeurs partout. La Création du Père enseigne mille leçons par minute, à condition que vous puissiez parler avec elle. Chacun de vos camarades est un être christisé, inconscient dans une certaine mesure de sa vraie nature. Mais lorsqu'il vous tend la main, c'est le Créateur qui vous tend la main. Lorsqu'il exprime de l'amitié et de l'amour, ainsi fait le Créateur[937].

Marty Upson détaille:

> Nous sommes tous des enseignants/étudiants/instructeurs, non? D'une rencontre de hasard avec un inconnu dans la rue qui fait un simple commentaire, il est possible d'apprendre davantage que des

---

[935] Q'uo, transcription du 8 mai 1993, p. 2
[936] Vous tous, peuples, battez des mains! (Bible psaume 47 :1- NdT)
[937] Q'uo, transcription du 15 juillet 1990, p. 11

mois ou années dans le cabinet d'un psychothérapeute. Il existe un gazillion (c'est-à-dire un nombre infini) de possibilités/probabilités à l'œuvre dans la dynamique d'apprentissage/instruction-instruction/apprentissage[938].

Qui sait quel est l'interlocuteur qui nous transmettra le message que la destinée pousse dans notre direction? La dévotion de l'élève pour le gourou échoue très souvent car chaque gourou est aussi un être doté d'un égo, une personne faillible, qui apprend et fait des erreurs tout comme nous. Nous perdons facilement nos illusions à propos de notre gourou lorsqu'il nous déçoit, car les instructeurs déçoivent parfois en effet. Mais si nous faisons de tous ceux qui s'adressent à nous des gourous potentiels et des sibylles de notre destinée, ils ne peuvent nous décevoir car ils ne savent pas qui ils servent. Il nous faut écouter tous ceux qui nous parlent et user de notre sens inné de la discrimination:

> Les instructeurs sont nombreux. Il y a autant d'instructeurs qu'il y a d'entités et d'expériences, et chacun enseignera avec une voix particulière, avec un style unique à cet instructeur. Les paroles qui ont une certaine valeur pour l'élève trouveront leur chemin vers le cœur de cet élève. C'est pourquoi nous recommandons que chaque étudiant établisse une discrimination parmi les mots et concepts que nous proposons, oublie ceux qui n'ont pas de signification, et ne conserve que ceux qui sonnent vrai pour cette entité. Nous recommandons que chaque étudiant découvre les instructeurs avec lesquels il est à l'aise, car tout le monde enseigne et tout le monde apprend[939].

Selon ceux de Q'uo, d'autres personnes peuvent souvent nous dire des choses que nous sommes prêts et mûrs à entendre, mais que nous n'avons pas encore mises en mots:

> Les autres 'soi' qui vous inspirent et vous instruisent permettent également de faire passer à travers eux la même énergie que celle de la sagesse du mental profond. Dans votre illusion, vous pouvez voir tous les autres 'soi' non seulement comme des instructeurs, mais aussi comme des miroirs qui vous reflètent vous-mêmes. Ainsi, les choses qui vous inspirent chez quelqu'un d'autre sont équivalentes aux choses qui vous inspireraient de l'intérieur si vous étiez capables d'accéder à la profondeur et à l'endroit appropriés de votre mental profond. Lorsque l'inspiration vient de quelqu'un d'autre vous écoutez quelque chose auquel vous avez déjà pensé

---

[938] Marty Upson, lettre du 28 février 1999

[939] Q'uo, transcription du 30 août 1992, p. 11

> mais que vous n'avez pas été capable d'amener suffisamment près
> de la conscience superficielle pour vous être dûment livré[940].

J'ai le sentiment que nous avons des sources intérieures de guidance qui sont toujours prêtes à aider à aplanir notre chemin. Ceux de Q'uo expliquent:

> Nombreux sont ceux d'une nature invisible qui chérissent et
> veillent sur les activités de ceux de vos peuples pendant
> l'accomplissement de leurs activités quotidiennes. Chaque entité a
> de ces guides et gardiens, amis et instructeurs aux soins desquels
> l'entité a été confiée, au sens métaphysique, de sorte que pour
> chaque entité il y a un nombre significatif de mains et cœurs
> invisibles qui vous vous accompagnent dans votre voyage. De plus,
> il y a ceux dont l'honneur et le devoir sont plutôt de nature à
> apporter de la lumière pour que de temps en temps vos expériences
> puissent être en accord avec les invitations, dirons-nous, que vous
> faites passer avec votre recherche, avec vos désirs[941].

Nous pouvons compter sur ces présences invisibles et sur leurs réponses lorsqu'elles réalisent que nous avons conscience de leur aide et que nous lui faisons bon accueil et l'encourageons. Écoutez tout car dans le vent il y a des voix! Et elles nous parlent en direct si nous avons des oreilles pour entendre.

La lecture vue comme une pratique spirituelle

Il est évident que nous qui errons sur la planète Terre lisons déjà beaucoup, et apprenons autant que nous le pouvons. Mais ce dont j'espère pouvoir parler ici c'est de l'art de lire de façon inspirante, et également l'art de voir tous les mots mis sous les yeux comme ayant le même type de potentiel qu'ont tous les autres 'soi' en tant qu'instructeurs. Ce que l'on met par écrit, même avec insouciance, porte aussi son identité essentielle et peut se présenter à nos yeux dans une forme extérieurement peu prometteuse. C'est à nous de percevoir l'utilisation possible de tels mots, qu'ils apparaissent dans un journal, un magazine, une circulaire, ou sur un panneau indicateur. Les mots ont de l'énergie, et s'ils voyagent jusqu'à nous c'est qu'ils peuvent avoir un message pour nous.

Ceux de Q'uo considèrent comme utile la lecture de textes inspirants:

---

[940] Q'uo, transcription du 6 septembre 1992, p. 3

[941] Q'uo, transcription du 26 avril 1992, p. 6

CHAPITRE XII: LES SCIENCES APPLIQUEES DE L'ESPRIT

> La lecture pour le 'soi' de textes destinés à accroître la prise de conscience de la gratitude est recommandée. Même la lecture répétitive de mots inspirants est utile car parfois ceux qui font partie de l'humanité sont réticents à avoir un meilleur sentiment d'eux-mêmes, à accepter leurs limites, et à continuer à offrir les louanges et remerciements qui reviennent de plein droit au Créateur infini unique qui a offert à chacun de vous et à chacun de nous une magnifique occasion: l'occasion de grandir, d'être, de percevoir et d'agir[942].

C'est une chose difficile que d'exiger du 'soi' qu'il redéfinisse le monde qu'il voit en termes de valeurs et vérités spirituelles qui sont rarement évidentes dans le monde tel qu'il est. La lecture inspirante est un reprogrammeur de nos idées, un entraîneur de nos humeurs et attitudes. Méditer. Pour moi, cela signifie lire tous les jours! Chacun de nous trouvera les écrits qui l'inspirent. Lorsque nous en éprouvons le besoin, nous pouvons nous tourner vers ces sources d'inspiration, vers ce que nous aimons lire et méditer. Pour moi cela signifie lire chaque jour! Ceux de Q'uo estiment que le quotidien est une bonne idée en ce qui concerne la lecture destinée à donner de l'inspiration:

> Nous encourageons chacun de ceux qui entendent ces paroles à prendre le 'soi' très au sérieux en ce qui concerne la mise au point d'une pratique quotidienne qui alimente le 'soi' métaphysique, que ce soit par la méditation, la prière, la contemplation, la rumination, la vue d'objets inspirants, ou la lecture de mots inspirants. Vous découvrirez que ces techniques d'entraînement du mental sont des plus utiles[943].

Lorsque nous trouvons des livres, grands ou petits, qui 'fonctionnent' pour nous, nous avons en fait découvert des trésors, des amis vers qui nous pouvons nous tourner autant de fois que nous le voulons. Certains des livres que je relis sont des livres pour enfants, et certains sont des écrits fantasques écrits juste pour le plaisir. Ce qu'ils ont en commun pour moi, c'est qu'ils me rendent à moi-même. Ils m'aident à me sentir entièrement moi lorsque le 'moi' est passé par une période dure et de fragmentation.

Un de mes amis de plume dont les mots ont été mes compagnons pendant le plus longtemps est 282, un professionnel canadien qi a commencé à m'écrire au début des années 1980 et qui a toujours considéré que c'était

---

[942] Q'uo, transcription du 7 janvier 1990, p. 3-4

[943] Q'uo, transcription du 7 février 1999, p. 3

son travail terrestre qui occupait son temps, après quoi il a pu lire et étudier la métaphysique. Il raconte:

> À l'âge de 59 ans j'ai pris ma retraite, ayant acquis une pension suffisante pour pouvoir vivre sans travailler. Ma retraite précoce a été une occasion extraordinaire pour étudier la métaphysique avec une intensité et une ardeur déterminées. Je pense qu'ici aussi c'est mon 'soi' supérieur qui a ouvert cette porte en sachant que j'allais réagir aux catalyseurs appropriés, et que la grande question dans l'illusion de troisième densité c'est grandir spirituellement[944].

282 a vu cette période de loisir dans sa vie comme une grande chance de pouvoir étudier, et à partir de là et jusqu'à son récent départ du plan terrestre, il s'est investi avec bonheur dans l'étude. Nous avons dans la bibliothèque de L/L Research son immense système de fiches de notes qui sont le résultat de toutes ses décennies d'approfondissement! Est-ce que ces fiches deviendront des instruments de réalisation pour une autre âme? Qui sait! Car elles sont conservées et prêtes à être consultées. Mais leur objectif a déjà été largement atteint, car puisque 282 a mis par écrit les fruits de son étude quotidienne il a lui-même énormément acquis de cette étude, pas seulement parce qu'il a lu de bons livres, mais surtout parce qu'il a regardé tout ce qu'il a lu dans une perspective spirituelle et qu'il a eu une soif inextinguible pour cette tâche. Thomas Church a lui aussi cette soif:

> Qu'ai-je envie de savoir? Je veux tout savoir, maintenant. Je ne veux pas être un "je sais tout" mais je veux réellement tout savoir. Et pour réellement savoir quelque chose il faut le sentir de l'intérieur, cela doit venir de l'intérieur. Tout ce que je lis ou apprends de sources extérieures est simplement confirmation des connaissances que j'ai acquises de l'intérieur[945].

Dans le va-et-vient de l'apprentissage, j'espère que nous pourrons trouver très utiles les mots qui viennent à nous, et qu'ils nous inciteront à poursuivre notre réflexion. Dans ce très large sens, ce n'est pas seulement en faisant appel à la foi, en visualisant, en travaillant sur les rêves, en lisant, ou en écoutant des instructeurs, que nous faisons appel aux sciences spirituelles appliquées: c'est aussi dans tous les actes qui nous font amener notre réflexion à un point de vue qui reconnaisse la vivacité et l'intégralité du monde qui nous entoure, et qui reconnaisse aussi que ce monde nous inclut en tant que parties intégrales et intégrantes de lui-même. Donc, l'environnement tout entier est susceptible de nous faire

---

[944] 282, lettre du 24 juillet 1994
[945] Thomas W. Church, lettre du 24 août 1999

parvenir des signaux! Si nous parvenons à capter ne serait-ce qu'un dixième de ces signaux, nous disposerons en abondance de matériaux à utiliser pour notre évolution spirituelle.

CHAPITRE XIII : LES MISSIONS SECONDAIRES – DES CADEAUX INDIRECTS

Comment être

Avant de nous concentrer au chapitre suivant sur la mission principale de tous les êtres spirituellement éveillés, qui est d'être nous-mêmes, je voudrais parler brièvement des façons dont, en tant que missionnés, nous pouvons utiliser nos dons extérieurs au Service d'autrui. Nous naissons tous avec une personnalité partiellement préformée et des talents divers que nous avons choisi de manifester au cours de cette incarnation. À mesure que nous croissons et apprenons, nous développons certains de ces talents et en délaissons d'autres. Reconnaître nos propres talents et choisir ceux que nous souhaitons développer fait partie de notre entreprise de découvrir qui nous sommes. Parmi la quasi-infinité des talents extérieurs possibles j'en ai choisi quelques uns au sujet desquels les gens m'interrogent le plus, et ceux que je considère moi-même comme dignes de réflexion. En parlant des manières dont nous pouvons utiliser nos talents, mon but n'est pas de convaincre ceux qui ne les ont pas qu'ils devraient les étudier ou se sentir coupables ou diminués parce qu'ils ne sont pas doués dans tel ou tel domaine. Je voudrais simplement regarder le service extérieur à autrui sous plusieurs aspects. Joe Koehm écrit :

> Nous apportons tous des modifications radicales dans notre vie. Nous nous reconnectons tous à la source. Et pendant que nous nous efforçons de nous reconnecter, soyons assurés que même si tous nos chemins iront dans des directions différentes, nous avons la certitude que la destination finale est la même pour tous[946].

Chercher comment nous pouvons servir en partageant nos talents aide à nous rappeler que nous suivons tous le même chemin, que nos liens mutuels transcendent les processus linéaires, et que notre destination à tous est identique. En tant que créatures d'amour ineffable, en tant que parties d'un être infini dans le sein du Créateur de tout ce qui est, nous jouissons d'une communion dans laquelle, par le fait même d'être, nous avons beaucoup plus d'incidence que nous en aurions jamais en vertu des plus merveilleux de nos travaux dans le monde extérieur. Il est utile de réaliser cela, car la principale raison pour laquelle nous nous détournons

---
[946] Joseph R. Koehm, lettre du 27 octobre 1998

Chapitre XIII: Les missions secondaires – des cadeaux indirects

du partage de nos talents est le sentiment que nous devons faire quelque chose de spectaculaire pour servir. Selon moi, cela n'est absolument pas le cas. Notre essence même ne nous permet pas de nous empêcher de servir soit les forces de l'amour, soit les forces opposées, en fonction de l'orientation de notre recherche. Tout service extérieur que nous pouvons ajouter au service intérieur et premier du fait d'être, est une cerise ajoutée sur le gâteau. Et tout acte par lequel nous nous efforçons de servir autrui est équivalent à tous les autres efforts d'égale pureté d'intention que nous faisons pour servir. Une missionnée dans la quarantaine et ayant vécu tout récemment une expérience, avec un OVNI, qui a transformé sa vie, m'a écrit pour exprimer son désir de servir autrui. Il est extrêmement commun que des missionnés se sentent poussés à servir. Je lui ai répondu en lui expliquant ma conviction que tout ce que nous accomplissons avec amour est un service à autrui, et elle m'a répondu:

> Lorsque vous m'avez dit que «laver la vaisselle et changer les langes» sont aussi des formes de service et que la manifestation n'est que secondaire, mon point de vue a changé du tout au tout et je peux percevoir ma joie intérieure. Tout ce qu'il faut c'est de l'amour. Je dois simplement m'aimer davantage moi-même[947].

Ceux de Q'uo font écho à cette idée:

> Car ce qui compte ce n'est pas quel service vous donnez, mais c'est l'amour avec lequel vous rendez ce service qui rend tous les services égaux. Ce ne sont pas les soins, les repas, les vêtements propres ou la lessive qui sont importants: ce qui compte c'est la qualité de l'amour avec lequel vous accomplissez cela[948].

La qualité d'amour, voilà quelque chose que les hommes de science ne sont pas encore parvenus à mesurer. Mais chacun d'entre nous connaît des personnes dont la nature est telle qu'elles irradient merveilleusement de l'amour et de la paix pour ceux qui les entourent, et nous avons donc tous des moyens subjectifs de savoir de quoi parlent ceux de Q'uo. Le travail d'apprentissage de la meilleure manière de servir en agissant et en étant est subtil et subjectif non seulement maintenant, mais aussi pour les incarnations à venir. Apprendre vraiment bien comment servir le Créateur et nos autres 'soi' n'est pas quelque chose que nous parviendrons à peaufiner en une seule incarnation. C'est quelque chose que nous devons décider d'apprendre à long terme:

---

[947] 277, lettre du 16 janvier 1997
[948] Q'uo, transcription du 26 septembre 1999, p. 3

CHAPITRE XIII: LES MISSIONS SECONDAIRES – DES CADEAUX INDIRECTS

>Vous êtes passés dans un domaine de développement que vous pourrez poursuivre pendant de très, très nombreuses incarnations, et au cours d'au moins une densité supplémentaire. Cette situation d'aimer, servir, et s'efforcer de devenir le soi universel qui pardonne et donc le soi universel pardonné, est une tâche sacrée et monumentale[949].

Notez l'importance du pardon dans cette déclaration. Sans cesse nous rencontrons des échos élogieux pour cette qualité universellement réconfortante. Le pardon paraît faire partie d'un grand nombre de talents extérieurs! Mais quels sont donc les talents extérieurs que nous considérons comme les plus spirituellement utiles? Les gens mentionnent généralement en premier l'enseignement, la guérison, l'art de gouverner, et la transmission par channeling parmi les ministères spectaculaires, et nous parlerons de chacun d'entre eux. Mais pratiquement toute vocation peut être un service à autrui. Il a été suggéré que les missionnés possèdent divers talents artistiques. Nous avons tous été inspirés par certaines œuvres d'art: depuis des chansons, des chants et des peintures jusqu'à des pièces de théâtre et des films de cinéma, et que sais-je encore. J'ai cependant le sentiment qu'il est probable que les missionnés ne sont pas plus susceptibles de posséder des talents artistiques que n'importe quel natif de la Terre. Ceux de Q'uo suggèrent qu'un des atouts que possède un missionné pour découvrir ses talents est un sens plus prononcé de la foi:

>La différence entre les missionnés [E.T.] et ceux qui espèrent dépasser la troisième densité se trouve dans les domaines de la foi et de l'intuition. Le missionné [E.T.] possède davantage de conviction instinctive ou foi dans les coïncidences spirituelles, dans la vivacité de toutes choses[950].

C'est un avantage plutôt négligeable, dont les missionnés E.T. ne peuvent faire usage que lorsqu'ils font confiance à leur intuition. De toute façon cela exigera de la pratique! Ceux de Ra en disent ce qui suit:

>**RA:** [...] Vous pouvez noter à présent que, comme n'importe quelle entité, chaque missionné a des capacités, inclinations et spécialités uniques, de sorte qu'avec chaque portion de chaque densité représentée parmi les missionnés arrivent tout un éventail de talents pré-incarnation qui peuvent ensuite être exprimés sur ce plan dont vous faites l'expérience actuellement, de sorte que chaque missionné, en s'offrant lui-même avant l'incarnation, a

---

[949] Q'uo, transcription du 30 août 1992, p. 7
[950] Q'uo, transcription du 29 novembre 1998, p. 2

quelque service spécial à offrir, outre l'effet de redoublement de l'amour et de la lumière planétaires, et la fonction de base de servir de phare ou de berger.

Il y en a ainsi en cinquième densité dont les capacités d'exprimer de la sagesse sont grandes. Il y a des missionnés de quatrième et sixième densités dont la capacité de servir en tant que, dirons-nous, radiateurs passifs ou diffuseurs d'amour et d'amour/lumière sont immenses. Il y en a beaucoup d'autres dont les talents amenés dans cette densité-ci sont très variés [951].

Nous nous occuperons donc d'identifier, développer et partager les talents que nous pouvons posséder:

> Lorsque l'âme s'éveille à son identité spirituelle, la joie de savoir qui l'on est, est concomitante de l'honneur et de la responsabilité impliqués dans le sentiment qu'il y a du travail à accomplir, et pour chaque entité ce travail a été préparé, en ce sens que chaque chercheur possède des dons et talents qui ont une utilité. Nous encourageons chacun à progresser avec ces talents, à soutenir le 'soi' en faisant usage de ces talents qui ont été apportés dans l'incarnation, qui ont tous été soigneusement choisis par chacun pour le service extérieur, pour les actes et accomplissements que chacun peut choisir d'offrir[952].

Comment être un radiateur passif d'amour et de lumière

292 est un missionné qui a des souvenirs pléiadiens et se considère comme un chercheur de vérité tant scientifique que métaphysique. Voici ce qu'il a à dire:

> Ce qui est réellement important, le don le plus précieux, l'accomplissement le plus grandiose, le défi le plus difficile, la joie la plus immense, c'est de vivre la vérité de son propre être, qui est celle du Créateur. Être est un véritable service. Peut-être que c'est là tout ce que nous pouvons vraiment faire[953].

Je suis convaincue que c'est vrai que l'être doit informer l'agir, sinon l'agir est vide. Dans le cadeau extérieur du 'soi' vu comme un radiateur

---

[951] *La Loi Une,* Livre III, séance 65, § 12
[952] Q'uo, transcription du 25 mai 1997, p. 2
[953] 292, lettre du 29 décembre 1996

CHAPITRE XIII: LES MISSIONS SECONDAIRES – DES CADEAUX INDIRECTS

passif d'amour, l'être qui est accompli consciemment *est* lui-même l'agir; il est la totalité du cadeau. Si nous le souhaitons nous pouvons entreprendre la mission principale, qui est d'être nous-mêmes le plus profondément possible, de faire un avec le cœur d'amour à l'intérieur de nous, et de choisir de continuer à le faire consciemment chaque jour, tout le temps. Cette poursuite constante de l'agir est, je crois, le partage extérieur le plus pur du cadeau intérieur de désirer servir qui est notre plus grand présent de tous en termes de Service d'autrui, car il nous faut désirer servir avant que les occasions que nous espérons le plus fassent leur apparition. Ceux de L/Leema expliquent:

> Le plus grand travail que quiconque puisse accomplir en ce moment pour maximiser le potentiel de masse critique qui sera obtenu lors de la moisson est le dévouement personnel à la vie d'un contemplatif qui est aussi connecté vitalement à l'environnement dans lequel il vit. C'est-à-dire que, lorsque des présents ont été donnés à un chercheur, il est alors de sa responsabilité de manifester ces présents par des actes, des pensées et des intentions, pas nécessairement en faisant des efforts spectaculaires comme de devenir un pèlerin sur un chemin poussiéreux, car il y a de très, très nombreuses entités dont la vie a touché des centaines ou des milliers de gens par la simple beauté de leur présence. Il y en a qui ont choisi d'être des mères et des pères d'âmes très nécessiteuses, et qui ont produit plus de positivité et de lumière pour la conscience planétaire par cette activité (même si elle peut paraître humble, comme lorsque la mère et le père lavent la vaisselle) que l'entrepreneur qui prend la route en ayant le sentiment qu'il a trouvé *la* réponse[954]

L'être de l'agir doit commencer par être! Lorsque nous sentons l'amour circuler dans notre cœur, nous sommes prêts à répondre à l'appel du service. Ceux de Latwii voient le fait d'être un radiateur passif comme être une sorte de phare:

> Certains d'entre vous ont choisi non seulement d'apprendre à croître et servir dans l'incarnation, mais aussi de préserver les hauts-lieux de la conscience: ces tours de guet de l'amour qui rayonnent comme des sources de lumière pour la planète sur laquelle vous jouissez en ce moment de l'incarnation, pour les entités qui s'y trouvent, pour la Terre elle-même, et pour les niveaux vibratoires d'énergie dans l'atmosphère terrestre qui ont terriblement besoin de cette merveilleuse vigilance fidèlement

---

[954] L/Leema, transcription du 27 juillet 1986, p. 10-11

CHAPITRE XIII: LES MISSIONS SECONDAIRES – DES CADEAUX INDIRECTS

exercée. Ceux d'entre vous pour qui ces mots expriment un devoir et un honneur reconnaissables savent probablement que vous pouvez sembler être un homme d'affaires, une ménagère, une reine ou un berger, mais qu'il y a cette citadelle intérieure au sommet de laquelle se trouve une tour de guet; et la seule lampe qui y est allumée est celle qui est allumée par le cœur le plus profond lorsqu'il contemple en vénération et adoration lumière après lumière, connaissant la lumière, acceptant la lumière, bénissant la lumière, et permettant au cristal du cœur des cœurs de transformer le 'soi' en lampe métaphysique au flanc de la colline, dans la cité, sur la colline, non pas pour se faire remarquer ou comprendre ou remercier par l'humanité, mais simplement pour l'action de veiller. Dans de nombreux cas, cette action, celle de monter la garde, est la mission ou tâche première qui a été donnée au 'soi' avant l'incarnation. Nombreux sont les missionnés venus sur un plan en affliction et qui sont saturés des complications de l'incarnation mais dont les pensées sont sans cesse à la recherche de la tour de guet. Si elle se manifeste à vous, allez-y, et pas seulement en méditation. Permettez à cette tour de guet de vous faire signe sans cesse, pendant des instants, des minutes, des heures, toute l'incarnation, jusqu'à ce que soit pleinement satisfait votre désir de servir de canal d'amour et de lumière sur les plans vibratoires totalement inexprimés[955].

Ce processus permettant de connaître plus profondément le 'soi' a été comparé au fait de renaître. Je pense que cette référence ne concerne pas spécifiquement un acte ou un mouvement chrétien, mais bien l'éveil du 'soi' spirituel intérieur:

> Rien n'est peut-être connu, mais vous avez tout à l'intérieur: chacun de vous a tout à l'intérieur de lui. Et à mesure que l'on s'approche du 'soi' de plus en plus doucement, de plus en plus tranquillement, de plus en plus consciemment, de la nature véritable du 'soi', l'on est à même de constater que l'on est en vérité né une nouvelle fois (même si nombreux sont ceux parmi vos peuples qui ont été perturbés en entendant cette phrase), né intérieurement comme un être conscient de 'soi', éternellement lumineux, qui veut aider cette Terre que vous aimez tant à affronter les changements qui s'annoncent. Il est simplement nécessaire de découvrir qui vous êtes et ensuite qui vous êtes de la manière la

---
[955] Latwii, transcription du 4 octobre 1987, p. 5

Chapitre XIII: Les missions secondaires – des cadeaux indirects

plus véridique, la plus honnête dont vous êtes capables. Tout le reste suivra[956].

La capacité de demeurer dans le moment présent n'est pas un don que la nature fait à nous tous, mais nous pouvons tous y travailler: nous avons tous cette capacité en nous dans une certaine mesure. Les personnes qui sont le plus attirées par ce service extérieur sont de deux sortes. Une sorte rassemble celles dont le programme est complètement hors du temps parce que ce service peut être accompli n'importe où tout en faisant n'importe quoi d'autre pour autant que la partie qui agit travaille sur l'être qui est en train de faire ce qui est fait (le mantra pour cette option de service est "Do-Be-Do-Be-Do![957]"). L'autre sorte de personnes qui opte volontiers pour ce service rassemble les mystiques qui aiment plonger dans l'inconnu et le mystère du moment présent:

> Chacun de vous sait que les sciences décrivent cet univers, la pièce dans laquelle vous vous tenez, pour être précis, comme un grand vide dans lequel, tout comme le ciel est parsemé la nuit d'étoiles proches et lointaines, les atomes et les molécules de vos corps, des endroits où vous êtes assis, de l'air et du sol, vous regardent en clignotant dans le flux cosmique d'énergie. Chacun de vous est galaxie après galaxie, Création après Création. En fait il n'y a qu'illusion, et en fin de compte, ce que vous êtes, cette conscience, cet être de lumière qui est, était et sera à jamais, qu'il soit activé ou ait choisi de revenir dans une perception du Créateur non potentialisé. Vous êtes vous. Vous êtes aussi tout ce que vous voyez et le Créateur Lui-même. Cependant, dans cette illusion chacun a fait le choix vital qui est le but de toute cette densité d'apprentissage, ce choix de la façon dont vous allez vous rattacher au Créateur infini unique. Allez-vous aimer le Créateur en servant autrui, ou allez-vous aimer le Créateur en tenant autrui à une distance prudente pendant que vous vous rendez plus puissant et donc plus à même de contrôler votre environnement[958]?

Pour le radiateur passif, le choix est de renoncer à tout pouvoir exercé à un certain moment, sauf pour aimer ce moment et tout ce qui s'y trouve. Nous ne sommes pas capables de faire cela par nous-mêmes et il nous faut de l'aide pour pouvoir passer dans notre cœur équilibré et ouvert. Cette aide, cette énergie d'amour, afflue tout le temps, mais nous avons besoin d'un peu de grâce pour pouvoir prendre conscience de l'énergie,

---

[956] Q'uo, transcription du 10 mars 1991, p. 5
[957] Agis-sois-agis-sois-agis ! (NdT)
[958] Q'uo, transcription du 10 mars 1991, p. 3.

de la joie et de l'*élan*[959] qu'elle apporte. Nous sommes tellement occupés à vivre notre vie qu'il nous est difficile de nous rappeler que tout cela est de l'illusion et que nous brassons des illusions au sein d'autres illusions dans notre vie quotidienne au lieu d'accomplir quelque chose dans le sens métaphysique. Toutefois, de la grâce et de l'aide nous attendent en abondance à la moindre de nos prières et demandes en ce sens. Demandez et il vous sera répondu:

> Laissez apparaître la lumière intérieure; laissez le 'soi' s'ouvrir et circuler consciemment, afin que vous puissiez représenter une part du bon dans la vie de ceux avec qui vous entrez en contact. Parfois il ne faut pas davantage qu'un sourire encourageant à une personne étrangère pour faire de cet instant un moment particulier pour cet étranger. Puisque vous recevez la grâce de vous élever au-dessus des souillures des soucis et des labeurs, vers la beauté éthérée de l'amour éternellement déversé qui est le Créateur, rappelez-vous d'être généreux et sachez que ce qui passe à travers vous est offert en grande abondance, en approvisionnement complètement illimité[960].

Ceux de Q'uo font une suggestion laconique concernant l'accès à cette grâce:

> Nous suggérons simplement que les louanges et la gratitude écartent le mental et le cœur du terre-à-terre et le poussent vers l'absolu de tout ce qui est[961].

Pourquoi exprimer des louanges et de la gratitude? Si ce qui arrive est bon, pour ces bonnes choses. Si ce qui arrive est dur, pour nos catalyseurs et nos défis. Par tous les temps nous pouvons remercier pour nos relations, nos nombreuses possessions, et le confort qu'elles nous procurent, pour nos animaux de compagnie, nos amis, notre famille et ceux pour la guérison desquels nous prions, et nous pouvons remercier pour les innombrables beautés de la nature, que ceux de Yom voient comme particulièrement réconfortantes:

> Premièrement, la Création du Père, ainsi que cet instrument nomme la sphère de deuxième densité et les biotes parmi lesquels vous jouissez de l'incarnation, est pleine et déborde d'amour non déformé. C'est ainsi que la Terre et ses créatures apportent de l'aide même si l'entité individuelle n'a pas conscience de cette

---

[959] En français dans le texte original
[960] Q'uo, transcription du 5 septembre 1993, p. 8
[961] Q'uo, transcription du 15 novembre 1992, p. 8

CHAPITRE XIII: LES MISSIONS SECONDAIRES – DES CADEAUX INDIRECTS

> aide. Deuxièmement, pour ceux dont l'esprit se réjouit de la Création et des énergies de cette harmonieuse et belle Création, ces effets positifs sont amplement multipliés. Nous pouvons noter à cet égard que l'impulsion qui fait rechercher la nature peut parfois être contrariée lorsqu'on se trouve dans une position qui va à l'encontre des forces de ce monde naturel harmonieux mais parfois inconfortable. Dès lors, que ce soit par beau temps ou mauvais temps, par temps ensoleillé ou par temps de pluie, il est bon de faire une pause et d'adresser des louanges à l'Unique infini pour cette manifestation parfaite et remercier de pouvoir contempler Son visage[962].

Ceux de Q'uo résument cette section des dons extérieurs en faisant une remarque sur notre qualité de radiateurs passifs pour la planète tout entière:

> Une destinée vous attend. Le choix de la manière de la vivre est toujours vôtre, et sur cet océan de conscience abyssal et sans orientation précise, beaucoup de confusion demeure. Mais l'amour à l'intérieur de certains brille pour illuminer votre chemin, et la lumière qui passe à travers vous en provenance de l'Un infini est un phare pour les autres. Votre être, votre 'soi' essentiel, est votre principal service au Créateur unique et à tous ceux qui vivent sur cette planète[963].

Voir autrui au niveau de l'âme

Le service extérieur de voir les gens comme des âmes est l'étape qui précède la pratique consciente d'être, dans le sens d'un rayonnement passif car il implique de travailler sur nos relations, avec les personnes que nous rencontrons jour après jour. Il semble exister une grande diversité de gens. Tel homme paraît malin, tel autre stupide; telle femme paraît avoir l'esprit prompt, telle autre l'esprit lent. Certains d'entre nous sont puissamment attirants, d'autres sont ordinaires, et la plupart d'entre nous sont entre les deux. Si l'on en croit les apparences, les humains présentent de grandes différences. Au cœur du talent de voir les personnes comme des âmes se trouve l'aptitude à s'élever au-dessus de ces détails et à se faire de toutes les personnes une idée qui n'a rien à voir avec des

---

[962] Yom, transcription du 3 octobre 1992, p. 3
[963] Q'uo, transcription du 27 novembre 1994, p. 6

Chapitre XIII: Les missions secondaires – des cadeaux indirects

données telles que l'âge, le genre, la race, la religion et le statut social. Voici ce qu'en disent ceux de Q'uo:

> Lorsque votre être entre en contact avec le tabernacle du Très Haut et qu'une partie de votre conscience demeure dans ce lieu sacré, alors tous les lieux sont sacrés; toutes les entités font partie de la conscience du Christ, et les yeux avec lesquels vous regardez ces entités sont des yeux qui ont l'infinie capacité de canaliser la Pensée originelle unique de l'amour du Créateur infini[964].

Peut-être que ce don que nous avons en nous attend notre permission d'être encouragé, car je pense que les chercheurs en spiritualité sont, par leur nature et leur inclination profondes, bien plus capables de se voir eux-mêmes au niveau de l'âme que ceux qui ne pensent pas à ce genre de choses. Mon expérience de nous, des étrangers sur le chemin spirituel, me fait dire que nous sommes en général très conscients de la qualité illusoire du monde extérieur, et du niveau plus élevé de réalité du monde métaphysique, intérieur. Lorsque nous parvenons à capter de mieux en mieux le souvenir de l'amour qui forme notre 'soi' le plus fondamental et lui donne vie, nous prenons de plus en plus conscience de notre propre qualité d'âme, et nous sommes donc alors mieux à même de la voir chez ceux que nous rencontrons. J'ai le sentiment que nous pouvons nous faire une opinion des gens que nous rencontrons au niveau extérieur. Nous pouvons trouver certains plus sympathiques que d'autres. Mais dans nos rapports avec eux c'est un grand bienfait de traiter tous les êtres comme s'ils étaient nos enfants très aimés, ou le Christ Lui-même. Et tel était le secret de Mère Theresa. Elle disait qu'elle regardait les visages envahis de mouches, les plaies, les odeurs, et les corps sales des malades et des mourants, et que par grâce, elle voyait le visage de Jésus le Christ, de sorte que tous ses soins étaient un ministère de l'amour le plus dévoué. Je crois que cette femme a passé des années à se rendre apte à s'aimer et s'accepter elle-même au niveau de l'âme pour pouvoir développer une pratique aussi exceptionnelle dans le sens extérieur. Comment pouvons-nous voir les autres comme des âmes, des créatures d'amour divin, si nous nous condamnons nous-mêmes? Ainsi que le disent ceux de Q'uo:

> C'est seulement dans la mesure où vous vous aimez, acceptez, et refusez de vous condamner vous-mêmes que vous pouvez avoir une compassion semblable pour autrui. Et c'est seulement dans la compassion, lorsque vous pouvez percevoir ce trésor en vous-

---

[964] Q'uo, transcription du 18 septembre 1988, p. 3-4

mêmes et en tous, que vous pouvez véritablement servir dans un amour qui ne met aucune condition et qui n'exige rien en retour[965].

Cette mise en garde est subtile. Son sens principal est facile à comprendre: lorsque nous voyons quelqu'un comme une âme et que la personne en question ne comprend pas ce service, cela doit être complètement acceptable pour nous. Dans tout service à autrui qui a pour but une polarisation vers la voie positive, ce présent doit être donné sans lésiner, car toute condition que nous y mettrions, même sans y penser, nous reviendrait en écho de ce que nous avons à travailler en matière de catalyseurs dans la vie quotidienne. Mais en plus, nous ne devons *pas avoir besoin* d'aider pour être utiles. Nous devons être capables de lâcher prise par rapport à la douleur que nous observons, et voir qu'il est juste que cette personne souffre. Aimer quelqu'un en tant qu'âme ne signifie pas que nous pouvons interrompre les processus ou résoudre les problèmes de cette âme, ni que nous devons l'espérer. Cela signifie en fait que, dans notre cœur et dans notre mental, nous sommes à même d'élever cette âme au-delà de toute limitation y compris les problèmes en question. Mike Korinko raconte:

> Il y avait quelqu'un avec qui j'étais très ami, qui passait par une période réellement difficile. Je me sentais frustré et inadéquat. Je voulais l'aider mais je ne savais pas comment faire. Mira a suggéré que c'était en fait une déformation de non-acceptation du libre arbitre d'autrui que de vivre ces choses que je percevais comme étant douloureuses. Elle m'a dit que si je respectais son libre arbitre je ne ressentirais pas le besoin de lui venir en aide. Une fois cela accepté, mes centres énergétiques seraient dégagés, et l'énergie circulerait plus librement. Cela m'aiderait à être plus ouvert à moi-même et me placerait dans une position meilleure pour être un catalyseur si c'était pour cette raison que j'étais là[966].

Dans la pratique de voir ce qui est invisible et d'avoir conscience de l'infinitude de personnes limitées en apparence, les points sombres sont nombreux, et innombrables les apparents échecs, mais ceux qui gravitent autour de ce service tendent à être indulgents envers eux-mêmes dans la mesure où ils réalisent que par eux-mêmes ils seraient incapables d'offrir ce service de voir au niveau de l'âme. Le secret de cette offrande est l'abandon du "petit soi" et de tous les autres 'soi' au Créateur qui nous unifie tous. Ceux de Q'uo expliquent:

---

[965] Q'uo, transcription du 16 décembre 1990, p. 9
[966] Mike Korinko, lettre du 1er novembre 1993

Chapitre XIII: Les missions secondaires – des cadeaux indirects

> Pour arriver à la polarité la plus efficiente dans le sens positif, on doit vouloir et être capable de donner suffisamment de soi pour ne pas se préoccuper de recevoir quelque chose en retour de ce qui a été donné... Dans ce service, celui qui sert de la sorte fait confiance à ce qui est plus grand que le 'soi' pour soutenir le "petit soi' dans ses activités ordinaires afin qu'il soit nourri et soutenu d'une manière qui permette à son service de se poursuivre[967].

Lorsque nous nous exerçons à voir l'âme, nous améliorons notre propre qualité de vie, car celui qui voit à ce niveau est réellement une personne en paix, qui voit le bien dans tous les 'soi' indépendamment de l'aspect extérieur. Marty Upson explique:

> Chacun de nous a son propre niveau de conscience, de tolérance, et de capacité d'acceptation et de pardon. La compassion est importante. Et aussi voir l'innocence de chacun, indépendamment de nos réactions. Si nous pouvions percevoir l'innocence d'autrui dans tous les domaines, ce monde ne serait-il pas merveilleux[968]?

Marty a adressé ce message pas seulement à moi, mais à tout un groupe de pèlerins correspondant par courriel et dont les vues divergeaient sur un certain sujet à l'époque. Un mois plus tard une des membres du groupe était sans doute encore insatisfaite, car elle a écrit:

> Nous sommes peut-être ici pour tout voir par les yeux de l'amour. Si nous pouvions nous trouver en un lieu où nous pouvons répandre de l'amour sur tout ce que nous voyons, ne serait-ce qu'en pensée, est-ce que notre perception en serait différente? Est-ce qu'elle changerait? J'en suis convaincue[969].

Lorsque nous voyons autrui ou nous-mêmes par les yeux de l'amour nous sommes le Créateur qui regarde le Créateur. Un des aspects inattendus de cette pratique est le facteur de la réaction. Lorsque nous travaillons à nous débarrasser des conditions que nous mettons dans nos relations avec autrui, un mécanisme met en marche un bienfait après l'autre pour nous. L'amour peut se mettre à nous arriver en vagues, et ce peut être bouleversant. Acceptons qu'il emporte les bonnes opinions et les mauvaises, laissons-le arriver et partir sans exiger l'un ou l'autre. Ne résistons pas au mal que nous voyons: acceptons qu'il soit, acceptons qu'il s'en aille. En même temps, ne résistons pas au bien. Acceptez que l'on vous dise des choses agréables, acceptez les offrandes d'amour

---

[967] Q'uo, transcription du 7 octobre 1995, p. 2
[968] Marty Upson, lettre du 29 octobre 1998
[969] Marty Upson, lettre du 1er décembre 1998

Chapitre XIII: Les missions secondaires – des cadeaux indirects

lorsqu'elles sont sincèrement ressenties et données. Cette leçon fait partie de la perception au niveau de l'âme: Voici ce qu'en disent ceux de Q'uo:

> Recevoir les offrandes d'amour d'autrui est le plus grand don que vous puissiez faire et il s'obtient en servant autrui. Lorsque vous atteindrez le point où il n'y a pas de différence entre donner et recevoir de l'amour absolu et sans réserves, alors vous serez prêt à apprendre les voies de la sagesse. Jusque là vous devrez apprendre ces leçons qui semblent contradictoires; comment servir les autres? Comment accepter le service des autres? Mais n'êtes-vous pas en train de regarder dans un miroir où l'un regarde l'autre? Est-ce que cette entité ne regarde pas le Créateur lorsqu'elle vous renvoie votre regard? Est-ce que ce n'est pas là l'essence de votre être[970]?

J'ai pu constater que cette leçon annexe qui enseigne comment accepter l'amour apparaît par cycles. Si la vague d'amour reçu devient trop intense, attendez seulement: elle sera bientôt compensée par un catalyseur en provenance de personnes qui ne nous apprécient pas! Il y a eu une époque où j'étais incapable d'accepter un compliment: j'étais trop perfectionniste et trop consciente de mes défauts. Je dois toujours y travailler, mais les choses s'améliorent. Je travaille sur mes réactions à un manque d'appréciation également, mais cette leçon-là je la sais bien mieux car donner sans rien espérer en retour paraît être pour moi une leçon incluse dans mon incarnation. J'ai parlé avec de nombreux missionnés qui ont eux aussi identifié cette leçon comme faisant partie de celles de leur école de vie. Cela a un sens pour moi. Nous les missionnés, nous sommes venus ici pour apprendre et servir. La raison d'un retour en troisième densité du point de vue de l'apprentissage est le réexamen et le renouvellement du choix de la polarité avec plus de pureté et de force. Rien ne stimule mieux la polarité que l'adversité. Lorsque quelque se montre grossier envers nous, nous avons un choix immédiat: allons-nous voir cette personne somme une personne en colère qui nous agresse, ou bien comme une âme d'alter ego qui souffre? Ceux de Hatonn en disent ceci:

> Lorsque vous analysez une façon choquante de s'adresser à vous de manière négative, pensez à l'enfant malade et tendez-lui une main compatissante, prenez de l'eau fraîche et compensez cette négativité par de la compassion et un grand sentiment de fraternité. Vous êtes cette négativité tout autant que vous êtes positif, et

---

[970] Q'uo, transcription du 4 février 1996, p. 1-2

soigner la négativité c'est l'accueillir dans le cœur ouvert et l'aimer. Tout ce qui n'est pas de l'amour disparaîtra[971].

Un lieu originaire de ce service est la tour de guet à l'intérieur du cœur, que l'on peut visiter dans la contemplation, la méditation ou la prière. Lorsque nous voyons la souffrance de l'humanité nous contemplons une affliction puissante et abyssale. Lorsque nous voyons une personne en colère nous observons cette même affliction qui jaillit comme une fontaine du grand océan de malheur. Lorsque nous sommes témoins de souffrance, rendons-nous dans le temple intérieur de prière. Comme le disent ceux de Q'uo:

> Parmi vous certains accomplissent beaucoup de travail intérieur qu'ils appellent prière, méditation, préoccupation ou souci, et envoient des pensées d'amour et de guérison à ceux qui veillent, souffrent, attendent et périssent. Une magnifique oraison résonne, avec des millions d'âmes se mélangeant en tous temps. Votre planète prie sans discontinuer. Toujours, lors de toute veille de nuit, des millions d'âmes inconnues de vous montent la garde pour l'humanité. Lorsque les uns dorment vous pouvez certainement faire entendre votre voix intérieure adressant des louanges à l'Unique infini en remerciement et en intercession pour tous ceux qui souffrent. De la sorte, grâce à des vies vécues en partie dans le sacrifice, le karma sociétal est dans une certaine mesure allégé par la sincère sollicitude de très nombreux d'entre vous[972].

Voir les gens au niveau de l'âme est une manière de se soucier des autres qui est non-invasive et impersonnelle. C'est une méthode qui possède une aura raffinée et philosophique et qui demeure dans le 'soi'. Toutefois, son utilisation nous affecte positivement nous-mêmes, ceux qui nous entourent, et la planète entière. Il y a beaucoup à dire en faveur de ce don par rapport au développement.

Être là pour autrui

Ma grand-tante Lisbeth a toujours été ma grande favorite parmi les membres de ma famille. Étant une missionnée typique, j'ai été une enfant puis une adolescente complètement inadaptée et hors normes. En tant qu'adulte je continue à suivre cette tradition, et quasiment tous les membres de ma famille ont été à l'un ou l'autre moment en complet

---

[971] Hatonn, transcription du 26 mai 1991, p. 16
[972] Q'uo, transcription du 4 mai 1992, p. 3

désaccord avec ma façon de penser et de prendre mes décisions. Mais pas ma tante Lisbeth. Tout ce que je pensais, elle le trouvait intéressant, provoquant et stimulant pour ses propres pensées et les nombreuses citations littéraires et références artistiques qui lui venaient sans cesse à l'esprit. Tout ce que je décidais de faire, elle le considérait comme 'la' solution et la conséquence d'un choix inspiré. Je crois que nous avons échangé des lettres deux fois par mois depuis mes 8 ans jusqu'à mes 40 ans et quelques années, c'est-à-dire, peu avant son décès, alors qu'elle était devenue incapable d'écrire. Pendant tout ce temps ses encouragements et son soutien ont été permanents. Tante Lisbeth, de qui je tiens mon prénom, vivait à Bryn Mawr, et personne de la famille n'habitait dans ses environs, de sorte qu'elle a passé ses dernières tout à fait isolée, courbée comme un gnome et dans des douleurs permanentes, dans un centre de convalescence. Lors de ses funérailles, plusieurs des personnes qui vivaient et travaillaient dans ce centre ont exprimé leur admiration pour elle, car même quand le grand âge lui a fait perdre peu à peu conscience des lieux et du temps, cette âme douce et confiante voyait le bien en chacun, et se réveillait chaque jour avec un sourire et un enthousiasme profond pour la vie.

Lisbeth a toujours été présente pour moi. Cet atout a été un de mes trésors quand j'étais enfant, et son souvenir me réchauffe toujours le cœur. Comme je souhaite pouvoir toujours aimer la vie et les gens avec autant de succès qu'elle! Comme je suis d'un naturel critique, je dois avouer que je suis plus douée pour dire la vérité telle que je la perçois que pour être un tel support aveugle et universel. Mais je suis convaincue que servir cette pratique est profondément bienfaisant et puissant. Elle est de la même nature fondamentale que celle qui voit les personnes comme des âmes, mais au lieu d'être impersonnelle et non spécifique, cette pratique travaille sur les soucis, rêves, espoirs, craintes et choix temporels des personnes, et cherche des moyens d'encourager et soutenir autrui. Lorsque nous l'offrons, nous voyons toujours nous-mêmes et autrui comme le Créateur, mais nous avons davantage conscience de notre capacité à parler et communiquer de façons spécifiques:

> L'amour du Créateur ne peut être exprimé, ce soutien ne peut être apporté, que par des mains de chair. Vous êtes le Créateur pour ceux qui vous entourent. Votre soutien est le seul moyen par lequel le Créateur peut soutenir dans l'incarnation, dans l'illusion. Vos mains, votre voix, votre sourire, vos yeux: ces choses sont vos présents faits à vos frères et à vos sœurs[973].

---

[973] Q'uo, transcription du 15 mars 1998, p. 6

Chapitre XIII: Les missions secondaires – des cadeaux indirects

Gypsee le dit très directement:

> Je sais, juste en étant ce que je suis, en écoutant les autres et en les faisant sourire et rire, et en ne prenant pas les choses ordinaires trop au sérieux, que tout est bien[974]!

Romi Borel partage sa vision de ce service:

> Dans ma recherche de moi-même et de ma raison d'être, je néglige souvent les occasions de service les plus basiques. Honorer et soutenir mon partenaire. Simplement préparer un repas avec amour et soin c'est du service. Prendre quelques minutes pour lire avec mon fils. Appeler ma mère juste pour la laisser bavarder. Souvent je me sens tellement dépassée dans ma recherche, ma raison d'être et ce que je veux offrir, que je ne prends pas le temps d'être les autres dans ma vie et de comprendre ce qu'ils attendent de moi[975].

J'admire Romi spécialement pour ses coups de fil à sa mère! J'ai horreur du téléphone et espère toujours ne pas devoir entrer en contact avec ce misérable instrument. Mais pour en revenir à ce qu'elle a dit, remarquez qu'elle a parlé de prendre du temps pour *être* les autres dans sa vie. Non pas être *avec* eux, mais *être* eux. C'est un acte terriblement altruiste que d'être là pour une autre personne, ne pas mettre en avant vos propres opinions sauf quand elles soutiennent et encouragent autrui. La clé c'est le respect de leur point de vue subjectif:

> Nous demandons à chacun de toujours se rappeler de respecter ce que les autres gens voient, ce que les autres gens croient, ce que les autres gens tiennent pour vrai, sans tenter de les corriger mais en les soutenant simplement dans tout ce qu'ils font, car chacun a un chemin unique[976].

Une partie de cette pratique est le non-jugement, tant en s'abstenant de juger autrui, qu'en s'abstenant de juger du degré d'efficacité de notre soutien à ceux que nous espérons servir. Nous ne parviendrons jamais à une interprétation correcte en prenant notre propre température spirituelle. Pour savoir dans quelle mesure nous faisons bien, il nous faudra attendre la fin de notre vie sur Terre et le moment où nous nous trouverons dans des climats plus ensoleillés et clairs. Ceux de Q'uo font observer:

> Nous savons que vous désirez aider, servir, aimer et donner. Aimer et donner, c'est ce qui vous est le plus proche. Chérissez ce qui

---

[974] Gypsee, lettre du 9 octobre 1997
[975] Romi Borel, lettre du 1er octobre 1998
[976] Q'uo, transcription du 28 septembre 1991, p. 6

Chapitre XIII: Les missions secondaires – des cadeaux indirects

vous est donné et renoncez avec joie à ce qui vous quitte car vous vivrez et quitterez de nombreuses vies, et dans vos interactions, des choses se produiront, dont vous ne savez rien, et dont vous ne saurez rien avant de passer dans une vie plus grande dans laquelle le voile sera levé et où vous pourrez voir clairement ce que vous aurez été à même d'accomplir en matière de service au cours de la période incarnationnelle dont vous faites en ce moment l'expérience[977].

Dans le cours normal des événements nous échouons de temps en temps à être là pour autrui; c'est mon cas du moins. Ce qui fait partie de l'offrande, de ce cadeau de la présence c'est l'abandon des sentiments d'échec et l'auto-condamnation lorsqu'il nous semble que nous n'avons pas été à la hauteur de nos idéaux. Ceux de Q'uo conseillent:

> Est-ce que le chariot auquel vous vous êtes attelé n'est pas un peu encombrant? Parfois, dans un désir de faire tellement, des entités avancent plus vite que ne le peut leur 'soi' profond. Alors détachez-vous de ce joug. Laissez aller ce chariot; vous l'avez traîné assez longtemps, et rencontrez toujours de nouvelles entités, de nouvelles âmes, comme nouvellement dédiées, comme si c'était la toute première rencontre[978].

Lorsqu'il y a un malentendu, lorsque nous ne sommes apparemment d'aucun secours, acceptons cette apparente inharmonie avec patience, en renonçant au besoin d'avoir raison ou d'être quoi que ce soit d'autre que la voix et le contact du Créateur, et en trouvant le courage et la force de laisser ces difficultés glisser dans le passé. Alors recommençons à zéro, revoyons-nous nous-même et autrui comme un seul être dans l'unité du Créateur infini. Parfois ce processus peut sembler long mais si nous persévérons nous pouvons entrer dans des relations nouvelles et plus pleinement solidaires à mesure que nous trouvons dans notre cœur les sources de l'amour profond qui circulent à travers nous sans jamais se tarir, et à mesure que nous acceptons la grâce et la consolation de demeurer dans la foi.

L'écoute

Bien que je ne prétende aucunement être experte en matière d'écoute, ce don extérieur est pour moi peut-être le plus séduisant de tous ceux dont il

---

[977] Q'uo, transcription du 4 février 1990, p. 8
[978] Q'uo, transcription du 22 septembre 1991, p. 10

CHAPITRE XIII: LES MISSIONS SECONDAIRES – DES CADEAUX INDIRECTS

est question dans le présent chapitre, et celui qui m'attire le plus parmi ceux que je me suis sans doute octroyés avant cette incarnation. Les mots me fascinent autant que les gens. Au mieux, le langage est glissant, et la manière dont les gens utilisent le langage est hautement individuelle et subjective. Ce qui transparaît de la correspondance ou de conversations peut être linéaire ou non, quelque chose de direct, superficiel et de signification claire. Il est bien plus probable que la communication comporte plusieurs couches et expose certaines questions et certains problèmes tandis que d'autres demeurent inexprimés et peut-être même ignorés de la personne qui s'exprime. La nature du soi qui écoute est pareille, et toute distorsion et insécurité peut empêcher une écoute claire. La manière dont nous entendons les gens commence par tout le fatras non admis de nos distorsions, progression patiente, persistance, expérience de pur apprentissage, et l'humilité qui s'ensuit. Le plus grand soutien à la pratique du don de l'écoute véritable est la pratique quotidienne du silence:

> Garder le silence, garder une oreille qui écoute dans les activités quotidiennes est toujours, nous en avons le sentiment, une pratique excellente car dans le silence, dans l'écoute, se trouve la clé qui ouvre la porte de votre propre sagesse, celle qui se trouve dans le mental profond, celle dont la voix est silence et qui ne peut être entendue que par le cœur ouvert et à l'écoute. Nous n'avons pas besoin de vous dire combien est difficile la pratique de préserver la réceptivité silencieuse et à l'écoute de la destinée dans un monde où les choses intangibles et invisibles sont considérées comme sans aucune valeur ni aucun mérite. Toutefois, cette pratique est très productive pour la paix du mental et est très efficace à sa manière pour garder le chercheur sur le chemin choisi avant l'expérience d'incarnation[979].

Le silence est une chose palpable. Nous pouvons pratiquer le silence en promenade, pendant l'exercice, lorsque nous éteignons notre radio et nous contentons d'apprécier l'ambiance, pendant la méditation et la prière, en paressant dans un splendide lieu de loisirs pendant les vacances, en restant simplement assis à rêvasser. Jim et moi-même sommes passés par une période de sept années pendant lesquelles nous avons gardé le silence un jour entier par semaine, alors que nous nous occupions beaucoup de ma maladie et que nous devions travailler davantage sur la qualité de notre conscience et de notre vie à deux. C'est une pratique que nous avons trouvée très enrichissante et réconfortante. Son seul défaut a été

---

[979] Q'uo, transcription du 21 avril 1995, p. 2

Chapitre XIII: Les missions secondaires – des cadeaux indirects

tout le temps passé à nous offrir mutuellement des choses dont nous pensions que le conjoint pourrait les apprécier! Sans paroles pour exprimer notre désir de nous servir mutuellement, nous avons beaucoup été chercher et beaucoup offert et, au cours des repas, beaucoup passé de condiments. Mais c'était un ennui très mineur.

Si nous sommes attirés par le ministère de l'écoute silencieuse, nous devons pratiquer le silence avec constance. Le soi intérieur parle encore d'une voix bien trop stridente pour être considéré véritablement silencieux, mais avec le temps je pense que le silence devient plus confortable et naturel, et notre qualité d'écoute s'améliore. Ce qui est le plus difficile à équilibrer, pour ceux d'entre nous qui ont de nombreuses opinions, c'est le désir d'exprimer des idées utiles. Selon ceux d'Hatonn:

> Nombreux sont les instruments bien intentionnés qui se sentent poussés à servir et qui ensuite errent du côté du faire et du parler. Pendant que vous parlez vous ne pouvez pas écouter. Si vous êtes en train d'agir, souvent vous ne pouvez pas entendre. Et pour servir autrui, l'écoute est essentielle. Les entités sont rarement ce que vous en attendez. Des choses qui semblent simples au premier abord peuvent se révéler provenir d'une distorsion dans la personne que vous souhaitez aider et que vous devez écouter soigneusement pour la comprendre[980].

Dans l'écoute, le but n'est pas de se faire une opinion et se préparer à parler. Le but est de devenir un miroir clair et lucide:

> Nous vous demandons d'écouter, de ne pas parler, car en écoutant vous offrez un miroir aimant et compatissant qui reflète pour l'autre 'soi' qui est le Créateur, ce que cet autre 'soi' est en train de faire: quelque chose qu'il ne souhaiterait pas faire, pour permettre à cette entité de réaliser que ce qu'elle ne fait pas est ce qu'elle souhaite faire. En écoutant vous devenez une manifestation du Christ. En écoutant et pardonnant, vous vous êtes approchés plus près du mental du Christ[981].

Il y a un autre aspect à l'écoute. Parfois, ce qu'une personne souhaite nous communiquer est, selon elle, tout ce qui nous concerne et nos défauts. Nous ne devons pas prendre cela avec colère, brusquerie ou dyspepsie spirituelle, mais nous devons réaliser que même si la colère de quelqu'un peut être inappropriée, nous pouvons parvenir à prendre de manière constructive le contenu de la critique, à apprendre quelque chose

---

[980] Hatonn, transcription du 25 avril, 1983, p. 3
[981] Q'uo, transcription du 25 mars 1990, p. 9-10

Chapitre XIII: Les missions secondaires – des cadeaux indirects

de nouveau à notre propre sujet, et à profiter du processus de l'examen du 'soi'. Je trouve cet exercice souvent difficile mais toujours fructueux, et je sors de ces périodes d'auto-examen rafraîchie et nettoyée. L'écoute peut être un carême, mais l'examen approfondi de l'âme et la volonté de rendre humble le 'soi' sont des stimulants salutaires de la maturité spirituelle. Et le pain réapparaît en effet à la surface des eaux: souvent nous trouvons des oreilles attentives lorsque nous avons nous-mêmes besoin d'être entendus.

> C'est un présent de chacun à chacun que, grâce à la communication, un point de vue plus objectif ou moins déformé puisse être adopté. Chacun a des présents de cette sorte à donner, et chacun a beaucoup à recevoir, même de ceux qui paraissent négativement impressionnés et critiques. Ouvrez toujours les oreilles lorsque cela se produit, car il se peut que de la vérité se trouve là, et une liberté pourrait même résulter d'une nouvelle perception de cette vérité, car avec l'aide de chacun, le 'soi' incarnationnel essaie de conformer de plus en plus son schéma vibratoire au schéma vibratoire origine du grand 'Soi'. C'est là l'objet: s'adapter aux caractéristiques vibratoires du Créateur infini unique. Tout ce qui concerne le 'soi' perçu par soi-même est une illusion. Là il n'y a rien. Là il y a seulement tout, et cela n'occupe ni temps ni espace[982].

L'écoutant orienté vers la spiritualité est alors à l'écoute de l'éternité, avec la conscience du plus large point de vue possible, qui est l'infini, et cependant il se focalise également sur cette âme en particulier, ce processus particulier de pensée, cette zone particulière d'attention et d'apprentissage. C'est une pratique qui enchante le cœur qui aspire à s'améliorer toujours, à servir de manière supérieure, à devenir plus pur, à honorer plus profondément la divinité en chacun. C'est une méthode réconfortante qui est intangible et cependant très intensément ressentie par celle qui parle. Il n'existe rien de comparable au sentiment d'être enfin complètement entendu ou ne serait-ce que simplement entendu. Comme il en va de l'exercice de tout talent, celui qui écoute apprend beaucoup. Outre une compréhension des problèmes dont on entend parler, se met en place le processus d'une présence de plus en plus grande dans la clarté sans paroles du silence pour amener notre mental et notre cœur à une prise de conscience plus profonde du 'soi' en tant qu'être spirituel. Voilà le plus grand cadeau du silence: il nous donne à nous-mêmes tout comme il le fait pour celui qui parle.

---

[982] Q'uo, transcription du 26 juin 1994, p. 3-4

La communication

J'avais d'abord pensé intituler cette section "Parler". Toutefois, l'autre moitié de l'écoute, un don extérieur, n'est pas précisément le fait de parler. C'est le fait de parler avec un cœur ouvert. Voici ce qu'en disent ceux de Q'uo:

> Quelles que soient les interactions entre deux entités, la douceur de l'écoulement moment après moment de la vie dépend beaucoup de l'aptitude du 'soi' à ouvrir son cœur tant à la transmission qu'à la réception d'informations, de communications et d'émotions partagées comme l'affection, l'amour ou l'appréciation. Il peut certes sembler que certaines choses n'ont jamais à être dites. Cependant, si une opinion aimable, une bonne pensée ou quelque chose qui survient dans l'impulsion du moment et qui paraît juste et aimable à partager, alors partagez-le, car lorsque le souffle est dépensé en paroles concernant le désir d'aimer, de comprendre, de soutenir, de renforcer quelqu'un, cette énergie est comme du soulagement qui circule entre les mots, entre les lignes, entre les pensées, les concepts et les intellectualisations du mental rationnel. On pourrait bien se passer du langage s'il n'y avait pas le besoin de communiquer, car ce qui met à nu et nettoie le plus à fond le 'soi' c'est très souvent, non pas la raison, la logique ou le bon sens, mais bien la parole ou l'action inspirée par la partie de 'soi' qui rêve et reçoit des informations du subconscient, car la partie du 'soi' qui est visible n'est que le sommet d'un très grand iceberg qui est complètement immergé sous la surface de ce bord de mer, là où s'aligne le mental profond ou le mental subconscient[983].

Donc, la communication ce n'est pas simplement émettre un discours clair pour le bénéfice d'un auditeur et transmettre des informations d'une manière que cet auditeur peut comprendre. C'est aussi répondre à ce qui a été entendu, aussi bien des paroles qu'entre les lignes transmises par le locuteur, dans une attitude de cœur ouvert à l'amour et de foi naïve dans le fait que les pensées peuvent être partagées très utilement. Ce niveau de communication n'est pas facile. C'est à la fois un art et une pratique spirituelle. Comme pour le développement de n'importe quel talent extérieur, avant de fixer un objectif de développement de ce talent sur le plan extérieur, il est nécessaire d'accomplir un travail intérieur qui amène le soi à prendre de plus en plus conscience du 'soi' dans sa totalité. Nous devenons jamais parfaits. Interrogez un saint! Plus nous devenons

---

[983] Q'uo, transcription du 25 décembre 1994, p. 2

éthiquement méticuleux, plus élevé devient notre niveau vibratoire, et plus clairement nous apercevons nos nombreux défauts. Mais nous qui sommes sur la voie de l'éveil nous devons finir par capituler et par aimer notre 'soi' sujet aux erreurs, déformé et récalcitrant. Voilà ce qui nous attend pour pouvoir commencer à communiquer dans la transparence et la clarté avec nous-mêmes et autrui d'une manière qui puisse être vue comme une aide et le partage d'un don réel.

Nous commençons à parler avant d'ouvrir notre bouche. La première chose que nous communiquons c'est notre complexe vibratoire fondamental:

> Votre expression vibratoire inhérente communique plus profondément, de manière plus pénétrante, que vous le saurez jamais, que vous en aurez jamais conscience, car la vérité, à mesure qu'elle devient plus pure, c'est ce que nous sommes. Et cela c'est bien au-delà des mots[984].

Lorsque nous travaillons à apprendre à nous connaître, nous pouvons penser que nous sommes trop égoïstes. Néanmoins, accomplir ce travail est absolument nécessaire pour pouvoir communiquer! Notre confiance en nous-mêmes et notre cœur réjoui rendent locuteur et auditeur libres de partager. Si nous ne nous sentons pas rayonnants, notre premier travail, avant de tenter toute communication, sera d'équilibrer notre attitude et de retrouver le chemin de notre cœur ouvert. L'art de la communication est substantiellement facilité par ce déblayage consciencieux jusqu'à et y compris le centre de rayon vert.

> Le déblayage du cœur et son ouverture sont extrêmement importants, et généralement le temps du chercheur est passé principalement à garder son énergie du cœur libre de circuler et radieuse. Ensuite le travail passe de manifestement radieux à un rayonnement plus précisément focalisé sur le développement des talents de communication qui sont basés sur une certaine profondeur de personnalité ou profondeur de point de vue, qui se trouve dans le centre de rayon bleu[985].

Le dégagement des chakras peut en fait s'étendre jusqu'au rayon indigo, car la communication peut impliquer le portail qui ouvre sur l'infini intelligent chez le chercheur dont la profondeur de personnalité est passée au cercle des adeptes. Cette profondeur de personnalité est difficile à atteindre pour la plupart d'entre nous, et elle tend à se manifester sous la

---

[984] Q'uo, transcription du 26 mars 1995, p. 4

[985] Quo, transcription du 20 septembre 1992, p. 3

forme d'une humilité, l'humilité de quelqu'un qui sait d'expérience que la communication peut lamentablement échouer. Comme dans tous les aspects de la voie d'orientation positive, la vanité n'y a pas sa place, et c'est une perte de temps pour nous que de nous sentir fiers de bien communiquer. Nous pouvons être reconnaissants d'avoir ce don, et heureux quand nous réussissons, mais il vient inévitablement un moment où nous échouons complètement alors que nous faisons tout de notre mieux. Lors que des échecs surviennent, acceptez-les et ne vous laissez pas abattre. Préparez-vous simplement à réessayer.

> Lorsqu'une entité a l'humilité et la patience de travailler avec une autre entité à réaliser une communication claire, rien n'empêchera cette entité d'arriver à une communication claire. Mais c'est pour les humbles seulement que cela devient réalité[986].

À l'humilité j'ajouterais la patience car quand une communication est interrompue à cause d'un malentendu, les problèmes en cause ne peuvent pas être résolus en peu de temps. Parfois le silence sera nécessaire entre deux personnes sensibles pendant que les déséquilibres sont ajustés chez chacune des personnes. Récemment j'ai été "descendue en flammes" dans un chef d'œuvre de courriel discourtois et fulminant de neuf pages (une leçon d'humilité en fait), par une ancienne et très bonne amie atteinte de folie du divorce. Pour le moment je passe par une période de silence avec cette amie dont je sais qu'elle est une chercheuse bonne et sérieuse, et en qui j'ai confiance. Pour le moment je peux l'aimer, prier pour elle et sourire lorsque je pense à ses belles qualités et son esprit prompt, mais je ne peux réellement pas échanger avec elle des opinions sans la blesser davantage. J'ai sans le vouloir profondément blessé ses sentiments en lui faisant part sans qu'elle l'ait demandé, de mes idées à propos de quelque chose dont je n'avais pas réalisé que c'était devenu un sujet sensible. En outre, j'avais exprimé ma préoccupation, qui a malheureusement été prise pour une critique. Quand j'ai réalisé combien j'avais été insensible je lui ai demandé de m'excuser, mais c'était trop tard. Elle ne m'a pas crue puisqu'elle m'avait perçue comme étant beaucoup trop critique. Cette affaire m'a fait réagir contre ma nature, qui est celle de quelqu'un qui émet des critiques plutôt constructives et suit des principes sains sans être un soutien aveugle. Je savais déjà cela à mon propre sujet. J'ai pu voir que c'étaient mes opinions qui avait blessé cette femme: non pas ma personne mais mon système de croyances. Les systèmes de croyances ne sont pas toujours bons à partager. J'aurais dû attendre qu'elle demande! Voilà la leçon: il faut attendre d'être interrogé avant d'émettre une

---

[986] Quo, transcription du 5 décembre 1999, p. 4

opinion. Je reste pour le moment dans le meilleur pardon et le meilleur silence qui me sont possibles, car je veux être prête à reprendre les relations avec elle quand nous aurons commencé à reprendre confiance dans notre sincère soutien mutuel, à retrouver le respect et la courtoisie qui ont été le fondement d'une relation entre deux chercheuses et amies sérieuses. Ces choses prennent du temps: la rage doit s'apaiser, les sentiments doivent se réparer pour que la vie puisse reprendre son cours. Parfois une partie de la communication peut consister à garder des cailloux en bouche et à garder un silence de pardon qui respecte la profondeur de la peine d'une personne et fait cadeau de temps.

Une autre chose très délicate à propos de la communication c'est qu'elle a tellement besoin de mots. Aussi glissants que des okras, même les mots les meilleurs sont de piètres illustrations du concept, mais c'est tout ce que nous avons à notre disposition, nous les humains derrière le voile, dépouillés de notre capacité à communiquer des concepts de mental à mental. Les très bons communicateurs ont souvent à volonté, dans une certaine mesure, cette capacité intuitive et subconsciente, et multiplient leurs chances de faire bon usage des symboles imparfaits que sont les mots.

> Même le communicateur le plus intelligent et dévoué emploie des mots qui ont plus ou moins de puissance pour lui-même mais pas la même puissance pour autrui. Par conséquent, la communication à un niveau logique, conscient, est quasiment vouée à être extrêmement difficile, voire impossible[987].

Cela correspond à mon expérience de communication pendant des décennies d'une abondante correspondance: nous pouvons nous améliorer, mais nous ne pourrons pas arriver à ne jamais nous tromper dans ce que nous entendons ou disons. Pour moi c'est un merveilleux défi de trouver le moyen le plus positif, honnête et aimable de répondre à une demande de renseignements, d'opinion ou de conseil. Je crois au partage des préoccupations en tant que pratique thérapeutique. Ainsi que le disent ceux de Q'uo:

> S'il y a une expérience difficile, lorsqu'une maladie ou une crainte quelconque est amenée au mental conscient, le partage de cette préoccupation avec quelqu'un d'autre est ce qui déclenche le processus de guérison, en ce sens que les énergies qui s'expriment comme des difficultés ont les mouvements plus libres au travers de l'être lorsqu'elles sont librement discutées et partagées avec quelqu'un d'autre. Alors, l'entité qui a des difficultés est assurée au

---
[987] Quo, transcription du 9 septembre 1990, p. 7

niveau le plus fondamental que cela est acceptable pour cet autre, et que cet autre s'en occupe et est désireux de prendre sa part de la difficulté[988].

Cela est à mettre en parallèle avec la confiance en soi qui permet d'ouvrir son coeur et de laisser circuler le flux d'amour natif:

> Le cœur véritablement ouvert paraît souvent enfantin parce qu'il est aveuglément honnête et dit ce qu'il pense sans aucun jugement, en essayant de comprendre le 'soi' aussi bien qu'autrui. Dans cette configuration, la communication est à son plus haut degré d'efficacité étant donné qu'il y a ceux qui peuvent accepter et communiquer en retour tout en entendant des vérités abruptes qui peuvent ne pas être aussi agréables que les euphémismes, rationalisations et clichés qui entourent la communication timide et tâtonnante[989].

La communication à son meilleur niveau est un enchevêtrement et un mélange d'ordinaire, d'émotionnel et de philosophique, des nombreux niveaux de matériel et de spirituel, et de deux personnalités partagées et repartagées dans la sorte de liquide formé par deux mentaux qui sont en relation. Ce mélange est subjectif:

> Ce que font des entités lorsqu'elles tentent de se dire mutuellement la vérité c'est se mettre en relation l'une avec l'autre par l'intermédiaire du domaine de la préoccupation ou du questionnement. La vérité réelle que communiquent ces entités est en partie la vérité d'elles-mêmes et seulement une partie de la vérité au sujet de laquelle parlent les mots. Voilà le rôle important que jouent la personnalité et la relation dans l'action de chercher à s'exprimer dans la vérité[990].

Parfois, lorsque quelqu'un nous demande notre opinion nous savons combien elle est importante pour cette personne. Lorsque nous sommes interrogés, la clarté de notre communication exige que nous ouvrions notre cœur et que nous trouvions la façon la plus positive de dire la vérité. Que notre vérité brille sans réserve:

> Parfois il faut être frontal et chirurgical et brusque et honnête car l'entité que vous souhaitez servir doit connaître votre point de vue. Ne faites pas cela sauf si on vous le demande, mais quand on vous

---

[988] Quo, transcription du 21 juin 1987, p. 10
[989] Hatonn, transcription du 26 mai 1991, p. 5
[990] Q'uo, transcription du 26 mars 1995, p. 2

le demande exprimez-vous avec compassion, en communiquant clairement, dans un brillant rayon bleu[991].

Il est essentiel, pour une communication claire, que nous attendions d'être interrogés avant de cracher feu et flammes:

> C'est un travail de patience que de vous rendre là où vous acceptez d'attendre jusqu'à ce que l'on vous demande, pour pouvoir essayer de rendre service. Cela semble très simple, mais c'est très difficile lorsque vous avez le sentiment que vous avez à dire quelque chose qui sera utile à quelqu'un. Lorsque ce sentiment surgit il y a un désir ardent de partager, et nous ne disons pas que cela est mal. Nous disons simplement qu'il se peut que ce ne soit pas du service à autrui, car ce que les entités désirent elles le demanderont, et c'est quand une entité demande que le précieux don du service peut être accompli[992].

L'art d'écouter jusqu'au bout a un effet considérable sur la communication. Nombreux sont ceux qui sont saisis de la tentation de n'écouter que jusqu'au moment où ils ont entendu quelque chose qui demande leur réponse immédiate, et qui veulent alors partager cette réponse. Cela crée une situation où une personne parle mais où l'autre cherche un moyen d'entrer dans la conversation pour pouvoir partager sa réponse au lieu de continuer à écouter. Développer le talent d'instaurer une communication claire avec autrui consiste en partie à écouter jusqu'au bout. Je réalise que ce peut être frustrant lorsque nous avons quelque chose à partager. Mais nous ne devons pas toujours dire tout ce que nous avons à partager! Ce n'est pas toujours là le point important de la conversation. Le restant du discours que nous pensons déjà comprendre peut prendre un tout autre tour. Nous faisons mieux d'écouter jusqu'à la fin.

> Si vous prenez conscience d'une situation dans laquelle vos paroles ne sont pas entendues, alors vous pouvez vous demander si vous voulez être entendu ou si vous voulez permettre à l'autre 'soi' d'exprimer ce que ce 'soi' souhaite exprimer, et jouer le rôle de celui qui écoute simplement. Dans de nombreux cas nous dirions que la réponse appropriée, métaphysiquement parlant, est simplement de renoncer au désir d'être entendu, de jouer seulement le rôle de quelqu'un qui écoute, et de devenir une caisse de résonance qui peut entendre ce qu'un autre 'soi' essaie de dire. Ce renoncement aux intentions intérieures et à la chose à dire est la

---

[991] Hatonn, transcription du 13 août 1984, p. 6
[992] Q'uo, transcription du 2 février 1997, p. 4

CHAPITRE XIII: LES MISSIONS SECONDAIRES – DES CADEAUX INDIRECTS

> marque d'une maturité spirituelle. C'est un acte très difficile à poser, car il y a dans chaque 'soi' un profond puits de désir d'être entendu, d'être entendu par le 'soi', et d'être entendu par les autres 'soi' qui sont significatifs pour le 'soi'. Et en dépit de tout cela, souvent la ligne la plus droite et la plus courte vers une communication claire c'est d'être silencieux, de lâcher le désir d'être entendu et d'accepter (temporairement) un rôle de pure écoute[993].

Encore et toujours nous voyons que le silence est une ressource extraordinairement riche en grâces, qui favorise la communication. Et si ce silence doit soulager, il a grandement besoin du baume du pardon de soi, d'autrui, du blocage qui se trouve dans le chemin, de la douleur de l'échec. Encore et toujours nous devons voler vers le cœur et chercher à demeurer dans l'amour du Un infini, en travaillant sur le don extérieur de la communication avec autrui.

> S'il y a échec de la communication directe, par exemple entre vous-même et une autre entité, ouvrir le cœur implique non seulement de parler avec cette personne dans toute l'étendue de votre capacité de communiquer, mais aussi de pardonner à l'autre 'soi', à vous-même et à la situation qui s'est installée entre les deux, et qui ne relève pas d'un cœur ouvert. Les blocages de chacun des chakras inférieurs sont faciles à identifier car, puisque l'énergie est bloquée il y a aussi un ton de sentiment intérieur, un malaise, qui parle aussi fort que n'importe quels mots, et certainement beaucoup mieux que n'importe quelle rationalisation de comportement ou de pensée[994].

Dans des situations de communication difficile il peut être bon d'examiner les problèmes impliqués et de chercher à l'intérieur de soi quelles sont les énergies qui sont bloquées. Le mental rationnel peut être bien utile lorsqu'il est utilisé comme un instrument d'investigation. Des renseignements sur l'équilibre énergétique sont instructifs et intéressants. Toutefois, ils ne valent pas, et de loin, l'intuition et les forces spirituelles présentes sous, ou au-delà de tout niveau de discours ou de mots. Cherchez toujours la vérité du cœur, trouvez la vérité qu'apporte cette énergie d'amour si vous le pouvez, car lorsqu'elle est regardée avec les yeux de l'amour, même la vérité la plus difficile devient possible à communiquer.

---

[993] Q'uo, transcription du 5 décembre 1999, p. 2
[994] Hatonn, transcription du 26 mai 1991, p. 3

CHAPITRE XIII: LES MISSIONS SECONDAIRES – DES CADEAUX INDIRECTS

Le carburant du monde ce sont les mots. Tout article d'épicerie que nous achetons, tout appel téléphonique que nous passons, toute réunion à laquelle nous participons, est alimenté par des mots, des mots et encore des mots. La communication est un don extérieur que nous développons forcément tout au long de notre vie. Elle peut être une merveilleuse pratique spirituelle tout autant qu'un don extérieur partagé pour inviter le 'soi' à communiquer de plus en plus clairement. Je nous souhaite bonne chance à tous dans ce domaine.

Enseigner – un cadeau indirect

Pour ceux d'entre nous qui désirent devenir des enseignants professionnels il existe des livres, des cours et des collèges tout entiers consacrés à l'art de l'enseignement, et le présent sous-chapitre n'a pas pour ambition d'être à l'égal de ces outils de formation. Toutefois j'ai l'intention d'aborder brièvement le rôle d'enseignant pour ceux qui nous entourent, dans lequel nous sommes placés sans cesse tout au long de notre vie. Les idées qui suivent m'ont été utiles. Ceux de Q'uo disent:

> L'idéal entre l'enseignant et l'étudiant, est une union dans laquelle chacun partage ce que chacun a à apporter et où l'autre écoute d'une manière qui ne déforme pas, et ensemble se fait le tressage d'un brin de pensée avec un autre, un autre et encore un autre, pour obtenir une corde ou une ficelle de connexions nouvelles et de nouvelles facettes du sujet sur lequel tous deux se concentrent. C'est le type d'enseignement qui donne à tous deux à la fois de nouvelles forces et une nouvelle prise de conscience, ainsi qu'un désir permanent d'en apprendre plus[995].

Sans doute avons-nous tous eu à des moments heureux de notre vie des compagnons dont la conversation avec nous a été de cet ordre.

> Sachez que lorsque vous entrez en contact avec n'importe quelle entité chacun enseigne à l'autre[996].

En ce sens, l'art d'enseigner ne consiste pas à se jucher sur une estrade pour aller pontifier, mais à s'asseoir démocratiquement en toute égalité parmi ceux avec qui nous conversons, et à permettre à nos oreilles d'entendre et à notre cœur de réagir. Cela peut paraître une manière bien modeste de décrire la tâche d'enseigner, mais elle résulte des meilleurs

---

[995] Q'uo, transcription du 3 septembre 1995, p. 2

[996] Q'uo, transcription du 29 novembre 1998, p. 3.

CHAPITRE XIII: LES MISSIONS SECONDAIRES – DES CADEAUX INDIRECTS

moments d'enseignement que j'ai vécus, et qui se sont produits au cours de conversations animées, et non pas au cours de conférences à une seule voie. À tous ces moments, et à tous les moments de mon propre vécu de conseillère et d'enseignante, j'ai été celle qui a reçu au moins autant que l'autre un enseignement. Les Frères et Sœurs de l'Affliction expriment aussi cela:

> Dans l'enseignement il y a l'enseignant qui apprend bien plus que l'élève. Et donc nous qui espérons vous rendre service, savons paradoxalement que vous nous rendez d'inestimables services à nous, et s'il pouvait y avoir une lumière que nous pourrions tous voir ce serait la manifestation physique de la réalité de la situation qui existe dans votre cercle et son contact avec nous en ce moment. Nous faisons un avec vous. Nous vous aimons, et tous nous aimons et servons le Créateur et cherchons la vérité[997].

Puis-je dire que notre petit cercle a beaucoup apprécié le contact avec ces êtres dont l'attitude inspire tellement à s'élever vers de grands principes, et est tellement humble lorsqu'il s'agit de les considérer comme des autorités. Cela, ils le refusent spécifiquement. Ils préfèrent cette démocratie entre enseignants/apprenants et apprenants/enseignants. Ceux de Ra y ajoutent une touche d'ironie:

> Dès lors, apprendre équivaut à enseigner, à moins que vous n'enseigniez pas ce que vous apprenez; dans ce cas, vous vous êtes fait à vous-même/aux autres, peu de bien. Ce point de vue devrait être contemplé par votre complexe mental/corps/esprit car c'est là une distorsion qui joue un rôle dans vos expériences au sein de cet ensemble[998].

En cette période où nous nous nous trouvons devant des quantités aussi énormes de connaissances à acquérir si nous le pouvons, nous pouvons souvent être tirés hors de notre champ d'expertise et, à mesure que nous dérivons sur des mers inconnues, il est très sage d'admettre que nous ne comprenons pas telle ou telle chose, et de devenir alors un auditeur! Et même quand nous pensons être sûrs de savoir, il est bon de nous contenter d'exprimer notre opinion et puis de nous taire. C'est fondamentalement une affaire de respect profond, notre respect pour l'instructeur en face de nous et pour celui qui se trouve en nous-mêmes, ainsi que pour l'élève et l'âme qui se trouvent dans les deux. Nous n'essayons pas de nous montrer plus malin l'un que l'autre. Nous essayons de trouver nos vérités. Nous

---

[997] Q'uo, transcription du 13 mai 1990, p. 2
[998] *La Loi Une,* Livre I, séance 1 §10

CHAPITRE XIII: LES MISSIONS SECONDAIRES – DES CADEAUX INDIRECTS

pouvons parfois nous utiliser mutuellement comme des boussoles, et toujours comme des miroirs:

> Toute expérience du 'soi' vis-à-vis du 'soi' est une expérience de présentation du miroir sacré à partager dans la précieuse expérience de la mutualité, qui n'est en quelque sorte possible que dans le travail de troisième densité. Chaque 'soi' offre à l'un ou l'autre le reflet du 'Soi Unique' qu'il est. Dès lors, même s'il se fait que l'ensemble sociétal et expérientiel dans lequel l'un est relié à un autre 'soi' suggère une certaine asymétrie dans la relation de sorte que l'un joue le rôle d'instructeur tandis que l'autre jour le rôle de l'élève, même ainsi les deux parties doivent comprendre que dans l'exacte mesure où l'un est l'instructeur de l'autre, il en est également l'élève[999].

Tout comme il en va pour les dons d'écoute et de communication, l'art d'enseigner implique de laisser notre individualité briller pour ce qu'elle est, et de laisser l'individualité de l'élève briller elle aussi, et de permettre que des connexions non linéaires s'établissent pour renforcer le flux de la communication entre les deux.

> Le plus grand présent que l'instructeur a à donner est la qualité d'être de l'instructeur. Toutefois, dès que cette qualité d'être est contractée en une simple personnalité que l'instructeur peut revendiquer comme sienne, elle perdue en tant que source d'inspiration pour l'étudiant, même si cet étudiant continue à la prendre telle qu'elle est. Il y a des connexions d'énergie qui relient l'étudiant à l'instructeur, bien que nous observions qu'en principe ces connexions ne sont pas différentes des connexions énergétiques qui prévalent entre un être aimé et un autre. Et tout comme celui qui aime doit être préparé à être aimé tout autant, ainsi l'instructeur doit être lui aussi, et tout autant, préparé à être un élève. Tous nos compagnons chercheurs dans le monde spirituel, toutes les distinctions qui dans l'expérience voilée, semblent tellement importantes, disparaissent complètement, pour ne laisser qu'une complète démocratie d'esprit: l'on cherche alors avec toute la Création[1000].

En ce qui concerne la recherche dans toute la Création, nos compagnons chercheurs et nous-mêmes ne font qu'un tout qui recherche. J'aime cette image de nous tous et de tous nos processus faisant partie d'une seule grande recherche des peuples de la planète Terre. Une chose est certaine:

---

[999] Oxal, transcription du 29 mai1993, p. 5
[1000] Q'uo, transcription du 4 juillet 1992, p. 4

CHAPITRE XIII: LES MISSIONS SECONDAIRES – DES CADEAUX INDIRECTS

les élèves savent comment localiser un instructeur/une instructrice qui se partage lui-même/elle-même et son sujet, et qui cherche à écouter et à apprendre:

> Les étudiants savent bien, même si les instructeurs ne le savent pas, qu'une grande partie et parfois même la majorité de ce qu'un instructeur inclut dans son enseignement ne se rapporte pas au sujet enseigné, car les enseignants enseignent en tout premier lieu selon ce qu'ils sont et selon la manière dont ils permettent à des entités de s'approcher des portes de leur acceptation. Ceux dont les enseignements influencent le plus les étudiants sont ceux qui permettent aux étudiants d'apprendre l'instructeur autant que ce qu'il enseigne, car chacun est un instructeur en ce sens que chacun présente au monde un certain complexe de vibrations et que ces vibrations fondamentales sont perçues aussi clairement par l'étudiant que les paroles qui sont prononcées, de sorte que l'instructeur qui a clairement été appelé à devenir un instructeur possède dans son stock d'individualité ce qu'il veut partager. Cette individualité, ce style de vie, et cette façon de présenter le 'soi' est un catalyseur pour l'étudiant à un niveau plus profond, dirons-nous, que le thème qui a fait l'objet de la discussion[1001].

Dans les années 1980, Jim McCarty et moi-même avons organisé à L/L Research des ateliers de channeling ainsi que de certains aspects des informations relatives à la *Loi Une*. À un moment, à l'égard de cet enseignement orienté vers l'extérieur, nous avons réalisé que nous sentions que nous ne désirions plus enseigner quoi que ce soit à part ce que les gens pourraient trouver dans notre façon d'être et de vivre notre vie en commun. Maintenant nous célébrons des rencontres annuelles à L/L Research. Lors de ces weekends passés ensemble beaucoup d'enseignements sont transmis, mais ils sont créés organiquement par les participants. Nous insistons sur le modèle démocratique des situations d'enseignement/apprentissage et d'apprentissage/enseignement. Chaque participant vient avec une histoire à raconter, des dons à partager, et des thèmes à développer. Nous, nous racontons nos histoires, partageons nos talents et discutons des sujets. Jim et moi disposons de documents d'archives pour lancer le débat sur quasiment n'importe quel thème métaphysique. Pendant la discussion, de magnifiques synchronicités se produisent et un volume considérable d'apprentissage a lieu, très naturellement et très spontanément. Non, nous ne recommandons pas de mettre tout cela à la place d'excellents ateliers et cours proposés par

---

[1001] Q'uo, transcription du 3 septembre 1995, p. 2

CHAPITRE XIII: LES MISSIONS SECONDAIRES – DES CADEAUX INDIRECTS

d'autres travailleurs de la lumière. Pas du tout. C'est juste que pour nous, la réalisation que cet enseignement de l'être est une forme appropriée d'enseignement a été une révélation et a révolutionné la manière dont nous offrons nous-mêmes et L/L Research au monde.

Il n'existe pas de formule pour bien enseigner. Il n'existe pas de formule pour être un bon étudiant. Nous préférerions dire que la relation instructeur/étudiant est éphémère et est essentiellement un événement qui est de l'ordre de l'opportunité. C'est une opportunité de partage mutuel d'une façon qui ne déforme pas à l'avance les résultats de ce partage. Seul un enseignement qui est donné sans rien en attendre et ouvertement, est un enseignement qui participe de l'effet unique et à première vue paradoxal qui fait que l'étudiant est simultanément un instructeur pour l'instructeur[1002].

Il est essentiel d'enseigner sans attachement. S'agissant d'un don spirituel, enseigner c'est l'occasion de partager un fait, un point de vue, ou les deux. Exiger de l'étudiant de 'saisir' n'est pas une bonne idée d'un point de vue spirituel. Laissez tomber la graine avec amour et passez à autre chose, comme l'exprime Charlie:

> J'ai fait part de mes découvertes à de nombreuses personnes, et très peu ont l'intérêt ou la capacité de faire leurs propres découvertes. D'abord cela m'a rendu fou, mais maintenant je me suis habitué et j'ai appris des moyens plus appropriés de planter des graines, de planter des graines dans un parterre non linéaire, en sachant qu'elles ont déjà fleuri, plutôt que de forcer leur croissance en pensant qu'elles ne croîtront jamais sans une attention constante[1003].

Cette attitude est parfois difficile à conserver pour quelqu'un qui a des opinions très ancrées et de bonnes choses à partager. Mais la vérité est une graine, et nous devons nous contenter de la laisser se développer à son propre rythme. Il est vrai que parfois nous ne pouvons même pas laisser tomber cette graine car nous devons d'abord sentir que l'on nous a demandé de laisser tomber cette graine de pensée:

> Sage est l'enseignant qui attend que l'étudiant lui demande d'indiquer un intérêt pour un sujet, un concept ou un ensemble d'idées, car ce qu'est essentiellement l'enseignant pour l'étudiant c'est une sorte de catalyseur qui a un poids, une lourdeur, un fond

---

[1002] Oxal, transcription du 29 mai 1993, p. 6
[1003] Charlie 036, lettre du 31 juillet 1999

> qui équilibre et rend stable pour cet étudiant le sens de la transmission du catalyseur donné. Tous enseignent les uns aux autres, parfois intentionnellement, souvent involontairement. Mais lorsque l'entité qui enseigne ne se perçoit pas comme un instructeur, l'enseignement qui est transmis est le plus souvent interprété comme n'ayant pas de poids. Ce n'est pas un type d'enseignement qui attire parce qu'il est complètement aléatoire, chaque personne répondant à l'autre et chacune instruisant l'autre[1004].

Pour un instructeur, ne pas peser lourd est en un certain sens une bénédiction, car ainsi instructeur et étudiant sont tous deux libres. Si nous pensons démocratiquement les uns aux autres dans un environnement d'enseignement, je pense que nous sommes alors tous plus susceptibles d'apprendre. Lorsque je parle avec des gens qui correspondent avec moi sur l'un ou l'autre sujet, j'ai parfois conscience que la personne qui m'écrit perçoit le poids de mes mots comme étant de l'autorité et si je sens que le piédestal s'élève je m'efforce de susciter un examen objectif et j'encourage mon correspondant/ma correspondante à apprécier ses propres pouvoirs de discrimination à l'égard des opinions de qui que ce soit, y compris des miennes. Cependant, je me réjouis à chaque fois d'avoir la chance de partager des idées et idéaux qui font tellement partie de mon propre voyage spirituel, et j'espère que chacun d'entre nous verra toutes les communications avec autrui comme des occasions d'enseigner/apprendre et d'apprendre/enseigner.

Dans un manuel destiné aux pèlerins spirituels, il faut aussi parler d'un autre type d'enseignement, car il est plutôt répandu parmi nous, et il s'agit de l'enseignement qui survient pendant le sommeil. Certains d'entre nous ont fait l'expérience de recevoir des enseignements pendant leur sommeil, et certains d'entre nous ont fait l'expérience d'être des instructeurs. Dans l'enceinte du sommeil nous sommes en grande partie libérés du voile de l'oubli et c'est ainsi que ces choses sont possibles. Ceux de L/Leema expliquent:

> Nombreux sont ceux qui accomplissent ce service en état de sommeil ou de rêve, allant alors à l'aide d'autres qui sont dans un état similaire. C'est le moyen par lequel sont accomplies de nombreuses guérisons et le moyen par lequel de nombreux enseignements peuvent être présentés, qui nourriront l'être lorsque le subconscient qui aura absorbé ces enseignements les libérera

---

[1004] Q'uo, transcription du 3 septembre 1995, p. 1

avec prudence dans le mental conscient à divers moments de l'expérience éveillée de l'entité[1005].

Si nous ne sommes pas parvenus à comprendre quelque chose dans notre vie éveillée, alors posons-nous la question lorsque nous nous apprêtons à nous endormir. Et soyons attentifs à nos rêves et à nous souvenir de ceux-ci lorsque nous nous éveillons. L'aide est partout! Les instructeurs le sont également.

Soigner

Si nous sommes tous des instructeurs, nous sommes également des guérisseurs potentiels. Définir ce que ce mot veut dire pour nous est le premier défi. Ceux de Hatonn le relèvent en commençant par les médecins tels que nous les considérons dans notre culture:

> Nous allons commencer par le domaine normalement accepté de la guérison tel qu'il est vu dans votre densité: celui qui est connu comme la méthode allopathique pour soigner, lorsque celui qui soigne assume la plus grande quantité de responsabilités pour celui qui doit être soigné et pour le processus de guérison. Vous pouvez voir cela comme un acte extérieur à celui qui doit être soigné, et comme une sorte de baume sur la blessure, la présence de celui qui soigne étant alors nécessaire pour que puisse se produire ce qui peut être décrit grosso modo comme le processus de guérison.

> Nous passons à présent au domaine de guérison qui ne fait que commencer à émerger dans les connaissances conscientes de ce groupe: celui du contact avec l'infini intelligent, selon lequel celui qui soigne offre à celui qui doit être soigné l'occasion d'accepter une nouvelle configuration du mental/corps/esprit plus compatible avec la configuration connue comme étant la santé. Dans ce processus, celui qui soigne n'a aucune volonté mais il s'offre comme instrument ou canal à l'infini intelligent présent dans chaque entité.

> Entre ces deux types de soins il y a de nombreuses étapes. Ceux qui cherchent à devenir des thérapeutes suivent le chemin qui joint des deux points. À chaque étape sur ce chemin celui qui soigne se transforme de manière telle qu'il pratique sur lui-même ce que vous pourriez appeler le processus de guérison, de sorte que

---

[1005] L/Leema, transcription du 18 mai 1986, p. 8

> l'injonction ancienne de vos peuples de médecins «guéris-toi toi-même» est réellement accomplie. Cette guérison de celui qui désire devenir un guérisseur permet alors à cette entité de donner à d'autres entités la même opportunité. À mesure que ce processus se poursuit, et que le guérisseur devient ce qui est appelé 'guéri' ou ce qui pourrait être plus clairement défini comme 'équilibré' dans ses centres énergétiques et équilibré en mental, corps et esprit, il devient apte à procurer cette opportunité à d'autres 'soi'[1006].

Il est question ici de deux manières distinctes de soigner. L'une est la sorte de pratique médicale que dès l'enfance on m'a fait considérer comme procurant la guérison, avec des médecins, des médicaments et peut-être des hôpitaux si l'on est sérieusement mal. L'autre est une sorte de pratique mentale qui postule que la santé est un état d'esprit dans lequel se trouve l'équilibre, l'amour et le pardon, et qui affirme que les parfaites images et formes d'un monde supérieur sont plus grandes et plus puissantes que l'illusion physique extérieure. Ceux de Q'uo donnent leur point de vue:

> Nous voyons le concept de la guérison ou de la santé comme se rapportant fondamentalement non pas au véhicule physique ni simplement au mental ou au véhicule du mental, mais nous voyons le fait de guérir comme ce qui crée une foi plus étendue ou plus profonde. Car, qu'est-ce que la santé sinon la juste proportion ou le juste équilibre entre les énergies à l'intérieur du soi individuel? La santé n'est pas seulement une affaire de maladie ou du fait de soigner la maladie. La santé concerne l'équilibre des énergies à l'intérieur du 'soi', et ce 'soi' est harmonisé dirons-nous, dans la mesure où le chercheur parvient à une conscience constante du 'soi' vu comme un enfant du Créateur infini. La guérison commence avec la réalisation que l'amour et le fait d'aimer constituent le bien-être[1007].

L'amour et le fait d'aimer constituent le bien-être: comme ce concept est simple! Mais combien de niveaux de significations il peut avoir! Aimer et nous pardonner à nous-mêmes apportent la guérison. Suivre l'amour dans nos relations guérit les problèmes de la vie et les dilemmes, et nous offrent de nouvelles occasions d'apprentissage et de service. Et vivre dans le cœur, vivre dans l'amour qui nous traverse, c'est vivre sainement. Toutes ces significations découlent de cette phrase lapidaire. En parlant de relations, ceux de Latwii notent que:

[1006] Hatonn, transcription du 11 avril 1982, p. 6.

[1007] Q'uo, transcription du 13 février 1994, p. 2

> L'espoir de chaque entité est d'être guérie, et la guérison peut être définie comme un état dans lequel le karma est équilibré par rapport à chaque âme avec laquelle vous entrez en contact, et votre réalisation de vous-même est une réalisation de vous-même en tant qu'enfant complet, parfait, et beau de l'Un infini[1008].

Cette réalisation n'est possible qu'en voyant soi-même et autrui avec les yeux de l'amour:

> Le plus grand guérisseur est l'amour qui se trouve au cœur de votre être et peut être partagé à tout moment de votre existence avec chaque entité que vous rencontrez. Il n'existe pas de plus grande magie, de plus grands guérisseurs que l'amour, le pardon et la compassion pour ceux qui suivent le chemin de l'évolution avec vous[1009].

Comment susciter cette atmosphère d'amour? La première suggestion qui me vient à l'esprit c'est vivre dans la louange et la gratitude. Plus facile à dire qu'à faire! En réponse à une question concernant le potentiel de la gratitude, voici ce que ceux de Q'uo ont à en dire:

> Vous avez interrogé au sujet du potentiel thérapeutique de la pratique d'adresser des louanges et de la gratitude au Créateur de nous tous. Nous dirions qu'il existe un potentiel extraordinaire de guérison dans cette pratique et que le potentiel de guérison est en fait plus grand que n'importe qui dans cette salle ne le réalise, tout comme l'expérience de guérir est en elle-même un phénomène beaucoup plus large qu'il n'est généralement reconnu. Car la guérison s'étend à toutes les parties de l'expérience de vie, puisque c'est un processus par lequel l'entité spirituelle prend de plus en plus conscience de ses propres potentiels et de sa nature véritable. Ce n'est qu'un tout petit fragment du résultat de ce processus profond qui peut susciter l'expérience de la guérison physique[1010].

Un des aspects de cette façon spirituelle de voir la santé est que dans ce paradigme la maladie est vue comme de l'amour qui a mal tourné. Il s'agit cependant toujours d'énergie d'amour car, qu'existe-t-il d'autre que l'amour? C'est pourquoi elle est particulièrement sensible aux pensées moins déformées et aux états d'amour qui peuvent se substituer à l'amour qui s'est embrouillé. Le patient qui se voit comme étant malade du fait d'une énergie d'amour bloquée ou déformée, est mûr pour une guérison

---

[1008] Latwii, transcription du 23 juin 1990, p. 11

[1009] Latwii, transcription du 15 mai 1993, p. 16

[1010] Q'uo, transcription du 24 mai 1991, p. 1

de nature spirituelle. Moins on croit en la solidité de la maladie, mieux c'est pour celui qui souhaite une guérison spirituelle.

Parce que le mental et le corps sont liés si étroitement, ils répondent en effet à l'amour. Nommez n'importe quelle distorsion du complexe émotionnel ou mental ayant provoqué une maladie, et nous vous dirons que c'est de l'amour mal exprimé. Mais le mental n'est pas fermé, et la conscience est aussi créative que vous lui permettez de l'être. Par conséquent, ceux qui entreprennent en soignant de vouloir la santé et une foi qui affirme que ce qui a été provoqué par les préoccupations de leur propre mental peut certainement être retourné, réagiront certainement à des suggestions positives. En fait, l'habitude d'émettre au sujet de soi ou d'autrui des jugements réprobateurs est néfaste et malsain, tant métaphysiquement que physiquement[1011].

Ce que nous disons s'imprime dans notre corps. Soyons très prudents concernant ce que nous décidons de dire!

Lorsque la langue du jugement réprobateur se tait, la langue de la joie et de la paix se délie et l'on peut parler au 'soi' tout en travaillant sur la personnalité, en essayant de la comprendre et de voir les équilibres désirés. Dans les mots de réconfort et de soutien du 'soi' au 'soi', le cœur ouvert crée pour l'entité l'occasion de tomber amoureuse d'elle-même, de l'aimer chèrement, et pas simplement en tant que parfaite expression du Créateur. Cela est relativement indépendant des expériences de choix qui sont faites. Elle tombe amoureuse d'elle-même avec toutes les imperfections qu'elle perçoit et qui s'épanouissent glorieusement. Elle voit le 'soi' dans toute sa puérilité turbulente et hoche la tête avec bonheur en disant: «Oui, voilà l'état humain, je le reconnais et je l'étreins ». Alors le cœur n'est plus une "chiffonnerie infecte"[1012], un lieu où de tristes souvenirs sont enveloppés dans des papiers de soie que l'on ouvre à nouveau pour se délecter de l'odeur de l'échec qui s'en dégage. Le cœur ouvert a lui aussi son arrière-cour d'où il vend tous ses rebuts à l'univers, à votre Mère la Terre, à l'essence profondément thérapeutique de votre gardienne planétaire, la Terre. Il est souvent bon, lorsqu'on essaie d'ouvrir son cœur, de prendre chaque jugement réprobateur, de le nommer, de prendre

---

[1011] Q'uo, transcription du 23 septembre 1990, p. 5-6

[1012] Allusion au poème The Circus Animals' Desertion (traduction voir http://athisha.unblog.fr/2010/05/14/yeats-desertion-des-animaux-du-cirque/ – poème de William Butler Yeats: « Mon échelle envolée, Je dois m'étendre au lieu d'où monte toute échelle, Dans la chiffonnerie infecte de mon cœur ».

pour chacun une pierre et de nommer la pierre et le jugement réprobateur, et d'ensuite enterrer ces pierres et ses réprobations afin qu'elles soient emportées dans le sein de la Mère, de la terre de votre planète. Alors élevez les mains et dites: "Mère, prends ceci car je ne sais pas comment le guérir, mais toi tu le sais» [1013].

Voilà une façon puissante d'objectiver le processus du 'soi' qui reçoit le pardon et qui pardonne. Ici, l'idée d'enterrer des pierres c'est réaliser que ces problèmes peuvent être amenés à un niveau où tout est amour, où tout est un, et quelles que soient les erreurs et distorsions auxquelles nous ont menés nos pensées, il y a moyen de guérir en se hissant à un niveau de pensée au-delà des limites de la pensée, un niveau auquel la loi de l'unicité de toutes choses est accomplie. Les instants de telles réalisations sont rares et merveilleux:

> Une des distorsions primales de la Loi de l'Unicité est celle de la guérison. La guérison se produit quand un complexe mental/corps/esprit réalise au plus profond de lui-même la Loi de l'Unicité; c'est-à-dire qu'il n'y a pas de disharmonie, pas d'imperfection; tout est complet et entier et parfait. Dès lors, l'infini intelligent à l'intérieur du complexe mental/corps/esprit, reforme l'illusion du corps, du mental ou de l'esprit en une forme en conformité avec la Loi de l'Unicité. Le guérisseur agit comme un dynamiseur ou catalyseur dans ce processus entièrement individuel[1014].

Que nous tentions de nous soigner nous-mêmes ou quelqu'un d'autre, nous tentons de nous aligner sur la Loi Une, dans laquelle se trouve la grande Pensée originelle unique ou Logos, qui est l'amour infini.

> L'art du guérisseur consiste donc, dans une grande mesure à continuer d'essayer de correspondre au taux vibratoire fondamental de la Pensée originelle, qui est intelligence infinie ou amour infini. Il est bon que celui qui soigne ne considère pas son image détaillée d'une santé équilibrée telle que perçue par le 'soi'. L'attitude la plus habile consiste à persévérer en n'importe quelles circonstances dans la tentative d'harmoniser le focus vibratoire autant que faire se peut avec celui du Logos originel[1015].

En accomplissant le travail d'harmonisation du soi, le thérapeute cristallise l'équilibre du 'soi' dans le cœur:

[1013] Hatonn, transcription du 26 mai 1991, p. 7
[1014] La Loi Une, Livre I – séance 4, §20
[1015] Q'uo, transcription du 6 mai 1993, p. 1-2

Chapitre XIII: Les missions secondaires – des cadeaux indirects

> Ce qui est exigé en premier lieu d'un guérisseur c'est qu'il soit un guérisseur désireux de mener une vie équilibrée. L'équilibre d'une vie est propre à chaque entité, cependant la clé de cet équilibre est que dans le tourbillon des occupations quotidiennes le guérisseur puisse se faire une place à l'intérieur du cœur, du mental et de l'esprit où existe et est reconnue la lumière, de sorte qu'en tout temps le guérisseur parvienne à être et à fonctionner comme un cristal vivant[1016].

La fonction du guérisseur est comme un cristal, ou tout autre catalyseur qui modifie sans être lui-même modifié. Le cristal est pris comme exemple dans la citation qui précède, à cause d'une discussion que Don a eue avec ceux de Ra à propos du fait que le guérisseur peut lui-même être un cristal qui pourrait agir comme substitut de ce cristal dans une pyramide, ou bien qu'un cristal peut être balancé au bout des doigts d'un guérisseur. Dans ce modèle, le guérisseur se contente d'être là, conduisant la lumière qui passe à travers lui. Il ne fait rien, à part créer une opportunité ou une atmosphère dans laquelle la personne à soigner peut choisir un nouveau moyen d'utiliser la lumière infinie qui entre:

> Le guérisseur ne fait rien. Le guérisseur ne guérit pas. Le guérisseur présente une opportunité à celui qui demande à être guéri. Dès lors, nous suggérerions toujours au guérisseur de renoncer à ses propres intentions qui sont naturelles à tout guérisseur visualisant une maladie ou la preuve physique d'une maladie. Il est très facile de sentir que l'on fera ceci et cela, et que cela opèrera en mode de guérison. En réalité, il est bon de rester humble en tant que guérisseur, car le guérisseur travaille sur lui-même et le guérisseur ne guérit en aucun cas[1017].

Autrement dit, n'examinez pas la maladie ou l'état qui a l'air de ne pas être guéri. Permettez plutôt à la perfection de la forme originelle qui existe encore à un niveau spirituel plus élevé, intacte et puissante, d'informer et reformer l'image extérieure. Comment pouvons-nous travailler sur nous-mêmes, nous créatures qui souhaitons nous guérir et être des présences bienfaisantes pour autrui? Ceux de Ra expliquent:

> En premier lieu, le mental doit être connu de lui-même. Ceci est peut-être la partie la plus ardue du travail de guérison. Quand le mental se connaît lui-même alors l'aspect le plus important de la

---

[1016] Hatonn, transcription du 3 février 1988, p. 1

[1017] Q'uo, transcription du 6 février 1994, p. 2

Chapitre XIII: Les missions secondaires – des cadeaux indirects

guérison apparaît. La conscience est le microcosme de la Loi Une[1018].

Dans ce *vade mecum*, nous avons passé deux chapitres à décrire les ressources permettant de métaphysiquement connaître et discipliner le soi. En tant que personne travaillant depuis des décennies à se connaître elle-même, je peux affirmer joyeusement que c'est une tâche de longue haleine qui dépasse ce que j'ai pu accomplir jusqu'ici, mais j'ai le sentiment que nous pouvons faire des progrès substantiels en regardant sans ciller nos pensées, toutes nos pensées, y compris celles qui nous viennent lorsque nous avons été blessés pour une quelconque raison:

> Le 'soi' est comme un soldat sur la ligne de front d'une bataille. Souvent, un tir arrive, qui blesse le 'soi'. Cette blessure doit être soignée. Le 'soi' blessé a besoin d'être soigné. La guérison se produit de par la volonté du chercheur d'ouvrir le 'soi' et ses imperfections à l'influence recentrante d'une perspective plus large. La perspective plus large est celle de l'amour. En amour les opposés se réconcilient. Cet amour est la semence de chacun de vous, la vérité au centre de vous. Elle peut produire, non pas en étant prise, mais si le 'soi' est libéré de sorte que ce 'soi' qui a souffert au cours des actes déséquilibrés du 'soi' peut être baigné dans l'eau vive de la vérité [1019].

En tant que personnes qui mettent en pratique le don de guérison, nous nous efforcerons toujours de nous ramener vers notre cœur, vers ces eaux vives qui sont du baume de Galaad[1020]. 149, une infirmière et pèlerine dit de son travail:

> Les patients se sentent toujours très aimés et touchés, même lorsque ce que je leur fais est un soin très difficile et embarrassant. Les médecins et chirurgiens avec qui je travaille me disent sans cesse que les patients n'arrêtent pas de parler de l'amour qu'ils sentent passer de moi à eux[1021].

Cette atmosphère d'amour est l'atmosphère de guérison. L'Esprit vit dans cette aura, et la santé le suit de près. Avant que nous puissions espérer être des thérapeutes dans le sens spirituel, il nous faut trouver et adopter cette attitude de cœur ouvert et d'amour affluant, afin que le baume circule à travers nous. Et si nous espérons pouvoir guérir quelqu'un

---

[1018] *La Loi Une*, Livre I, séance 4, §17
[1019] Q'uo, transcription du 24 mars 1996, p. 3
[1020] Voir http://www.1jardin2plantes.info/fiches/761/baume-galaad.php (NdT)
[1021] 149, lettre du 20 juillet 1999

d'autre, assurons-nous que cet autre a bien le souhait d'être soigné et souhaite recevoir notre aide, afin d'éviter toute violation de libre arbitre:

> Soigner sans la permission de celui qui est à soigner n'est pas recommandé, et nous pouvons même ajouter que dans la plupart des cas ce n'est pas possible, car celui qui est à soigner ne doit pas seulement donner sa permission d'être soigné mais il doit également prendre part au processus en ouvrant le 'soi' aux énergies de nature thérapeutique qui sont préparées pour cette entité et qui seront transmises par le canal de celui qui est supposé être le guérisseur. Puisque chaque entité fait partie d'une unicité, chaque entité participe au transfert d'énergie d'une partie de l'unicité vers une autre[1022].

Heikki Malaska confirme que sans une demande expresse du patient, les essais de guérison sont inutiles:

> J'ai eu l'occasion d'aider des gens à se guérir eux-mêmes dans des cas où ils étaient prêts et le souhaitaient. Dans d'autres cas, quels qu'aient été mes efforts, je n'ai réussi qu'à produire de la frustration pour moi-même jusqu'à ce que je réalise que la personne ne faisait pas bon accueil au changement. J'ai donc appris à écouter mes mains et mon cœur: ils savent bien avant moi si quelqu'un a besoin d'aide[1023].

La pratique de l'art de la guérison spirituelle est une belle expression d'un don extérieur que la plupart d'entre nous avons dans une certaine mesure. Si nous allons à la rencontre de ce moment avec un cœur ouvert nous sommes prêts à être des présences bienfaisantes. Puissions-nous tous être inspirés d'aller et de retourner sans cesse à ce cœur ouvert! Puissions-nous espérer être des bienfaits pour autrui, ce serait-ce qu'en leur souriant au lieu de leur présenter un visage renfrogné, ou en leur parlant avec douceur au lieu de les envoyer promener. Il existe un nombre infini de façons d'exprimer l'acceptation, le pardon et l'hospitalité d'esprit. Puissions-nous en trouver ne serait-ce que quelques unes!

Le travail global

Travailler à améliorer la planète est un don extérieur au sujet duquel peu de chercheurs ont questionné nos sources. Peut-être que les pèlerins de la

---

[1022] Hatonn, transcription du 24 mai 1981, p. 7

[1023] Heikki Malaska, lettre du 28 janvier 1999

Terre ne sont en général pas bien équipés pour penser comme des politiciens, des écologistes, des environnementalistes, etc. J'ai constaté que c'est vrai pour moi aussi. Dans ma jeunesse j'ai essayé de militer pour exprimer mon amour de l'égalité entre peuples de la Terre, mais je confesse que cela a été un gros échec. Il y a beaucoup plus dans le fait d'aller défiler pour une cause que dans celui de croire en cette cause: pour pouvoir durer dans ce service éreintant il nous faut être convaincus que la tactique que nous adoptons est efficace, même si celle-ci nous paraît forcée et fausse. J'encourage ceux d'entre nous qui ont le cran de vouloir durer de participer au gouvernement ou devenir des hommes/femmes d'État, si c'est ainsi que nous sommes conduits. Je crois profondément en la possibilité d'un processus de paix planétaire et en l'espoir d'un meilleur traitement de la Terre et des ressources de ses habitants. Don Elkins a posé cette question à ceux de Ra:

> **INTERVIEWEUR:** Pouvez-vous décrire le mécanisme de guérison planétaire?
>
> **RA:** Je suis Ra. La guérison est un processus d'acceptation, de pardon et, si possible, de réparation. La réparation n'étant pas disponible dans le temps/espace, il y en a beaucoup parmi vos peuples qui tentent la réparation pendant qu'ils sont dans le physique[1024].

En termes de spiritualité, la réparation dans l'illusion physique c'est la capacité de voir les problèmes mondiaux et nationaux dans le contexte du cœur ouvert, ainsi que le dit Chandara:

> Il est temps que nous nous rejoignons tous dans l'unité et l'harmonie de la lumière[1025].

Leigh Tremaine développe cette pensée:

> En construisant et alimentant une vision positive de l'amour et de la paix mondiaux, les énergies vont se propager vers l'extérieur comme des ondes et seront ressenties par tous. Plus nous reconnaissons faire partie de la conscience planétaire et offrons de l'élévation et de l'inspiration à tous dans le monde, plus forte deviendront ces ondes et plus loin elles porteront. Nous sommes à un moment des plus cruciaux pour semer les graines d'un nouveau monde de paix et d'amour. Chacun peut faire bouger les choses! L'esprit de la Terre nous exhorte à nous rappeler que nous sommes les gardiens de la Terre. Répondons ensemble à cet appel et, ne

---

[1024] La Loi Une, Livre I, séance 26 §30
[1025] Chandara, lettre du 22 septembre 1998

faisant plus qu'un, nous chanterons pour le réveil de cette planète [1026]!

Chanter pour le réveil de la planète semble impossible à l'oreille extérieure qui n'écoute que les statistiques et les probabilités. Nous autres, en Europe, aux Amériques, et dans les lieux les plus anciens de la civilisation occidentale, nous usons beaucoup trop des ressources de la Terre, et cependant notre monde souffre encore de manques, de privations et de faim. De grandes parties du tiers-monde et du nouveau monde qui ne sont pas encore honorées d'un style capitaliste d'entrepreneuriat et d'une accumulation d'argent, sont souvent exposées à de graves pénuries, famines et dangers mortels. Dans le monde entier, de nombreux pays traitent encore des parties de leurs populations comme des esclaves ou des parias. En de nombreux endroits à l'est du Levant, il peut être hautement inconfortable, limitatif, ou fatal de naître fille. Et surtout, notre processus de paix languit pendant que de petites guerres se poursuivent et que les nations fortes imposent leur volonté aux états faibles. Ceux de Ra suggèrent cependant que nous ne devons jamais abandonner le ferme espoir d'un progrès. Ils parlent d'un supermarché où l'on peut acheter des bidons "d'aide à la planète":

> [...] Nous pouvons noter à ce point, pendant que vous réfléchissez aux vortex de possibilités/probabilités que, bien que vous ayez de très, très nombreuses sources de détresse qui offrent des opportunités de recherche et de service, il y a toujours dans ce stock un réservoir de paix, d'amour, de lumière et de joie. Ce vortex est peut-être très petit, mais le dédaigner c'est oublier les possibilités infinies du moment présent. Est-ce que votre planète pourrait se polariser vers l'harmonie en un seul beau, fort, moment d'inspiration? Oui, mes amis. Ce n'est pas probable, mais c'est toujours possible[1027].

Les possibilités improbables ont toujours été mes favorites! Un pèlerin de New York parle par l'intermédiaire d'une planchette Oui-Ja:

> **Apache**: Est-ce que parler de nous à Carla sera bénéfique pour son livre sur les pèlerins errants?
>
> **Andeamo**: Oui. Cela l'aidera à terminer le livre et elle nous sera reconnaissante parce qu'elle veut faire de ce livre un guide pour les pèlerins errants, et vous êtes sûrement une pèlerine errante sur le plan terrestre. Car toute cette dynamique de vie doit être donnée en

---

[1026] Leigh Tremaine, www.freenetpages.co.uk/hp/risingearth, lettre du 25 avril 1999
[1027] La Loi Une, Livre III, séance 65, §12

Chapitre XIII: Les missions secondaires – des cadeaux indirects

> service à autrui, donc vous devez lui écrire très vite et être plus spécifique que de vous contenter de dire qu'il y a un esprit sur votre papier, car elle voudra voir l'écrit.
>
> **Apache**: OK, quelle est la partie qui l'intéressera le plus?
>
> **Andeamo**: Tout le texte l'intéressera mais plus particulièrement ce qui parle du rôle de votre vie sur ce plan-ci.
>
> **Apache**: Je ne me rappelle pas que vous m'ayez parlé de mon rôle sur le plan terrestre. Répétez s'il vous plaît.
>
> **Andeamo**: Votre rôle est d'aider les gens à trouver le moyen le plus efficace de vivre dans des environnements faits par l'homme, car vous découvrirez que dès le moment où vous permettez à la vie d'être votre directeur, alors toute la vie devra être bonne. Vous verrez que tous les problèmes dus à l'homme peuvent disparaître[1028].

Bien que ceci ait un sens moins que parfait pour le mental linéaire, je crois que c'est la vérité: tous nos problèmes créés par des humains peuvent être résolus. Mais en outre, la paix mondiale est possible. Elle commence dans le cœur de chacun:

> Cet instrument se sent concernée par la paix dans le monde et prie très souvent pour cela, mais si cet instrument priait pour sa paix intérieure la prière serait la même. En fait, à notre humble avis le moyen le plus efficace d'amener la paix dans le monde c'est d'apprendre la paix à l'intérieur de soi car lorsque vous pensez, lorsque vous êtes, il en va de même pour tout l'univers car votre conscience est un champ, et à chaque parcelle de crainte que vous parvenez à éliminer, à chaque fois que votre cœur est en expansion, la conscience de votre planète est allégée[1029].

Nous avons besoin d'exprimer notre service à la planète à notre propre manière. Si vous êtes quelqu'un qui souhaite jouer un rôle dans le processus de paix mondial et qui accepte d'y consacrer du temps et de l'attention, je ne peux qu'encourager ces efforts! Si vous êtes en voie de devenir un politicien, un environnementaliste ou de vous engager dans une quelconque forme de militantisme désireux de servir en politique ou dans la protestation pacifique, faire campagne pour que des dommages soient réparés ou des espèces sauvées, je ne voudrais certainement pas vous enlever un seul gramme de cette énergie. Dans ma propre vie j'ai

---

[1028] Apache, lettre du 6 novembre 1999
[1029] Q'uo, transcription du 19 janvier 1997, p. 3

constaté que si je m'intègre mal dans des piquets de grève, je nettoie cependant volontiers la cuisine de l'église, qui est alors à même d'accomplir un petit peu mieux sa mission. Je crois que tout ce que nous accomplissons en tant que volontaires en faveur de l'environnement, de la lutte contre l'ignorance et l'illettrisme, pour nourrir les affamés, libérer les prisonniers innocents ou aider les malades à l'hospice ou à l'hôpital ajoute au bien-être de la communauté et du monde. Les donations dans les domaines de l'art alimentent la communauté, qui peut ensuite partager ces visuels avec ses défavorisés. Tout ce que nous pouvons faire, tout ce que nous pouvons donner au monde pour ajouter à sa beauté et diminuer ses souffrances, aide. Certaines façons extérieures de servir autrui contiennent un degré de dureté que beaucoup d'esprits éveillés n'ont probablement pas. Si nous nous identifions à ces âmes sensibles et ne nous sentons pas attirés par les comités, réunions électorales et protestations, alors décidons plutôt de développer notre aptitude à penser et visualiser globalement, à nous voir comme une seule planète, un seul peuple, une seule famille, une seule population. Nous sommes les gens de la Terre. Il nous revient de donner à la Terre notre chant de vie et d'amour, en espérant accomplir ainsi notre service à la planète et à tous les gens. Plaçons et gardons quotidiennement de la paix dans nos cœurs, et investissons de la foi dans un avenir positif de l'humanité pendant que nous passons par ces temps derniers au cours desquels un monde nouveau se construit à l'intérieur de nous et à l'intérieur de notre planète. Puissions-nous chanter l'amour, la lumière et l'unité avec l'herbe, le vent et les étoiles.

Le channeling

Puisque le channeling vocal se trouve parmi les dons extérieurs que je peux offrir depuis trois décennies, cette voie de service est particulièrement chère à mon cœur. Toutefois, je n'ai pas le sentiment que cette voie de service soit celle à laquelle devrait aspirer tout chercheur. L'acheminement de la vie est de loin mon principal centre d'intérêt. Ceux de Q'uo expliquent:

> Personne n'est pas un canal. Aucune vie n'est pas d'abord une existence acheminée. Nous voulons dire par là que chacun de vous porte en lui des forces profondes et inconscientes non pas à vrai dire pour le bien ou le mal, mais plutôt pour l'approfondissement de l'expérience. Plus seront nombreux les moments où le disciple pourra reconnaître la profondeur du moment présent, plus cette

CHAPITRE XIII: LES MISSIONS SECONDAIRES – DES CADEAUX INDIRECTS

âme acheminera d'une manière orientée, d'une manière engagée, d'une manière permettant le service à tous et à l'amour du Créateur infini[1030].

Donc, l'interaction de notre psychè avec le moment présent est le moteur qui fait fonctionner notre canal, qui lui donne de la nourriture à assimiler. Notez que le but en retransmettant la vie n'est pas de se libérer complètement des distorsions, mais d'intensifier, approfondir, célébrer et partager nos distorsions orientées vers le Service d'autrui, la dévotion envers le Créateur, et le témoignage fidèle de nos propres processus.

Chacun d'entre vous est un canal qui a des distorsions, et chacune des activités joyeuses et tristes dans votre expérience sur ce plan terrestre a pour but de vous enseigner exactement la manière dont vous souhaitez être un canal de retransmission. Il ne s'agit pas d'une vocation. Cela fait partie de la manière dont une entité regarde les diverses forces d'irritation et de pensée subconsciente qui s'insinuent dans le discours humain. Si vous savez que vous êtes réellement un canal de retransmission, non par pour d'autres mais pour le 'soi', alors vous savez qu'il y a certaines responsabilités. Lorsque vous offrez ce que vous avez de meilleur en conversation, avec peut-être des remarques malheureuses émises par d'autres, puissiez-vous trouver la patience, la touche légère, la compréhension et le mot aimant, face à l'opposé, ce qui donnera à ces autres l'occasion de repenser à ces conversations et se demander probablement pour la première fois, si eux aussi pourraient être responsables d'une chose aussi merveilleuse que la retransmission d'une attitude lus légère et joyeuse. Vers vous que nous pouvons appeler des bergers, est envoyée la glorieuse compagnie de ceux qui vous entourent, vous aiment, et aiment la Pensée originelle unique qui s'installe lentement et grandit en chacun. Faites appel à ces aides dont vous connaissez le nom, comme l'Esprit saint, l'ange gardien, le guide intérieur. Et plus encore: reposez-vous sur le souvenir de l'énorme réseau attentif, confiant, espérant et aimant que votre planète confuse vous envoie en fait en grandes quantités[1031].

La responsabilité d'être un berger plutôt que "quelqu'un qui sait", d'être un pacificateur plutôt qu'un esprit brillant, d'être en paix plutôt que vertueux, peut être lourde parfois. Il est tellement amusant d'être plus malin que …, plus près de la vérité que …, meilleur que… . Je connais

---

[1030] Q'uo, transcription du 20 décembre 1987, p. 1

[1031] Q'uo, transcription du 27 décembre 1987, pp. 5-6

CHAPITRE XIII: LES MISSIONS SECONDAIRES – DES CADEAUX INDIRECTS

bien ces sentiments. Chaque jour je dois lutter contre des tentations de communication! J'ai récemment reçu un message très aimable de Jody Boyne, dont les idées ont plus d'une fois enrichi ces pages, un message me félicitant de mon tact dans un échange de correspondance avec une connaissance mutuelle d'un e-groupe. J'ai dû rire en repensant à toutes les choses que je n'ai pas dites mais aurais voulu dire dans cet échange plein de tact! Mais je pense que l'effort d'être de bons canaux de retransmission vaut vraiment la peine, car je nous vois tous comme des postes de radio: capables de recevoir et de transmettre des pensés à la fréquence souhaitée:

> Il y a tellement d'exemples de la sorte de channeling que nous pouvons tous accomplir: la cuisine, la lessive, un sourire adressé au soleil, l'enthousiasme pour la vie ordinaire, le plaisir de l'eau, toutes les petites choses qui sont comme des fleurs dans un bol, dans des coins inattendus de la vie quotidienne. Vous êtes des canaux de votre vie quotidienne. Nous vous demandons de faire cela avec amour et honneur, en vous honorant vous-mêmes et en honorant l'instrument que vous appelleriez la conscience christique dans chacun et dans chaque visage que vous voyez[1032].

Une pèlerine qui a réussi à voir l'esprit est Linda Klecha, qui explique:

> Je sais que quand je parle aux gens les mots sortent comme si un enregistreur retransmettait dans ma tête et que je prononce seulement les mots qui en sortent. J'ai toujours l'impression de dire ce qu'il faut dire, et alors je me demande: où est-ce que j'ai été chercher cela? Des gens sont venus vers moi avec des problèmes et ont paru tellement paisibles après que je leur aie dit certaines choses. Cela me fait du bien[1033]!

En s'harmonisant avec son centre de cœur ouvert Linda a réussi à mettre son 'soi' hors du chemin et permet à ses intuitions et à sa guidance intuitive de prendre le pas sur elle lorsqu'il s'agit de ce qui réconfortera le mieux ses amis. Il se peut que bon nombre d'entre nous aient fait l'expérience de trouver les mots justes lorsque quelque chose se produit dans leur entourage, et soient capables de désarmer ou apaiser une situation difficile. Le plus déstabilisant dans ce processus de libération dans la conscience la plus élevée, est la très réelle impossibilité de contrôle conscient. En tant qu'artiste, 131, dit ceci:

[1032] Q'uo, transcription du 20 décembre 1987, p. 8
[1033] Linda Klecha, lettre du 21 août 1998

Chapitre XIII : Les missions secondaires – des cadeaux indirects

> Ce n'est pas à moi de décider comment ces choses vont tourner, même si ce que j'y mets joue certainement un rôle. J'essaie de laisser la force supérieure suivre son cours avec le moins de perturbations de ma part, et ce n'est pas toujours facile à faire[1034].

Laisser la force supérieure suivre son cours! Quel bon conseil! 131 parle ici d'une peinture, mais le principe est d'or pour toutes les sortes de channeling, qu'il s'agisse de la vie, des arts, de mots de spiritualité, ou tout ce qui peut concerner notre service particulier. Tous les talents extérieurs impliquent du channeling pour les amener à maturité. Voyez le 'soi' comme un instrument: une flûte ou un hautbois, quelque chose à travers quoi passe le souffle, le vent de l'esprit, le son des notes, mais plus encore, les résonances, les harmoniques et subharmoniques de notre instrument particulier, de notre corps particulier, de notre harmonisation particulière.

Le channeling vocal

Parlant du channeling vocal ceux de Latwii disent:

> Le channeling est une sorte différente d'enseignement. C'est un enseignement dans lequel on renonce à tout désir d'enseigner, à tout désir de faire sens, ou à toute autre activité excepté celle d'écouter, d'éprouver, être, flotter, dans cette grande harmonie qui peut être maintenue d'une manière stable. Ensuite tout le reste est une procédure mécanique se rapportant aux concepts que l'on a reçus[1035].

Donc, en s'offrant au channeling vocal, une personne devient purement un instrument, un récepteur et un transmetteur de concepts et de nuances. En renonçant à tout désir d'avoir telle ou telle opinion, l'instrument répète du mieux qu'il peut ce qu'il est en train de recevoir. C'est un partenariat avec une source particulière:

> Le channeling est un moyen d'engager ce qu'il y a de plus élevé et de meilleur chez le canal, dans une collaboration avec une source d'amour profondément impersonnelle, ce que nous sommes et qui a ce que nous pouvons appeler le point de vue le plus large[1036].

[1034] 131, lettre du 7 mars 1998

[1035] Latwii, transcription du 15 juin 1990, p. 7

[1036] Q'uo, transcription du 2 août 1988, p. 2-3

Chapitre XIII: Les missions secondaires – des cadeaux indirects

Les sources de la Confédération que j'ai citées tant de fois dans ce *vade mecum* sont de grands adeptes du channeling vocal puisque leur service à ceux de la Terre est facilité dans une certaine mesure par leur aptitude à utiliser des instruments vocaux, dont je suis. Ce que ces sources apprécient le plus, ce sont les distorsions et préjugés que nous-mêmes n'estimons pas autant, ces marques de modes de vie et d'apprentissages personnels:

> Le channeling pur peut être plein de clarté, mais ce sont la couleur et le feu de la personnalité et de la poésie que seul le canal est à même d'offrir qui font scintiller et vivifier nos simples messages[1037].

En réalité, les sources de la Confédération considèrent que leurs messages sont très, très simples, presque trop simples à comprendre, et malgré les millions de mots retransmis que j'ai moi-même produits, je ne peux pas les contredire. C'est bien vrai que c'est une histoire simple qu'elles ont à raconter:

> En channeling conscient, il y aura toujours une partie de vous-même dans chaque retransmission que vous produirez. Cela est souhaité par nous. Nous avons à raconter une histoire très simple, l'histoire d'une grande Pensée originelle unique, un amour qui a créé tout ce qui est, un amour vers lequel tout retournera un jour. Cette histoire est trop simple à comprendre pour les gens. Ils doivent la rendre plus complexe pour qu'ils essaient de la comprendre. On peut dire que la compréhension n'est pas quelque chose qui peut se produire dans votre illusion, mais qu'elle fait partie de l'illusion que les gens souhaitent beaucoup comprendre ce qui n'est pas compréhensible[1038].

En parlant de ce qui ne peut absolument pas être compris complètement d'une manière linéaire, nous qui désirons être des canaux vocaux, proposons d'ajouter une ressource à la très grande banque d'actifs dont les chercheurs disposent déjà. Tout comme pour les autres dons extérieurs, celui-ci est un petit présent fait au monde: celui de partager les matériaux que nous avons reçus, et que nous considérons dignes d'être retransmis. Et comme pour d'autres dons extérieurs, la vanité n'y a pas de place. Toute trace de vanité rebondira immédiatement et avec bruit sur le canal de transmission car lorsque l'on s'essaie au channeling vocal, on s'approche de la lumière de densités supérieures à la nôtre. Dans la pleine lumière, la personnalité humaine encline à l'erreur jette une ombre nette.

[1037] Q'uo, transcription du 10 janvier 1987, p. 1

[1038] Laitos, transcription du 18 janvier 1989, p. 6-7

Chapitre XIII: Les missions secondaires – des cadeaux indirects

Nous qui choisissons de mener la vie d'instruments de channeling, nous trouvons plus facilement du 'karma instantané' qu'une phrase accrocheuse. C'est un mode de vie. Nous pouvons nous attendre à rencontrer épreuves et tentations à chaque fois que nous ratons notre harmonisation. Tout effort pour penser que nous n'en sommes pas responsables est vain lorsque de telles épreuves surgissent. Lorsqu'elles se produisent, entreprenez de les voir comme du travail qui soutient le channeling car en travaillant sur ce genre de problèmes nous choisissons à nouveau notre polarité de service et recentrons notre harmonisation. Le cœur de cet effort consenti pour accepter tout ce qu'amène la vie quotidienne nous amène à un approfondissement et à un renforcement de notre 'soi' essentiel:

> Chacun de vous, chacun de nous, et en réalité tout ce qui fait partie de la Création qui a conscience du 'soi' est plongé dans un vaste océan d'illusions diverses qui se chevauchent, certaines étant plus brillantes que d'autres. Pour pouvoir trouver des mots qui soient évocateurs de la vérité, le canal de transmission le mieux préparé est celui qui a profondément examiné la nature du 'soi', car la nature du channeling dans sa configuration la plus appropriée, est égale à la profondeur de la solidité spirituelle de celui qui est un canal[1039].

La solidité spirituelle d'un canal est bien difficile à juger, que ce soit pour soi-même ou pour quelqu'un d'autre. Lorsque j'ai commencé à enseigner le channeling vers la fin des années 1970, j'ai accepté tous ceux qui se présentaient. Comme de nouveaux canaux éprouvaient des difficultés, j'ai vite appris à être plus prudente et j'ai commencé à découvrir des moyens de présélectionner les bons candidats au channeling. À mesure que mon expérience grandissait mes normes sont devenues plus strictes car j'ai observé chez beaucoup de personnes de réelles difficultés avec certains aspects du channeling, et que ces difficultés affectaient leur vie. J'ai découvert qu'il y avait fondamentalement deux sortes de channeling vocal; celle qui implique nos propres guides des plans intérieurs, et celle qui implique des plans extérieurs ou sources supposées extra-terrestres. J'ai découvert que retransmettre ses propres guides en channeling pour sa propre édification est selon moi une entreprise plutôt sans risque car la guidance se trouve dans notre propre aura. Apache et son guide Andeamo, et Mike Korinko et son guide Mira, sont deux bons exemples de channeling sain et sûr pour l'information personnelle. La retransmission de ce que j'appelle des entités de plans extérieurs ou de

---

[1039] Q'uo, transcription du 24 février 1991, p. 2

Chapitre XIII: Les missions secondaires – des cadeaux indirects

guides personnels pour l'édification d'autres personnes que le 'soi' fait jouer les lois du karma instantané et de l'apprentissage/enseignement réflexif. Toute vanité ou ambition dés-harmonise très rapidement un canal de retransmission:

> Nous appelons instamment ceux qui entendront ces mots à ne pas supposer que n'importe quelle sorte de channeling vocal est ce qu'ils sont préparés à faire. Les entités qui ont commencé par être d'excellents canaux vocaux et ont par la suite désintégré leur contact sont nombreuses, bien trop nombreuses. Et bien que chacune de ces entités sera guérie et que le désappointement cessera, il reste qu'en suivant non pas le cœur à l'intérieur mais l'ambition extérieure, elles se sont condamnées à une grande déconvenue[1040].

Comment désintègre-t-on un contact avec une source supérieure? C'est en général en permettant à notre harmonisation de varier trop largement:

> Tous ceux qui apprennent rapidement le mécanisme du processus de channeling ne sont pas, du fait de cet apprentissage original, automatiquement prêts pour la vie de discipline qui suit un choix fait par le canal de transmission d'être un canal pour le Créateur infini unique. Notre thèse est qu'une certaine discipline de vie, qu'un style de vie modeste et aimant, est utile à un canal. Cela peut convenir ou non à l'humeur de ceux qui souhaitent devenir des canaux. Ce n'est pas le désir de la Confédération des planètes au service du Créateur infini unique de créer des canaux au travers desquels nous pouvons faire des commentaires sur des désastres physiques et autres effets naturels remarquables et inhabituels qui concernent les mouvements de vos peuples et votre planète en elle-même depuis la fin de la troisième densité jusqu'à la fusion avec le début de la quatrième densité qui se fera sentir de plus en plus parmi vous. Ce que nous recherchons, ce qui nous réjouit dans un canal est la claire affirmation de la personnalité du canal d'une manière disciplinée et unifiée, car c'est sur ce plan-là que le canal rencontre le canal, car ne vous y trompez pas, le channeling est une conversation bidirectionnelle et le channeling, en transe légère ou en transe forte, au cours de l'exploration à la recherche d'un éventuel message du jour, dépend très largement du niveau d'engagement et du sérieux de l'intention offerts par le canal au contact au moment de la mise à l'épreuve[1041].

[1040] Q'uo transcription du 20 décembre 1987, p. 8

[1041] Q'uo, transcription du 27 décembre 1987, p. 3-4

Chapitre XIII: Les missions secondaires – des cadeaux indirects

L'harmonisation et la mise à l'épreuve sont donc des éléments essentiels de la préparation au service en tant que canal vocal. L'harmonisation peut commencer par la méditation quotidienne de notre choix, et par l'équilibrage du système énergétique ou des chakras:

> Il est toujours bon pour n'importe quel instrument de poursuivre par l'examen personnel quotidien, qui peut se faire dans vos moments de méditation ou de calme et de réflexion, de sorte que les centres énergétiques sur lesquels ces contacts sont basés puissent offrir au contact l'équilibre énergétique le plus pur et le plus clair possibles pour chaque instrument. Bien sûr, pour chaque instrument l'équilibre sera unique, car chaque instrument travaille sur les mêmes centres mais d'une perspective ou d'un point de vue différent[1042].

Après la méditation générale et l'équilibrage des chakras, le canal vocal fera bien de continuer à 'régler' le poste de radio qu'il est, par les prières et affirmations qu'il trouvera les plus utiles. En ce qui me concerne, j'utilise la prière de Saint-François qui commence par les mots: " Seigneur, fais de moi un instrument de Ta paix ..." ainsi que d'autres prières et hymnes sur ce thème. Quel que soit notre mécanisme d'harmonisation, voyons ce procédé comme la préparation ou le réglage de l'instrument:

> Nous suggérons à chaque instrument, qu'il soit nouveau ou expérimenté, que ce réglage soit accompli avec le plus haut degré de rigueur qu'il puisse fournir, car ce réglage est le facteur qui permet la construction du canal véritable: l'antenne de réception, dirons-nous, son polissage, sa fixation, sa sensibilité. Cela permettra d'arriver au plus haut degré à la fois de liberté de transmission et de précision de transmission[1043].

Je demande toujours à avoir le contact le plus élevé et le meilleur que je puisse supporter d'une manière stable dans mon état normal de veille consciente. Il est bon d'être très rigoureux à propos de cette limitation concernant le channeling car dans certains cas le travail peut être très éprouvant:

> Il des plus utiles que chaque entité servant d'instrument prenne conscience de la nécessité de se préparer à ce travail, à l'exécution concrète de ce service, c'est-à-dire au réglage de son propre mécanisme intérieur, à la mise de côté des désirs de nature

---

[1042] Q'uo, transcription du 20 septembre 1990, p. 2
[1043] Hatonn, transcription du 10 février 1988, p. 5

Chapitre XIII: Les missions secondaires – des cadeaux indirects

> personnelle pendant ce temps de service, et à l'exercice du réglage tel que nous voyons qu'il a été décrit par ce groupe, le réglage de la radio intérieure, si nous pouvons utiliser l'analogie avec une radio, sur la source la plus élevée que l'on puisse maintenir de manière stable[1044].

Après nous être harmonisés et préparés à la séance de travail proprement dite, nous harmonisons aussi le groupe en chantant, psalmodiant ou priant, ou de toute autre manière qui plaît à chacun à titre d'exercice d'unification. Dans notre propre groupe, nous commençons nos réunions par une conversation générale dans le cercle ainsi chacun a l'occasion de partager sa propre histoire autant qu'il le veut. À la fin de la conversation, le groupe est beaucoup plus uni. Nous faisons ensuite une pause, pendant laquelle chacun se prépare à la séance, et moi-même en tant que canal, je procède à mon propre réglage. Quand je suis prête nous récitons tous la prière 'Notre Père'. Chaque canal et chaque groupe a sa méthode favorite, et l'expérience accumulée aide à faire des choix permettant de s'harmoniser de plus en plus habilement. Pendant la séance, ceux qui ne font pas de retransmission soutiennent l'énergie de la séance en continuant à s'harmoniser et à permettre à l'énergie du cercle de passer à travers eux dans le sens des aiguilles d'une montre:

> Pendant les séances de travail le groupe de soutien doit continuellement réaliser et envoyer la force d'amour pour que l'instrument ne doive pas dépendre uniquement de ses propres forces et volonté, mais puisse s'appuyer sur le coussin et le soutien d'un environnement d'amour. L'harmonisation est donc accomplie en continu pendant une séance, non pas comme une lourde tâche, non pas comme un dur travail à fournir, mais comme quelque chose qui devient une seconde nature, comme quelque chose qui devient une simple et constante visualisation de la vie, de la lumière qui tourne, qui s'élève au-dessus et autour de tout le groupe en spirales, et se dirige vers la lumière infinie du Créateur dans Sa première manifestation[1045].

La dernière chose que nous faisons, nous canaux vocaux, avant d'accepter un contact est de nous placer dans l'état de conscience dans lequel nous sommes habitués à faire ce travail, et lorsque nous avons un contact, de mettre ce contact à l'épreuve. Les esprits dépourvus de chair, hors incarnation, suivent certaines règles du monde métaphysique, dans lequel les pensées sont des objets, et une identité qui n'est pas connue n'est pas

---

[1044] Q'uo, transcription du 2 février 1997, p. 6

[1045] Laitos, transcription du 12 mars 1990, p. 4-5

Chapitre XIII: Les missions secondaires – des cadeaux indirects

une identité du tout. Pour pouvoir mettre les esprits à l'épreuve nous devons savoir ce que nous défendons, qui nous sommes, quels principes élevés nous servons:

> Quand vous entendez des voix ou des guides intérieurs, il est bon que vous présentiez à ces voix le défi de leur demander si elles viennent au nom de la qualité pour laquelle vous vivez le plus passionnément et mourriez le plus volontiers. Ce peut être un processus simple, qui ne doit pas prendre beaucoup de vos efforts ni de votre temps, mais il est bon qu'il soit accompli avec pureté et intention à chaque communication. Car à mesure que chaque chercheur s'ouvre davantage à la polarité du Service d'autrui et se renforce dans cette polarité, des entités d'une nature négative souhaitant mettre sous contrôle la force de cette lumière en développement, seront attirées vers ce chercheur. Il est donc bon de demander à toute voix que vous entendez si elle vient au nom de ce à quoi vous tenez le plus[1046].

Les entités de nature négative sont généralement sages et malignes. Ne pensez jamais que vous pourrez tromper des esprits. N'espérez pas pouvoir manipuler des esprits. Le channeling est un don concernant le Service d'autrui, et la seule attitude à recommander dans cet exercice est la divulgation de tous les détails personnels à l'exception de l'identification essentielle du soi. Et ne pensez pas que vous pourrez garder une source orientée positivement si vous lui posez constamment des questions spécifiques et basées sur la crainte, qu'il s'agisse de conspirations, de la fin des temps ou d'un de ces groupes qui mutilent du bétail, ou d'extraterrestres qui dessinent des agroglyphes et qui auraient contacté telle ou telle partie de la population terrestre. Les sources supérieures du côté positif évitent soigneusement d'enfreindre le libre arbitre de ceux avec qui elles échangent des avis, et si des questions trop spécifiques leur sont posées, elles seront incapables de maintenir le contact au niveau vibratoire d'origine, et seront forcées de renoncer au contact. A ce moment, si le contact a généré suffisamment de lumière pour attirer un esprit désincarné de polarisation négative qui veut communiquer son point de vue et se plaît à imiter la philosophie pour autant qu'il parvienne à partager aussi ses informations basées sur la peur, le contact peut facilement dévier et changer pour le pire. Sans une constante ré-harmonisation, sans une constante remise en question lorsque survient un doute, un instrument peut se trouver inopinément en contact avec une entité négative. Puisque les deux polarités travaillent

---

[1046] Oxal, transcription du 6 septembre 1993, p. 6

Chapitre XIII: Les missions secondaires – des cadeaux indirects

avec de la lumière, une entité polarisée négativement peut se faire "sentir" exactement comme une entité orientée positivement de la même intensité lumineuse. Ne pensez pas que vous allez pouvoir reconnaître votre source. Cela ne marche pas comme cela. Si elle est au même niveau de lumière, la source négative trompera le mental conscient. La fin d'un contact mixte de ce genre se traduit par des informations de plus en plus spécifiques et basées sur la peur, des prédictions de catastrophes et d'ascensions dans le futur proche, ainsi que des dates précises de cataclysmes ou de transition. Ces événements ne surviennent pas dans notre temps et espace physiques tels qu'ils ont été prédits et alors le groupe est discrédité. Ou bien ce groupe finit par se quereller en se demandant qui fera partie de son camp de base ou de son ascension. Cela, je l'ai vu souvent se produire avec de bons canaux de transmission, mais on peut l'éviter par l'harmonisation et la mise à l'épreuve.

> La mise à l'épreuve d'esprits invisibles est très nécessaire car si peuplée que soit votre illusion, nous pouvons vous assurer que les illusions au-delà de la vôtre sont au moins aussi peuplées, et que nombreux sont ceux qui sont prêts à parler au travers d'instruments, et les instruments ont besoin d'un moyen par lequel ils peuvent être assurés que l'entité qui parle par leur intermédiaire est de la polarité positive la plus haute possible, afin de pouvoir obtenir des informations aussi sûres et utilisables que possible, sans quoi la valeur des informations est négligeable. Nous recommandons dès lors que chaque instrument détermine pour lui-même son propre désir de servir d'instrument, et si sa détermination est qu'il souhaite le faire d'une manière aussi pure que possible, alors il accumulera ces qualités qu'il pense être son essence et il utilisera ces qualités d'une façon qui peut être vue comme la mise à l'épreuve de l'esprit afin que le contact qui est établi puisse savoir clairement qui vous êtes et quel est votre désir. Comme tous les contacts, il a une connaissance claire de lui-même et parle comme une entité pleine de sa propre essence.
> L'instrument doit donc déterminer quel est le contact le plus élevé et le meilleur qu'il soit capable de maintenir de manière stable grâce à cette technique de mise à l'épreuve de l'esprit[1047].

Ma propre mise à l'épreuve des esprits se fait au nom de Jésus le Christ. Je le fais trois fois, en demandant que cet esprit me dise très clairement: "Jésus est le Seigneur". Oui, c'est vrai, c'est de la distorsion. Mais je suis profondément chrétienne et le Christ est pour moi le meilleur, le 'moi'

[1047] Laitos, transcription du 12 août 1987, p. 8-9

Chapitre XIII: Les missions secondaires – des cadeaux indirects

que je veux adopter, l'essence de moi-même. Il y a dans le fait de voir Jésus comme étant moi-même un grand nombre de significations, car je sais aussi que je ne suis pas un Christ mais une servante, et tout au plus une messagère. Mais pour savoir qui je suis, je dois savoir de qui je suis, et je suis une enfant d'amour, une voix d'amour, une vibration d'amour, j'appartiens à Jésus. Dans cette essence je me sens libre d'être pleinement moi-même. Certains élèves que j'ai formés ont lancé le défi au nom de Jésus, mais d'autres l'ont fait au nom de la conscience christique, de l'amour, du Logos et de la justice. Oui, nous avons eu un juriste parmi ceux qui sont venus étudier à L/L Research! C'est une chose profondément intime et personnelle de choisir comment nous allons mettre au défi, mais cela est essentiel à un bon contact. Parlant d'un élève et s'adressant à lui pendant qu'ils enseignaient le channeling par mon intermédiaire en 1988, ceux de Q'uo ont dit ceci:

> Ce canal-ci a la grande prudence de mettre à l'épreuve tous les esprits, et nous sommes enchantés que ce canal ait cette tendance, car notre service est quelque chose qui pourrait aisément être manqué car il y en a toujours qui ne viennent pas pour le Service d'autrui mais qui voudraient s'emparer du nouveau canal de transmission et l'éloigner de l'harmonisation la plus haute et la meilleure qui existe dans ce canal, le but étant de réduire l'intensité de la lumière du channeling, de la recherche et de la sociabilité du groupe qui ajoute tellement au réseau de lumière sur la planète Terre[1048].

J'aime l'image du réseau de lumière sur la planète Terre, mais c'est plus qu'une image, c'est une réalité grandissante. J'ai vu un réseau de lumière dorée autour de la planète déjà en 1977, dans mes visions personnelles, et une correspondante m'a écrit récemment qu'elle en avait vu un dans les années 1940. Chaque fois que j'en prends conscience ses fils sont plus forts, plus brillants, tissés plus solidement. Je pense que le channeling de type vocal aide en tant que service, mais j'ai également le sentiment que c'est le channeling de la vie elle-même qui est le plus grand service et le plus grand don à ce réseau d'amour et de lumière qui croît autour de nos mondes à mesure que de plus en plus de gens s'éveillent à leur nature spirituelle et se mettent consciemment à faire un travail de lumière.

Remarquez que je n'ai pas parlé de la manière de devenir un canal vocal. Je ne crois pas que je le ferai jamais, sauf pour les quelques rares élèves que j'accepte, car de manière générale je considère que le fait d'enseigner le channeling est comme de jouer avec des allumettes. J'ai vu quelques

---

[1048] Q'uo, transcription du 2 août 1988, p. 3

Chapitre XIII: Les missions secondaires – des cadeaux indirects

maisons (par là j'entends l'intégrité mentale et émotionnelle de corps physiques et subtils) brûler gravement. Tenter de transmettre en channeling sans l'aide d'un instructeur et d'un groupe pour soutenir l'étude, et sans le soutien d'une vie vécue dans la dévotion, c'est exposer sa maison à un incendie. S'il vous plaît, ne le faites pas! Si ce service est pour vous, un instructeur viendra vers vous. Si aucun n'instructeur ne s'est encore manifesté, le temps doit être à l'attente.

Chapitre XIV : La mission principale

Alléger le 'soi' c'est alléger la planète

Ce chapitre sur le ministère de l'être est le cœur de ce *vade mecum* pour une vie orientée vers la spiritualité. Après avoir examiné les nombreuses façons dont nous pouvons nous servir d'outils spirituels pour travailler sur nous-mêmes, et après avoir étudié comment être, nous sommes prêts maintenant à apprendre à *être nous-mêmes,* mission principale qui nous incombe à nous et à tous les êtres éveillés qui sont sur Terre en cette période: celle d'éclairer la conscience de la population terrestre et de la planète elle-même.

Lorsque des missionnés s'éveillent, ils ont en général une assez bonne idée de l'engagement de leur mission. Ils ne savent peut-être pas en quoi consiste cette mission, mais ils savent qu'ils sont ici pour servir. La première impulsion de chacun, y compris de moi-même, est de supposer que cette mission concerne le monde, que nous devons devenir des instructeurs, des thérapeutes, ou proposer l'un ou l'autre service spectaculaire ou extraordinaire qui fait appel à nos talents extérieurs. Il y a de très nombreuses années que je suis arrivée à considérer ces talents pour agir dans le monde comme des missions exclusivement extérieures, et de les voir comme bien moins essentiels et importants pour notre travail sur Terre que la mission principale, intérieure, qui est d'être nous-mêmes. Notre mission fondamentale est un service que j'ai fini par appeler le ministère de l'être ou de l'essence, le ministère d'être le plus profondément possible nous-mêmes.

Il semble illogique de vouloir guérir le monde en étant nous-mêmes car ne sommes-nous pas faillibles et humains? Nous attendre à guérir complètement notre 'soi' au cours de cette incarnation, serait vouloir exercer une pression intolérable sur ce 'soi' superficiel, alors mieux vaut ne pas parler de la planète et de ses habitants. En réalité, je ne demande pas d'essayer même d'imaginer cela. Ce que je demande c'est que vous vous mettiez dans un état d'esprit qui permette de mieux saisir la nature de notre mission principale, de passer du mental avec ses pensées au cœur du 'soi' avec sa sagesse. Car dans le cœur se trouvent les centres de l'esprit et du 'soi' profond, et dans cette atmosphère nous ne sommes pas influencés par le tableau extérieur, par ce que nous avons fait et pas fait. Nous nous trouvons dans un monde d'essence métaphysique où les pensées sont des objets et les intentions sont tout. Dans ce monde-ci, ce sont nos pensées, nos espoirs, nos intentions et nos rêves qui sont importants. Des frontières peuvent encore demeurer en ce sens que nos pouvons choisir que nos limites interpersonnelles normales subsistent pour nous protéger, dans la mesure où cela nous nécessaire, des autres dans le monde extérieur. Mais en même temps nous sommes dans un état d'esprit qui reconnaît que nous faisons partie de l'unité infinie de toutes choses, que nous faisons tous un. Tandis que notre mental s'appuie principalement sur cette prise de conscience, l'éclairement de la conscience que nous entreprenons à l'intérieur de nous-mêmes influe sur l'éclairement de la conscience planétaire. Ceux de Q'uo commentent:

> Il est bon de méditer sur le 'soi' en lui-même. Car c'est vous-mêmes, votre conscience, qui est en fin de compte en union avec tout ce qui est et qui sera le véhicule capable de venir en aide à la conscience planétaire[1049].

Nous-même, notre conscience, paraissons être en quelque sorte d'une grande évidence et simplicité: nous sommes là; nous pesons autant; nous avons telle apparence. Mais notre véritable 'soi' est un océan profond et sans limites, mais dans la partie de nous-même qui est notre enveloppe de personnalité, nous ne découvrons pas de grands champs de conscience. Comme nous travaillons dans une réalité de consensus, nous atteignons rarement le cœur de notre 'soi', sauf si nous avons découvert le secret, qui est de respecter le 'soi' qui se trouve derrière les actes et devoirs quotidiens: le 'soi' qui inspire et expire, et rencontre le moment présent. C'est ce 'soi' humble et sans ornements qui est la partie de l'entité qu'est chacun de nous, et au travers de laquelle passent la force et l'énergie capables de soigner la planète. Ceux de Q'uo expliquent:

> Une partie du travail de tout missionné est de vivre la vie telle qu'elle est, car lorsque ce qui a été dans une vibration plus compatissante ou sage a toutes ses forces en harmonie à l'intérieur, alors l'inspiration et l'expiration de la vie quotidienne sont véritablement la partie centrale du service que vous êtes venus proposer, ce service étant de permettre à la conscience à l'intérieur de cette sphère planétaire d'être éclairée. Dans la mesure où sont éclairés les yeux de votre cœur, ainsi est éclairée la vibration planétaire[1050].

Comment les yeux de notre cœur sont-ils éclairés? Ils sont éclairés lorsque nous regardons de toute notre attention naître ce moment présent,

---

[1049] Q'uo, transcription du 10 mars 1991, p. 2

[1050] Q'uo transcription du 3 janvier 1993, p. 8

CHAPITRE XIV: LA MISSION PRINCIPALE

avec le désir d'ouvrir complètement notre cœur à l'approvisionnement infini en amour et en lumière en provenance du Créateur, qui entrent sans discontinuer dans notre champ énergétique. 175 explique:

> Tout comme le soleil, l'amour peut irradier son amour depuis l'intérieur, au travers du cœur ouvert, et atteindre toute vie sans distorsion et de manière égale. Lorsque nous sommes vraiment transparents/humbles, il se montre dans sa splendeur pour étendre sa grâce et ses bienfaits à toutes choses petites et grandes. Il n'existe pas de plus grande force que celle de l'amour inconditionnel de Dieu, par Dieu, envers Dieu[1051].

L'amour inconditionnel n'est pas une attitude facile à adopter lorsque l'on doit faire face à tous les petits ennuis de la vie, et je ne peux faire qu'exprimer mon sentiment que, bien que les coups et vibrations difficiles sur notre chemin puissent nous déséquilibrer momentanément, nous pouvons toujours revenir à l'amour inconditionnel lorsque nous cessons de nous fixer sur le tableau extérieur pour nous focaliser sur toute la vérité que la situation peut contenir pour nous. Vous souvenez-vous de la lettre incendiaire que j'ai reçue d'une amie en train de divorcer? Lorsque je l'ai reçue, j'ai essayé de rédiger une réponse exprimant de l'amour, insatisfaite du résultat, puis y ai renoncé définitivement. Ce renoncement définitif à l'expression a été le point important, car il a ouvert mon cœur à un travail que je pourrais accomplir très bien et avec justesse. J'ai examiné ses griefs à mon égard. Elle trouvait que je la critiquais. Les critiques sont parfois difficiles à encaisser! Cette faculté de critique constitue une grande partie de mon enveloppe de personnalité. J'ai tendance à voir ce qui 'cloche' dans le tableau. Il m'est souvent arrivé de présenter des excuses à des membres de ma famille ou à des amis pour avoir exprimé des critiques alors que j'avais honnêtement l'intention de les soutenir en suggérant une autre manière, un élément manquant, un nœud à dénouer, une énigme à résoudre métaphysiquement ou hermétiquement. Ceux de mon entourage qui m'apprécient, apprécient cet œil métaphysique qui voit juste. Il y a des années, lorsque cette amie a débuté cette relation avec moi, nous avons échangé une correspondance qui a couvert tout son processus d'éveil, et alors mon côté instruisant/apprenant, était très apprécié. Lorsqu'elle sera redevenue elle-même, elle sera redevenue la personnalité que j'ai connue, qui était capable d'écouter mes avis tout en se sentant libre d'être complètement en désaccord. Le fait est que nous avons tous des forces et des faiblesses, et de temps en temps nous sommes perçus comme étant de peu de

---

[1051] 175, lettre du 2 février 1999

Chapitre XIV : La mission principale

soutien, quelque sincère que soit notre intention de rendre seulement service. Faisons confiance à la personne qui dit que nous ne sommes d'aucun secours! Taisons-nous.

En de tels moments, tout effort que nous faisons pour nous défendre, pour montrer combien cette personne a tort et combien nous avons raison, est inutile tout autant que métaphysiquement incorrect. Il est bien plus habile de commencer par avoir recours à l'âme et, cela fait, de passer à l'acceptation et au pardon de soi, de l'autre personne et de la situation, puis d'entrer dans le moment présent. Cela peut nous prendre une seconde, une minute, un jour ou une semaine de dépasser les instincts de défense et de colère que nous avons et de nous abandonner plutôt au cœur ouvert et au moment présent. En vérité, dans les périodes d'ennuis sérieux avec de bons amis, il m'est arrivé de devoir attendre jusqu'à cinq ans avant que la confiance soit rétablie. Il y a toujours une possibilité si nous ne renonçons pas. De plus, pendant que nous défendons nous-même et nos convictions nous ne pouvons pas accomplir notre travail planétaire ni notre travail sur nous-même! Alors nous devons espérer parvenir à empêcher les réactions instinctives de défense et de colère de devenir promptement et profondément injurieuses et blessantes, et à les remplacer par un abandon au cœur et à l'amour inconditionnel qui est l'environnement naturel du cœur ouvert.

À ce propos, je veux dire au lecteur que je le prie de m'excuser pour les fois où, dans le présent ouvrage ou ailleurs, je peux avoir eu l'air supérieure ou condescendante. Ce n'est véritablement pas mon attitude. J'ai des opinions bien établies, et je suis profondément engagée par rapport aux idées présentées dans le présent *vade mecum* parce que je les ai trouvées très utiles dans ma propre vie spirituelle. Mais j'espère que je les partage avec le lecteur d'une manière telle que je suis complètement transparente. S'il advient que j'aie l'air de penser ou de savoir que j'en sais plus et mieux que le lecteur, alors laissez-moi dire que ne n'est absolument pas le cas, et que je le sais très bien. Même si pendant longtemps j'ai été une instructrice/étudiante et une 'conseillère' tout autant qu'une enseignante/étudiante, je commence seulement à apprendre comment écouter et bien partager. J'espère pouvoir continuer à apprendre aussi longtemps que je vivrai. Nous sommes tous égaux ici. Je suis souvent une 'mal-dégrossie'. Nous sommes tous des mal-dégrossis dans le bus 'Terre'. Voilà une bonne information à graver sur notre conscience ici sur la Terre, car nous sommes régulièrement dans la confusion.

Pour revenir à notre sujet précédent, le cœur ouvert n'est possible que lorsque nous ne sommes pas impliqués dans un attachement temporaire à un désaccord ou une inharmonie. Nous pouvons espérer élever notre vie, jour après jour, jusqu'à nous trouver dans un état constant d'ouverture du cœur, mais il est vraisemblable que cela restera seulement un espoir, car notre vie continuera à engendrer des catalyseurs jusqu'à ce que tous nos catalyseurs aient été passés en revue, et généralement cela ne se produit pas avant que nous quittions la vie terrestre si toutefois nous y survivons. Cela dit, je peux aussi affirmer qu'au cours d'une vie vécue consciemment dans la foi la tendance prononcée est que l'expérience de vie devient significativement plus paisible et sereine dans le cœur du 'soi', indépendamment de ce qui se produit 'là-bas'. Et même dans les circonstances les plus difficiles, en travaillant sur notre volonté de pouvoir chercher plus haut, nous pouvons trouver des moments de cœur ouvert qui se trouvent en nous mêmes dans les temps les plus troublés. Lorsque nous accomplissons ce travail nous ne travaillons pas que sur nous-mêmes: nous accomplissons du travail pour la planète:

> Le cœur qui demeure dans cet amour ouvert ou le cœur qui est ouvert à cet amour et est désireux de le laisser traverser ce cœur et passer dans le monde de la manifestation accomplit un travail de guérison pour l'énergie planétaire, l'énergie locale et l'énergie du 'soi'[1052].

N'ayez jamais honte des moments où vous ne vous êtes pas vus faire face au moment avec le cœur ouvert. Cherchez plutôt à retrouver le cœur ouvert dès que possible, sans condamnation ni récriminations. Ceux de Hatonn recommandent:

> Restez en contact avec le 'soi' véritable. Ne soyez pas découragés si vous ne le trouvez pas. Il a seulement été déplacé; il n'est pas perdu. Persévérez simplement avec constance même si vos instincts vous disent que vous ne faites aucun progrès. Ces instincts ont tort, parce que chaque tentative faite honnêtement de rendre service éclaire la conscience planétaire et vous polarise de plus en plus[1053].

Don avait l'habitude de questionner au sujet de "l'adepte" plutôt qu'à celui du "missionné" ou du "chercheur" parce qu'il était lui-même un perpétuel étudiant de la magie cérémonielle occidentale, et parce que pendant le contact avec ceux de Ra nous procédions quotidiennement à un rituel magique de protection de notre lieu de travail. Lors d'un entretien au sujet de la visualisation, Don a demandé:

[1052] Q'uo, transcription du 18 janvier 1998, p. 3

[1053] Hatonn, transcription du 13 août 1984, p. 9-10

Chapitre XIV: La mission principale

INTERVIEWEUR: Pouvez-vous alors me dire comment l'adepte, après avoir pu maintenir l'image pendant plusieurs minutes, fait pour influencer la conscience planétaire ou augmenter la polarité positive? Je ne comprends toujours pas.

RA: Je suis Ra. Quand l'adepte positif atteint l'infini intelligent depuis l'intérieur, ceci est la plus puissante des connexions car c'est la connexion de tout le microcosme du complexe mental/corps/esprit avec le macrocosme. Cette connexion permet à la couleur véritable du rayon vert de temps/espace de se manifester dans votre temps/espace. Dans le rayon vert les pensées sont des êtres. Dans votre, disons, illusion ce n'est normalement pas le cas.

Les adeptes deviennent alors des canaux vivants pour l'amour et la lumière, et ils sont à même de canaliser ce rayonnement directement vers le réseau planétaire de nœuds d'énergie. Le rituel se termine toujours par l'ancrage de cette énergie par la louange et le remerciement, et par l'envoi de cette énergie vers la totalité de la planète[1054].

Une nouvelle fois nous voyons que les pensées sont des choses, des entités, dans le monde de l'esprit. Ce que nous faisons en dirigeant nos pensées EST important. Lorsque nous nous tenons pleinement dans le cœur ouvert après avoir nettoyé les chakras inférieurs et être entrés dans le moment présent, nous n'avons pas à FAIRE quoi que ce soit pour accomplir le travail. Il nous faut seulement être. Mary écrit:

> Que pouvons nous expliquer à des amis et membres de la famille ou même des connaissances qui demandent: "que fais-tu"? Répondre "j'irradie de l'amour et de la lumière" paraît tout simplement dément dans un monde orienté vers ce que l'on appelle le 'progrès'[1055]!

Comme je l'ai dit à Mary, souvent cette mission essentielle pour les missionnés n'a aucun sens pour les personnes qui ne se sont pas éveillées à leur identité métaphysique. Dès lors, il vaut mieux ne pas communiquer ce sentiment de mission d'être à des gens qui ne montrent pas de sympathie pour un point de vue orienté vers la spiritualité, et si une réponse méprisante est donnée lorsque vous communiquez cette idée, laissez couler comme de l'eau que le dos d'un canard et retournez immédiatement à notre travail. Jody Boyne a un point de vue merveilleusement assuré de ce service, et met le rayonnement d'amour et

---

[1054] *La Loi Une,* Livre II, séance 50, § 9
[1055] Mary, lettre du 21 avril 1997

de lumière en bonne place dans ce service, même s'il a été un excellent conseiller et enseignant 'extérieur' pour toute une génération de chercheurs:

> Mon chemin m'a conduit d'"essayer de conseiller" à juste "être ici". Les limitations, pièges et erreurs d'un effort de service de type quatrième/cinquième densité m'ont conduit à penser que je peux le mieux servir autrui et progresser en adoptant une approche volontairement réduite à une vie simple et irradiant de l'amour et de la lumière. Paradoxalement, la poignante tentative quasiment sans espoir d'enseigner, même simplement en étant dans cet environnement, appelle à la fois au plus grand effort spirituel, à l'autonomie et à l'autosuffisance[1056].

131 est moins certaine d'avoir 'bien compris' mais exprime la belle assurance qu'elle écoute une source qui lui transmettra un message si elle peut servir différemment:

> Le service: Un autre domaine auquel je pense énormément, et au sujet duquel j'ai l'impression de "ne pas encore y arriver". Pendant longtemps j'ai voulu être ouverte à la possibilité d'être davantage au service que je ne le suis actuellement. J'ai conscience de certains domaines de service où je suis déjà présente: mon travail avec des personnes handicapées, la peinture, ma présence sur la planète, la transmission d'informations quand c'est nécessaire, la fréquence de channeling, l'élévation de la fréquence de la planète, etc. En tout cas, je réalise que si je dois en faire plus alors cela m'arrivera, juste comme tout le reste[1057].

Elle combine des idées de service extérieur avec la détermination d'être présente sur la planète et d'en élever la fréquence, et dans son esprit tous les services se mélangent, ce qui peut provoquer une certaine confusion parfois. Cependant, sa foi sans le fait qu'elle est "dans le circuit" en ce qui concerne la divinité et l'esprit transcende toute la confusion, et je ne connais personne qui est aussi attentif à la voix de l'esprit que cette pèlerine en particulier. Mike Korinko fait écho à certaines de ces idées dans le passage où il parle d'une séance avec sa guide personnelle Mira, et il me paraît un très bon porte-parole général du pèlerin moyen lorsqu'il dit:

> Au cours d'une séance avec Mira, qui consistait à pouvoir voir le 'soi' dans autrui, elle a clarifié pour moi l'idée qu'un missionné est

---

[1056] Jonathan Boyne, lettre du 10 août 1997

[1057] 131, lettre du 14 mai 1997

> ici simplement pour vivre la vie en tant qu'être humain dans le but d'aider la planète. Bon. Je sais que vous m'avez déjà dit cela mais jusque là je ne voyais pas vraiment comment cela aiderait. Mira a rendu cela clair pour moi en le reliant à des choses que je peux comprendre. Peut-être que c'est seulement pour cela que je suis ici. Mais alors pourquoi la pulsion, le sentiment que je ne fais pas quelque chose que je devrais faire? Est-ce juste en moi, suscité par mes propres distorsions, mes propres pensées et ma propre incompréhension[1058]?

L'impression que nous ne faisons pas ce pourquoi nous sommes venus ici, ce que nous 'devrions' faire, est selon moi dû à notre inculturation et à l'absorption par notre être de l'éthique occidentale en matière de travail et, de plus en plus, de l'éthique du monde oriental également. C'est une habitude de jugement si profondément ancrée que nous trouvons très difficile de nous en défaire. Le soir, j'ai encore toujours l'habitude de parler à mon mari de ce que j'ai accompli pendant la journée et en retour il me fait part de ce que lui a fait dans le monde. Nous sommes si profondément habitués à mesurer la valeur en termes de réalisations que nous l'appliquons constamment à nous-mêmes et sans y réfléchir. En ce qui concerne la mission principale, nous devons complètement rééduquer notre façon de penser. Comme le disent ceux de Q'uo:

> À notre avis, la mission pour laquelle et le but dans lequel chacun de vous a pris une incarnation était simplement de vivre, d'offrir vos vibrations à la conscience planétaire. Il peut sembler que cette offrande du 'soi' pour éclairer le réseau planétaire de conscience est une petite chose, peut-être une chose sans importance, car les chercheurs n'ont généralement pas l'impression qu'ils agissent dans une vibration élevée. Cependant, en dépit de toute la confusion et de toute la distorsion autour des réactions à la confusion, vivre moment après moment avec le cœur ouvert à l'amour représente un but et une mission suffisants pour remplir tellement une vie qu'elle irradie de la vie[1059].

Offrir le 'soi' devient une chose puissante lorsque nous réalisons combien nous-mêmes sommes puissants d'une certaine façon: dans notre être essentiel. Si nous nous voyons comme des missionnés extraterrestres, nous avons un rôle spécial à jouer. Ceux de Q'uo expliquent:

> Ceux qui nous ont rejoints en ce jour particulier ont tous leur foyer d'origine dans des densités qui sont plus douces, plus ouvertes et

---

[1058] Mike Korinko, transcription du 14 août 1995

[1059] Q'uo, transcription du 23 mars 1997, p. 4-5

plus proches de la vibration originelle de l'amour inconditionnel. Derrière les masques et les rôles qu'il est approprié pour chacun d'assumer dans votre danse dans un océan de confusion, vous êtes qui vous êtes, et c'est cette essence-là qui est votre don et votre service principal. Lorsque vous inspirez et expirez vous respirez le monde, vous respirez l'illusion et vous êtes de l'amour. Puisque vous avez un souffle vous êtes mortels et cette mortalité vous revêt d'une chair qui crée une absence de mémoire, une absence de contact avec les choses qui font partie de votre 'soi' infini. Cela ne perturbe pas votre essence. Vous pouvez diminuer la facilité avec laquelle vos vibrations natives peuvent s'amplifier. Vous pouvez être bénis, exprimer votre essence. Vous pouvez être plus fidèles à cette essence sous-jacente et entourante, mais il est absolument certain que vous accomplirez entièrement votre service et votre mission parce que votre mission fondamentale est de vivre une vie auprès des gens parmi lesquels vous vous trouvez, en ayant un cœur consciemment ouvert aussi large que possible et de manière stable[1060].

J'espère que nous sommes réconfortés de savoir qu'il ne nous est pas possible de faillir dans cette mission. Ce n'est pas plus un ministère de mots que d'actes extérieurs. Ceux de Q'uo expliquent:

> Les missionnés peuvent apporter le meilleur témoignage en étant le plus pleinement eux-mêmes, car c'est le complexe vibratoire fondamental porté dans le rayon violet par chaque missionné qui est témoin par essence. Dès lors, la tâche de chaque missionné dans les affaires quotidiennes est de maintenir le canal d'individualité propre, dégagé et pellucide. Cette vocation spirituelle est passive à de nombreux égards[1061].

Se tourner vers l'amour c'est se tourner vers le cœur du 'soi', car le 'soi' est fondamentalement la créature de l'amour:

> La meilleure des pratiques permettant d'amener les chercheurs à une prise de conscience de plus en plus directe de leur rôle ici dans la montée vibratoire planétaire, est d'être tout simplement: être le 'soi' le plus profond, intense et vrai dont on est capable. Dans cette façon d'être il y a un abandon des actes car en termes métaphysique ce ne sont pas eux mais l'être et l'essence qui sont les dons que nous avons à nous faire les uns aux autres. Lorsqu'un chercheur prend conscience qu'il est une créature de volonté, de

---

[1060] Q'uo, transcription du 16 mars 1997, p. 2

[1061] Q'uo, transcription du 22 mai 1994, p. 2

discipline et de foi, il peut permettre à ces vibrations d'amour et de lumière qui affluent de passer dans les canaux physique, mental, émotionnel et spirituel du corps et de se répandre dans le monde qui a si désespérément besoin de ces vibrations d'amour et de lumière non distordues[1062].

Créer pour l'amour et à la lumière qui nous sont toujours offerts par le Créateur un passage toujours lisse et dégagé au travers de nos corps énergétiques ne peut se faire que quand nous sommes en contact avec le 'soi' profond de notre cœur. Nous devons être à même de prendre conscience du fait que ces niveaux les plus profonds de l'être ne sont pas influencés par la surface des choses aussi longtemps que nous maintenons nos énergies bien claires:

> Ceci est votre plus grand témoignage, l'aide la plus grande que vous puissiez apporter à ceux que vous chérissez et à toute votre planète, car la planète elle-même réagit à l'acceptation de soi, au pardon de soi et à l'amour inconditionnel. Ce sont là des vibrations métaphysiques aussi fortes pour réparer la Terre que la pression des plaques tectoniques qui doivent être ajustées par la Terre lors de catastrophes[1063].

Ce témoignage peut être offert, peut importe ce que nous faisons. Nous pouvons tous offrir ce service à la planète Terre car nous pouvons être, quoi que nous fassions. Toutes les personnes, à tous les niveaux d'existence, peu importe la manière dont cela se fait, peut offrir le ministère d'être. Ceux de Q'uo expliquent:

> Qu'allez-vous faire? Nombreux sont ceux qui ont l'impression qu'ils n'ont aucune valeur spirituelle parce que tout ce qu'ils font c'est travailler, aimer leurs enfants et mourir. Et cependant nous vous disons qu'il se peut que vous ayez préparé cela comme votre mission, votre leçon, votre offrande d'amour. Certains sont venus avec une plus grande mission, plus grande dans le sens que davantage d'entités entendront parler des fruits de leurs travaux particuliers. Il n'existe aucun moyen de distinguer un amour d'un autre, un fruit d'un autre. Dans la mesure où chaque fruit ou manifestation participe de l'amour, chaque fruit est égal, car l'amour infini et la lumière sans limite sont tout ce qui est, et que vous répandiez de l'amour et de la lumière sur vos petits ou sur

---

[1062] Q'uo, transcription du 7 février 1999, p. 2

[1063] Q'uo transcription du 30 décembre 1990, p. 4-5

quelqu'objet spectaculaire, vous aurez aimé, et l'amour c'est tout ce qui est[1064].

Des missionnés sensibles m'ont souvent écrit au cours des années pour exprimer le sentiment qu'ils sont ici pour maintenir la lumière:

> Nous savons que parmi les raisons pour lesquelles nous nous trouvons ici il y a l'ancrage de l'amour/lumière dans la troisième densité MAINTENANT[1065].

1

> Si aujourd'hui ne t'apporte qu'un seul choix à faire, choisis d'être un apporteur de lumière[1066].

1

> Tout ce que je peux penser c'est que je suis ici peut-être simplement pour maintenir la lumière[1067].

Bien que je pense que ces missionnés sont profondément inspirés par le service, je suggère que le meilleur modèle de notre relation avec la lumière c'est d'être nous-mêmes des transducteurs de lumière transmettant de l'énergie à d'autres systèmes plutôt que des luminaires ou des apporteurs de lumière car nous n'apportons pas la lumière, et il n'est pas approprié non plus de tenter de maintenir la lumière. Je crois que la lumière infinie afflue vers nous tout le temps, en quantités infinies. Notre mission est de l'accueillir consciemment et de lui permettre de circuler à travers nous puis de se diriger vers les plans terrestres, tant extérieurs qu'intérieurs. Nous pouvons nous voir comme ceux qui accueillent avec bonheur la lumière qui nous traverse, et ceux qui aident la lumière en dégageant leurs corps énergétiques de manière à la laisser passer avec toute sa puissance, dans la mesure de nos possibilités. Même ceux qui se sentent très mal ou sont très malades et doivent garder le lit peuvent servir la planète de cette manière. Lorsque j'étais retenue à la maison et incapable de me tenir assise vers la fin des années 1980 et le début des années 1990, j'ai passé de nombreuses heures à me focaliser sur le dégagement du système énergétique et à affirmer mon espoir que cette pleine énergie puisse traverser mon véhicule physique et se diriger ensuite

---

[1064] Q'uo, transcription du 9 février 1986, p. 6
[1065] Joseph R. Koehm, lettre du 20 août 1998
[1066] Gene Jacobson, lettre du 1er mars 1999
[1067] Karen Eck, lettre du 11 juin 1999

vers les plans terrestres. Nous pouvons vraiment pratiquer ce service essentiel dans n'importe quelle circonstance.

Lorsque je me suis littéralement retrouvée sur pied après cette période alitée, j'ai eu un véritable accès d'activités désorganisées lorsque j'ai tenté de reprendre une vie qui était devenue très horizontale et intérieure. En suivant un programme qui ne fonctionnait plus pour moi, j'ai constaté que tout ce que j'essayais de faire je ne le pouvais plus, ou je n'en avais plus envie. Alors j'ai décidé de faire appel à mon imagination et à recommencer en suivant non pas ce que je *devrais* faire, mais ce que je *désirais* spontanément faire. Cette période a été intéressante pour moi, en ce sens que j'ai constaté que ma faim de réalisations terrestres avait disparu, à l'exception du désir de servir. J'ai décidé qu'en tant que personne j'avais à présent trois objectifs: aider à éclairer la planète par le ministère de l'essence, prendre soin de moi-même et de ma famille, et servir le travail de lumière de L/L Research. Les jours dans l'impossibilité d'atteindre ces objectifs ont été nombreux alors, et le sont toujours. Je m'en occupe par priorité. La première priorité est d'être dégagée du point de vue des énergies. J'exige de moi une joie de l'esprit qui reflète un souvenir de cette danse de vie et sa beauté surnaturelle au-delà de l'illusion de ses formes. C'est parfois un défi plus que suffisant pour la journée! Mais j'y crois. Plus nous parvenons à faire de genre de travail d'harmonisation, mieux dégagé nous pouvons garder notre système énergétique pour aider à faire passer de la lumière dans la vibration planétaire. Mais même lorsque nous sommes au comble de la confusion et de la difficulté nous sommes toujours en train de servir autant. Ceux de Q'uo nous réconfortent:

> Puisse chaque missionné trouver du réconfort en sachant qu'il ne peut pas s'empêcher de contribuer positivement à la vibration planétaire. Même s'il y a ce qui paraît une grossière mauvaise gestion du temps et de l'énergie, même dans cet état d'esprit fondamentalement égaré, cette vibration plus emplie de lumière est là. Cet égarement n'est qu'un symptôme superficiel d'un don profond et spirituel. Consolez-vous quand le cœur est lourd et les sentiments blessés en sachant que vous accomplissez un service. Vous faites ce que pourquoi vous êtes ici. Vous pouvez trouver des façons de le faire mieux, mais vous n'échouez pas malgré les apparences[1068].

Il est important de se souvenir que l'on ne peut pas échouer dans cette mission d'être. John M. a écrit:

[1068] Q'uo, transcription du 22 mai 1994, p. 3

Chapitre XIV: La mission principale

> Parfois je voudrais m'écarter de mon corps pour qu'il puisse devenir le conduit d'une énergie supérieure ou d'un but plus élevé, car il me semble que 'moi-même' je n'en fais pas un très bon usage. Par ailleurs, je soupçonne que pour y parvenir je devrais considérablement faire le ménage dans ma vie, et faire usage de toute la puissance de volonté que j'ai pour me séparer de mes ambitions terrestres, quelles qu'elles soient [1069].

Faire le ménage dans nos actes est une ambition désirable, c'est vrai, mais si les choses ne sont pas tout à fait en ordre aujourd'hui, nous pouvons tout de même servir en espérant voir cet espoir se réaliser, ne serait-ce qu'imparfaitement. En offrant ce ministère de l'être, nous n'avons pas besoin de savoir comment sera utilisée cette lumière que nous offrons à travers nous-mêmes. En 1982, Don demandait à ceux de Ra:

> **INTERVIEWEUR:** [...] tout le scénario concernant disons les vingt prochaines années paraît viser à produire un accroissement de la recherche et une augmentation de la conscience de la création naturelle, mais aussi une terrifiante quantité de confusion. Est-ce que l'objectif pré-incarnation de bon nombre de missionnés est de réduire cette confusion?
>
> **RA:** Je suis Ra. Les missionnés ont pour but de servir les entités de cette planète de la manière qui leur sera demandée, et leur plan est aussi que leurs schémas vibratoires puissent alléger globalement la vibration planétaire, réduisant ainsi les effets de l'inharmonie planétaire et palliant les résultats de cette inharmonie. Des intentions spécifiques comme un aide dans une situation non encore manifestée ne sont pas le but des missionnés. La lumière et l'amour vont là où ils sont recherchés et nécessaires, et leur direction n'est pas planifiée[1070].

Dans le sillage de l'activité solaire, *El Niño* et *La Niña*, des ouragans terrifiants, des sécheresses et des inondations, des séismes et autres catastrophes naturelles à grande échelle, nous pouvons nous demander si nous efforcer d'éclairer cette planète sert vraiment à quelque chose. Personnellement, je crois que nous avons maintenant atteint une sorte de masse critique avec cet effort, car de plus en plus d'éveillés de cette Terre prennent conscience de leurs nature et potentiel spirituels, et commencent à devenir de plus en plus consciemment des témoins de la lumière qui filtre. En 1988 Ceux de Q'uo disaient:

[1069] John M., lettre du 3 août 1999
[1070] *La Loi Une,* Livre III, séance 65 §11

> Parmi les peuples de cette sphère il y a une masse croissante et presque critique de personnes qui cherchent la paix, la lumière et la joie. Et pendant que chaque chercheur cherche, échoue, se reprend et cherche à nouveau, faisant un pas en arrière et deux pas en avant comme nous le faisons tous dans notre démarche trébuchante, dans la mesure où chacun persévère, la lumière croît, le réseau de lumière autour de la planète se renforce, et la conscience planétaire se transforme. Parmi vos peuples existe un concept nommé 'masse critique' et c'est vers ce point que se dirige la conscience planétaire. Une importante moisson d'âmes va passer dans une réalité différente, dans une illusion différente, dans des leçons plus affinées, et une expérience plus douce émotionnellement, mentalement et physiquement, qui par ailleurs est beaucoup, beaucoup plus remarquable que dans ce que vous appelleriez le cours du temps[1071].

Vers 1996, il semblait que nos efforts aient commencé à porter des fruits:

> La nature de l'espace/temps commence à changer. La nature de la manière dont chacun perçoit le temps et l'espace est en train de changer lentement, et même des valeurs que vos physiciens essaient de comprendre: les particules subatomiques et diverses particules nouvelles qui font partie de l'espace/temps en quatrième densité. Votre planète se prépare à entrer dans cet environnement, ainsi que tous les habitants du globe, et à présent nous sommes très heureux de pouvoir vous dire que beaucoup de progrès a déjà été accompli dans l'éclairement de la conscience planétaire[1072].

Nous sommes donc sur le bon chemin! En ce qui concerne les changements planétaires physiques, leurs désagréments ont commencé comme l'ont dit ceux de Ra en 1981. Ils sont substantiels et déplaisants, c'est bien vrai. Mais je pense qu'ils annoncent un jour naissant plein de promesses. Heikki Malaska explique:

> Devrions-nous maudire les modèles météorologiques erratiques, ces grands vents, ces fortes houles, ces conditions de froid et de chaleur intenses? Où bien devrions-nous regarder au-delà de tout cela et voir l'incroyable beauté de notre Mère Terre qui se secoue et se débarrasse des vieux débris, pour recommencer fraîche et propre, pour frayer le chemin à une nouvelle naissance de conscience et de prise de conscience de soi? Oui, ces temps sont

---

[1071] Q'uo, transcription du 13 mars 1988, p. 2-3

[1072] Q'uo, transcription du 15 septembre 1996, p. 4

véritablement enthousiasmants et merveilleux. Tout est perfection[1073].

Quel point de vue magnifiquement équilibré propose cette missionnée des pays nordiques! Je pense que se reposer dans la foi est au fond une meilleure façon de regarder ces changements terrestres et l'éclairement de la vibration de la planète qui doit les améliorer, que de voir les catastrophes comme des problèmes critiques et passer du temps à nous préoccuper de choses que nous ne pouvons contrôler en rien. Si nous continuons à laisser entrer la lumière dans notre système énergétique avec un cœur pleinement ouvert, la lumière augmentera rapidement dans notre monde sur plusieurs plans. Il n'y a pas moyen d'évaluer combien de progrès spécifiques nous avons faits ou allons faire, ni les changements à venir, quand et où, sans privilégier la foi plutôt que la peur, et je n'encourage pas particulièrement ceux qui veulent obtenir de nos contacts de la Confédération des bulletins météorologiques et l'état de la vibration de la planète, simplement parce que j'ai le sentiment que demander des informations basées sur la crainte désaccorde le canal. Ceux de Q'uo l'expriment bien:

> Nombreux sont ceux qui changent d'une manière qui est fondamentale pour la conscience dans les groupes d'entités au sein de diverses cultures, sous-cultures et mouvements de pensée qui explorent des régions d'expérience qui sont des domaines d'avant-garde, dirons-nous. Il n'existe donc aucun moyen fiable de déterminer le progrès de ce changement. Seul le mouvement d'amour à l'intérieur de chaque cœur a quelque espoir d'indiquer aux entités la nature de ce changement[1074].

À mesure que nous prenons conscience de ce mouvement à l'intérieur de notre cœur, nous nous voyons nous-même plus clairement d'une façon qui révèle la nature de notre puissance personnelle ou métaphysique.

> Réalisez que la pollution environnementale n'est pas, et de loin, une maladie aussi grave que ce dont souffre l'entité planétaire la Grand-Mère Terre, qui est le manque, un manque croissant, de certitude parmi les entités positives que tout est bien et sera bien, non pas dans l'illusion mais dans la réalité (relativement parlant) des impérissables champs de conscience que vous êtes tous par rapport à l'esprit impérissable de l'amour inconditionnel et créatif qu'est l'entité planétaire. Il est bon de ne pas polluer les rivières et forêts de votre planète, mais ceci est dans l'illusion, et vous

---

[1073] Heikki Malaska, lettre du 19 février 1999
[1074] Q'uo, transcription du 26 février 1995, p. 6

> viendrez et vous vous en irez. Mais en dehors de l'illusion le Logos tant de l'entité planétaire que de vous-mêmes, existe en potentiel dans une relation de couple aimante, fidèle et pleine d'espérance. Et s'il y a partialité dans les tentatives faites pour soigner la Terre physique, alors cette partialité fait plus de mal à l'entité métaphysique de votre planète que ne pourraient être utiles des efforts faits pour enseigner l'amour de la Terre d'une manière partiale[1075].

Comme il est facile de condamner, spécialement lorsque nous voyons les dommages causés à la nature par des gens irréfléchis ou malhonnêtes! Comme il est facile de condamner en général, aussi bien nous-mêmes que les autres. La clé qui permet de s'abstenir de condamner sans cesse c'est, lorsque nous découvrons que nous le faisons, de se souvenir que ceci est un univers métaphysique, en ce qui concerne notre travail spirituel, et qu'il est de loin plus important de veiller à garder le cœur ouvert que d'accorder du temps à la colère. Ceux de Q'uo expliquent:

> Vous avez beaucoup à apprendre. Vous allez faire des erreurs, mais ce ne seront pas des erreurs métaphysiques. Ces erreurs font partie de votre apprentissage, de votre illusion, du fait d'être des humains. Pardonnez-vous à vous-mêmes car en vous pardonnant à vous-mêmes vous devenez capables de pardonner à tous, et la rédemption aux yeux d'une personne pacifique est en vérité une bénédiction pour ceux qui en sont témoins et pour la planète en général, car l'amour éclaire les vibrations planétaires. Cet amour ne vient pas de vous. Nous ne vous demandons pas d'essayer de développer une chose comme l'amour infini. Nous voudrions seulement demander que vous essayiez d'ouvrir le 'soi', de permettre à la souffrance de vous évider et de faire de vous des instruments transparents au travers desquels l'amour infini peut circuler. Vous êtes des vases, des vases précieux. Qu'allez-vous contenir? Qu'allez-vous offrir[1076]?

Oui, qu'allons-nous vraiment contenir? Et qu'allons-nous déverser? Au moment où nous allons nous occuper une nouvelle fois de la transformation personnelle, voilà une question essentielle. Voici ce qu'en disent ceux de Q'uo:

> Parmi vos peuples, ceci est très mal compris, car les gens veulent savoir s'il y a un quelconque service qui pourrait être leur cadeau spirituel au monde. Ils sont à la recherche d'un rôle spectaculaire à

[1075] Q'uo, transcription du 7 avril 1991, p. 5

[1076] Q'uo transcription du 22 octobre 1995, p. 5

jouer, pour enseigner, pour soigner ou pour prophétiser. Mais toutes ces choses seront toujours secondaires par rapport à la mission primordiale de chacun de vous sur cette planète particulière, dans cette densité particulière, à ce moment particulier. La mission qui attend chacun d'entre vous est simplement celle d'aborder avec un cœur ouvert tout ce qui vient à vous; c'est tout. Mais "c'est tout" est un travail de vie après vie car, comment une personne dans une illusion aussi épaisse que celle dont vous profitez maintenant peut-elle être sans crainte? Ce n'est pas dans le corps physique que l'on peut être sans crainte. Ce n'est pas dans le cerveau terrestre, celui qui fait les choix, que l'on peut être sans crainte. En vérité, seuls les insensés sont sans crainte, mais l'instructeur connu de vous sous le nom de Jésus-Christ a dit que le Royaume n'advient que pour les insensés. Ce sont seulement ceux qui vivent comme de petits enfants qui héritent le Royaume[1077].

Il est bien sûr plus facile de parler de vivre comme le Christ que de le faire. Passer au pardon et à l'acceptation, retrouver la joie qui est notre nature fondamentale, n'est pas chose simple, et parfois c'est impossible pendant un certain temps. Lorsque nous vivons des périodes de détresse, je voudrais espérer que nous puissions nous reposer et guérir à l'intérieur de nous-mêmes sans essayer d'accomplir du travail planétaire ou autre chose à part reconstruire nos énergies. Mais à chaque fois que nous entrons consciemment dans l'environnement de déversement d'amour du cœur ouvert, nous augmentons notre familiarisation avec, et la qualité de nos souvenirs de ces moments d'or. Dans la voie qui mène au cœur ouvert se trouve une ineffable plénitude, et bien que je ne m'aventurerais pas à la décrire, il y a dans ces moments ou périodes de prise de conscience, une résonance indéniable. Nous avons tous cet état ou configuration «par défaut» dans notre cœur. Nous demeurons tous dans un ravissement, une félicité et une joie intenses à un niveau très profond de notre être essentiel. C'est ainsi que nous faisons tous l'expérience de la vie avant que nous ayons été blessés dans notre enfance, et c'est l'énergie à laquelle nous aurons accès et dont nous ferons usage maintenant si nous nous libérons de l'attachement à nos accomplissements et à nos souffrances, et de tout autre détail qui empêche notre cœur d'être pleinement ouvert. Voici l'explication donnée par ceux de Q'uo:

> Nous voyons sur cette sphère planétaire qu'il y a des semences de lumière en de nombreux endroits où la lumière n'a pas eu

---

[1077] Q'uo transcription du 19 janvier 1997, p. 3

d'expression prédominante, dirons-nous, mais a seulement brièvement clignoté, et à présent nous voyons que beaucoup plus de lumière commence à briller à partir de nombreuses zones, entités et groupes d'entités sur votre planète. Toutefois, comme il en va de toutes les transformations en troisième densité, c'est un processus qui doit contribuer à la rupture ou à l'abandon des anciennes manières de percevoir, penser ou agir, afin de pouvoir faire place à une nouvelle manière de percevoir et d'amener la qualité de compassion, et de pouvoir faire montre de cette énergie de compréhension qui a longtemps été cachée dans le cœur de beaucoup de ceux qui se sont incarnés avec le désir de pouvoir montrer cette énergie d'amour qui soutiendra non seulement leur propre croissance évolutive, mais aussi l'occasion d'être au Service d'autrui, et qui éclairera les vibrations planétaires dans leur ensemble[1078].

Transformer le 'soi' c'est transformer la planète

J'ai pensé qu'il pourrait être utile de revenir sur le sujet de la transformation personnelle à la lumière de la conscience que travailler sur soi c'est travailler sur le monde. Ceux de Q'uo expliquent:

> Le chercheur est très désireux de suivre le processus de la transformation, mais ce processus est long et subtil. Les implications de toute décision paraissent en surface être limitées, mais lorsque l'on transforme l'être, les répercussions qui semblent limitées dans leurs effets, donnent lieu à un champ beaucoup plus complexe d'options imbriquées les unes dans les autres, ou de variétés de tons et de couleurs dans ce que nous pourrions appeler des 'sous-programmes' du mental, qui se produisent en fait sous forme de changements qui paraissent simples dans la manière d'être. Changer un acte est relativement simple dans son effet sur le métaprogramme essentiel de base de la qualité d'être. Souvent il ne faut affecter aucune programmation profonde pour changer un comportement. Mais vous questionnez au sujet d'un changement de la qualité d'être, d'un changement de la manière de percevoir et

---

[1078] Q'uo, transcription du 27 mars 1991, p. 7

de vivre sa propre essence, et cela c'est un travail infiniment subtil[1079].

Changer la manière dont nous percevons notre être essentiel est en effet un projet subtil et complexe qui dure la vie entière. Nous repassons sans cesse par les thèmes répétés de nos incarnations, nous entendons indéfiniment résonner les leitmotivs des leçons et services personnels, pour les reconnaître et y réagir, et n'en obtenir que des résultats fragmentaires. Parfois même il peut sembler que nous mourons en plein milieu d'un sérieux changement transformationnel. Mais nous ne faisons que reconstruire sur la même parcelle de terrain. Nous sommes toujours nous-mêmes, mais nous nous réorientons vers le cœur et le foyer de notre propre vérité. Vous pouvez appeler cela du *Feng Shui intérieur*. Voici ce qu'en disent ceux de Q'uo:

> Dans un sens métaphysiquement littéral, le processus de changement spirituel positif peut aisément être vu comme la destruction du temple précédent de vérité, d'éthique et de justice morale afin qu'une vérité plus grande, une justice plus grande, une éthique plus grande, puissent être manifestées. Certaines entités ont appelé cette expérience 'initiation'. Mais quel que soit le nom donné, certaine caractéristiques la marquent. Premièrement, il y a la souffrance de la mort en elle-même lorsque l'entité se dépouille de la petite vérité et aspire à toutes les jeunes pousses de cette vérité qui sont entrées dans les très, très nombreuses opinions de soi. Ensuite il y a l'accueil par ceux qui contestent le bien de ce changement, cette altération vers le positif. Lorsque l'on est en plein processus de se déchirer soi-même en partie, l'on est singulièrement vulnérable aux voix, tant les positives que les négatives, qui ont du pouvoir dans le monde spirituel. Les entités positives ne font jamais intrusion d'aucune manière dans ce qui apparaît subjectivement à celui qui fait l'expérience d'une transformation. Mais celles qui sont puissantes dans la voie négative trouvent là une excellente occasion de mettre au défi et à l'épreuve la foi qui accepte de subir cette souffrance afin de pouvoir faire l'expérience d'une vie plus large et plus spacieuse, une vie mieux informée en matière de compassion et de sagesse[1080].

Cette assistance, à la fois positive et négative, n'est pas précisément quelque chose de personnel. L'assistance orientée positivement réagit à la

---

[1079] Q'uo, transcription du 12 juillet 1992, p. 2-3
[1080] Q'uo, transcription du 31 mars 1991, p. 2

lumière et à l'espérance de lumière dont nous faisons usage. L'assistance orientée négativement souhaite exercer un contrôle sur la lumière ou éteindre la lumière que nous utilisons. Ceux de Q'uo expliquent:

> Les problèmes impliqués dans la transformation spirituelle sont à la fois profondément impersonnels et spécifiquement personnels à chaque chercheur. C'est-à-dire que pendant que le chercheur fait l'expérience de perceptions uniques à cause du modèle unique de distorsions propre à cette entité particulière, cette étincelle se mêle également à, et crée, une dynamique avec un 'soi' plus grand, un processus difficile à exprimer dans un langage car ce 'soi' est en même temps l'étincelle qui est vous et tout ce qui est. Les couches de 'soi', lorsque l'on descend le long de l'arbre du mental, sont infinies, et à mesure que celui qui fait l'expérience avance dans, et prend part à, ce processus de changement spirituel, il peut se trouver à un moment à un certain niveau de mental et à un autre moment à un niveau de mental vertigineusement différent, rasant et plongeant profondément, remontant et aplanissant, tout en ne sachant pas qu'il est en mouvement. L'océan spirituel est tridimensionnel, et vous pouvez en respirer l'eau[1081].

Stimulons donc l'énergie de notre espoir de changement positif en la laissant monter et descendre à ces niveaux de mental intérieur, sans nous préoccuper exagérément de la pertinence des processus. Nous pouvons nous sentir aveuglés par notre propre système énergétique lorsqu'il entre dans, et remonte, du mental profond, ramenant à la surface des émotions fortes et des faisceaux de sensations; mais leur permettre de se mouvoir dans tout le système est très utile, car nous ne savons généralement pas ce que nous faisons en des périodes de révélation, du moins pas de manière logique. Cela se produit de manière trop inattendue.

> Les transformations de troisième densité se produisent presque toujours en angle oblique et ne sont pas porteuses des indices manifestes que cet instrument qualifierait de "télégraphier le coup". Dès lors, la situation en ce qui concerne la recherche fondamentale est qu'il est excellent de chercher avec intensité et de pratiquer régulièrement la méditation, la contemplation et la prière. Mais il est bon d'élargir la définition intérieure de l'environnement de manière à y inclure l'environnement spirituel dans lequel chacun est ancré en permanence, en incarnation et hors de celle-ci. C'est sur ce socle d'individualité spirituelle que s'élèveront les moments de transformation et l'angle de perception de ces

---

[1081] Q'uo, transcription du 15 mars 1998, p. 2

transformations sera presque toujours désorientant au premier abord, mais pas nécessairement manifeste. Dès lors, l'état d'esprit que nous pouvons recommander est celui de la plus forte intensité, et simultanément, un état d'esprit qui danse les pas de la vie en ressentant les rythmes qui murmurent dans tous les couloirs du 'soi'[1082].

C'est ce sentiment de danse intérieure que j'espère pouvoir susciter ici, cet état d'esprit dans le mouvement, où il est acceptable de perdre l'équilibre, de mettre les mains sur les hanches, et de ne pas savoir comment ni où ce rythme va nous mener. La vie est souvent un numéro de ragtime, avec ruades et tournoiements inattendus. À mesure que nous passons et repassons par ces périodes de changement fondamental nous nous mettons à faire confiance à la danse de la vie et au danseur qui est en nous et qui a un équilibre et un sens artistique bien plus assurés que ne peut le prétendre notre mental conscient.

> Lorsqu'une entité est mise à l'épreuve de façon répétée et a fait plusieurs choix dans une même incarnation pour apprendre davantage, servir davantage et être davantage, alors se produit dans le processus une altération ou changement, ou plus correctement dit: une transformation plus rapide ou plus apparente. C'est comme si, ayant fait aveuglément confiance à l'occasion suivante, qui bien que d'un degré plus difficile, répétée, est accueillie par une entité incarnée plus modérée de sorte que si l'entité réalise consciemment qu'il y a un choix à faire, une nouvelle leçon à enregistrer, elle peut alors affirmer son appétit pour l'élan et la poussée vitaux, la confusion et les perturbations de la leçon à venir[1083].

Nous pouvons au moins espérer que l'augmentation de foi due à ce processus rendra l'expérience plus douce! Enfin nous apprenons au moins la patience:

> L'attente est ce qui doit être respecté à l'extrême. Dans l'incarnation physique, il semble que le processus de changement d'une petite vérité en une plus grande vérité dépasse toute endurance, toute possibilité de durer tout au long d'une période transformationnelle. Il est souvent probable que le 'soi' qui passe par une initiation sera réveillé et éprouvera une peur sans nom ni forme. C'est là une salutation aimante de la part de certains de la voie négative qui, s'ils le pouvaient, persuaderaient l'entité de ne pas transformer le 'soi', de ne pas prétendre même à la plus petite

---

[1082] Q'uo, transcription du 22 août 1993, p. 3
[1083] Q'uo transcript dated November 1, 1992, p. 6

vérité, mais de devenir une victime de la peur en cachant l'âme qui se trouve dans le 'soi' sous des couches et des couches de blindage, de devenir insensible, amère, découragée et perdue. Le seul outil à la disposition d'une entité qui passe par le changement est la foi aveugle[1084].

Nous pouvons être grandement aidés en nous appuyant sur la foi aveugle que tout est bien, même lorsque nous sentons le processus de transformation gronder en nous. Il s'agit d'une foi en nous-mêmes tout autant que d'une foi dans le fait que le tableau extérieur contient tout ce dont nous avons besoin pour pouvoir agencer les pièces de ce puzzle:

> Il y a des indices et des pistes en abondance même dans votre réalité quotidienne, si vous voulez l'appeler ainsi. Il y a suffisamment d'informations qui se trouvent en pagaille devant chaque porte dans l'ordinaire des choses pour créer des catalyseurs produisant une manifestation des plus excellentes, une transformation des plus complètes, une épiphanie des plus satisfaisantes. Pour les chercheurs qui sont appelés à un tel ministère, la surface quotidienne et ordinaire contient tous les outils et ressources nécessaires à la complète réalisation et clarification de l'être[1085].

Voyons-nous comme des agriculteurs en spiritualité. La terre c'est le mental profond, et nous sommes de plus en plus capables d'avoir accès, de cultiver et d'aérer ce mental profond, nous sommes capables d'en enrichir le sol, d'avoir de plus riches expériences de croissance, et des fruits plus abondants:

> Vous devez être ce qu'est votre nature. Vous êtes des entités à 360° degrés de haut en bas et d'un côté à l'autre, un cercle complet de personnalités de la plus légère et lumineuse à la plus profonde et sombre. L'habileté est de voir vos émotions comme des énergies chargées d'informations qui vous offrent les fruits de votre propre passé et les semences de votre transformation en un 'soi' de plus en plus vide, léger et creux. La partie terrienne du 'soi', le sol dans lequel se cache la nature sombre, est quelque chose de lourd, et c'est de ce même sol que la vérité et la beauté de ces mystères vous appellent à croître[1086].

[1084] Q'uo, transcription du 31 mars 1991, p. 3
[1085] Q'uo, transcription du 9 mars 1995, p. 2
[1086] Q'uo, transcription du 6 octobre 1996, p. 3

Chapitre XIV: La mission principale

Dans la confusion de la transformation intérieure nous avons intérêt à faire appel au pardon de soi lorsque nous percevons des sentiments d'impossibilité de se contrôler:

> Qu'est-ce qui est le plus inconfortable dans la confusion? C'est le désordre. C'est le sentiment de ne plus pouvoir se contrôler. Ceux qui cherchent ont tendance à voir ce sentiment, qui est naturel, et à dire: « je ne devrais pas me sentir en déséquilibre, je devrais être clair ». Mais 'devrais' n'est pas un mot qui aide. La manière dont on devrait être est la manière dont on est. Nous ne voulons pas couper les cheveux en quatre, mais retirer un mot de la langue serait peut-être réconfortant pour ceux qui passent par un changement, et ce mot est 'devrais'. Concernant le temps, le cœur a une sagesse dont manque le mental. Dès lors, il est bon de laisser le cœur choisir la forme de réconfort qui lui sera appropriée et qui lui réussira pour soutenir l'endurance pendant la transformation[1087].

En ces temps d'inconfort émotionnel et spirituel nous pouvons nous reposer dans le centre du cœur:

> Au cours du processus de transformation il y a presque toujours beaucoup de préoccupations et de sentiments de perte, car lorsqu'un changement est sur le point de se produire de façon naturelle il se présente souvent comme la volonté du destin, et la route n'est jamais complètement plane depuis le point qui était jusqu'à cet autre point qui doit encore être déterminé. Cependant, nous vous encourageons à avoir la foi pour louer ce qui est le passé et ouvrir le cœur à ce qui est, était et sera[1088].

Il n'est pas facile d'avoir la foi en plein milieu des soucis, pertes, inconforts et souvent insomnies. Toutefois, lorsque nous pouvons voir qu'un changement est en cours, nous savons au moins quelle est la raison de cet inconfort, et nous pouvons commencer à nous résoudre à choisir et suivre ce modèle avec autant de grâce et de danse que possible dans notre approche. Comme le disent certains T-shirts: « **, ça arrive ». La vie spirituelle ce n'est pas éviter les difficultés et les souffrances de la vie. C'est réagir à ces inévitables catalyseurs et émotions avec autant d'élégance et de délicatesse que nous le pouvons. Si nous parvenons à suivre l'amour dans l'instant, si nous pouvons prendre un chemin plus élevé, si nous pouvons regarder fermement ce qui est métaphysique dans une situation ou des conséquences d'actes avec le plus d'amour possible pour toutes les personnes impliquées, nous aurons évalué la difficulté qui

---

[1087] Q'uo transcription du 12 juillet 1992, p. 4

[1088] Q'uo, transcription du 21 avril 1995, p. 2

nous met au défi sous le meilleur angle en termes de créativité métaphysique. Que pouvons-nous faire dans notre cœur pour maximaliser l'amour? Qui pouvons-nous servir? À qui pouvons-nous pardonner? Dans quelles circonstances pouvons-nous éviter de nous défendre? Que pouvons-nous faire pour redresser une situation qui n'offense ni notre éthique ni notre honnêteté? Toutes ces questions nous aident à agir avec amour lorsque nous sommes dans l'inconfort. Mais bien sûr, quand un catalyseur frappe, nous nous sentons souvent mal à l'aise, et quand ce catalyseur s'introduit dans un processus de transformation spirituelle, l'inconfort est complexe et de textures variées. Nous avons besoin de nous donner du temps pour traverser ces périodes de souffrance et ces temps de détresse par rapport à d'autres 'soi', simplement en contemplant les sentiments, les situations, les âmes impliquées, en accordant à la peine et à la peine du 'soi' une hospitalité authentique, du temps et de l'attention à l'intérieur de notre cœur:

> Lorsque vous accomplissez le voyage du mental et de l'esprit vous changez et vous vous transformez constamment du fait de vos expériences. Ces changements sont inconfortables, c'est pourquoi il y a de la douleur. Dans la mesure où vous coopérez avec ces énergies de transformation, dans cette mesure-là, l'inconfort n'engendrera pas de la peur. Vous pouvez regarder la souffrance et dire: « je dois joliment changer ! », mais si vous avez besoin de la peur laissez-la venir. Il n'y a pas de mal à protéger votre délicat et sensible 'soi' intérieur. Il est possible de laisser entrer cette peur puis d'oser juste un peu moins de peur, puis encore un peu moins, et d'avancer lentement en soutenant le 'soi', sans décourager ce 'soi' en pestant contre le manque de courage ou contre la destinée pour l'inconfort apporté par le changement[1089].

Dans les périodes de changement et de transformation il nous faut être particulièrement francs envers nous-mêmes. Voyez l'endroit où l'énergie est bloquée, où la colère ou le chagrin est incontrôlable, où l'obsession et la dépendance ont remplacé la simple préférence. Bref, voyez où se trouve le déséquilibre, car ces débuts de changement sont des moments merveilleux pour un travail spirituel profond sur la libération d'énergies bloquées:

> Chacun de vous a cette précieuse occasion de faire tomber les défenses, les enveloppes, les masques, que chacun a édifiés autour de lui pour se défendre des souffrances qu'il craint. Et la réponse à ces souffrances et difficultés est tout simplement leur acceptation,

---

[1089] Q'uo, transcription du 13 décembre 1992, p. 2

leur appréciation, leur accompagnement dans la foi, en travaillant dans chaque cas à voir l'amour dans le moment et à faire partie de ce qui est bon pour tous ceux que vous rencontrez. Voyez-vous, les confusions, les difficultés, les souffrances, sont des symptômes, disons, du processus de changement ou transformation lorsque vous avez des informations incomplètes[1090].

Adopter nos souffrances avec foi et les traverser avec de la lumière et des cœurs heureux, sont de nobles idéaux. Personnellement, je vois cela accompli sans cesse chez d'autres et dans toute l'Histoire. Métaphysiquement parlant, se détourner de, ou fuir cette souffrance, ou la craindre, est moins efficace que d'y faire face hardiment, de s'y engager franchement, et de la traverser. Dans les processus de transformation, tout ce que nous voyons là est un miroir qui reflète ce qui est dans notre cœur. Ces miroirs peuvent être brisés, mais ils sont remplacés. Ils ne disparaissent pas avant que nous n'ayons plus besoin d'eux. Comme l'expliquent ceux de Q'uo:

> Nous vous demandons de regarder d'un œil impartial la souffrance impliquée dans la transformation, car cette attitude est équilibrée, à notre humble avis. C'est pour la personne capable de regarder la nuit noire de l'âme, dont a parlé cet instrument, d'un œil indifférent mais avec un cœur plein et bien disposé, que ce processus devient plus facile. En libérant votre souffrance et en vous y abandonnant, en accueillant comme un frère ou une sœur la souffrance qui doit être traversée, en offrant l'hospitalité de votre vie, de votre corps, de votre mental, de votre force et de votre volonté à ce processus, le cœur s'ouvre comme par magie, et vous découvrez que, quelle que soit l'intensité de votre souffrance, elle ne tue pas mais au contraire elle purifie, vide, renouvelle et prépare cet instrument à devenir un canal de transmission toujours plus clair, plus pur et plus lumineux, car la lumière qui doit arriver dans le monde ou l'amour qui doit arriver dans le monde, ne provient pas de vous mais passe à travers vous[1091].

Au moment où nous sommes bien engagés dans les années de l'adolescence la plupart d'entre nous sont déjà passés par des souffrances indescriptibles. Et l'étude spirituelle ne fait qu'accélérer le rythme du changement, et donc le rythme de notre souffrance. Ceux de Latwii expriment leur compassion à notre égard concernant notre travail de passage par ce processus ici dans l'illusion:

[1090] Q'uo transcription du 3 novembre 1996, p. 3

[1091] Q'uo, transcription du 15 mars 1998, p. 3

Chapitre XIV: La mission principale

> Pour qu'une semence quelconque puisse croître au sein de votre illusion elle doit être plantée dans la terre sombre. Il doit y avoir un temps de repos là, loin de la lumière pour que ce qui est à l'intérieur de la semence puisse rompre l'enveloppe, la limitation, les frontières de cette expérience, et forcer son chemin vers la lumière afin que du nouveau puisse naître de l'ancien. L'expérience de transformation de n'importe quelle entité dans votre illusion, lorsqu'elle est vue depuis notre position, se produit en un clin d'œil seulement, mais nous savons qu'au sein de votre illusion cette même transformation semble se poursuivre longtemps, longtemps dans la nuit noire et solitaire et nous éprouvons de la compassion pour votre manière de croître à mesure que nous devenons 'un' avec vous et faisons l'expérience de cette solitude, de la douleur de la séparation[1092].

Cette voie d'apparente séparation peut sembler se prolonger indéfiniment lorsque nous passons par ces cycles de transformation. Espérons qu'à ces moments cruciaux nous soyons à même de réaliser que nous sommes à la limite de ce que nous, en tant qu'entités conscientes, sommes capables de faire, et puissions dès lors nous tourner vers un abandon à la foi dans la justesse du plan général qui s'accomplit dans notre expérience, et vers un abandon à la foi en nos guides supérieurs:

> Lorsque l'entité contemple sa propre expérience et se trouve au milieu des choses, elle découvre, si l'épreuve est véritable et vécue avec suffisamment d'intensité, qu'il y a un point au-delà duquel l'entité a peu d'influence sur le mouvement de l'expérience et le résultat des événements. À ce point-là l'entité, peut-être en méditation, en contemplation ou en prière, découvrira qu'il est extrêmement utile d'abandonner l'étroite vue du mental conscient et son analyse de ce qu'il faut faire et ne pas faire, au plus grand 'soi' supérieur, que certains appellent le 'soi' supérieur, et aux forces de lumière qui guident et protègent chaque entité dans l'illusion de troisième densité. De cette façon, l'entité est mise face-à-face avec ses propres limitations, et son besoin d'inspiration et de transformation de son point de vue en renonçant au petit point de vue et au système de croyances[1093].

Le renoncement au petit point de vue est un moment sublime du travail sur les transformations du 'soi' et de la planète. Nous avons peine à ne serait-ce qu'imaginer de bonnes solutions humaines aux sérieux

---

[1092] Latwii, transcription du 27 mai 1990, p. 11-12
[1093] Laitos, transcription du 24 février 1987, p. 10-11

Chapitre XIV: La mission principale

problèmes humains. Souvent, dans les ténèbres de notre propre ignorance nous devons l'amener par la foi seule, à un niveau plus élevé. Nous devons souvent permettre à notre volonté de s'incliner devant la destinée et la divinité, et faire une confiance aveugle au plan qui ne se révèle qu'après coup sur notre chemin. Cet instant où nous lâchons prise et comptons sur nos guides et sur notre foi est comme un phare dont la lumière brille dans le monde métaphysique. Ces moments nous changent et nous éclairent, et ils changent et éclairent le monde. Dans ces temps de changement nous plantons le décor d'une future exaltation par la souffrance présente. C'est ce que le processus de changement évolutionnel est en train de faire. Ce peut être insupportable. Mais à certains moments il peut y avoir de la joie si nous parvenons à identifier ce qui est en train de se produire et à éclairer suffisamment notre attitude pour apercevoir l'horizon élargi et avoir foi dans ce processus:

> Les périodes de souffrance et de limitation sont des périodes de joie, de louange et de gratitude, car ce sont là des signes que le Créateur est spécialement proche, et qu'une transformation de la vie, de nouvelles leçons, sont sur le point d'apparaître à quelqu'un qui pardonne véritablement, qui accepte véritablement, et qui peut demeurer en paix, glorifiant la lumière du Créateur infini et demeurant dans l'embrassement de l'univers sans autre pensée que celle d'attendre cette transformation pour déclarer être à l'intérieur de son cœur[1094].

J'aime cette image de l'attente de la transformation, de la libération, de l'abandon aux forces aimantes de l'esprit et des guides. Lorsque nous savons que tout est bien, nous pouvons trouver le courage de nous abandonner, d'accepter, de pardonner. C'est un don de foi que cet abandon. Puissions-nous arriver à ce moment, dans la difficulté des catalyseurs ou la nuit noir de l'âme, prêts à passer dans la lumière!

> En tant que chercheurs en spiritualité vous êtes dans un univers de pensée, d'être, d'essence. Il sera toujours frustrant de vivre dans deux mondes, mais c'est justement cette dynamique qui crée le champ fertile de l'accélération de votre évolution spirituelle. Sachez que vous êtes toujours sur le chemin et cependant toujours en repos. Sachez que vous apprenez indéfiniment, et que cependant vous savez toujours. Sachez que vous aspirez toujours, et que cependant vous arrivez toujours à l'endroit précis qui faisait l'objet de l'aspiration. Sachant que vous êtes le 'soi', permettez au 'soi' d'être le 'soi'. Libérez, libérez encore, libérez à nouveau le 'soi'

[1094] Q'uo, transcription du 18 mars 1990, p. 6-7

Chapitre XIV: La mission principale

des restrictions du sens, de la justification, du passage de classe. Chaque abandon, chaque pardon, chaque nouveau niveau d'acceptation, apportera sa propre inspiration et offrira ses propres opportunités de transformation[1095].

À mesure que nous trouverons la paix dans notre propre cœur, nous pourrons devenir sereins envers d'autres personnes, et c'est seulement alors que la paix globale pourra être possible dans notre petit univers, sauf en ce qui concerne l'arrêt des campagnes guerrières officielles. La paix n'est pas précisément le moment où les entités ne sont plus activement occupées à se tirer dessus dans certaines zones géographiques. Elle n'est même pas le moment où nous arrêtons de nous jeter à nous-mêmes et aux autres nos mots, nos idées, nos attitudes et systèmes de croyance dans le but de détruire, exclure et blesser. Je crois que la paix descendra sur la Terre lorsqu'une nette majorité d'entre nous commenceront à s'aimer activement les uns les autres. Rien de moins. C'est mon opinion, et j'espère que je me trompe, car arriver là c'est arriver à la fin d'une longue route. Peut-être que cela ne se produira jamais ici en troisième densité. Il se peut que nous ne nous essayerons à la paix que dans notre cœur ou dans le monde qui se trouve dans cette densité. Mais cela ne change pas la valeur de ce processus de transformation, ce processus qui définit plus nettement la présence de notre être intérieur dans notre mental conscient et la nature de cette identité. Notre opportunité dans cette incarnation c'est de vivre de manière à maximiser notre expérience, notre service et notre apprentissage. Nous abandonner à la foi et à nos guides, surtout lorsque nous passons par des changements et des difficultés, optimalise nos chances de nous confronter à ces défis d'un point de vue métaphysique valable. Cela nous éclaire et parfois illumine notre 'soi' et notre mental conscient, surtout lorsque nous répétons cette sorte de choix en périodes de troubles. Cela nous donne la meilleure des chances pour redresser les situations et relations qui alimentent nos leçons incarnationnelles. Et lorsque nous faisons cela à l'intérieur de notre propre cœur, la conscience planétaire s'éclaire un peu plus.

C'est un bon plan. C'est notre rôle de porter maintenant sa bannière d'essence et d'être jusqu'à la lice où se déroule le tournoi pour toute la durée de notre vie ici sur Terre. Servir en étant, c'est un ministère don quichottesque. Puissions-nous l'exercer dans l'amour de la justice! Puissions-nous, nous qui sommes venus sur cette planète en tant que Frères et Sœurs de l'Affliction faire tout ce que nous pouvons pour offrir notre 'soi' le plus profond à ce processus et à ce service de l'être, et

---

[1095] Q'uo, transcription du 9 septembre 1999, p. 4

puissent tous les natifs de la Terre qui se sont éveillés et sont à présent prêts à passer de niveau et dans les densités métaphysiques s'offrir de même à ce *geste*[1096] avec un cœur plein et fluide. Le monde rira souvent de ce ministère de l'être. Ne laissez pas le doute vous envahir, vous et aucun de ceux que vous rencontrerez. Ce plan fonctionne, et nous ne pouvons pas faire autrement que l'aider à fonctionner à mesure que nous prenons conscience de la nature de la réalité métaphysique. N'importe qui peut accomplir ce ministère. Un travailleur qui fait des heures supplémentaires peut accomplir son travail avec amour. Une mère qui reste à la maison peut changer des langes avec amour. Je peux nettoyer avec amour la nourriture que je prépare. Nous pouvons rencontrer le moment avec un cœur plein et ouvert, peu importe ce que nous faisons à cet instant, ou nous pouvons du moins l'essayer, ce qui est tout aussi bien, métaphysiquement parlant.

À chacun, ma plus profonde sympathie pour les inévitables souffrances, et mes remerciements les plus vifs pour chaque effort accompli pour créer à partir de cette souffrance un être qui s'aime lui-même, un ministère de l'essence, un cœur ouvert, une vie de beauté et de service. Bénis soient tous ceux d'entre nous qui parcourent ensemble cette grand-route belle mais poussiéreuse pendant que la lumière augmente. C'est un voyage magnifique à faire, avec des compagnons merveilleux.

[1096] En français dans le texte original (NdT)

CHAPITRE XV: LA VIE DE DEVOTION

Vivre avec dévotion

Ce vade mecum est destiné aux gens pressés. Je suppose que la plupart d'entre nous travaillent pour gagner de l'argent. Ceux d'entre nous qui n'ont pas à gagner leur pain quotidien sont, en grande majorité, tout de même très occupés. Dans ma vie personnelle, je ne connais aucune personne, quel que soit son âge, capable de se tenir verticalement, et active dans le sens normal du mot, qui ne remplisse pas sa vie et ses journées autant qu'elle le peut. Ma supposition que c'est l'âge de l'informatique, de l'ordinateur et du modem bourdonnant, du fax, du téléphone mobile et autres assistants électroniques qui intensifient nos journées de travail est probablement très proche de la vérité: nous sommes connectés les uns avec les autres et disponibles les uns aux autres d'une façon qu'aucun groupe de gens sur Terre n'a jamais connue auparavant. Puisque la quatrième densité est un environnement composé de groupes qui travaillent à accroître l'harmonie et qui poursuit des buts communs, ce réseau de communication est un peu comme des roulettes stabilisatrices pour la densité de l'amour qui est en chemin.

Ce *vade mecum* est destiné à des gens désireux de travailler à des idées concernant le point de vue que nous souhaitons adopter pour pouvoir voir notre monde avec plus de profondeur et de clarté. Nous sommes peut-être mieux équipés maintenant pour interagir et travailler en réseau que nous l'avons jamais été, mais tant que nous sommes incapables de renoncer aux habituelles attitudes matérialistes envers autrui et envers des objectifs de rang et de statut social, nous serons incapables de trouver notre chemin vers une vie de dévotion dans la bousculade de la vie en plein jour. Nous resterons toujours accrochés à l'une ou l'autre épine du monde extérieur et ses catalyseurs. Le début d'une vie de dévotion est la décision de tenter, dans toutes les circonstances qui nous concernent, de mener une vie basée sur la foi plutôt que sur la crainte: du désir, de la volonté et de l'espérance au lieu de détails, de faits et de personnalités.

> La vocation première de chacun d'entre vous, de par votre nature même, est la vocation de mener une vie de dévotion et de foi. De cette façon, la partie la plus profonde de votre vraie nature est également la partie fondamentale de l'expérience extérieure. Lorsque cette attitude du mental, cette distorsion ou ce préjugé,

Chapitre XV: La vie de devotion

disons, est adoptée dans le cadre d'un désir véritable, ce qu'il y a d'amour en vous a pour la première fois une voix. Cette voix est une voix qui parle en silence[1097].

Le témoin silencieux d'une vie vécue dans la foi paraît être quelque chose qui ne se montre pas au monde. C'est souvent le cas, et de manière évidente. Mais le don de pouvoir mener cette vie quotidiennement est inestimable. Ce n'est jamais facile pour nous de dépasser le cadre et la structure extérieurs d'une situation difficile ni de trouver un point de vue à partir duquel la nature sacrée de l'existence ainsi que l'amour à cœur ouvert de notre 'soi' essentiel peuvent exercer leur magie sur la représentation extérieure. Il faut un dévouement personnel, une résolution de la volonté, une persistance dans l'effort: c'est-à-dire un choix de prétendre à une maîtrise du monde extérieur.

Une attitude ce n'est qu'un mot, mais cette attitude est la clé de la vie de dévotion, car toutes les choses sont sacrées pour celui qui a des yeux pour voir, des oreilles pour entendre, et un cœur pour comprendre[1098].

Jadis, le modèle de la vie de dévotion c'était la retraite. Même il y a cinq ans seulement, je parvenais à trouver du temps pour faire une retraite spirituelle une fois par an. C'était tout une affaire pour garder le week-end libre, mais j'avais le sentiment que cela valait la peine d'arrêter complètement et de demeurer dans l'esprit juste quelques jours. Mais notre groupe de retraite a disparu faute de participants. Même si quelques personnes en période de transition et inspiration trouvent encore du temps pour toutes sortes d'ateliers transformatifs, dans le cours habituel des choses, nous sommes en général trop occupés à soutenir un poids comparable à celui d'Atlas pour penser à nous en débarrasser afin d'aller en retraite pour le weekend. Nous devrons alors faire cette retraite sans retraite, dans le contexte de notre vie quotidienne. Cela signifie que si nous choisissons de mener une vie de dévotion nous aurons une existence à couches multiples.

C'est la charge et la gloire de ceux qui mènent une vie religieuse, spirituelle ou de dévotion que de mener une vie sur deux niveaux simultanément, car le niveau du monde extérieur est en vérité le "ou bien… ou bien" du Service de soi ou du Service d'autrui, et la dynamique de cette vie est implacable. Toutefois, au sein de ces

---

[1097] Q'uo, transcription du 27 novembre 1994, p. 4
[1098] Q'uo, transcription du 13 novembre 1994, p. 4

apparences extérieures se trouve une réalité intérieure que seul le cœur humain peut connaître ou vivre[1099].

Je suis persuadée que nous savons tous combien est épineux le *beau geste*[1100] d'une vie à deux étages! Rester conscients des principaux détails extérieurs et fonctionner avec compétence à ce niveau, tout en vivant selon des principes spirituels et éthiques accompagnés d'une constante évocation d'une claire orientation vers l'amour à cœur ouvert dans notre système énergétique, c'est un travail des plus subtils. Voir les autres comme des âmes alors qu'ils sont des miroirs si efficaces dans leur action catalytique, est un défi terriblement difficile.

> Comme on doit vivre ce que l'on a appris, il arrive très souvent que celui qui entreprend trop vite du spirituel élevé, des pratiques quasiment désincarnées de dévotion, peut avoir laissé derrière lui un corps négligé, un corps mal aimé, et sans la connaissance de ce qui peut être fait autrement, peut avoir négligé l'enfant spirituel intérieur qui est né avec chaque entité lorsque chaque entité a choisi pour la première fois de chercher de tout son cœur la vérité[1101].

Cette volonté de guérir et accepter notre enfant intérieur est essentielle si nous souhaitons nous libérer nous-mêmes dans le cœur ouvert d'une manière sûre et de confiance. Si nous pensons que le 'soi' spirituel intérieur naît lorsque dans l'incarnation nous nous éveillons à notre identité spirituelle et qu'il mûrit graduellement à mesure que nous travaillons sur notre 'soi', nos attitudes et nos émotions, nous pouvons constater que cet enfant spirituel intérieur continuera à avoir besoin d'aide. Chaque fois que nous serons déséquilibrés à cause des catalyseurs de la vie nous risquerons d'être retirés de notre centre d'amour dans le cœur ouvert, et jetés dans la jungle du chaotique tableau extérieur. Alors nos incertitudes referont surface et nous informeront du type de travail que nous avons à exécuter immédiatement avec cet enfant intérieur. Il se peut que dans le feu de l'action nous ne parvenions pas à prendre le temps nécessaire à ce travail au moment exact où nous produisons la situation et recevons un catalyseur, mais chaque journée a une fin, et lorsque nous nous détendons et nous apprêtons au repos de la nuit, nous pouvons nous promettre de réfléchir et de travailler à ce qui s'est passé. Comme toujours, je recommande principalement à ce sujet une forme régulière de méditation, contemplation ou prière:

[1099] Q'uo, transcription du 14 juillet 1994, p. 4

[1100] En français dans le texte original (NdT)

[1101] Q'uo, transcription du 28 septembre 1991, p. 3

Chapitre XV : La vie de dévotion

> Nous encourageons chacun à arranger les habitudes quotidiennes de manière à ce que le centre de l'être reçoive du respect et une place d'honneur dans la vie quotidienne. Comme toujours, nous suggérons de la méditation journalière tournée à temps et à contretemps vers cet infini qu'est l'amour inexprimé du Créateur infini unique. La difficulté pour chaque missionné est de parvenir demeurer dans cette illusion particulière, d'entrer pleinement dans les processus de transformation tout en restant eu centre de l'être, se tournant consciemment encore et toujours vers l'amour même[1102].

La dévotion inhérente au désir de se tourner vers l'amour pur est puissante et je nous encourage à aiguiser ce désir de demeurer dans le cœur ouvert, tout en nous mettant en garde contre une concentration si grande sur notre volonté et notre désir de servir et aimer, que nous arrivions à un trop fort sentiment d'admiration pour nos efforts et nous-mêmes, et finissions par éprouver un sentiment de fierté pour notre démarche. Cela équivaut à défendre le 'soi', une erreur très facilement commise :

> Aussi longtemps que vous penserez que vous avez un 'soi' à défendre il y aura de la vanité spirituelle dans votre travail, et la plupart des entités travaillent dans cette fierté. Même si vous avez cherché année après année avec persistance, pureté et dévotion, il y a toujours ce sentiment de "moi, je" cherche, "moi je" regarde, "moi, je" m'efforce de devenir le meilleur qu'il "me" soit possible de devenir. À l'inverse, nous avons constaté que prendre plus pleinement conscience du 'soi' est en fait un processus de soustraction, simplification et élimination de choses du 'soi' que l'on défend, jusqu'à ce qu'enfin le 'soi' soit vide et les barrières renversées[1103].

J'ai découvert que cela est vrai dans ma propre vie. Graduellement, moins de choses m'attrapent dans le filet de la contraction et de la peur. Peu à peu je me trouve en train d'écouter tout autant que de me défendre. Je voudrais voir un jour toutes les défenses disparues, et avoir besoin seulement d'aimer, accepter et pardonner. C'est un but que je ne parviendrai sans doute pas à atteindre dans cette incarnation, mais chaque petite goutte de peur et de contraction qui tombe de moi me fait me sentir si merveilleusement légère et spacieuse que la quête d'un plus grand lâcher prise encore m'attire en permanence. Il est certain qu'une des clés

---

[1102] Q'uo, transcription du 22 mai 1994, p. 2-3
[1103] Q'uo, transcription du 1er mars 1998, p. 5

qui permettent ce lâcher prise graduel est le fait de se trouver dans le moment présent:

> Le changement d'hier passe derrière vous, le changement de demain n'est pas encore imaginé. Vous ne devez vous concentrer que sur le moment présent tel que vous le percevez[1104].

Se concentrer sur le moment présent n'est pas encouragé dans cette société, et commencer à le faire constitue un changement majeur de notre structure de perception, notre priorité d'idées, et notre prise de conscience des catalyseurs. D'abord, nous ne sommes pas encouragés à être aussi minutieux dans nos idées et motivations, mais seulement dans nos actes. Ensuite, on nous apprend à chercher à réduire l'inconfort, alors que les changements majeurs représentent pour la plupart des gens, un inconfort plus grand. Le choix de vivre dans la dévotion ne va pas simplifier notre vie en la rendant plus confortable; plus joyeuse, oui; plus confortable, non pas du tout. Nous serons en pleine transformation si nous vivons dans le moment présent et le cœur ouvert fréquemment, de nombreuses façons, à divers niveaux, à un rythme accéléré. C'est un phénomène complexe, et ce processus engendre en permanence le sentiment d'aller à contre-courant de la société, et souvent à contre-courant de certaines parties de nous-mêmes.

> Chacun se décevra très souvent lui-même. Nous encourageons chacun à considérer que cela aussi est une partie aimable d'un processus par lequel se produit un changement intérieur. Certaines choses qui étaient des priorités seront perdues; et à mesure que le cœur et le mental changent leurs habitudes, ce qui est vieux et rassis doit être éliminé. Cela est perçu comme douloureux. Par conséquent nous dirons que dans ce qui accompagne le courant d'une vie en accord avec la destinée il y a un inconfort continuel dû à un changement plus rapide que chez d'autres entités parce que c'est ce que vous souhaitez faire. C'est toutefois un choix simple pour la plupart de ceux qui préfèrent être éveillés et dans la présence consciente de l'Infini plutôt que de faire partie de ceux qui sont endormis dans le rêve de l'incarnation en elle-même et n'exigent jamais rien d'eux-mêmes si ce n'est de suivre le courant de la société[1105].

Pour la plupart des missionnés il n'y a pas d'espoir de pouvoir suivre le courant de la société. Nous avons échoué, au moins en partie, à faire cela. Il nous est arrivé de nous sentir étrangers avec nos idées un différentes de

---

[1104] Q'uo, transcription du 16 janvier 1994, p. 3
[1105] Q'uo, transcription du 5 septembre 1993, p. 7

celles du reste de la société. Notre mentalité différente, qu'elle soit due à des origines E.T. ou à un éveil à notre identité spirituelle de natifs de la Terre, nous emmène dans un monde où être un membre de notre culture qui ne se pose pas de questions, qui ne résiste pas, n'est pas possible. Je crois que pour la plupart d'entre nous, le choix de mener une vie de dévotion, d'entrer dans le cœur ouvert et ses processus, est pour nous une bonne occasion de mettre en place une vie sur Terre acceptable et supportable.

Dédier le 'soi'

Décider de mener une vie de dévotion est un immense engagement qui change la vie. En 1968, Don Elkins m'a demandé d'entreprendre d'établir et de gérer pour lui un foyer qui devrait être une communauté spirituelle d'âmes dont les valeurs et les idéaux seraient en concordance et dont le service pourrait être le mieux offert en tant que groupe. À cette époque, j'ai fait un rêve lucide dans lequel Don, capitaine d'une péniche, me faisait monter à bord et me demandait si j'étais certaine de vouloir être à ses côtés. « Si tu restes à bord de de bateau, tu ne reverras jamais la terre ferme» dit-il dans le rêve. Je l'ai pris au mot, ce qui était une bonne idée puisque que telle a été l'exacte vérité. Le degré auquel nous, de L/L Research avons réussi à devenir activement une communauté physique a été variable. Toutefois, la capacité de devenir un phare et une communauté spirituelle dans le sens métaphysique (ce qui n'implique pas une proximité physique des membres) est devenue de plus en plus grande à mesure que de plus en plus de gens ont pris conscience de notre travail et s'y sentent à l'aise. Ma vie a complètement changé depuis cette première promesse faite à Don. Je n'en ai pas le moindre regret. Et cela a commencé par une consécration consciente de moi-même et de tout ce que j'étais, à une vie de foi et de service.

> Le fait de poursuivre au-delà de la confusion, au-delà des distractions, au-delà des difficultés, ressemble beaucoup à la trempe du métal qui donne à l'outil sa force, son poli afin qu'il puisse briller de tout son éclat et poursuivre son service avec une force renouvelée dans la difficulté, la confusion et le reste. Dès lors, lorsque vous trouvez de la difficulté à vous motiver pour poursuivre vos méditations, cela est en soi à comparer à une méditation dans laquelle la focalisation échoue et dépasse ce point de sorte qu'il est nécessaire de revenir avec patience et amour à ce point. À mesure que vous continuerez à accepter les parties

Chapitre XV: La vie de devotion

difficiles de votre voyage et de vos pratiques, vous constaterez que vous élaborez une force sous-jacente. Persévérer, persévérer encore, persévérer toujours est peut-être la partie la plus commune et parfois difficile de tout voyage accompli par le chercheur, mais prendre conscience du fait que cela se produit dans votre propre expérience illustre votre propre dévotion à un autre niveau[1106].

Je ne veux pas édulcorer cet élément de difficulté du dévouement de soi au 'grand œuvre': ni la première fois, ni aucune autre fois. Qu'il nous soit difficile d'être constants dans nos méditations ou dans n'importe quel autre aspect de notre pratique spirituelle, nous éprouverons des émotions négatives. La dynamique commune à la plupart des difficultés à consacrer le 'soi' à l'amour est une substantielle frustration :

> Chaque catalyseur, chaque expérience, chaque événement dans votre illusion, a la capacité d'affecter la cœur du chercheur, dirons-nous, la volonté du chercheur, la foi du chercheur. Il y a dans la frustration une inévitable reconsécration du 'soi' à la recherche, car la tentation est d'arrêter, d'abandonner, de se reposer, d'en finir[1107].

C'est aller à contre-courant de la pensée culturelle que de voir dans la frustration et les épreuves le feu purificateur d'une force amicale et serviable. Toutefois, cette façon de voir et de valider les inévitables mouvements entre un cœur ouvert et un cœur qui se défend est correcte, à mon avis, même si à première vue elle peut paraître dure. Ceux de Q'uo commentent:

> Que vous avanciez bien ou médiocrement, à chaque moment que vous vivez de façon consciente, vous essayez, donnez, offrez à chaque occasion, et même si vous ne réussissez pas complètement à chaque fois ou même dans la majorité de vos tentatives, ce sont la persévérance, le dévouement, les continuels rappels que vous observez autour de vous et que vous vous donnez à vous-mêmes, qui sont les caractéristiques d'un affinement au feu de l'expérience qui est vôtre dans votre évolution. N'avoir que de brefs aperçus de ce que l'on souhaite connaître plus purement, partager mais seulement en partie, se lasser de l'effort, mais rassembler le désir encore, et encore et encore, c'est ce désir qui est votre allié le plus précieux tout au long de ce voyage[1108].

[1106] Q'uo, transcription du 14 janvier 1996, p. 6.

[1107] Q'uo transcription du 9 septembre 1999, p. 5

[1108] Q'uo, transcription du 21 juillet 1991, p. 12

Le dévouement du 'soi' et les affirmations constantes de ce choix de la manière de vivre, sont en vérité des alliés honorés dans ce voyage d'amour et de service. Parlant des dons extérieurs, Latwii explique :

> Ce qui importe, mes amis, c'est que dans tout service que vous vous efforcez d'accomplir il y ait sous la surface un dévouement intérieur qui ne soit pas un vernis qu'un usage constant fait disparaître peu à peu, ou qu'use le frottement d'un vain bavardage et de pensées parasites, mais qui reste une sorte d'étoile polaire intérieure[1109].

Lorsque nous suivons cette étoile polaire du dévouement personnel, nous sommes amenés en toute sécurité à un mode de pensée, au sujet de nos expériences et de notre vie, qui nous donne la plus généreusement grande liberté pour travailler sur nous-mêmes, sur nos catalyseurs et sur notre destinée. Pour moi, il est très fascinant de regarder les moments présents qui passent, en voyant l'amour qu'ils contiennent, en voyant les clivages et incohérences des pensées, en voyant tout le spectre de notre pratique spirituelle. Cela peut nous rendre trop sérieux :

> Nous ne souhaitons pas déséquilibrer votre vie lorsque vous réfléchissez aux mystères du service, car en fait, très souvent le plus grand des services que vous puissiez offrir à autrui est votre sourire, votre mot léger, votre touche de joie. Dès lors, que votre dévouement soit minutieux et profond. Mais n'oubliez pas de laisser entrer les rayons du soleil dans toutes vos pensées, et allégez-les de manière à ce que votre service soit plaisant et réconfortant, car c'est avec ceux qui vous entourent que vous allez cheminer en tant que pèlerins. C'est avec ceux qui vous entourent qu'adviendra le présent toujours changeant. C'est pourquoi, mes amis, que vos âmes soient joyeuses et heureuses ensemble, qu'en aimant le Créateur infini unique vous puissiez vous aimer les uns les autres avec l'aménité et l'indulgence requises pour chaque être unique dans votre vie[1110].

Établir une règle de vie

Dans mon enfance, alors que je fréquentais l'école du dimanche épiscopalienne, j'ai fait connaissance avec le concept monastique de la règle de vie et je me suis sentie immédiatement attirée vers cette idée. Le

---

[1109] Latwii, transcription du 12 août 1982, p. 2
[1110] Hatonn, transcription du 12 août 1982, p. 3

concept en question se base sur une signification tombée en désuétude du mot 'règle', c'est-à-dire un mode de vie ou de comportement. Considérer toute ma vie comme un objet d'art, une tapisserie que je pourrais créer par moi-même, mes choix, mon mode de vie, a enflammé mon imagination. Les éléments les plus fondamentaux de la liste permettant d'élaborer une règle étaient la pauvreté, la chasteté et l'obéissance. Il y avait ensuite quelques choix dévotionnels: le nombre de présences aux offices religieux, les prières dites, le nombre de stations devant l'autel, etc. L'étroitesse de ces choix ne m'attirait pas vraiment, mais le concept général a tellement enflammé mon imagination et ma nature que j'ai entamé ce qui allait être une recherche à vie et une immersion graduelle dans une règle de vie qui me satisferait. En cours de route je suis arrivée à sentir que les éléments de ma vie sont tous sacrés au même titre. Par conséquent, j'ai appris à y inclure chacune de mes tâches et chacun de mes devoirs dans cette règle de vie que je me suis fixée.

Concernant la question de la pauvreté, ma solution a été de choisir de ne pas travailler pour le salaire mais pour l'amour du travail. Jusqu'ici, cela a été possible. J'ignore complètement si l'avenir me réserve des pâturages aussi plaisants que le 'bon travail' de mon choix. Si ce n'est pas le cas, je travaillerai à ce que je pourrais, dans la joie et en accomplissant le travail convenablement. En ce qui concerne la chasteté, dès que j'ai été abandonnée au pied de l'autel par mon premier amour, n'étant plus vierge, j'ai décidé que je devrais être créative dans l'expression de la qualité de chasteté. Ma solution est la relative chasteté et fidélité dans une relation de couple. Dans mon mariage actuel, mon époux et moi-même sommes fidèles l'un à l'autre depuis deux décennies. Peut-être est-ce dû à l'époque à laquelle nous vivons, mais cette forme de chasteté me paraît être une forme authentique qui exprime une disposition à accepter que tout ce qui advient dans la relation est 'suffisant'.

Pour moi, l'obéissance est le problème le plus épineux des trois car la question est de savoir à qui ou à quoi est-on supposé obéir. Moi j'ai choisi d'obéir à mon mari lorsqu'il faut agir pour pouvoir régler un différend entre nous, et d'obéir à ce que me dicte mon cœur le plus profond et mes guides pour tout le reste. Bien que j'éprouve souvent un sentiment subjectif d'échec dans certains de mes efforts de service et d'apprentissage, j'éprouve aussi le sentiment de repos qu'entraîne une disposition à s'abandonner au point de vue le plus élevé.

La dévotion et le service sont des éléments de nombreuses règles de vie. Mon époux et moi-même entamons chaque journée par une offrande dévotionnelle. Nous avons également mis au point un programme d'exercices physiques méditatifs pour notre rituel du midi, et nous

Chapitre XV : La vie de devotion

prenons le temps de pratiquer ensemble ces exercices routiniers, nous étirant, nous promenant, faisant de l'exercice, et partageant un peu de silence chaque jour. Nous finissons ensemble nos journées en parlant calmement de nos problèmes *du jour* [1111] et en accomplissant du travail d'équilibrage avant de terminer par la prière du 'Notre Père' avant notre coucher. Chaque semaine nous ouvrons notre maison à des rencontres de méditation et de channeling tout au long de l'année scolaire. Le dimanche matin j'assiste à des offices religieux chrétiens et je chante dans la chorale pendant que Jim nettoie la maison, selon notre règle particulière: la propreté est voisine de la piété! Ces pratiques sont comme des piliers qui soutiennent notre vie. Au fil des années que nous avons passées ensemble nous avons créé et soigneusement mis au point des petits modèles de travail et de jeu qui correspondent à nos besoins et nous laissent du temps pour pouvoir faire tout ce qui nous intéresse. Je pense qu'une règle de vie est particulièrement utile et efficace à ce dernier égard. Sans un plan, nous choisirons probablement telle bonne chose et nous la ferons. Avec ce plan, cependant, il se peut que nous manquions quelques autres activités que nous voudrions réellement inclure. Je divise mon temps avec soin: autant pour ma correspondance, autant pour cuisiner et lire mes romans historiques à l'eau de rose. En l'honneur du présent *vade mecum*, le jardinage a été mis de côté pendant la plus grande partie de cette année. Je suis impatiente de pouvoir à nouveau plonger mes mains dans la terre, mais pour rien au monde je n'aurais voulu manquer au cours de cette année, cette aventure d'écriture et de partage.

La planification de ce programme ou règle de vie a été le travail de nombreuses années pour moi, spécialement ces dernières années: de 1992 jusqu'à aujourd'hui. Certes, j'ai gardé certains aspects de cette règle de vie après ma période de réadaptation, mais bon nombre de mes habitudes précédentes se sont alors révélées obsolètes et inutiles. Me tenir enfin à la verticale, et retrouver des forces a été un soulagement délicieux et libératoire, mais je n'ai pas trouvé immédiatement un chemin évident et net à suivre. Des tentatives de retravailler comme bibliothécaire m'ont prouvé que, malgré des progrès notoires, j'étais encore de santé trop fragile pour occuper un emploi. Cela a balayé toute la sagesse temporelle qui m'avait poussée à reprendre un travail professionnel. En fin de compte il m'est venu à l'idée que les espoirs que j'avais à cœur, ceux de mener à bonne fin les projets L/L étaient des buts magnifiques et valables que je pouvais faire miens, et au rythme que je choisirais, tout en accomplissant les bonnes corvées domestiques d'une vie quotidienne normale. J'avais fait l'erreur de penser que nous devons avoir un emploi

---

[1111] En français dans le texte original (NdT)

dans le monde pour être utiles. Libérée de ce concept, j'ai trouvé ma voie dans un emploi du temps de correspondance quotidienne, de tâches diverses, et des projets d'écriture/révision qui ont empli mon cœur de satisfaction et mon imagination de lumière et de vie. Permettre au travail qui est mien de venir à moi a été une expérience magnifique. Pendant les quarante premières années de ma vie j'ai voulu travailler pour gagner ma vie et recevoir un salaire, et c'est ce que j'ai fait. Maintenant, pendant une saison j'ai pu travailler sans salaire, et j'ai ressenti cela comme un immense bienfait de pouvoir faire le travail que je me sentais appelée à accomplir.

Par dessus tout, lorsque je travaille à arranger mon mode de vie je recherche le point de repère qui permet de maintenir la petite vie. Je veux garder ma vie aussi simple et aussi occupée que possible. Je veux rester une femme qui mène une vie de relations et de devoirs plutôt qu'être une femme qui se voit comme une instructrice, une écrivaine, ou qui se regarde avec les lunettes d'un quelconque talent extérieur. J'ai le sentiment que si je me vois comme venant vers le monde grâce à mes dons, j'aurai abandonné la petite vie. Ce que cela a signifié pour moi c'est une discipline constante, quotidienne, pour m'occuper de ma correspondance personnelle et de mes tâches avant de penser à reprendre ce *vade mecum*. Des chercheurs nous écrivent chaque jour sur notre site internet, et répondre à ces courriels est la première chose que je fais le matin, la dernière étant de répondre aux courriers envoyés par la poste. Cette correspondance et les exigences ordinaires du cycle quotidien prennent pas mal de temps. C'est ce qui a rendu l'avancement de ce *vade mecum* bien plus lent que si je m'y étais mise dès le matin pour n'arrêter que le soir. Mais cela a eu également pour résultat que lorsque je m'y mets c'est l'esprit libre de toute autre préoccupation. Dans ma vie, tout le reste est sûr et tranquille, et je suis libre de me focaliser dans l'amour le plus grand sur le document et les idées présentes. Il m'est impossible d'exprimer combien cette merveilleuse atmosphère de belles pensées et d'idéaux élevés a été bienfaisante pour moi tout au long de l'écriture de cet ouvrage. Cependant je reste une personne qui mène une vie et qui écrit aussi un livre, plutôt qu'une personne qui écrit un livre et qui mène aussi une vie.

Dans la petite vie, les plus beaux joyaux sont nos relations et nos humbles corvées. Comment se peut-il que préserver nos relations familiales et nos amitiés, nous garder nous-mêmes et nos affaires propres et en bon ordre, respecter aussi nos petites promesses envers la communauté, l'église ou toute autre organisation soient si précieux? La valeur de tous ces éléments réside dans leur réalité concrète et dans la manière dont ils nous rendent

Chapitre XV: La vie de devotion

réels. Si nous avons de bonnes relations, ces amis vont nous rendre réels à nous-mêmes. Si nous nous occupons de nos corvées et devoirs normaux ils nous garderont relativement humbles et dépourvus de vanité, à l'exception de la fierté de faire les choses convenablement. Ces valeurs peuvent paraître quelque peu dérisoires lorsque nous n'avons aucun changement à affronter, mais si dans notre vie nous devons faire face à de soudains changements traumatisants, qu'ils soient apparemment mauvais ou bons, elles nous aideront beaucoup à nous stabiliser et à nous équilibrer. De la richesse, de la renommée, du pouvoir qui surviennent inopinément peuvent être très déconcertants, tout autant que des catastrophes ou des chagrins personnels. Les bonnes choses peuvent nous rendre aussi 'fous' que les désastres! Je nous encourage tous à préserver les valeurs et priorités de la petite vie qui nous concernent.

C'est une façon de tout percevoir comme sacré et valable. Plus ces choses sont petites, plus deviennent grandes l'authenticité et la joie. Le caractère sacré du sommeil, du réveil, du repas, de la toilette, des allées et venues pour accomplir les tâches quotidiennes, y est intégré; à nous de le découvrir. Nous pouvons éviter la grande vie, même si nous avons l'impression de devenir grands. Et nous ne sommes pas obligés non plus d'assumer la grandeur que nous accordent certains. Sommes-nous célèbre? Ça, c'est vraiment un handicap pour une vie tranquille, mais ce n'est pas insurmontable. N'arrêtez pas de répéter: "je suis une andouille" tout en cherchant un moyen de rester vrai envers vous-même. Avez-vous un travail mirobolant? C'est très séduisant pour votre concept personnel, mais vous pouvez vivre avec cela en ne perdant pas de vue votre beauté en tant que simple idiot qui mange, boit, et est plus ou moins joyeux. Lorsque la vie devient grandiose et bouffie il est très difficile de garder un lien solide avec notre 'soi' essentiel. Nous devons donc trouver le moyen de revenir à la petite vie, à la règle de vie qui contient nos besoins essentiels.

Une bonne clé est la simple conviction que notre petite vie a de la valeur. Combien de fois ne nous a-t-on pas dit que ce n'est pas le cas, surtout si nous sommes des femmes qui pensent à vivre à la maison et à s'offrir à élever des enfants et gérer le ménage. Pour gagner le respect du monde il semble souvent que nous devons réussir dans le monde des affaires et des finances. Savoir que les petites choses sont sacrées et que les accomplir bien est honorable contribue à les remettre à une place de respect et d'honneur à l'intérieur de nous. Penchons la tête sur notre travail, mais levons-la fréquemment pour voir, réellement voir, le caractère sacré de la feuille, du coucher de soleil, du chant des cigales, du vol des lucioles. C'est là que se trouve la vraie valeur de la vie: dans la beauté éphémère, la tâche temporaire, la relation qui se présente à nous ici et maintenant avec une question à poser ou une histoire à raconter.

Don Cushing, Jr., un participant à nos réunions de méditation, m'a écrit en 1994 pour demander si j'avais "quelques conseils utiles à propos de la nécessité pour les missionnés, de réapprendre un chemin vers l'adeptat"[1112]. Je lui ai répondu alors, et je le confirme aujourd'hui, qu'autant que je sache les clés principales en sont la réalisation que nous avons l'adeptat en nous, et la réalisation que le chemin le plus droit est de travailler sur la prise de conscience du caractère sacré qui englobe et consomme chaque moment présent. C'est vrai qu'il est écrit que «le sol sur lequel tu te tiens est un sol sacré». Nous n'avons pas besoin du buisson ardent de Moïse pour nous sanctifier nous ou le sol que foulent nos pieds. Ils sont tous deux déjà sacrés puisque la nature de la vie est sacrée.

D'une part, une règle de vie est quelque chose d'artificiel avec des options, des choix, des programmes de choses à faire, et des ordres de priorité. C'est notre part d'artifice et de composition. Elle ne nous donne pas une perception de gloire ou d'unité. Elle est, comme bien des choses, une ressource pour nous aider à accélérer notre maturation spirituelle. Comme c'est le cas pour toute pensée élaborée, elle amène ses orientations, ses suggestions et ses indications, ainsi que ses disciplines qui s'ouvrent devant l'œil intéressé. D'autre part, c'est un système de choix qui soutient et renforce notre choix de polarité, contribue à stabiliser l'intérieur de notre esprit en voie de développement et nous place dans un cœur paisible et non protégé. Ceux de Q'uo expliquent:

> Nous voudrions suggérer que chaque âme éveillée choisisse pour le 'soi' la règle de vie qui alimente le mieux l'enfant spirituel intérieur, cet enfant qui demeure dans le cœur et ne peut mûrir que si le 'soi' extérieur lui accorde de l'espace et du temps. Le temps passé dans le silence, qu'il s'agisse d'offrir une méditation formelle ou de rester simplement assis, aide beaucoup le 'soi' spirituel intérieur. En outre, il aide à aligner le chercheur sur sa destinée personnelle, car chacun est venu avec des talents à partager, des leçons à apprendre, et du service à offrir. Chacun a planifié pour lui-même des compagnons de route et du bon travail à accomplir et chacun a espéré que dans les conditions voilées de l'illusion physique qui constituent la réalité de consensus sur votre planète, l'éveil se produirait et des choix commenceraient à être

---

[1112] Don Cushing, lettre du 7 août 1994

CHAPITRE XV: LA VIE DE DEVOTION

faits, qui permettraient de plus en plus au 'soi' spirituel intérieur de mûrir[1113].

Il me paraît utile de m'attarder sur cet enfant spirituel intérieur que nous engendrons à partir de notre 'soi' matériel lorsque nous commençons à nous éveiller. En un sens, chacun de nous donne naissance à l'enfant Christ, un être spirituel parfaitement aimant dans la crèche de notre propre cœur. Les êtres spirituels sont de beaux bébés. Ils ont beaucoup à apprendre, et ce sera à nous soit d'apporter des présents et des encouragements à ces fragiles enfants-cœurs intérieurs, soit par d'impatientes condamnations, d'envoyer du doute et du rejet à ces petites âmes. Il faut beaucoup de patience et de maîtrise pour entrer dans une relation aimante avec cet enfant intérieur qui grandit. Ce 'soi' doit faire toute l'expérience de maturation que fait le 'soi' matériel. Il s'individualisera et se rebellera. Souvent il sera en désaccord avec la personnalité de surface. Être nos propres parents spirituels est un travail délicat et jamais aisé. Mais nous avons l'aide de la force appelée, faute d'un terme mieux approprié, 'destinée personnelle' par ceux de Q'uo. Nous sommes des gens qui ont très soigneusement placé devant eux le plan de leur expérience incarnationnelle, et qui entendront souvent la petite voix qui suggère comment fluctuent les marées de la destinée. Il se peut que nous parvenions à observer un véritable programme de vie pendant certaines périodes, mais la règle de vie doit souvent être plutôt flexible:

> Il n'est pas nécessaire que chaque jour soit une copie fidèle de chaque autre jour en termes de règle de vie. Chaque chercheur aura besoin d'ajuster sa règle de vie en fonction de sa propre météo de surface, des besoins qu'il éprouve au niveau de la surface, aux niveaux du temps et de l'espace, et au niveau des connexions à l'intérieur de l'illusion. Il n'est pas seulement satisfaisant mais recommandé que chacun modifie sa règle de vie en fonction des besoins, des faims et des désirs éprouvés. Essayons de clarifier cela. Juste parce que l'on a cessé d'avoir de l'enthousiasme pour une pratique donnée, ce n'est pas une raison suffisante pour modifier cette pratique. Aussi longtemps que l'on n'a pas faim d'une autre pratique spécifique, il est bon de persister, que ce soit par beau temps ou par temps agité. Mais aussi longtemps que le chercheur s'oriente vers cette écoute, cette écoute régulière du silence, il peut être raisonnablement certain qu'il aura l'inspiration

---

[1113] Q'uo, transcription du 7 février 1999, p. 2

et le désir de modifier cette pratique lorsque cette modification sera appropriée[1114].

Notez les suggestions réitérées de méditer et de passer du temps dans le silence. Il semble ne pas exister de meilleur ami qu'une vie vécue dans la foi et le silence. Un problème pour ceux qui ont une règle de vie est le contrôle. D'une certaine manière, il semble plutôt froid et restrictif de choisir un mode de vie si intrusivement placé devant nous. Il peut sembler que nous avons éliminé toutes les nouvelles prises de conscience spontanées de notre plan d'évolution spirituelle Ceux de Q'uo suggèrent:

> Une technique possible pour l'entité qui souhaite sortir de ce qu'elle voit comme un contrôle qu'elle ne souhaite pas conserver dans ses schémas de comportement est d'entrer dans l'état méditatif et d'examiner les modèles que l'entité a élaborés, et de voir ces schémas de comportement comme un réseau de rituels ou habitudes qui ont procuré du réconfort. Regardez ce schéma et l'obstacle qu'il présente à toute nouvelle expérience en ce sens qu'il y a dans ce schéma une retenue de la pensée et de l'action de l'entité. Imaginez l'expérience qui s'ensuivrait si ce schéma devait être modifié. Examinez les zones où il y a un désir d'inspiration d'innovation, de rupture des modèles et d'introduction d'une nouvelle expérience. Ressentez comment cette rupture des anciens schémas et cette introduction d'un nouveau comportement affecterait la vie, les sentiments, le concept du 'soi'. Imaginez mentalement ce processus. Puis, lorsque vous sentez que vous aimeriez tenter l'expérience de cette innovation, accordez-vous une période de temps non structurée afin que tout sentiment ou inclination intuitive qui souhaite faire surface puisse le faire. Traitez ces sentiments comme vous le souhaitez, comme vous l'estimez approprié. Explorez dans ce cadre sécurisé d'activités et de pensées non structurées toutes les impressions et activités qui s'y rattachent et entrent dans votre mental pendant que vous expérimentez. Répétez ce processus un certain nombre de fois, jusqu'à ce que vous commenciez à éprouver le besoin de lâcher les modèles confortables et d'accepter ce qui est neuf[1115].

À mesure que nous nous accoutumons à avoir une règle de vie fondée sur une foi aveugle, il se peut qu'une nouvelle hardiesse vienne à nous. Nous aurons beaucoup moins souvent envie d'échapper aux petites difficultés issues des relations et responsabilités. Concrètement, avoir une règle de

---

[1114] Q'uo, transcription du 21 avril 1996, p. 2-3
[1115] Q'uo transcripttion du 8 juin 1992, p. 6

vie rend objectif pour nous le sérieux de notre quête spirituelle et nous aide à respecter et honorer les processus impliqués dans l'éveil.

Plus vous apportez de discipline dans votre mode vie (comme l'appellerait cet instrument), plus vous vous reposez sur la foi et moins vous vous contractez devant les catalyseurs qui constituent cet examen, ce test de prise de conscience de votre équilibre[1116].

Le processus du choix d'une règle de vie commence par le plus basique des choix; vivre dans la foi, épouser des idéaux, décider comment exprimer ces choix dans la vie de tous les jours. Il évolue en une façon de nous voir nous-mêmes comme des personnes magiques et transcendantes, certes issues de chair, d'os, de naissance et de mort, mais sur le chemin de l'éternité, de l'infini et de principes immortels. Il prend les myriades de formes du travail spirituel et les expose de façon à ce que nous puissions en extraire nos propres choix, comme des rouleaux de tissu clair chez le drapier lorsque nous voulons faire des rideaux pour nos fenêtres. Il fait de nous des créateurs de patchwork assemblant ici un pli de foi, là un morceau de méditation, une petite pièce de service et tout le reste des matériaux de notre vie en une courtepointe susceptible de vêtir et de couvrir les âmes naissantes et en développement que nous sommes.

Gérer la souffrance

Il y a de la souffrance derrière chaque porte que l'on ouvre dans sa vie. Où que l'on regarde, dans n'importe quel pays, à n'importe quel sujet, on constate que ceux qui ont voulu devenir de véritables serviteurs ont dû faire d'immenses sacrifices, jusqu'au don de leur vie pour d'autres personnes. Dans chaque situation se trouvent des gens dont le cœur est resté ouvert en dépit des circonstances. Et l'on ressent la force de l'inspiration de ces entités, de ces gens qui ont fait la 'une' des actualités pendant un jour ou deux parce qu'ils ont sauté dans l'eau pour sauver cinq personnes sur le point de se noyer, ou qui se sont rendus dans une prison d'où ils ont relâché les prisonniers au prix de leur vie. Et ces récits vous touchent profondément à l'intérieur de votre être et vous révèlent la profondeur et l'intensité de l'amour que vous avez en vous; ils font résonner, exaltent et expriment la lumière et la joie de connaître la beauté de ces esprits et leurs dons magnifiques. Mais nous vous disons qu'il existe des millions et des millions d'autres dont vous

---

[1116] Q'uo, transcription du 21 mars 1999, p. 4

> ne connaîtrez jamais les sacrifices et les souffrances car ils souffrent émotionnellement, mentalement et spirituellement, en faisant preuve d'amour, en apportant de la lumière indépendamment des circonstances qui abattraient des êtres moins forts. Et chacun de vous a occasion après occasion d'aller sans crainte à la rencontre de ces opportunités de s'ouvrir aux catalyseurs qu'ils semblent positifs ou douloureux. La foi permettant de rester ferme doit être louée car dans la fermeté il y a une vision, une vue claire; et dans la persistance de l'ouverture il y a de la guérison et du pardon[1117].

Nous revenons au thème de notre propre souffrance et de celle de la condition humaine sous l'angle d'une vie de dévotion. Un des principaux piliers d'une telle vie est le postulat calme et froid que dans la vie qui se déroule devant nous, nous avons des opportunités justes et excellentes d'apprendre tout ce que nous sommes venus apprendre, et de partager tout les dons que nous sommes venus partager. Une partie considérable de cet apprentissage et de ce service semblera créer en nous de la souffrance, des soucis, de la colère, du chagrin et d'autres émotions négatives. Lorsque des catalyseurs entrent dans notre vie, nous regardons les changements que ces catalyseurs semblent exiger, et pendant un moment nous perdons notre calme. D'une manière ou d'une autre, la peur nous contracte parfois à l'intérieur, un aléa de la vie nous tombe dessus, et nous souffrons. J'ai vu des arguments qui affirment que personne ne souffre réellement, que c'est un choix. Voici ce que suggèrent ceux de Q'uo d'une façon persuasive:

> Vous pouvez vous livrer à la souffrance si vous le souhaitez, et dire que vous souffrez afin d'apprendre. C'est une distorsion qui est subjectivement vraie pour beaucoup. Vous pouvez également dire que vous maximisez vos occasions d'apprendre afin d'apprendre. C'est une autre manière de dire précisément la même chose. Vous pouvez donc avoir de la douleur accueillie comme une sœur ou un frère, ce qu'elle est en vérité. Accueillez-la dans votre vie avec respect, traitez-la comme un hôte d'honneur, et libérez toute souffrance[1118].

Cet extrait de Q'uo est un excellent exemple de leur façon parfois biaisée de penser par rapport aux coutumes terrestres. Je souffre, et il m'est difficile de croire que je choisis de souffrir! C'est cependant ce que nous faisons dans une certaine mesure lorsque nous prenons conscience du peu

---

[1117] Q'uo transcription du 19 janvier 1997, p. 4

[1118] Q'uo, transcription du 6 janvier 1991, p. 8

Chapitre XV: La vie de devotion

de place que prennent les souffrances passées dans notre vie mais que nous continuons à résister aux soucis du présent et aux états d'esprit négatifs lorsque nous les éprouvons. Voici l'avis de ceux de Q'uo:

> Nous vous demandons de jeter un regard impartial sur la souffrance impliquée dans la transformation car, à notre humble avis, une telle attitude est équilibrée. C'est pour la personne capable de regarder la nuit noire de l'âme d'un regard indifférent et mais d'un cœur plein et bien disposé, que ce processus peut commencer à devenir plus facile. En libérant votre souffrance et en vous y abandonnant, en accueillant comme un frère et une sœur ce qui doit être souffert, en offrant à ce processus l'hospitalité de votre vie, de votre corps, de votre mental, de votre force et de votre volonté, le cœur s'ouvre comme par magie, et vous découvrez que, peu importe l'intensité de votre souffrance, elle ne vous tue pas mais au contraire nettoie, vide, renouvelle et prépare cet instrument à devenir un canal de plus en plus clair, pur et lumineux pour la lumière qui doit entrer dans le monde ou pour l'amour qui doit entrer dans le monde, non pas de vous mais à travers vous[1119].

Devenir des artisans de la lumière consiste, du moins en partie, à changer la manière dont nous regardons la vie, jusqu'à ce que nous nous voyions servir les forces de la lumière et de la vie par notre manière d'être, envers nous-mêmes et envers ceux qui nous entourent, avec les catalyseurs qui nous arrivent et avec l'énergie qui nous traverse. Si nous classons nos buts par ordre de priorité, de manière que les buts d'expression de l'essence du 'soi' et de l'être passent avant les buts du faire et de l'agir, nous commençons à glisser vers le point de vue de personnes qui travaillent avec la lumière. À tout moment, la lumière traverse notre système, en provenance du Créateur infini, mais c'est lorsque nous accueillons ces énergies et les renvoyons consciemment au travers de notre système vers le monde, que ces énergies sont vivifiées et transduites, et deviennent suffisamment cohérentes pour éclairer la vibration planétaire. Certaines de ces énergies contiennent la souffrance que nous éprouvons lorsque nous rencontrons des catalyseurs et y réagissons, et le tout devient alors de l'expérience pour nous.

Pourquoi laissons-nous la Terre continuer à nous envoyer des souffrances? Certains d'entre nous tentent de la refuser, de rester des observateurs pour éviter de souffrir, mais je suis convaincue qu'à long terme ce n'est pas une bonne réaction. La souffrance se poursuit, que nous admettions ou non sa présence, et elle nous déforme intérieurement

---

[1119] Q'uo transcription du 15 mars 1998, p. 5

Chapitre XV: La vie de devotion

davantage en étant plus réprimée, que si nous la gérons lorsqu'elle survient. La souffrance réprimée peut se durcir en karma persistant lorsque les sentiments négatifs ne sont pas travaillés; les relations peuvent devenir amères, si nous terminons notre incarnation sans avoir rien résolu ou pardonné. Une réponse au 'pourquoi?' est que nous laissons cette souffrance se produire parce que nous sommes, pour la plupart, incapables de l'éviter. Le monde terrestre est conçu spécifiquement pour nous donner des périodes de grande résistance et de défi. Il essaie de nous extraire de la vanité de notre certitude mentale concernant la forme, la matière, la logique et la raison; et au-delà de l'illusion extérieure, de nous faire entrer dans la sagesse silencieuse de notre cœur. J'ai souvent entendu dire que la distance la plus longue à parcourir dans la recherche spirituelle ce sont les quelques 35 centimètres entre la tête et le cœur.

> Vous savez que ce que vous voyez est une illusion. Même vos scientifiques vous parlent ainsi. Pourquoi ouvrez-vous vos yeux pour vous permettre d'être attirés dans une illusion dont vous savez très bien que c'est une illusion? La réponse est très simple. Vous faites ce que vous êtes supposés faire. Si vous étiez capables de ne pas voir cette illusion et de vous éveiller à la joie, vous ne voudriez pas, vous ne seriez pas obligés d'être ici, demeurant dans cette illusion, apprenant et souffrant, vous changeant et vous transformant jour après jour, pas fatigué après pas vraisemblablement lourd. Vous êtes venus ici en renonçant à votre vision véritable, et ainsi vous ne trouvez pas que votre aveuglement est une vertu. Voilà l'effet de l'oubli, voilà le voile, voilà la naissance dans une illusion, et vous vous êtes plongés dans des eaux glacées parce que, dans votre courage, vous avez souhaité devenir meilleurs, devenir plus déterminés, trouver plus de courage, brûler d'une flamme plus claire, d'avoir plus de passion et plus de détermination dans l'amour de l'Idée unique infinie ou Pensée qui est l'Amour en personne[1120].

Puisque nous souhaitons devenir meilleurs, puisque nous espérons faire avancer notre propre évolution et l'évolution de la planète, nous faisons le plongeon d'une vie pré-incarnation, de ce qui semble depuis cette perspective-ci un état céleste où est connue la vérité que tout est un et à partir duquel tout apprentissage peut être facilement vu comme ayant ses justes raisons, dans un environnement terrestre chaotique où la vérité, la lumière et les causes sont souvent à moitié dissimulées dans l'obscurité. Nous arrivons dans l'archipel de la vie sur Terre, avec ses nombreuses

---

[1120] Q'uo, transcription du 29 mars 1990, p. 2

îles d'organisation qui ne s'harmonisent pas entre elles, et dans lesquelles la confusion va et vient selon les marées des circonstances. Tels des Argos[1121], nous sommes des explorateurs expérimentateurs sur cet océan de vie, à la recherche d'un équilibre entre les marées et les foyers harmonieux sur des îles qui souvent paraissent manquer de cette caractéristique:

> Le but le plus significatif de quelqu'un qui renonce à la félicité pour pouvoir souffrir et trouver de la joie dans la souffrance, trouver de la lumière dans les ténèbres, accepter (et résoudre ainsi l'énigme) les opposés. Car si la vie est un don, un don sacré, un don à part, alors vivre, aimer, éprouver, être, tout cela est la vocation véritable, et tous les actes dérivent alors non pas des nécessités d'un emploi ou d'une situation personnelle, mais du programme intérieur qui est de faire en permanence des expériences avec l'être, en cherchant toujours à se polariser de plus en plus vers une réalisation intérieure consciente de l'intégralité et de la perfection qui se trouvent dans l'illusion. Cela fait de la vie une beauté et un don. Il est parfois difficile pour quelqu'un qui souffre, de voir la beauté à l'intérieur du 'soi', de réaliser que le 'soi', en lui-même, sans action, est le véritable présent fait au Créateur et la raison véritable de l'expérience que vous appelez 'la vie'[1122].

Ce qui paraît revenir à dire que cette Terre a été conçue pour tester et essayer, affiner et modifier le matériau de l'enveloppe de notre personnalité, et dans une plus grande mesure lorsque nous apprenons à devenir davantage qu'une enveloppe de 'soi', le matériau plus profond de l'âme que nous sommes venus affiner aussi. Il semble qu'il n'existe pas de bonne façon d'apprendre sans la présence de catalyseurs et de la souffrance qui est parfois une réponse émotionnelle honnête à ces catalyseurs. Rien ne fonctionne mieux comme un ciseau dégageant et donnant forme à la gemme du 'soi' que le vannage et le battage de la souffrance de notre nature de surface.

> Aucun désir ne reste inassouvi, et lorsqu'on a l'impression que l'on a travaillé pendant longtemps et que le but n'est toujours pas atteint, il est souvent intéressant de revenir en arrière et de réexaminer les désirs profonds du cœur et du mental. Il se peut

---

[1121] Dans la mythologie grecque, ***Argo*** (en grec ancien Ἀργώ / *Argṓ*) est le nom de la monère à bord de laquelle Jason et les Argonautes ont navigué depuis Pagases, port d'Iolcos[2], où ils ont embarqué pour aller chercher la Toison d'or.

[1122] Latwii, transcription du 13 février 1988, p. 4

Chapitre XV: La vie de devotion

qu'il existe un désir bien, bien plus profond pour l'apprentissage très profond qui se réalise lorsqu'on subit ce qui semble un long échec. Cette prise de conscience des pieds d'argile et de l'imperfection provoque une sorte de tension inconfortable qui est appelée 'souffrance', et cette souffrance crée un cadre mental dans lequel les sens les plus profonds deviennent de plus en plus sensibles et l'on commence à faire des choix. Nous demandons à chacun de ceux qui ont un rêve non réalisé si, dans la souffrance devenue déception, il n'y a pas eu beaucoup de choses apprises, qui n'auraient jamais pu être apprises dans un contentement et un bonheur constants[1123].

Lorsqu'on examine rétrospectivement les présents que la souffrance a apportés, nous pouvons souvent suivre à la trace les miettes de pain qui remontent jusqu'au modèle original qui a amené les émotions difficiles. Nous pouvons commencer à distinguer quelque chose de la valeur de ces périodes de souffrance, et il nous devient plus facile d'aborder de nouvelles périodes de souffrances d'un cœur confiant et paisible.

Ici, la clé est de respecter cette incarnation, respecter les périodes de célébration et les périodes de souffrances, quelle que soit la manière dont elles sont perçues. Vous êtes venus dans cette illusion parce que vous avez souhaité ces complications et distractions, non pas pour les regarder, les mettre de côté puis nécessairement sortir du monde, mais bien pour orienter le 'soi' de façon telle que la vérité sans limites ni frontières qui déborde de chaque moment puisse, dans la présente incarnation, être poussée à exprimer la nature la plus profonde du 'soi' qui transforme toutes les expériences de la vie quotidienne en expériences chargées du précieux fardeau de l'immanence de l'amour[1124].

Lorsque survient un moment difficile, nous devons permettre aux catalyseurs et aux émotions correspondantes de passer à travers nous comme de l'eau qui sourd d'un sol pierreux et qui lessive les impuretés et nettoie. Ce peut être douloureux, mais si nous ne profitons pas de ce moment, si nous ne nous accrochons pas à ce moment, il progressera dans notre système et s'exprimera à sa propre manière:

Si c'est le moment pour votre être de faire l'expérience d'une manifestation d'apparence négative, regardez sans faiblir votre sœur difficulté. Sachez et acceptez que cela aussi fait partie du 'soi' et que cela ne doit pas susciter la négativité de formes

---

[1123] Q'uo, transcription du 10 mai 1987, p. 3

[1124] Q'uo transcription du 19 septembre 1993, p. 5

Chapitre XV : La vie de devotion

> pensées, car la paix peut être trouvée dans l'affliction, même si parfois cette affliction peut être longue afin que l'esprit puisse survivre et guérir. Dans de tels cas l'affliction est utile si l'esprit a foi dans la positivité avoisinante, celle qui est nécessaire pour redonner vie à la tapisserie créée par l'incarnation, car la souffrance portée dans la noblesse du mental, la dignité de l'esprit et la grandeur du cœur crée une sombre beauté brillante qui flamboie parmi les autres points de cette tapisserie, lui donnant un caractère et une richesse dont elle serait dépourvue autrement. Ne prenez jamais les défis difficiles et la négativité d'autrui pour des points à inclure dans votre tapisserie brodée par votre cœur et votre mental. Vous êtes des êtres souverains, des images du Père. Mes amis, nous sommes de jeunes dieux. Cherchons ensemble le visage de notre véritable identité[1125].

Dire que nous sommes de jeunes dieux me paraît plutôt présomptueux. Cependant, si nous suivons la logique du Créateur de l'amour, et d'un état d'unité de tout ce qui est dans la Création et son Créateur, nous arrivons inévitablement à la conclusion que dans un sens ultime nous sommes faits de l'étoffe de la déité, sous une forme illusoire et non finie. Voir cette qualité à l'intérieur de nous donne un bon contraste par rapport aux périodes où nous ne voyons que trop clairement le visage de notre propre douleur.

> Nous vous demandons de regarder toujours non pas l'humain frêle, brave, souffrant et creux qui devient un canal pour rendre service à une multitude, mais de passer du temps à regarder le visage de la déité, quelle que soit la manière dont vous la trouvez et quels que soient les noms que vous utilisez pour la conserver. C'est une bonne chose d'être ce que vous êtes, et ce que vous êtes va croître, changer et se transformer, mais il est probable que l'un ou l'autre modèle sera plus congruent avec votre schéma d'énergie vibratoire. Donc, vous ne serez pas tous des chrétiens, vous ne serez pas tous des soufis, et ainsi de suite. Cependant, toutes ces structures donnent la même eau vivante. Toutes sont des canaux à travers lesquels cette eau peut couler, et ce sont la discipline, la dévotion et la ferme intention de suivre l'exemple qui vous est donné, qui ouvriront pour vous la conscience que toutes sont venues donner cette conscience unique du Créateur unique. Vous avez en vous ce

---

[1125] Q'uo, transcription du 28 février 1988, p. 6

Chapitre XV: La vie de devotion

Créateur, et en fait, en fin de compte vous serez ce Créateur unique[1126].

Lorsque nous nous efforçons d'accroître la quantité et la qualité de prise de conscience de ce 'soi' spirituel qui deviendra une déité, et qui est notre joyau intérieur, nous retrouvons une fois encore le refrain des Frères et Sœurs de l'Affliction: entrons dans le silence de notre cœur, et rejoignons le Créateur infini unique pour des périodes régulières de communion, peu importe la forme que nous donnions à cela:

> Nous encourageons chacun à se détourner chaque jour pendant un temps suffisamment long de la question 'pourquoi?' pour passer quelques instants ou minutes avec le Créateur infini. Les réponses sont intérieures et il y a bien plus d'aide disponible que chacun de ceux ici peut imaginer, pour ceux qui font appel aux énergies aimantes, positives, désincarnées. Nous encourageons ce recours à l'invisible compagnie de ceux qui vous soutiennent. Lorsque vous adressez une demande intérieure vous ressentez cette sympathie dans les profondeurs de votre cœur, et vous savez alors que c'est bien vrai que personne ne souffre dans la solitude. L'invisible compagnie de ceux qui aiment est tout aussi proche que la respiration ou le fait de penser[1127].

Je nous encourage tous à nous appuyer sur le silence musclé du Créateur et sur les fortes et puissantes prières des nombreuses présences invisibles qui sont ici pour aider tous les êtres. Chaque acte gentil, chaque pensée aimable, chaque prière d'aspiration à, et d'affirmation de la lumière attire, dans le monde désincarné, des entités dont les pensées et idéaux sont semblables. Plus nous nous polarisons, plus nous recevons d'aide dans nos inclinations et notre polarité choisies. Et nous finirons par nous débarrasser suffisamment de nos misères pour pouvoir prendre conscience de la souffrance substantielle du monde dans son ensemble, et notre tâche sera de plus en plus liée à nos prières et à notre travail planétaire lorsque nous verrons les connexions entre la souffrance de tous les autres et nos propres souffrances se rapprocher de plus en plus pour finir par s'unir. Et lorsque nous parviendrons à nous aimer nous-mêmes, nous parviendrons à aimer le monde et tous ceux qu'il contient.

> C'est un grand privilège, très apprécié de tous avant cette incarnation, que d'avoir reçu l'opportunité de pouvoir porter non seulement une souffrance personnelle, mais aussi la peine

---

[1126] L/Leema, transcription du 4 mai 1986, p. 6

[1127] Q'uo, transcription du 14 octobre 1992, p. 2-3

profonde, pure, que représente la souffrance de la sphère planétaire que vous êtes venus aimer et servir[1128].

Puissions-nous souffrir avec élégance, grâce, et dans la joie généreuse qui vient d'une vie vécue dans la foi. Et puissent nos périodes de souffrances se terminer miséricordieusement grâce au baume de Galaad[1129].

Essais et erreurs

Les périodes de souffrances ont été qualifiées de nombreux noms, le plus commun étant "la nuit noire de l'âme". Une chose dont nous pouvons être assurés est que nous n'échapperons pas à ces temps d'épreuves intenses ou non. C'est comme si avant l'incarnation nous avons été si gourmands devant cette magnifique opportunité de vie, que pour participer à ce banquet de la vie nous avons entassé sur notre assiette beaucoup trop de choses à ingurgiter:

> Avant de venir dans cette incarnation vous avez planifié pour vous-mêmes des tentations, des épreuves et des ennuis à profusion. Le tas est peut-être très haut sur votre assiette, ou bien vous avez pris l'équivalent d'un semestre de 21 heures. Ce n'est pas recommandé, mais nous admettons une vie ambitieuse, car lorsque l'ambition donne des fruits, ce sont des fruits excellents. Et ce sont ceux qui souffrent qui donnent des fruits. C'est pourquoi, chacun de vous a choisi des difficultés intentionnellement, non pas pour avoir l'air occupé, par dégoût, appréhension, crainte ou souci, mais c'est pour les catalyseurs, pour apprendre les leçons d'amour qu'il vous a été donné d'apprendre à faire le choix du Service d'autrui[1130].

Peut-être que savoir que ces inévitables modèles d'affliction et autres émotions négatives nous rapprochent de nos leçons d'amour et d'un Service d'autrui de plus en plus pur peut nous aider à accepter ces choses:

> Tous les chemins contiendront les difficultés que vous avez préparées pour vous-mêmes. Chacun de vous a eu de grandes épreuves dans le passé et en aura dans l'avenir. C'est cela la nature de l'illusion dans laquelle vous avez choisi de poursuivre

---

[1128] Q'uo, transcription du 20 mars 1991, p. 3

[1129] Le **baume de Galaad** (Baume du Canada) est appelé ainsi par allusion à la Bible qui cite un baume transporté par les caravanes de Galaad jusqu'en Égypte (Genèse 37,25). Ce baume a donné son nom à un negro spiritual titré (en) 'There Is A Balma In Gilady', le baume de Galaad étant supposé calmer toutes les douleurs (Wikipédia – NdT)

[1130] Q'uo, transcription du 14 mai 1989, p. 2

l'apprentissage des leçons d'amour. Si vous essayez de choisir un chemin facile, des difficultés viendront à votre rencontre. Si vous essayez de choisir un chemin difficile des difficultés viendront à vous. Il est impossible de les éviter. Le meilleur choix est celui qui cherche les meilleures occasions d'être au Service d'autrui. Nous ne trouvons pas nécessaire d'encourager aucun d'entre vous à porter un cilice ce qui serait très inconfortable, car chacun se sentira très mal à l'aise et aura l'impression de porter un cilice encore et toujours tout au long de l'expérience incarnationnelle. C'est une tentative futile d'éviter les difficultés. Ceux qui s'efforcent de rendre leur vie la plus facile possible et choisissent le chemin le plus facile trouveront tout de même qu'ils auront à apprendre ces mêmes leçons et qu'aucun iota ne sera changé aux difficultés à vivre, qu'il y ait eu ou non tentative d'éviter ces expériences. Vous ne pouvez pas échapper à votre propre nature[1131].

Le moyen de sortir des difficultés du chemin spirituel est de passer directement au cœur du problème ou de la préoccupation, car nous ne pouvons véritablement pas éviter d'être nous-mêmes. Ces périodes d'affliction nous viennent pour des raisons d'amour, mais combien difficiles elles paraissent parfois à envisager! Se soutenir soi-même sans éprouver une grande amertume peut paraître une entreprise épuisante et stérile, lorsqu'on est assailli par autant d'émotions:

> Graduellement, le sentier serpente comme il le veut, les difficultés et les épreuves se multiplient à mesure qu'augmente la capacité d'apprendre. Cet amour a créé; cet amour détruit. Tout ce qui est, se trouve à l'intérieur de ce que, faute d'autre mots, nous appelons l''amour'. Cet amour grandiose et terrible mettra à l'épreuve et sollicitera chacun d'entre vous. S'il ne le fait pas dans une intention précise, c'est très difficile à savoir. Lorsque vous êtes vidé, et que le remplissage de votre tasse a commencé, demeurez dans le creux intérieur et permettez au cœur de sentir la paix de ce moment sans peur. Puissiez-vous être soutenus[1132]!

Un des beaux aspects de ces périodes d'épreuves ce sont les occasions qu'elles nous fournissent de percer notre enveloppe de personnalité et de creuser des régions plus riches et profondes de l'être:

> Chacun de vous a cette précieuse occasion de percer les défenses, enveloppes, masques, que chacun a disposés autour de lui pour se

---

[1131] Q'uo, transcription du 20 juin 1993, p. 5

[1132] Q'uo, transcription du 27 septembre 1992, p. 3

défendre des douleurs qu'il craint. Et la réponse aux douleurs et difficultés est simplement de les accepter, de les étreindre, de les traverser dans la foi, en travaillant dans chaque cas à voir l'amour qui se trouve dans le moment et à faire partie de ce qui est bon pour tous ceux que vous rencontrez. Voyez-vous, les confusions, les difficultés, les souffrances, sont des symptômes, dirons-nous, des processus de changement ou de transformation qui surviennent lorsque vous avez des informations incomplètes. Chacun de vous a malheureusement des informations incomplètes dans son mental conscient[1133].

D'une certain façon, nous sommes comme Isis à la recherche des morceaux épars d'Osiris, essayant de compléter le puzzle de notre 'soi' entier:

> En jetant le 'soi' dans les expériences de confusion, de frustration, de difficulté, d'inharmonie et de maladies, le chercheur de vérité peut mettre à l'épreuve sa capacité de trouver le parfait reflet du 'soi' dans chaque moment, afin de pouvoir, morceau par morceau, expérience par expérience, construire l'image complète du 'soi', de la Création et du Créateur dans un seul être[1134].

Aux pratiques de méditation et de contemplation qui aident l'âme en recherche à assembler une meilleure image totale du développement du 'soi' lors d'un passage par une expérience difficile, il peut être utile d'ajouter une analyse de la question de nos désirs. Dans telle situation, quelles sont nos attentes, quels résultats espérons-nous?

> Si à quelque moment une situation difficile se produit, lors de son examen on trouvera toujours une attente d'une sorte ou d'une autre, qui n'a pas reçu de réponse. Cela n'est pas pour suggérer que l'on ne devrait pas avoir d'attentes. C'est simplement une analyse de la manière dont les choses fonctionnent, dirons-nous, et dès lors pour prendre conscience des attentes que l'on a dans une situation donnée, la première étape est de gérer toutes les difficultés qui peuvent survenir. Lorsqu'on a pris conscience de ses attentes on peut travailler dessus et peut-être les ajuster si elles se révèlent insatisfaisantes[1135].

Parfois, nous pouvons immédiatement observer que telle ou telle de nos préférences nous a liés à une circonstance malheureuse, et nous pouvons

---

[1133] Q'uo, transcription du 3 novembre 1996, p. 3

[1134] Hatonn, transcription du 19 avril 1987, p. 4-5

[1135] Q'uo, transcription du 31 janvier 1991, p. 3

ajuster nos préférences de manière à alléger cette peine, mais parfois ce n'est pas possible. Parfois nous avons l'impression de trébucher et tomber, sans avoir ni aide immédiate ni espoir. Nos préférences nous traversent jusqu'à l'os et nous ne trouvons aucun moyen de les changer. À ces moments le voile de l'inconnu est lourd sur nos épaules et la foi est difficile à maintenir.

> Nous avons conscience des difficultés qu'il y a à parcourir le chemin dans le noir, et du profond désir de beaucoup d'entre vous de l'illumination par le soleil afin que les obstacles puissent être vus, traités de manière appropriée, ou bien carrément évités. Sur le chemin, l'illumination par le soleil, se produit mais seulement lorsque le voile n'existe pas. Vous avez conscience de la nécessité du voile pour le travail accompli dans l'illusion. En conséquence de cela, il est rare qu'une claire direction de chemin soit perçue. Il doit être parcouru un pas trébuchant après l'autre, et ce qui doit être rencontré sera rencontré et traité en fonction de l'état du chercheur. C'est la poursuite du chemin qui est la chose importante[1136].

Puissions-nous poursuivre la voie de la recherche ensemble, d'un cœur joyeux, rendu plus léger par la compagnie des uns et des autres!

Cheminer dans la foi

Ceux de Q'uo disent:

> Ceux qui ne sont pas en pèlerinage spirituel pensent souvent que le plus grand bienfait d'une vie orientée vers la spiritualité est la paix obtenue grâce à ce choix profond, et en vérité il y a de la paix dans le fait de s'engager dans une vie guidée par la foi. Toutefois, ceux qui ne sont pas sur ce chemin oublient ou ignorent que ce pèlerinage vers l'éternité, s'il accélère énormément le rythme de l'évolution spirituelle, est terriblement inconfortable et incommode[1137].

Ce conseil d'oublier le confort est profondément vrai en période de vie dévotionnelle, et les âmes qui expriment que tout est sublime dans leur approche de vie sont, à mon avis, surtout des âmes qui apprécient le bon temps car, bien que nous puissions demeurer en paix à l'intérieur de notre

---

[1136] Q'uo, transcription du 29 mars 1991, p. 1

[1137] Q'uo, transcription du 14 octobre 1992, p. 2

cœur tout en abritant de l'affliction, du chagrin ou de la colère, nous pouvons généralement nous dire que nous sommes arrivés à un certain degré d'inconfort. Et bien que nous puissions toujours espérer en apprendre suffisamment pour parvenir à exercer un contrôle sur notre environnement, nous ne pouvons pas le faire dans un sens métaphysique:

> La plus grande sagesse que vous apprendrez dans votre densité en cette période-ci est que vous ne savez rien, c'est-à-dire que votre incarnation est entièrement basée sur la foi. Vous accomplissez un voyage sur des eaux inconnues et votre intellect ne parviendra pas à être suffisamment sage pour vous piloter dans votre voyage spirituel. Nombreux sont ceux qui s'efforcent, à tort, de vivre une vie spirituelle inspirée de l'intellect et de la sagesse. Mais cette énergie ne fait pas usage du cœur ouvert, et elle ne vous mènera pas loin. Et les eaux vers lesquelles elle vous mènera vous seront aussi déroutantes que celles que vous aurez laissées derrière vous pour aller chercher la sagesse. Notre compréhension est plutôt que votre densité est un décor dépouillé à l'extrême pour faire et refaire un choix, et ce choix est celui d'aimer et d'être aimés[1138].

La vie de dévotion a énormément de place pour la sagesse. La philosophie mesurée, le discours inspirant, la poésie exaltée d'hommes et de femmes sages peuvent nous élever, nous éduquer et nous éclairer. Mais essayer de réduire le nombre des fils de souffrance et des circonstances que nous tissons dans la tapisserie de notre vie à des choses inconnues et des solutions trouvées, ne réussira qu'en partie, car la qualité des catalyseurs et des expériences n'est pas linéaire, et les connexions se font de manières non rationnelles. Il peut être très déconcertant de voir les paysages étranges dans lesquels nous arrivons et que nous traversons dans notre voyage avec l'esprit, et il est très facile de souhaiter une autorité extérieure. Voici ce que dit 131:

> Lorsque j'ai découvert votre site web et que j'ai commencé à parcourir les bulletins, celui auquel je me suis accrochée en premier lieu a été le n°40, sur le pouvoir de la foi et de la volonté. Je pense que chez moi c'est un point faible et que je comprends mal. C'est pour cela que je cherche parfois des sources à l'extérieur de moi pour me guider, au lieu de chercher à l'intérieur mes propres guides supérieurs. C'est quelque chose que je voudrais renforcer chez moi[1139].

[1138] Q'uo, transcription du 21 mars 1999, p. 6
[1139] 131, lettre du 14 mai 1997

La foi et la volonté ont beaucoup à voir avec les guides. Les guides sont partout autour de nous, j'en suis parfaitement convaincue. Plus nous recherchons de l'autorité extérieure pour savoir ce qui se passe dans notre expérience, moins nous donnons à notre propre système de guidance une chance de fonctionner normalement. Beaucoup de personnes ont écrit en exprimant le désir de rencontrer leurs propres guides ou système de guidance, et bien que je puisse travailler avec ces personnes pour y arriver, je pense que le chemin le plus rapide pour atteindre les guides intérieurs au plus profond de nous-mêmes est simplement d'avoir la foi que le système de guidance est bien en place et que nous en recevons des indices et suggestions dans notre vie quotidienne. L'art est alors de faire attention aux moments présents à mesure qu'ils surviennent. Lorsque nous nous reposons sur la foi, nous sommes prêts à faire davantage attention au moment présent et à la rencontre de notre cœur avec ce moment ouvert à l'amour:

> Ne craignez pas ou exercez-vous à ne pas craindre les ennuis. Trouvez des moyens d'être sereins lorsque vous ne comprenez pas, car ce manque de compréhension se poursuivra et n'est pas lié au processus de l'évolution spirituelle. Lorsque le cœur s'ouvre, une force immense emplit l'esprit. Lorsque cela n'est pas ressenti et que vous avez le sentiment que le cœur est fermé, nous vous demandons d'aller chercher votre propre foi, les guides qui vous entourent, l'amour qui prend le pas sur vous, le Mystère qui vous a faits et qui vous considère comme siens, et réveillez-vous rafraîchis et en paix[1140].

Des circonstances peuvent nous bouleverser, des relations peuvent temporairement faire sombrer notre moral, mais si nous vivons moment après moment dans la foi nous pourrons toujours nous rafraîchir dans les eaux de notre propre être. Nous pouvons être envahis par des catalyseurs, mais nous pouvons nous plonger dans cette eau. Et le voyage ne peut pas être un échec.

> L'exercice de la foi est simplement cette disposition à croire et agir sur la base de la conviction qu'il existe un plan qui est mis en œuvre et qui ne peut pas échouer, et que ce plan constituera une destinée qui est un passage sûr, malgré les nombreux méandres toujours inévitables[1141].

Nous ne pouvons prouver en aucune manière qu'une vie vécue dans la foi est une bonne chose. Cela paraît souvent plutôt idiot. Mais nous pouvons

---

[1140] Q'uo, transcription du 22 octobre 1995, p. 5

[1141] Q'uo, transcription du 8 septembre 1996, p. 2

Chapitre XV: La vie de devotion

agir comme si notre confiance dans la foi était entièrement méritée, car c'est cela l'essence de la foi: elle commence par "faisons comme si...".

Évoquez la foi comme s'il était raisonnable de le faire. Vivez comme si vous aviez la foi parfaite, comme si votre destinée doit venir vers vous et que tout ce qui vous est destiné sera tout simplement attiré vers vous au moment venu d'apparaître. Vivez comme si c'était vrai, et remarquez les indices, soupçons, suggestions et synchronicités qui vous disent: «Mais oui vous être sur la bonne voie!». Chacun de vous aura des expériences diverses qui, pour vous, se révèleront être le signal: «Oui, vous avez bien fait; oui, c'est cela qu'il faut faire!»[1142].

Nous finissons tous par avoir des moments de très radieuse compréhension et perception de la perfection du plan. Certaines expériences nous mènent à des sommets, mais la foi parcourt surtout des vallées. Notre vie se passe la plupart du temps dans des vallées et longe les ruisselets de la vie. Les grands panoramas spectaculaires des expériences au sommet ne surviennent que comme des cadeaux, et non pas pour informer ou durer. Ce qui nous soutient peut être en partie le seul souvenir de ces expériences au sommet, et j'ai sans aucun doute eu ma part d'états mystiques à évoquer avec respect et humilité. Mais j'ai pu observer qu'ils ne sont pas d'une compagnie robuste dans les vallées de la vie quotidienne. Je ne peux pas les exhiber comme des bijoux qui renforcent la foi. Ce qui continue à renforcer la foi c'est le temps passé dans l'éternité et l'infini, le temps quotidiennement passé avec le Créateur, du temps hors du temps et de l'espace. Nous pouvons penser au silence qui nous amène à ces choses comme au pont de l'arc en ciel:

> Lorsque vous aurez déterminé ce qui pour vous crée un pont vers l'éternité, nous vous exhortons à traverser ce pont aussi souvent que possible. L'idéal, qui a été démontré par de nombreuses entités, est de vivre de manière telle que toute l'expérience de vie devient une parabole du voyage vers l'infini, de l'opération d'élimination des déchets de la périssabilité, et de la victoire lorsque vous comprenez que votre conscience, de plus en plus affinée, polarisée et élevée, est en fait impérissable et est votre 'soi' véritable. Plus vous passez de temps à traverser le pont de l'arc-en-ciel vers l'éternité tout en étant dans le corps physique, mieux vous êtes à même d'offrir en termes de consolation, de pardon, d'établissement de la paix. Car pour celui qui a la foi, aucun problème n'est trop grand pour lui chercher une solution, et

---

[1142] Q'uo, transcription du 15 septembre 1996, p. 4-5

ce qui ne peut être résolu est acceptable. Chaque jour et nuit est une entité propre, appréciée pour elle-même, vécue pour elle-même, et un acte fait par amour dans la foi. C'est cela vivre dans la foi[1143].

Qu'est-ce qui éveille ma propre foi? Les dévotions. J'aime les moments et les minutes de prière, d'affirmation et de méditation. J'aime le silence. J'aime les messages inspirants qui stimulent mon âme et élèvent l'esprit. J'aime le monde des choses de la nature. Et j'aime aider les gens. Lorsque chacun de nous trouve ce qui le fait réagir et accélérer en esprit, qu'il fasse siennes ces pratiques; car arriver à une vie fonctionnant totalement dans la foi c'est comme revenir chez soi d'une manière profonde, une manière que je souhaite beaucoup partager. Dans cette enveloppe mortelle de vie qu'est notre corps, nous cherchons à construire une conscience impérissable:

> Dans l'illusion de troisième densité, à certains points du cycle des incarnations chaque chercheur de ce que vous appelez la vérité se place dans une position de réceptivité à cette vérité par l'intensité de la recherche et la force de la foi et de la volonté, de sorte que pour chacun de ces chercheurs il est possible non seulement de découvrir ce qu'il cherche, mais aussi de devenir ce qu'il cherche. Voilà la signification de la résurrection au sein de la troisième densité. Le chercheur construit de ses mains mortelles une vie manifestée qui peut être élaborée de manière à ce que, en termes de métaphysique, ce qui est connu comme étant de l'amour puisse traverser l'être d'une façon tellement pure qu'il brille sur ce qu'il est: la conscience pure et vierge du Créateur unique, pour aller acquérir l'expérience de la Création qu'Il a faite de Lui-même sur le modèle de vie des êtres incarnés de troisième densité qui ont préparé ce lieu dans leur propre schéma de vie et, de ce fait, non seulement reçoive ce qui était recherché, mais devienne ce qui était recherché[1144].

À mesure que notre travail porte de plus en plus sur nous-mêmes, non pas sur l'image extérieure mais sur notre propre mental, notre propre cœur et nos propres distorsions, nous ne résistons plus autant aux catalyseurs extérieurs. Cela aussi simplifie notre expérience:

> À ceux qui désirent vivre sur les bases de la foi et du sentiment de justesse, la vie peut donner le sentiment d'être vécue avec de moins en moins d'effort, de plus en plus comme le fusil bien huilé qui

---

[1143] Q'uo, transcription du 30 avril 1989, p. 5

[1144] Q'uo, transcription du 14 décembre 1986, p. 14-15

accepte la balle et la tire de toute sa vitesse directement vers la cible à travers tout l'air qu'il y a entre les deux. L'esprit à l'intérieur a la capacité de vivre comme le fait la balle: vite, directement, précisément et avec une force substantielle. Même ceux qui n'ont pas le moindre sens de la destinée personnelle peuvent trouver que des événements s'accélèrent et deviennent plus simples parce que, pour une raison ou une autre il y a eu une volonté d'avancer sans résister lorsqu'un changement quelconque paraissait nécessaire[1145].

Tous ces aspects d'une vie guidée par la foi peuvent contribuer à alléger les difficultés de périodes émotionnellement difficiles. Par dessus tout, trouvons de la sympathie et de l'amour pour nous-mêmes lorsque nous sommes découragés:

> Nous vous encourageons à vous réconforter vous-mêmes lorsque le voyage est ardu et que vous avez besoin d'un lieu où vous reposer. Vous l'avez à l'intérieur de vous et il vous suffit de le construire dans votre mental. Avec votre mental et votre volonté vous pouvez aussi fabriquer dans votre demeure les outils permettant de guérir et reconstruire l'intensité de votre foi dans l'existence d'un chemin, de la vérité, de l'amour, de la volonté d'aller chercher ce que la foi vous affirme exister[1146].

Coopérer avec la destinée

Combien nous est précieux le repos que nous gagnons lorsque les défis et épreuves que nous avons dans notre vie quotidienne ne nous sont donnés que pour nous puissions apprendre autant que possible, mais jamais trop! Je peux attester que de temps en temps nous avons le sentiment que nous sommes arrivés au point où trop c'est trop. Mais même en cas de rupture nous vivons ensuite des périodes réparatrices qui nous restaurent. En attendant encourageons notre cœur à rester sensible et vulnérable à l'expérience de la difficulté:

> Votre densité est la dernière où règnent des conditions véritablement difficiles pour la personne positive ou orientée vers le Service d'autrui. Ce n'est que dans cette densité-là, la densité du choix, que cela se produit. Sachez alors que ce qui vous attend n'est pas davantage que ce que vous pouvez gérer, n'est pas

---

[1145] Q'uo, transcription du 29 août 1993, p. 3
[1146] Hatonn, transcription du 5 janvier 1986, p. 3-4

quelque chose qui met en échec: vous ne voudriez pas programmer cela pour vous-mêmes. Mais vous voulez dépasser vos limites parce que vous souhaitez changer, vous souhaitez vous polariser de plus en plus vers l'amour et le service au Créateur, et à d'autres que vous n'êtes vous-mêmes en ce moment[1147].

Donc l'idée n'est pas de résister à cette souffrance mais de parvenir à l'accepter et à devenir transparents à cette souffrance:

Le but du chercheur qui souffre n'est pas la fin des souffrances mais bien un sens accru ou renforcé du caractère sacré, de la nature vénérable de ces processus d'apprentissage, de changement, d'évolution par l'expérience. Chaque chercheur choisit le degré auquel il va souffrir lorsqu'il résiste ou ne résiste pas à l'appel insistant de sa propre destinée. Chacun est co-créateur de cette destinée. Chacun a choisi les classes qu'il a dans cette école d'incarnation. Dès lors, métaphysiquement parlant tout est bien, quelle que soit l'apparence de la souffrance, car elle n'est qu'une partie de l'expérience autorisée d'une souffrance due à une résistance et à une peur du changement que crée l'apprentissage[1148].

Lorsqu'une résistance à la souffrance est perçue, il y a une crainte semblable à celle d'une chute à l'issue de laquelle l'atterrissage est incertain. Cependant, nous sommes réellement en chute libre, la chute de l'insensé dont la foi le fait sauter dans le vide, et c'est là qu'interviennent les rythmes de la destinée. En s'abandonnant à la présence de la souffrance, nous nous abandonnons à la destinée qui coule à travers nous:

Lorsqu'enfin vous ne redoutez plus la chute libre, vous arrivez à une position métaphysique raisonnablement confortable grâce à laquelle vous acquérez une vue un peu plus précise du battement rythmique de la destinée. Balayée par les vents du libre arbitre, cette destinée possède une sûreté, une assurance, qui ne peut être ébranlée par des décisions qui vous envoient d'une direction dans une autre. Vous ne pouvez pas vous écarter du droit chemin car les leçons que vous êtes venu explorer, les leçons sur la manière d'aimer et d'être aimé, sont fluides et vivantes, et elles peuvent vous accompagner partout où vous allez. Donc, quand il s'agit de faire des erreurs tragiques, nous vous demandons de ne rien craindre. Métaphysiquement parlant, il vous est impossible de faire des erreurs car vos leçons et votre destinée vous suivront où que

---

[1147] Q'uo, transcription du 23 septembre 1990, p. 9

[1148] Q'uo, transcription du 12 février 1995, p. 4

vous alliez. Mais pour coopérer avec cette destinée particulière il faut souvent permettre au petit monde de mourir afin que le plus grand 'soi' et la plus grande volonté puissent être présentés plus clairement[1149].

Puisque nous ne pouvons pas commettre d'erreurs dans le sens métaphysique, nous sommes libres de consulter et de nous abandonner à la volonté du Créateur lorsque nous venons à la connaître:

> Chaque personne souhaite du pouvoir personnel, du pouvoir de contrôle, du pouvoir de donner forme à la destinée, et cela est votre droit, mes amis, c'est votre obligation. Mais sachez cependant que le premier pouvoir et le plus grand, vous est donné dans l'acte d'abandon, car le cœur qui s'est abandonné peut entendre le chant qui le conduira. Ceux qui ferment et bouchent leurs oreilles, et exigent que les choses soient de telle et telle manière, entendront en vérité un chant de sirène. Et la manifestation de l'affliction dans la vie de quelqu'un qui contrôle sera de plus en plus forte. Ceux-là sont entêtés et perdus car ils ne peuvent pas retourner chez eux, tout en ne parvenant pas à avancer. Abandonnez-vous donc, et purifiez vos oreilles au chant de la vie, cette vie qui est au-delà de la vie et de la mort[1150].

Comme on s'égare facilement lorsqu'on fait des plans! Cela m'arrive souvent, grande insensée que je suis! C'est si tentant. Faire des plans, cela remplit les poches du mental. Mais en termes de métaphysique, nous faisons mieux de nous abandonner totalement à l'attention au moment présent:

> Dans le sens de l'accélération du processus d'apprentissage, il est bon de travailler à l'intérieur du 'soi' pour réaliser qu'il y a une distorsion ou tendance qui au sens large peut être appelée 'destinée' et nous sentons que nous pouvons dire sans risquer de nous tromper que cette destinée est favorable et serviable, digne de foi et de confiance et, dans une certaine mesure, susceptible d'être rendue visible par le chercheur disposé à écouter, ressentir et percevoir intuitivement et, de toutes les manière possibles, à simplement faire attention. Car, puisque les moyens du Créateur sont incommensurables, il y a des signes de tous côtés, des

---

[1149] Q'uo, transcription du 18 mai 1997, p. 5
[1150] Hatonn, transcription du 3 mars 1985, p. 7-8

synchronicités et des coïncidences qui s'accumulent rapidement lorsqu'on y fait attention[1151].

Ce n'est cependant pas facile d'avoir la patience de s'abandonner à faire attention, car le prix semble souvent trop élevé!:

> Si vous pouvez faire suffisamment confiance à la destinée pour abandonner les tentatives de la contrôler, les ondes naturelles de l'énergie qui émane du centre de cette bienveillante destinée qui est la volonté de chaque chercheur amène graduellement ce chercheur sur le chemin et dans la direction qui sont profondément désirés. Nous n'avons pas besoin de vous dire combien est difficile la pratique de maintenir la réceptivité silencieuse et attentive de la destinée dans un monde où les choses intangibles et invisibles sont considérées comme totalement sans valeur. Cependant, cette pratique est extrêmement productive de paix de l'esprit, et est très efficace à sa manière pour garder le chercheur sur le chemin choisi avant l'expérience d'incarnation. Ce n'est pas que votre vie a été prédestinée, mais plutôt que certaines choses ont été choisies par vous. Certains modèles ont été choisis par vous pour que vous vous focalisiez sur certaines leçons concernant l'amour. L'énergie qui est passée par vous à divers stades de la vie a été une énergie qui perçoit des élans naturels vers certaines leçons et une indifférence complète pour d'autres. Personne d'autre n'a votre chemin. Personne d'autre n'a vos leçons. Vous n'avez besoin des leçons de personne d'autre, de sorte que chaque pèlerin parcourt cette grand-route seul dans un sens très profond[1152].

Nous sommes seuls dans le sens où notre apprentissage est unique à chacun de nous, mais non pas dans le sens des leçons à apprendre. Le Créateur est très patient avec les modèles de nos leçons. Si une relation qui enseigne une certaine leçon se termine avant que le modèle ne soit terminé, nous recevrons une autre relation similaire pour que nous puissions poursuivre notre observation à cet égard. Il est insensé de vouloir éviter une leçon perçue. Essayez de relever ces défis jusqu'au bout, de les honorer, tout en épuisant les catalyseurs. Et consultez toujours d'abord le cœur et non pas l'intellect, lorsque vous travaillez sur des catalyseurs:

> Mieux vous vous souviendrez de qui vous êtes, plus facilement vous parviendrez à trouver ce centre, ce lieu dont on sait qu'il est le saint des saints intérieurs, ce lieu où le Créateur vous attend

---

[1151] Hatonn, transcription du 30 mars 1997, p. 3

[1152] Hatonn, transcription du 21 avril 1995, p. 2

patiemment en espérant que vous vous y arrêterez. Ouvrez cette porte et communiez avec le Très Haut. Sentez votre cœur intérieur s'ouvrir pendant que vous pensez à l'amour et sachez que la chose la plus importante que vous ferez jamais c'est trouver ce lieu et y vivre. Peu importe que vous suiviez votre tête ou votre cœur: les erreurs n'existent pas. Mais vous souhaitez coopérer avec votre destinée, vous consulterez d'abord votre cœur[1153].

En demeurant dans le cœur ouvert nous faisons face à la journée et aux catalyseurs de la journée:

> Les choix que vous travaillez à faire avec soin sont des choix en substance et qualité d'être. Cette qualité d'être caractérise chaque choix qui est fait. Nous ne disons en aucune manière que les choix faits n'importent pas. En vérité, ils ont une grande importance. Nous souhaitons simplement que vous saisissiez l'idée que ces choix sont des choix qui concernent votre position ou attitude envers ce qui vous attend, et non pas des choix qui concernent une situation plutôt qu'une autre. Il y a un adage dans le mental de cet instrument: «on peut courir mais on ne peut pas se cacher». La destinée que vous avez habilement offerte à votre futur 'soi' incarnationnel avec cette expérience-ci, prévaut dans l'amphithéâtre de votre brève existence dans cette opportunité incarnationnelle-ci. Il n'est pas nécessaire que vous tentiez de rester au plus près des tendances ou données de base de votre incarnation. Vous êtes ici pour affiner, affiner encore et toujours le choix de l'objet, de l'attitude à adopter face au moment présent qui est destiné à être exactement tel qu'il est[1154].

Lorsque nous voyons revenir sans fin d'anciens catalyseurs, il est tentant de dire au Créateur que «nous avons déjà appris cette leçon alors s'il vous plaît laissez-moi tranquille». Mais cette réponse ne satisfera pas la force du Créateur qui nous a amené ces catalyseurs. Si les vents nous ont amené ces catalyseurs, alors un examen a été envisagé par une force qui suit pour nous les préférences de notre 'soi' supérieur. Nous devons avoir confiance: nous aurons suffisamment de temps pour travailler sur tous les catalyseurs jusqu'à ce que leurs rythmes aient été complètement assimilés.

> Chacun de vous tombe tête la première dans une éclatante lumière blanche: la lumière blanche du Créateur infini dont la nature profonde est l'amour. Vous tombez incroyablement vite, et vous

---

[1153] Hatonn, transcription du 26 août 1996, p. 4
[1154] Hatonn, transcription du 1er novembre 1992, p. 3

allez fusionner et devenir un dans votre perception, comme vous l'êtes déjà en réalité avec l'amour lui-même. C'est votre destin. Aucun d'entre vous ne sait à quelle vitesse la gravitation vous attire vers le grand centre, la grande unité. Chacun de vous a l'impression qu'il ne parvient pas à aller vite assez, qu'il a besoin de savoir davantage. Et donc vous vous poussez. Mais en réalité vous ne pourriez pas vous retenir même si vous essayiez[1155].

Dans le cadre d'une vie de dévotion, il nous faut réaliser que le bon usage de la volonté dans l'approche de notre apprentissage dans cette densité-ci n'est pas de chercher à atteindre nos leçons à venir, mais de nous abandonner à la volonté des guides intérieurs, des forces de la destinée, et du Créateur Lui-même, en étant certains que nous recevrons tout ce dont nous avons besoin pour l'évolution de notre âme:

> Il est de la nature fondamentale des entités de troisième densité de chercher à accéder. Pour chaque entité, des milliers d'incarnations se passent à affiner ce qu'elle cherche à atteindre, jusqu'à ce que, finalement, d'une manière ou d'une autre l'entité commence à réaliser que la majeure partie de ces recherches ne peuvent pas se faire dans n'importe quel environnement, mais uniquement dans l'environnement du cœur silencieux en recherche. Vous êtes des créatures qui ont une mémoire profondément enfouie en elles, qui fait partie de ce qui vous rend vivants, qui fait de vous des créatures d'un Créateur, et qui ont une destinée, un rendez-vous auquel vous vous rendez, rapidement ou lentement, avec le Père et vous-mêmes. Il n'y a aucun sens à vous préoccuper de la longueur de temps qu'il peut vous falloir pour affiner l'instinct qu'il y a davantage dans une pratique qui en fin de compte vous met en contact immédiat avec le mystère qui se trouve au-delà de toute information[1156].

Nous devons nous assurer de ne pas nous précipiter métaphysiquement, de respecter totalement ce que le moment a pour nous, que ce qu'il apporte paraisse petit ou grand. Beaucoup de choses s'ouvrent à un regard pénétrant, à des moments imprévisibles, surgies de nulle part.

> Il y a les forts alizés de la destinée, ceux dont le souffle vient de l'éternité, et il y a les délicieux, saisonniers, imprévisibles caprices de l'esprit qui fournissent les occasions et les changements qui marquent l'expérience unique d'être un individu conscient ayant reçu le don du libre arbitre. En termes de métaphysique, la danse

---

[1155] Hatonn, transcription du 9 novembre 1986, p. 2

[1156] Hatonn, transcription du 6 mai 1990, pp. 5-6

entre la destinée et le libre arbitre donne le moyen de réfléchir à ces lubies qui affectent le 'soi' spontané, expressif, ce 'soi' significatif et substantiel auquel se réfère cette 'précipitation' car le floutage d'une expérience vécue trop hâtivement n'est pas seulement un phénomène physique, mais aussi un phénomène spirituel[1157].

Ce que nous demandons avant l'incarnation ce n'est pas d'être heureux ou tristes, oisifs ou actifs. Bien que nous espérions réaliser nos rêves de service et d'apprentissage, ce que nous demandons réellement à nous-mêmes c'est une seule chose: faire l'expérience la plus complète possible du plan terrestre et de nos incarnations.

Se focaliser sur le changement est habile de la part de celui qui travaille à accélérer le rythme de l'évolution spirituelle, mais nous encourageons vivement chacun à exprimer cette focalisation sur le changement dans le cadre du grand tableau dans lequel vous pouvez voir qu'il existe une raison forte et substantielle de faire confiance à la destinée et d'avoir parfaitement foi en elle. C'est vous qui vous êtes fait monter dans ce train. C'est vous qui avez planifié ce voyage. Vous n'avez pas demandé à vous-mêmes d'être heureux ou tristes, de réussir ou non; pas du tout. Vous avez demandé à vous-mêmes de faire l'expérience de précisément cette incarnation. Voici votre responsabilité: vivre chaque moment aussi pleinement que possible[1158].

Si notre responsabilité est de faire l'expérience de la vie, alors nous sommes libres de demeurer dans l'abondance du cœur. La vie de dévotion est bâtie sur cette confiance et ce soutien lorsque nous coopérons avec la destinée et vivons pour la journée et le moment en sachant que nous allons apprendre, et que nous allons servir, et que ces deux opportunités ne manqueront pas de se présenter lorsque nous serons prêts.

Si une entité souhaite entendre la voix du Créateur, entendre à voix haute la description du service approprié, elle devra attendre que les rythmes de la destinée apparaissent à leur manière spontanée. Rien, pas même une certitude de service, n'est destiné à être entendu et remarqué par ceux de votre plan d'existence. Au contraire, l'opportunité est instantanée, et c'est à l'entité qui a renoncé à tous les désirs privés de réagir à la situation, sans se demander s'il s'agit bien de son service, mais en quittant une position d'abondance et de repos spirituels pour faire confiance à

[1157] Hatonn, transcription du 12 avril 1992, p. 2
[1158] Q'uo, transcription du 16 janvier 1994, p. 2

l'opportunité spontanée d'un service au niveau de l'instinct. Alors la méditation appropriée sur la volonté du Créateur infini unique, est de la relaxation confiante dans de l'ignorance apparente[1159].

Faire partie d'une communauté spirituelle

Aussi loin que l'on remonte dans l'Histoire écrite, on trouve des textes relatifs à des groupes de gens assemblés pour partager une communauté et une vénération. Puisque l'attraction magnétique de nos actuels systèmes religieux traditionnels destinés à éveiller les chercheurs en spiritualité s'est affaiblie, ces chercheurs se sont tournés vers des formes alternatives de communauté spirituelle. L'internet donne à des millions l'occasion de parler à des personnes qui ont des intérêts communs, et certains de ces groupes peuvent constituer des communautés spirituelles ou des phares ou sources de lumière. Ceux de Q'uo attestent de la puissance renforcée que représente la ressource d'un groupe. En s'adressant à notre de groupe de méditation et d'étude, ils ont dit en 1999:

> Vous êtes devenus une puissance infinie d'amour et de lumière, et c'est une ressource dont nous sommes heureux que vous y preniez part, non seulement parce que nous nous sentons proches de chacun d'entre vous lorsque nous méditons avec vous, mais aussi parce que nous avons entendu l'affliction des frères et sœurs sur votre planète, et que nous savons que l'énergie de lumière que vous assemblez dans des groupes tels que celui-ci aura un effet curatif sur la souffrance du monde dans sa totalité[1160].

Toutes sortes de gens, comme par exemple ce centre holistique de lumière, tentent de former des groupes de lumière:

> Mon travail de service est de rassembler dès à présent de plus en plus de travailleurs de lumière dans cette région. C'est une fameuse expérience que de méditer ensemble[1161].

À L/L Research nous avons aussi trouvé que c'est une fameuse expérience que de méditer ensemble! Lorsque des personnes décident de venir nous rendre visite, une de leurs premières questions est: «que faites-vous? ». Les demandes de Romi Borel vont très loin :

[1159] Hatonn, transcription du 2 juin 1991, p. 4
[1160] Quo, transcription du 18 avril 1999, p. 3
[1161] 169, lettre du 23 mars 1998

Chapitre XV: La vie de devotion

> En méditation la nuit dernière la suggestion m'est venue de venir vous rendre visite. Que faites-vous là-bas? Pouvez-vous m'aider dans mes efforts de devenir 'intentionnelle'? Enseignez-vous là-bas? Avez-vous des sortes de cours[1162]?

Pour répondre à la question: les visiteurs sont les bienvenus. Ils peuvent venir n'importe quel dimanche entre le Labor Day et le Memorial Day, pour une méditation publique en groupe, et une réunion d'étude. Nous avons des méditations silencieuses les deuxième et quatrième dimanches du mois, et des méditations en channeling les premier et troisième dimanches du mois. Nous n'organisons rien les cinquièmes dimanches. Les gens peuvent venir s'ils font partie des inscrits à notre Homecoming annuel. Et s'il y a une nécessité particulière, ils peuvent venir nous rencontrer quand ils peuvent faire le voyage. Nous vivons dans l'État du Kentucky, ce qui, depuis l'une ou l'autre côte et la plupart des autres endroits, est au milieu de nulle part. Nous en sommes conscients, et ouvrons notre maison à quiconque éprouve le besoin d'un contact physique.

Quant à ce que nous faisons à L/L Research, c'est mener une vie de dévotion, c'est-à-dire que nous nous efforçons de vivre dans la dévotion. Nous considérons actuellement que notre service principal est d'être, tant comme individus que comme groupe de lumière. Nous disons nos prières et accomplissons nos services quotidiennement, faisons briller autant que possible la lumière dans nos cœurs, nos intentions et nos actes, et cherchons l'amour qui se trouve dans le moment. Depuis longtemps nous avons le sentiment que nous avons quelque chose de spécifique à enseigner. Ce que nous constatons en permanence c'est que tout lieu devenu un phare ou centre de spiritualité, comme le nôtre et de nombreux autres partout sur le globe, devient une entité magique. Des chercheurs arrivent aux portes physiques de L/L Research en ayant dans la tête une transformation et une réalisation, et ils peuvent certainement avoir le sentiment que des choses merveilleuses vont leur arriver au cours de leur visite ici. Mais de notre point d'observation nous avons la capacité de voir qu'ils apportent les transformations avec eux et nous permettons qu'elles se produisent ici, car ils perçoivent que les jardins de L/L sont un lieu sûr pour accomplir ce travail. J'espère et je prie pour qu'ils soient vraiment sûrs pour tous ceux qui viennent. Nous proposons des sortes de cours à nos séminaires annuels de Homecoming, selon les souhaits de notre groupe lors de chaque réunion particulière, et lors des groupes d'étude et de méditation hebdomadaires, toujours strictement en fonction

---

[1162] Romi Borel, lettre du 30 octobre 1998

des demandes des participants présents. Nous sommes enchantés de pouvoir parler avec des gens, que ce soit lors de réunions, lors de visites, ou par correspondance. Je passe la plupart de mes matinées à faire ma correspondance, et je trouve que travailler avec les diverses personnes que je rencontre est extrêmement éclairant. Jim correspond lui aussi avec une grande diversité de pèlerins. À nous deux nous essayons de répondre à tous ceux qui nous écrivent.

Notre cadeau principal est la simple présence, le fait d'être. Nous sommes ici. Comme il est délicieux d'être ici! C'est un privilège pour nous et nous espérons pouvoir garder active cette tour de garde aussi longtemps que nous serons incarnés. À mesure que Jim et moi-même prenons de l'âge, nous prenons de plus en plus conscience de la possibilité d'augmenter physiquement notre petite communauté. Nous avons essayé la communauté physique une fois, après la mort de Don Elkins, avec Kim Harris, de 1990 à 1991. Kim nous a beaucoup aidés à L/L, mais a passé à autre chose. Nous avons récemment eu un autre candidat à l'inclusion dans L/L Research, un homme qui avait participé à nos réunions hebdomadaires et étudié les écrits que nous mettons à disposition, un homme qui faisait fonctionner nos ordinateurs et administrait notre site web, un homme que nous aimons et apprécions profondément. Après réflexion il a refusé. Nous nous attendions un peu à cela car nous savons combien intimidante est cette perspective puisque nous avons tous deux pris la décision capitale et perturbatrice de nous joindre à une famille non terrestre. Des sacrifices sont toujours impliqués dans une vie en communauté physique. Nous avons bien conscience qu'il n'y a aucun avantage évident à venir se joindre à nous, dans le sens terrestre. Quitter une vie indépendante pour aller participer à une vie communautaire et à ses devoirs, implique une vigoureuse période de rodage pour les nouveaux membres de la famille. La charge de travail du nouveau membre est plus lourde puisque son mode de vie change, notamment parce qu'il ne pourra plus prendre ses repas quand il le souhaite mais devra vivre dans un foyer où les mauvaises herbes croissent vite et où les besoins communautaires dépassent ses propres besoins. Sans inspiration, sans un engagement profond et un solide sens de la justesse par rapport au chemin de vie, ce n'est ni logique ni émotionnellement acceptable. Les seuls avantages pour ce membre seraient les bienfaits de la communauté spirituelle, le soutien et l'encouragement dans les pratiques dévotionnelles quotidiennes, et le renforcement de l'offrande de 'soi' faite au Créateur par chacun des membres du groupe:

> Il est dans la nature d'une communauté fonctionnelle de trouver de plus en plus de moyens pour s'encourager, se nourrir et se soutenir

mutuellement. Et lorsqu'on trouve une telle communauté et que l'on entre en communion avec les membres de cette communauté, un renforcement et une stabilité ne deviennent possibles que si les entités se groupent et s'offrent elles-mêmes à ce qui est plus grand qu'elles ne le sont[1163].

Un groupe de méditation fait merveilleusement partie de cette communion au sein d'une communauté:

> Lorsque vous êtes physiquement assis ensemble dans le silence de la visualisation partagée, il y a une configuration entre les lignes de communication du groupe, qui n'arrêtera pas de bourdonner lorsque les mentaux conscients quitteront cette communion de demandes, car lorsque le choix a été fait, et que la destinée veut être suivie, il y a encore des choix à tout moment, qui travaillent à harmoniser ou non les énergies. Et chaque moment partagé dans ce silence sacré est productif de canaux de communication de plus en plus profonds et clairs qui bénéficient d'un point de vue plus informé: celui de votre 'soi' supérieur, ainsi que d'aides à l'information, et ce 'soi' supérieur c'est vous en tant que groupe[1164].

Il m'a toujours paru que les méditations en groupe sont beaucoup plus puissantes que les méditations individuelles, mais il est certain que des moments de silence en solitaire sont énormément inspirants. Le mélange au sein du groupe élève tous les membres, tout comme il aide chacun à demeurer dans un fidèle abandon. Et pour les nombreux milliers de chercheurs qui apprécient nos ouvrages et notre présence depuis des années, notre existence leur fournit un lieu qui leur donne un sentiment d'appartenance, et même du temps pour venir se joindre à un groupe de méditation s'ils le souhaitent, car nous commençons toujours à méditer le dimanche à 17h00 (Heure Normale de l'Est ou Heure Avancée de l'Est), selon la saison. De nombreuses personnes partout dans le monde se joignent à nous dans ces méditations, et certaines se joignent à l'offrande que Jim et moi-même faisons chaque matin à 09h00. Ce sont là aussi des moyens dont une communauté de lumière peut servir un monde qui prend de plus en plus conscience de son besoin d'une lumière plus intense. Nous avons constaté que n'importe qui peut devenir un centre de lumière simplement en ouvrant régulièrement sa maison à l'un ou l'autre type d'étude ou de méditation. Réfléchissez à ce que vous pouvez avoir à offrir si vous êtes attirés par cet aspect de la vie dévotionnelle, car nombreux

---

[1163] Q'uo, transcription du 13 avril 1997, p. 3

[1164] Q'uo, transcription du 10 mai 1992, p. 2-3

sont ceux qui sont à la recherche d'un groupe honnête et sincère avec lequel établir un lien:

> Le désir de servir est fortement accentué chez ceux qui se sont mis ensemble pour se soutenir mutuellement dans du service. Ainsi, la communauté alimente les entités, et en même temps les entités alimentent la communauté par leur participation aux activités visibles et invisibles, par leur partage avec d'autres de ce qu'elles ont pensé et discuté en communauté. C'est comme si elles avaient créé un filet fait de fils d'or, et à chaque fois qu'un missionné éveillé s'associe avec un autre et établit une communauté spirituelle, un nouveau morceau du filet est tissé, et pour finir ce filet couvrira votre sphère comme une senne dorée, et la Terre sera entièrement entourée d'amour unifié. C'est ce que nous voyons se produire en ce moment. Cette manifestation grandit plutôt rapidement à mesure que de plus en plus d'entités s'éveillent, établissent des connexions, et partagent avec d'autres leur propres points focaux ou communautés spirituelles, pour que de plus en plus d'entités puissent se sentir en sécurité et stabilité, et avoir le sentiment qu'elles font partie de quelque chose de plus élevé et de plus grand que les préoccupations quotidiennes de la vie, car en fait ces préoccupations sont constantes tout au long de l'expérience de troisième densité. Il revient entièrement à chaque chercheur de décider comment il souhaite exprimer le 'soi' et l'amour du Un infini dans chaque personne qui fait partie du quotidien[1165].

Je pense que le Créateur ne se demande pas du tout si nous nous offrons en tant qu'individus ou en tant que groupe, en tant que chrétiens ou en tant que bouddhistes, ou en tant que rien de particulier. Ce qui importe c'est que nous souhaitions vivre notre vie dans la foi, dans la dévotion, en voyant toutes choses comme des aspects sacrés de notre expérience qui résonnent des échos du Créateur. Si nous pouvons faire confiance à cet écho, cette chambre d'écho de prise de conscience dans laquelle nous sommes entrés pour cette expérience, nous verrons notre vie s'emplir de beauté, d'un rythme profond, et du sentiment de paix qui se trouve en-dessous de la dépendance et de la confiance en l'image extérieure, sentiment qui se trouve à l'intérieur du cœur en paix dans l'abondance de l'amour inconditionnel. Puissions-nous voir notre cœur s'ouvrir et notre vie devenir sacrée à nos propres yeux.

[1165] Q'uo, transcription du 13 avril 1997, p. 4

Chapitre XVI : L'envoi

Pendant que j'écris ces mots, la chaleur caniculaire de l'été s'étend sur le Kentucky. Six mois d'écriture m'ont permis de terminer cette collecte de joyaux de pensées d'entités désincarnées et d'autres penseurs. Travailler sur la base de ces splendides idées et principes m'a élevé l'esprit et m'a beaucoup appris, et j'espère que chaque lecteur aura trouvé de bonnes ressources et des assises solides dans ces pages.

Mais j'espère davantage encore : j'espère sincèrement que chacun de nous ressent fortement le besoin d'un nouveau niveau d'engagement dans le service et le ministère de l'être et de l'essence qui sont les raisons de notre incarnation. Je n'appelle pas à ce que nous sortions du monde et nous retirions de la civilisation. Je vois une grande valeur dans l'illusion que ce monde nous donne à apprécier. J'appelle à ce que nous restions dans le monde et l'appréciions pour ce qu'il est, à ce que nous réalisions pleinement que nous sommes dans ce monde mais pas de ce monde. À l'heure de pointe de notre vie comme nous en faisons l'expérience en ce moment, j'appelle à ce que nous vivions l'esprit tourné vers un encouragement à percevoir de plus en plus le caractère sacré du moment. J'appelle à une vie de cœur ouvert. J'appelle à ce que nous ayons chacun notre propre style de vénération, de dévotion, d'action, de création, d'outrance, d'engagement ou d'adoration, tout ce que la vie à cœur ouvert peut susciter en chacun de nous. J'appelle à ce que nous faisions nôtres avec gaieté les moments durs lorsqu'ils se présentent, dans la foi qu'ils font partie d'un bon plan :

> La véritable vie d'adoration est une occupation à haut risque. Elle n'est pas un circuit dans la lumière mais un circuit dans l'obscurité. L'illusion crée un crépuscule émotionnel, mental et spirituel dans lequel les idéaux, la purification des émotions de l'attachement, et la présence attentive à une prise de conscience continue de la vénération s'épanouissent dans l'obscurité de la foi aveugle. C'est-à-dire que l'adoration véritable est celle d'un mystère, d'un respect, d'un émerveillement, un sentiment de plus en plus affirmé d'être soutenu fermement par quelque chose qui n'est pas de l'illusion, bien qu'on ne soit pas capable de le comprendre, de sorte que l'entité reste finalement dans un parcours complètement subjectif et subjectivement véridique. En ce sens, l'adoration peut

être vue comme un mouvement, un mouvement de type métaphysique plutôt que de type physique[1166].

Je ne veux pas nous pousser à aller faire une croisière de plaisance, mais bien un voyage d'essai sur un navire dont la navigabilité est encore à prouver. Nous aurons à souffrir pour devenir plus vrais envers nous-mêmes. Nous cherchons notre vérité unique, notre propre mystère et notre propre chemin vers le Créateur et vers l'adoration. Mes propres convictions ne seront pas suffisantes pour quelqu'un d'autre; la volonté de quelqu'un d'autre ne sera pas satisfaisante pour moi. Ce que nous pouvons faire l'un pour l'autre c'est nous encourager mutuellement dans notre honnête et permanente recherche, le voyage engagé.

Cet engagement est une chose vivante. Je me demande si, sur le point de faire une grande promesse, aucun de nous ne réalise l'étendue des vœux prononcés. En 1991, notre groupe de méditation à L/L Research a posé une question au sujet du problème de l'engagement. Ceux de Q'uo ont répondu:

> Nous posons très sérieusement la question suivante à chacun: lorsque vous avez dit "je m'engage à une vie de service de telle manière", est-ce qu'il y a eu un engagement spécial, permanent, inhabituel? Un engagement qui vous a fait sortir de votre état humain et vous a transformé en une entité incapable de faire autre chose que de respecter cet engagement? Nous vous demandons d'examiner cette question très attentivement. Mes amis, ne pouvez-vous pas voir l'absolu dévouement de vous-mêmes, en ce moment, à la tâche d'une vie entière mais aussi l'absolue ignorance dans ce moment d'engagement, des sacrifices qui devraient être faits pour créer un parcours commun de service[1167]?

Des périodes de sacrifice, confusion et catastrophes peuvent nous tomber dessus lorsque nous nous efforçons de nous dévouer profondément au service de la lumière. Certains problèmes peuvent nous décourager et certains peuvent nous arrêter net. À chaque fois que nous sentons nos jambes se dérober sous nous parce que nous ne sommes pas sûrs de savoir ce que nous faisons, nous entrons dans un désert de doute. Et cependant nous sommes toujours appelés, nous sommes toujours emplis du désir de servir les gens et la planète Terre. Maintenant je nous appelle tous à sortir de tous les déserts, à nous réengager dans la grande tâche unique d'aimer la Terre, d'inspirer et d'expirer, et de trouver des moyens de vivre en paix et en douceur sur l'écorce de notre mère la Terre, d'aller à la rencontre de

---

[1166] Q'uo, transcription du 4 novembre 1990, p. 8

[1167] Q'uo, transcription du 22 septembre 1991, p. 2-3

CHAPITRE XVI: L'ENVOI

chaque moment avec un cœur débordant de l'amour inconditionnel, infini, du Créateur.

Notre quête repose sur un fond d'incohérences. Nous sommes des êtres maladroits, nous pour qui cet ouvrage a été assemblé et écrit. En tant qu'auteure, j'écris pour deux groupes de personnes éveillées qui me paraissent identiques du point de vue de leurs énergies et de leurs problèmes, de leur esprit et de leurs talents: les missionnés et les transférés[1168] de densités supérieures qui sont revenus dans cette troisième densité pour aider à éclairer la planète et les natifs matures de la Terre qui en tant qu'êtres spirituels désireux et prêts à passer dans des densités supérieures, ne restent momentanément en troisième densité que pour se joindre au travail d'allègement de la vibration planétaire. Ensemble, nous faisons ce que Dana Redfield appelle "une sorte de cinquième colonne":

> L'âme est un extraterrestre dans le monde, sans nom ni nombre. Une conspiration est en cours: des âmes se rassemblent dans les coulisses de demain, se rencontrent au sein du collège invisible, sont enlevées par des OVNI, renvoyées pour former une cinquième colonne, le tronc d'un arbre nouveau s'élève au centre du monde, le serpent cosmique déroule ses anneaux: une histoire qui fait partie du livre secret de la vie[1169].

Notre état d'esprit de missionnés est tiraillé entre deux possibilités: sommes-nous des natifs de la Terre ou bien des extraterrestres, et cette position difficile et inconfortable est notre grand cadeau fait au monde. Il est très difficile de nous hypnotiser. Lorsque nous nous éveillons à notre identité spirituelle de citoyen nous nous écartons des détails de l'enchevêtrement de la colère et du territoire, du pouvoir et de l'influence, qui règnent au sein des nations de la Terre, et nous plongeons le regard dans les énergies de chaos et de ténèbres qui se trouvent dans chaque arme à feu qui tire, chaque cellule de prison qui contient un innocent, chaque enfant qui meurt de faim à cause d'une quelconque politique. Nous voyons alors qu'il existe véritable un dragon de la négativité. Il fouette de sa queue la Terre de troisième densité, et l'énergie de négativité est parfois si intense qu'il est facile de croire que c'est l'obscurité qui gagne. Alors nous devons faire une halte dans notre voyage épuisant et prendre du repos:

> Lorsque le chercheur porte le regard sur la route poussiéreuse, sur la poussière qui couvre ses pieds et ses sandales, il peut avoir des

---

[1168] Terme original: "walk-ins" (NdT)

[1169] Dana Redfield, *The ET-Human Link: We Are The Message*, Charlottesville, VA, Hampton Roads Publishers, c2000, p. 76. *(Le lien E.T.-Humains: Nous sommes le message* – NdT)

doutes quant à cette route, et quant à la sécurité et à la promesse du voyage de recherche. Le bâton qui est supposé soutenir peut devenir encombrant, et même les quelques possessions que le chercheur a dû emporter paraissent une lourde charge. Alors le chercheur quitte parfois le chemin poussiéreux qui semble s'allonger à l'infini. Le chercheur arrive dans une belle vallée, où l'eau abonde, ainsi que des bois et des pâturages où bondissent de petits animaux et où s'épanouissent de belles fleurs. Il est agréable pour le chercheur de se reposer dans une de ces belles prairies et de respirer l'agréable parfum des fleurs et des buissons, et de se délasser contre le tronc propice et solide d'un de vos arbres. Parce que voyez-vous, mes amis, entreprendre ce voyage c'est devenir terriblement vulnérable, c'est risquer tout, en échange d'aucune récompense évidente car dans la mesure où vous chercherez, vous serez recherchés. À mesure que vous vous polariserez vers la lumière, votre dévouement à cette lumière sera mis à l'épreuve. Le tribut que prélève le voyage sur le chercheur n'est jamais le même d'un chercheur à l'autre. Et lorsque la charge devient trop lourde, il est bon que le chercheur individuel choisisse son propre pâturage et mesure son propre temps nécessaire à la récupération[1170].

Si je nous appelle à nous envoyer vers les riches moissons d'âmes du monde, équipés seulement de notre silencieux état d'amoureux de ce travail, je voudrais faire entendre mon invitation à avoir les plus tendres égards pour nos propres énergies et pour notre détermination à aller à notre propre rythme et à nous détendre dans ce long travail. Les tribunes en caisses à savon et les mots ne résolvent rien. Tous les gens s'éveilleront à leurs propres temps et heure: il ne sert à rien de faire du prosélytisme. Nous ne serons pas toujours capables de maintenir une attitude stable, car parfois, la vie mettra à genoux la plupart d'entre nous. Nous aimons tellement fonctionner que notre instinct est de sauter sur nos pieds. Mais il nous arrivera peut-être de chanceler pendant un moment dans des allées sombres si nous exigeons de nous-mêmes d'aller de l'avant quoi qu'il arrive. En de tels moments, ayons plutôt le sentiment que nous sommes dignes d'un bon entretien lorsque nous nous reposons un moment de notre quête de service et d'amour. Nourrissons-nous et donnons-nous du repos lorsque nous avons besoin de temps pour nous soigner nous-mêmes. N'aspirons pas à la sainteté lorsque nous nous sentons mal lunés. Cela nous ferait très peu de bien. Nous sommes venus

---

[1170] Hatonn, transcription du 5 janvier 1986, p. 1-2

Chapitre XVI: L'envoi

ici pour être exactement nous-mêmes. Il peut être utile de se rappeler cela en période d'épreuves.

Je ne sais pas si des épreuves physiques feront partie de la naissance à la quatrième densité de la planète Terre. J'espère que non. Toutefois, je sais bien qu'il existe de nombreuses prédictions, de sources anciennes et récentes, annonciatrices d'une catastrophe mondiale qui nous attend au début de ce nouveau millénaire. Et je ne les éviterai pas si elles se produisent. J'espère seulement que jusqu'au moment venu pour moi de quitter cette Terre je pourrai rendre service. Voici ce qu'expliquent ceux de Q'uo:

> Nous vous demandons de voir ces jours, non pas dans l'agitation et dans la peur, mais avec énormément de compassion.
> Indépendamment des événements qui se produiront, il y aura de grandes peines et de grandes souffrances parmi tous les peuples. Nous ne savons pas ce qui va se produire dans le futur. Le choix de la destinée d'un peuple se trouve toujours dans les mains d'entités libres. Le mental de certaines de ces entités libres est emprisonné dans des concepts qui ne sont ni positifs ni négatifs. Cela produit une grande confusion sur le plan matériel. Nous vous demandons d'aller au-delà de tout cela et de vous joindre à l'incessant cri de prière et de supplication qui s'élève avec tant de beauté, de profondeur, et de richesse en ce moment de votre surface planétaire, qui s'élève vers le Un infini en gloire et en beauté. Sachez que vos prières sont entendues. Sachez que vous n'êtes pas oubliés[1171].

Les messagers de la Confédération des Planètes aiment faire résonner l'appel à la méditation et à la prière. C'est un appel au silence, et à mon avis, cette simple invitation au silence est une des plus grandes ressources glanées dans les considérables archives d'informations que nous avons rassemblées et essayé d'utiliser dans notre vie à L/L Research.

Il est extrêmement facile d'être pris dans les émotions négatives du monde, et ce à bien des niveaux. Il règne beaucoup d'énergies négatives, dans les crimes et les actions de policiers, dans les rues et ruelles, dans les nombreux choix que font les gens de se séparer les uns des autres par les jugements portés, les manipulations égoïstes, et la colère. Dans un monde extérieur ainsi polarisé il est tentant d'adopter les idées combatives des forces de la lumière dressées contre les forces de l'obscurité. Je pense qu'un grand nombre d'entre nous parmi ceux qui s'intéressent aux OVNI, aux expériences, à ceux qui ont été enlevés, et même aux recherches, ont

---

[1171] Q'uo, transcription du 13 janvier 1991, p. 2

été activés. Je sais que chacun de ceux qui s'éveillent parmi nous sont activés. Mais à quoi? De quelle manière? Certains d'entre nous pensent que nous avons été activés à la grande bataille entre la lumière et l'obscurité. Mais à mon avis, c'est là un détournement pour tous les êtres éveillés. Nous savons que le dragon de l'attraction magnétique et du contrôle continuera à battre de la queue et périra au cours de l'évolution, vers le milieu de la sixième densité. Nous savons que c'est le pardon et non pas le combat qui nous guérira, dans n'importe quelle densité. Même si nous souhaitons combattre le mal en nous tenant aux côtés de victimes innocentes, nous devons savoir que nous ne combattons rien, nous ne faisons qu'être des témoins de la lumière dans la joie. J'ai la ferme impression qu'un usage adéquat de notre côté sombre (puisque la moitié de notre 'soi' universel est négatif) une fois qu'il est reconnu et maîtrisé à un certain degré, consiste à concrètement abandonner notre volonté au Créateur infini. Nous ne sommes pas venus pour combattre l'obscurité, mais pour soutenir la lumière.

Comment soutenir la lumière? Il est certain que nous devons y réfléchir. Lors du premier contact de ceux de Ra avec notre groupe 1981, ils nous ont d'abord demandé si nous avions réfléchi au cours de la journée et si oui, à quoi avions-nous pensé? C'est une question essentielle concernant le voyage spirituel, car si nous sommes attentifs à nos pensées, nous avons là un matériau considérable pour notre travail, à commencer par une accélération spirituelle puissamment efficace pour la transformation et l'évolution de notre mental, de nos émotions et de notre âme. Nous pouvons travailler de tellement de façons pour faire avancer notre espérance et notre passion pour un monde plus aimant! Mais au-delà de ce niveau de travail, dans notre cœur se trouve un endroit où, lorsque nous y arrivons, nous réalisons que notre grande priorité est la discipline d'un total abandon à l'esprit, aux guides ou à la déité, quel que soit le nom que nous attribuons à cette force:

> Lorsque quelqu'un est sur le point de prendre une décision personnelle ou concernant le service, il est bon de savoir que l'on a la passion nécessaire pour accomplir ce qui devra l'être, et le courage de l'accomplir jusqu'au bout. Mais alors on peut reculer d'un pas et demander au 'soi' de faire une pause afin que l'esprit puisse se rendre dans la chambre intérieure et retirer tous ses ornements, toutes les choses terrestres, tous les attributs des circonstances, toute l'aura du succès, de la renommée, de la réputation, et du désir même. Mettez tout cela de côté, soyez d'un mental et d'un cœur tranquilles, et dites: «me voici. Que voulez-vous que je fasse? Qu'y a-t-il de meilleur et de plus élevé que je

Chapitre XVI: L'envoi

puisse accomplir tout en restant une personne stable? Que voudriez-vous que je fasse?». Quelques instants passés à l'intérieur de ce tabernacle en posant ces simples questions aident énormément à adopter la tenue des circonstances de la vie, en ceignant la promesse intérieure de faire ce qui a été désiré au plus haut niveau. On peut alors endosser les habits de la réputation et du succès tout en restant imperturbables et indifférents aux piétinements et claquettes que nous sommes tous capables d'exécuter d'une façon ou d'une autre[1172].

«Que voudriez-vous que je fasse?». Dans la Bible, c'est la question posée par Jésus alors qu'il espérait ne pas devoir se rendre à Jérusalem et y perdre la vie. C'est la réponse de Samuel lorsqu'il réalise finalement que c'était sa déité qui l'appelait, et non pas son instructeur, Élie: « Parle Seigneur, car ton serviteur T'écoute»[1173], dit-il. Légèrement modifiée en «Que voudriez-vous que je fasse?», c'est la question par laquelle la plupart des channelers abordent le contact avec des sources supérieures. Le Frère Philip, représentant d'une race terrestre ancienne restée dans les plans terrestres intérieurs pour pouvoir aider à éclairer la Terre, même si les représentants de cette race ont réussi le passage en quatrième densité, disait en 1956 par l'intermédiaire de George Hunt Williamson:

> Soutenez de toutes les façons nécessaires vos propres canaux de transmission. Et sachez que vous aussi êtes des canaux de transmission. Ne vous reposez pas uniquement sur eux car en prévision du jour qui approche, le jour du grand récit, il est nécessaire que vous soyez tous des canaux de transmission d'une manière ou d'une autre. Et ceci n'arrive pas par accident. Vous avez choisi vous-mêmes cette mission particulière en ces temps particuliers[1174].

Cet extrait provient d'une belle séance de channeling par un supposé représentant de la Race des Anciens, une des premières retransmissions que j'aie entendues, un enregistrement que Don Elkins avait demandé en 1961 à Harold Price de lui apporter. Elle m'inspire toujours autant qu'elle l'a fait à l'époque, et cette inspiration m'amène à parler un peu de toute cette mythologie, de cette mission, de ce jour du grand récit, de tout ce système de pensée dont j'ai parlé et partagé des citations. Car je sais qu'à un certain niveau c'est de la mythologie. J'ai de l'affection pour la

---

[1172] Q'uo, transcription du 10 mai 1992, p. 2

[1173] *La Bible*, I Samuel 3:10

[1174] Brother Philip, transcription d'un enregistrement sur bande de 1956, retransmis par George Hunt Williamson, p. 2

Chapitre XVI : L'envoi

mythologie. J'ai créé le mythe personnel de ma vie. J'ai vénéré en tant que chrétienne, et fait partie avec enthousiasme et gratitude de ce système mythologique. Et j'ai enquêté sur, apprécié, et suivi l'éthique de la mythologie du missionné des OVNI. J'ai suivi mon cœur, et il m'a conduite jusqu'ici sans faillir. J'ai une passion pour cette mission, pour toutes nos propres histoires que nous racontons, pour toute la différence que nous faisons dans l'illumination de la planète Terre.

Je suis toutefois totalement consciente que ce domaine de recherche est plongé bien davantage dans du mystère que dans du sens commun. La découverte spirituelle c'est la découverte d'une autre partie de la nature du mystère constant. Quant à moi, j'ai eu tellement de réalisations: des centaines, petites et grandes; tellement de moments de connexion; et malgré tout cela je demeure une ignorante en ce qui concerne la capacité de créer une défense rationnelle et hermétique de la structure de ma foi et de mes fins. Est-ce que je viens vraiment d'une autre planète ainsi que me le disent mes souvenirs? Est-ce que cela a de l'importance? Est-ce que les entités de la Confédération sur lesquelles je compte tellement en tant qu'instructeurs sont entièrement ce qu'elles disent qu'elles sont? Est-ce que cela a de l'importance? Je me rappelle qu'une fois je leur ai demandé si on pouvait dire d'elles que ce sont des anges. Elles ont répondu par l'affirmative. Ça complique encore les choses, ai-je pensé. Y a-t-il une ascension ou une élévation ou une sorte de girouette de la fin des temps qui fera disparaître certains? Est-ce que certains resteront? Et si oui, qui seront-ils? Honnêtement, je ne suis pas certaine que cela puisse avoir de l'importance. C'est cela le nouménal. Je pense qu'au cours de notre recherche nous remuons d'innombrables couches et masques de significations et de désinformations en parts égales. Nous ne pouvons pas faire en sorte que tous ces matériaux métaphysiques se comportent comme des parties de l'univers physique. L'esprit et tout ce qui le concerne n'est pas linéaire.

Le sentiment général auquel je suis arrivée à la fin d'une période de plus de quarante années, est que, même si nous ne pouvons rien prouver de tout cela à d'autres, nous pouvons tout de même être confiants dans le fait que ces structures de principe, d'idéal d'éthique, et de beauté existent; ces voix qui parlent de points de vues élargis existent; et cette mission d'aimer la Terre pour la faire renaître existe, mais nous devons aller plus loin dans notre ministère en faisant usage seulement de notre foi, de notre cœur et de notre essence. La mission que nous avons en commun, la grande mission, est le ministère d'être le plus profondément possible nous-mêmes, et de permettre à notre cœur de fonctionner naturellement au sein du système énergétique du corps fonctionnant comme un

Chapitre XVI: L'envoi

transducteur de lumière en bénissant la lumière et en l'envoyant d'un cœur heureux vers le monde. En dépit de toute la confusion, le but reste de maintenir le cœur ouvert et de laisser l'amour couler au travers pour qu'il nous nourrisse tous, en tant que créatures de lumière:

> Envisagez le moment avec la résonance de l'éternité à l'intérieur de votre conscience, de sorte que le monde banal et encrassé ne puisse pas affecter l'être de lumière que vous êtes, ni entraver votre capacité d'agir en tant que canal d'amour et de lumière[1175].

Combien j'aspire à cette résonance et à sa recherche lorsqu'elle manque! Si une fleur nouvellement épanouie ou le doux ronronnement de mon chat ne me font pas souvenir de l'amour, alors je dois me tourner vers les disciplines que j'ai établies dans ma vie pour augmenter ma foi, les disciplines dont j'ai parlé dans le présent ouvrage. Elles ont toutes leur utilité selon les moments, mais elles découlent toutes d'un choix préalable: le choix d'avoir et de pratiquer une foi simple et insensée. Ceux de Hatonn commentent:

> Oh, Avoir la foi que vous à qui nous parlons avez en ce moment! Quelle bénédiction pour vous, car pour vous tout ce qui est essentiel est enveloppé de mystère. Ce n'est que par la foi que vous comprenez que vous êtes des êtres spirituels. Ce n'est que par la foi que vous cherchez la vérité, et ce n'est que par la foi que vous devenez vivants et brûlez d'une flamme inextinguible. Elle est accessible par votre volonté et votre puissance. Elle ne l'est pas pour nous. Nous affinons. Mais vous, mes amis, vous allez au fond de la mine. Vous allez au fond de la mine pour en extraire votre propre précieux cœur. Nous vous souhaitons de faire bon usage de l'intellect, de la volonté et de la foi alors que vous cherchez, creusez, et cherchez encore le cœur qui gît en beauté et en secret à l'intérieur de vous au milieu de ce monde chaotique qu'est la troisième densité[1176].

Dans la mythologie chrétienne il est dit que les champs sont blancs pour la moisson, comme si nous étions tous des boules de coton prêts à être retirées de leurs capsules. La moisson est proche aussi dans de nombreuses autres mythologies, mais la mise en scène de la fin des temps est différente selon les structures des divers mythes. Quelque chose se prépare. Du fin fond de toutes les cultures apparaît le sentiment que les vents du changement sont en train de se lever, de s'accélérer, de faire bouger les choses pour arriver à des Cieux nouveaux et une Terre

---

[1175] Q'uo, transcription du 23 juillet 1989, p. 3
[1176] Hatonn, transcription du 9 décembre 1984, p. 4

nouvelle. Nous avons une ancre: nos identités métaphysiques. Si nous savons qui nous sommes, au cœur même de notre être, ce que nous représentons, ce pourquoi nous vivons, ce pourquoi nous serions prêts à mourir, alors nous sommes des êtres capables de faire face à la mort physique avec autant de sérénité que la chair peut atteindre. Quelle que soit la manière dont nous élaborons ces connaissances, il me semble que je peux dire sans crainte de me tromper que nous reconnaissons tous que nous sommes des créatures d'amour divin ou d'unité avec la déité. Nous faisons partie de la force qui crée et détruit toutes choses, y compris le temps et l'espace. Je choisis d'appeler 'amour' cette force, ce *Logos*. Et il me semble que notre nature étant l'amour, telles doivent être nos pensées et nos actes. Ainsi que le dit le Frère Philip:

> Dans votre propre travail ressentez l'affinité que votre propre cœur peut avoir avec tous vos frères et sœurs dans tout l'espace. Je parle ici d'un amour qui n'est pas physique bien que sur cette planète l'amour est toujours réduit à une expression ou expérience physique. Je ne parle même pas d'un amour essentiellement mental, ni d'un amour de fraternité qui transcende l'amour mâle-femelle. Mais je parle d'un amour qui va au-delà de l'amour du Christ. Nous sommes tous un, mes aimés. Et aimer autrui c'est seulement vous aimer vous-mêmes. Lorsque vous rencontrez des hommes et des femmes dans vos activités quotidiennes, voyez chacun, quel que soit son type, comme des parties du Père. Essayez de vous aimer les uns les autres d'un amour qui va au-delà de celui qui est compris sur la Terre. La voix qui appelle depuis tout l'espace, depuis toutes les planètes habitées, est une voix d'amour. Si l'homme sur la Terre pouvait seulement voir, et pouvait seulement entendre! Mais plus encore, s'il pouvait seulement comprendre! Aimez-vous les uns les autres, bien-aimés, car cela suffit déjà. Préparez-vous à présent au temps qui est si proche, si proche que vous pouvez l'attendre et le toucher, car, bien-aimés, le Royaume n'est pas proche: le Royaume est ici[1177].

Le Royaume des Cieux, l'expérience de quatrième densité, est ici! Il est en nous, dans le cœur ouvert et généreux. Le temps pour servir c'est maintenant. Et j'envoie chaque lecteur, comme Don Elkins m'a envoyée, il y a tant d'années, vers un voyage de découverte de soi, d'apprentissage et de service. Nous pouvons y arriver. Nous pouvons nous raconter nos histoires les uns aux autres. Nous pouvons nous aimer nous-mêmes et nous aimer les uns les autres. Nous pouvons nous pousser à nous rappeler

---

[1177] Brother Philip, transcription de 1956, p. 3-4

Chapitre XVI : L'envoi

qui nous sommes lorsque nous nous voyons errer loin des enceintes de la vérité et de la lumière. Nous pouvons respirer profondément et apprécier les compagnons ou la tranquille solitude dans laquelle nous dansons intérieurement pour ce moment sacré. Nous pouvons chercher des moyens de stimuler, de renforcer et d'accomplir des petits actes de gentillesse qui ne seront jamais découverts. Nous pouvons trouver des moyens de faire taire notre orgueil et d'encourager nos aspects les meilleurs. Mais par-dessus tout, nous pouvons aimer. C'est pourquoi je nous envoie tous travailler avec la lumière, frères et sœurs du cœur ouvert, enfants et messagers d'amour. Le monde a faim de ce présent! Brûlons de l'amour de donner. Et aidons-nous les uns les autres à retrouver notre foyer.

Le soleil est à mi-parcours dans le ciel de l'après-midi au moment où j'écris ce dernier paragraphe du *vade mecum*. Nous, de L/L Research, promettons d'être présents aussi longtemps que nous en serons physiquement capables, et de répondre à tout courrier qui nous sera adressé. Nous souhaitons honorer, soutenir et encourager tous les êtres éveillés de la Terre qui croisent notre chemin. Je vous invite à vous joindre à nous et à de nombreux autres travailleurs de la lumière autour du globe, qui montent la garde de l'amour. Soyons tous des moissonneurs de la Terre en ce moment sacré où l'ancien monde donne naissance à un nouveau monde.

Carla Lisbeth Rueckert

Le 28 août 2000

Le Royaume magique

GLOSSAIRE

Alchimie: de manière générale, les moyens permettant d'accélérer les opérations de transformation de la nature; plus spécifiquement, au moyen-âge la pratique censée permettre la transformation de métaux vils en or, ainsi que trouver la panacée universelle prétendue guérir tous les maux et ainsi de prolonger la durée de vie.

Apples (pommes): terme utilisé par George Hunt Williamson dans son livre *The Saucers Speak* (*Les soucoupes volantes parlent*) (Londres, Neville Spearman, 1963), et qui équivaut à 'missionnés' c'est-à-dire des âmes venues de densités supérieures qui choisissent de renaître sur le plan terrestre pour aider à l'évolution de la population de la planète, mais qui passent par le même processus d'oubli que tous les natifs de la Terre.

Catalyseur: Substance qui provoque une réaction par sa seule présence ou par son intervention, élément qui sans subir aucune altération déclenche notre aptitude à nous développer; un instigateur neutre d'événements et de processus dans le modèle de notre vie. Ces processus sont alors interprétés par chacun des individus impliqués selon les idiosyncrasies de personnalité, chaque personne voyant les choses quelque peu différemment. L'opportunité réside dans le fait de pouvoir travailler les catalyseurs jusqu'à ce que ceux-ci aient été traités intérieurement de manière à ce qu'une plus grande conscience ou 'expérience' soit acquise.

Chakra: Le groupe de Ra a utilisé les termes "centres énergétiques" qui ont la même signification que le terme 'chakras' utilisé par les hindous et les bouddhistes. Le terme 'rayons' a été utilisé pour représenter les sept endroits à partir de la base de l'épine dorsale jusqu'au sommet de la tête. Les chakras contiennent sept sortes d'énergie spirituelle qui correspondent aux centres situés dans nos corps énergétiques, et les diverses sortes de leçons ou dépenses d'énergie qui surviennent dans notre vie.

Channeling: voir '**Retransmission**'

Choix pré-incarnation: distorsions ou inclinations faisant partie de la personnalité que nous choisissons pour nous-mêmes avant chaque incarnation, et que nous aurons l'occasion d'utiliser dans nos leçons d'apprentissage et de service au cours de cette vie. Notre but ultime est l'affinage et l'équilibrage graduels de nos centres énergétiques et de notre âme au cours de nos nombreuses vies de travail.

GLOSSAIRE

Complexe mental/corps/esprit: Terme utilisé par le groupe Ra pour désigner une personne. Ceux de Ra voient les gens comme étant constitués de complexes d'énergie qui s'expriment de trois manières distinctes tout en fonctionnant comme une seule unité indissociable dans une incarnation. Le complexe 'corps' se forme au début de la première densité sous la forme d'amibes, de plancton, méduses, par exemple; le mental s'y joint pour constituer le complexe mental/corps des végétaux et animaux de la deuxième densité; le complexe 'esprit' se joint au complexe mental/corps au début de la troisième densité pour former le complexe mental/corps/esprit. Avec ces trois complexes nous sommes au complet en ce sens que nous disposons de tous les outils nécessaires à notre choix métaphysique de polarité dans cette expérience de troisième densité, et pour poursuivre notre évolution au delà.

Complexe mémoriel sociétal: terme utilisé pour la première fois par Ra pour désigner une conscience de groupe où les pensées de tous sont ouvertes à tous. La recherche spirituelle est elle aussi harmonisée, et le pouvoir d'apprendre et de servir autrui est intensifié par le partage complet des pensées entre tous les membres du groupe. L'on peut imaginer le concept de Jung de l'inconscient collectif de l'humanité devenu une réalité consciente de sorte que chacun sur Terre connaît le mental et les expériences de tous.

Confédération des Planètes au Service du Créateur Infini, ou simplement **Confédération:** Voir Frères et Sœurs de l'Affliction.

Densités: Les niveaux ou dimensions fondamentaux de la Création constituée de lumière. Chaque densité successive contient davantage de lumière condensée. Il y en a sept dans chaque octave de Création, la huitième densité de la présente Création équivalant à la première densité du cycle suivant d'évolution du Créateur.

Discipline de la personnalité: pratique métaphysique d'équilibrage des distorsions au sein des centres énergétiques de chacun, le but étant de parvenir à réagir avec une totale compassion à tous les catalyseurs qui se présentent à nous, sans être déstabilisés par aucune émotion.

Distorsion: caractéristique qui se sépare de la forme pure du Logos ou Créateur infini unique. Tout est donc distorsion: du libre arbitre et de la lumière jusqu'à toutes les formes manifestées et à tous les univers. Dans la structure de notre personnalité, nous sommes supposés avoir choisi certaines distorsions avant notre incarnation, ou au niveau de notre âme, dans le but de travailler à l'équilibrage de notre nature essentielle ou âme au cours de l'incarnation actuelle. 'Distorsion' n'est pas un terme péjoratif: toutes choses sont des distorsions du Créateur. L'idée générale est de réduire les degrés de distorsion en apprenant à aligner de plus en plus sa propre vibration sur celle du Logos.

Énergie vitale: énergies combinées du mental, du corps et de l'esprit. Également nommée *élan vital*[1178] ou énergie spirituelle.

Espace/temps: notre réalité actuelle, visible, physique. Également l'illusion dans laquelle se trouve, vit, et se meut notre être incarnationnel. Champ dans lequel se passe notre apprentissage et notre équilibrage.

Évolution: Passage de la conscience d'une densité de lumière à la densité supérieure de lumière suivante. Les passages successifs au travers de chaque densité de lumière exigent que nous soyons capables de faire usage de la lumière de manières de plus en plus affinées d'apprendre et de servir. L'évolution commencée en première densité avec les éléments, se poursuit en deuxième densité avec le développement de complexes corps/mental. En troisième densité se produit le développement de complexes mental/corps/esprit, d'après le groupe Ra. À partir de ce point l'évolution concerne les complexes corps/mental/esprit.

Frères et sœurs de l'affliction: expression utilisée dans la série de livres *La Loi Une,* qui remplace parfois l'expression *"Confédération des Planètes au service di Créateur infini"*. Ces entités sont toutes de la quatrième densité ou de densités supérieures, et poursuivent leur propre développement en servant ceux de la troisième densité qui font appel à leur aide.

Initiation: Rites, cérémonies, épreuves ou instructions permettant de devenir membre d'une secte, d'une société, etc. En métaphysique, atteindre un certain niveau de leçons qui demandent un grand effort et une grande implication et qui, si elles sont apprises avec succès, auront pour résultat un nouveau niveau de conscience pour le chercheur. Pendant qu'il passe par toutes ces épreuves, le chercheur fait souvent l'expérience de ce qui a été dénommé «la nuit noire de l'âme». Lorsque cela se produit, il est recommandé de concentrer ses efforts sur une vie dans la foi.

Karma: Concept selon lequel des actes commis dans le présent auront pour conséquences des épreuves et expériences dans le futur. Destinée ou destin. L'équilibrage du karma implique généralement le pardon

Métaphysique: une manière philosophique de voir la nature du 'soi' et du monde qui entoure le 'soi'. Dans le présent ouvrage, le terme 'métaphysique' décrit le monde non physique: le monde des idées, des idéaux, des émotions et de l'esprit. Le monde physique est vu comme

---

[1178] En français dans le texte original (NdT)

étant l'univers d'espace/temps qui est régi par la géométrie euclidienne. Le monde métaphysique est vu comme étant l'univers de temps/espace où règnent l'infini et l'éternité.

Missionné (et pèlerin errant): sur notre Terre, entité de quatrième densité ou plus haute, qui se déplace dans l'univers pour répondre à des prières et demandes mentales adressées par des personnes de troisième densité. Des missionnés peuvent être appelés au service par des entités de n'importe quelle densité, mais lorsqu'ils répondent à un appel provenant de la troisième densité ils doivent eux aussi accepter le voile de l'oubli, de sorte qu'ils devront redécouvrir ce service pendant l'incarnation afin de ne pas enfreindre le libre arbitre de la population terrestre de troisième densité. Cela accompli, les missionnés deviennent des natifs de la Terre et doivent se plier à toutes les exigences de la moisson de de troisième densité pour pouvoir passer dans une densité supérieure.

Moisson: Moment où le passage d'une densité vers une autre est approprié. Notre Terre de troisième densité se trouve pour le moment dans une telle saison de moisson.

Passage de densité: Passage d'entités d'une densité de lumière à la densité supérieure suivante de lumière selon leur aptitude à faire usage à des fins d'apprentissage et de service, de la fréquence lumineuse augmentée.

Pèlerin errant: voir '**Missionné**'.

Polarisation: intensification, exagération, augmentation, renforcement. Dans le processus d'évolution spirituelle de la troisième densité vers la quatrième, nous sommes supposés nous polariser soit vers le principe positif du 'Service d'autrui', soit vers le principe négatif du 'Service de soi' pour être admis aux épreuves de passage en quatrième densité lors de la moisson au cours de cette troisième densité. Pour être moissonné en tant que candidat positif, une polarisation de 51% d'actions orientées vers le Service d'autrui est nécessaire, selon le groupe de Ra. Pour être moissonné en tant que candidat négatif, une polarisation de 95% d'actions orientées vers le 'Service de soi' est nécessaire.

Retransmission (channeling): Processus suivi par une personne qui retransmet par l'intermédiaire d'un médium, d'un instrument, d'un réceptacle ou d'un canal les paroles d'une entité désincarnée.

Salutation psychique ou **agression psychique:** situation où par la force et la pureté de sa recherche de la vérité une personne attire l'attention d'une entité désincarnée orientée négativement. Le chercheur qui souhaite être proche de la lumière doit refléter purement cette lumière. Tout choix qui s'éloigne du niveau d'expression de lumière atteint par le chercheur provoque une ouverture par laquelle l'entité négative peut renforcer ou intensifier ce choix inharmonieux. Le résultat peut en être de la détresse physique, mentale, émotionnelle ou spirituelle. La réaction recommandée est de découvrir et accepter la distorsion dans l'aspect sombre du 'soi' qui est à l'origine de la fissure ayant permis la salutation, et de remettre avec douceur cette distorsion dans l'aspect sombre dont elle provient, puis de soigner le choix inharmonieux en pardonnant au 'soi' pour la fissure et à l'envoyeur pour avoir offert l'occasion de souffrir et de craindre. Aucune agression ou salutation n'est possible sans qu'il y ait d'abord un choix inharmonieux de la part du chercheur, et notre qualité d'humains nous définit comme des êtres présentant des imperfections ou des distorsions. Nous sommes tous exposés à des salutations psychiques lorsque nous tentons de chercher la lumière de la vérité. J'ai arrêté d'utiliser le mot 'agression' pour le remplacer par le mot 'salutation' il y a une vingtaine d'années, afin d'éliminer l'élément de peur de la situation, puisque c'est la peur que l'entité négative considère comme une grande alliée dans son effort de salutation.

Service d'autrui: voie du rayonnement et du don à cœur ouvert. Polarité positive dans laquelle le chercheur s'efforce de voir et servir en tout le Créateur. Une intention de servir autrui dans au moins 51% de ses efforts qualifie le chercheur pour passer en quatrième densité de lumière. Voie de ce qui est: de l'unité.

Service de soi: voie du magnétisme et du contrôle. Polarité négative dans laquelle le chercheur s'efforce d'amener autrui à servir le Créateur au travers du 'soi'. Une intention de contrôler autrui pour servir le 'soi' doit représenter au moins 95% des efforts du chercheur pour que celui-ci soit qualifié pour passer en quatrième densité négative. Voie de ce qui n'est pas: de la séparation.

Temps/espace: notre réalité métaphysique invisible telle que nous l'habitons dans nos rêves, nos méditations ou nos expériences de n'importe quel état altéré de conscience.

Transféré: voir **'Walk-in'**

Voile d'oubli: Couverture ou chape qui se met en place dès que l'on naît et qui cache au mental conscient les racines du subconscient afin que le processus d'évolution à travers la troisième densité puisse devenir plus efficient. Les souvenirs d'incarnations précédentes sont eux aussi dissimulés au mental conscient de sorte que la concentration sur l'incarnation présente reste non-diluée. La raison en est que les leçons fondamentales de troisième densité impliquent de vivre par la foi, et seule la foi importe quand rien n'est connu.

Walk-in: entité de quatrième densité ou supérieure, qui se met d'accord avec une entité de troisième densité pour entrer dans le corps physique de cette entité et en assumer la responsabilité pour le restant de l'incarnation en troisième densité tandis que l'entité qui occupait précédemment ce corps de troisième densité reste à un niveau astral correspondant à son niveau de conscience de la lumière. Le transféré a aussi à accomplir une mission spéciale qui lui est assignée, outre celle de suivre le plan de vie de la personne originelle.

LIVRES ET ENREGISTREMENT PROPOSES PAR L/L RESEARCH

Toutes les publications L/L Research en anglais et celles qui ont été traduites en français sont disponibles gratuitement en ligne sur le site www.llresearch.org, ou peuvent être commandées sous forme de livres-papier sur le site de la boutique L/L à l'adresse www.bring4th.org/store.

Nous sommes intéressés par vos récits d'éveil, vos avis et vos questions. Tous les récits sont considérés par nous comme confidentiels et ne seront jamais publiés sans votre autorisation. Nous répondrons très volontiers aux questions que vous nous poserez à l'adresse contact@llresearch.org.

Livres en français

En coopération avec la Maison d'édition *La Loi Une / Das Gesetz des Einen*-Verlag (Allemagne)

La Loi Une (Trad. Micheline Deschreider)

    Livre I-V, versions PDF: disponible gratuitement[1179] dans la bibliothèque de L/L Research

    http://llresearch.org/library/the_law_of_one_french/index.aspx

    ***Les transmissions Ra*, broché**

        Edition complète, ISBN 978-3945871751

        Partie I, Séances 1-50, ISBN 978-3945871621

        Partie II, Séances 51-106, ISBN 978-3945871690

    ***Les transmissions Ra*, kindle**

        Edition complète, à venir

        Partie I, Séance 1-50, ASIN B01H97OKSE

        Partie II, Séance 51-106, à venir

[1179] Livre V à venir

LIVRES ET ENREGISTREMENT PROPOSES PAR L/L RESEARCH

Comment vivre la Loi Une, Niveau I: Le Choix
(Trad. Micheline Deschreider)
    Broché, ISBN 978-3945871638
    Kindle, ASIN B019E06488

Série *Initiation*
(J. Blumenthal, Trad. M. Deschreider)
    25 principes de réalité
        Broché, ISBN 978-3945871706
        Kindle, ASIN B00TM9802A
    Méditation
        Broché, ISBN 978-3945871720
        Kindle, ASIN B00TS822Z6

Livres en anglais

The Law of One: Books I – V
Containing the transcripts from an extraordinary conversation with a non-human intelligence, the Law of One books explore the blueprint of spiritual evolution of mind, body and spirit, and maps out a cosmology wherein the Creator knows itself.

Living The Law of One 101: The Choice
Written with the intent of creating an entry–level, simple to read report concerning the core principles of the Law of One and Confederation philosophy in general, this book takes the reader through a discussion of Law of One principles such as unity, free will, love, light and polarity.

The Quixotic Quest: The Story & Identity of L/L Research
The Quixotic Quest provides a sense of who and what L/L Research is, where it's been, how it came to be, and where it may be headed. It is the first time this has been attempted in a cohesive, streamlined, and integrated fashion. It might be considered a narrated, shortened version of *Tilting at Windmills*.

Secrets Of The UFO
A summary of the 25 years of philosophical study that preceded the Ra contact. The progression from physical sightings to metaphysical

implications is carefully traced and, in some respects, serves as an introduction to the *Law of One* series.

The Crucifixion Of Esmerelda Sweetwater
A metaphysical novel written by Don Elkins and Carla L. Rueckert in 1968. It illustrates the positive and negative paths of the *Law of One* and seems to have been somewhat prophetic.

A Channeling Handbook
Written for channels and those who would like to improve their channeling. Topics include: What is channeling? Why channel? Psychic greetings/attacks. Temptations and the ethics of channeling. Channeling and Christianity.

What Is Love
A coloring book for kids. Thirty illustrations developed from a 1976 channeling. The story of a small boy's search for the meaning of love.

Enregistrements

The Spiritual Significance of UFOs
A 75-minute audio MP3 file of an edited lecture by Don Elkins, the Intervieweur for the Ra contact. It gives an overall view of his thirty years of researching the UFO phenomenon.

Messages From The UFO
A 90-minute audio MP3 file composed of excerpts from recorded "UFO messages" received at meditation meetings held by different groups around the United States.

The Journey
Songs by Tommy Rueckert, words by Carla L. Rueckert.

Jenny
Christmas story and songs by Tommy and Carla.

This Is The Day
Easter story and songs by Tommy and Carla.

Light/Lines Newsletter

LIVRES ET ENREGISTREMENT PROPOSES PAR L/L RESEARCH

Our quarterly newsletter (four pages), composed of selections of transcriptions of the conscious channeling of L/L Research. Any new books or MP3 recordings are mentioned first in *Light/Lines.*

www.ingramcontent.com/pod-product-compliance
Lightning Source LLC
Chambersburg PA
CBHW050129240426
43673CB00043B/1607